기독교 교회사

A History of The Church
By Rev. Kim Young-Jae, Dr. theol.

Copyright © 2005 Hapdong Theology Seminary Press
Published by Hapdong Theological Seminary Press
Kwangkyojungang-ro 50, Yeongtong-gu, Suwon, Korea

기독교 교회사

초판 1쇄 발행 | 2000년 3월 16일
초판 4쇄 발행 | 2002년 3월 20일
개정판 1쇄 발행 | 2004년 3월 10일
3판 1쇄 발행 | 2005년 10월 28일
3판 4쇄 발행 | 2013년 8월 30일
3판 5쇄 발행 | 2019년 3월 10일

지은이 | 김영재
발행인 | 정창균
펴낸곳 | 합동신학대학원출판부
주 소 | 16517 경기도 수원시 영통구 광교중앙로 50(원천동)
전 화 | (031)217-0629
팩 스 | (031)212-6204
홈페이지 | www.hapdong.ac.kr
출판등록번호 | 제 22-1-1호
인쇄처 | 예원프린팅 (031)957-6551
총 판 | (주)기독교출판유통 (031)906-9191

값 30,000원

ISBN 89-86191-62-8
＊잘못된 책은 교환해 드립니다

이 도서의 국립중앙도서관 출판시 도서목록(CIP)은 e-CIP 홈페이지
http://www.nl.go.kr/cip.php에서 이용하실 수 있습니다.
(CIP제어번호 : CIP 2005002094)

개정 3판

HISTORY OF THE CHURCH

기독교 교회사

김영재 저

합동신학대학원출판부

머리말

　책다운 교회사 책을 쓰려면, 많은 새로운 자료들을 섭렵하고 참고해야 하지만 그런 작업을 하지 못했음을 부끄럽게 여긴다. 교회의 역사 및 전통과 사료를 갖추고 있는 나라들로부터 멀리 떨어진 변방에 사는 신학도에게는 그런 실속을 갖추기가 용이한 일이 아니라고 스스로 변명하면서 전체 교회사를 관통해 보는 통사(通史)를 쓰노라면 그런 약점이 은폐될 수 있을 것도 같기에 그간에 쓴 논문들을 강의록에 수렴하여 책으로 내놓는다. 신학생들과 교회사에 관심을 가진 이들에게 도움이 되었으면 한다.

　졸저를 내놓을 수 있기까지 살게 하시고 인도해 주신 하나님께 영광을 돌리고 감사를 드린다. 그리고 공부하고 목회하며 교수하는 삶을 살도록 기도해 주시고 도와 주신 여러분들께 진심으로 감사한다. 믿음을 얻도록 도와 주신 故 홍근섭 목사님, 영국 클립튼 신학교장으로 계셨던 故 T. Anscombe 목사님, 박사 학위 지도 교수이신 故 Winfried Zeller 교수님, 그분들이 베풀어 주신 은혜와 사랑을 고마운 마음으로 기억한다. 유학 길에 오를 수 있도록 도와 주시고 늘 관심을 가지고 기도해 주신 한명동 목사님과 이근삼 박사님께도 심심한 감사를 드리며, 오랜 세월 동안 변함 없이 사랑으로 도와 주신 독일의 E. L. Judt 목사님, 그리고 선배 홍치모 교수님과 차영배 교수님께 감사하며, 숭실대학교의 김영한 교수님, 畏友 연변과기대의 김진경 총장과 미국에 사는 정총해 박사에게도 감사한다. 그리고 승동교회 박일웅 원로 목사에게도 감사한다.

합동신학대학원대학교에서 교수하도록 불러 주신 현 총장 신복윤 교수님과 김명혁 교수님, 교수회와 이사회에게 진심으로 감사하며, 많은 사랑을 베풀어 주시는 화평교회와 안만수 목사님께도 진심으로 감사한다. 졸서의 출판을 맡아 주신 이레서원 대표 김완섭 목사님께, 원고를 읽어 주고 조언해 주신 안양대학교 교수 강경림 박사에게, 그리고 성원해 주시는 후배들에게도 감사하며, 끝으로 늘 기도해 주시는 어머니와 숙모께, 멀리서 필요한 자료를 보내 준 아들 형일(Andy)에게, 사랑을 보내 주는 자식들과 손자들에게와 사랑하는 아내 후한에게 감사한다.

2000년 2월 26일

김영재

개정 증보판에 부치는 말

초판 2쇄 때부터 부분적으로 수정하고 보충해 왔으나 이번에는 이 책 전체를 수정하는 한편 '청교도 운동'에 관한 기술을 증보하여 '개정 증보판'을 내어놓는다. 기획과 편집을 맡아 성실하게 교정을 보아 주신 이레서원의 김도완 목사님, 그리고 편집과 디자인을 위하여 함께 수고해 주신 이레서원 직원 모두에게 감사를 드린다. 특히 초판 4쇄가 나오기까지 수정 및 교정해야 할 부분을 지적해 주신 천안대학교 교수 임원택 박사에게 감사드리며, 여러 모로 격려해 주시고 추천해 주신 교수님들과 이 책을 읽어 주신 독자들에게 진심으로 감사한다.

2004년 3월 2일 용인에서

김영재

3판에 부치는 말

      기독교 교회사 개정3판을 합동신학대학원 출판부에서 내주시기로 해서 고맙게 생각합니다. 은퇴를 앞두고 책을 한 곳에서 냈으면 하는 생각을 양해해 주시고 그간에 책을 잘 만들어 주신 이레서원에 심심한 감사를 드립니다.

2005년 10월

김영재

A HISTORY OF THE CHURCH

서론

교회사의 역사와 교회사 이해

파피아스(Papias)가 쓴 「로기온」(*Logion*)의 한 부분이 최초의 교회사가 유세비우스(Eusebius)의 글에 수록되어 우리에게 전해지고 있다. 파피아스는 복음서의 저술 동기를 다음과 같이 적고 있다. 네로의 박해를 계기로 그리스도의 목격자요 증거자인 사도들과 제1세대의 그리스도의 제자들이 점점 사라지자 그들의 증언을 글로 남기려고 한 데서 비롯됐다는 것이다. 그런가 하면 누가는 그의 복음서와 사도행전에서 집필의 동기를 나름대로 밝히고 있다. 마태, 마가, 누가 등의 저자들은 복음서와 사도행전을, 역사(歷史)를 기술하려는 동기에서 기록하였으나, 그 책들은 단순한 예수님의 전기나 사도들의 행적에 관한 기록이 아니라 기독교 신앙의 근간을 이루는 증언과 신학을 담고 있다.

히브리어 구약 성경에서도 우리가 말하는 역사서, 즉 사무엘 상·하와 열왕기 상·하를 선지서로 분류하고 있듯이, 하나님의 나라와 사건에 대한 기록은 단순한 역사적인 기록이 아니라 그 이상의 의미를 가지는 것임을 인식해야 한다. 구약에서 하나님이 주관하시고 간섭하시는 역사는, 선지자들을 통하여 주신 말씀과 함께 하나님의 계시이기 때문이다. 그리스도의 교회는 이와 같이 신약에 수록된 역사적인 기록을 역시 그리스도의 교훈의 말씀과 마찬가지로 계시의 말씀으로 받아들인다.

사도행전 이후에는 속사도(續使徒)들과 변증가들이 글을 많이 썼고, 또 사도들의 이름을 빌린 차명서(借名書, pseudonym)도 나왔다. 그리고 그 이후 교부들이 남긴 글들도 많다. 그러나 정작 역사의 형식을 취한 기록은 2~3세기를 지난 후에야 비로소 나오게 되었다. 아마도 그 시기까지는 기독교 저술가들이 주로 교리의 변증에 관심을 가진 나머지 교회에 대한 의식을 미처 가지지 못하였던 것 같다. 교회사를 교회의 머리 되신 그리스도께서 교회를 다스리시는 역사라고 보는 견해에 따르면, 교회사는 충분한 신학적 의미가 있다.

사도 시대의 기독교 공동체와 그 이후의 교회 역사는 연속선상에 있으나, 교회가 사도들의 가르침과 증언에 근거하여 그 존재 의의와 가치를 발견하고 유지한다는 의미에서, 사도들의 교회와 그 이후의 교회에는 불연속성이 있음을 인식해야 할 것이다. 왜냐하면 교회가 복음과 기독교 신앙을 낳은 것이 아니라 예수 그리스도와 그에 대한 사도들의 증언을 통하여 교회가 형성되었기 때문이다. 교회사를 단순한 역사적 기록이 아닌 그 자체가 신학일 수 있다 또는 그렇지 못하다고 보는 견해의 차이는, 이러한 연속성과 불연속성을 어떻게, 어느 정도, 어디에 비중을 두고 이해하느냐에 달려 있다.

교회사의 역사

초대교회의 교회사 | 락탄티우스(Lactantius, c.240~c.320)는 디오클레티아누스 황제 시절에 있었던 마지막 기독교 대(大)박해를 겪고 「핍박당한 이들의 죽음에 관하여」(*De Mortibus Persecutorum*)를 저술하였다. 이 책은 교회의 순교자들의 몸서리쳐지는 죽음에 관하여 소상하게 묘사하고 있다. 락탄티우스는 박해가 시작되었을 때는 이교도였으나 순교자들의 영웅적인 신앙을 목격하고 개종했다(300년경). 그는 기독교가 이교 신앙보다 우월하다는 것을 여러 가지 비교와 대조를 통해 증명하고자 했으며, 로마의 여러 종교에 관하여 기술하였다.

팔레스타인의 가이사리아의 감독 유세비우스(Eusebius of Caesarea, c.260~c.340)는 그가 쓴 「교회사」(Ἱστορία ἐκκλησιαστκή)에 323년까지의 값진 역사적인 자료들을 수록하고 있다. 그런데 지금은 그러한 자료들을 제공한 문서들 가운데 많은 부분이 유실되었다. 유세비우스는 본격적인 기독교 교회사를 처음으로 쓴 인물이다. 그는 학식이 풍부했을 뿐 아니라 많은 여행을 통하여 견문을 넓혔고, 로마의 고급 관리로서 니케아 종교 회의(AD 325년)에도 참석했던 실천적인 신학자였다.

그는 학식과 경험을 겸비함으로써 역사가로서의 조건을 갖추었을 뿐 아니라, 그가 살던 가이사리아에는 훌륭한 기독교 도서관이 있어서 역사를 연구하고 기술할 수 있는 자료를 풍부하게 얻을 수 있었다. 이 도서관은 디오클레티아누스 황제의 기독교 박해 때에도 파괴되지 않아, 초기 기독교에 관한 많은 자료들을 보관하고 있었다. 바로 이러한 좋은 조건들 속에서 그는 「연대기」(Chronographia), 「교회사」, 「팔레스타인의 순교자들」, 「콘스탄티누스 황제의 생애」 등의 많은 저술을 남길 수 있었다. 그리고 기독교가 공인되면서 많은 사람들이 기독교인들의 역사에 대하여 관심을 가지게 되었고 유세비우스의 저술 활동은 더욱 활발해졌다.

그는 「교회사」를 네 번이나 수정하여 323년에 최종적으로 완성하였다. 이 저작에서 그는 아브라함의 출생에서부터 시작하여 네로와 디오클레티아누스의 박해 시대를 포함한 323년까지의 역사를 다루면서 기독교의 기원(起源)과 승리에 관하여, 그리고 교회의 성장과 조직에 관하여 서술하였다. 그는 자신의 해박한 지식 외에도 많은 여행과 넓은 교우 관계를 통하여 얻은 풍부한 자료들을 근거로 하여, 단순히 사건을 나열하는 식이 아니라 비판적인 시각에서 해설을 덧붙여 서술하였다.

그러므로 이 저작은 교황과 교회에 관한 단순한 역사서가 아니라 기독교라는 종교가 무엇인지를 알리는 글이 되었으며, 후세에는 유럽 역사 연구를 위한 아주 중요한 사료로 인정받게 되었다. 유세비우스는 이 저작을 통하여 '교회사의 아버지'(Father of Church History)로 불리게 된다.

콘스탄티노플 출신의 소크라테스(Socrates, c.380~450)는 305년부터 439년까지의 교회 역사를 기록하였고, 같은 곳 출신의 소조메누스(Sozomenus)는 323~425년까지의 역사를 기록하였다. 키루스의 테오도렛(Theodoret of Cyrrhus, c.393~c.458)은 428년까지의 역사를, 그리고 필로스토르기우스(Philostorgius, c.368~c.439)는 약 300~430년까지의 역사를 기록하였다.

서방에서는 히에로니무스(Hieronymus: Jerome, 348년경~420년)가 유세비우스의 역사서를 라틴어로 번역하였는데 그것에 다른 내용을 첨가하여 책을 내었다. 루피누스(Rufinus)는 유세비우스의 교회사를 이어받아, 현재는 유실되고 없지만, 가이사리아의 겔라시우스(Gelasius)의 395년까지의 교회사를 번역하여 내놓았다.

그 다음 세기에 이르러 널리 알려진 교회사로는 카시오도루스(Cassiodorus Senator)가 560년경에 소조메누스와 소크라테스 및 데오도렛 등의 교회사를 주로 참고하여 엮은 「세 부분의 교회 역사」(*Historia Ecclesiastica Tripartita*)를 들 수 있다. 파울루스 오로시우스(Paulus Orosius, 380~420)는 「이방인에 반대하는 역사서」(*Historiae Adversus Paganos*)를 써서 로마의 쇠망이 기독교 때문이라는 논의에 대하여 변증하였는데, 이 책은 어거스틴(Augustinus, 354~430)의 영향을 받은 것이다. 평신도였던 술피키우스 세베루스(Sulpicius Severus, c.363~420/5)는 403년까지의 교회사를 엮었다.

중세의 교회사 | 게르만 족의 이동이 시작되면서 교회사는 일반 역사의 한 부분이 되다시피 하였다. 이 시대에 유세비우스처럼 기적을 찾는 사가(史家)는 거의 없다. 세계사는 전(前) 세기의 루피누스와 카시오도루스 등에서 참고하였으며, 주로 당대에 일어난 일에 충실한 기록을 남기는 경향이었다. 카시

오도루스(Marcus Aurelius Cassiodorus, c.490~580)는 고대에서 중세로의 전환 시기에 부족들의 민족사를 서술한 최초의 인물이다. 그는 왕의 권유로 「동고트 족의 역사」(Historia Gotica, 506~533)를 저술하였다.

그 밖에 요르다니스(Jordanis)의 「고트 족의 역사」(De Origine Actibusque Gotharum, 551년경), 투르스의 그레고리(Gregory of Tours)의 10권에 달하는 「프랑크 족의 역사」(Historia Rerum Francorum), 베다 베네라빌리스(Beda Venerabilis)의 「앵글로 족의 교회사」(Historia Ecclesiastica Gentis Anglorum), 파울루스 디아코누스(Paulus Diaconus 혹은 Paulus Warnerfriedus, c.730~800)의 「롬바르드 족의 역사」(Historia Lombardorum), 브레멘의 아담(Adam of Bremen)의 「함부르크 인이 증언하는 교황 교회」(Gesta Hammburgensis Ecclesiae Pontificum) 등이 있다.

투르스의 그레고리는 중세적인 역사 서술의 전형(典型)을 설정한 인물이다. 그는 많은 여행을 통하여 풍부한 경험을 쌓고, 또한 수많은 자료들을 수집했다. 그가 이와 같이 자신이 수집한 자료들과 창세기 및 로마의 연대기 등을 근거로 하여 저술한 것이 「프랑크 족의 역사」이다. 이 작품은 교회 주교인 저자가 기독교를 통해서 본 세속의 역사에 관한 서술이다. 따라서 이 저작은 교회가 중세 사회에서 지배적인 기관으로 되어 갔던 사실과 당대의 신앙 세계에 유행했던 경신 풍조(輕信風潮)를 잘 반영하고 있다.

그리고 베다 베네라빌리스는 영국 노텀브리아 지방의 한 수도사로서 처음으로 중세의 교회사 서술을 시도했던 인물로 인정되고 있다. 「앵글로 족의 교회사」는 카이사르(Caesar)의 영국 침입에서부터 731년까지의 영국의 역사를 취급한 것이다. 이 저작은 영국 교회사를 통해서 본 영국 역사서로서 그 깊이와 폭, 그리고 예술성에 있어서 중세의 역사서들 가운데 비견할 만한 것이 없는 훌륭한 작품으로 인정받고 있다.

베네라빌리스는 그 밖에도 세계사적인 연대기적 저작 「시간론」(De Temporum Ratione)을 저술하였다. 이는 그가 교회사의 연대와 그 행사들을 소개하려고 저술한 책이다. 여기서 그는 창조에서부터 729년까지의 역사를 여섯 시기로 구분하였다. 특히 그리스도의 탄생을 역사 연대(年代)의 분기점으로 잡고, 연대를 주전(主前, BC)과 주후(主後, AD)로 표기하였다. 그는 또한 시간(時間)을 순간(瞬間), 시(時), 일(日), 월(月), 년(年), 세기(世紀), 시대(時代) 등으로 구분함으로써 자연 과학적인 시간 의식을 보여 주었다. 그는 '영국사 서술의 아버지'로 불린다.

문예 부흥 이후의 교회사 | 문예 부흥 이후에 교회사적인 비평을 실은 글들이 단편적으로 나왔으나 집대성한 역사서로 나온 것은 없었다. 종교 개혁 이후 루터교회에서는 마티아스 플라키우스(Matthias Flacius, 1520~1575)가 1557년부터 마그데부르크에서 6명의 개신교 학자들과 함께 편집한 「마그데부르크의 세기기」(Magdeburger Zenturien)를 출판하였다.

이 저작은 교회 교리의 역사를 세기별로, 즉 100년을 단위로 서술하면서 13세기까지 1300년 동안의 역사를 다루고 있는데, 로마 가톨릭에 대항하여 루터교의 정통성을 주장하였다. 교황 교회는 초대교회의 전통에서 타락한 교회이며, 종교 개혁은 일찍이 초대교회 시대부터 내려온 진리를 증거하는 운동으로 오랜 전통을 가진 것이며, 결코 새로운 것이 아니라고 하였다. 제1권부터 제13권까지는 13세기 간의 역사를 다루고 있으며, 제14권부터 제16권까지는 주로 색인(index)을 싣고 있다.

이에 대하여 로마 가톨릭 측에서는 「교회 연대기」(敎會年代記, Annales Ecclesiastici)를 출판하여 가톨릭 교회를 변호하였다. 이 책은 「마그데부르크의 세기기」가 나온 후 로마의 추기경으로부터 그에 비견할 수 있는 가톨릭 교회사를 저술해 달라는 위촉을 받은 카이사르 바로니우스(Caesar Baronius, 1538~1607)가 바티칸의 도서관에 사장되어 있던 희귀한 자료들을 발굴하여 1588년부터 1607년까지의 교회 역사를 12권에 달하는 책으로 엮은 것이다.

17세기에 와서는 역사 연구가 활발해졌다. 특히 사료(史料)를 발굴함으로써 교회사의 사건에 관한 자상한 지식을 얻는 한편, 많은 중요한 사건들도 다루게 되었다. 프랑스, 네덜란드 및 잉글랜드의 학자들과 가톨릭과 칼빈주의자와 앵글리칸(성공회)들이 각자의 견지에서 역사를 서술하는 일에 힘을 기울였다. 18세기를 거쳐 19세기에 이르러서는 점차로 교회사를 새로운 학문적인 방법으로 서술하게 되었다. 수없이 많은 역사적 자료를 발견하게 되면서부터 사료를 세밀하게 비판적으로 다루어 보다 과학적인 역사 서술을 하려고 하였다.

교회사의 신학적 위치

교회사가 신학이냐 하는 문제는 역사적으로나 그 내용으로 보아서 지금도 논란의 대상이 되고 있다. 교회사 기술의 역사는 오래 되었으나 교회사가 전체 신학 교육에 일익을 담당하게 된 것은 그리 오래 된 일이 아니다. 교회사가 독립된 신학 과목이 된 것은 17세기 중엽부터이다. 첫 교회사 강의는 1583년 북독일에 있는 프랑크푸르트(Frankfurt)의 안드레아스 벤첼(Andreas Wencel)에 의해 헬름슈테트(Helmstedt)에서 시작되었다. 튀빙겐(Tübingen)에서는 1720년에 최초로 교회사 명예 교수가 임명되었다.

교회사는 세 과정을 거치면서 독립된 신학 또는 학문으로 성장하게 되었다. 르네상스와 휴머니즘의 영향을 받은 멜랑흐톤(Melanchthon)은 역사 연구를 하나의 독립된 분야로 취급해야 한다고 주장했으며, 1555년 「카리온의 연대기」(Chronicon Carionis)를 쓰면서 세계사에 관심을 두고 연구하였다. 요한 카리온(Johannes Carion, 1499~1537)이 세계사를 개신교 신자의 견지에서 「연대기」(Chronicon, 1532년)라는 제목으로 서술하였는데, 멜랑흐톤은 이것을 개편하여 「세계 연대기」(1558년)를 저술하였다.

카리온은 아담에서부터 1532년까지의 세계사를 일곱 시기로 나누었으나, 멜랑흐톤은 그의 도식을 피하고 세 시기로 나누었다. 멜랑흐톤은 각 시기들을 2천 년 동안 지속된 것으로 파악하였다. 창조로부터 아브라함까지의 첫 2천 년 기간은 율법 없이 생활한 시기, 아브라함으로부터 그리스도의 탄생까지의 둘째 시기는 율법이 지배한 시기, 그후 1500년까지의 셋째 시기는 복음의 시기라는 것이다. 이 저작의 중요성은 멜랑흐톤이 세계사를 이와 같이 신학적으로 파악하면서도 교회사를 세속사인 정치사에서 일단 구분하였다는 점이다. 그러나 그는 정치사를 네 제국설에 종속시켜 다니엘서의 네 왕국(단 2:36~43)[1]을 정치적으로 해석하였다.

멜랑흐톤의 영향으로 많은 사람들이 고전 연구에서 세계사 연구로 관심을 돌리게 되었다. 그들은 세계사를 천 년씩 6천 년으로 잡고 네 제국(帝國)으로 나누어 생각하였다. 인문 대학의 시문학, 수사학 또는 윤리학과 연결하여 생각하였으며, 철학과에서 교회사를 연구하였다. 그러다가 둘째 단계로는 세계사 또는 정치사를 위와 같은 신학적인 체계에서, 다시 말하면 교회사에서 분리시켰다. 그래서 역사학은 법학자들이 하게 되었고 교회사는 신학과(神學科)에서만 다루게 되었다. 셋째 단계로 교회사가 신학 과목의 하나가 된 것은 근세 사상의 세속화에 대항하는 변증에서가 아니라, 오히려 근세의 계몽 사상으로 정통주의(Orthodoxy)를 공격하려는 의도에서 된 것이었다.

여기서 역사적 비판의 방법이 도입되었으며, 성경 연구에까지 이를 적용하게 되었다. 그런데 이에 반발한 것은 교의학(敎義學)이었다. 신학 연구를 역사적 방법으로 하느냐 교의학적으로 하느냐 하는 문제가 일어났으며, 피차 방법론이 대립되었다. 극단적인 역사적 방법론과 교의신학적 방법론이 대립하는가 하면 조화를 이루면서 현대에까지 이르게 되었다. 다음에서 언급할 하르낙과 바르트의 상반된 견해가 그 예이다.

---

1. 머리(정금)는 바벨론, 가슴과 팔(은)은 메대와 바사 제국, 배와 넓적다리(놋)는 헬라 제국, 종아리(철)와 발(철, 진흙)은 로마 제국.

지난 200년 간 신학뿐 아니라 스콜라 신학이나 개신교의 정통주의 시대의 찬란한 조직신학에서도 신학이 사용한 조직적인 방법으로 인하여 문제를 자초한 면이 있음을 일반적으로 인정한다. 계몽 사조 이후 신학과 주경신학 분야의 역사적 연구는 교회사 및 교리사와 함께 신학에 있어서 많은 지식의 발전을 가져 왔다. 역사적인 연구는 또한 역사가들 자신이 믿고 있는 것이 무엇인지를 반증하는 한편 신학 본래의 목적을 재고하게끔 하였다.

교회사관 문제

교회사관(敎會史觀)의 대표적인 유형 | 교회사에 대한 이해는 크게 세 가지 유형으로 나누어 볼 수 있다. 즉, 로마 가톨릭의 교회사 이해와 개신교적 교회사 이해, 그리고 신령파적(schwärmerische) 교회사 이해이다. 이러한 이해는 각자의 교회관에 따라 결정된다.

첫째로, 로마 가톨릭에서는 신비적 예수 그리스도의 몸과 역사적으로 인식할 수 있는 가톨릭 교회를 하나로 봄으로써 교회사를 성육(成肉)의 직접적인 계속으로 보아 교회사를 예수 그리스도의 역사로 본다. 이러한 견해에 따르면, 교회는 다만 성장하는 유기체이고, 교리는 동일성과 계속성을 지닌 채 그대로 발전한다는 것이다. 그러나 그것은 하나의 생물학적인 성장이요, 역사적인 운동이라고는 할 수 없다. 따라서 교회 자체 내의 신학적인 문제는 별 관심사가 되지 못한다. 교회와 교회 전통은 절대시되고, 성경 해석도 교회의 결정과 가르침에 종속되며 개별적인 성경 해석은 허락되지 않는다. 다시 말하면, 교회와 교회의 역사를, 하나님의 말씀인 성경과의 수직적인 관계는 고려하지 않고 수평적으로만 보는 것이다.

둘째로는, 위의 교회사 이해와는 상반되는 신령파적 교회사 이해이다. 신령파적 교회사 이해에서는 교회와 예수 그리스도 안에 있는 계시와 역사성의 상관 관계를 영적으로 해석하려고 한다. 그리고 교회를 언제나 하나님과의 직접적인 관계에서 이해한다. 교회를 형이상학의 수직적인 관계에서 보고 역사의 수평적인 관계에서는 보지 않는다. 개신교가 교회와 역사의 관계에 대한 이해에 오해를 불러일으키는 것은 바로 이 신령파적 역사 이해 때문이다. 이러한 신령파 신자들은 성경을 주관적으로 이해하고 교리 없는 기독교를 주장하며 반문화적인 경향을 나타낸다.

그런가 하면 역사와 문화에 충실한다고 하면서 성경과 복음의 역사성(historicity)을 비판하며, 교리 없는 기독교를 주장하는 계몽 신학자들과 19세기의 역사주의자들은 교회 역사의 계속성을 부인한다. 그런데 이러한 역사주의에 강하게 반발하여 소위 말씀의 신학을 강조하며 진리에 대한 수직적인 이해를 말하는 변증법 신학의 교회사관 역시 신령파적인 교회사관의 범주에 속한다.

셋째로, 종교 개혁의 교회사관이다. 종교 개혁자들이 교회와 교회의 역사를 두고 관심을 가진 것은 교회의 역사적인 계속성의 문제였다. 즉, 그리스도인이 믿는 교회와 그가 역사적으로 존재하며 또한 속해 있는 교회가 단순히 동일하지는 않다는 점이 문제였다. 종교 개혁은 '신앙하는 교회'와 '역사적인 교회'(Kirche der Geschichte)간의 긴장을 불가시적(不可視的)인 교회와 가시적(可視的)인 교회라는 개념으로 표현하였다. 교회의 합법성은 조용히 신앙하는 사람들, 즉 신약의 교회로부터 단절됨이 없이 고리처럼 진리의 증거자들로 이어져 오는 줄에 근거한다고 생각하는 한편, 불법으로 인정된, 보이는 교회는 이단(Ketzer)으로 단정하고 말았다.

그래서 복음 선포의 진실과 신앙의 순수성만이 교회의 계속성을 입증하는 것이라는 생각을 하면서도 초대교회의 신앙적인 결정, 신경(信經)과 신앙고백을 인정하고 교부들의 가르침을 존중하며, 건전한 교회 전통을 존중한다는 것이었다. 건전한 전통에 대한 분별은 계시의 말씀인 성경에 근거해서 하며, 주관적인 성경 이해를 피하기 위하여서는 교회의 역사와 전통에 자문(諮

開)한다는 것이었다. 다시 말하면, 계시의 말씀과 교회의 역사와 전통을 양자의 긴장 관계에서 이해하려는 것이 종교 개혁자들의 교회사관이다.

개신교의 교회관과 교회사관 | 이러한 종교 개혁자들의 생각에 따르면, 교회사는 근본적으로 신학적인 문제를 지닌 것이다. 계속 동일성을 지켜 오고 있는 안정된 통일성은, 열심을 가지고 복음을 믿는 사람들의 역동적인 통일성으로 말미암아 와해된다고 한다. 그런데 우리가 종교 개혁자들을 따라 교회를 개념상으로 '가시적인 교회'와 '불가시적인 교회'로 나누지만 정작 우리가 논할 수 있는 교회는 '가시적인 교회'라고 칼빈이 말한 바와 같이, 교회사가의 신학적인 과업은 사건으로서의 신앙에 관하여 묻는 것이다.

종교 개혁 이후 약 100년 간을 정통주의 시대라고 한다. 개신교의 정통주의는 로마 가톨릭과 대치하여 개신교의 정통성과 정당성을 변증하던 나머지 종교 개혁의 명제를 단순화하였다. 말하자면 그들은 교회사적인 계속성을 변할 수 없는, 항상 동일한 교회로, 그리고 교리의 통일로 보았다. 말하자면 로마 가톨릭과 맞서는 입지에서 결과적으로 같은 형식으로 교회와 교회사를 이해했던 것이다. 그리하여 그들에 의하면, 교회사는 교회가 가르치는 진리가 합법적임을 드러내는 종교적 논쟁의 역사가 된다.

정통주의 신학자들에게 교회사의 역할은 무엇보다도 교회의 논쟁을 다루어 반대자들(Dissenters)의 비합법성에 대하여 자신의 합법성을 입증하는 것이었다. 다른 견해를 이해하거나 조금이라도 용납하려는 자세는 없고 자신의 교리만을 옳은 것으로 증명하려고 하였다. 따라서 개신교의 정통주의는 비생산적이었다. 그리하여 교회사는 그들에게 있어서 교회가 영원히 동일한 절대적인 진리의 교회로 정당화하는 데 봉사하는 학문이었다.

신령파(Spiritualists)는 교회사를 '외형주의로 변하는 것' 또는 '세속화'(世俗化)가 교회사를 지배하는 법칙이라고 이해했다. 세바스찬 프랑크(Sebastian

Franck)는 "모든 내적인 것은 외적인 것이 된다"는 관점에서 교회사를 본다. 따라서 그에게 있어서 교회사는 타기(唾棄)할 수밖에 없는 종결로 끝나는 것이며, 영적인 것에서 형식으로 퇴락(頹落)하며, 생동하는 교회가 제도적인 교회로 되고, 즉흥적인 것에서 의식적인 것으로 타락하는 역사가 된다.

경건주의의 대표적인 교회사가 고트프리트 아놀드(Gottfried Arnold, 1666~1714)는 신령주의적 견해를 더 예리하게 표현한 사람이다. 그는 문제의 저작 「편견 없이 본 교회와 이단의 역사」(Unparteiische Kirchen-und Ketzer-Historie, 1699~1700)를 써서 가톨릭뿐 아니라 개신교 정통주의의 교회도 비판적으로 보았다. 교회사의 계속성은 그리스도가 산헤드린의 공회에서 심판을 받은 사실에서 근거하는 것인데, 이러한 심판을 받는 과정이 모든 시대에 반복된다는 것이다. 교회사를 기록하는 사람들이 힘 없는 경건한 사람들을 압제하여 이단으로 낙인찍었다고 한다. 교회사에서 두 가지 사건이 대조적으로 발전하는데, 제도로서의 교회가 타락하여 세속화되는 반면에 영적인 참된 교회는 '시온'으로 참 신자를 모으는 과정이 진행된다고 한다.

계몽 사조에 이르러 실용적(pragmatic)인 교회사 서술이 개발되었다. '실용적'이라는 말은 '교의적'(敎義的)이라는 말의 반의어(反意語)로 사용된 말이다. 계몽 신학자들의 실용적인 교회사 서술은 역사적인 사건을 증명하려고 하기보다는 역사적 사건의 원인과 결과를 보이는 대로 이해하려고 하였다. 따라서 교회사는 그들에 의하면 자기 정당화를 기하는 것이 아니라 자기 비판이요, 남을 나름대로 이해하려는 작업이었다. 그리고 역사의 본질은 '변화'(Veränderung)에 있으므로 항상 '새 것'에 관여한다는 것이다. 빌헬름 뮌셔(Wilhelm Münscher)는, 교의(Dogma)는 항상 변하는 것이라고 관찰함으로써 교회사는 언제나 동일하다고 보았다. 따라서 그는 역사적인 개체에 더 많은 관심을 갖게 되었다.

계몽 신학자들은 교회가 스스로 찬양하는 것에 반하여 교회에 대한 역사적인 비판을 가하였다. 그들은 초대교회 시대나 종교 개혁 시대와 같은 교회사에서의 이상적인 시대를 바라는 꿈은 세속적이며 역사적인 현실에 직면하여 산산히 깨어진 것으로 이해하였다. 대표적인 계몽 신학자 젬러(Johann Salomo Semler)는 결국 개인의 사적인(private) 종교만 남을 뿐이라고 하였다.

그리고 보면 교회사 기술은 역사적인 계속성 대신 다원적인 보편성에만 관여되게 마련이다. 그리하여 계몽 신학자들은 독립적인 현재의 기독교 신자로서 '우리의 기독교적 인식과 경험과 실천'을 초대 기독교인들의 역사와 나란히 '우리의 역사'로서 인식한다. 말하자면 그들은 계속성(continuity)을 폐기하고 단절(discontinuity)에서 역사의 의미를 찾았던 것이다.

유기적인 역사 서술을 통하여 기독교의 전체적인 삶을 역사적으로 서술하는 것을 교회사의 목적으로 삼고 여러 시대의 현상을 실제적인 개개인의 삶에 연결시키려고 하는 신학자들도 있었다. 계몽 사조의 합리주의 신학을 지양(止揚)한 슐라이어마허(Freidrich Schleiermacher)는 엄격한 실용주의 역사 서술 방법을 극복한 대표적인 인물이다.

네안더(August Neander)는 '종교적인 경건'과 '헌신'을 서술하는 것을 교회사의 과제로 생각했는가 하면, 칼 아우구스트 폰 하제(Karl August von Hase)는 '종교적인 특성'을 서술하는 것을 교회사 기술의 목적으로 여기고 개체를 그 시대의 대표로 삼았다. 교회가 생성되고 성장하는 한 교회가 교회사의 대상이 된다는 것은 자명한 일이므로, 교회사 연구는 시대마다 교회의 고유한 과업을 인식하는 일이라는 것이다.

바우어(F. C. Baur)는 헤겔의 역사관에 영향을 받아 헤겔이 말하는 역사 과정의 진행 법칙을 교회사에 적용하려고 하였다. 바우어는 교회사의 서두에 이데아(Idea)에 관하여 분명하게 말하고 있다. 교회사의 시작에 '원시 기독교'(Urchristentum)가 있었다고 하고 이를 기독교의 교회 전(前) 시대로 간주한다. 그리고는 이에 대한 반명제로 '초대교회'가 있었음을 말한다. 그의 이러한 이론을 따르자면, 교회 자체가 역사의 시작이 아니라 교회는 역사의 산물이라는 것이다. 바우어는 따라서 교회사적인 계속성을 접붙일 본래적인 교회 개념을 인정하지 않는다. 바우어에 의하면, 교회사는 계속 전진하는 '운동'이며, 이를 통하여 '이데아'가 항상 새로운 형식으로 표현된다고 한다.

하르낙(Adolf von Harnack)은 여기서 한 걸음 더 나아가 교회의 교리는 기독교가 비교의적인 시작의 상태로부터 스스로 역사적으로 이질화시키는 과정의 산물이라고 하였다. 다시 말하면 교리사는 기독교의 헬레니즘화 과정이라는 것이다. 그런 뜻에서 하르낙은 루터를 교리사의 마지막으로 말한다. 왜냐하면 루터가 복음을 재발견한 일을 통하여 기독교의 헬레니즘화의 과정이 마침내 끝나게 되었기 때문이다. 역사적인 학문으로서의 교리사는 신학적인 과업을 수행하는 것인데, 교회의 교의 형성의 시대는 루터가 예수님의 복음으로 돌아가도록 도움으로써 종교 개혁과 더불어 끝났다는 것이다.

제베르크(Reinhold Seeberg)에 의하면, 교의는 교회사의 산물이다. 교의는 교회의 신앙의 표현이라는 점에서 기독교의 근본적인 지식으로, 해석과 의미 분석을 필요로 한다. 교리사는 교의를 연구함에 있어서 그 표현 형식의 시대성과 교의에 밀착되어 있는 교회의 계시에 대한 이해에 주의를 기울여야 한다. '역사화된'(historisierten) 교회사가 도대체 신학적인 의미를 가질 수 있는가 하는 의문이 더욱 강하게 제기되었다.

리츨(Albrecht Ritschl)은 예수의 종교적인 가치가 그의 전기(傳記)라는 형식으로 말미암아 파괴되는 사실을 보고 조직신학이 모든 역사신학에 봉사할 수 있도록 해야 한다고 피력하였다. 그는 신학생으로서 먼저 조직신학에서 시작하여 교회사를 거쳐 신약을 공부하였으며, 교수로서는 신약에서부터 시작하여 교회사를, 그리고는 조직신학을 연구하며 강의하였다.

리츨은 조직신학과 역사신학을 연결하였다. 성경과 교의와 교회사에 대한 오랜 연구 끝에 그는 두 권에 달하는 역사에 대한 연구서를 썼으며, 제3권에서는 조직신학적인 생각을 역사적인 자료를 통하여 정리하고 있다. 리츨은 자기의 신학이 이방적이며 신비적인 가톨릭의 유산과 경건주의적이며 낭만주의적이고 또한 개인주의적이며 합리주의적이고 심미적인 자의식(自意識)에 찬 근대 신학에서 해방되어, 개신교 교회가 기독교의 본질에 충실하게 하는, 정화조(淨化槽) 역할을 할 것을 희망하였다.

그러나 바르트(Karl Barth)는, 교회사가 하나님에 관한 기독교적인 진술에서 제기하는 의문에 독립적인 대답을 주지 못한다는 의미에서, 교회사를 성경신학과 조직신학 및 실천신학을 돕는 불가결한 보조 학문으로 격하시켜 말하였다. 바르트는 '실용적인 교회사관'을 반대하면서도 교회역사적인 흐름, 즉 교회사의 계속성을 거부한다. 그리하여 바르트는 그의 저서 「19세기 개신교 신학」(Die protestanische Theologie im 19. Jahrbundert, 1947년)에서 19세기의 신학자를 한 사람 한 사람 개별적으로 다루고 있다.

하인리히 카르프(Heinrich Karpp)는 기독교의 발전 역사는 없다고 바르트적 견해를 더 밝히 대변한다. 왜냐하면 사람들은 각 시대마다 계시와 동일한 본래적인 관계를 갖기 때문이다. 카르프는 교회사의 대상을 '하나님 나라와 교회의 변증법적 관계'로 본다. 따라서 그에게 교회사는 중심적인 신학이 되는 것이 아니라 그저 신학적으로 의미가 있을 뿐이다. '변증법 신학'에서는 교회사 부문에 수평적으로 계속되는 선을 인정하지 않는다. 말하자면 각 시대는 저마다 하나님의 말씀에 수직적으로 독자적인 관계를 가진다고 한다. 역사와는 관계없이, 다시 말하면 역사적인 계속성과는 독립적으로 계시에 조우(遭遇)한다는 것이다. 그러므로 변증법 신학의 교회사관은 결국 신령파적 교회사관에 속한다고 할 수 있다.

제베르크는 기독교를 '역사의 종교'로 서술하려고 시도한다. '성육'의 사상은 기독교를 구체적인 정신으로 생각하며, 추상적인 생각이나 이성이 아닌 역사로 인식한다. 교의는 역사적인 인간 예수 그리스도에 관련된 역사화된 신화이며, 그리하여 종교로써 신화적 종교를 종결지었다고 한다.

제베르크에 의하면, '말씀'은 '역사'(Historie)라는 현상에서부터 분리될 수 없다. 왜냐하면 인간은 역사 속에서만 자기 자신의 의미를 발견하기 때문이다. 그러나 말씀은 하나님을 통하여 의미를 갖게 되는 것이며, 말씀이 사건을 역사로 만든다. 따라서 교회사는 결코 '보조 학문에 지나지 않는 것'일 수 없으며, 본질에 있어서 신학적이다. 왜냐하면 교회사는 기독교의 본질적인 것에, 즉 '성육'이라는 기본 교리에 근거하고 있기 때문이다. 다시 말하면 신학은 본질적으로 '역사'에 근거하고 있다는 것이다.

에벨링(Gehard Ebeling)은 교회사를 성경 해석사(die Geshichte der Sinnentfaltung der Heiligen Schrift)로 이해한다. 교회의 모든 생활 표현은 성경 해석에 따라 결정되기 때문이다. 그러고 보면 교리사는 해석학의 역사가 되고 만다. 그에 따르면, 말씀의 선포 안에서 그리스도의 자기 임재는 신앙인들에게 '동시적인 사건'이 된다.

슈미트(Kurt Schmidt)에 따르면, 에벨링이 교회사를 성경해석사라고 말함으로써 교회사가 교회 생활의 중요한 부분을 다루는 것임을 지적하기는 하였으나, 그것이 교회사가 다루는 대상들의 전부는 아니라고 말한다. 하나님께서는 그의 말씀을 통하여 일하시는 것은 사실이나, 말씀에 대한 이해가 교회 생활의 전부는 아니고 교회는 다양한 삶을 가진다고 말한다. 다시 말하면, 선포되는 말씀은 교회 생활의 핵심이기는 해도 전부는 아니라는 것이다. 여하튼 에벨링이 교회사를 성경해석사라고 말함으로써 교회사가 신학으로서 가지는 의미를 쉽게 이해할 수 있도록 한 것은 사실이다.

제2차 세계대전 이후 헬무트 니버(Helmut Richard Niebuhr)는 교회사에 대한 역동적 이해를 강조하였다. 이러한 역동적인 이해는 '역동적 신앙'을 설정한다는 것이다. 그는 교회의 정체된 스타일과 교회적인 형식주의를 극복하고자 교회사에 나타나는 '운동'의 본래적인 추진력을 발견해 내는 것을 교회사 서술의 과업으로 본다. 라투렛(Kenneth Scott Latourette)은 전체 교회사를 기독교 확장사로 본다. 선교적 견지에서 교회사의 각 시대를 새롭게 조명하며, 특히 신학사적으로 자유주의 시대라고 하는 19세기를 선교에 열을 올린 세기라는 뜻에서 '위대한 세기'라고 부르며, 낙관적인 교회사관에서 "하나님은 현재에도 역사 속에 일하신다"(God is even now in history)고 말한다.

우리는 교회사를 통하여 현재의 교회와 신학을 고찰하기 때문에 신학을 분야별로 나누어 연구할 때 신학 전체에 대한 충분한 지식을 가져야 한다. 신학을 몸에 비유한다면 몸의 일부인 각 지체가 몸에 붙어 있어서 지체끼리 상호 관련을 가지면서 서로 도울 때 건강한 몸을 기대할 수 있듯이, 전체의 신학과 분야별 신학의 관계 역시 그러하다. 몸의 지체가 잘리면 불구가 되듯이 어느 분야의 신학이든지 소홀히 하면 파행적인 신학이 될 수밖에 없다.

교회사는 신학의 한 분야이며 방법으로서 역할을 할 뿐 아니라, 우리의 기독교적 생존에 관한 질문을 던진다. 우리는 독자적으로 그리스도인이 되는 것이 아니다. 우리는 역사적으로 형성된 교회에 속함으로써, 그리고 동시에 영적인 교회에 속함으로써 그리스도인이 될 수 있다. 교회의 영적인 생활 표현이 우리의 신앙과 우리의 경건을 결정지으며 계속해서 우리에게 생기를 준다. 그러나 신령파적인 교회관을 가졌다면 몰라도, 그렇지 않다면, 수평적인 선이 없이는 수직적인 선이 존재하지 않음을 우리는 잘 인식한다. 말씀과 교회는 역사 속에 사는 우리의 기독교적 존재를 결정짓는 데 다 같이 결정적인 역할을 한다. 신앙하는 사람들의 모임인 교회가 역사적인 교회로부터 분리될 수 있다고 생각할 수는 없다.

교회사를 연구함에 있어서 우리는 교회의 역사적인 현상들의 특이성을 깨닫는 동시에 보편성(universality)과 세계성(ecumenicity)을 발견해야 한다. 역사적인 보편성과 역사적인 특이성은 교회사 연구에 항상 염두에 두어야 하는 양극의 축(軸)과 같다. 기독 신자로서의 우리의 존재와 사고는 역사성이라는 범주의 테두리 안에서 좌우되는 것이다. 우리는 교회사에 우리로 하여금 생각하게 하고 눈을 뜨게 만드는 요소가 숨어 있음을 인식하고, 우리에게 철저하게 영향을 미치는 역사적인 관계 속에 살며 또한 사고한다. 그리고 우리는 결코 이러한 관계를 벗어날 수 없다. 그러한 의미에서도 교회사는 필요 불가결한 신학이다.

교회사 연구는 교회가 역사 속에서 어떻게 성장하고 존속해 왔는지, 하나님의 백성인 교회가 계시의 말씀인 성경이 가르치는 삶의 규범을 따라 충실하게 살아왔는지 아닌지 그 여부를 추적하는 동시에 현재에 살고 있는 교회가 하나님의 뜻을 좇아 살고 있는지의 여부를 점검하는 것을 목적으로 한다. 예루살렘에서 시작된 그리스도의 교회가 여러 다른 언어와 문화 속에 살면서 어떻게 수없이 많은 분열을 거듭해 왔으며, 부패를 경험하고 쇄신을 도모해 왔는지를 탐구하는 것이다.

교회의 역사 연구를 통하여 우리는 우리 각자가 속해 있는 교회 공동체가 어떤 역사적인 전통에 속해 있으며, 어떤 유형의 교회 공동체인지를 인식하게 된다. 그러면 각자가 속해 있는 교회 공동체가 이름을 달리 하는 많은 교파 교회들 가운데 하나이면서 동시에 성경이 가르치는 하나인 그리스도의 교회에 속한 것임을 인식하며, 또한 참으로 그런지를 점검함과 동시에 성경이 가르치는 교회상을 실현하기 위하여 최선을 다하도록 방향을 제시하는 것이 교회사의 과업이다.

교회사 서술 및 외국어 표기 방법

교회사 서술 방법

이 책에서는 교회사를 흔히 신학교에서 강의하는 대로 초대, 중세, 종교 개혁 시대, 근세로 나누어 쓰기로 한다. 책의 분량에 비하여 교리와 신학에 관한 부분이 많지 않을까 하는 생각도 들지만, 독자에 따라서는 미흡하게 여길 수도 있는 줄 안다. 기독교 교회의 역사 서술은 기독교적 신앙을 가진 신자들의 공동체가 역사 속에서 성경 말씀에 어떻게 응답하며 살아왔는지 그 사상과 삶을 추적하고 기록하는 것이다. 교회의 삶이나 교회가 경험해 온 사건들과 신앙고백이나 신학 사상과의 상관 관계는 일반 역사에서 볼 수 있는 사건과 시대정신과의 상관 관계보다 훨씬 더 밀접하다. 그러므로 교리나 신학의 역사를 교회의 역사적인 사건과 함께 보고 서술하는 것은 바람직할 뿐 아니라 의당 그래야 한다고 생각한다.

그리스도의 교회는 역사 안에 탄생하여 역사적인 상황과 상관 관계에서 성장하고 확장되어 온 것이므로 이런 점을 서술하려고 노력하였다. 그러나 기독교 신앙이 역사적인 산물이라고 하는 성경 비평과 역사 비평은 수용하지 않는다. 기독교 교리의 특이성이 주변의 이교 사상의 영향으로 조성된 것이라는 설명은 비역사적이며 비합리적이기 때문이다. 이방 종교와 사상과는 현저한 차이가 있는 기독교 교리의 특이성이 곧 교회의 정체성이다. 그리스도의 교회는 하나님의 계시와 역사 안에 성육하여 사람이 되셔서 천국의 복음을 전하시고 십자가에 죽으시고 부활하신 예수 그리스도로 말미암아 시작되었음을 가르치는 성경 말씀을 믿는 믿음으로, 그리고 성경이 곧 교회가 살아가야 할 규범을 제시하는 말씀임을 믿는 믿음으로 교회사를 서술한다는 것을 밝힌다. 외국어를 우리말로 음역하는 일정한 기준은 없다. 그래서 본서에서는 나름대로 원칙을 세워 음역을 표기하였다.

외국어 표기 방법

1. 영국, 독일, 프랑스, 네덜란드 등 여러 나라들, 특히 독일의 인명이나 지명은 영어식 표기나 발음을 따르지 않고 할 수 있는 대로 그 나라의 발음을 따라 표기하기로 하였다. 예를 들면,
   · 콜로냐(Cologna) → 쾰른(Köln)
   · 팔라티네이트(Palatinate) → 팔츠(Pfalz)
   · 뮤니히(Munich) → 뮌헨(München)
   · 윌리엄 오렌지(William of Orange)
     → 빌헬름 오라니엔(Wilhelm von Oranien)
   · 프란시스 1세(Fransis I) → 프랑수아 1세(François I)
   · 그로티우스(Grotius) → 크로티우스
   · 영어로 헨리(Henry)는 프랑스어로는 앙리, 독일어로는 하인리히(Heinrich)가 된다.
   · 루이(Louis)는 독일어로는 루트비히(Ludwig)라고 하나 '루이'로 표기한다.

2. 독일어의 'sch' 와 st나 sp로 시작되는 단어의 's' (=sch)는 '슈' 로, 어미의 'sch' 는 '쉬' 로, 'ü' 는 '위' 로 표기한다.

3. 초대와 중세 교회 시대의 인물들은 될 수 있는 대로 라틴어 표기를 따르고 그 밖에는 「금성판 국어대사전」 외래어 한글 표기를 따른다.

4. 이미 익숙해진 이름은 널리 불려 온 대로 표기한다.

　예) Augustinus → 어거스틴

5. Calvin은 프랑스인이므로 '칼뱅' 으로 표기하는 것이 옳겠으나, 불러왔던 대로 '칼빈' 으로 표기한다. Calvin은 그의 사상적인 영향이 매우 커서 그의 국적을 따질 정도를 넘어섰으며, 프랑스 이외의 나라에서 널리 'Calvinism' 이라는 파생어와 함께 '칼빈' 으로 부르고 있기 때문이다.

6. 학술 용어는 가능한 한 괄호 안에 영어식으로 표기하는 것을 원칙으로 한다.

　예) 칼빈주의(Calvinism), 루터교(Lutheranism)

7. 사람의 이름을 따라 표기한 사상이나 그 사상을 따르는 사람들도 영어식으로 표기하거나 '－파' 라고 표기하였다. 예를 들면, 아리우스(Arius)를 따르는 사람은 아리우스파로, 그들의 사상은 아리우스주의(Arianism)로 한다.

8. 로마 가톨릭 교회는 천주교(天主敎)라고 하지 않고 '가톨릭' 이라고 한다. 앵글리칸(Anglican)도 성공회(聖公會)라고 하지 않고 원어 그대로 '앵글리칸' 이라 하였으며, 'Reformed Church' 는 '개혁교회' 로, 'Lutheran Church' 는 '루터교회' 로 한다.

9. Bishop은 '감독' (監督) 혹은 '주교' (主敎)로, archbishop은 '대주교' (大主敎)로, patriarch는 '총대주교' 로 한다. 그리고 bishopric 혹은 diocese (=see)는 '감독구' 혹은 '주교구' 로 표기한다.

10. 삼위일체 하나님의 'Person'을 위격(位格)으로도 번역하고 있으나, 하나님에 관하여 지칭하는 'persona'는 이미 유추적(analogical) 개념 이므로 '人格'이라는 한자(漢字) 개념에서 자유롭도록 그냥 '인격'이 라고 한다.

A HISTORY OF THE CHURCH

초대 교회사

기독교의 시작과 역사적 배경

AD 26년에서 36년 어간에 유대와 시리아를 통치한 로마의 총독은 본디오 빌라도였다. 그의 임기 말에 예수님께서는 예루살렘 성 밖에서 십자가에 못 박히는 처형을 당하셨다. 죽으시고 사흘 만에 부활하신 예수님께서는 승천하시기 전 제자들에게 예루살렘을 떠나지 말고 하나님 아버지께서 약속하신 성령이 임하시기를 기다리라고 말씀하셨다.[1]

그리고 성령이 임하시면 권능을 받아 예루살렘과 온 유대와 사마리아와 땅 끝까지 이르러 예수님의 증인이 되리라고 하셨다. 그것은 예수님께서 사도들과 교회에 주신 명령임과 동시에 예언이었다. 예수님께서는 십자가의 사건이 있기 2~3년 전에 갈릴리 지방에서부터 복음 사역을 시작하셨다. 제자들을 택하여 사도로 세우시고 "내 교회를 세우리라"고 약속하셨다.

이제 그의 예언이요 약속이기도 한 이 말씀은 오순절에 성령께서 임하셔서 제자들이 성령의 충만함을 받아 복음을 전함으로 말미암아 성취되었으며 지금도 계속 성취되고 있다. 2천 년이 지난 오늘의 시점에 아랍권의 나라들과 같이 복음을 완강히 거부하는 곳이 있고 아직 복음을 들어 보지 못한 소수 민

---

1. 연대를 말할 때 이제는 온 세계가 예수님께서 나신 해를 원년으로 하여 BC와 AD로 나누어 말한다. 그런데 실제로는 예수님께서 나신 해를 잘못 알고 4~6년 후를 원년으로 정했다고 한다.

족들이 남아 있으나, 복음은 땅 끝까지 전파되어 예루살렘에서 시작된 그리스도의 교회를 통하여 온 세계에 편만(遍滿)하게 되었다.

초기의 그리스도의 교회는 유대교 신봉자들과 로마의 제왕들과 위정자들의 핍박을 받는 한편, 그리스(希臘)의 철학과 동방의 신비주의 종교와 여러 잡다한 종교들의 반대와 방해를 받으면서 로마 제국의 온 지역으로, 특히 지중해 연안의 여러 나라로 신속히 전파되어 곳곳에 교회가 서게 되었다. AD 313년 콘스탄티누스(Constantinus) 황제 치하에서 기독교는 공인된 종교가 되었으며, 380년에는 테오도시우스(Theodosius) 황제 치하에서 로마 제국의 국교로 선포되기에 이르렀다.

기독교가 모든 핍박과 장애를 극복하고, 여러 사상과 잡다한 종교를 물리치고 로마의 국교가 된 것은 기독교가 지닌 저력, 즉 복음의 능력 때문이다. 복음을 위하여 순교하는 것을 영광으로 생각하는 그리스도인들과 전도자들의 경건하고 헌신적이며 윤리적인 생활로 인하여 사람들은 기독교에 호감을 갖게 되고 감화를 받게 되었으며, 복음의 불길은 사람들의 마음에서 마음으로 번져 갔다. 이러한 사실은, 신약 성경의 사도행전의 증언을 따라 말하자면, 하나님의 섭리 가운데 성령의 일하심을 통하여 이루어진 것이다. 사도행전은 그리스도의 교회 역사를 기록한 최초의 책이기도 하다.

그리스도교의 복음이 초기부터 급속히 전파될 수 있었던 것은 물론 복음의 능력 때문이었으나, 역사적인 상황과 여건이 그렇게 될 수 있도록 조성되어 있었기 때문이기도 하다. 최초의 교회가 선 곳, 즉 예루살렘이 위치한 팔레스타인은 메소포타미아의 강대국들과 이집트와 지중해 연안에 위치한 서방 나라들이 교역을 위하여 왕래하거나 군사적인 침공을 위하여 거쳐 가야 하는 통로요 요충(要衝)이었다. BC 6세기에 바벨론이 큰 제국을 이루었으며, 그후 페르시아가 뒤를 이었고, 그리스와 로마가 연이어 일어나 대제국을 건설하였다. 그 당시 유럽과 중동에는 많은 민족들이 빈번히 전쟁하며 상호 교류하는 가운데 있었는데, 이러한 대제국들이 연이어 형성됨으로 인하여 민족들간의 교류는 한층 더 증진되었다. 그리고 하나의 제국 내에 여러 민족들이 살았으므로 통일적인 문화권이 형성되었으며 세계동포주의 사상이 움트게 되었다.

마케도니아의 알렉산더 대왕(BC 356~323)이 페르시아 제국을 제압하고 새로운 대제국을 건설하면서 그리스의 문화는 제국 내에 확산되어 헬레니즘(Hellenism) 문화권이 형성되었다. 그래서 헬라어(그리스어)가 널리 공통어로 쓰이게 되었다. 이와 같이 공통어로 사용된 헬라어를 '코이네 헬라어' 라고 하는데, 성경을 기록한 이들과 동방 교회의 교부들 및 신학자들은 신약 성경과 그들의 문서를 코이네 헬라어로 기록하였으므로, 당시의 식자(識者)들은 별 어려움 없이 신약과 교부들의 글을 읽고 의사 소통을 할 수 있었다.

알렉산더가 이룩한 제국은 BC 323년 그가 죽고 난 이후 휘하의 장군들에 의하여 4개의 왕국으로 나뉘었다. 그 가운데서 팔레스타인에 영향을 미친 왕국이 프톨레마이오스(Ptolelmy)와 셀류키드(Seleucid)였다. 프톨레마이오스는 이집트를 장악하여 알렉산드리아를 수도로 정하였다. 셀류키드 왕국은 바벨론을 근거로 하여 그 세력을 서쪽으로는 시리아, 동쪽으로는 이란까지 확장하였다. 시리아의 안디옥과 유프라테스의 셀류케이아가 수도였다. 프톨레마이오스와 셀류키드 양 세력은 팔레스타인과 페니키아를 두고 각축을 벌였으나 프톨레마이오스가 BC 301년 먼저 팔레스타인을 장악하게 되었다.

프톨레마이오스의 점령하에서 많은 유대인들이 이집트로 강제 이민을 당했다. 이집트 나일 강의 델타 지역에 위치한 새 도시 알렉산드리아는 세계적인 도시로 발전했던 곳이다. 알렉산드리아는 학문이 크게 진흥된 곳이었고 방대한 장서를 갖춘 도서관이 두 개나 있는 문화 도시였다. 알렉산드리아와 이집트에는 AD 1세기에 백만이나 되는 많은 디아스포라(Diaspora), 즉 흩어진 유대인들이 살고 있었다. BC 270년경에 이들은 구약의 헬라어 번역인 '70인역'(Septuagint)을 내놓았다. 그래서 신약 기자들을 포함하여 많은 유대인들은 헬라어로 된 구약 성경을 익히 알 수 있었던 것이다.

BC 2세기 초에 이르러 셀류키드의 안티오쿠스(Antiochus)가 이집트 세력을 아시아에서 몰아내고 팔레스타인을 점령함으로써 유대인들은 셀류키드의 세력하에 들게 되었다. 유대인들은 BC 165년경 마카비(Maccabaeus)의 독립 전쟁을 통하여 주권을 회복했으나 그것은 잠시 뿐이었다. 유대인들은 새로운 점령군을 맞이하게 되었다. 오래 전부터 세력을 키워 온 로마가 지중해 연안의 나라들을 점령하여 역사상에 먼저 있었던 제국들을 이어 강대한 제국을 이룩하였다.

팔레스타인은 BC 67년, 폼페이가 이끄는 로마군에 의하여 점령되었으며 유대인들은 로마의 지배를 받게 되었다. 로마는 헬레니즘 문화권을 그대로 로마 대제국(Pax Romana)으로 유지할 수 있었다. "모든 길은 로마로 통한다"는 말이 생겨났듯이, 로마 제국은 영토와 식민지를 통솔하기 위하여 길을 곧게 잘 닦아서 육로를 통한 왕래를 쉽고, 신속히 할 수 있도록 만들어 놓았다.

BC 586년, 유다와 예루살렘이 바벨론군에 함락되고 다수의 유대인들이 바벨론으로 강제 이주를 당한 이후부터 유대인들은 지중해 연안의 여러 나라에 흩어져 살게 되었다. 디아스포라, 즉 흩어진 유대인의 인구는 상당수에 달하였다. AD 1세기경에 이집트에서는 무려 인구의 10~12%가 유대인이었다. 로마에도 약 2%나 되는 유대인이 살았으며, 로마 제국 내의 유대인 인구가 4~4,500,000명에 이르렀다고 한다. 당시 제국 내의 인구를 6천 만으로 추산한다면 전체 인구의 7%에 해당하는 수이다.

흩어진 유대인들은 공동체를 이루어 살았다. 회당(Synagogue)은 그들의 종교와 교육을 위한 집회 장소요 공동체의 결속을 위한 구심적인 역할을 하는 기관이었다. 그래서 사도 바울은 전도 여행을 할 때 가는 곳마다 먼저 유대인의 회당을 찾아 복음 전파를 위한 거점으로 사용할 수 있었다.

기독교 교회사를 서술할 때 발칸 반도 동쪽을 동방(東方)이라고 하고, 거기서부터 서쪽을 서방(西方)이라고 하여 구분한다. 서방에는 로마의 언어인 라틴어가 사용되었는데 이것은 중세와 종교 개혁 시대까지 학문적인 공용어였다. 라틴어가 중세의 전 시기에 걸쳐 오랜 기간 동안 공용어로 사용된 사실은 기독교의 복음 전파와 서방 교회의 통일을 위하여 크게 도움이 되었다. 이와 같이 역사적인 상황과 여러 여건들이 그리스도의 복음 전파와 교회 확장이 순조롭게 이루어질 수 있도록 조성되고 준비를 갖추게 되었다. 하나님의 섭리였음을 고백하지 않을 수 없다.

　기독교가 로마 제국의 국교가 된 것을 부정적으로 보는 시각도 있다. 기독교가 로마의 국교가 되기 이전에, 즉 핍박 가운데 자랄 때에는 보다 순수하였으며 영적인 생동성(生動性)이 있었으나, 국교가 되면서 교회가 제도화되고 따라서 세속화되었으며, 점점 타락의 길을 걷게 되었다고 보는 견해이다. 교회의 역사적인 전통을 존중하지 않고 성경을 주관적으로 이해하며 영적인 신앙 생활에 역점을 두는 신자들이 가지는 견해이다. 그런 면이 없지 않으나, 이러한 견해는 역사를 넓게 보는 시각일 수는 없다. 기독교가 오랜 기간에 걸쳐 매우 심하게 정치적인 탄압을 받거나 사회적인 박해를 받을 때 교회가 소멸하게 되었음을 기독교 역사에서 확인할 수 있다.

　기독교는 일찍이 시리아와 인도를 거쳐 중국에까지 전파되었다. 당나라 시대에 네스토리우스파(Nestorians)의 기독교는 심한 박해를 받거나 동양의 여러 종교와 문화와 접촉하는 과정에서 그 정체성이 왜곡되거나 소멸되기에 이르렀다. 네스토리우스파 기독교는 635년에 당(唐)에 전래되어 경교(景教)라는 이름으로 약 2백 년 간 황실의 보호 아래 융성하다가 845년 무종(武宗) 때에 심하게 핍박을 받으면서 마침내 소멸되고 말았다. 그리고 중동(中東)과 소아시아와 이집트에 전파된 기독교는 7세기에 아랍인들의 세계에서 일어난 이슬람교로 말미암아 완전히 거세되거나 교세가 극도로 약화되었다.

　지중해 연안을 중심으로 하여 기독교화되었던 지역은 이슬람의 침략을 받은 이후 엄청난 변화를 겪었다. 콘스탄티노플을 중심으로 하는 동방 교회와 로마를 중심으로 하는 서방 교회가 관할하는 지역은 무사했으나, 그 밖의 지역, 즉 안디옥을 중심으로 하는 소아시아와 시리아, 예루살렘을 중심으로 하는 팔레스타인 지역, 알렉산드리아를 중심으로 하는 이집트 지역은 이슬람교 국가들이 되고 말았다.

서방으로 전파된 기독교는 처음에는 여러 종교에 대한 로마 제국의 관용 정책을 통하여 용인되었다. 로마 당국은 기독교를 유대교의 한 종파로 여기고 그렇게 다루었다. 유대교는 독선적이며 폐쇄적인 민족 종교이므로 로마는 점령지의 여러 민족을 다루는 차원에서 유대교와 마찬가지로 기독교의 종교 활동을 묵인하고 관용하였다. 그러나 기독교가 헬레니즘과 로마의 문화를 거스를 뿐 아니라 민족의 벽을 넘어 모든 사회 계층의 사람들을 끌어안는 세계적인 종교라는 사실이 차츰 드러나게 되자, 로마 당국은 기독교에 대한 태도를 달리하였다.

AD 64년 네로(Nero) 황제 치하에서 일어난 로마의 대화재를 계기로 기독교인들은 혹독한 박해를 받기 시작하였다. 그러나 로마 제국 내의 박해는 대체로 지역적으로 그리고 간헐적으로 행해졌으므로 교회가 그 존립에 치명적인 타격을 받지는 않았다. 기독교는 오히려 연단을 받는 가운데 정화되고 크게 성장하였다.

로마 제국에서 기독교는 마치 '가루 서 말 속에 갖다 넣어 전부 부풀게 한 이스트' 처럼 서서히 성장하여 마침내 로마 제국을 기독교화하고 말았다. 로마 제국의 정권은 게르만에게 붕괴되었으나 로마의 문화 속에 생존하게 된 교회는 문화와 함께 문화적으로 열등한 게르만에게 전수되어 게르만을 기독교화하게 되었으며, 적어도 초기에는 교회가 권위를 가지고 게르만의 왕실들을 지도하기에 이르렀다. 서방으로 간 기독교가 유럽 나라들의 국교가 되고 국민 종교가 되었으므로 교회가 그만큼 성장하였으며, 또한 교회 안에서 기독교 진리를 드러내려는 신학 활동과 운동이 있어서 오늘날과 같이 교회가 온 세계에 두루 확산된 것이다.

근세의 기독교 선교를 비판적으로 보는 시각에서는 선교를 식민지 확장 정책의 일환으로 본다. 많은 구미의 선교사들이 자국의 식민지 확장 정책과 때를 같이 하여 선교 활동을 벌인 것은 사실이다. 그리고 식민지 정책과 그것을 배경으로 한 선교사들의 활동이 선교 현지의 백성들이 복음을 받아들이는 데 방해가 되는 부정적인 요소로 작용한 것도 사실이다. 그러나 여하튼 선교에 열정을 가진 사람들은 그들의 정부의 식민지 확장으로 인하여 선교의 기회를 포착하게 되었으며, 그들에게 선교의 세계는 그만큼 넓어졌다.

스웨덴과 노르웨이를 제외한 개신교 국가들의 정부는 대체로 선교에 냉담한 편이었으나, 선교의 사명을 가진 이들은 선교회를 조직하여 자신들의 정부가 식민지로 개척한 선교지로 향하였다. 선교사들은 경우에 따라서는 식민지 개척자들이나 식민주의 정부의 비인도적 시책에 항의하기도 하였으므로 식민주의자들은 이들 선교사들을 성가신 존재로 여기기도 하였다. 그러나 원주민들은 선교사들을 식민주의의 앞잡이로 오해하기도 하였다. 선교사들은 식민주의 정부의 시책을 옹호하든 비판하든 간에, 정부의 보호를 받으며 그 그늘 아래서 선교 활동을 했다.

기독교가 서양의 식민지화 정책으로 인하여 온 세계에 전파되기에 이르렀다고 해서 열강의 식민주의에 면죄부를 주어야 한다거나 식민주의로 얼룩진 역사를 긍정적으로 볼 수 있다는 것은 결코 아니다. 그것은 과학의 발달을 환영하는 사람들이 그들의 시각에서 전쟁이 과학 문명을 촉진시켰다고 해서 전쟁을 미화할 수 없는 것이나 마찬가지이다. 중세의 기독교인들이 성전(聖戰)이라고 여겼던 십자군 전쟁으로 인하여 서양 세계가 동방의 문물을 접하게 되었으며 상업과 교역의 진흥으로 봉건 사회를 탈피하게 되어 중세 사회는 큰 변혁을 겪게 되었다. 그렇다 해서 십자군 전쟁 그 자체를 정당화하거나 유익한 것이었다고 평가할 수는 없는 것이다.

국가와 교회와의 관계에서 교회가 국교 혹은 국민 교회가 되는 것이 반드시 이상적이라고는 말할 수 없다. 그러나 온 국민을 기독교로 개종시키는 것이 선교의 목적인가 하면, 기독교는 역사의 진행을 따라 국가의 보호 아래 융성하기도 하고 국가의 탄압하에 쇠퇴하기도 하였다. 그러므로 기독교가 로마의 국교가 된 사실이나, 후에 유럽 제국의 국교 혹은 국민 종교가 된 사실을 부정적으로보다는 긍정적으로 보아야 한다. 교회를 보전하시고 성장하게 하시는 하나님의 섭리와 경륜은 우리의 좁은 안목과 시야를 넘어서는 것이므로 하나님의 지혜의 부요(富饒)하심을 찬양할 뿐이다.

그리스도 교회의 형성과 시대적 배경

로마는 카이사르(Caesar)의 친구 이두메이아인 안티파터(Antipater)의 아들 헤롯을 유대인들의 왕으로 세워 팔레스타인을 다스리게 하였다. 유대인들은 그간에 유대를 다스려 왔던 하스모니아 가문의 안티고누스의 지도하에 완강히 저항했으나, 헤롯은 로마군의 도움으로 저항군을 평정하고 BC 37년, 예루살렘을 점령하여 유대 온 지역을 자신의 세력하에 두었다. 헤롯은 성전을 재건축하는 한편 새 도시들을 세우고 경제와 문화를 위한 정책을 펴는 등 백성을 무마하려고 무던히 노력하였으나 백성의 마음을 얻는 데는 실패하였다.

그는 왕국을 분할하여 세 아들에게 주었다. 유대와 사마리아와 이두메이아는 아켈라우스가, 북부 지방은 안티파스가, 동북부 지방은 빌립이 통치하였다. 그러나 로마는 아켈라우스가 문제가 많은 유대를 다스리기에는 역부족이라고 하여 AD 6년에 그를 폐위하고 로마의 총독으로 하여금 시리아를 포함하여 유대를 다스리게 하였다. 다수의 총독들이 선민 의식(選民意識)을 가진 유대인들을 잘 다루지 못함으로써 백성들의 반(反)로마 감정을 자극하였다.

예수님께서 사역하실 당시에 유대 사회에는 여러 종교적인 그룹들이 있었다. 그 가운데서 가장 대표적인 그룹은 바리새인들이었다. 그들은 정통적인 유대교를 대표하는 그룹으로 자처했는데, 아마도 마카비 시대에 율법을 철저하게 지키려 했던 핫시딤의 후예일 것으로 사람들은 추측한다. 사두개인들은 제사장들과 상류층 가문 출신들이 속해 있는 보수적인 그룹으로서, 바리새인들과는 여러 면에서 교리적인 견해를 달리하였다. 예를 들면, 바리새인들은 하나님께서 섭리하시는 역사의 목적을 믿는 반면 사두개인들은 역사와 운명을 개척하는 개인의 자유를 역설하였으며, 바리새인들이 내세와 천사들의 존재를 믿는 반면 사두개인들은 구약에 있는 대로 '쉐올'을 믿으며 천사들의 존재를 부정하였다.

그 밖에 주로 은거하면서 금욕적인 경건 생활을 하는 에센들(Essenes)이 있었다. 이들은 BC 2세기부터 유래된 것으로 추정된다. 1947년에 쿰란 (Qumran)이 발견되면서 에센들을 쿰란 공동체 사람들과 동일시하는 이들이 있으나 그 점에 대하여는 논란이 많다. 또한 유대 민족과 종교를 위하여서는 죽음을 두려워하지 않는 열심당(Zealots)이 있었다. 마카비를 추종하던 자들의 후예로 이해하기도 하는데, 히폴리투스(Hippolytus, 170~236)에 따르면, 열심당은 에센의 한 종파였다. 여하튼 유대에는 종교적 및 사회적인 많은 그룹들이 있었는데, 공통적인 것은 모두가 외세의 압제를 벗어나 나라의 독립과 종교적인 자유를 갈망했으며, 그래서 자신들이 희구하는 독립과 자유를 가져다 줄 메시아, 즉 하나님께서 약속하신 메시아를 대망(待望)했던 것이다.

예수님께서는 로마의 아우구스투스 황제 치하에서 예루살렘 남쪽 작은 마을 베들레헴에서 탄생하시고, 나사렛에서 거주하시며 성장하셨다. 예수님께서는 약 30세가 되었을 즈음에 천국 복음 사역을 시작하셨다. 그는 복음 사역의 시초부터 교회를 세우실 뜻을 몸소 실천하시고 진행하시며 말씀으로 선포하셨다(마 16:18). 예수님께서는 먼저 세례 요한에게서 세례를 받으시고 하나님의 나라가 임하였음을 선포함으로써 사역을 시작하셨다. 예수님께서는 세례가 하나님의 새 언약의 시대에 당신 자신으로 말미암아 형성되는 하나님의 새로운 공동체에 참여하는 사람이면 누구나 받아야 하는 새 질서임을 인정하여 친히 세례를 받고 그것을 성례로 제정하셨다.

예수님께서는 사역을 시작하시자 곧 12명의 제자를 불러 사도로 세우셨다. 사도들은 교회의 기초가 된 이들이다. 예수 그리스도께서는 귀신을 내어쫓으시며 병자들을 고치시고 가난한 자를 위로하시며 천국의 복음을 설교하셨다. 그리고 헤롯과 가야바 집안의 제사장들과 바리새인들 및 서기관들에게 질시와 모함을 받아 본디오 빌라도에게 재판을 받고 휘하의 군병들에게 고난을 당하시고 십자가에 달려 죽으셨다.

예수 그리스도께서는 평소에 제자들에게 말씀하신 대로 사흘 만에 부활하셨다. 승천하시기 전에 제자들에게 가서 모든 족속으로 제자를 삼아 아버지와 아들과 성령의 이름에 연합하는 세례를 주고 제자들에게 분부하신 모든 것을 가르쳐 지키게 하라고 당부하셨다. 예수님께서는 사도들과 제자들로 하여금 무작정 천국의 복음을 전파하라고 명하신 것이 아니라, 믿는 자들의 모임을 '제도화' 할 것을 명령하셨다. 예수님께서 승천하신 후 사도들을 포함한 120명의 제자들이 함께 모여 전적으로 기도에 힘쓸 때, 그들은 한 사람을 선출하여 가룟 유다로 말미암아 결원이 된 사도직을 맡을 이를 보충하였다. 예수님께서 교회의 터가 되도록 세우신 12인의 사도직을 중요하게 생각하고 먼저 이를 정비하였던 것이다.

오순절에 성령께서 예루살렘 교회에 강림하셨으므로, 제자들은 성령의 충만함을 받아 여러 다른 언어로 복음을 증거하였다. 그리스도의 복음은 유대인에게만이 아니라, 세상의 모든 민족에게 전파되어야 하고, 하나님의 구원은 온 세상 사람에게 차별이 없이 미치는 것임을 상징적으로 보여 준 사건이었다. 사도들은 그리스도의 교회가 전혀 새로운 종교 집단이 아니라, 이스라엘의 하나님께서 구약의 선지자들을 통하여 예언하게 하시고 약속하신 언약을 따라, 예수 그리스도의 죽으심과 부활하심으로 말미암아 존재하게 된 새로운 하나님의 백성의 공동체로 출발하는 것임을 선포하였다.

오순절에 다른 여러 나라에서부터 예루살렘에 모여들었던 사람들 가운데는 디아스포라 유대인들도 있었고, 유대 종교로 귀의(歸依)한 외국 사람들(proselytes)과 '하나님을 두려워하는 자들'도 있었다. 예수 그리스도의 복음에 관한 소식은 이들을 통하여 신속히 전파되어 갔으며, 곳곳에 그리스도를 믿는 사람들이 생겨났다.

오순절의 성령 강림 사건이 있은 이후 예루살렘에서는 베드로의 설교를 통하여 많은 사람들이 예수님을 구주로 믿고 세례를 받음으로 인해 그리스도의 교회가 급속히 성장하게 되었다. 처음에 그들은 날마다 성전에서 모임을 가졌다. 제자들은 이레 가운데 첫날, 즉 일요일을 예수님께서 부활하신 주의 날이라고 하여 그날에 모임을 가져 예배하였다. 그들은 유대인의 관습대로 안식일에도 모임을 가졌으나, 그리스도의 교회는 날이 감에 따라 안식일에 모이는 것을 폐지하고 주일에 예배하는 모임을 가지게 되었다. 그럼으로써 그들은 자신들의 종교를 유대교와 차별화하였다.

그들은 모여서 시와 찬미로 노래하고 성경 말씀을 듣고 사도의 설교를 들었으며, 떡을 떼며, 기쁨과 순전한 마음으로 음식을 먹으며 교제하였다. 그리고 가진 자들은 재산을 팔아 바치고 가진 것을 서로 나누며 복음 전도와 구제하는 일에 힘썼다. 예루살렘 교회는 처음 출발하는 벽두에 성령이 충만한 가운데 잠시나마 그리스도의 교회가 지향해야 하는 바람직한 교회상(教會像)을 실현하였다.

그러나 교회가 더 크게 성장함에 따라 사람들이 모이는 곳에는 으레 있게 마련인 문제들이 야기되었다. 교회 안에서 구제를 받아야 할 대상을 정하는 문제를 두고 히브리파 사람들과 헬라파 사람들간에 분쟁이 있게 되었다. 헬라파 사람들이란 헬라(希臘)인들을 지칭하는 말이 아니라 헬라어를 사용하는 유대인들을 두고 하는 말이었다. 사도들은 복음을 전하는 일에 전념하도록 하기 위하여 구제하는 일을 맡을 사람 7인을 선출하여 이러한 문제를 조정하고 사도들을 돕도록 하였다. 교회의 조직은 이와 같이 교회가 성장함에 따라 강화되고 제도화되었다.

집사 일을 보도록 선택된 이들은 얼마 후에 복음을 전하는 일에 합류하였다. 스데반은 복음을 증거하다가 유대인들이 던진 돌에 맞아 순교하였으며, 빌립은 성령에게 이끌림을 받아 에티오피아의 여왕을 섬기는 내시(內侍)를 만나 그에게 전도하고 세례를 주었다. 사도행전에는 일일이 기록되지 않았으나, 예루살렘 교회는 집사로 뽑힌 일곱 사람들이 전도자로 일하게 되자 집사 일을 맡을 사람들을 다시금 뽑아 보강하였다.

12사도 이외에 또 한 사람, 즉 바울이 사도로 세우심을 받은 사실은 특기할 만한 일이다. 그래서 사도행전 기자는 그 사실을 자상하게 기록하고 있으며, 사도행전 11장 이하에는 주로 바울의 전도 활동에 관한 것을 기록하고 있다. 그리스도인들을 박해하는 일에 앞장섰던 사울이라고 이름했던 바울은 그리스도의 부르심을 받아 복음 전파와 교회 확장에 참여하였다. 바울은 스스로가 사도임을 의식하고 그가 쓴 서신마다 그 서두에 자신이 사도임을 강조하였다. 그는 하나님께로부터 직접 계시를 받아 많은 서신을 써서 그리스도의 교회와 신학의 기초를 놓는 일에 지대한 공헌을 하였다. 그러므로 바울은 12사도들과 다름없는 사도로 인정을 받게 되었다.

바울은 그리스도인들을 핍박하러 다메섹(Tarsus)로 가는 길에 빛 가운데서 그를 부르시는 예수 그리스도의 음성을 듣고 회심하였다. 그는 빛을 보고 눈을 뜨지 못하게 되었다가 아나니아라고 하는 제자에게서 안수를 받고 비로소 눈을 뜨게 됨과 동시에 성령의 충만함을 입었다. 이 사실은 그가 독단적으로 사도가 된 것이 아니라 12사도들과 제자들의 무리가 모체가 되어 예루살렘에서 시작된 그리스도의 교회에 합류하여 그 일원으로 참여하게 되었음을 의미한다. 바울은 다소 출신으로서 나면서부터 로마의 시민권을 소지한 사람이었고 당시에 명망이 높은 율법학자 가말리엘 문하에서 랍비 교육을 받은 정통파 유대인이었다.

오순절 성령 강림 이후 사도들은 여러 다른 나라 말로 복음을 전하였으나 예루살렘 교회가 꽤 성장하기까지 이방인들도 복음을 믿어 구원에 참여할수 있게 된 사실을 미처 깨닫지 못하였다. 유대교의 배경 속에서 살아온 예루살렘 교회와 제자들이 이스라엘 백성만이 선민이요, 하나님의 구원은 선민에게만 미친다는 오랜 전통적인 고정 관념에서 벗어나지 못해서였다. 그러나 그들은 하나의 충격적인 사건을 경험한 이후 그리스도의 복음이 만민에게 미치는 것임을 깨달았다. 베드로는 백부장 고넬료와 그 집안 사람들이 복음을 듣고 믿어 세례를 받을 때 성령께서 임하셔서 방언을 하는 사실을 경험하였다. 그리고 제자들은 베드로의 증언을 듣고서야 비로소 이방인에게도 하나님께서 구원을 베푸신다는 사실을 깨닫고 하나님께 영광을 돌렸다.

구약과 신약의 연속성과 불연속성

예수 그리스도의 십자가와 부활과 성령의 임하심이 다 구약의 예언대로 성취된 것이라고 이해한다면, 그리스도의 교회는 구약 교회의 연장이어야 할 텐데, 그리스도 안에서 이제는 이방인들도 하나님의 구원에 참여할 수 있게 되었다고 하므로, 신학적으로 밝히고 정리해야 할 일이 많았다. 구약 시대의 질서가 신약의 교회 시대로 그대로 이어지는 것이 있는가 하면, 그렇지 못한 것도 있으므로 그런 여러 가지 문제를 가려내는 것이 큰 과제였다. 이를테면, 부정한 음식을 먹는 문제를 두고 하나님께서는 베드로에게 어떤 것이든 먹을 수 있음을 계시해 보여 주셨다(행 10:9~16). 그럼에도 불구하고 베드로는 자신이 배운 구약의 율법 이해에서 벗어나지 못하고 자신의 선입견을 고집하려고 하였다.

부정한 음식을 먹지 말라는 계율은 이스라엘 백성을 이방 백성과 구별하기 위한 '정결법' 에 속한 것이다. 하나님께서 베드로에게 부정한 음식을 먹어도 좋다는 것을 환상 가운데 보여 주신 것은 이제는 하나님의 구원이 그리스도 안에서 만백성에게 미치게 되었으므로 이스라엘 백성과 이방 백성을 구별하게 하는 지표(指標)가 그 의미를 상실하였음을 보여 주신 것이다. 유대인이 아닌 고넬료와 그 가정이 그리스도를 믿어 택함을 받은 새 이스라엘이 된 것을 보고, 베드로는 하나님의 구원의 경륜과 뜻을 이해하고 예루살렘의 제자들에게 이 사실을 보고하였다(행 11:1~18).

베드로가 구약의 정결의 법은 폐지되었으며 이방인에게도 하나님의 구원이 미치게 된 사실을 이해하게 되었음에도 불구하고, 할례 문제에 있어서는 즉시 고정 관념을 버리지 못하였다. 그래서 그 일을 두고 바울과 논쟁을 벌였다. 이 문제를 두고도 히브리파 사람들과 헬라파 사람들의 의견이 나뉘었음을 알 수 있다. 히브리파 사람들은 이방인들도 예수님을 믿어 하나님의 택한 백성이 되려면 구약의 규례인 할례를 받아야 한다고 주장하였다. 베드로는 이러한 견해를 대변하였다. 안디옥에서 베드로는 예루살렘에서 온 유대인 교인들 앞에서 이방인 그리스도인들과 자리를 같이 하여 먹기를 꺼려한 일도 있었다(갈 2:11~14). 이런 일 때문에 결과적으로 예루살렘 교회는 그만큼 선교의 힘을 잃게 되었다.

이와 반대되는 견해를 가진 사람들 가운데 대표적인 인물은 바울이었다. 할례는 혈통을 따라 이스라엘 백성이 되는 것을 뜻하는 언약의 징표이므로, 예수 그리스도 안에서 성령으로 말미암아 영적으로 새 사람이 되는 그리스도인들은 구태여 옛 언약의 징표인 할례를 받아야 할 이유가 없다고 항변하였다. 이 문제는 예루살렘 회의에서 중요한 의제가 되었다. 베드로와 히브리파 사람들이 바울의 견해가 옳다고 인정하고 승복하는 바람에 교회는 이 문제에 대한 통일적이며 공적인 견해를 갖게 되었다(행 15:1~11; 갈 2:11~21).

구약과 신약의 연속성과 불연속성에 관한 논의, 다시 말하면 구약 성경과 신약 성경은 다 같이 하나님의 말씀으로서 통일성을 가진다는 사실과 그럼에도 불구하고 구약의 의미와 신약의 의미에 다른 점이 있다는 사실에 대한 논의는 기독교 역사에서 늘 되풀이되는 신학적인 논의의 주제이다. 구약 성경의 역사와 예언은 예수 그리스도의 오심과 구원 사역에 대한 예언이요 언약이며, 신약 성경은 그리스도로 말미암은 구약의 성취이므로 구약은 신약의 말씀을 통하여 이해해야 한다는 것이 기독교 교부들과 정통적인 교회의 이해이다. 그리스도인이 신약 성경을 전혀 인정하지 않는 유대교 신자가 해석하듯이 구약 성경을 이해할 수는 없다. 그러나 성경을 문자적으로 이해하는 사람들은 대체로 구약의 말씀을 옛날 히브리파 기독 신자들이 이해했듯이 잘못 이해하는 경우가 많다.

초기 기독교의 확장

스데반이 최초의 순교자로서 죽임을 당하고 이어서 또 예루살렘 교회 회의를 주관하던 야고보가 순교당하는 등 그리스도인들에 대한 유대인의 핍박이 더 거세어졌다. 그러자 그리스도인들은 핍박을 피하려고 예루살렘을 떠나게 되었다. 그리스도인들이 대거 예루살렘을 벗어남으로 말미암아 기독교의 확산은 더 가속화되었다. 그리하여 유대인의 세력이 약한 안디옥에는 예루살렘에서 온 성도들이 가세하여 교회가 왕성하게 되었으며, 안디옥은 초기 기독교 선교의 전초 기지(前哨基地)가 되었다.

안디옥 교회에서 이방인을 위한 선교사로 바나바와 함께 안수받은 바울은 지중해 연안을 세 번에 걸쳐 순방하면서 여러 지방과 도시에서 복음을 전하다가 마침내 로마에 이르게 된다. 베드로에 대한 신빙할 만한 기록은 없으나 그 역시 로마에 가서 활동하였음이 확실하다. 바울과 베드로 두 사람 모두 AD 64년에 일어난 네로의 박해 아래 순교를 당했다고 전해진다.

AD 60년 초기에 팔레스타인에서는 로마 제국에 대항하는 유대인들의 반항이 있었다. 유대인 기독 신자들은 이를 말리는 편에 섰다. 예루살렘 교회 공동체는 AD 66년에 유대인들이 로마군에 반항함으로써 전쟁이 시작되자 도시를 빠져나갔다. 대다수가 요단 강 건너편의 소위 이방 도시 펠라(Pella)로 이주하여 AD 70년에 예루살렘 성이 로마군에게 파괴될 때까지 그곳에 머물렀다. 그들은 진정한 유대인으로 인정받지 못했다. AD 84년에 팔레스타인의 유대인 지도자들은 회당에서 기독교인 유대인들을 제거하도록 시달하였다. 그리하여 마침내 유대인 기독 신자들은 기독교 신앙을 유지하는 한 유대인의 공동체에 속할 수가 없게 되었다.

　　AD 133년 유대인들은 바르 코크바(Bar-Cochba)의 주도 아래 독립 전쟁을 일으켰으나, 로마군은 135년에 이들을 무참히 공격하여 굴복시켰다. 예루살렘 도시는 파괴되었으며, 유대인의 공동체는 재기 불능의 타격을 입게 되었다. 로마의 황제 하드리안(Hadrian, 117~138)의 칙령으로 유대인들은 유대 땅에서 축출되었으며, 예루살렘에는 이교(異敎)의 사원들과 극장들이 들어서게 되었다. 예루살렘은 그리스인들의 도시가 되어 아엘리아 카피톨리아(Aelia Capitolia)라고 불리게 되었다. 이방인 출신 그리스도인들은 이 계기에 유대적인 전통에서 해방을 받아 더 많은 자유를 누릴 수 있게 되었으며, 기독교는 이제 그것의 요람이었던 예루살렘과 유대의 고리에서 완전히 풀려나 동과 서로, 여러 나라와 지방으로 전파되어 세계 종교로서 발전하게 되었다.

　　터툴리안의 증언에 따르면, AD 200년경에 이미 그리스도의 교회는 지중해 연안의 아프리카 전역에 확산되어 있었다. 프랑스, 브리튼, 스페인 방면의 선교는 서서히 진행되었다. 그러나 이탈리아에는 반도 전역에 교회가 세워져 AD 250년에는 놀랍게도 약 100개의 주교구(主敎區 혹은 監督區)가 있게 되었다. 안디옥이 서방 선교의 전초 기지였듯이, 에데사(Edessa)는 동방 선교의 근거지였다. 에데사는 안디옥의 동쪽 유프라테스 강 상류에 위치하고 있는 도시로서 교역과 교통의 중심지였다. 그곳에 있는 3세기의 교회는 예수님의 72인의 제자 중 한 사람이라는 아다이(Addai)가 설립했다고 한다. 「도마의 행적」(The Acts of Thomas)에 따르면, 기독교는 이미 3세기에 인도에까지 전해졌다는 것이다.

　　기독교 복음은 먼저 도시를 중심으로 하여 전파되어 그리스도인의 공동체가 형성되었으며, 이것이 점차로 시골로 확산되어 갔다. 선교 역사에서 왕이나 추장이 먼저 기독교 신앙을 고백하고 백성들이 맹목적으로 이에 따름으로 말미암아 나라와 마을이 기독교화되는 경우가 많았다. 그러나 로마 제국은 대체로 사회의 하층 계급에서 상층으로 삼투(滲透)되는 선교를 통하여 기독교화되어 갔다. 초기의 기독교 신자들 가운데는 노예들이 많았던 것으로 알려져 있다. 그리스도 안에서 누리는 평강과 영생의 희망이, 그리고 그리스도 안에서 빈부와 귀천을 가리지 않고 형제 자매로 묶어 주는 사랑의 복음이 그들에게는 큰 매력이요 위안이었다.

기독교가 로마 제국 내에 얼마나 급속히 확산되었으며 복음이 모든 계층에 얼마나 골고루 전파되었는지에 대한 보고가 있다. 플리니우스(Plinius)는 AD 112년경에 트라야누스 황제(Trajanus, 98~117) 치하에서 소아시아의 비투니아(Bithynia)를 다스리는 총독으로 파견되어 갔다. 플리니우스는 점차로 확산되고 있는 기독교의 세력이 만만치 않음을 간파하고 어떻게 조처를 하면 좋을 것인지 황제에게 문의한다. 황제는 대수롭지 않게 생각하고 과민 반응을 보이지 않도록 당부하지만, 플리니우스는 기독교 세력이 걷잡을 수 없이 증대되고 있음을 인식하였으므로 이를 매우 심각하게 여겼다.

기독교는 여러 도시뿐 아니라 시골에까지 확산되었으며, 이교도들의 신전(神殿)들은 빈 집이 되었고, 희생의 제물로 사용한 고기는 실제로 팔리지 않게 되었다고 한다. 비투니아에서는 이미 모든 계층의 사람들이 그리스도의 공동체를 이루고 있었다고 한다. 터툴리안(Tertullian, 160년경~220년)의 변증서(Apologia)에는 이런 글이 있다.

우리의 기독교 역사는 비록 짧으나, 우리는 이제 당신들이 가진 모든 것을 다 채웠습니다. 도시들과 섬들과 요새들과 도심의 거리들과, 집회 장소들, 심지어는 군대의 병사(兵舍)며, 부족들과 왕궁이며, 법정까지 채웠습니다. 우리가 당신들을 위해 남긴 것이라고는 사원(寺院)들뿐입니다.

로마에서는 상류층 사람들이 일찍부터 교회의 지체가 되었음을 알 수 있다. 네로 치하에서 처형된 사람들 가운데 귀족 가문에 속한 여자가 있었는가 하면 도미티안(Domitian, 81~96) 치하에서는 집정관(執政官) 플라비우스 클레멘스(Flavius Clemens)가 처형당하고, 그의 부인이며 황족(皇族)인 플라비아 도미틸라(Flavia Domitilla)는 추방을 당한 일도 있다.

초기 기독교에는, 기독교 역사에 그런 경우가 많았지만, 여자들의 역할이 컸다. 고대의 유럽 사회와 헬레니즘 문화권의 어느 종교에서도 여자들이 평등한 대접을 받은 경우는 없었다. 그런데 기독교에서 비로소 여자들은 평등권을 누릴 수 있었다. 로마서 16: 1에 언급된 뵈뵈는 겐그레아 교회의 중직으로 활동했음을 알 수 있다. 또한 프리스킬라(브리스길라)는 남편 아퀼라(아굴라)보다 더 적극적으로 복음을 위하여 헌신하였으며 그만큼 인정을 받았다(롬 16:3; 딤후 4:19). 그러나 얼마 안 가서 여자들은 복음 전도자보다는 사랑의 봉사자로서만 교회를 섬기게 되었다.

기독교와 로마 제국

박해 아래 성장하는 교회

로마 정부는 여러 민족과 종교와 사상을 포용하는 정책을 폈다. 유대인들은 배타적인 민족 종교를 가져서 통치하기 까다로운 백성으로 알려져 있었으나 로마 정부는 그들에게 관용 정책을 베풀었다. 로마 정부는 처음에는 기독교를 유대교의 한 종파로 간주하고 유대교와 같이 관용으로 대하였다. 그러나 기독교인들이 황제 숭배를 거부할 뿐 아니라 그들의 종교가 민족을 가리지 않고 로마 제국 내에 있는 각 사회 계층으로 침투되고 있음을 알게 되면서부터 기독교에 대한 태도를 달리하였다.

로마 정부는 드디어 그리스도인들의 집단을 종교적으로, 그리고 정치적·사회적으로 이질적인 위험한 세력으로 보기 시작하였다. AD 64년에 황제 네로는 로마의 대화재로 인하여 시민들이 소요를 일으키자 이들의 분노를 가라앉히기 위하여 기독교인들을 속죄양으로 삼았다. 네로의 박해가 당시에는 로마에 국한되었으며, 제국 내의 다른 지역에 당장 영향이 미치지는 않았다. 그러나 이 최초의 박해는 당국이 그리스도인들을 단지 기독교 신자라는 이유만으로 핍박하는 하나의 전례를 남겼다.

AD 112년경에 트라야누스 황제에게 보낸 플리니우스의 보고에 따르면, 끌려 온 그리스도인들에게 자신들이 그리스도인임을 고집하면 처벌하겠다고 으름장을 놓고는 세 번을 물어 여전히 그리스도인이라고 대답하면 처벌을 명했다고 한다. 그러나 정작 그들의 죄목이란 황제 숭배와 신들을 섬기기를 거절한 것이었으며, 이렇다 할 만한 범죄 사실은 없었다고 보고한다.

그리스도인들은 정한 날 이른 새벽에 함께 모여 그리스도를 신(神)으로 찬미했고, 또한 서로 서약하기를 도둑질이나 간음이나 훼방하는 일이나 남에게 꾸어 주기를 거절하는 죄를 범하지 말자고 다짐했으며, 헤어졌다가 다시 모여 해롭지 않은 평범한 음식을 함께 나누었다고 한다. 그리고 연령이나 지위 고하를 막론하고 수많은 남녀들이 위험에 처해 있으며, 이 '미신의 전염병'은 도시뿐 아니라 마을과 지방에까지 널리 파급되고 있으므로 무슨 조치든 취해야 한다고 했다.

트라야누스는 플리니우스에게 융통성 있게 다루도록 말하면서 그리스도인임을 부인하고 신들에게 제사를 드리는 자는 용서해야 할 것이며, 익명의 투서는 받지 말도록 당부하였다. 트라야누스의 이러한 정책은 2세기 말까지 계속 시행되었다. 그런데 로마 제국 전역에 박해가 일률적이며 조직적으로 실시되는 일은 극히 드물었다. 경우에 따라서는 평신도들도 희생을 당하였으나 박해의 대상은 주로 교회 지도자들로 국한되었다. 안디옥의 감독 이그나티우스(Ignatius, 35~107)는 107년경 로마로 가서 트라야누스의 치하에서 순교하였으며, 서머나의 감독 폴리캅(Polycarp, 69~155)은 황제가 주님이시라고 고백하면 죽음을 면할 수 있다는 회유(懷柔)를 거부하고 영광스런 순교를 선택했다.

마르쿠스 아우렐리우스(Marcus Aurelius, 161~180)의 통치 기간 중 골(Gaul) 지역의 리용(Lyons)과 비엔(Vienne)에서는 그리스도인들에 대한 심한 박해가 있었다. 성난 군중들이 이에 가세하였다. 그들은 그리스도인들이 모여 아이들을 잡아 먹는다느니, 근친 상간을 한다느니, 몰래 모여 이성을 범한다느니 하며 교회를 범죄 집단으로 정죄하면서 핍박하였다. 교회가 모여 성찬과 애찬(愛餐)을 나누며 '거룩한 키스'로 인사하는 것을 두고 오해를 했던 것이다. 177년경 변증가 아테나고라스(Athenagoras)가 아우렐리우스 황제에게 이러한 오해를 해명하기 위하여 보낸 변증서는 당시의 상황을 짐작하게 해 주는 귀한 문서로 남아 있다.

교부 히폴리투스의 기록에 따르면, 3세기 초에 셉티미우스 세베루스(Septimius Severus, 193~211) 황제 치하에서 최초로 로마 제국 전역에 걸쳐 일률적으로 박해가 일어나서 카르타고, 알렉산드리아, 로마, 고린도, 안디옥 등지에서 많은 신자들이 화형(火刑)을 당하거나 태형(笞刑) 혹은 참수형(斬首刑)을 당하며 순교하였다. 그러다가 세베루스가 죽고 난 후 약 40여 년 간 북아프리카 등 일부의 지역을 제외하고는 기독교인들이 박해를 당하는 일 없이 평화롭게 지낼 수가 있었다. 그러나 AD 250년에 로마의 건국 1000년을 기념하는 대축제를 기하여 로마의 옛 신들에 대한 신앙이 새롭게 고조되었으며, 이로 인해 기독교인들에 대한 대대적인 박해가 일어났다.

데키우스(Decius, 249~251)는 교회를 박해한 대표적인 황제이다. 교회사가 유세비우스는 데키우스를 조직적으로 기독교를 박해한 최초의 황제로 기록하고 있다. 데키우스는 로마 제국 내의 모든 주민들이 로마의 신들에게 제사하도록 명하는 한편, 제사했다는 증서(libellus)를 소지하도록 하였다. 그리고 이를 거부하는 자는 사형에 처하도록 하였다. 마침내 로마의 감독 파비안(Fabian)을 비롯한 많은 교회 지도자들이 처형을 당했다.

251년 6월 데키우스가 고트 족과의 전투에서 전사하자 로마 제국 전역에 걸쳐 시행되던 박해는 일시 중단되었다. 이듬해에 교회는 평정을 되찾았으나 박해로 인한 상처는 매우 커서 쉽게 아물지 않았다. 카르타고의 키프리아누스(Rascius Caecilius Cyprianus, 200년경~258년)는 피신했다가 박해가 그치자 카르타고의 교회 재건에 착수하였다. 교회는 배교자(背敎者)의 처리 문제를 두고 내부적인 갈등을 겪었다.

그리고 불과 몇 해가 지나지 않아서 다시금 모진 박해를 당하였다. 데키우스의 박해하에서 살아 남았던 키프리아누스는 발레리안(Valerian, 253~260) 황제 치하에서 박해가 일어나자 257년에 추방당했다가 258년에 참수되었다. 오리겐(Origen, 185년경~254년)은 데키우스 치하에서 심한 고문을 당한 나머지 3년 후에 죽었다. 기독 신자들 가운데는 피신하거나 순교를 당하는 이들도 많았으나 유감스럽게도 신앙을 버리고 배교(背敎)하는 사람들이 더 많았다.

258년에는 발레리안이 칙령을 내려 로마의 신들에게 제사를 거부하는 자에게는 신분에 따라 재산 몰수(財産沒收), 유배(流配), 노예 노동 등의 벌을 가하거나 혹은 사형에 처하도록 명하였다. 발레리안이 페르시아와의 전쟁에서 패하여 포로가 되자, 그의 아들 갈리에누스(Gallienus, 260~268)는 즉시 기독교에 대한 박해를 중지하고 관용 정책을 폈다. 관용 정책은 계속되어 교회는 약 40년 간 평온함을 누렸다. 그러다가 303년부터 305년까지 디오클레티안(Diocletian) 황제가 심한 박해 정책을 시행하는 바람에 북아프리카에서는 대부분의 평신도들과 교회 지도자들이 배교하는 불행한 일이 있게 되었다. 그러나 이것은 로마의 황제가 기독 신자들을 괴롭힌 마지막 박해였다.

284년 이후 두 아우구스투스(Augustus)가 로마 제국을 동서로 분할하여 통치하였다. 두 아우구스투스는 각기 카이사르를 보조자로 두었다. 디오클레티안과 그의 카이사르 갈레리우스(Galerius)는 아드리아 이동(以東)을 통치하였으며, 서방은 막시미안(Maximian)이 그의 카이사르 콘스탄티우스(Constantius)를 대동하고 통치하였다.

동방의 갈레리우스는 기독교를 적대시하였으나 말년에 가서 생각을 바꾸어 311년 4월 30일 죽기 직전에 기독교를 관용하라는 칙령을 내렸다. 드디어 기독교가—아직은 불안정하지만—합법적인 종교(religio licita)로 인정을 받은 셈이다. 옥에 갇혔던 기독교인들이 풀려 나오고, 몰수되었던 교회 재산은 교회로 반환되었다. 갈레리우스가 죽고 난 후, 그해 동방에서는 막시미안이 다시금 기독교를 박해하였다. 그러나 그것은 잠깐 동안이었다. 이제는 대세(大勢)가 더 이상의 박해를 허용하지 않는 편으로 기울어 있었기 때문이다.

312년, 서방에서 콘스탄티누스가 정적(政敵) 막센티우스(Maxentius)를 물리치고 로마가 중심이 되고 있는 서방(西方)을 통치하는 권력을 독점하면서부터 제국(帝國) 내의 기독교는 이제 온전한 종교의 자유를 누리게 되는 새로운 역사의 장이 열렸다. 306년 잉글랜드의 요크(York)에 주둔하고 있던 로마의 원정군을 직접 지휘하던 콘스탄티우스(Constantius) 황제가 죽자 휘하의 군대는 때마침 그곳을 방문중에 있던 아들 콘스탄티누스를 황제로 추대하였다. 그러나 로마에서는 막센티우스가 자신이 황제가 되었다고 선언하자 콘스탄티누스와 막센티우스는 권력을 쟁취하기 위하여 힘으로 대결하게 되었다. 콘스탄티누스는 요크로부터 회군을 서둘러 로마로 진군하는 도중에 '그리스도'(Χριστός)의 첫 두 글자로 된 표지(☧)를 군기(軍旗)와 병사들의 방패에 붙이도록 하였다. 환상중에 나타난 그리스도의 지시를 따른 것이었다고 전해진다. 로마의 근교를 흐르는 티베르 강의 접전에서 승리는 기독교에 호의를 가진 콘스탄티누스에게로 돌아갔다. 그 결과 그리스도의 교회는 기나긴 박해의 험로를 벗어나 이제 로마 제국과는 새로운 관계로 접어들어 국가의 호의와 보호를 받게 되었다.

국가 교회로의 발전

313년 6월에 콘스탄티누스(Constantinus, 306~337) 대제(大帝)는 '밀라노의 칙령'을 공포하여 기독교를 위시하여 모든 종교에 신앙의 자유를 허용하였다. 이를 계기로 교회와 국가의 새로운 관계가 형성되어 교회는 바야흐로 국가 교회가 되는 과정에 들어서게 되었다. 동방에서는 312년 리키니우스(Licinius)가

막시미누스(Maximinus)를 제압하고 통치하게 되었는데, 콘스탄티누스는 324년 전쟁에서 리키니우스를 굴복시키고, 325년에 그를 완전히 제거함으로써 동서로 나뉘어 있던 로마 제국을 통일하였다.

콘스탄티누스 황제의 관심과 허락하에 니케아에서 최초의 교회 공의회가 개최된 것이 바로 이 해였다. 교회 공의회가 처결한 가장 중요한 일은 삼위일체(三位一體) 교리를 교회의 신조로 받아들인 일이었다. 그 이후 황제는 점차로 더 기독교인으로 행세하였으며, 아들들을 기독교적으로 교육하도록 하였다. 319년과 321년에 황제는 이미 가정에서 사사롭게 제사하는 일을 금하였다. 그러면서도 황제는 다른 종교에도 관용을 베풀었다. 330년에 콘스탄티누스는 동방으로 확장된 제국을 다스리기 위하여 콘스탄티노플로 천도(遷都)를 단행하였다. 천도함으로써 황제의 입지는 더 강화되었다. 새 수도가 된 콘스탄티노플에는 여전히 이교적(異教的)인 사원들이 건립되고 있었다. 콘스탄티누스는 죽기 직전인 337년에 니코메디아(Nicomedia)의 유세비우스에게서 세례를 받았다.

율리안(Julian, 361~363) 치하에서 한동안 이교적인 반동이 있었다. 그래서 기독교인들이 다소 불이익을 당하기는 했으나, 예전과 같은 핍박은 없었다. 율리안의 후계자들은 즉시 기독교에 호의를 베푸는 정책으로 복귀하였다. 테오도시우스(Theodosius, 379~395) 대제는 379년에 동방의 황제로 등극하였다가 그의 통치 마지막 해인 394~395년에 동서 로마 제국 전체를 다스리게 되었다.

드디어 테오도시우스와 서방의 황제 그라티아누스(Gratianus, 375~383)는 380년 2월 28일에 가톨릭 교회를 국가 교회로 선포하였다. 그리하여 이방 종교에 대한 자유는 종식되었다. 테오도시우스는 381년에는 콘스탄티노플에서 공의회를 열어 니케아 회의 이후 삼위일체 교리 문제를 두고 일어난 소위 아리우스파로 인한 논쟁을 결말짓도록 하였다. 같은 해에 테오도시우스는 점술과 이방 종교에 입문하는 것을 금지하였다.

382년 서방의 황제 그라티아누스는 대제사장(pontifex maximus)의 직함을 내어놓는 한편, 거센 반대 여론을 무릅쓰고 원로원(元老院) 회의실에 있는 승리의 여신의 제단을 제거하도록 하였다. 로마 제국을 통치하는 황제가 로마 제국의 종교의 수장(首長)임을 지칭하던 바로 이 칭호를 5세기 이후부터 로마의 감독들은 자신들을 지칭하는 직함으로 사용하였다. 389년에 로마의 원로원은 옛 신앙을 버린다고 서약하는 의식을 엄숙하게 거행하였다.

392년 이후 피를 흘리는 제사 행위는 큰 범죄로 규정되었다. 테오도시우스 대제 이후의 황제들은 이러한 법 제정을 계속 독려하였다. 그리하여 로마 제국 내의 공적인 행사에서 이방 종교적 의식은 신속히 자취를 감추게 되었다. 올림픽 체전(體典)은 394년의 행사로서 그 종막을 고하였다. 그렇다고 이방 종교가 완전히 소멸된 것은 아니었다. 로마의 원로원들 중에는 가정에서 그들의 옛 종교를 지키는 자들이 있었으며, 지방에 사는 사람들과 큰 도시에 사는 철학 교육을 받은 사람들 가운데는 여전히 이방 종교를 섬기는 자들이 있어서 6~7세기, 아니 9세기가 되도록 그러한 명맥이 끊이지 않았다.

초대교회와 선교

기독교는 4세기에 이르기까지 오랜 기간에 걸쳐 간헐적으로 혹은 국지적으로, 그리고 때로는 전면적으로 있었던 박해를 견디면서 마침내 로마 제국의 공인된 종교가 되었다. 기독교가 잡다한 사상들과 이방 종교들을 물리치고 로마의 국교로 성장하기까지 교회가 박해를 견뎌 온 측면만 볼 것이 아니고, 교회가 내적으로 복음에 충실한 삶을 살면서 얼마나 그리고 어떻게 선교에 힘을 기울였는지, 그리고 실제로 선교가 어떻게 진행되었는지도 살펴보아야 한다.

하르낙은 교회가 유대교의 한 종파에서 세계적인 종교로 성장하기까지의 과정을 나름대로 기술하면서 AD 3세기 전반에 수많은 사람들이 개인적으로 회심한 사실에 의미를 둔다. 3세기 전반까지 기독교는 세 가지 방도로 확산되었다고 한다. 첫째로는 유대인들의 개종을 위한 개별적인 선교가 진행되었으며, 둘째로는 이교도들과의 격의 없는 대화를 통하여 선교가 진행되었다. 사저(私邸)에서 기독교에 관심을 가진 부녀자들이며 노예들과 은밀히 복음의 이야기를 나누었다. 이러한 대화를 통하여 그리스-로마 세계에 사는 소외된 사람들이 인종이나 사회적인 신분이나 남녀 성별에 상관없이 모든 사람에게 열려 있는 구원의 복음을 듣고 믿는 마음을 갖게 되었다. 그리고 세 번째로 복음은 기독교 신앙을 가진 행상(行商)이나 대상(隊商)들 및 여행자들을 통하여 전파되었다. 2세기 중엽에 리용뿐 아니라 아퀼레이아(Aquileia), 살로나(Salona), 트리어(Trier)와 아마도 남이탈리아의 놀라(Nola)에도 그런 사람들을 통하여 새 종교가 전파되었던 흔적을 발견할 수 있다.

AD 2세기에 기독교가 확산되어 간 과정을 추적해 보면 사도 시대의 교회가 가졌던 선교적인 열심을 여전히 간직하면서 선교를 위해 노력했던 사실을 확인할 수 있다. 사도들이 전도했던 지역에서는 선교 사역이 계속 추진되고 있었으며, 특히 바울이 선교했던 소아시아 지역은 교회가 크게 성장하고 있었다. 이를테면, 페니키아의 농촌 지역의 선교는 미미했으나 다마스커스, 시돈, 두로(Trye) 등의 도시에서는 교회가 크게 성장하고 있었다. 이그나티우스의 말에 따르면, 사도 시대에 서방 선교의 전초 기지였던 안디옥에서는 헬라어를 말하는 주민들 가운데 선교가 진행되었다. 테오필로스 감독은 180년 이후에 아우톨리코스(Autolykos)에게 보낸 편지에 안디옥의 상류층 사람들에게 선교가 활발히 진행되고 있다고 쓰고 있다.

그리고 동방으로는 시리아의 동부 지방과 메소포타미아, 그리고 서방으로는 북아프리카, 골과 독일, 스페인 지역에 선교의 길이 열렸다. 190년경에 안디옥 교회는 에데사 지역을 희망적인 선교지로 꼽으면서 관심을 보였다. 201년에 있었던 홍수로 에데사의 교회가 파괴되었다는 기록은 이미 잘 조직된 교회가 있었다는 증거이다. 시리아의 새 교회들은 도시만이 아니고 이미 농촌 지역에까지 힘써 전도하고 있었다.

서방에서는 네로와 도미티안의 박해에도 불구하고 로마 교회는 많은 비로마인들의 개종으로 인하여 가장 왕성하게 성장하였다. 시실리에는 3세기 이전에 기독교 선교사들이 가서 활동했다는 흔적이 없으나, 북아프리카에는 상당히 일찍부터 선교가 추진된 것으로 알려지고 있다. 180년에 순교자가 생겨났으며, 라틴으로 번역된 바울 서신도 있었다. 터툴리안의 기록에 따르면, 200년경에는 카르타고에 크게 성장한 교회 공동체가 있었다. 그리고 220년경에 열린 노회에 70명의 감독이 참석했다는 보고가 있는 것을 보면, 그간에 전도가 농촌 지방에까지 급속히 진행되었던 것임을 알 수 있다.

지중해로 흐르는 골의 론(Rhone) 강 하구의 삼각주 지역과 중부 계곡 지역에 사는 백성들은 소아시아와 골의 남쪽 해안 지방과의 교역을 통하여 기독교를 처음으로 접하게 된 것으로 추정한다. 그 밖에 리용과 비엔나에서 마르쿠스 아우렐리우스 치하에 40~50명의 신자들이 순교하였다는 것을 보면 기독교는 훨씬 이전부터 전파된 것으로 짐작할 수 있다. 리용의 이레니우스(Irenaeus)는 선교에 특별히 힘을 기울인 감독이었다. 그에 따르면, 라인 강 지방의 쾰른과 마인츠를 중심으로 하는 라인 강 지방의 게르만족간에 이미 기독교 신자가 있었다고 한다.

당시의 그리스도인들은 이미 그리스도의 복음을 전해야 한다는 교육을 받아 선교에 대한 의식을 가지고 있었다. 그리스도인들에게 전파된 복음, 즉 그리스도인들이 받아들인 복음 자체가 선교로 말미암은 것이며, 신자 각자의 선교의 사명을 전제로 한다. 선교는 복음의 속성이다. 헬라어의 '사도'(apostolos)는 보통 명사로는 '보냄을 받은 자', 즉 선교사(missionary)라는 뜻이다. 그리스도께서 사도들과 하직하시면서 그들에게 위임하신 과업이 선교였다(마 28:19~20; 행 1:8). 그리스도의 교회를 세우는 일은 먼저 예루살렘과 온 유대와 사마리아와 땅 끝까지 모든 족속에게 가서 복음을 전파하고 가르침으로써 시작된다. 이방인의 선교를 위하여 세움을 받은 바울은 남이 시작한 일터를 피하여 복음을 알지 못하는 사람들을 찾아가 복음을 전하고 교회를 세웠다(롬 15:20).

AD 2세기 말엽에 이미 이레니우스와 터툴리안은 선교의 사명을 강조하였다. 그들의 선생인 클레멘트(Clement)는 그의 「산문집」(Stromateis, IV/18, 167년)에서 "우리 주님의 가르침은 그리스 내에 머물렀던 철학과는 달리 유대에만 머문 것이 아니고 온 세계 만민에게 전파되는 것이다"라고 말하며, 진리를 자기 자신만을 위하여 간직하고 이웃에게 전하지 않는 자는 '불충한 종'이라고 하면서 자기 선생 판태누스(Pantaenus)는 여행자요 동시에 선교사였음을 상기시킨다.

그리스도인들의 이러한 의식적인 선교를 통하여 기독교는 AD 200년경에 그리스-로마 세계에서 큰 세력을 갖게 되었으며, 그 이후 50년 간 복음은 더 급속히 전파되었다. 기독교는 250년경에 로마 제국의 전역에 전파되었으며, 제국의 경계를 넘어 멀리 확산되어 갔다. 북아프리카와 이집트 및 동(東)시리아에서는 도시나 농촌을 불문하고 기독교 신자들이 인구의 다수를 점하게 되었다.

로마는 방대한 제국을 유지하기 위하여 제국 내의 모든 민족들이 신앙할 수 있는 범세계적인 종교를 필요로 했으나 기독교 이외의 이방 종교들은 이에 부응할 만한 요건을 갖추고 있지 못했다. 넓은 층의 대중들은 매일의 생활에서 경제적으로 혹은 사회적으로 어려움을 당하였다. 특히 3세기에 이르러서는 그 정도가 더욱 심해졌다. 대중들은 그럴수록 저 세상의 복된 삶을 희구하게 되는 법인데, 교회는 인권을 존중하고 구제(救濟)함으로 도움을 줄 뿐 아니라 개개인이 영생에 대한 희망을 가지도록 설교하였다. 한편, 지식을 제일로 치던 사회 풍조가 종교를 우선적인 것으로 여기는 풍조로 바뀌게 되어, 철학은 계시와 기적을 믿는 신비주의 신앙과 결합하여 변질되고 마침내는 열광주의로 퇴락(頹落)하게 되었다.

그러나 기독교는 이러한 경향과는 달리 신앙을 지적으로 변증하며 건전한 삶을 가르쳤다. AD 300년경에 사람들은 가톨릭 교회의 신앙을 이방 종교나 제의(祭儀)와는 비교할 수 없을 정도로 순수한 종교로 인식하게 되었다. 즉, 유일신 사상은 다신론(多神論)이나 신화 등의 잡동사니와는 다른, 계몽된 사상으로 간주되었다.

기독교는 귀신에 대한 공포심에 사로잡힌 사람들에게 해방을 안겨 주는 복음이었다. 기독교는 고대의 신화나 신비 종교에 전혀 비교할 수 없을 정도로 위대한 세계관과 신학을 가졌음을 사람들은 인정하게 되었다. 기독교는 천지를 지으신 창조주가 계시고, 만물의 시작과 종말이 있으며, 한 사람의 생명이 온 천하보다 귀하다고 말할 뿐 아니라, 그리스도를 믿는 자는 영원한 구원에 참여한다는 사실을 가르친다. 그래서 기독교의 성경은 그 깊이를 헤아릴 수 없는 비밀을 담고 있는 경전(經典)으로 알려지게 되었으며, 그리스도의 성육의 교리와 성례(聖禮)는 저 세상과 교통하는 통로요 접촉점으로 인식하게 되었다.

또한 기독교는 모든 사람에게 자제(自制)하도록 촉구하고 남을 구제할 것을 가르치는 등 윤리적인 교훈을 말하고, 금욕할 수 있는 힘을 준다. 그리스도의 교회는 통일적인 조직으로서 지체(肢體)인 교인들을 잘 관리하고 보호할 뿐 아니라, 재래 종교가 가진 요소들 가운데 당시의 사람들이 가치 있는 것으로 여기는 것들을 수용하는 잠재력을 지녔다고 인정받았다.

그리스도인들은 각자의 위치에서 복음을 증거하는 삶을 살았다. 기독교의 우월한 교리와 윤리적인 교훈은, 교회가 가르치는 교훈대로 사랑을 실천하면서 사는 그리스도인들의 삶을 통하여 신빙할 만한 것으로 인정을 받게 된 것이다. 교회는 과부와 고아를 돌보고, 병약자, 가난한 자와 불구자를 도우며, 옥에 갇힌 자와 납치되어 강제 노동을 당하는 자, 노예와 실직자를 돌보며, 재난이 있을 때에는 신속한 구조 활동을 벌였다. 여인숙업(旅人宿業)이 발달하지 못한 시대에 그리스도인들은 손님을 친절하게 맞이하며 숙식을 제공하였다. 그리고 교회의 지체들은 사랑으로 서로를 도왔다.

그리스도인들의 이러한 윤리적인 미덕의 생활을 보고 믿지 않는 사람들은 감동을 받았던 것이다. 무엇보다 영원한 나라를 바라고 죽음을 두려워하지 않으며, 그들의 신을 위하여 목숨을 버리는 순교자들에게서 사람들은 깊은 감명을 받았다. 이러한 모든 요소들이 원인이 되고 원동력이 되어 기독교는 마침내 로마 제국의 국교가 되었다.

니케아 공의회 이후 기독교가 공인된 종교가 되면서부터 선교사의 입지는 달라졌다. 기독교 신앙을 이제는 공개적으로 설교하고 전할 수 있게 되었다. 황제 자신이 기독교의 확산을 요청하기에 이르렀으며, 공직에 있는 사람들은 어떻든 자발적으로 개종하려는 상황이 되었다.

콘스탄티누스 시대부터 565년까지 추진된 선교 방법은 네 가지로 분류해 볼 수 있다. 첫째는, 황제가 직접 선교의 동기를 부여한 경우이다. 이 경우 종교적인 목적과 정치적인 목적은 밀접히 상호 관련되었던 것이다. 둘째는, 감독들이 자신의 교구 안에와 변두리에 거주하는 이들을 만족시키기 위하여 선교를 추진한 경우이다. 셋째는, 외국인 포로 등 개개인을 개종자로 만드는 일이었다. 그리고 넷째는, 수도사나 은자(隱者)들이 농촌과 도시 사람들을 개인적으로 혹은 공동체 단위로 접촉함으로써 개종하도록 하는 것이었는데, 이것은 선교 방법 가운데 가장 효율적이었다고 한다.

초기의 교회 조직

신약에 나타난 교회는 조직되어 가는 과정에 있는 교회였다. 교회의 머리되신 예수님께서는 열둘을 제자로 삼으시고 사도로 임명하셨다(눅 6:13 이하). 예수님께서 부활하시고 승천하신 후, 예루살렘에 모인 제자들은 먼저 12사도의 수를 채워 교회의 초석이 될 사도의 조직을 정비하였다. 이 사실은 교회는 조직을 갖추어야 할 뿐더러, 사도들이 바로 교회의 기초가 됨을 시사하는 일이다(엡 2:20). 베드로가 "주는 그리스도시요 살아 계신 하나님의 아들이시니이다"라고 고백하였을 때, "너는 베드로라. 내가 이 반석 위에 내 교회를 세우리라"고 하신 예수님의 말씀은 자신의 교회를 사도들과 선지자들의 터 위에 세우실 것임을 약속하신 말씀이다(마 16:18).

예수 그리스도께서 이미 교회의 시작을 위하여 열두 제자를 사도로 세우신 것이며, 베드로는 세우심을 받은 사도의 한 사람으로 고백한 것이다. 베드로에게 하신 예수 그리스도의 말씀은 로마 가톨릭 교회가 주장하듯이 특별히 베드로 한 사람에게 하신 말씀은 아니다. 하나님 나라와 복음의 사역을 위한 소명은 본래 하나님께서 각자에게 개별적으로 주시는 것이므로 베드로 한 사람에게 하신 주님의 말씀은 사도들 각자에게 하신 말씀이다.

그리스도의 교회는 오순절에 성령께서 강림하심으로 말미암아 예루살렘에서 시작되었으며, 따로 부활하신 그리스도의 부르심을 받은 바울 역시 사도들이 시작한 예루살렘 교회의 전통에 참여하였다. 그러므로 그리스도의 교회는 사도들의 교회에 역사적인 뿌리를 두고 있으며, 그들의 증언과 그들이 전한 복음에, 즉 그들에 의하여 혹은 그들로 말미암아 기록된 성경 말씀에 신앙과 생활의 근거를 두는 교회이다.

오순절을 전후한 그리스도의 교회는 사도들이 곧 소위 집사요 전도자요 장로요 목회자로서의 역할을 다하였다. 그러나 예루살렘 교회의 교인 수가 불어나자, 사도들은 기도하는 것과 말씀 전하는 일에 전념하기 위하여 교인들을 돌아보는 봉사를 위해 7인을 택하여 세웠다(행 6:1~7). 즉, 교회가 성장하게 되면서 필요에 따라 교회에 봉사할 직분자를 택하여 세웠다. 그리하여 직분은 다원화되기 시작하였다. 안디옥 교회에서는 선지자들과 교사들이 있어서 바울과 바나바에게 안수하여 선교사로 파송하였다(행 13:1~3).

사도 바울은 전도자로서만이 아니라 교회를 조직하는 이로서 역할을 다하였다. 그는 선교 초기부터 교회를 세우고는 장로들을 택하여 세웠다(행 14:23). 이 경우의 장로는 지역 교회를 목회하는 역할을 하였다. '선지자'는 초대교회 당시 전도자를 지칭하는 보통 명사이거나, 아니면 특별한 임무를 수행하는 직분자의 명칭이었다. 초기에는 교회가 예배할 때 선지자들이 있어서 예배에서 중요한 역할을 하였다. 그러나 2세기에 이르러 교회가 더 조직을 갖추게 되고 장로와 감독 등 직분자들이 예배를 인도하고 교회를 돌아보게 되면서 '선지자'의 직분과 명칭은 그 역할과 함께 점차로 소멸되었다. 교회들이 문서화된 신약의 말씀을 접하면서 성경의 권위를 높이게 되자 '선지자'의 기능은 점차로 쇠퇴하게 된 데다가 거짓 선지자들이 일어나는 바람에 교회는 '선지자'라는 이름을 기피하게 된 것이다.

그리스도의 교회는 2세기에 접어들면서 서서히 감독정치(監督政治)의 교회로 발전하였다. 신약의 서신서에 이미 감독이라는 명칭이 발견된다. 그러나 바울 서신에서는 아직 감독이 장로들을 지도하는 직분으로 부상(浮上)한 것은 아닌 것 같다. 사도행전 20:17 이하의 말씀에 성경 기자가 장로로 지칭하는 사람들을 바울이 감독이라고 호칭(呼稱)하는 것을 보면, 장로와 감독은 같은 직분을 지칭하는 각기 다른 명칭임을 알 수 있다. 바울은 구약 시대부터 있어 온, 공동체의 지도자를 지칭하는 장로라는 직명보다는 교회를 돌아 보는 직능을 상기시키는 감독으로 호칭한 것으로 이해한다. 여하튼 신약에 나타난 대로는 장로와 감독의 구별이 없다.

그러나 교회가 많이 서게 되면서 감독은 장로와는 다른 직분과 직위로 구분되기 시작하였다. 도시에 있는 큰 교회의 목회자이면서 경험이 풍부하고 많은 제자들을 길러 낸 장로는 자연스럽게 그를 통하여 교육을 받은 장로들이나 그가 봉사하는 교회의 선교를 통하여 서게 된 지방의 교회들을 보살피고 지도하게 되었다. 이것이 상식이 되고 관례가 되면서 제도화되었던 것이다. 그리하여 교회에는 감독, 장로, 집사가 있게 되었다.

그리고 사역의 특수성 때문에 새로운 역할이 부가되면서 직분의 구분이 더 뚜렷해졌다. 감독은 영지주의(靈知主義), 몬타누스주의와 같은 이단들의 그릇된 교훈과 교리로부터 기독교 진리를 변호함으로써 두드러진 역할을 다하게 되어 존경을 받게 되었으며, 박해가 지난 후에 배교자를 교회에서 다시 받아들이는 문제, 분파 운동을 제재하며 수습하는 일 등으로 인하여 감독의 직분은 더 강화되었다. 감독은 권징을 시행하며, 설교하고 성례를 베풀며 각종 행사를 주도하며 교회를 다스리는 지도자의 직분으로 부상하게 되었다. 1세기 말부터 2세기 중엽의 소위 속사도 교부(Apostolic Fathers)들은 감독으로 불렸는데, 그것은 안디옥의 감독 이그나티우스의 글에 분명하게 나타나 있다. 최초의 교회사가 유세비우스는 이그나티우스를 안디옥의 세 번째 감독이라고 기술하고 있다.

교회가 가톨릭 교회로 조직을 갖추기 시작한 것이 AD 95년경부터였다는 주장도 있다. 교회는 AD 200년경에 상당한 정도로 확고한 조직을 갖추게 되었다. 안디옥 교회와 소아시아의 교회에서는 120년경부터 감독을 정점으로 하는 조직을 가지게 되었다. 시리아 지역에는 115년 혹은 130년경에, 로마에는 140년에서 154년경에 감독직이 제도화되었다. 그리고 이것은 150년 이후부터 온 기독교 세계에 보편화된 것으로 보인다. 예를 들면, 이레니우스는 먼저 장로가 되었다가, 178년에 포티누스(Pothinus)의 후임으로 리용의 감독이 되었다.

그리스도의 교회는 로마 제국의 국교가 되기 이전부터 교구(敎區) 교회로 발전하게 되었다. 그리고 그것은 정치적인 행정 구역과 비슷하였다. 대주교(大主敎)가 관할하는 대주교구는 주교 혹은 감독들이 관할하는 감독구들로 나뉘었으며, 감독구는 여러 지역 교회의 교구로 나뉘었다. 그리스도의 교회가 감독제의 교회로 발전하게 된 데에는 교회가 사도들로 말미암아, 그리고 사도들이 파송하거나 세운 전도자로 말미암아 세워지는 등, 교회 자체가 경험한 역사적인 과정 때문에 그러하였다.

그리고 그것은 또한 교회가 살던 사회의 정치적인 상황, 즉 공화정치(共和政治)가 아닌 군주정치(君主政治)가 실시되고 있던 교회 주변의 사회 상황과도 무관하지 않았다. 종교 개혁 당시 강력한 중앙 집권적인 왕정을 가졌던 나라의 교회들이 통치자의 세력을 배경으로 하여 가톨릭으로 남았던 사실을 관찰할 수 있다. 그리고 강력한 왕을 가진 잉글랜드의 경우, 국교인 성공회가 개신교로 개혁했음에도 불구하고 교회의 감독정치는 계속 고수되어 왔음을 본다.

장로들(presbyteroi)은 감독과 더불어 당회를 구성하였으며, 예배나 큰 행사에서 감독을 보좌하거나, 감독을 대신하여 예배를 인도하고 가르치기도 하였다. 집사들(diakonoi)은 가난한 자와 병든 자를 돌아보며, 예배에서 여러 가지 시중 드는 일을 하였다. 2~3세기에 동방 교회에는 여자 집사들이 있어서 예배를 돕고 병자들을 돌보며 여자들에게 세례를 베푸는 일을 맡아 하였다. 그 밖에 '과부'(cherai)들이 동방과 서방의 교회에서 특별한 봉사의 임무를 다하였던 것으로 알려져 있다.

교회는, 히폴리투스가 증언하는 바와 같이, 사도들에게서 전수받은 '신앙의 척도'(regula fidei)를 따라 세례자로 하여금 신앙을 고백하게 하였다. 그리고 그것은 서방 교회에서 예배시에 사도신경이라는 이름으로 고백하는 신앙고백이 되었다. 교회는 신자를 받아들이는 일, 핍박하에서 교회를 유지하는 일, 배교(背敎)하는 자를 다스리며 징계하는 일과 그들이 다시 교회로 돌아올 때 받아들이는 일 등을 처리하는 과정에서, 그리고 교회 조직의 발전과 제도화의 과정에서 교회법(Canon)을 갖게 되었다.

초대교회 형성기의 사상적 배경

　　로마 제국 내에서 박해를 당하던 기독교가 마침내 우월한 종교요 사상으로 받아들여져 국교가 되었다면 당시의 종교나 사상적인 배경은 어떠했는지 궁금해진다. 당시의 두드러진 종교와 사상으로는 유대교, 그리스와 로마의 제의 종교(祭儀宗敎)들, 미드라스(Mithras) 종교, 헬라적 유대교 사상, 스토아철학 등이 있었다. 유대교를 가리켜 기독교의 요람이라고 흔히 말하는데, 교회가 예배와 목회 등 여러 면에서 유대교로부터 많은 영향을 받은 것은 사실이다. 기독교는 유대교에서 배태되었으며 구약 성경과 구약의 역사(歷史)라는 공동의 유산을 가졌으므로 초기에는 복음 전도가 회당을 중심으로 하여 이루어졌다. 그러나 기독교는 유대교와는 다르므로 먼저 유대교의 박해를 받았으며 회당을 거점으로 사용하던 일도 지양하였다.

　　기독교는 구약 성경을, 특히 메시아에 대한 예언과 성취를 이해함에 있어서 유대교와는 견해를 달리한다. 유대인들은 민족을 해방시킬 정치적인 메시아를 대망(待望)한 반면에, 그리스도인들은 예수 그리스도가 선지자들이 예언한 고난의 종임을 깨닫는다. 그 밖에 후기 유대교의 사상에서도 기독교의 교리와는 현저히 다른 점을 발견한다. 유대교는 예루살렘과 알렉산드리아를 중심으로 하여 발전하였다.

유대교는 하나님과 인간의 관계가 율법적으로 성립된다고 보았다(토빗 4:6; 2:14; 12:9; 14:9; 13:2). 따라서 장로의 유전(遺傳)과 종교적인 규례(規例)나 세칙(細則)을 존중하였으며(막 7:3), 많은 계명이 있으므로 또한 그만큼 많은 상급이 있다는 상급 사상을 가지게 되었다. 특정한 율법을 강조하였으며, 선한 업적에 가치를 두었다(토빗; 마 6:16 참조; 시락 3:28; 솔로몬의 지혜 3:9; 4).

메시아에 대한 대망이 강했던 것도 하나의 특색이었다. 즉, 메시아가 고난중에 있는 민족을 구원한다는 것이며, 그는 능력이 있는 초인적인 왕으로서 400년 간 살면서 이스라엘을 다스린다는 것이었다. 메시아는 또한 사람 중의 사람(a man of men)으로 기술되었으며, 단지 하나님의 위대한 율법 선생(scribe)으로 묘사되기도 하였다. 메시아 왕국을 갈망하는 데서, 그리고 아무도 스스로 자유를 얻을 수 없다는 생각에서 죄의식이 깊어졌으며, 아담의 범죄 이후 죄악이 인류에게 임하였다는 것을 강조하였다(에스라 4서 3:26; 4:30; 7:18 이하; 8:35 등). 따라서 사람들은 개인적인 비관주의를 갖게 되었다.

기독교가 전파되기 시작할 무렵 그리스와 로마의 종교는 아주 다채로 웠다. 아우구스투스(Augustus) 시대부터 종교의 중흥이 이룩되었는데, 세계 동포주의(cosmopolitanism)는 여러 잡신에 대한 문호를 개방하였으므로 여러 가지 무가치한 사상들과 제의 종교(cult)들이 혼합되었다. 프리기아(Phrygia)의 잡신을 위한 제의로서 로마인들에게는 '위대한 어머니'(Magna Mater)로 알려져 있는 키벨레(Cybele)와 이와 관련이 있는 아티스(Attis) 제의가 널리 알려졌으며, 이보다 후에 동방의 신들, 즉 오시리스(Osiris), 이시스(Isis), 미드라스(Mithras) 등 생소하고 신비적인 제의 종교가 소개되어 신봉하는 사람들이 많았다.

그리고 고대의 신비주의가 구원의 방편으로 등장하게 되었다. 그 가운데서도 미드라스의 제의 종교는 급속히 파급되어 2세기 말에 와서는 기독교와 마찰을 일으킬 정도가 되었다. '새 생명으로의 갱생' 혹은 '하늘에서 사는 법'

등의 교리는 많은 사람들에게 그것이 참된 종교라는 인상을 주었다. 그 밖에 동방에서 유래한, 황제를 신으로 숭배하는 사상이 있었는가 하면, 가장 오래된 형태의 제의 종교들이 되살아나 유행하게 되었다.

미드라스는 고대의 페르시아와 인도의 태양신이었다. 미드라스의 제의는 남자들만을 위한 금욕적인 종교로서, 알렉산더 대왕의 제국에 널리 퍼졌던 종교이다. BC 67년에는 로마에까지 전해졌다. 황제 코모두스(Commodus, 180~192)는 이를 황제숭배교로 만들었다. 로마군이 주둔했던 일선에서 미드라스 종교의 기념비가 발견되는 것으로 보아 이 종교가 병사들간에 널리 유포되었음을 알 수 있다. 신봉자들은 황소를 잡아 미드라스 신에게 제사하고 제물을 나누어 먹는 것을 의식으로 행하였다. 이들은 먼저 세례와 꿀로 정결함을 받고, 높은 수준의 도덕적 실행자이며 '아버지'라고 불리는 사제들이 헌납하는 떡과 물과 포도주를 취함으로써 신비의 세계로 들어간다고 했다. 이러한 의식이 기독교의 성례와 유사한 점에 대하여 그것은 아마도 상호간의 영향과 또한 원시적인 제의 종교들이 갖는 공통성에 기인한 것이라고 말하는 사람들도 있다. 교부 터툴리안은 이에 대하여 "마귀가 기독교의 성례를 고의적으로 영감하였다"고 말하였다. 4세기에 이르러 미드라스 제의는 기독교에 의하여 거세되었다.

그리스적 유대 철학 사상이 기독교 교리 이해에 많은 영향을 주었다고 하는데, 이러한 사상은 솔로몬의 지혜서와 필로(Philo, BC 30년경~AD 45년)에게서 현저하게 나타난다. 이러한 사상에 의하면, 신(神)은 플라톤이 이해했듯이, 속성이 없는 추상적 존재로 인식되며, 신과 물질(物質)에는 현격한 거리가 있다고 한다. 그리고 이 중간에 중개적(仲介的) 존재들, 즉 천사, 마귀, 능력이 있으며, 로고이(words)와 지혜 또는 로고스가 있다고 한다. 로고스는 처음 난 말씀, 즉 또 다른 신으로서 하나님과 같이 '탄생되지 않은 존재'도 아니고, 그렇다고 우리 사람처럼 '출생한 존재'도 아니라고 한다. 또한 로고스는 피조물과 그를 낳은 자 사이에서 중재하며, 인간을 변호하는 대제사장이며, 하늘의 떡이며, 지식의 원천인 동시에, 세상이 창조될 때 쓰인 도구라고 한다. 그런데 로고스를 인격으로 이해하거나 메시아와 관련지어 보지는 않았다. 그리스적 유대 철학 사상은 이원론적(二元論的)인 인간관을 말한다. 몸을 감옥으로 보기 때문에 수태 및 탄생 자체를 죄라고 규정한다. 따라서 구원은 감각적인 몸의 욕정을 벗는 것이며, 그것은 율법의 성취를 통하여 경험할 수 있는 것인데, 궁극적으로는 열광적인 도취를 통하여 이루어지는 것이라고 말한다. 이러한 사상은 신비주의와 상통하는 사상이다.

스토아 철학(Stoicism)은 로마의 상류층과 지식인들 가운데 널리 퍼져 있던 철학 사상들 가운데 두드러진 것이었다. 스토아 철학의 창시자는 키티움의 제노(Zeno of Citium, BC 345~265)였다. 브루타스(Brutas), 카토(Cato), 키케로(Cicero), 세네카(Seneca), 에픽테투스(Epictetus), 황제 마르쿠스 아우렐리우스 등 유수한 사람들이 스토아학파를 이루었다. 그것은 고대 이교의 윤리 중에서는 가장 고상한 전형이었다.

대부분의 지식층은 스토아 철학의 존재의 논의에 관심을 가지고 있었다. 신은 영(靈)으로서 우주와 '누스'(nous, 理性) 또는 '로고스'(logos) 및 세계를 지탱하는 힘(force, 氣)을 발사한다는 것이다. 이 신을 '아버지'라고도 지칭하나, 그 신은 플라톤의 속성 없는 존재(Being)처럼 이해되는 것으로서 자연법에 지나지 않는다고 한다. 진리에 관한 지식을 통하여 사람은 선하게 된다는 것이며, 선하게 되고자 하는 사람은 먼저 자신이 나쁘다는 것을 알아야 하는데, 이것은 초월적인 이상 세계를 명상하고 추적하는 회상(回想, recollection)이나 이성을 통하여, 그리고 신의 도움을 통하여 이루어진다고 했다.

모든 사람은 이 세계의 위대한 공화국의 구성원이며, 행복한 삶은 로고스가 우리 안에서 충만할 때 가능하다. 그러나 로고스 또는 우리 안에 있는 신과 우리의 육체간에는 알력이 있다. 그러므로 육체로부터 해방을 받는 것이 곧 인간이 바라는 지고(至高)의 목표이며, 도피의 길은 언제나 열려 있으므로 그 것을 넘어서면 위대하고 영원한 평화가 있다는 것이다.

스토아 철학은 또한 특이한 유물론(materialism)을 말하였다. 즉, 정신과 물질로 이루어진 현세는 두 원리의 결과라고 가르쳤다. 정신은 원동자(原動者) 이고 물질은 피동자(被動者)라고 했다. 그런데 이와 같은 두 원리는 한 궁극적 인 실재의 서로 다른 면이라고 한다. 이 궁극적인 실재(實在)는 물질적이고, 육 체적이며, 순수한 정신은 존재하지 않는다고 한다.

그런가 하면 스토아 철학은 세계는 곧 신의 몸이라고 하여 범신론(汎神論)을 말한다. 신과 세계의 관계는 마치 영혼과 육체의 관계와 같다고 한다. 하 나님은 위대한 세계 혼(魂)이며, 물질의 운동을 통하여 물질을 덥게 하고 생기 를 주는 불이며, 물질을 이끌어 가는 지성(知性)이자 법칙이요 로고스라고 한 다. 스토아 철학은 또한 유신론(有神論)을 말하고 있으니 범신론과 유신론을 결 합시킨 절충이라고도 할 수 있다. 신은 자비한 섭리요 만물의 선한 왕이며 참 된 아버지이며, 그는 완전하고 자비로우며 인류를 사랑하는 이라고 한다. 이 역시 상선벌악(賞善罰惡) 사상이 농후하다.

스토아 철학은 지고의 선(善)을 덕(virtue)이라고 정의하며, "덕을 위하여 덕을 행하라"고 말한다. 그런가 하면 죄 혹은 죄의 근원은 무지요 이성의 결핍 이다. 그리고 감각적인 것은 죄악에 속한 것이라고 하고 죄는 인류의 보편적 인 상태라고 한다. 스토아 철학은 또한 세계동포주의(cosmopolitanism)를 말하 며, 신의 보편적 부성(父性)의 개념을 분명히 표현하고 있다. '우리는 모두 신 의 권속'이며, '우리는 또한 그의 소생'이므로 모든 인류는 상호 협조해야 한 다고 한다.

기독교 교리와 그 발전의 특이성

기독교 교리가 주변의 종교나 사상의 영향을 받아 형성되었거나 역사의 흐름과 함께 점점 진화하듯이 발전한 것이라고 보는 견해가 있다. 그러나 기독교의 중요한 교리, 즉 삼위일체 되신 창조주 하나님, 역사를 주관하시며 섭리하시는 하나님, 그리스도의 성육, 그리스도의 대속의 죽음과 부활, 종말과 심판, 부활에 대한 희망 등은 주변의 사상에서는 볼 수 없는 특이한 교리이다. 이러한 교리들이 주변의 종교 사상에서 배태되어 점점 특이한 사상으로 발전되었다는 것인데, 기독교 교리가 발전한 역사를 보면 그것은 옳지 않은 견해임을 쉽게 알 수 있다.

사도들을 이은 다음 세대의 교회의 지도자들, 즉 속사도 교부들은 신약 성경의 정경성(正經性)과 완전성을 증언하였다. 그런데 신약 성경과 속사도의 가르침 사이에는 상당한 간극(間隙)이 있기 때문에 기독교 교리가 신약에서 시작하여 계속 발전되어 온 것이라고는 볼 수가 없다. 이를테면, 삼위일체 하나님의 교리에 대한 이해가 속사도에게서는 분명하지 못하며, 그리스도를 믿음으로 의롭다 함을 받는다는 칭의(稱義)의 교리에 관한 언급도 거의 찾아볼 수 없다.

이런 점들을 보면 성경과 일반의 이해 사이에 있는 간극을 실감할 수 있다. 은혜와 칭의의 교리만 하더라도 그것은 성경이 구원에 관하여 가르치는 아주 중요한 교리이며, 기독교의 진리가 일반 종교의 가르침과는 다른 점을 확연히 드러내는 교리임에도 불구하고 속사도 교부들이 그것을 미처 깨닫지 못한 것은 은혜와 칭의의 교리가 매우 특이하기 때문이다.

사람들은 종교를 가지며 또한 신을 찾고 구원을 갈구하지만, 구원을 얻는 문제를 두고는 일반적으로 율법주의적 혹은 공로주의적 이해를 가진다. 누구든지 성경의 말씀을 깊이 그리고 옳게 이해하지 않고서는 율법주의적 이해를 벗어나지 못한다. 말하자면, 속사도 교부들은 성경이 가르치는 구원의 교리를 충분히 깨닫지 못했으며, 구원에 관한 한 구약 종교나 일반 종교적인 이해를 별로 벗어나지 못했다. 그런데 칭의의 교리는 놀랍게도 중세를 거쳐 종교개혁 시대에 와서야 비로소 옳게 재발견되었다.

즉, 기독교 교리는 신약에서 시작하여 역사의 흐름과 함께 점진적으로 발전해 온 것이라고 볼 수는 없다. 그것은 교회가 예루살렘에서부터 시작하여 유대와 사마리아와 온 세계로 확산되면서 성장해 온 것과는 다르다. 다시 말하면, 기독교 교리는 사도들에게서 움튼 사상이 속사도 교부로 말미암아 더 개발되고 그 다음 세대의 변증가들과 교회 교부들을 통하여 더 발전된 것이 아니다.

기독교 교리의 역사는 전(前) 시대의 교리적인 지식을 거점으로 하여 성경의 진리를 보다 새롭고 풍부하게 발견해 온 역사이다. 하르낙은 교리의 역사 과정을 기독교 교리의 헬레니즘화 과정이라고 하나, 오히려 정반대의 과정으로 보는 것이 옳다. 기독교 교리의 역사는 헬레니즘적인 견해나 편견과 주변의 종교적인 견해를 제거하고 성경의 진리를 발견하고 더 밝히 드러내려는 과정의 역사이다.

속사도 교부들과 그들의 신학

사도들을 뒤이은 교회 지도자들을 일컬어 속사도 교부들이라고 한다. 속사도 교부들의 가르침에는 독창성과 깊이가 결여되어 있으며, 교훈이 빈약한 편이고 명확성이 결여되어 있다. 그러나 그들은 신약의 정경성과 완전성을 증거하였으며, 신약 성경과 제2세기의 변증가들의 사색적인 문헌 간에 교리적 연결을 지어 주는 가교(架橋) 역할을 하였다. 속사도 교부들의 문헌들, 즉 그들의 주요한 저서 및 서간들이 발견되어 그들의 신학과 사상을 엿볼 수 있게 된 것은 다행한 일이다.

속사도 교부들의 문헌들 | 「클레멘트의 첫 편지」는 AD 96~100년에 쓰인 것으로 추정한다. 로마의 장로 클레멘트는 고린도 교회에 편지하면서 장로와 평신도간의 분쟁에 대하여 경고하고 있다. 「헤르마스의 목자」(*The Shepherd of Hermas*)는 140년경에 쓰인 것으로, 저자는 로마에 있는 교회의 한 신자이며 비오(Pius) 감독의 형제로 알려져 있다. 교회의 치리와 특별히 회개에 관하여 쓰고 있으며, 교회를 숙녀로 비유한다.

「이그나티우스의 7개의 편지」는 110~115년 어간에 쓰인 것으로 본다. 에베소, 마그네시아, 로마, 필라델피아 및 서머나의 교회와 서머나의 감독 폴리캅에게 보내는 편지다. 이그나티우스는 '기독교'(Christianismos)라는 말을 최초로 사용한 사람이다. 그는 감독과 장로들과 집사들을 한 사람이 지도하는 감독직─대주교에 해당하는 개념─을 말했으며 실제로 감독직을 강화한 인물이다. 이그나티우스는 거짓 교사를 조심하도록 경고하였다. 특히 가현설(假現說, Decetism)에 대항하기 위해 예수 그리스도께서 다윗의 자손이시며, 마리아에게서 나서서 먹고 마시는 사람으로 사셨으며, 본디오 빌라도에게 고난을 받으시고 십자가에 달려 죽으시고, 죽은 자들 가운데서 부활하셨음을 강조하였다. 그는 108년경 트라야누스의 치하에서 순교하였다.

서머나의 감독 폴리캅이 155년경 빌립보 교회에 보낸 편지가 있다. 폴리캅이 언제 순교했는지에 대하여는 의견이 일치하지 않으나, 155년 이후 안토니우스 피우스(138~161)의 치하에서 86세가 넘는 고령의 나이에 기둥에 매달려 화형을 당해 순교했다는 설이 유력하다. 「바나바의 편지」도 있다. 이것은 바울의 동역자 바나바가 쓴 것이라면 70년경에, 그렇지 않으면 117~138년 어간에 쓰인 것으로 추정한다. 그 밖에 125년경에 천년왕국 신앙을 기록한, 5권으로 된 「주의 예언의 해설」이 있다. 「클레멘트의 둘째 편지」는 135~140년경에 쓰인 것으로 추정하는데 저자는 미상이다. 서신이 아닌 고린도의 어떤 장로의 설교를 수록한 것으로 가장 오래된 설교집이라고 할 수 있는데, 강한 율법주의적 경향을 드러내고 있다.

「디다케」(Didache, 12사도의 교훈)는 교리 문답자와 교회를 위한 안내서로서, 초대교회 시대의 예전(liturgy)이 담겨 있다. 제1부에는 생명의 길과 사망의 길에 관하여, 제2부에는 예배 및 교회 생활의 규칙에 관하여 기록하고 있다. 1873년에 발견된 문서로서 100년경에 쓰인 것으로 본다. 하르낙은 이를 120~165에 쓰인 것으로 본다. 베드로의 설교는 110~130년 어간에 쓰여진 것으로, 단편적으로 보존되고 있다. 베드로의 이름을 빌려 쓴 차명서이다.

신론 | 속사도 교부들의 하나님에 대한 교리적 표현은 산발적이었다. 이교적인 다신교 신앙에 반대하여 유일신교(唯一神教)를 주창하였다. 그리고 창조주 하나님을 사람으로서는 파악할 수 없는 하나님으로 믿었다. 「클레멘트의 첫 편지」에서는 성삼위 하나님 즉 하나님, 예수 그리스도, 성령을 말하고 있다. 성부는 농장주로, 성자는 종으로, 성령은 사람으로 비유하여 묘사한다. 그러나 성령을 실체(hypostasis)로 이해했는지는 의문이며, 성령을 인격적인 하나님으로 이해한 흔적은 없다. 성령을 인격적인 하나님으로 이해하기 시작한 것은 4세기에 이르러서였다.

그리스도의 신성(神性)은 기정 사실로 전제하고 있다. 이그나티우스는 그리스도를 '우리 하나님, 나의 하나님' 이라고 한다. 「클레멘트의 둘째 편지」의 설교에는, "우리는 예수 그리스도를 산 자와 죽은 자의 심판자이신 하나님과 같이 생각해야 한다"고 말한다. 우리를 구원하신 주 그리스도는 먼저 영이시요, 그 다음으로 육이시다. 그리스도의 인성(人性)에 관하여 「디다케」는 '예수님은 오로지 하나님의 택하신 자' 라고 말한다. 바나바서(Barnabas)에는 '그리스도는 선재(先在)하신 하나님의 아들로서 육으로 나타나신 주님이시며, 장래의 심판자' 라고 말한다. 헤르마스(Hermas)는 역사 이전에 선재하신 그리스도와 성령을 동일시한다.

이그나티우스는 그리스도의 인격 안에 있는 신성과 인성의 진정한 연합을 말하며, 이 신적(神的) 속성과 인적(人的) 속성이 교회 안에서 계속됨을 말하였다. 그리스도는 계시하는 로고스이며 아들로서 아버지보다 낮은 분이라고 하였다. 그리스도께서 지상에 계실 때 그러했다는 뜻인지는 분명하지가 않다. 그리스도는 선재하시며 시간적인 아들이지만 탄생하지는 않으신 분이라고 한다. 그리스도를 '우리의 하나님, 사람으로 나타나신 하나님' 이라고도 칭한다. 하나님은 그의 실체 내에서는 구별이 없는 단자(單子, Monad)이나, 아들과 성령은 단지 하나님 아버지의 자기 계시의 형태 혹은 양식으로 계시의 과정에서 구별될 수 있을 뿐이라고 하였다. 양태론적 삼위일체론과 비슷하게 말하고 있음을 발견할 수 있다.

속사도 교부들은 하나님께서 인간에게 주신 은사에 관하여 즐겨 말한다. 죄에 대한 용서는 그러한 은사 가운데 하나다. 가장 중요한 은사는 '진리에 대한 지식'이며 '영원한 생명'이라고 한다. 클레멘트의 설교에 보면, 그리스도는 구속자요 불멸의 머리이시므로 그를 통하여 하나님께서는 우리에게 진리와 하늘의 생명을 계시하셨다고 한다. 그리스도를 모범으로 그리고 선생으로 말하며, 그리스도를 본받는 것과 선생이신 그리스도에게 순종하는 것을 구원에 관련시켜 말한다. 이러한 견해는 은혜로 구원을 얻는다는 사상에는 미치지 못하고 도덕주의에 머물고 있음을 말해 준다. 그리스도의 은사를 새 율법의 계시로 간주하기에 이르러서는 율법주의적 경향으로 기울어져 있음을 발견한다. 그리스도를 모범자요 선생으로 보는 견해는 2~3세기의 교부들에게서도 볼 수 있다.

로마의 클레멘트는 교회를 가리켜 성도들의 모임, 그리스도의 양떼, 하나님 자신의 소유라고 말하고, 허마스와 함께 만물의 창조 이전에 교회가 있었다고 함으로써 교회의 존재를 지나치게 강조한다. 교회는 창조의 진정한 목표라는 것이다. 교회와 그리스도의 관계는 몸과 영의 관계와 같다고 하며, 교회는 본질상 '하나'이며 '거룩한 것'이라고 한다.

이그나티우스는 그리스도와 믿는 자 사이의 인격적 결합을 감독과 교회의 관계에 비유한다. 감독은 교회의 구심점이자 이단을 막아 내는 보루(堡壘)라는 것이다. 교회의 분열을 경계하고 감독을 따르기를 그리스도가 아버지를 따르듯 해야 하며, 장로에게 복종하고 집사를 존경해야 한다고 말한다. 또한 교회는 지역적인 공동체이기보다는 전세계에 미치는 보편적인 제도이며, 영원한 이상적인 존재인 동시에 현실적 존재라고 한다.

성례론 | 세례는 물로 죄씻음을 받는 것이며, 죄의 용서와 성령을 받았다는 보증이라고 한다(허마스서; 클레멘트 2서; 고후 1:22; 엡 1:13; 4:30 참조). 그리고 가벼운 죄와 용서받을 수 없는 죄를 구분하는 한편, 죄의 회개는 단회적인 경험이라고 말한다. 아직은 은총을 전 생애에 걸쳐서 계속 주어지는 죄의 용서라고 이해하지 못했던 것이다.

이들은 대체로 성만찬 제정과 관련된 말씀의 의미에 대하여는 별로 관심을 기울이지 않는다. 예배자는 성만찬을 통하여 그리스도의 오심과 임재하심을 간구하고 체험한다고 하며, 성만찬은 인간에게 영원 혹은 영생을 전달해 주는 수단이라고도 말한다(허마스서와 클레멘트 2서). 「디다케」는 성만찬을 '영생을 위한 영적 양식'이라고 표현했으며, 이그나티우스는 그것을 '불멸의 약', '죽음을 막는 해독제'라고 하고, 가현설이 비난받는 이유는 성찬이 우리의 죄를 인하여 고난당하신 '예수 그리스도의 몸'이라는 것을 부정하였기 때문이라고 했다.

저스틴(Justin Martyr, 약 100~165)은 성찬을 가리켜 인간이 되신 예수 그리스도의 몸과 피라고 하였다. 이레니우스는 성만찬을 떡과 포도주로 드리는 희생 제물이라고 하였으며, 교회의 기도를 통하여 성령은 로고스를 떡과 포도주에 결합시키며, 그리하여 그것을 이전과는 다른 어떤 것, 즉 그리스도의 피와 살을 만든다고 하여 변화설(變化說)을 말하였다.

종말론 | 종말론에서는 예수님의 임박한 재림을 기대하며 도덕적 개선에 관심을 두고 이를 가장 우선적인 과제로 여겼다. 초대 교부들 가운데서도 유대교적인 배경을 가진 교부들의 글에서는 종말론을 논함에 있어서 천년왕국에 대한 신앙을 표현하고 있음을 확인할 수 있다. 바나바서는 창세기 2:2의 안식일의 제정을 종말론적으로 이해하면서 이 세상의 역사가 6일에 해당하는 6천 년으로 끝나게 될 것으로 믿었으며, 제7일에 해당하는 천 년 동안을 안식

일로 지키게 될 것이라고 말한다(15:1~4).

이레니우스에 따르면, 파피아스(Papias, 80~163)는 5권으로 된 「주의 예언의 해설」를 썼다고 하는데, 제4권에서 천년왕국에 대한 신앙을 생생하게 묘사하고 있다. 그날에 포도나무가 기적적으로 많은 열매를 맺을 것이라고 과장된 표현으로 묘사하고 있다. 그때에는 그리스도께서 직접 통치하시는 왕국이 이 땅 위에 세워진다고 말한다.

포도나무가 자랄 것인데, 만 개의 싹이 나고, 매 싹에서 만 개의 둥치가 돋고, 각 둥치에서 만 개의 가지가 뻗으며, 각 가지에서 만 개의 포도송이가 열리고, 한 포도송이에 만 개의 포도알이 맺힐 것이며, 포도알 하나가 스물다섯 말의 포도주를 산출한다.

천년왕국에 대한 신앙은 소아시아 중서부 산악 지방에서 강하게 나타났다. 그곳에서는 교회가 열광적인 이방 종교와 접할 수 있었으며, 유대교의 영향도 많이 받을 수 있는 곳이어서 그랬을 것으로 설명할 수 있다. 유대교적인 배경에서 나온 영지주의자 케린투스(Cerinthus)는 천년왕국이 이르면, 거기에 참여하는 사람은 온갖 호사와 감각적인 쾌락을 누릴 것이라고 영지주의자답게 말하였다.

로마의 클레멘트의 첫 편지에는 신약 성경에서 말하는 종말론의 전통을 따라 하나님 나라가 임박했음을 말하고, 주님의 갑작스런 재림과 심판에 관하여 말한다. 클레멘트의 첫 편지에서는 교회의 권위를 세우고, 교회를 어지럽게 하는 사람들에게 교회의 질서를 존중하기를 권하는 것을 주제로 삼고 있어서 종말론을 논하면서도 교회론을 중심하고 있다. 「디다케」는 마지막 날이 임하였으니 조심할 것을 명하고, 하나님의 아들이라고 사칭하는 거짓 선지자가 나타날 것을 경고하면서 종말론적인 관심을 강하게 표현하고 있다. 그리고 데살로니가전서에서와 같이 마지막 나팔 소리에 성도들이 부활할 것이며, 하늘로 올라가 주를 만나게 될 것이라고 말한다.

이그나티우스의 편지에는 성경에서 말하는 대로 실현된 종말론과 동시에 미래적인 종말론을 언급하기도 한다. 예를 들면, 예수 그리스도께서 탄생하실 때 옛 왕국의 어두운 세력은 종국을 고했다고 말하는가 하면, 예수 그리스도의 오심(parousia)과 죽으심과 부활은 이미 썩지 않는 세계의 실현이라고 하는 표현 등을 볼 수 있다. 그리고 마지막 날에 새롭게 되는 일은 미래에 일어날 놀라운 변형(transformation)일 뿐 아니라, 그것은 부활하신 주님을 진정으로 믿는 사람들에게 이미 시작된 영생의 선물이라고 한다. 140년경의 「헤르마스의 목자」는 묵시록의 표현 형식을 취하고 있으나, 내용에 있어서는 그렇지가 않고, 당시의 상황을 풍유적(諷諭的, allegorically)으로 표현하고 있다. 미래의 하나님보다는 현재의 교회 개혁을 촉구하는 내용이다.

속사도 교부들은 구약 성경을 경전으로, 즉 교리의 표준으로, 절대적 권위로 인정하였다. 그러면서도 그리스도 중심의 특별한 해석학적 방법을 적용하였다. 그러한 해석 방법은 사도들에게서 유래한 것으로, 신약 성경에서 발견된다. 구약에 나타난 제사장직과 희생 제물을 포함하는 제사 제도는 기독교 공동체를 위한 전형(典型)이라고 간주하였다. 그리고 신약에서 '예수님의 말씀'을 권위 있는 말씀으로 받아들였다. 그러나 별로 인용한 흔적은 없다. '사도들의 교훈'을 그 다음으로 권위를 가진 것으로 보았으며, 사도들의 교훈의 무오성(無誤性)을 주장하였다.

신약 성경의 정경화

그리스도의 교회는 시작에서부터 구약 성경의 말씀을 영감된 하나님의 말씀으로 믿고 기독교의 정경으로 받아들였다(딤후 3:16). 그리고 신약의 정경화는 오랜 세월에 걸쳐 이루어졌다. 바울의 서신들은 여러 나라와 지방에 흩어져 있는 그리스도의 교회들이 귀중하게 보관하고 사본을 만들어 돌려 보았으며, 2세기 초에는 이미 바울의 서신집이 있어서 여러 교회에서 읽혔다.

신약의 정경에 관하여 최초로 말한 이는 영지주의자 마르키온(Marcion)이었다. 그는 AD 144년에 누가복음과 10개의 바울 서신을 가리켜 정경이라고 말했다. 마르키온과 동시대에 산 파피아스는 사도들의 구전과 기록된 복음서에 관하여 증언하였다. 그리고 그의 제자 타티안(Tatian)은 170년경에 이미 요한복음을 인용하고 있으며, 180년경에 4복음서에서 편집한 「디아테사론」(Diatessaron)을 내놓았다. 그런데 이레니우스(Irenaeus, ?~202)에 이르면 정경의 가닥이 잡히고 있음을 발견한다. 이레니우스는 4복음서와 13개의 바울 서신, 베드로전서, 요한 1서와 2서, 요한계시록, 허마스와 사도행전을 정경으로 여기고 있다.

저자 미상의 「무라토리언 캐논」(Muratorian Canon)은 2세기 후반에 로마에서 나온 것으로, 헬라어로 기록된 원본에서 조잡한 라틴어로 번역된 문서인데, 정경 연구를 위한 귀중한 문헌이다. 첫 부분은 남아 있지 않지만 누가복음과 요한복음을 제3, 제4복음으로 지칭하고 있음으로 보아서 마태복음과 마가복음을 포함한 4복음을 인정하고 있으며, 바울의 13개 서신과 요한 1서와 2서, 유다서, 요한계시록, 베드로의 묵시를 정경으로 언급하고 있다. 그리고 어떤 이들은 '베드로의 묵시'를 교회에서 봉독(奉讀)하기를 원치 않는다는 말을 덧붙이고 있으며, '허마스'는 단호하게 거부되어야 한다고 말한다.

터툴리안은 4복음서, 바울의 13개 서신들, 사도행전, 요한계시록, 요한 1서, 베드로전서와 유다서를 정경으로 받아들였다. 히브리서는 알고 있었으나 바나바의 저작으로 생각하였으며 신약의 일부로 여기지는 않았다. 그리고 허마스는 그가 몬타누스주의자가 되고 난 이후에는 정경으로 인정하지 않는다. 알렉산더의 클레멘트는 다른 신학자에 비하여 정경으로 받아들이는 폭이 넓다. 4복음서에다 그보다 좀 못한 히브리인의 복음서들과 이집트인들의 복음서를 언급하며, 히브리서를 바울의 저작으로 보았다. 바울의 13개 서신과 함께 베드로전서, 요한 1서와 2서, 유다서, '바나바서', 사도행전, 요한계시록을 정경으로 인정하였으며, 베드로의 묵시, 클레멘트 1서, 「디다케」와 허마스도 정경으로 간주하였다. 그리고 야고보서와 요한 3서, 베드로후서도 언급하였다.

오리겐은 성경학자답게 이미 '인정된 책들'과 '논란이 되고 있는 책들'로 분류하였다. 인정된 책으로는 4복음서와 13개 바울 서신, 베드로전서, 요한 1서, 요한계시록을 들고, 논란이 되고 있는 책으로는 베드로후서, 요한 2~3서, 히브리서를 들었다. 또한 사도행전은 인정받는 책으로, 야고보서와 유다서는 논란이 되고 있는 책으로 분류하였다. 오리겐은 클레멘트보다는 엄격해서 허마스, 바나바서와 「디다케」는 성경으로 간주하지 않았다.

4복음서와 13개의 바울 서신을 포함하는 27개의 책들이 우리가 현재 가진 대로의 신약 정경으로 된 것은 AD 367년에 교부 아타나시우스(Athanasius, 296년경~373년)가 자신의 39번째 부활절 메시지에서 발표한 이후부터였다. 동방과 서방 교회는 아무 이의 없이 아타나시우스의 정경 선언을 받아들였다. 그것은 AD 144년에 영지주의자 마르키온이 누가복음과 10개의 바울 서신을 가리켜 최초로 정경이라 말한 이후 교부들은 제각기 자신들이 정경이라고 생각하는 바를 말해 왔으며, 4세기 중엽에는 거의 견해의 일치에 이르렀기 때문이었다. 그리고 노회나 대회에서 정경의 문제를 두고 공적인 결의가 없었던 점에도 큰 의미를 발견할 수 있다. 교회가 성경에 권위를 부여한 것이 아니라, 교회가 성경이 하나님의 말씀임을 그대로 시인하고 그 권위에 순복(順服)한 것임을 말해 주기 때문이다.

정경화의 과정에서 27개의 책 가운데 몇몇 책—이를테면 요한 2~3서, 빌레몬서 등—들은 오랫동안 신약의 정경에 포함되지 못하기도 하였으며, 바나바 서신 등과 같은 탈락된 책들이 정경으로 간주되기도 하였다. 정경화된 책들이 정경으로 인정받지 못한 책들 가운데 하나로 있었다거나 혹은 정경으로 인정을 받다가 탈락된 책과 함께 정경으로 인정되어 왔다고 하여 정경의 책들이 정경 아닌 책들과 마찬가지로 상대적인 가치를 지닌 것이라고 말할 수는 없다. 그리고 이단적인 종파가 정경을 달리 인정한 사실 때문에 교부들에 의하여 정경으로 인정받은 책들의 가치 역시 상대적인 것으로 볼 수는 없는 법이다. 정경의 책들은 정경으로서 가치를 지녔기 때문에 여러 세대의 많은 교부들과 신학자들이 선별을 통하여 정경으로 받아들였던 것이다.

기독교 초기의 이단 사상과 분파 운동

2세기에 와서 기독교 교리는 외부와 내부로부터 오는 공격과 시련에 대처하지 않으면 안 되었다. 즉, 외부로부터는 로마 제국의 황제들과 권력자들이 간헐적으로 기독교의 생존을 위협하고 교회를 핍박했으며, 루키안(Lucian), 포르피리(Porphyry)와 켈수스(Celsus)와 같은 당시의 예리한 사상가들은 기독교 교리를 신랄하게 비판하고 공격하였다. 그리고 안으로는 성경을 오해하고 왜곡하는 이단들이 일어났다. 유대교적인 에비온파(Ebionites)와 이교적인 영지주의자(Gnostics)들이 가장 대표적인데, 이들 두 종파는 서로 대조적이다.

에비온주의(Ebionism)는 사이비 베드로(Pseudo-Petrine) 노선을 따르는 기독교화된 유대주의로서, 그리스도는 사람이면서 하나님의 양자(養子)라고 하였다. 반면에 영지주의는 사이비 바울적인(Pseudo-Pauline) 경향을 띤 이교적인 사상으로, 사변적이며 신령주의적(pneumatic) 그리스도관을 말하였다. 예수 그리스도는 주님이시요 하나님의 아들이라고 하는 사도들과 교회의 고백을 받아들이지 않고 왜곡해 가르치는 이 두 견해는 모든 이단적인 견해의 원형(原型)이라고 할 수 있다.

에비온파

에비온파는 기독교적 유대인의 종파로서, 일반적으로 바리새적 에비온파와 에센적(Essene) 에비온파로 구분된다. 바리새적 에비온파는 나사렛파(Nazarenes)에서 유래되었다고 한다. 이들은 바울을 배교자로 보고 할례를 주장하며, 그리스도의 신성을 부인하여, 예수님을 단지 메시아로 지명된 사람이라고 한다. 그리스도는 율법을 엄격히 지켰다는 점에서 일반 사람들과는 구별되고, 그의 율법적 경건 때문에 메시아로 택함을 받았다는 것이다. 예수님은 세례를 받으실 때 이 사실을 의식했으며, 선지자와 교사의 직분을 다할 수 있도록 성결함을 받았다는 것이다. 이들은 유대교적인 전통을 따라 천년왕국을 굳게 믿는 그룹이었다.

에센적 에비온파는 바리새적 에비온파에 비하여 이교적인 색채가 좀더 농후한 종파였다. 사이비 클레멘트서의 글과 엘카사이의 책에서 그것을 알 수 있다. 이 종파를 엘카사이의 이름을 따라 엘카사이(Elchasai 혹은 Elxai)라고 부른다. 신지론적(神智論的, theosophic) 사색과 금욕주의를 특징으로 하는 원시적이며, 보편적인 종교를 주창하였다. 예수님의 동정녀 탄생을 부인하고 그리스도를 이상적인 아담의 성육신으로 본다.

영지주의의 영향을 받은 케린투스는 지고의 신(神)과 창조자를 구분하고 예수님과 그리스도를 구분한다. 그리스도가 세례 시에 내려와 메시아로 택함을 받았다는 일종의 양자론을 말한다. 클레멘타인(Clementines)이라는 이름하에 쓰인 책들에는 유대교적 영지주의 사상이 혼합되어 있음을 더 명백히 알 수 있다. 마귀와 그리스도가 하나님 안에 있는 변화(prope)에서 솟아났다는 것이며, 신은 몸을 가졌다고 한다. 마태복음의 일부를 제외하고는 복음서를 모두 배척하였다.

영지주의

영지주의(Gnosticism)는 AD 70년에서 250년까지 널리 퍼졌던 신지적(神智的) 운동(theosophical movement)이다. 이러한 운동은 이미 기독교가 있기 이전부터 태동한 것으로 추정하는데, 신약의 디모데전서, 골로새서 등의 서신서에서는 영지주의를 의식하면서 이를 경계하는 교훈으로 추정할 수 있는 말씀들이 발견된다. 영지주의는 여러 우주의 신화, 그리스와 동방의 이교적 철학 사상, 기독교 교리 등을 혼합한 사상으로, 하나의 사상 체계이기보다는 사상적인 운동으로서 기독교 내에 있었던 이단 사상의 하나였다. 영지주의는 대체로 지역별로 차이를 보였다. 즉, 시리아와 알렉산드리아 및 소아시아의 영지주의로 구분할 수 있다.

시리아의 영지주의 그룹은 동방적인 이원론(二元論)에다가 금욕적인 요소가 있는 것이 특징이다. 메안더(Meander)와 사토르닐(Satornil, 혹은 Saturinus)을 중심하여 형성되었는데, 안디옥이 그 중심지였다. 메안더는 사마리아 태생으로 자신을 구속자로 자처하였다. 사토르닐은 시몬 마구스(Simon Magus)의 제자로서 주도적인 영지주의자였으며, 예수님에 관하여 언급한 첫 영지주의자로 알려져 있다. 변증가들은 사토르닐을 영지주의의 사실상의 창시자로 이해하였다.

바실리데스(Basilides)가 세운 학교는 영지주의에 황금기를 가져왔으며, 시리아는 물론 알렉산드리아와 로마에까지 영향을 미쳤다. 바실리데스는 24권에 달하는 복음서 주석을 썼으며, 찬송과 기도문도 쓰는 등 저술 활동을 활발히 한 영지주의자이다. 그는 그리스도께서 승천하시기 전에 마티아스 사도에게 비밀리에 가르치신 교훈을 마티아스 사도로부터 전수받았다고 주장하였다. 바실리데스는 플라톤적 신개념을 가졌으며, 에이온(aeons, 天上의 존재들)의 위계 질서(hierarchy)를 역설(力說)하는 것이 특징이다. 수많은 천사들이 4개의 하늘과 365개 층에 거주한다고 한다.

이집트의 발렌티누스(Valentinus)는 종교적이며 시적인 열정을 가지고 말하는 대단한 설교가였으므로 기독교에 그만큼 해를 끼친 대표적인 인물이었다. 그는 135년경 알렉산드리아에서 가르쳤으며, 로마로 와서 근 30년 간 교회의 지도적인 인물로 활동하다가 반대에 부딪히자 동방으로 되돌아갔다. 그는 로마에 있는 동안 편지를 쓰고 찬송을 짓고 설교함으로써 자신의 사상을 퍼뜨렸다. 변증가들에 따르면, 그는 그의 사상의 많은 부분을 피타고라스와 플라톤에게서 빌려 왔다고 한다. 발렌티누스는 자주 바울을 들먹이고 그리스도의 말씀을 인용하기는 하지만 영지주의의 관점에서 한 것이었다. 그의 우주관은 전형적인 영지주의적인 신화에 근거하고 있다. 즉, 세상은 불가시적인 아버지에게서 유출되었으며, 천상의 존재들은 '플레로마', 즉 충만한 완전한 세계로부터 나온다는 것이다.

소아시아의 영지주의는 탈선되고 과장된 바울주의라고 하는데, 마르키온이 대표적인 인물이다. 마르키온은 소아시아 폰투스(Pontus)의 시노페(Sinope)에서 부도덕한 생활 때문에 아버지였던 감독으로부터 파문을 당하고, AD 140년경 로마에 가서 144년에 이단으로 다시금 파문당하였다. 그러나 마르키온은 165년까지 이단적인 교리를 가르치며 자기파 교회를 세워 세력을 확장해 나갔다.

위에서 언급한 바와 같이, 마르키온은 신약의 정경성에 대하여 제일 먼저 말하였다. 사변적이기보다는 실제적이어서 형이상학적인 것보다는 구원론에 더 관심을 두었다. 십자가를 강조했다는 점에서 가장 기독교적인 영지주의자라고 할 수 있으나, 기독교를 역시 철학으로 보았으며, 구약의 하나님과 예수 그리스도의 아버지 하나님을 구별하였다. 기독교와 구약의 연속성을 부인하였으며, 예수 그리스도에 관하여는 그리스도께서 육신이 되셨음(成肉)을 부인하고 몸을 입은 것이라고 하여 가현설을 말하였다.

영지주의는 창조와 구원의 두 가지 문제에 주로 많은 관심을 쏟았다. 즉,

창조에 관하여는 무한하며 절대적이고 초월적인 존재가 어떻게, 어떤 방식으로 물질계에 접촉하러 올 수 있었으며, 물질계의 창조자가 될 수 있었느냐 하는 문제에 관심을 가졌다. 그리고 구원에 관하여 말하면서 악의 존재와 악의 세력으로부터의 해방을 구원(救援)이라고 하였다. 물질을 근본적으로 죄악시하고, 구원이란 금욕과 계몽을 통하여 물질로부터 해방되는 것이라고 하였다.

영지주의는 이원론적인 세계관을 말한다. 그것은 조로아스터교(拜火敎)의 영향 아래 형성된 시리아 사상으로부터 유래한 것으로, 빛과 어둠, 정신과 물질을 대립적인 것으로 보며, 물질의 세계는 악의 원리에 의하여 지배된다고 말하고, 선하신 신에 의하여 지배되는 정신의 세계, 즉 '플레로마' 와의 대립으로 본다. 인간의 영혼을 '섬광' (spark) 또는 '플레로마' 의 씨라고 하여 인간의 영혼은 몸, 즉 영혼의 무덤에서 해방되어야 한다고 한다. 3세기 말에 이르러 대부분의 마르키온파의 교회들은 뿌리를 같이하는 마니교에 흡수되었다.

영지주의는 사람을 진리 이해의 능력을 따라 세 등급으로 분류한다. 하층부를 이루는 다수의 사람들을 '아피스토이' (apistoi), 즉 '믿음 없는 자' 라고 칭하는데, 이들은 진리 이해에는 전혀 가망이 없는 동물적인 사람들이라고 한다. 그 다음 층의 사람들을 '프슈키코이' (psykikoi)라고 하여 동물적인 인간이기는 하나 신앙을 가질 수 있는 자를 지칭한다. 상층부의 사람들을 '프뉴마티코이' (pneumatikoi)라고 하여 믿는 자가 아니고 지식을 갖는 자, 즉 진리를 터득할 수 있는 자, 신앙이 아니라 사색을 통하여 진리를 깨닫는 자라고 한다.

영지주의자들 가운데는 기독교적 영지주의자로 분류되는 사람들도 있었으나, 기독교의 교리를 영지주의적인 틀에서 나름대로 취하고 소화하였으므로 정통적인 교회 교부들의 가르침과는 다른 교리를 가르치는 이단임을 벗어나지 못하였다. 대체로 하나님이 창조주이심을 부인하고 인간의 영과 육이 합하여 하나의 인격체를 이룬다는 사실과 육체의 부활을 부인할 뿐 아니라, 성육의 실재성을 부인하였다.

변증가들과 그들의 신학

그리스도인들은 하드리안 황제(Hardrian, 117~238) 시대부터 기독교에 대한 오해나 비난에 대하여 공개적인 편지나 글로 기독교 진리를 변증하였다. 변증가들(Apologists)의 기독교 진리 이해에는 다소 허술한 점이 있고, 또한 그들의 논의가 이방 세계에 별로 이렇다 할 영향을 주지도 못하였으나 신학의 기초를 놓았다는 점에서 의미 있는 일을 한 것이다.

변증가들은 기독교 진리를 헬라적인 사상 배경에서 이해하려고 하였으며, 또한 철학적 개념으로 설명하려고 하였다. 즉, 그리스도를 로고스 사상으로 이해하고 변증하려고 하였다. 기독교 진리에 대한 설명은 바울이 아테네에서 전도할 때 그랬듯이(행 17장), 청중이나 대화를 나누는 대상에 따라 사용하는 어휘나 어법이 다소 달라질 수 있다. 변증가들은 기독교 진리를 그리스적인 개념으로 변증하려다 보니까 기독교 진리를 헬라화하게 된 것으로 볼 수 있다. 그러므로 변증가들의 신학은 속사도 교부들의 신학보다 오히려 후퇴한 것으로 평가하기도 한다.

변증가로서 가장 두드러진 신학자는 순교자 저스틴이다. 그는 AD 약 100년경에 사마리아의 네아폴리스(Neapolis)에서 출생하여 스토아학파, 소요(逍遙)학파, 피타고라스주의, 플라톤주의로 전전하였다. 그의 첫 변증서는

150년~155년에 안토니우스 피우스(138~161)와 그의 양자 마르쿠스 아우렐리우스에게 보낸 것이었으며, 두 번째 변증서는 160년경에 쓴 것으로 로마의 장관 우르비쿠스(Urbicus)가 그리스도인을 처형한 부당성을 지적하고 항의하는 글이었다.

「트리포(Trypho)와의 대화」에서는 유대교에 공감하는 이방인들에게 기독교의 뛰어남을 변증하였다. 그는 또한 영지주의자 마르키온에 대항하여 기독교 진리를 변증하였다. 로마에서 일하다가 나중에는 140년부터 소아시아에서 활동하였다. 일찍이 첫 변증서에서 황제에게 "당신들이 우리를 죽일 수는 있어도 우리를 해칠 수는 없다"고 갈파했던 저스틴은 165년 여섯 사람의 신자들과 함께 순교하였다.

아테나고라스는 아테네 출신으로 176년경 "부활에 관하여", "기독교인을 위한 탄원"을 써서 황제 마르쿠스 아우렐리우스와 코모두스(Commodus, 180~192)에게 보냈다. 타티안은 앗시리아인으로, 160년에 로마로 와서 저스틴을 통하여 기독교인이 된 사람이다. 그의 「그리스인에게 부치는 연설」(*Logos pros Hellenas*)은 적극적인 변증이기보다는 이교에 대한 공격이었다. 아리스티데스(Aristides)는 133년 황제 하드리안에게 기독교에 대한 변증서를 보냈다. 테오필루스(Theophilus)는 안디옥의 감독(176~186)을 지낸 이로 180~181년에 친구 아우톨리쿠스(Autolycus)에게 보내는 변증서를 썼다. 그 밖에 「디오게네투스(Diogenetus)에게 보내는 편지」(약 150년경)는 저자와 수신자가 미상(未詳)이다.

변증가들의 신학에서 두드러진 것은 예수 그리스도를 로고스(Logos) 사상으로 설명하려고 한 것이다. 로고스는 스토아철학, 플라톤주의, 알렉산드리아를 중심한 유대교적 사상에서 말하고 있는 사상이다. 스토아 철학에서는 로고스를 신의 내재(內在)의 원리로 본다. 내재하는 신적 세계의 이성은 범신론적인 세계를 지배한다고 한다. '씨가 되는 말씀'(λόγος σπερμάτικος)은 만인에게 어느 정도 취입되었다는 것이다. 즉, 사람은 누구나 다 이성을 가졌다는 것이다. '내재하는 로고스'와 '발설(發說)된 로고스' 사이에는 차이가 있다고 한다.

플라톤주의에서는 로고스를 초월의 신과 피조 세계의 중개자로 보았다. 플라톤주의자들의 신관(神觀)에 따르면, 신은 파악할 수 없으며, 행동하지 않는 순수한 영이다. 그렇다면 이 영이 어떻게 물질을 가동(稼動)하는 것일까 하고 의문하게 되는데, 해답은 로고스가 곧 중개자라는 것이다. 유대교적 알렉산드리아 학파의 대표적인 사상가 필로(Philo)는 플라톤주의와 스토아주의를 유대교적 사상과 혼합하여 로고스는 하나님과 세계의 중개적 존재로서 계시의 원리라고 했다. 로고스는 하나님의 첫 아들이며 또한 인간보다 높은 이성이요 우주(宇宙) 창조의 원리라는 것이었다. 그러나 필로는 교회에서의 로고스를 구약의 말씀(dabar)이라고 한다. 그것은 요한 1서에서 볼 수 있는 것인데, 테오필루스만이 요한 1서를 알고 있었던 것으로 보인다.

변증가들은 로고스의 영원성에 관하여 말하고 로고스를 '누스'(νοῦς)와 동일시하였으며, 하나님은 결코 '비(非)로고스'(ἀλόγος)가 아니라고 말한다. 신의 이성이요 혹은 사상인 로고스는 하나님의 심중(心中)에 비물질적으로 거하였다고 한다. 그들은 하나님을 생성되지 않은(ingenerated) 지고의 원인으로 보았으며, 로고스를 비인격적인 것으로 보았다. 그리고 시간 속으로 들어온 로고스를 말하면서 로고스는 우주를 창조하기 위하여 '의지의 행위'에 의하여 산출(産出, generated)되었다고 한다. 로고스는 한 가닥 빛과 같이 그 원천에서 나왔으나 원천에서 분리되지는 않고, 그의 인격이 구별되기는 하지만 하나님과 어떤 의미에서는 동일시된다고 하면서도, 로고스는 종속적인 존재이며, 아버지에 비하면 피조물이고 '아버지가 처음 낳으신 일'로 이해하였다.

창조와 섭리에 관하여 말하면서, 스토아 학파의 영향을 받아 로고스는 아버지의 대행자이며, 모든 옳은 이성의 원천이라고 하였다. 타티안에 따르면, 그리스 철학이 그리스도를 위한 것이라는 의미에서 로고스(λόγος=이성)를 따라 사는 사람은 모두가 다 또한 '로고스' (Λόγος)를 따라 사는 것이라고 말한다. 즉, 그리스 철학이 그리스도를 위한 것이라는 뜻에서 한 말이다. 로고스는 특별히 이스라엘의 선지자와 선생들을 영감하였다고 하며, 예언의 성취를 강조한다. 원효(元曉)를 가리켜 기독교 전래 이전의 그리스도인이라고 말하는 관점과 상통하는 견해이다.

변증가들은 성육을 두고는 하나님이 사람의 몸을 입은 듯이 보인다는 가현설과 사람인 그리스도를 하나님께서 양자로 삼으셨다는 양자론(養子論)에 반대하고 하나님과 사람(신성과 인성)의 참된 연합을 주장하면서 "말씀이 육신이 되었다"라는 표현을 썼다. 로고스가 온전히 그리스도 안에서만 나타났다는 것이며, 그리스도는 진정한 인간의 혼과 몸이 되어 성장하고 생활하였다고 한다.

구원을 위하여서는 유일신관과 도덕적 생활을 요구하는 새 법칙(율법)을 따라 살아야 한다고 했으며, 포상(褒賞)과 형벌(刑罰)을 가져 오는 부활을 말한다. 헬라어로는 양자가 다 '미스토스' (μίσθος)이다. 인간은 하나님의 계명을 지킬 능력이 있다는 것이며, 그리스도는 인간의 우두머리로서 악마와의 싸움을 이긴 승리를 그의 백성들에게 나누어 준다고 한다. 그들은 또한 세례를 통하여, 즉 믿음과 십자가를 통하여 새로운 인간성이 살아난다고 하였다. 구원에 대한 이러한 공로주의 사상은 율법주의적인 유대교와 다른 이방 종교에서 보편적으로 볼 수 있는 사상이다. 그러므로 교회 역사에서 오랜 세월이 지나서야 기독교 신학자들은 비로소 구원은 전적으로 하나님의 은혜로 말미암는다는 이해에 이르게 된다.

헬레니즘 세계의 지성인들에게 기독교 신앙을 변호하던 변증가들의 종말 사상에는 몸의 부활에 대한 믿음과 유대교적 기독교의 묵시적인 기대에 이생(生) 후에 있게 될 상벌에 대한 신비적이며 철학적인 사변이 뒤섞여 있음을 보게 된다. 순교자 저스틴은 천년왕국을 분명히 언급하고 있다. 그리스도의 임박한 재림을 역설하면서, 그리스도께서 예루살렘에 나타나서서 원수들을 치실 것이라고 한다. 성도들은 전에 가나안이었던 땅을 차지할 것이며, 새 예루살렘에서 그리스도와 함께 천년을 다스리며 이사야서(65:17~25)에 예언된 평화와 번영을 누린다. 그리고 이 천년왕국 후에 그리스도의 최종 심판과 포상이 있다. 그러나 저스틴의 제자 타티안, 아테나고라스, 안디옥의 테오필루스는 몸의 부활과 심판, 영생 불사를 말하고 있으나, 천년왕국에 대한 언급은 볼 수 없다.

이레니우스는 그의 「이단에 대한 변증」(*Adversus Haereses*)에서 그리스도의 재림과 더불어 죽은 자의 부활에 대한 소망이 그의 종말론적 사상의 중심이라고 말한다. 의인과 악인이 다 같이 부활하여 각자에 상응하는 포상과 심판을 받는다는 것이며, 부활한 몸은 육적인 실체임을 강조한다. 그는 천년왕국에 대한 신앙을 말하여 파피아스를 지지한다. 천년왕국의 목적은 새롭게 된 땅이 신성에 참여하는 것이라고 말하며, 그러기 위하여서는 점차로 적응하는 데 시간이 필요하다고 한다.

변증가들에게는 비록 기독교를 변증한다는 목적은 좋았으나 허술한 데가 많았다. 주변의 헬라 문화와 사상에 젖어 있던 그들이 기독교 진리를 주변의 사상 개념으로 설명하는 과정에서 여러 가지 문제점을 드러내게 되었다. 그리스도를 논함에 있어서 아들의 인격을 명백히 드러내지 못하였으며, 아들의 영원성에 관한 표현도 불분명하다. 아들이 하나님 아버지와 동등한 신성을 가지셨는지에 대한 표현도 모호하며, 아들은 아버지보다 하위(下位)에 속한다는 종속설(從屬說)을 말하기도 하였다. 이교의 신화에서 보면, 우주적 중개자는 하나님보다 열등하다는 것은 필연적인 귀결이다. 그리스 사상에서는 첫 원리에서 유래된 것은 첫 원리보다 하위에 있는 것으로 이해한다. 결국 로고스로 그리스도를 설명하다 보니 종속설을 극복할 수 없었다.

로고스 기독론은 그 이후에도 1세기 이상 기독론을 지배하였다. 터툴리안, 클레멘트, 오리겐 및 아리우스파(Arians)의 이단들과 단일신론자들(Monar-chians), 그리고 심지어는 아타나시우스까지도 이를 논하였다. 4세기 이후에 이르러서야 비로소 신학자들은 로고스 교리를 탈피하게 된다.

2~3세기의 이단 운동과 분파 운동

몬타누스파의 이단 운동

2세기 중엽, 교회의 감독들과 변증가들이 헬레니즘 사상가들과 영지주의와 신비적인 사상에 대항하여 기독교 진리를 변증하는 한편, 교회의 직분과 정경 및 기독교 교리를 다져 나갈 즈음에, 소아시아의 미시아(Mysia)와 프리기아(Phrygia)의 경계에 위치한 계곡에 있는 알다반(Ardaban) 마을에서 신비적이며 신령주의적인 '새 예언 운동'이 일어났다. 세례를 받은 지 얼마 되지 않은 몬타누스(Montanus)가 갑자기 영적인 황홀경에 빠져 방언의 현상을 보였다. 그러다가 정상적으로 말을 시작하면서 자신이 성령의 선지자임을 자처하였다. 그의 두 아내 프리스킬라(Priscilla)와 막시밀라(Maximilla) 역시 의식을 잃은 상태에서 하나님의 영의 이름으로 희한한 일들을 말했다.

몬타누스는 예수님께서 약속하신 보혜사가 자기 자신에게 임했다고 주장하였다. 그는 자기가 말을 하면서 하나님의 영이 말한다는 등, 질서가 없는 말을 하였다. "여기 천사도 사자(使者)도 아니고, 주 하나님 아버지인 내가 왔노라" 혹은 "나는 사람들에게 온 전능한 주 하나님이다"라고 말하는가 하면, "나는 아버지와 아들과 보혜사(paracletos)이다" 혹은 "전능하신 아버지 한 분만 계시니, 그분이 자신을 그리스도 안에서 아들로 계시하시며, 몬타누스의 입을 통하여 이제 요한복음에서 말씀한 보혜사로서 자신을 알리신다"는 등 단일신론적 삼위일체의 견해를 대변하는 듯한 말도 하였다. 누미디아(Numidia) 지방에서 발견된 비문에 "아버지와 아들과 그리고 주님 몬타누스의 이름으로"라고 쓰인 것을 보면 몬타누스의 추종자들은 그를 3위의 한 분인 성령으로 믿고 있었던 것으로 보인다

막시밀라는 주의 지혜를 자기의 의지와는 관계없이 전파하도록 강권적인 힘이 역사했다고 하면서 이렇게 말하였다. "나는 양 무리에게서 나온 늑대처럼 쫓겼다. 그러나 나는 늑대가 아니다. 나는 말씀이요 영이요 능력이다." 막시밀라는 또한 자기 이후에는 선지자가 없을 것이며, 예언은 자기로서 끝난다고 말하였다. 프리스킬라는 그리스도께서는 일반 교회에서 이미 떠나셨다고 말하면서 자신은 그리스도에게서 직접 계시를 받았다고 주장하였다. 그리스도께서 화려한 옷을 입은 여인의 모습으로 나타나서 자기에게 지혜를 전해 주시며, 이곳(페푸자)은 거룩한 곳이며 새 예루살렘이 하늘로부터 이곳으로 내려올 것이라고 계시하셨다고 말하였다.

몬타누스파들은 프리기아에 있는 페푸자(Pepuza)와 티미움(Tymium) 마을에 새 예루살렘이 세워질 것이라는 말을 믿었으며, 세베루스(Severus)의 군대가 팔레스타인에 진을 치고 있을 때 그들은 수평선 너머로 예루살렘 성벽이 40일간이나 새벽에 빛을 발하고 있음을 보았다고 했다.

몬타누스파가 교회가 세속화되고 도덕 생활이 해이해졌음을 지적하고 엄격한 금욕 생활을 장려하며 금식과 엄격한 참회를 강조한 것은 긍정적으로 볼 수 있는 일이었으나, 재혼을 금하는 한편, 박해 시에 숨는 것도 금하고, 가정과 남편을 버리고 페푸자와 티미움으로 와 살도록 권한 일이라든지, 교회에는 성령의 은사가 떠났다고 주장한 일 등은 독선적이며 이단적인 속성을 여실히 드러내는 것이었다.

마니교

　　2세기에 절정에 달했던 영지주의 운동이 소강 상태에 접어들고 얼마 후에 새로운 종교 운동이 일어났다. 여러 종교들 가운데 가장 보편적이며 모든 민족에게 진정한 구속을 약속하는 종교라는 것이었다. 마니교(Manichaeism)는 창설자 마니(Mani, 216~276)에게서 유래한 이름이다. 마니교가 동, 서 교회로부터 배격을 당하고 나중에 이슬람에게도 핍박을 받는 바람에 마니교의 문서들은 대부분 유실되었으나 1900년경에 중국에서와 1930년 이집트 북부 지방에서 마니의 「거인들의 책」(*Book of Giants*)을 포함하는 많은 문서들이 발견되었으므로 마니교의 정체를 좀더 밝히 알 수 있게 되었다.

　　마니는 AD 216년 페르시아의 귀족 가문 출신으로 일찍이 가정에서부터 종파적인 신앙 속에서 자라나면서 신의 계시를 받았다고 주장하였다. 그는 인도와 페르시아에서 자기가 깨우친 종교를 설교하였으며, 서방에서도 선교사로 활동하다가 277년에 억류된 가운데서 죽었다. 그가 쓴 책들 「알파에서 타우까지의 위대한 복음」, 어거스틴이 자주 인용했던 「생명의 보화」, 「신비의 책」과 이집트의 북부 지역에서 발견된 그의 편지들은 마니교에서 정경으로 인정받게 되었다.

　　마니교는 배화교(拜火敎, Zoroastrianism)와 같이 페르시아의 이원론에 근거하여 빛과 어둠을 다스리는 두 신을 전제로 한다. 마니교는 붓다(佛陀), 조로아스터 및 예수님이 빛의 아버지로부터 인간을 구속하는 참 종교를 위하여 세움을 받은 사자(使者)인데, 마니는 마지막 사자라고 하였다. 그러나 그 가운데서도 마니는 가장 고귀하고 완전한 지식(gnosis)을 가르쳤으므로 유일하며 세계적인 종교라고 하였다. 붓다는 인도에, 조로아스터는 페르시아에, 예수님은 유다와 서방의 일부에 영향을 미침으로써 그들의 종교는 지역적인 종교에 지나지 않으나 마니교의 사자들은 온 세계에 참 종교를 전파한다고 하였다.

마니교는 물욕을 버리고 금욕할 것을 독려한다. 완전한 마니교도는 세상을 등지고 모든 소유를 버리며 성욕도 자제하며 결혼도 포기하였다. 마니교는 이러한 높은 윤리적인 수준을 사람들이 다 따를 수 없으므로 신자들은 수행할 수 있는 능력에 따라 두 계층으로, 즉 택자들(electi)과 청중들(audientes)로 구분하였다. 청중들은 택자들에게 먹을 것과 입을 것을 제공하였으며, 언젠가 택자로 태어나 구원을 얻게 되기를 바랐다.

마니교는 붓다와 조로아스터와 예수님을 다 같이 빛의 사자라고 하면서도 예수님을 더 높이 평가했으며, 초기에는 마니가 자신을 '예수 그리스도의 사도'라고 칭하기도 하였다. 그러나 예수님은 천상의 '에이온'으로서 사람의 모양으로 이 세상에 나타나 사람들에게 구속의 교리를 가르쳤다고 하여 왜곡된 그리스도관을 피력하였다. 마니는 마르키온과 같이 구약의 하나님을 빛의 하나님으로 인정하지 않는가 하면, 신약의 위경에 관심을 두고 그 가르침을 진리로 받아들였다.

마니교는 많은 점에서 기독교에 의존하였으며 조직 또한 교회 조직을 모방하였으므로 분별력이 없는 기독 신자들이 쉽게 미혹을 받았다. 그러므로 4세기의 교부들은 마니교에 대항하여 교회를 보호하고 기독교 교리를 변증하는 일에 힘을 기울였다. 콘스탄티누스 황제 자신도 마니교의 교리를 기독교의 교리와 분간을 할 수 없어서 특별히 보고하도록 조처한 일이 있으며, 4세기의 노회들은 모일 때마다 마니교의 문제를 다루었다.

특히 북아프리카에서는 마니교가 어거스틴을 포함한 많은 상류층 사람들이 받아들일 정도로 크게 세력을 떨쳐 다수의 마니교 감독을 가질 정도로 탄탄한 조직을 이루었다. 서방에서는 마니교가 교회의 강력한 대응에도 불구하고 6세기까지 존속했으며, 동방의 비잔틴 교회는 훨씬 더 오랜 세월을 마니교와 싸우지 않으면 안 되었다. 그리고 중세에는 신 마니교 운동이 일어나 특히 발칸 지역에 만연했다.

노바티안파의 분파 운동

250년경 데키우스의 박해가 있고 난 후 배교자의 처리는 심각한 문제로 떠올랐다. 수천 명의 배교자들이 사죄함을 받고 다시금 교회에 들어오기를 원하였다. 로마의 감독 코르넬리우스(Cornelius)는 관용을 베풀어 배교자들을 교회로 받아들였다. 노바티안(Novatian, ?~258년경)은 이러한 처사에 반대하였다. 노바티안은 배교자 처리 문제를 두고 터툴리안의 견해와 박해 시절에 키프리아누스가 가졌던 견해를 따르면서 배교자들을 교회로 받아들일 수 없다고 선언하였다.

251년 그의 추종자들은 노바티안을 로마의 또 다른 감독으로 선출하였다. 노바티안은 사람을 보내어 아프리카의 키프리아누스의 지지를 받으려고 했으나 키프리아누스는 이를 거절하였다. 교회의 순결을 지키는 일에는 다소 동의를 하지만, 교회의 통일을 파괴하는 데는 반대한다는 것이었다. 노바티안은 잘못을 시인하고 원상으로 복귀하려고 했으나 분파 운동은 이미 걷잡을 수 없는 비극적인 상황으로 치닫고 있었다.

이듬해인 252년에 노바티안파는 카르타고에도 자파의 감독 막시무스(Maximus)를 세웠으므로 분파 운동은 북아프리카에까지 파급되었다. 아프리카에 있는 노바티안의 추종자들은 그를 따르기를 거부하고 분파 운동을 고집하였다. 동방에서는 이단적인 사상을 가진 자들이 노바티안을 추종한다면서 스스로를 '카타로이'(καθαροί), 즉 '정결파'로 자칭하였다. 그 바람에 노바티안은 더 난처한 처지에 빠지게 되었다. 서방에서는 로마의 감독 코넬리우스의 지도하에 60명의 감독들이 노회로 모여 노바티안과 그의 추종자들을 출교시켰다. 노바티안은 발레리안(Valerian)의 치하에서 순교하였다.

3세기의 신학자들과 삼위일체 교리의 형성

그리스도의 교회가 세워지고 복음이 전파되면서 초대교회 역사에서 사람들이 가장 크게 관심을 둔 교리는 예수 그리스도에 관한 것이었다. 부활하시고 승천하신 예수 그리스도를 하나님의 아들이요 주님으로 믿는 신앙고백이 기독교의 핵심이기 때문이다. "예수 그리스도는 하나님의 아들이시냐? 아들이시면 어떤 의미에서 하나님의 아들이시냐?" 하는 것이 관심사였다. 속사도와 변증가들의 동시대 사람들인 에비온파는 예수 그리스도가 본래 사람인데 하나님의 양자가 되었다고 보았다. 그와 반면에, 그리스 철학과 신비주의의 배경을 가진 영지주의자들은 예수 그리스도가 신적인 존재인데 사람의 몸을 입은 것(가현설)이라고 보았다.

변증가들과 그 이후의 교부들, 즉 소아시아의 이레니우스와 그의 제자 히폴리투스, 알렉산드리아의 클레멘트(Clement, ?~216)와 오리겐, 북아프리카의 터툴리안과 키프리아누스 등을 통하여 삼위일체 교리에 대한 논의가 활발해지게 되었다. 이러한 시점에서 대두된 잘못된 삼위일체 신론이 곧 단일신론(혹은 獨裁論)이다. 삼위일체를 논하면서 초기의 양자론과 가현설이 이제는 단일신론이라는 이름으로 논의되게 된 셈이다.

단일신론

삼위일체 신론(神論)은 성경의 가르침을 그대로 받아들일 때 믿고 고백하게 마련인 신론이다. 삼위일체 교리는 성경 말씀, 특히 예수님께서 명하신 세례 형식의 말씀(baptismal formula)과 예배 시의 송영과 축도에 근거한 신학적인 이해이다. 그리스도의 교회는 신학적인 설명이 있기 이전부터 예배에서 실제적으로 삼위일체 하나님을 송축하고 찬양해 왔다. 유일신 야웨 하나님을 믿는 유대교 사상이나 우주의 근원과 원리는 하나라고 이해하는 헬라 철학적인 사상에서 출발하여 삼위일체의 교리를 이해하거나 설명하려면 단일신론적 이해로 귀착됨을 피할 수 없다. 삼위일체에 대한 단일신론적 이해는 유신론적인 접근을 시도하는 여러 신학 사상에서도 발견할 수 있다.

단일신론은 하나님의 단일성을 강조하여 하나님의 신성(the Godhead) 안에서의 인격의 구별을 부인한다. 주장하는 내용에 따라 동적(動的) 단일신론과 양태론적(樣態論的) 단일신론으로 구분한다. 동적 단일신론은 양자론에 가깝고 양태론적 단일신론(Modalistic Monarchianism)은 가현설과 유사하다.

동적 단일신론(Dynamic Monarchianism)을 말한 대표적인 인물은 테오도투스(Theodotus)와 사모사타(Samosata)의 바울이다. 테오도투스는 피혁상(皮革商)을 하다가 185년경 비잔티움에서 로마로 왔다. 195년 빅토르(Victor, 186~198)는 그를 파문하였는데, 금전 중개상을 하는 테오도투스의 아들이 교회를 형성하였다. 테오도투스는 플라톤주의자이기보다는 아리스토텔레스주의자로서 성경을 풍유화(諷諭化)하는 것을 반대하고 문자주의와 사본 비평을 좋아했다. 예수님은 단지 인간일 뿐이며, 동정녀에게서 탄생하였고, 특별히 거룩하며, 세례를 받은 후에 성령을 받았다고 하였다. 부활 후에 하나님의 양자가 되었고 초인간적인 권세를 부여받았다고 하며, 성령을 하나님의 아들과 동일시하였다.

260년에서 272년 어간에 안디옥의 감독으로 있었던 사모사타의 바울은 그리스도의 신성을 지나치게 강조하는 이론에 반발하여 그리스도의 구성 인격은 인간임을 주장하였다. 로고스가 그 안에 특별히, 본질적으로가 아니라 한 질(質, quality)로서 거하였다고 하며, 그럼으로써 밀접한 접합(接合)이 일어났다는 것이다. 예수님은 완전한 생애를 마치고 부활한 후 높이 들려 올리웠으며(빌 2:5~11), '하나님'이라는 이름을 받았다고 한다. 그러나 그리스도가 찬송의 대상은 아니라고 한다. 로고스는 하나님의 한 질로서 하나님의 이성이며 하나님과 '동본질'이라고 하여 '호모우시오스'(homoousios)라는 말을 사용하였다. 이 말은 사모사타의 바울과 함께 268년의 안디옥 회의에서 정죄되었던 용어이다. '호모우시오스'는 나중에 니케아 회의에서 삼위가 한 하나님이심을 표현하는 단어로 사용되었다.

양태론적 단일신론은 하나님의 단일성을 강조하면서 그리스도의 신성을 강조한다. 이 부류에 속하는 사람으로는 프락세아스와 노에투스, 그리고 사벨리우스가 대표적이다. 프락세아스(Praxeas)는 에베소인으로 약 195년에 로마에 와서 가르치다가 카르타고로 갔다. 카르타고에서는 터툴리안이 '그를 반대하는 글'(Adversus Praxeam)을 썼다. 노에투스(Noetus)는 아마도 서머나에서 가르친 것으로 알려져 있는데, 그의 제자 에피그노스(Epignos)는 200년경 로마로 가서 활동하였다. 사벨리우스(Sabellius)는 북아프리카로부터 와서 로마에서 가르쳤다. 약 220년에 칼리스투스(Callistus, 217~222)에 의하여 히폴리투스와 함께 파문을 당하였다. 그런데 나중에 칼리스투스 역시 양태론자가 되었다.

삼위일체에 관하여 말하면서, 노에투스는 단순한 성부고난설(Patri-passianism)을 주장하여 아버지와 아들의 구별은 형식적이고 이름뿐인 것이라고 말하였다. 프락세아스는 복합적인 성부고난설을 말하여 아버지는 영이시고 아들은 육이라고 하였는데 이는 가현설과 유사하다.

사벨리우스는 아마도 북아프리카의 펜타폴리스(Pentapolis)의 감독이었거나 아니면 장로였던 것으로 알려져 있다. 215년경 로마에서 가르쳤다. 철학적이며 우주론적 이론에 관심을 가진 솔직하고 일관성 있는 양태론자였다. 성부, 성자, 성령은 한 하나님이 구약과 신약과 교회 시대의 세 시기를 통하여 계시하신 이름들이라고 말한다. 하나님은 단자(單子, monad)로서 하나님의 존재 내에서 구별이 없으며, 세계와의 관계에서 아버지, 아들, 성령으로, 즉 세 가지 이름과 양식으로 구별된다고 한다. 삼위 하나님을 태양과 빛과 열을 비유로 사용하여 설명하고, 로고스를 통하여 세상이 창조되었다면서 장차 로고스가 다시금 흡수될 것이므로 하나님은 하나일 뿐이라고 한다.

사벨리우스는 그리스도의 인성을 완전히 무시하였으므로 그에게서 성육의 개념은 찾아볼 수 없다. 교회는 그가 사용하던 '프로소폰'(prosopon)이라는 말을 쓰지 않기로 하였으나 나중에 삼위를 구별하는 '위'(person)라는 뜻으로 사용하였다. 사벨리우스는 또한 '호모우시오스'라는 말을 사용하였다. 교회 역사에 보면, 16세기의 소시니안들과 17~18세기의 합리주의 신학자들 및 19세기 자유주의 신학자들이 양태론적 삼위일체론을 말하였으며, 보수적인 신학자들 가운데도 유신론적 논증으로 설명하려는 많은 신학자들이 범하는 오류가 곧 사벨리안적 양태론이다.

이레니우스

이레니우스(Irenaeus, ?~202)는 소아시아에서 142년 이전에 난 것으로 추정되며, 서머나의 감독 폴리캅의 문하생이었다. 나중에 골에 있는 리용의 장로가 되었다가 178년 포티누스를 이어 리용의 감독이 되었다. 리용에는 177년에 큰 박해가 있었으나 때마침 그는 몬타누스주의에 대한 글을 가지고 로마에 가 있었으므로 박해를 면했다. 그의 주저는 5권으로 된 「거짓된 영지주의에 대한 폭로와 반박」이다. 180~189년에 쓰인 책으로 특히 발렌티누스의 무리를 겨냥하여 변증한 것이다. 일반적으로 「이단에 반대하여」(*Adversus Haereses*)라는 책명으로 인용되고 있다.

이레니우스는 그리스도의 성육을 이해하는 데 하나의 전기(轉機)를 마련한 신학자이다. 종래에는 성육을 우주론적으로 혹은 존재론적으로 이해하려고 한 데 반하여, 이레니우스는 구원론적인 측면에서 이해하려고 하였다. 즉, "하나님이 어떻게, 어떤 방법으로 사람이 되셨는가?"라고 질문하기보다는 "하나님이 왜 사람이 되셨는가?"(Cur Deus homo?)라는 질문에서 성경적 계시와 역사적 그리스도를 중심으로 하여 논의하였다. 당시의 신학자들 가운데 가장 건전한 신학자라고 할 수 있다.

이레니우스는 기독교가 계시의 종교이며 사변의 종교가 아니라고 하였다. 다시 말하면, 기독교는 구원의 종교이지 우주론적 종교가 아니라는 것이다. 이레니우스는 구약과 신약의 계속성을 강조하면서, 구약에서는 문제를 제기하고 신약에서는 그 해결을 보았다고 한다. 죄는 아담을 통하여 와서 인류를 멸망으로 이끌었지만, 그리스도를 통한 구속은 용서와 영생불사와 부활을 위한 것이며, 완전한 구원을 뜻한다는 것이다.

삼위일체 교리를 두고 말하면서 이레니우스는 하나님은 '한 창조자 하나님'이라고 하며, 그리스 철학의 어휘를 빌려 '단순하시며', '복합적이 아니시고', '불변하시는' 하나님이라고 서술한다. 그러나 하나님은 성경에서 말하는 살아 계신 하나님이시며, 그의 본질은 사랑이라고 한다. 아들은 '항상 아버지와 공존하시는 분'이시며, 아버지와 동등하시고, 종속적이기는 하나 열등(inferior)하지는 않다고 말한다.

이레니우스는 성경에 근거하여 로고스 개념보다는 아들의 개념이 선행하는 것으로 이해하였으므로, 모두들 아들을 로고스로써 설명하는 데 반하여, 로고스를 아들로써 설명하려고 하였다. 아들은 '나신 분'(γέννημα)이시고 산출(産出, projection)된 분이 아니며, 그의 사심은 불가해적(사 53:8)이며, 영원한 아들은 아버지와 하나라고 말하였다.

삼위 하나님의 역할(기능, functions)에 관하여 말하면서, 기독교 이전의 모든 하나님의 현현(顯現, manifestation)은 로고스로 말미암아 된 것이라고 한다. 성령과 아들은 '하나님의 손'으로 창조와 계시에 함께 밀접하게 일하신다고 한다. 사람은 먼저 성령께, 다음으로 아들에게, 그 다음으로 아버지께로 나아간다고 한다. 아버지는 결정하시고 아들은 집행하시며 성령은 계속하신다는 것이다. 이레니우스는 아버지께서 아들을 통하여 성령을 주신다고 하였으며, 변증가들과는 달리 구약의 '지혜'를 성령으로 해석하였다. "영이 창조 이전에 하나님과 함께 계셨다"고도 말한다.

이레니우스는 성육을 아들의 두 번째 탄생이라고도 말한다. 성육으로 말미암아 하나님과 사람의 혼합과 연합(commixtio-mixis)이 이루어졌다고 한다. "우리 주님께서는 우리와 같은 사람이 되셨으니, 이는 우리를 본질적으로 자기와 같게 만드시려고 하심이다"라고 말하여 참 신인(神人)의 인격(person)을 말한다. 그러나 십자가의 고통의 실재성을 강조함에 있어서 이레니우스는 말하기를 "고통중에 로고스는 침묵하셨으며, 단지 예수가 그 고통을 이기도록 도우셨다"고 한다. 이러한 인격의 통일성을 부정하는 표현은 후에 네스토리우스파에게 길을 튼 것이 되었다. 말하자면 성육을 내주(內住)로 보았던 것이다.

구원론을 말하면서 이레니우스는 가현설과 영지주의에 반대하여 그리스도께서 신인이심을 주장하였다. 하나님과 인간의 필요를 위하여 그리스도께서 신인의 인격 구조를 가지심은 필연적이라는 것이다. 이레니우스는 에베소서 1:10의 '아나케팔라이오시스'(anakephalaiòsis)라는 단어로 그의 사상의 중요한 일면을 표현한다. 즉, 그리스도로 말하자면, 그의 인격 안에 두 다른 요소가 하나로 종합된다는 것이며, 우주의 본래적인 이데아(idea)를 충분히 완성한다고 하였다. 그리스도가 모든 사람에게 하나님과의 교제를 회복시키시며, 사람을 하나님의 형상대로 완전하게 하신다는 것이다. 아담의 불순종에 반하여 그리스도의 순종은 구속을 가져 온다고 하였으며, 그리스도의 고난과 공로의 피가 우리를 구속한다는 점을 충분히 말하였다.

라틴 교부들

서방에서도 2세기까지는 헬라어로 설교하고 글을 써 왔으나 3세기에 이르러서는 상황이 달라졌다. 특히 로마에서 더 그러하였다. 라틴어를 사용하는 교회에서는 설교와 예배에 라틴어를 사용하게 되므로 헬라어로 된 성경을 위시하여 여러 문서들을 라틴어로 번역하지 않으면 안 되었다. 라틴어 성경을 사용하기 시작한 것은 2세기 후반부터인 것으로 추정되며, 클레멘트의 첫 편지가 번역된 것도 그 즈음이었다. 서방에도 학습자들을 위한 공부는 있었으나 로마와 카르타고에는 알렉산드리아의 교리 학교 같은 것은 없었던 것 같다. 라틴어를 사용하면서부터는 서방 신학이 동방과는 경향이 다른 점이 점차로 더 드러나게 되었다.

히폴리투스는 160년경에 아마도 알렉산드리아에서 태어나 로마로 가서 장로가 되어 활동하였다. 그는 동방과 서방을 연결한 신학자로 인정을 받는다. 그리고 기독론과 회개의 문제를 두고 로마의 감독 칼리스투스와 상반되는 견해를 말함으로써 로마의 감독에 반대한 최초의 인물이 되었다. 235년 박해시에 로마의 감독 폰티아누스와 함께 사르디니아로 추방되었다가 238년에 생을 마쳤다.

신학적으로는 이레니우스에 많이 의존하고 있으나 박학하며, 많은 글을 써서 3세기 초의 로마와 서방에 많은 영향을 끼쳤다. 그의 학문은 오리겐의 것에 미치지는 못하나 성경 연구에는 오리겐적인 경향을 보인다. 그리스어판 다니엘서 주석은 그의 대표적인 주석이며, 아가서의 신랑과 신부를 그리스도와 그의 교회로 이해하는 해석은 암브로시우스를 통하여 중세에까지 전수되었다. 그는 사제의 직능을 높이 평가했으며 사도적인 계승이 잘 보전되어야 함을 역설하였다.

히폴리투스의 신관은 플라톤주의적이며, 로고스론은 변증가들과 유사하였다. 성육과 구속론은 이레니우스의 것과 같다. 하나님은 복수로 존재하셨다고 한다. 로고스가 하나님 안에 내재해 있다가 창조 시에 사출되었다고 하며, 성육까지는 진정한 아들이 아니었다고 한다. 그러나 두 하나님이 아니고 두 인격(two persons)이라고 한다. 삼위일체의 하나 됨은 경륜적(oikonomia symphonias)이라고 한다. 히폴리투스는 로고스의 영원성은 부인하지 않으나 로고스가 아들로서 시간 안에 시작되었다고 한다.

터툴리안은 160년경에 카르타고에서 출생하여 220~240년경에 서거하였다. 특기할 만한 첫 라틴 교부이다. 그의 글은 열정적이며, 예리하고 신랄하다. 헬라어로도 글을 썼으며, 30권에 달하는 많은 책을 썼다. 그는 로마의 기독교를 멸시하였으며, 202년경 몬타누스주의자(Montanist)로 전향하였다. 그러나 나중에 그는 몬타누스파와의 관계를 청산하였다. 많은 저술이 있으나 대부분 짧은 글이다. 특히 순교를 예찬하며 여성과 교회 내에서의 여성의 역할에 관한 목회적인 짧은 글들을 많이 썼다. 결혼을 반대하지는 않았으나 부부 생활을 절제하며 금식과 기도에 힘씀으로써 하나님께 헌신하는 삶을 살도록 권한다.

터툴리안은 반영지주의적이며 오리겐과 비교할 때 훨씬 현실주의적이었다. 오리겐이 영혼의 선재설(先在說)을 말한 데 반하여, 터툴리안은 영과 육체가 함께 생겼다고 말함으로써 정통적인 견해를 피력하였다. 주요 저작은 「프락세아스에 반대하여」(Adversus Praxeam)와 「그리스도의 성육」(De Carne Christi)에서 삼위일체와 성육에 관한 교리를 서술하고 있다. 히폴리투스와 함께 많은 점에서 이레니우스의 사상을 따르고 있다.

터툴리안은 하나님은 한 실체(實體, substantia)이고 지고의 존재이며, 지고의 존재는 유일하다고 말한다. 삼위의 하나이심(unity)은 수적인(arithmetic) 개념보다는 행정적(administrative)인 개념으로 이해한다. 하르낙에 따르면, 그가 사용한 'substantia' 와 'persona' 라는 말은 법률적인 용어였다고 한다. 하나님은 삼위(three persons)로 계신다고 했는데, 위(位), 즉 'persona' 에는 얼굴 또는 가면(mask), 연극의 배역(role in play), 배우(the actor), 개인(an individual), 법적 권리 및 의무를 행사하는 자(a party at law, 즉 甲, 乙로 표기되는) 등의 의미가 있었다.

삼위는 본질적으로 구별되는 것이 아니고 활동하심에 있어서 혹은 경륜적으로(economically) 구별된다고 말하면서, 삼위의 경륜이 하나 됨을 유지한다는 것이다. 이 경륜은 하나님의 신성의 내적 기관(organization)이며, 삼위의 하나 됨을 처음으로 '삼위일체' (trinitas)라는 말로 표현하였다. 삼위는 성부, 성자, 성령으로서 분할 없는 복수이며, 그들은 합하여 한 분(unus)이 아니고 하나(unum)라고 하였다.

또한 삼위일체는 유래한 것이라고 말한다. 이것은 로고스 교리에 근거한 것으로, 하나님은 그 안에 항상 그의 이성을 가지고 계신데, 이 이성이 창조하기 위하여 말씀으로서 사출(射出)된 것이라고 한다. 그러나 한편 터툴리안은 실체(hypostases)의 영원한 구별을 보여 주기 위하여 '뿌리, 줄기, 열매', 혹은 '샘, 시내, 강', 혹은 '해, 빛, 열' 등의 예를 든다.

하나님 아버지는 실체의 전체이시고, 아들은 그 실체에서 유래하였으며 실체의 부분이라고 하였다. 그리고 탄생한 말씀은 초월하신 하나님의 현현(顯現)의 수단이라고 한다. 그리스도는 하나님의 모든 속성을 가지고 있지 않다고 하며, 아버지께로 돌아갈 것이기 때문에 본성(nature)에 있어서 열등하다고 말하고 있어서 종속설에 머문다. 성령은 말씀 속에 내재해 있으며, 성부 안에 말씀으로 내재하고, 오순절에 부어지셨으며, 성령은 아들을 통하여 아버지에게서 유래된다고 한다. 이 말은 차후 서방 교회의 신앙고백 "성령은 아버지와 아들에게서 나오신다" (Filioque)는 말과 대조를 이룬다. 따라서 삼위일체는 위계질서라고 한다.

터툴리안은 이레니우스의 참 신인의 연합(homo deo mixtus)의 교리를 따라 성육의 목적이 구속을 위한 것이었다고 말한다. 그리스도에 관하여 두 성(性)을 가진 한 인격(one person with two natures)이시라고 말한다. 우리는 한 인격 안에 혼돈되지 않으면서 연합하고 있는 두 성질을 본다고 한다. 육(caro)과 영(spiritus)이 혼합되어 제3의 실체가 되었다는 견해에는 반대한다. "하나님의 아들은 죽었다"라고 하면서, 또한 "아들은 하나님으로는 고난을 당하지 않았다"고도 말하나 가현설에는 반대한다.

터툴리안은 그리스도의 아들 되심에 대한 사상을 체계화하였다. 그런데 그의 삼위일체 교리에 따르면, 삼위일체가 우연적인 것이지 필연적인 것은 아니라고 한다. 죄와 은총에 관하여서도 터툴리안은 서방 교회의 표준이 되었다. 원죄론, 죄의 유전 그리고 자유의지를 강조하였다. 법률가였던 터툴리안은 '삼위일체'라는 말을 비롯한 많은 신학 용어를 만듦으로써 공헌하였다. 그러나 그에게서도 니케아 이전의 신학자로서의 한계를 볼 수 있다.

노바티안은 로마에서 제일 먼저 중요한 신학자가 된 사람으로 인정받을 수 있으나, 그가 받은 교육과 은사 때문에 로마의 교회 내에서 여러 가지 모순들을 잘 극복해야만 했다. 그는 로마의 감독 파비안(Pavian)에게서 목사로 안수받았다. 그가 쓴 중요한 글은 250년경에 삼위일체에 관하여 쓴 것이었다. 만년에는 목회를 위한 글을 썼다. 터툴리안의 사상은 노바티안의 「삼위일체론」(De Tinitate)을 통하여 서방에 널리 알려지게 되었다. 노바티안은 마르키온도 거부하고 양태론도 비판하지만, 아들의 종속성을 말한다. 그는 터툴리안보다 오히려 더 아들과 성령의 종속성을 말하고 있으나 터툴리안보다는 교리 면에서 더 발전적이었다. 아들이 아버지에게서 '경륜적으로'(economically)가 아니라 창세 이전에 나서서 아버지와 구별되는 인격이심을 강조한 점이 그러하다.

키프리아누스는 210~215년경에 카르타고의 부유한 가정에 태어나 248년에 카르타고의 감독이 되었다. 그는 데키안(Decian)의 박해 시에 숨어 다녔으며, 257년 발레리안의 박해 시에 추방되었다가 258년 참수되어 순교하였다.

그가 쓴 많은 서신들은 데키안의 박해와 노바티안 분파 운동의 시작, 이단 논쟁 등의 역사를 말해 주는 좋은 사료가 되고 있다.

키프리아누스는 신학적으로 터툴리안에 많이 의존하고 있으나 교회 문제를 두고는 의견을 달리한다. 교회의 하나 됨을 존중하였으며, 그것을 위하여 박해 시에 배교한 자들도 회개할 경우 받아들이는 등 교회의 하나 됨을 위하여 진력하였다. 그가 쓴 많은 소책자 중 「배교자」(De Lapsis)와 「하나의 보편적인 교회」(De Ecclesiae Catho-licae Unitate)는 실제적인 상황을 언급하면서 그의 교회관을 피력하고 있다. 감독들은 교회의 하나 됨을 수호하는 파수꾼이자 교회의 기초가 된다고 하며, 감독은 각자가 사도와 베드로 감독의 계승자라고 하여 감독 정치의 타당성을 주장하였다. 그러나 로마 감독은 로마의 교회를 위한 계승자일 뿐이라고 말함으로써 로마 감독의 우위성을 인정하지 않았다.

알렉산드리아의 클레멘트와 오리겐

알렉산드리아는 로마 제국의 제2의 도시요 국제 도시로서 번영을 누리는 동방 문화의 중심지였다. 판태누스(Pantaenus, ?~216)는 일찍이 알렉산드리아에 기독교 초신자들을 위한 교리 학교를 설립하였다. 그리스 철학에 대항하는 기독교 대학인 셈이었다. 학교는 문화적인 환경 속에서 신플라톤주의의 경향으로 기울었으며 지성을 많이 강조하고 있었다. 신플라톤주의는 AD 3세기에 플로티누스(Plotinus, AD 204~270)가 플라톤의 철학을 종교적인 구원론과 결합하여 재해석한 사상으로서, 어거스틴 신학과 플라톤의 철학을 연결시켜 주는 가교 역할을 한 사상인 동시에 기독교 역사에서 여러 신학자들의 사고(思考)에 지대한 영향을 미친 사상이다. 플로티누스는 참된 실재인 신(神)은 세계 내의 모든 사물을 초월한다면서 초절적(超絶的)인 신을 말하였다.

사물은 필연에 의하여, 빛이 태양에서 방출되듯이 신에게서 유출된 것으로, 최초의 방출물(放出物)은 정신(nous)이라고 한다. 그리고 태양에서 방출되는 빛이 점차 그 강도(强度)가 감소되듯이 신으로부터 유출(流出)되는 존재는 완전성의 정도가 점차로 감소된다. 그래서 정신에서 세계의 영혼이, 세계의 영혼에서 인간의 영혼이 유출되고 그 아래로 물질의 세계가 펼쳐진다. 그리고 악은 실체가 아니고 완전성의 위계 질서 속에 한 위치를 점하는 것이라고 말함으로써 이원론을 지양(止揚)한다. 바로 이런 설명을 통하여 어거스틴은 기독교를 이해하는 데 도움을 얻었다.

판태누스는 학생들로 하여금 3년 간 무료로 성경과 헬라 철학을 교과 과정으로 배우게 하였다. 알렉산드리아는 영지주의의 영향이 큰 곳이어서 헬라 철학과 이방 종교를 혼합하는 헬레니즘 운동이 두드러졌던 곳이다. 영지주의자 발렌티누스와 바실리데스가 여기서 가르쳤다.

클레멘트 | 오리겐과 클레멘트는 지식(gnosis)과 신앙(pistis)간에 차이가 있음을 지적하였다. 보다 나은 기독 신자가 되려면 믿음에서 지식을 얻는 데로 나아가야 한다고 말하고, 그것을 어떻게 달성할 수 있는지를 보이려고 노력하였다.

클레멘트는 아테네에서 불신 가정에 태어나 성년이 되어 그리스도인이 되었다. 여러 곳을 전전하다가 알렉산드리아로 와서 192~202년까지 알렉산드리아의 교리 학교 교장으로 봉직하였다. 202년 셉티미우스 세베루스(Septimius Severus) 치하의 박해를 피하여 소아시로 이주하여 살다가 215년경에 조용히 생을 마쳤다. 수사학(修辭學)과 논리학(論理學)을 공부하였으며, 음악가이면서 또한 문필가였다. 지식이 풍부하기는 했으나 조직적이지는 못했다. 그의 중요한 저서 가운데 남아 있는 것은 「헬라인들을 향한 호소」(Protreptikos), 「가정 교사」(Paidagogos, 蒙學先生), 「수필」(隨筆, Stromateis)이다. 변증적인 관심보다는 사색하고 종합하는 일에 더 많은 관심을 보였다. 신학자라기보다는 인생과 도덕적인 문제에 대한 철학적인 해석을 시도한 사상가였다.

하나님은 파악될 수 없고 초월적이며 불가지적(不可知的)이다. 로고스는 항상 하나님 안에 함께 존재하며, 창조와 보존의 대리인일 뿐 아니라, 하나님과 진리를 유대인과 이방인에게 계시하시는 분이다. 아들되심은 영원하고 아버지는 아들을 통해서만 인식될 수 있다. 그러나 이와 같이 구별한다고 하여 클레멘트가 아버지와 아들을 분리된 분으로 이해한 것은 아니다. 클레멘트는 아들이 아버지와 동본질(homoousios)이라고 하였다. 로고스는 자신이 성육을 결정했다고 하며, 성육함으로써 '하나님이시며 사람'이 되셨다는 것이다. "하나님께서 현현(顯現)하셨다"(God made manifest)고 하여 참된 연합을 말한다. 성육하신 '하나님이시면서 사람이신 분'은 먹거나 배우거나 고통을 당할 필요가 없다고 말하는 등 약간의 가현설의 경향도 보였으나, 클레멘트 자신은 가현설에 반대한다고 하였다.

클레멘트는 '크리스천 영지주의자'라고 할 정도로 오리겐과 비교할 때 비성경적이었다. 클레멘트는 당시의 영지주의를 대항하여 말하기를, 기독교야말로 유일하며 진정한 지식(gnosis)이라고 말하고, 진실한 그리스도인이 진정한 영지주의자라고 하였다. 그는 또 그리스도인은 누구나 세례 시에 성령을 받는다고 말하며, 성령을 받음으로 말미암아 단순한 믿음으로부터 보다 나은 완전한 지식으로 발전한다고 하였다. 그러나 보다 완전한 삶을 위하여 부단히 노력하는 자만이 완전함을 성취한다고 하였다.

로고스는 아버지와 성령과 신적인 삼일관계(Trias)로 연합하였다고 말한다. 세상은 그에 의하여 창조되었으며, 그는 하나님을 점점 더 분명히 계시하였으므로, 처음에는 유대인들의 율법에서 나타내 보이셨으며, 그 다음에는 헬라 철학에 나타내 보이시고, 마침내 사람이 되심으로 나타내 보이셨다고 한다. 하르낙은 지적하기를, 클레멘트가 아버지의 로고스와 아들의 로고스를 구별했다고 한다. 그러나 대부분의 학자들은 클레멘트가 저스틴에서 별 진전이 없었다는 점에 의견을 같이 한다.

오리겐 │ 오리겐은 185~186년 알렉산드리아의 기독교 가정에 태어났다. 교리 학교에서 공부하다가 그의 아버지가 죽고 난 바로 직후 203년에 교리 학교 선생이 되었으며, 231년까지 교장으로 있었다. 그는 금욕주의적인 열심에서 마태복음 19:12을 문자적(文字的)으로 따랐다. 유세비우스는 오리겐이 밤을 새우며 공부하고 기도했다고 전한다. 215년에 팔레스타인의 가이사리아를 방문하여 설교도 하고 강연도 하였다. 그러나 그는 알렉산드리아의 감독 데메트리우스(Demetrius)에게서 경고를 받았다.

227년 가이사리아를 다시 방문했을 때 그와 친숙한 그곳 감독들에게서 장로(목사)로 안수를 받았다. 데메트리우스는 이때도 교회가 그에게 안수하는 것을 반대하였을 뿐 아니라 231년 그를 출교하였다. 오리겐은 가이사리아에 교리 학교를 세웠다. 250년에 데키안의 박해하에 투옥되었다가 253년에 세상을 떠났다. 그의 주요 저서로는 기독론에 관하여 쓴 「신학원론」(De Principiis, 228~231), 「요한복음 주석」(228~231), 「켈수스에 대한 변증」(Contra Celsum, 249년)과 「헥사플라」(Hexapla, 220년)가 있다. 「헥사플라」는 히브리어 구약 성경의 원본과 여러 그리스어 역본들을 비교 편집한 책으로 그가 30년에 걸쳐 이룩한 귀중한 학문적 연구서이다.

오리겐에 따르면, 그리스도는 역사의 중심이며 구약을 이해하게 해 주는 열쇠이다. 그리스도께서 구약의 율법과 제사 의식을 폐하셨으므로 구약을 문자적으로 이해해서는 안 된다고 한다. 오리겐의 신학은 철학적이면서 또한 성경적이었으며, 상당히 정통적이었으나 여러 가지 상치되는 생각을 펼치기도 했다. 오리겐은 아버지와 아들의 동등을 강조하는 한편, 아들은 아버지에게 종속적임을 강조하였다. 그의 논리는 정연하고 문장이 명료했다. 그리하여 아타나시우스에게도 인용되고 아리우스에게도 인용되었다.

오리겐은 아버지와 아들이 동등한 인격을 가졌다고 한다. 파악될 수 없고 불가지적인 하나님은 완전히 의로우시며, 모든 사랑하는 것들 위에 계신 분이시다. 그러므로 여기서 계시의 필요성이 있게 된다고 한다. 로고스는 이 계시의 임무를 맡으신 이시며, 구별된 실체(hypostasis 또는 ousia)이시고, 다른 기능을 가지셨으며, 본질에 있어서 하나님이시라고 한다. 팜필루스(Pamphilus)는 오리겐이 '호모우시오스' 라는 말을 썼다고 하며 인용한다. 하나님과 로고스의 관계를 끓는 물의 수증기나 빛의 근원에서 나오는 빛과 같이 본질적으로 같은 성질이라고 한다. 알비누스(Albinus)나 2세기의 플라톤주의자들처럼 로고스를 제2의 하나님으로 본 것 같다.

오리겐은 로고스의 영원한 출생(generation)을 가르쳤다. 오리겐의 견해는 시간 안에서의 출생(temporal generation)을 말하는 변증가들의 사상을 받아들였던 터툴리안보다도 훨씬 발전한 견해이다. 즉, "로고스가 존재하지 않았던 때는 없다"고 표현한다. 혹은 "아들이 없이는 아버지는 존재할 수 없었다" 라는 표현도 한다. 오리겐에게는 우주적 중보자라는 개념은 거의 없다. 이런 점에서 성경적이라고 할 수 있다. 그리고 계시의 중계라는 말을 많이 사용한다. 그러나 구속(redemption)을 통해서라기보다는 성육과 교훈을 통해서라고 한다.

오리겐은 성자가 본질적으로 열등하다고 한다. 또 아버지를 제외한 모든 만물은 생성되었다고 한다. 아들은 스스로 존재하지는 않는다고 하며, 아버지는 원인이시고, 자존적 신이시며, 스스로 선하시며, 비탄생하신 하나님이라고 한 반면에, 로고스는 원인되신 이, 선하신 하나님, 피조물(κτίσμα, 잠 8:22)이라고 한다. 천사들을 가리켜서는 신들(θέοι)이라고 하고, 그리스도는 기도의 대상이 아니라고도 한다. 그리고 아버지와 아들은 원인과 결과와 같은 것으로 본다.

오리겐의 성령에 대한 이해는 정통적인 견해에 아직 미치지 못한다. 성령은 피조물이며 아들보다 열등하며 성도들을 다루신다고 한다. 성령은 신적인 인격으로서, 아버지에 의하여 로고스를 통하여 나오신다는 것이다. 오리겐 역시 신적인 위계 질서를 말한다. 특히 그의 사상에서 플라톤주의에서 온 사상을 엿볼 수 있다. 예컨대, 하나님과 둘째 하나님이라는 개념이나, 존재의 위계 질서(hierarchy)라는 말로 사고하는 것, 혹은 하늘의 존재들을 신들(θέοι)이라고 부르는 것 등이다.

성육에 관하여 말하면서 오리겐은 로고스를 자신의 영혼관에 근거하여 영혼들과 비교한다. 모든 영혼들은 영원부터 선재(先在)하였으며, 영원하지만 로고스에 의존적이고, 한 분을 제외하고는 모두 타락했다고 말한다. 하나님은 세계를 우주적 개혁을 위하여 창조하셨다고 하며, 그리하여 영들이 물질과 접할 때 회개하도록 하신 것이라고 한다. 로고스는 마치 불속의 금속처럼 동정녀 탄생을 통하여 더럽혀지지 않고 몸을 취할 수 있었던 것이라고 한다. 성육은 사람에게로 들어오는 것이며, 그 결과로 '신인'(神人, θεάνθροπος)이 된 것이라고 한다. 이것이 바로 진정한 연합이라는 것이다. '신인'은 두 '푸세이스'(φύσεις)를 가졌는데, 상호 교대로 역사하며 나타난다고 한다.

오리겐이 말하는 '푸세이스'는 터툴리안이 말하는 실체와 같다고 본다. 로고스는 여전히 우주적 기능을 간직하며 그 몸은 초인적이라고 한다. 부활 이후에 점진적인 교합(交合)이 이루어졌다는 것이다. 성육은 구속을 위한 것이었는데, 그의 가르침을 통한 구속을 말할 뿐 십자가에 대한 언급은 없다. 성육의 목적은 우리가 잃어버린 하나님에 대한 지식을 회복하도록 하는 데 있다고 한다. 성육에 관한 오리겐의 논의에서도 역시 헬레니즘적 신학, 또는 로고스 신학의 한계점을 보게 된다.

두 디오니시우스의 논쟁

알렉산드리아의 감독 디오니시우스(Dionysius, ?~264)는 양태론적 단일신론을 주장한 사벨리우스파들을 정죄한 장본인이다. 그런데 사벨리우스파들은 디오니시우스가 가르치는 교리가 잘못되었다고 반격을 가하였다. 즉, 아버지와 아들을 지나치게 구분하여 분리하며, 아들의 영원성을 부인하고, 아들을 아버지와 '동본질'이라고 말하지 않으며, 아들은 피조물로서 아버지의 본질과는 다르다고 말했다는 것이었다. 디오니시우스가 그런 말을 사용한 것은 사실이었다. 바실리우스(Basilius, 330년경~379년)가 평가했듯이, 디오니시우스는 사벨리우스파를 반대하느라고 다른 극단으로 가게 되었다.

로마의 감독 디오니시우스(?~268)는 자기의 이름을 밝히지 아니하고 동명의 감독을 비판하였다. 알렉산드리아의 신학자들은 삼신론자들이어서 분리될 수 없는 한 신성을 완전히 분리된 세 능력, 세 실체(hypostases), 세 신성(divinities)으로 분리한다고 비평하면서, 어떤 일이 있어도 하나님의 불가분리한 거룩한 단일성은 지지되어야 한다고 주장하였다. 말씀과 성령은 우주의 하나님으로부터 불가분리한 것으로 보아야 하며, 하나님과 함께 계시는 것으로 보아야 한다고 하였다. 만일 그리스도가 하나님 안에 있다면(요 14:11), 그리고 그리스도가 하나님의 말씀이요 지혜요 능력이 되신다면(고전 1:24), 그리스도는 항상 존재하셨다고 한다. 그러므로 그를 가리켜 피조물이라거나 그가 존재하지 않은 때가 있었다는 등으로 말한다면 그것은 불경을 범하는 것이라고 하였다.

알렉산드리아의 디오니시우스는 이에 자기의 생각을 좀더 조심스러운 단어를 사용하여 설명하고 오해가 없도록 변명하였다. 그는 세 실체라는 말을 여전히 사용하면서 성부, 성자, 성령은 분리될 수 없음을 시인하였다. 아들의 영원성을 인정하고, '호모우시오스'는 성경적인 용어가 아니라고 하면서도 그 의미는 받아들인다고 하였으며, 그것을 같은 성질을 공유한다는 의미로 이해하였다. 그리고 하나님의 하나 되심은 시인하되 세 위(Persons)이심을 추호도 잊어서는 안 된다고 말하여 로마의 디오니시우스의 비판을 거의 다 받아들여 자기의 주장을 수정하였다.

두 디오니시우스의 논쟁이 실은 사용하는 용어나 개념의 차이에서 온 것이라고 보는 학자들도 있는데, 이것은 본래 하나님의 단일성을 강조하는 서방의 삼위일체 사상과 존재가 위계 질서를 이루고 있다고 믿는 신플라톤주의의 영향을 받은 동방의 사상의 차이에서, 즉 서로 다른 신학적인 배경에서 온 것이었다고 보기도 한다.

니케아 신조와 아리우스파 논쟁

제4세기는 그리스도가 하나님의 피조물이라는 아리우스(Arius)의 주장으로 인하여 삼위일체 교리를 두고 치열한 신학 논쟁, 즉 아리우스파 논쟁이 계속되었던 세기이다. 318년 알렉산더 감독이 주재하는 알렉산드리아 노회에서 아리우스가 이단으로 정죄를 받고 출교를 당한 이후 신학 논쟁은 로마 제국 전역에 확산되었다. 아리우스파의 논쟁은 수십 년 간 계속되었는데 이를 세 단계로 구분해 볼 수 있다.

325년 콘스탄티누스 대제의 주도로 열린 비투니아(Bithynia)의 니케아(Nicaea)에서 첫 에큐메니컬 공의회가 열렸다. 이 공의회가 아리우스를 정죄하고 니케아 신조를 작성 채택한 것이 아리우스파 논쟁의 첫 단계이다. 둘째 단계는 니케아 회의가 있었던 325년부터 361년까지의 시기이다. 약 10회에 걸쳐 열린 여러 노회에서 아리우스파의 우세 속에 신학 논쟁은 계속되었다. 마지막 셋째 단계에는 정통파가 세력을 회복하여 마침내 381년 콘스탄티노플 공의회에서 니케아 신조를 재확인함으로써 정통파의 승리로 아리우스파 논쟁은 종결되었다.

아리우스 당시의 삼위일체론

아리우스에게 제일 먼저 대항한 사람은 알렉산드리아의 감독 알렉산더 (Alexander)였다. 알렉산더는 삼일신의 하나임을 강조하는 한편 '로고스'가 '인격' (person, ὑπόστασις) 또는 '품성' (nature, φύσις)임을 말하나 아버지와는 구별된다고 이해하였다. 그러면서 오리겐식으로 로고스를 하나님과 피조물간에 중재하는 독립적인 존재라는 뜻에서 유일한 품성으로 서술하였다. 아리우스는 아들의 영원성을 말하나 아버지에게서 시간이 있기 이전에 났다고 한다. 그러나 요한복음 10:30의 "나와 아버지는 하나이니라"는 말씀이 아들이 아버지와 동일하다거나 두 '품성' (natures)이 실체에 있어서 하나라는 뜻이 아니고, 양자간에 모든 면에서 닮았다는 뜻으로 이해해야 한다고 했다.

한편 니코메디아의 유세비우스는 오리겐의 종속설을 이어 받아 유일하시고 초월적인 아버지는 실재 위에 계신 분할될 수 없는 단자(Monad)이시며 만물의 원인이시고, 그분 홀로 자존하시며 나시지 않은 분이라고 하고, 로고스는 아버지에게서 만세 전에 난 구별되는 실체로서 우주를 창조하고 다스리는 일에 중재자라고 한다. 로고스는 완전한 독생자이며, 영원한 빛의 반사요, 아버지에게서 나신 자로서 모든 피조물과는 구별된다고 한다.

여기서 유세비우스는 아들이 영원에서 나신 것은 인정하나 아버지와 동등하게 영원하시다고 인정하지 않는다. 그리고 아들의 존재는 아버지의 특별한 의지적 행위에 의존한다고 가르치며, 아들은 하나님이시기는 하지만 '참 하나님'은 아니라고 한다. 아들은 단지 한 참 하나님의 형상으로서 하나님일 뿐이라고 말한다. 그리하여 아버지와 아들은 같은 본체를 공유하신다는 오리겐의 견해를 버리고 하나님 아버지의 단일성을 더 강조하였다.

아리우스의 교리

아리우스는 모든 실재의 근원이신 하나님의 절대적인 유일성과 초월성을 강조한 나머지 하나님은 분할될 수 없고 불변하는 분이심을 강력히 주장하면서, 아들에 관하여 다음과 같이 가르쳤다.

· 로고스는 피조물(κτίσμα 또는 ποίημα)임에 틀림없으니 아버지의 명령으로 무(無)에서 형성되었다. 로고스에 적용하는 '나시다'(γενναν)는 '만들다'(ποιειν)의 비유적 표현에 지나지 않는다. 로고스는 다른 피조물과는 비교할 수 없는 완전한 피조물인 것은 사실이나 그는 자존적(自存的)이 아니다.

· 로고스는 시작이 있었음에 틀림없다. 그는 시간이 있기 이전에 존재하게 되었다. 그는 시간 세계의 창조자이시나 그 자신은 시간 밖에서 나셨다(ἀχρόνως γεννηθείς). 그가 존재하지 않은 때가 있었다. 두 자존자는 원리상 인정할 수 없다.

· 아들은 아버지와 교제도 없을 뿐 아니라 아버지를 아는 직접적인 지식도 없다. 그는 로고스요 지혜이기는 하나 하나님의 본질에 속한 로고스와 지혜와는 구별된다. 아버지는 아들에게 형언할 수 없는 분이기에 로고스는 아버지를 완전하고 정확하게 볼 수도 없고 알 수도 없다.

· 아들은 변할 수 있으며 심지어는 죄를 지을 수도 있다. 그는 마귀가 타락했듯이 타락할 수도 있다. 아리우스파의 가르침에 따르면, 아들은 본질적으로 죄를 범할 수 있는 존재이지만 하나님께서 섭리 가운데 그가 죄를 짓지 않을 것을 아시고 그에게 미리 은혜를 베푸셨다고 한다.

아리우스파는 그들의 이러한 교리를 뒷받침하기 위하여 여러 성경 구절들을 즐겨 인용하였다. 예를 들면, 잠언 8:22의 "여호와께서 … 나를 가지셨으니", 사도행전 2:36의 "너희가 못박은 이 예수를 하나님은 주와 그리스도가 되게 하셨느니라", 히브리서 3:2의 "그를 세우신 이(만드신 이, τῷ ποιήσαντι)에게 충성하셨으니", 골로새서 1:15의 "그는 모든 만물보다 먼저 나신 자니"라는 말씀들과 하나님 아버지만이 참 하나님이시라고 말씀하는 구절들(예컨대 요 17:3), 혹은 그리스도께서는 아버지보다 못하다고 표현하고 있는 구절들(예컨대 요 14:28)을 인용하였다.

니케아 회의와 신조

기독교에 관심을 가졌으며 마침내 기독교를 로마 제국에서 공인된 종교로 만든 콘스탄티누스 황제는 제국 내에서 기독교 지도자들이 교리적인 문제로 의견이 나뉘는 것은 제국의 통일과 화합을 위하여 이롭지 않다는 생각에서 칙령으로 325년에 니케아에서 첫 범교회적인 공의회를 개최하도록 하였다. 역사적인 첫 에큐메니컬 회의에는 그리스 전역에서 220명의 감독들이 모였으며, 코르도바(Cordoba)의 호시우스(Hosius)와 교황 실베스터가 로마로부터 보낸 두 사람의 장로와 서방에서 온 라틴계 신학자 4~5명의 대표가 함께 참석하였다. 개회석상에서 콘스탄티누스 황제는 교회가 하나 됨을 유지하고 평화를 도모하도록 요청하였다.

니케아 회의에는 아리우스파, 오리겐적인 중도파, 정통파의 세 그룹이 있어서 의견이 대립되었다. 아리우스파의 주도자는 니코메디아(Nicomedia)의 유세비우스였는데, 이들은 아들이 아버지와 다르다(anomoios)고 주장하였다. 가이사리아의 유세비우스가 주도하는 오리겐적인 중도파는 아버지와 아들이 유사하다(homoiousios)고 주장하였다. 정통파의 주도자는 알렉산드리아의 알렉산더를 위시하여 마르켈(Marcell)의 안키라(Ancyra), 코르도바의 호시우스와 서방(西方) 대표들이었다. 이들은 아들이 아버지와 동본질(homoousios)임을 주장하였다.

정통파가 우세한 니케아 노회는 니코메디아의 유세비우스에게 출교의 경고를 내렸다. 공의회에서는 아리우스를 정죄하고 니케아 신조를 작성하였으며, 참석한 모든 감독들은 이 신조에 서명하였다.

전능하신 아버지시요 가시적이거나 불가시적인 만물의 창조주이신 한 하나님을 우리가 믿으며 한 하나님의 아들 주 예수 그리스도를 믿으니, 이는 아버지에게서 독생자로 나셨으니 아버지의 본질에서 나셨으며, 하나님에게서 나오신 하나님이시요 빛에서 나오신 빛이시며 참 하나님에게서 나오신 참 하나님이시니 나신 분이시고 창조되지 않으셨으며 아버지와 한 본질이시며, 그로 말미암아 (혹은 그를 통하여) 하늘과 땅 위에 존재하는 만물이 있게 되었음을 믿습니다. 그는 우리 인간을 위하여, 우리의 구원을 위하여 이 땅에 내려오셔서 육신이 되시고 인간이 되셨으며 고난을 받으시고 사흘 만에 다시 살아나셔서 하늘에 오르셨으며 산 자와 죽은 자를 심판하러 오실 것을 믿습니다.
그리고 성령을 믿습니다. 그러나 그가 계시지 않은 때가 있었다고 말하거나 그가 나시기 이전에는 존재하지 않았다거나 그는 존재하지 않는 것에서 나왔다거나 또는 하나님의 아들이신 그가 다른 실체나 본질에서 유래되었다거나 창조되었다거나 변모되고 변질될 수 있는 존재라고 주장하는 자들은 하나인 사도적 교회가 정죄합니다.

니케아에서의 주된 관심사는 아리우스의 주장에 대항하여 아버지와 한 가지로 아들의 동영원성(同永遠性)과 동본질(同本質)을 신조로 삼는 것이었다. 아들이 아버지와 동본질임을 표현하는 '호모우시오스'라는 말을 두고는 알렉산더를 중심으로 하는 정통파 사람들이나 유세비우스파 사람들이 다 같이 받아들였으나, 해석은 각기 달리하였다. 정통파 사람들은 이를 아들이 아버지에게서 영원 전에 나셨으며 아버지와 같은 본질에 속한다는 사실을 잘 나타내는 말로 이해하였다. 서방의 학자들은 하나님 아버지와 아들의 하나님 되심을 말하는 'unius substantiae'에 대치할 수 있는 편리한 말이라고 하여 '호모우시오스'를 환영하였다. 그러나 유세비우스파에서는 양보하는 입장에서 그 말이 나중에 등장하는 '호모이우시오스'(homoiousios, 類似本質)와 같은 뜻으로 이해하고 이를 받아들였다.

로마 제국 내의 통일과 정치적인 안정을 추구하는 콘스탄티누스 황제는 어떻든 간에 모든 신학자들이 피차를 관용하는 가운데서 이 신조를 받아들이기를 바란 것뿐이었다. 이와 같이 니케아 신조에 서명한 참석자들이 제각기 나름대로 해석을 하면서 이를 받아들인 만큼 사실상 니케아의 결정은 아들에 대한 신학적인 논쟁의 종결이었다기보다는 그 시작이었다. 이후 정치적인 권력자가 어느 편을 지지해 주느냐에 따라 노회의 결정이 좌우되는 일이 일어나게 되었다.

337년 콘스탄티누스 대제의 서거 후 제국은 그의 세 아들, 콘스탄티누스 2세(337~340)와 콘스탄스(Constans, 337~350)와 콘스탄티우스(Constantius, 337~361)에 의하여 삼분되었다. 콘스탄티누스 2세는 갈리아(프랑스)와 브리튼과 스페인을 통치하였으며, 콘스탄스는 이탈리아와 아프리카 지역을 통치하다가 340년 콘스탄티누스 2세를 퇴치하고는 서방의 전역을 통치하였다. 콘스탄티우스는 동방을 통치하였는데, 350년 이후 제국의 동과 서를 다시금 통일하여 마지막까지 살아남은 자로 361년까지 통치하였다.

동방에서는 337년에서 350년까지 아리우스파를 지지하는 콘스탄티우스의 치하에서 아리우스파들이 다시금 세력을 구축하게 되었다. 특히 유세비우스가 득세하는 바람에 정통파의 거장(巨將) 아타나시우스는 감독의 자리를 떠나 무려 다섯 번이나 망명해야 하는 곤욕을 치렀다. 그러나 서방에서는 콘스탄스의 보호하에서 니케아의 결정을 계속 견지하였다. 안디옥 노회(341년), 빌립보폴리스 노회(Philippopolis, 342년), 그리고 다시금 안디옥 노회(344년)에서 유세비우스의 중간파가 우세를 점하여 아리우스파를 비판하는 한편 하나님 아버지와 아들의 관계에 관하여 정통파들이 사용하는 '동본질' 이라는 말을 배격하였다.

350년에서 361년까지 콘스탄티우스가 온 제국을 통일하여 다스리게 되자 아리우스파들이 시르미움의 제3차 회의(357년)와 니케아(359년)와 콘스탄티노플(360년) 노회에서 세력을 장악하여 그들의 교리를 신조화(信條化)하기까지 하였다. 이러한 가운데서도 바실리우스(Basilius of Ancyra)의 주도하에 유세비우스가 주장하는 타협적인 '유사본질' (homoiousion)이라는 말이 부각되기 시작하였다.

아타나시우스는 296년경에 알렉산드리아에 태어나 319년에 집사로 안수받고, 328년에 알렉산드리아의 감독이 되었다. 325년의 니케아 회의에는 알렉산더 감독의 수행자로서 참석하였다. 아리우스파 논쟁이 일어나자 그는 정통파를 주도하고 대변하는 사람으로 아리우스파에 대항하여 삼위일체 교리를 교의화(教義化)하는 일에 지대한 공헌을 하였다. 아타나시우스를 중심하는 정통파는 비록 소수였으나 투철한 신념과 서방 교회의 지지를 얻어 니케아의 결정을 고수하였다. 콘스탄티우스가 죽고 난 후 황제가 된 율리안(Julian)이 이방 종교의 자유화 정책을 시행하는 바람에 열세(劣勢)에 있던 정통파도 자유를 얻어 다시금 세력을 회복하였다.

이 시기에 정통파를 대표하여 공헌한 신학자는 갑바도기아의 세 신학자, 나지안주스의 그레고리(Gregory of Nazianzus, ?~389), 니사의 그레고리(Gregory of Nyssa, ?~394)와 그의 동생 바실리우스였다. 이들의 끈질긴 노력과 설득으로 361년에서 381년까지의 기간에 아리우스의 세력은 물러가고 '유사본질' 을 주장하던 중도파들이 점차로 '동본질'을 받아들이게 되어 381년의 콘스탄티노플 공의회는 니케아의 결정을 재확인하였다. 아타나시우스가 죽은 지 8년 만이었다. 그리고 동본질을 부인하는 자들과 아리우스주의자, 성령이 창조되었다고 말하는 반(半)아리우스주의자, 사벨리우스주의자, 동본질인 로고스를 인격으로가 아니라 능력으로 인식하는 안키라(Ancyra)의 마르켈루스와 시리미움의 포티누스(Photinus)의 추종자들과 아폴리나리우스파를 정죄하였다.

우리는 정치적인 권력자가 어느 편을 지지하느냐에 따라 공의회나 노회의 결정이 좌우된 것이 역사적 현실이었음을 관찰할 수 있다. 그렇다고 하여 교회의 전통적인 신조를 채택하는 결정이 정치적인 권력자의 개입에 의하여, 혹은 후원을 힘입어 이루어진 것으로 볼 수는 없다. 니케아 공의회 이후 반세기 이상을 니케아의 결정에 대하여 아리우스파들이 정치적인 힘을 빌려서까지 극력 반대하였으나 중도적인 노선을 취한 대다수가 결국은 많은 논쟁을 통하여 니케아의 결정을 받아들이게 되었다. 다시 말하면 니케아의 결정을 오랜, 그리고 격렬한 반대로 인한 충분한 토의를 거쳐 그리스도의 교회가 신조로 받게 되었으므로 그 결정은 더욱 귀하고 확고하게 진리를 대변하는 신조가 된 것으로 이해해야 한다.

4세기의 성령 교리

성령의 교리는 삼위일체 교리의 형성과 더불어 윤곽이 잡히기 시작하였다. 니케아 신조(325년)가 작성될 무렵까지만 하더라도 신학자들은 예수 그리스도의 신성에 대하여 주로 관심을 가졌을 뿐이었다. 4세기 중엽까지는 성령을 인격으로 이해하는 글은 거의 없었다. 성령의 일하심이나 역할(기능)에 관한 언급이 더러 있기는 해도 성령의 신성을 입증하여 말한 것일 뿐이었다. 삼위일체 교리에 대한 논의가 있고 난 이후 기독론에 대한 논의가 있게 되었는데, 신학자들은 그리스도의 사역보다는 인격에 관하여 본체론적(本體論的, ontological)인 관심에서 논의하였다. 그것은 성령론을 두고도 마찬가지였다. 신학자들은 성령의 일하심이나 역할에 대해서보다는 성령의 신성에 관하여 먼저 관심을 기울였던 것이다.

2세기의 변증가들은 성령의 위치와 역할에 대하여 말한 것이 거의 없다. 그들은 성령의 중요한 역할이 선지자들을 영감하는 것이라고 이해하였다. 저스틴은 이사야 11:2 "하나님의 신 곧 지혜와 총명의 신이요 모략과 재능의 신이요 지식과 여호와를 경외하는 신이 그 위에 강림하시리니"를 그리스도께서 오심과 더불어 유대인에게는 예언이 그칠 것임을 가르친다고 해석하고, 성령은 그리스도의 영이 될 것이고 그의 은사와 은혜를 그리스도인들에게 부어 주실 것이라는 말씀으로 이해하였다. 따라서 성령은 기독교를 최고의 철학이 되게 하는 조명의 원천이라고 했다.

변증가들은 성령이 하나님의 영으로서 로고스와 같이 신적인 성품을 가졌다고 했다. 아테나고라스는 성령이 햇빛처럼 하나님으로부터 유출되었다가 다시 돌아가는 '유출물'이라고 하였다. 이레니우스는 성령과 아들은 '하나님의 손'으로서 창조와 계시에 긴밀히 함께 일하신다고 했다. 사람은 먼저 성령께, 다음으로 아들에게, 그 다음으로 아버지께로 나아간다. 아버지는 결정하시고 아들은 집행하시며 성령은 계속 수행하신다고 한다. 성령은 특히 성화(聖化)를 위하여 교회에서 활동하신다고 한다. '만유 위에 계신 아버지가', '만유를 통하여 말씀이', '만유 안에 성령'이라고도 표현한다. 터툴리안은 성령을 인격으로 이해하는 경향을 보였는데, 그것은 아마 몬타누스주의의 영향에서 그랬던 것으로 추정한다.

삼위일체 교리에 대한 관심이 높아지면서 신학자들이 성령에 대한 교리에 관심을 갖게 되자, 갑바도기아의 교부 가운데 한 사람인 나지안주스의 그레고리는 성령의 교리가 없었던 점에 관하여 "구약은 아버지를 드러나게 선포하였으나 아들은 은밀히 선포하였다. 신약은 아들을 드러내었으며, 성령의 신성을 암시하였다"고 설명한다. 이코니움의 암필리오킬루스(Amphiliochilus of Iconium, ?~395)는 376년의 노회 서신에서 모세오경에는 한 분이, 선지서에는 두 분이, 복음서에는 세 분이 나타나 보이셨다고 한다. 그리고 니케아 신경에서 성령에 관하여 단지 한 마디로만 언급하고 있는 사실에 관해서는 당시에 아리우스파로 말미암아 아들의 신성에 대한 문제가 제기되었고, 성령에 대하여서는 아직 의문이 제기되지 않았기 때문이라고 설명한다.

아리우스와 함께 아들을 하나님이라고 부르기를 거부하는 이들은 물론 성령을 하나님이라고 부르는 것도 거부할 뿐 아니라 성령을 가리켜 피조물이라고 한다. 그리스도를 하나님으로 믿는 사람들 가운데서도 성령이 하나님이라는 교리에는 반대하는 이들이 있었다. 그들은 성령이 피조물일 뿐이며, 천사와는 약간 다른 정도로 사역하는 영들로 이해하였다. 또 어떤 이들은 성령이 하나님의 본질보다 열등하지만 피조물보다는 나은 존재라고 말한다. 성령은 문법적으로 중성(中性)이므로 그렇게 이해해야 한다고 한다.

그러나 아타나시우스는 디디무스(Didymus the Blind)가 그랬듯이 이사야 63:7~14의 말씀을 인용하면서 그리스도가 하나님 아버지와 동본질임을 논증한다.[2] 아타나시우스는 이사야 63:14에 나타나는 '주의 성신'(רוח יהוה)을 그 증거로 들었다. 그는 이사야 63:9을 설명하면서 천사가 아니고 성령 자신이 쉼을 주셨다는 것이며, 따라서 하나님의 성신은 천사도 아니요 피조물도 아니며 단지 삼위 하나님(the Godhead)께 속한 분이라고 한다. 디디무스도 이사야의 이 말씀이 구약을 믿는 사람은 아버지와 아들과 분리될 수 없는 성령에게서만 은혜를 받는 것임을 증거하는 말씀이라고 한다. 그래서 성령에게 죄를 짓는 것은 이스라엘의 거룩하신 이에게 죄를 짓는 것이므로 성령은 곧 하나님이시라고 한다.

아타나시우스는 성령을 피조물이라고 가르치는 투무이스(Thumuis)의 감독 세라피온(Serapion)에 반대하고 키릴루스를 지지하면서 성령에 관하여 덧붙여 말한다.

- 성령은 삼위일체 하나님의 신성에 속하였으며 그 한 분이시다. 피조물은 무에서부터 왔으며, 성화와 생명을 받아 누리는 자이고 가변적이며 제한되고 불어나는 존재이지만, 성령은 하나님께로부터 오시며 성화와 생명을 주시고 불변하시며 유일하신 분이시다.
- 삼위일체 하나님은 영원하시고 동일하시며 분할됨이 없으시다. 성령

2. "주의 성신을 근심케 하였으며"(10절), "그들 중에 성신을 두신 자가 어디 계시뇨"(11절), "여호와의 신이 그들로 골짜기로 내려가는 가축같이 편히 쉬게 하셨도다"(14절)

은 삼위일체 하나님의 한 분이시므로 성부와 성자와 동본질이시다.

· 성령은 성자와 밀접한 관계에 계시며 성자가 성부에게 속하듯이 성령
은 본질적으로 성자에게 속한다. 성령은 아들의 영이시며, 우리를 성
화시키시고 깨닫게 하시며 생동하는 활동이시요 은사이시다. 성령은
성자와 함께 창조에 참여하시며(시 104:29; 33:6), 선지자들에게 영감을
주시고 성육하시는 일에 함께 역사하신다.

아타나시우스는 또한 성삼위가 다 하나이시며, 같은 활동(ἐνεργία)을 가
지시므로 "성부는 말씀을 통하여 성령 안에서 모든 것을 성취하신다"고 말한
다. 362년 알렉산드리아 노회가 아타나시우스의 교리를 받아들인 이후부터 여
기저기서 관심을 가지고 성령에 대해 논의하기 시작하였다. 성령은 능력이다,
성령은 피조물이다, 성령은 하나님이시다, 성령은 하나님이시기는 하지만 삼
위의 신성에는 차이가 있다는 등의 논의가 분분하였다. 이러한 상황에서 갑바
도기아의 교부들은 성령에 관하여 아타나시우스보다 더 발전적으로 말할 수
있게 되었다.

아타나시우스도 고린도전서 2:11을 하나님께서는 불변하심을 증거하는
말씀으로 인용한다. 나지안주스의 그레고리는 이 말씀을 인용하여 성령과 하
나님의 관계는 인간의 영과 인간 자신의 관계와 같다는 유추로 말한다. 바실리
우스는 이 말씀이 바로 아버지와 아들과 성령의 연합을 증거하는 말씀으로 이
해한다.

나지안주스의 그레고리는 "하나님께 붙이는 성호(title) 가운데 '나지 않
으신' 혹은 '나신' 이라는 말 이외에 성령에게 붙이지 않는 성호가 무엇인가?'
라고 하면서 '거룩한' 이라는 말이 성령에게도 사용되고 있는데, '거룩' 이라
는 말은 성령께서 그러한 속성으로 충만함을 가리킨다고 하며, 성령께서는 거
룩하게 된 분으로가 아니고 거룩하게 하시는 분으로 언급된다고 한다.

성령은 하나님에게서 오시는 분으로 서술하는 것은 '만물이 주에게서 나오고' 라고 말할 때와 같이 성령이 피조물이라는 의미에서가 아니라, '아들이 아버지에게서' 라고 할 때, 아들이 아버지에게서 나심을 가리켜 말하듯이 성령의 경우도 그러하다고 한다. 아들의 경우는 나셨음(탄생)을 뜻하지만 성령의 경우는 요한복음 15:26에 있는 "아버지께로서 나오시는(ἐκπορεύεται) 진리의 성령이"라는 말씀에 근거하여 '나오신다' (proceeds, est procedens)고 현재형의 단어를 사용한다. 교회의 신앙고백서나 정통적인 신학자들은 늘 그렇게 고백하고 표현한다.

아타나시우스와 갑바도기아의 교부들은 성령의 은사에 관하여서도 짧게나마 견해를 피력한다. 아타나시우스는 성령께서 참여하심으로 말미암아 우리는 하나님의 신성에 짜여 들어가듯 연합된다고 한다. 바실리우스는 성령에게서 오는 은사를 이렇게 열거한다. 즉, 장래에 대한 지식, 신비에 대한 이해, 감추어진 것에 대한 이해, 좋은 은사를 나누는 일, 하늘나라의 시민권, 천사들의 합창에 참예할 수 있는 자리, 끝없는 기쁨, 하나님 안에 거주하는 것, 하나님과 같은 존재로 만들어지는 일, 그리고 최상의 것으로는 신이 되는 일 등이 다 성령께로부터 온다고 한다. 디디무스는 하나님이 모든 좋은 은사로 충만하시므로 성령은 그러한 초월적인 원천으로 인식되어야 하며, 따라서 육체를 가진 피조물과는 다르신 분, 즉 하나님이심에 틀림없다고 한다.

예루살렘의 키릴루스(Cyrillus, ?~386)는 성령의 사역이 성령에게 붙여지는 이러한 성호(聖號)보다도 성령께서 하나님 되심을 훨씬 더 명확히 말해 준다고 보았다. 성령은 하나님이시니, 왜냐하면 그는 하나님만이 하실 수 있는 일을 하시기 때문이라고 한다. 피조물이 성령께서 새롭게 하시고 창조하시며 거룩하게 하시는 행위의 대상이라면, 성령은 피조물과 같은 유의 존재가 아니고 신적인 존재이심에 틀림없다고 한다.

모든 피조물을 채우시는 이는 모든 피조물과는 다른 존재이다. 특히 죄인을 의롭다고 하시고 택함을 받은 자를 완전케 하시는 분이신 성령은 신적이며 지극히 높은 성품을 가진 존재만이 하실 수 있는 일을 하신다고 한다. 키릴루스는 성령께서는 살게 하는 능력을 가졌으므로 피조물이 아니라 하나님이심에 틀림없다고 한다. 그리고 구원은 생명을 부여받는 것(vivification)일 뿐 아니라 신성이 되는 것(deification)이며, 그것은 곧 성령의 은사이므로 성령은 하나님이시라고 한다.

구원론적으로 성령론에 접근할 수 있는 것으로는 세례를 들 수 있다. 니케아 신조를 변호하려는 이들은 일찍이 아리우스주의를 공격하기 위하여 마태복음 28:19의 '세례 의식의 말씀'(the baptismal formula)을 인용하였다. 아타나시우스는 그의 삼위일체론에 근거하여 말하였다. 세례가 행해지면 아버지가 세례 주시는 자를 아들이 세례 주시며, 아들이 세례 주시는 그 사람은 성령으로 거룩함을 받는다고 한다.

바실리우스는 "성령이 하나님의 신성에 속하지 않는다면 어떻게 성령이 세례를 받을 때 나를 신성으로 만들 수 있단 말인가?"라고 말하면서, 성령의 역할이 없이는 구원의 의미가 없어진다고 한다. 중생은 성부와 성자와 성령의 이름에 연합하는 세례(βαπτίσμα εἰς τὸ ὄνομα)를 통하여 일어난다. 여기서 만일 마지막에 있는 성령의 이름이 피조물이라면 하나님의 이름에 연합하도록 주는 세례가 전적으로 하나님과 연합하는 세례가 될 수 없을 것이라고 한다.

세례의 은사뿐 아니라 세례 시의 말씀(the baptismal formula) 자체가 성령께서 하나님이심에 대한 증거이다. 성령의 이름이 빠지면 세례 시의 말씀이 불완전해지며, 따라서 세례도 무효가 될 수밖에 없다고 한다. 바실리우스는 세례 말씀에서 성령을 아버지와 아들에 부가적(附加的)인 것으로 생각하는 것은 불경스런 일이므로 신앙을 고백할 때나 영광을 돌릴 때 혹은 세례를 위하여 교리를 가르칠 때, 성령께서는 아버지와 아들과 불가분의 관계에 계심을 말해야 한다고 한다.

바실리우스는 또한 일반적으로 사용되어 온 예전에 따르면, 성령을 아버지와 아들과 동등하게 기술하고 있다고 한다. "성부와 성자와 성령께 영광이 있을지어다."[3] 바실리우스는 또한 예전(禮典)에 뿐만 아니라, 사람들이 옛날부터 불러 오던 찬송에도 삼위일체 교리가 그대로 보전되고 있다고 한다. "우리는 성부와 성자와 성령을 찬양하나이다."

서방에서는 포이티에르스의 감독 힐라리우스(Hilarius, ?~367)가 동방에 체류하면서 아타나시우스와 협력하여 유사본질론자들을 설득하는 한편 사벨리우스주의를 거부하면서 삼위의 인격을 분명히 구별함과 동시에 삼위의 동실체(同實體)를 주장하였다. 삼위일체를 설명하는 그의 독특한 형식은 "삼위는 하나이시니, 인격의 합일이 아니고 실체의 하나이심이다"[4]라는 것이며, 성부와 성자의 신성이 분할되거나 분리될 수 없음을 증거하는 성경 말씀으로 이사야 45:14 이하의 말씀을 인용한다.

암브로시우스는 하나이신 삼위를 말한다. 즉, 삼위는 한 실체, 한 신성, 한 의지, 한 사역을 가짐으로써 하나이심을 인식한다. 보편적인 것과 특수한 것을 유추로 들어 삼위의 하나이심을 설명하는 것은 충분하지 못하다고 생각한다. 아겐의 포에바디우스(Phoebadius of Agen, ?~392)는 터툴리안에게서 받은 영향을 좀더 보수적으로 강하게 반영한다. 즉, 성부는 성자 안에, 성자는 성부 안에 계심을 고백하는 신앙의 척도를 우리는 굳게 지켜야 한다. 성부와 성자가 두 분 안에 하나의 실체를 말하고, 성령은 하나님으로부터 유래한다. 만일 하나님께서 아들 안에 제2의 인격을 가지신다면 성령 안에 제3의 인격을 가지신다. 그리고 그들 모두가 한 하나님이시며 삼위가 하나(unity, unum)다.

---

3. Glory be to the Father with 'μετα' the Son together with 'συν' the Holy Spirit와 Glory be to the Father through 'δια' the Son in 'εν' the Holy Spirit.
4. Unum sunt, non unione personae sed substantiae unitate.

초대교회의 예배와 생활

초기 기독교인들의 예배는 많은 점에서 유대교 회당의 예배와 유사했다. 유대교가 기독교의 요람이므로 예배와 절기가 서로 유사한 것은 당연한 일이다. 회당의 예배에서 하는 대로 기도와 찬송, 성경 봉독 및 강해, 즉 설교 등의 요소를 기독교 예배에서 그대로 시행하였다. 예배를 위해 유대교에서 토요일, 즉 안식일에 모인 데 반하여, 교회는 이레 중 그리스도께서 부활하신 첫날을 '주의 날' 이라고 하여 그날에 예배하러 모였다. 그리고 그리스도의 고난과 부활이 유대인들의 유월절에 일어났으며, 성령 강림도 오순절에 있었으므로 절기들도 같은 시기에 지키게 되었다.

유대인들과 마찬가지로 초기의 그리스도인들은 금식하는 날을 가졌다. 유대인들은 매주 월요일과 목요일에 금식을 했는데(눅 18:12), 그리스도인들은 수요일과 금요일을 금식하는 날로 지켰다. 고난절(Lent, Passah)은 2세기 전반부터 지키고 있었다. 고난절에는 금식하는 것을 당연히 여겼으며, 특히 부활절 직전에 금식하는 것을 매우 중요하게 생각하였다.

4세기 초에 동방 교회에서는 부활절 전에 일 주간이나 금식을 시행하였다. 부활보다는 그리스도의 고난을 기념하는 일에 더 많은 관심을 가져 고난절을 일 년 가운데 가장 중요한 절기로 지켰다. 동방 교회에서 고난 기간을 40일간이나 지키는 관습은 337년 서방으로 추방되었다가 돌아온 아타나시우스에 의하여 도입되었다. 세례는 주로 부활절을 기하여 베풀어졌다. 부활절로부터 오순절까지의 기간은 부활을 기념하며 기뻐하는 기간으로, 무릎을 꿇지 않고 기도하였으며 금식도 하지 않았다.

세례와 학습 | 히폴리투스의 「교회 질서」(*Church Order*)는 세례에 관한 귀중한 자료이다. 2세기에 와서는 유아 세례를 선호하는 경향이 있었으나, 성인 세례를 베푸는 것이 흔한 일이었다. 세례를 받음으로써 과거에 지은 죄를 사함 받는 것으로 생각하였다. 학습 교인은 세례를 받기 위하여 3년에 걸쳐 오랜 준비를 해야 했다. 교회는 계속해서 닥치는 박해를 견뎌야 했으므로 입문자들이 확실한 신앙을 가진 자이기를 바랐던 것이다. 학습 제도는 교회 초기부터 있었던 것 같다. AD 180~250년에는 좀더 자상한 교육이 실시되었다. 학습 교인은 일반적으로 기독교 신자로 간주되었으나 성찬에는 참석하지 못하였다. 학습 교인은 세례받기 전에 전통적인 신앙고백(traditio symboli)을 고백하도록 교육을 받았다.

세례는 의식을 갖추어 집례하였다. 세례를 베푸는 감독 혹은 집례자는 수세자들로 하여금 부활절 주일 전날 밤에 함께 모여 성경 말씀을 읽고 기도하면서 밤을 새도록 하고, 부활절 주일 동이 틀 무렵에 수세자에게 흰 세례복을 입히고 먼저 마귀에 대한 거부를 선언하게 하는 축귀(逐鬼, abrenuntiatio) 의식을 행하였다. 집례자는 신앙고백을 물어 고백하는 대로 세례를 베풀었다.

"전능하신 하나님 아버지를 믿습니까?" "믿습니다" 하고 대답하면 수세자를 흐르는 물에 담그고, 올라오면, 다시금 "하나님의 아들이신 우리 주 예수 그리스도께서 성령으로 말미암아 동정녀 마리아에게 나시고 본디오 빌라도 치하에서 십자가에 달려 죽으시고 장사되었다가 사흘만에 부활하시고 승천하셔서 하나님 우편에 앉아 계시다가 저리로서 산 자와 죽은 자를 심판하러 오실 것을 믿습니까?' 하고 물을 때 "믿습니다" 하고 대답하면 두 번째로 물에 담근다. 물에서 다시 올라오면 세 번째로 묻는다. "성령을 믿으며, 거룩한 교회와 몸의 부활을 믿습니까?" "믿습니다" 하고 대답하면 세 번째 물에 담금으로써 성부와 성자와 성령의 이름에 연합하는 세례를 베풀었다.

그러나 이렇게 문답하면서 침수함으로써만 세례를 베푼 것이 아니라, 머리에 물을 뿌려서도 행하였다. 그리고는 안수하고, 수세자에게 성유를 바르고 우유와 꿀을 주었다. 안수(按手)는 성령의 전수(傳授)를 상징하는 것으로 생각하였다. 병자의 경우는 물에 담그는 대신에 물을 뿌려 세례를 주었다. 키프리아누스는 살수(撒水) 세례를 인정할 수 없다는 뜻에서 환자에게 세례 주는 것을 거부했는가 하면, 어떤 이들은 살수 세례자를 기독교 신자로 인정하지 않으려고 하였다.

세례는 부활절에서부터 오순절까지의 시기에 베풀었는데 특히 부활절 전야를 선호하였다. 그러나 4~5세기에 이르러 어거스틴은 세례 본래의 뜻을 살리기 위하여 의식을 간소화해야 한다고 주장하였다. 교회에서 세례 의식이 지나치게 성대하게 치러지다 보니 율법주의화하는 경향이 있게 되었으므로 이를 지양하자는 뜻에서였다. 서양 교회에서 지금도 시행되고 있는 세례 대부모(代父母, sponsores, susceptores) 제도는 이미 터툴리안이 시행했던 것이다.

세례는 구원을 위하여 필수적인 것으로 보았다. 세례받지 못한 자가 순교했을 경우 그의 피흘림이 세례를 대신하는 것으로 간주하였다. 세례의 효능은 사람이 세례를 받음으로 이전의 모든 죄를 사함받을 뿐 아니라 성령과 영생을 받는 것이라고 믿었다.

예배와 성찬 | 초기에는 저녁에 모여 예배하였으나 아마도 150년 이후부터 아침에 모여 예배하게 되었던 것 같다. 예배는 2부로 드렸다. 소위 말씀 예배에는 모든 사람이 다 참여하였으며, 성찬 예배는 세례받은 자만이 참여하였

다. 설교는 일반적으로 미리 준비한 설교로 하였으며, 점차로 고대 수사학의 영향을 받게 되었다. 주로 장로나 감독이 설교했으나 평신도가 설교하는 경우도 있었다. 유대교에서부터 유래한 애찬은 3세기 초까지 계속되었다. 그러나 기독교가 공인되고 교회의 회집이 커지면서 애찬의 관습은 자연히 소멸되었다.

성례가 교리 논쟁의 쟁점이 되기는 삼위일체론과 기독론의 논쟁이 있고 난 후 중세에 접어들면서부터였다. 그러나 초대교회의 속사도 교부들을 비롯하여 여러 시대의 신학자들도 이미 성례에 대한 견해를 피력하였다. 세례에 관한 견해는 대체로 성만찬에 관한 이해 이상으로 실재론적으로 이해한 것으로 보인다. 즉, 세례를 통하여 죄씻음을 받고 죄사함을 받는다고 보았다. 세례를 베푸는 물은 성령의 역사를 통하여 보통 물과는 다르게 된다는 견해가 지배적이었다. 그러나 성례론의 쟁점이 된 것은 세례보다는 성만찬에 관한 교리였다. 사도 이후의 교부들과 알렉산드리아 학파를 제외한 초대교회의 교부들이 성만찬에 관하여 실재론적(實在論的) 견해를 갖고 있었다. 즉, 성만찬의 떡과 포도주가 곧 그리스도의 몸과 피라고 주장하였다.

성찬은 그리스도인이 신적인 영생불사에 참여하며 장래의 구원을 미리 맛보는 것으로 이해하였다. 성찬은 우리의 구원에 있어 필수적인 것이라 여겨 어린이도 참여케 하였다. 2세기에는 성찬에 대한 신비적인 이해에서 사람들은 떡을 집으로 가져가 매일 조금씩 떼어 먹기도 하였다. 「디다케」는 성만찬을 '영생을 위한 영적 양식'이라고 표현하고 있고, 이그나티우스는 그것을 '불사의 약', '죽음을 막는 해독제'라고 하였으며, 가현설이 비난받는 것은 성찬이 우리의 죄를 인하여 고난당하신 '예수 그리스도의 살'이라는 것을 부정하였기 때문이라고 하였다.

저스틴, 이레니우스, 터툴리안은 성찬을 실재론적으로, 즉 떡과 포도주가 주님의 몸과 피로 변하는 것으로 이해하였으며, 클레멘트와 오리겐은 영적으로, 즉 떡과 포도주는 주님의 몸과 피를 상징하는 것으로 이해하였다. 그런데 변화설을 말하는 실재론적 이해가 더 지배적이었으며, 3세기에 이르러서는 성찬을 제물로 이해하는 사상이 현저한 것을 발견할 수 있다.

저스틴은 성찬을 가리켜 말하면서, 우리는 그것을 보통의 떡이나 음료로 받지 않는다고 하고, 그것은 인간이 되신 예수 그리스도의 살과 피라고 한다. 이레니우스는 성만찬을 떡과 포도주로 드리는 희생 제물이라고 하며, 성찬의 봉헌 기도를 통하여 성령은 로고스를 떡과 포도주에 결합시키고, 그리하여 그것을 이전과는 다른 어떤 것, 즉 그리스도의 피와 살을 만든다고 한다. 이집트에서 사용되었던 사라피온(Sarapion) 감독의 봉헌 기도를 보면 성찬에 대한 실재론적 이해가 반영되고 있음을 알 수 있다. 이 기도문은 3세기 중엽의 것으로 「디다케」의 영향을 받은 것으로 추정된다.

동방 교회에서는 4세기에 이르러 변화설(變化說)을 좀더 분명히 믿었다는 흔적을 확인할 수 있다. 키프리아누스는 "감독은 그리스도께서 행한 것을 본받아 교회에서 참되고 온전한 희생을 아버지께 드린다"고 말하여, 교직자들이 제사장임을 암시하였으며, 성만찬이 제물(祭物)이 됨을 말하였다. 예루살렘의 키릴루스는 우리가 드리는 예배의 대상은 희생의 제물이 될 그리스도시며, "이것은 나의 몸이니"라는 말씀에 비추어 보아 떡과 포도주는 그리스도의 몸과 피로 변한다는 것이다. 그는 이것을 성령께 부르짖음을 통하여 이루어지는 변화(metabole)라고 한다.

또한 니사의 그레고리는 떡이 봉헌을 통하여 그리스도의 성체(聖體)가 되며, 그것이 음식의 형태로 우리 몸의 소화 기관에 섭취될 때 죽음의 독소가 제거된다고 한다. 그는 또한 가시적인 물체의 성질에 요소의 변화가 일어나며 새로 빚어진다고 한다. 크리소스토무스(Johannes Chrysotomus, 344~407)는 성만찬 시에 떡은 물질의 변형(transform)을 통하여 진정한 그리스도의 몸이 되며, 우리는 그것을 볼 수도 있고 먹을 수도 있다고 한다.

알렉산드리아의 키릴루스(?~394)은 제단 위에 바쳐진 것이 비록 떡과 포도주의 형식으로 있다고 할지라도(마 26:26~28), 그것은 진정한 로고스의 몸이라고 하여 변화체(變化體)의 개념을 말한다. 키릴은 '이것은 나의 몸' , '이것은 나의 피' 라는 그리스도의 말씀은 가시적인 떡과 포도주가 단지 하나의 상징이 아니라, 설명할 수 없는 하나님의 능력을 통하여 그리스도의 몸과 피로 변하였음을 뜻한다고 말한다.

이와는 대조적으로 터툴리안은 떡을 몸의 표상(figura corporis)으로 보았으며, 몸을 나타내는 것이라고도 말했다. 비록 그는 시종 실재론자였으나, 이러한 표현들은 상징주의(象徵主義)를 암시하는 말로 이해할 수 있다. 오리겐은 상징주의를 말한 대표적인 신학자였다. "성찬에 있어서 몸은 전형적으로 상징적인 의미에서 그리스도의 몸이며, 성찬을 받는 것은 산 떡이신 로고스를 참으로 먹는 것을 의미하는 것이다." 떡과 포도주는 그리스도와 사도들의 말씀을 상징한다는 것이다.

가이사리아의 유세비우스, 바실리우스, 나지안주스의 그레고리 등도 오리겐의 영향을 받았으며, 아타나시우스 역시 오리겐의 영향을 받았다. 그리고 안디옥 학파는 고린도전서 11:24~34의 말씀을 해석하면서, 성만찬은 그리스도의 죽음을 상징하는 것이라고 하였다. 테오도레트(Theodoret, ?~457)는 말하기를 "성찬의 떡과 포도주는 물질 그대로 남아 있기는 하지만, 그러나 경건한 신자의 마음에는 그리스도의 몸과 피가 된다"고 하였다. 어거스틴의 회심에 크게 영향을 미친 밀라노의 감독 암브로시우스는 변화설을 말한 데 반하여 어거스틴 자신은 세례를 이해할 때와 마찬가지로 성찬의 요소를 상징적으로 이해하였다.

이러한 성찬에 대한 상반된 이해는 중세를 거쳐 더 신학화되었으며, 마침내 변화설을 신학화한 화체설과 제물 사상을 따르는 로마 가톨릭 교회와 상징설의 전통을 따르는 개신교가 분열하게 된 중요한 요인들 가운데 하나가 된다.

교회 건축 | 예배당 건물은 2세기 말경부터 생긴 것으로 알려져 있다. 201년에 에데사에서 홍수로 인하여 예배당이 파괴되었다는 기록이 있다. 그 이전까지는 가정에서 집회로 모였고, 카타콤(Catacombs)에서는 좀더 많은 회중이 모였으며 박해 시에는 그곳에서 공동으로 생활하기도 하였다. 가정 교회 (domus ecclesiae)는 주로 부유한 가정의 사저에서 모였으며, 교회가 따로 예배 장소를 마련하더라도 이웃한 집이나 모양이 전혀 다르지 않은 가정 교회를 건립하였다.

교회가 많은 자유를 얻게 되면서 예배당을 보다 많은 사람이 모일 수 있는 바실리카(Basilica) 양식으로 짓기 시작하였다. 아마도 260~300년 어간에 시작된 것으로 보인다. 바실리카는 이미 BC 2세기 초부터 일반적인 집회 장소로 사용하는 건물을 지칭하는 말이었는데, 저택이나 공공 건물의 큰 방들을 지칭하는 말로도 사용되었다. 크고 화려한 바실리카 양식의 예배당 건물은 콘스탄티누스 대제 이후에 생겼다. 예배당에 제단을 두게 된 것은 3세기 초 이후부터였으며, 4세기 이후 부터는 성별된 장소로 생각하게 되었다.

초대교회 신자들의 생활 | 「디오게네투스(Diogenetus)에게 보내는 편지」에 보면, 신자들은 일반 사람들과 별다른 것이 없었다. 그들은 자기들만의 집단을 이루어 살지 않았으며, 그들만이 통하는 언어를 사용하거나 특이한 생활 양식이나 습성을 가지지는 않았다. 그들은 지역 사람들의 습관을 따라 평범하게 생활을 했을 따름이다. 그러나 그들은 나름대로의 특이한 생활 철학을 가지고 살았다. 그리스도인들은 시민으로서 해야 하는 모든 일에 참여했으며, 외국인처럼 모든 일을 참고 견디었다. 남들처럼 결혼하고 자녀를 가졌으나 자신들의 삶의 근거를 달리 두었다. 그들은 땅 위에 살고 있지만 천국 시민으로 살았다. 터툴리안은 그리스도인들이 그들의 이웃들과 어떻게 달랐는가 하는 점을 그의 「변증서」에 다음과 같이 쓰고 있다.

이러한 선물들(연보)을 연회를 여는 데 쓴다든지 마시고 먹는 일에 소비하지 않고 불쌍한 사람들을 도와 주고 장례를 치러 주는 일에 사용하며, 부모를 잃고 살아갈 방책이 없는 소년 소녀들의 쓸 것을 공급해 주며, 집에 갇혀 있는 노인들을 보살피고, 파선당한 이와 같이 어려움에 처한 이들을 돕는 데 사용했다. 하나님의 교회를 위하여 살다가 광산에서 사고를 당한 이나 섬에 유배된 이, 감옥에 갇힌 이를 돌보았다. 그것은 너무나 고상한 사랑의 행위였기 때문에 사람들이 우리를 일컬어 이렇게 말했다. '보라! 그들이 얼마나 서로 사랑하는지를!'(Apologia, 39장)

그러나 한편 로마 제국에서 그리스도인으로 사는 것이 용이한 일은 아니었다. 그리스도인들이 사회 생활에 소극적이었던 것은 사실이다. 신자들은 구경이나 오락에 참가하지 않았다. 부도덕한 경우가 많기 때문이다. 그리스도인들은 군복무가 정당한지를 의문하면서 흔히 병역을 기피하거나 거부하였다. 황제의 희생 제물이 되지 않으려는 의도에서도 그랬다. 터툴리안에 따르면, 이방인 군인이 그리스도인으로 개종하면 먼저 군복부터 벗으려고 했다고 한다.

그리고 같은 이유에서 관리가 되는 것도 기피했다. 그러나 그리스도인이 전부 그랬는지는 의문이다. 그리스도인들은 자녀를 공립 학교로 보내는 것도 꺼렸다. 학교가 이방 종교적인 세계관으로 교육했기 때문이다. 이러한 사회에 대한 소극적인 생활 태도가 핍박을 불러일으킨 것도 사실이다. 그러나 2세기 말에는 젊은 그리스도인들이 군에 많이 있었다. 그리스도인들과 비그리스도인간에 볼 수 있는 가장 큰 차이점은 혼인 생활이었다. 혼인은 법적으로 일부일처제로 보호되고 있었으나 그리스-로마 세계에는 일부다처(一夫多妻)의 관행이 성행하고 있었으며, 첩을 두는 것이 예사였다. 그리고 이혼도 쉽게 하였다. 그러나 교회는 이 모든 것을 금하였다.

신약에 노예 제도에 대하여 반대하는 말씀은 없다. 그러나 교회에서는 누구나 다 동등한 성도의 교제를 향유하였으며, 노회 혹은 교회는 노예를 부당하게 취급하는 사람이 있으면 당사자에게 경고하기도 하였다. 2~3세기에는 노예도 장로나 집사가 될 수 있었다. 예를 들면 노예 출신인 칼리스토스(Callistos)는 자유인이 되어 로마의 감독(217~222)이 된 인물이다.

기독교 신앙의 세속화 | 2~3세기에 순교자와 영웅들을 기념하는 제의가 시작되었다. 소아시아의 교회는 190년경에 초대교회의 선지자, 요한, 빌립과 그의 세 딸의 묘소가 있음을 자랑으로 여겼으며, 로마 교회는 AD 200년 이후 바티칸에 베드로의 묘소(tropaia)와 오스티아(Ostia)로 가는 거리에 바울의 묘소를 둔 것을 자랑하였다. 제3세기 이전에 교회는 이미 백성들의 이방적인 종교심에 의도적으로 부응하려는 대책을 강구하였다. 2세기에 이미 성자 숭배가 종교 의식의 중요한 부분이 되었으며, 성물(聖物) 숭배, 부적, 기적을 믿는 신앙을 갖게 되었다. 이러한 관행들은 기독교가 공인된 이후 더 심화되었다. 그리고 이러한 관행들은 4세기에 기독교가 이방 종교를 끌어안는 데 일조하기는 했으나 초기의 순수한 신앙을 점차 상실하게 만든 요소이기도 했다.

2세기부터 초기 기독교인들의 엄격한 도덕성이 해이해지기 시작하였다. 기독 신자들은 수적으로 불어났으나 세상과 접하면서 초기의 열정은 식어져 갔다. 교회 지도자들은 죄인들 사이에서 교회를 어떻게 보존하며, 그리스도인들이 세상과 접촉하는 것을 어느 정도로 허용해야 할 것인지에 관심을 기울이게 되었다.

초대교회에는 고해(告解) 제도가 없었다. 세례받기 전에 한 번 회개하는 것을 족한 줄로 여겼다. 그러나 2세기에 이르러서는 '두 번째 회개'가 허락되었다. 즉, 세례를 받고 난 이후에 상당히 중한 죄를 지었을 경우에도 회개할 수 있는 기회를 준다는 것이다. 그러나 살인, 간음 혹은 매춘 행위나 배교(背敎) 등의 죽어 마땅한 죄를 범했을 경우에는 제외되었다. 그리고 교회에서 축출당한 사람은 종신 회개자(Poenitenten)로 지내도록 하고 교회로 다시 받아들이지 않았다. 그러나 하나님께서는 저 세상에서 은혜로 받아 주실 수 있다고 보았다.

초기 기독교의 수도원 운동

교회의 도덕적인 생활이 해이해질 무렵, 금욕적인 생활을 추구하는 수도원 운동이 일어났다. 기독교적인 수도원이 언제 어떻게 생성되었는지에 대해서는 논란이 많다. 이집트의 사라피스(Sarapis)의 카토코이(Katokoi)는 기독교의 수도사들과 닮은 점이 거의 없었다. 그들은 종교적 성격을 갖지 않았던 것으로 보인다. 인도에는 이미 BC 800년에 수도원이 있었으며, 기독교 수도원과 외견상 유사성이 있으나 직접 영향을 주고받은 것으로 보기는 어렵다.

3세기에는 이집트에 마니교가 성행하였으므로 그들의 세계관과 무엇보다 다소 금욕적이고, 물질을 죄악시하는 이원론 사상이 필로, 클레멘트, 오리겐을 통하여 기독교적인 금욕주의에 영향을 미쳤던 것으로 보인다. 이러한 이원론적 금욕 사상은 기독교적 창조 사상에 위배되는 것이므로 오리겐을 제외한 교회 교부들은 이러한 이원론적인 금욕 사상을 거부하였다. 예를 들면, 교부들은 신자들에게 결혼을 금하는 일을 배격하였다.

그보다 직접적으로 영향을 준 것은 기독교 자체 내에 있었던 금욕적인 사상이다. 즉, 그리스도의 재림이 임박했는데 현세의 삶에 연연하는 것은 성경의 가르침을 따르는 것이 아니라고 생각하는 이들이 금욕적이며 은둔적인 삶을 영위하려고 수도원을 형성하게 되었다. 교회 안에는 언제나 금욕주의자들이 있었다. 그들은 금욕을 통하여 보다 완전함을 성취하게 되며, 하늘나라에서 다른 사람들보다도 더 큰 상급을 받을 수 있을 것이라고 기대하였다.

이러한 경향은 이미 「디다케」와 「헤르마스」에 나타나 있다. 그들이 준행한 금욕의 예를 든다면, 한 주간에 수요일과 금요일 이틀을 금식한다든지 특별한 기간에는 모든 신자들이 다 금식해야 한다든지 하는 것이었다. 성생활을 억제하는 것도 물론 여기에 포함되었으며, 그 밖에도 여러 형태의 금욕적인 행위가 상당히 일찍부터 시행되고 있었다. 그리스도를 위하여 집을 떠나 낯선 곳으로 여행하는 것은 큰 상급을 기대할 수 있는 일로 여겼다. 궁핍을 견디는 일, 배고픔, 목마름, 추위와 더위를 견디는 일, 멸시와 천대와 핍박을 견디는 일 등도 상급을 기대할 수 있는 일이었다.

기독교에 대한 박해가 그치면서 순교의 영광을 얻지 못하는 대신에 금욕을 통하여 상급을 얻으려는 생각이 일반화되었다. 이러한 금욕주의는 교회 내에 영적이며 열심을 다하는 신앙 생활의 계속이라고 볼 수 있다. 금욕주의자들과 감독 및 교회의 직분자들간에 어떤 긴장과 갈등이 있었는지에 대하여는 별로 알려진 것이 없다.

금욕주의적인 경향은 3~4세기에 이르러, 특히 이집트와 시리아 등지에서 더 성행하게 되었으며, 열광주의적인 새로운 운동도 일어나게 되었다. 오리겐적이며 이원론적인 성향을 띤 신학이 이러한 운동에 한 몫을 담당하였음을 알 수 있다. 이러한 금욕적인 성향과 열광주의에 기독교 아닌, 헬레니즘 세계의 종교들로부터 직접적인 영향을 받았는지의 여부에 대하여는 논란이 많다. 초기에는 누구든지 교회의 지체가 되면 세상을 떠나야 했다. 그러나 콘스탄티누스 대제가 기독교를 공인한 이후 세상이 교회로 들어오기 시작한 것이다. 그러자 예수님을 잘 믿으려는 사람들 가운데 교회 밖으로 나가는 사람들이 생기기 시작하였다. 그러면서부터 금욕적인 삶의 유형이 광야로 나가서 외롭게 지내는 것으로 변하였다.

광야에 머물며 사는 은자(hermit)의 목적은 마귀와 투쟁하는 데 있었다. 그리고 투쟁의 목적은 세상적인 것을 탈피하고 천사의 인도를 받아 하나님 앞에서 온전함을 성취하기 위함이었다. 즉, 하나님께서 그를 만나로 먹여 주시는 것을 경험하고, 천사들의 찬송 소리를 들으며, 또한 자신도 함께 노래하고, 시간과 공간을 초월하여 생각하고, 사람들의 마음을 꿰뚫어 보는 눈을 가짐으로써 사람들과의 상담에 응하는 데에 있었다. 그리고 마침내 미래를 볼 수 있는 눈이 열리고, 그의 기도는 하나님의 특별한 능력을 힘입으며, 그의 몸은 쇠하지 않으며, 하나님의 뜻을 전하는 자가 되므로 천사도 부럽지 않게 되는 것, 이것이 그들이 목적하는 바였다.

이와 같은 은자들이 AD 300년경부터 나일 강의 델타 지역의 서남쪽 니트리아(Nitria)와 스케테(Scete) 광야에 모여들어 은자들의 촌락(anchoritism)이 생기게 되었다. 이들 은자들 가운데 안토니우스(Antonius, 251년경~356년)는 카리스마적 지도력을 가진 이로서 은자촌(隱者村)의 대부(代父)였다. 그는 오랜 세월에 걸쳐 수련하던 곳으로부터 더 열악한 곳으로 여러 번 옮겨 다니며 수련을 쌓았으며, 많은 사람들에게 그가 경험한 마귀의 정체와 능력에 관해 얘기해 주었다. 아타나시우스와도 교제를 가지며 그의 지지를 얻었다. 수도원은 이와 같이 자기를 부정하는 은자들의 금욕주의 사상에서 움이 트고 자라서 결실을 보게 된 기관이요 조직이다.

최초의 수도원이 나일 강 동안(東岸)에 위치하고 있는 타베니시(Tabennisi)에 그 모습을 드러냈다. AD 320년경 파코미우스(Pachomius, 287년경~346년)가 창설한 것이다. 수도원 안에 들어온 사람은 누구를 막론하고 수도원장과 교단(教團)에 절대 복종해야 했으며, 사유 재산을 포기하고 금욕적인 생활을 하는 한편, 자리 혹은 광주리를 엮는 등 수공업이나 밭가는 일 등의 노동을 해야 했다. 처음 수도원에 들어올 때 평생 수도원 생활을 하기로 서약을 했는지는 확실하지 않다. 파코미우스는 수녀원도 창설하였다.

파코미우스는 나일 강의 테베이드(Thebaid)에서 287년경에 태어나 군문에 있는 동안 기독교를 알게 되었다. 군복을 벗고 난 이후 세례를 받고 팔라몬이라는 은자를 알게 되면서 수년 간을 은자로 지내다가 수도원을 창설하였다. 파코미우스는 성경에 대한 해박하고 깊은 지식을 가지고 있었으며, 그의 공동체는 성경 말씀에 근거하며 성경 말씀과 더불어 사는 것을 규율로 받아들였다. 그리고 '코이노니아'(聖徒의 交際)의 규율을 지킨 것도 하나의 특징이다. 의식주를 챙기는 일과 노동하는 일, 그리고 신앙 생활을 하는 문제 등 매사를 공동으로 해결하고 추진하였으며, 개인주의적인 행위는 허락하지 않았다. 이러한 규율과 전통은 다가오는 시대의 수도원 운동에 많은 영향을 미쳤다.

초기 수도사들의 경건 생활은 특이하다. 그들의 생활 목표는 마태복음 19:21의 말씀대로 완전함을 성취하는 것이다. 그러기 위해서는 세상을 완전히 등지고 엄격한 금욕 생활을 함으로써 모든 죄악된 정욕을 죽여야만 했다. 고향과 친척을 버려야 했으며, 금식하고 깨어 있으며, 앉아서 자야 하고, 좁은 방에 갇혀 지내며, 살갗을 자극하는 올이 굵은 베옷을 입어야 했다. 몸을 씻는 일도 포기하고, 심지어는 무거운 사슬을 걸치거나 나무 십자가를 져야 했으며, 여자에게 눈을 돌리지 않아야 했다. 그들은 들짐승 형상으로 혹은 나부(裸婦)의 자태로 나타나는 등 온갖 수단을 동원하여 유혹하며 마음에 나쁜 생각을 심어 주려는 마귀와 내적인 싸움을 싸워야 했다.

4세기에 이집트는 수도원 운동의 본거지였다. 이집트 남방에는 330년경 은자들의 집단 거주지가 형성되었다. 넓은 광야 여기저기에 많은 사람들이 토굴들을 만들어 은거하며 금욕적인 삶을 살면서 신비적인 경험을 추구하였다. 대부분의 사람들이 나중에 메살리언들(Messalians)에게 흡수되었다. 메소포타미아에서 유래된 가르침을 따르는 메살리안들은 사람은 날 때부터 마귀를 지니고 있으므로 끊임없는 기도로 이를 쫓아내야 한다고 주장했다.

이집트에서는 메살리안들뿐 아니라 혼인과 사유 재산을 부정하는 극단적인 유타티안들(Euthatians)로 말미암아 수도원 운동자들과 교회의 교직자들 간에 적지 않은 갈등이 있다. 340년경 강그라(Gangra)의 노회에서는 유타티안들을 정죄하였으며, 390년 이후 노회들과 감독들은 메살리안들과 투쟁하였다. 그러나 이렇다 할 긍정적인 결과를 얻지 못하였다. 시리아에서도 수도원 운동이 급속히 확산되었다. 그러나 이 지역의 수도원 운동은 이집트의 영향과는 무관하게 아마도 그 지역 내에서 자생한 것으로 보인다. 제5세기에 '기둥 성자'로 알려진 시몬(Symeon, ?~459)이 30년 동안을 기둥 위에서 수도(修道)하면서 살았다는 일화는 은자들의 신앙과 삶이 어떠했음을 짐작하게 해 주는 일화이다. 팔레스타인에도 많은 은자들의 은거지들과 수도원이 생겨났다.

동방 교회는 수도원 운동에 대해 대체로 호의적이었다. 아타나시우스는 망명 시절에 은자들에게 가서 숨어 지내기도 하였으며, 「안토니우스의 생애」라는 글로 은자들의 삶과 수도원 운동을 긍정적으로 평가하였다. 갑바도기아의 교부 바실리우스는 수도원 규칙을 마련하여 큰 영향을 미쳤다. 그는 수도원 공동체의 삶이야말로 서로를 사랑하며 돌보는 진정한 그리스도의 몸의 모습이라고 파악하였다.

서방에는 4세기 후반에 이르러 수도원이 도입되었다. 누르시아(Nursia)의 베네딕트(Benedict, ?~547)는 수도원의 교단을 창설하였다. 교단은 지나친 금욕주의를 지양하고 수도사들에게 노동의 의무를 부과함으로써 건전하게 발전할 수 있도록 도왔다. 히에로니무스와 카시오도루스(Cassiodorus, ?~583년경)는 수도사들이 학문적인 연구에 종사할 수 있도록 조처하였다. 그리하여 본래 반문화적이었던 사람들이 중요한 문화 전수자들이 되었다. 그것은 문화사적으로도 큰 의미가 있는 일이다.

일찍이 대중의 금욕주의 운동을 반대했던 교회가 수도원 운동을 거부하지 않고 오히려 이를 인정하며 조직적으로 방조한 사실은 특기할 만한 일이다. 교회는 수도원을 허용하고 도와 줌으로써 수시로 자기 자신을 거울에 들여다 보듯이 살피고 반성할 수 있게 되었다. 수도원 운동이 성결함을 온전히 이루는 것을 목적하는 것이었으므로, 교회는 수도원으로부터 금욕적인 삶을 살려는 자극을 받게 되었다. 교회의 기조에는 금욕적인 삶을 선망하는 가치관이 면면히 깔려 있었기 때문이기도 했다.

수도원 운동은 초대와 중세의 시대적 상황에서 교회와 사회에 분명히 긍정적인 기여를 한 것이 사실이다. 수도원 운동은 처음에 문명 세계와 교회로부터 사막으로 도피함으로써 시작되었으나 중세로 접어들면서 사회의 중요한 부분이 되었으며, 게르만의 침공 이후 와해된 문명을 재건하는 데 큰 몫을 담당할 정도로 발전하였다. 가톨릭 교회의 쇄신 운동은 거의 예외 없이 수도원에서 발원하였으며, 많은 교회 지도자들과 신학자들이 여기에서 배출되었다. 이것은 수도원 운동이 교회에 기여한 간과할 수 없는 봉사였다.

그러나 오늘의 개신교 신자들이 세속화된 사회에서 보다 경건한 신앙 생활을 희구한 나머지 새삼스럽게 수도원 운동에 향수를 가지거나, 현시점에서도 수도원적 공동체의 삶을 추구할 만한 가치가 있는 것이라고 생각하는 것은 역사적인 상황의 차이에 대한 인식을 충분히 하지 못한 데서 가지는 생각이다. 수도원이 중세 시대에 교회와 더불어 교황 산하에 있는 조직으로 교회와 밀접한 관계를 가지고 교회에 많은 기여를 하며 존속해 온 사실은 긍정적으로 평가할 수 있다. 그러나 중세 말기에는 수도원이 교회 부패의 온상이 되었던 사실을 상기해야 한다. 수도원도 사람들의 집단이어서 그러하였으며, 교회 조직과 너무 밀착된 나머지 교황청이 부패할 때 함께 부패함으로써 정화의 능력을 상실하게 되었던 것이다. 또한 수도원 운동은 초기에 이원론적인 사상을 배경으로 시작된 운동이었으며, 교회와 사회에 많은 긍정적인 기여를 했음에도 불구하고, 그것은 인간의 자의적인 노력과 수련으로 성결과 인격의 완성에 도달할 수 있다는 인본주의적이고 일반 종교적이며 다분히 신비주의적인 성향을 가진 운동이었음을 상기해야 한다.

따라서 수도원 운동은 중세 교회와 여전히 반(半)펠라기우스주의를 탈피하지 못한 로마 가톨릭 교회의 신학에 맞는 운동이지, 인간의 전적 부패와 '오직 하나님의 은혜로'와 칭의의 교리를 강조하는 개신교의 신학에는 조화가 되지 않는 운동이다. 금욕과 경건을 추구한다면서 현세를 부정하거나 현 사회에서 은둔함으로써 금욕과 경건을 지키려 한 것이 수도원 운동(monasticism)이라면, 같은 성향을 가졌으나 사회 속에 살면서 교회를 포함하는 주변 환경을 개혁함으로써 금욕과 경건을 지키려던 운동이 말하자면 청교도 운동(Puritanism)이다. 수도원 운동은 중세 교회의 역사를 다루면서 더 논하기로 한다.

도나투스파의 분파 운동

4세기에 북아프리카에서 일어난 도나투스파 운동(Donatism)은 교회와 국가를 다 같이 불복하여 일어난 분파 운동으로서 백 년 간이나 지속되었다. 총독 펠릭스(Felix)가 311년 캐킬리안(Caecilian)을 카르타고의 감독으로 임명하자 교회의 일각에서는 캐킬리안이 AD 303~305년 디오클레티안 치하에 있었던 박해 때에 배교(背敎)한 주교에게 세움을 받은 자라고 하여 그를 반대하는 운동이 일어났다. 312년 누미디아(Numidia)의 70인의 감독들은 마요리누스(Majorinus)를 새 감독으로 선출하여 교회의 정화 운동을 전개하였다. 이 운동을 주도하던 도나투스(Donatus)가 마요리누스를 이어 감독이 되자 그는 이 운동을 더 적극적으로 추진하였다.

교회를 성도들의 회중으로 보는 도나투스파는 교회가 언제나 소수의 남은 자들로 구성된다고 보았다. 그들은 17~18세기의 경건주의자들과 유사한 견해를 피력하였는데, 교회의 성결이 교회 구성원들의 성결에 근거한다고 생각하였다. 그러므로 그들은 박해가 가라앉은 이후 배교한 자들이 교회로 복귀하는 것을 반대하였다. 이러한 상황은 3세기 중엽 노바티안과 그의 추종자들로 말미암아 야기되었던 상황과도 비슷하다.

도나투스파의 분파 운동에 적극적으로 반대한 이가 어거스틴이다. 어거스틴은 도나투스파가 성결한 생활을 표방한다고 하지만, 그들의 실생활에서 그렇지 못한 부분이 있음을 지적하면서, 설사 그들이 거룩한 생활을 실천한다고 하더라도 교회를 분열시키는 죄 때문에 그들의 성결 생활은 무효화되는 것이라고 주장하였다. 분파의 죄는 배교보다 더 무서운 죄라고 주장하였다. 교회 내의 선한 자와 악한 자는 심판 때에 가려지는 것이며, 교회의 성결은 교인들의 성결에 근거하는 것이 아니고 교회를 다스리시는 그리스도의 성결에 근거하는 것이라고 하였다.

도나투스파는 성례와 국가에 대한 이해와 태도에 있어서 가톨릭 교회와 견해를 달리하였다. 도나투스파는 자파 이외의 교회에서 받은 세례는 인정하지 않았다. 그러나 어거스틴은 도나투스파에서 받은 세례도 신자가 가톨릭 교회에 돌아올 때는 그대로 유효하다고 했다. 교회는 로마 정부에게 핍박을 받아 왔으나 국가에 대하여 적대적인 태도를 취하지는 않았다.

비타협적인 터툴리안만 하더라도 그리스도인은 아무에게도 원수가 되어서는 안 된다고 했으며, 황제에게 대하여서는 더욱 안 된다고 하였다. 그리스도인은 황제를 사랑하고 존경하고 높여야 하며, 황제와 국가의 안녕을 위해 기도해야 한다고 가르쳤다. 그러나 도나투스파는 교회가 세상과 분리되어야 한다고 주장하며, 국가와 세상에 대하여 부정적인 입지를 견지하였다. 그리스도인들은 통치자들과 아무 상관이 없고, 감독들은 재판소에 관여할 바가 없다고 했다. 도나투스파 신도가 되기 위해서는 이방 문학이나 지식과 이방의 생활 양식 전부를 거부해야 한다고 주장하였다.

도나투스파가 염세적이며 분리주의적인 견해를 가지게 된 것은 그들이 로마 제국에 반감을 가졌던 정치, 사회적 배경과 금욕, 고행, 순교, 기적 등을 내세우고 강조하는 그들의 토속 종교의 배경 때문이라고도 한다. 비타협적 독립 정신을 고취하는 토속 종교의 배경에서 살아 온 하층 계급의 대중들은 국교화되어 가는 로마의 가톨릭 교회를 거부하고 반로마적인 도나투스파 기독교를 받아들였다.

　도나투스파의 분파 운동이 교회의 도덕 생활과 경건을 강조함으로써 독선적인 면을 가졌다는 점에서는 2세기 중엽에 일어난 몬타누스 운동과 유사한 점이 있으나 두 운동은 여러 가지 면에서 크게 구별되었다. 몬타누스 운동은 신비주의적이며 열광주의적인 무리들이 자신들만이 성령의 은사를 받았다거나 새 예언을 주장하는 등 기독교의 근본 교리에 위배되는 가르침으로 사람들을 미혹한 전형적인 종말 운동이다. 그에 반하여 도나투스 운동은 기독교의 근본적이며 정통적인 교리에 충실하면서 국교화되고 세속화되어 가는 가톨릭 교회에 대항하여 교회의 성결을 강조하는 나머지 비타협적이며 극단주의적 교회 분립을 단행한 운동이다.

　아프리카 교회의 분파 운동은 이미 한 세기 전의 터툴리안에서부터 배태되었던 것으로 본다. 터툴리안은 가톨릭 교회의 교부이기보다는 도나투스파 운동의 개척자요 아버지라고 칭하기도 한다. 터툴리안은 성령을 강조하고, 순교에 대한 열정을 고취하며, 임박한 재림과 천년왕국을 역설하고, 교회의 순결과 이단의 재세례 등을 주장하였다. 그러나 도나투스파의 교회 성결 운동은 지나쳐 난폭한 광신주의의 증후를 나타내었다. 개혁 운동이라기보다는 혁명 운동으로 발전하게 되었다.

　411년 호노리우스 황제의 칙령으로 411년 카르타고에서 신학 논쟁을 위한 회의가 열렸다. 회의에는 286명의 가톨릭 교회의 대표들과 279명의 도나투스파 대표들이 참여하였다. 논쟁을 주도한 신학자는 어거스틴과 도나투스파 감독 페틸리안(Petilian)이었다. 황제의 대리인은 가톨릭 측의 승리를 선언하였다. 이 회의 이후 도나투스파는 약화되기 시작하였다. 한때는 반달 족(Vandal)에게 모진 핍박을 받기도 하였다. 그러다가 7세기에 아프리카가 이슬람에게 점령을 당하면서 도나투스파 교회는 아프리카의 가톨릭 교회와 함께 소멸되었다.

서로마 제국의 쇠망

로마 제국은 멸망했다기보다는 점차로 사라져 간 것이라고들 말한다. 로마 제국은 5세기에 이르러 테오도시우스 대제를 이어 황제가 된 호노리우스 (Honorius, 395~423) 때부터 게르만의 침공을 더 이상 물리칠 능력이 없게 되어 급속히 쇠망하였다. 406년에는 골 및 스페인과 북아프리카의 방대한 지역들이 이미 황제의 통치를 벗어나 있었다. 430년에 이르러서는 황제의 통치는 이름 뿐이었다. 그해가 바로 하나의 전기(轉機)가 된 해였다. 이 해부터 옛 로마 제국은 더 이상 그 기능을 다하지 못하게 되었다. 그러다가 서로마는 마침내 476년에 완전히 패망하였다. 그러나 로마 제국 인구의 60~70%가 살고 있는 헬라어 사용 지역인 동로마 제국, 즉 비잔틴(Byzantine) 제국은 1453년 터키의 침공으로 몰락하기까지 10세기를 더 존속하였다. '비잔틴'은 콘스탄티노플의 옛 그리스식 이름이다.

군사(軍事) 전략적인 열세, 장병들간의 의사 불소통, 자원의 고갈, 저질의 군 지휘관들 등 여러 가지 요인으로 말미암아 구 제국은 붕괴되었다. 게르만의 통치자들은 황제를 대신하게 되었으며, 제국은 여러 게르만의 왕국으로 분할되었다. 이러한 혁명적인 정치적 변화에도 불구하고 사회적 및 정치적 제도와 문화는 단번에 사라진 것이 아니라, 그로부터 2세기에 걸쳐 서서히 대치되었다.

로마의 몰락은 단번에 일어난 군사적인 재난에 기인한 것이 아니라 오래 전부터 지속되어 온 붕괴 과정의 결과였다. 「로마 제국의 쇠망」을 저술한 역사학자 기본(Edward Gibbon)에 따르면, 로마는 그 자체의 무게를 이기지 못하여 붕괴되었다고 한다. 제국이 너무 방대해진 까닭에 제도나 교통, 교육 및 자원들과 법적 구조가 제국을 지탱할 수 없게 되었기 때문이라고 한다. 로마 제국을 경영한다는 것은 끊임없는 긴장과 고된 노력의 투자를 요하는 엄청난 작업이어서 제국으로 하여금 탈진케 만들었다는 것이다.

기본의 또 다른 설명은 기독교가 왕성하게 된 것이 로마의 붕괴를 재촉한 또 하나의 요인이라고 한다. 피안(彼岸)을 갈구하는 기독교적 윤리가 로마의 엘리트들로 하여금 제국의 국정에 관여하는 마음을 약화시켰다는 것이다. 다시 말하면, 교회가 제국으로부터 자연적으로 지도자들을 앗아 갔다는 것이다. 게다가 로마 제국은 심각한 경제적 위기를 겪게 되었다. 경제적인 어려움은 늘 있었으나 나라들을 새롭게 정복하고 약탈하는 일을 그치면서부터 로마 제국은 한층 더 심각한 어려움에 직면하게 되었다. 3세기부터는 무역도 줄어들었으며, 250년부터 400년까지 선(腺) 페스트(bubonic plague)로 말미암아 제국 내의 인구가 20%나 감소하는 바람에 시장과 교역뿐 아니라 제반 분야의 교류가 위축되었다.

이러한 경제적인 어려움은 정치적인 위기를 초래하였다. 세금을 부과하고 징수하는 일에 어려움과 차질을 가져 와 국고를 충당하기가 곤란해졌으며, 제국 내의 여러 민족들의 국가에 대한 불만과 적의(敵意)는 더 고조되었다. 1세기와 2세기에 로마인들은 모든 필요한 것을 노예의 노동력을 통하여 얻었으나 정복의 시대가 끝나게 된 3세기에 이르러서는 노예의 수가 줄어들면서 산업이 위축되었다. 노예를 거느리는 일에 익숙한 로마인들은 이러한 사회 경제적 환경의 변화를 현실로 받아들이려고 하지도 않았고, 그에 대응할 수 있는 적응력도 없었다.

방대한 로마 제국의 국경을 경비하기 위해서는 적어도 3~5백만의 병력이 필요하였으나, AD 400년경에 제국의 시민은 불과 5천만명에 지나지 않았다. 로마가 이민족을 정복하여 제국을 이룬 이후 시민들이 병역의 의무를 기피하는 바람에 군대는 차츰 게르만의 용병으로 충당되었다. AD 200년에는 용병이 전체 군병의 5~10%였으나 400년에 이르러서는 약 30~50%로 늘어났다. 로마의 역사와 법과 전통이 이러한 용병들에게는 생소할 뿐더러 그들의 관심 밖의 일이었으므로, 유사시에 그들에게 로마에 대한 애국심을 발휘해 주기를 기대할 수는 없는 일이다.

로마가 정작 쇠망의 길로 들어선 것은 아우렐리우스 황제가 죽고 난 이후부터였다. 그때부터 군대가 황제를 좌우하게 되었다. 그 이전에는 황제를 원로원에서 선출했으나, 군대가 정치 권력을 장악하면서부터는 장군들 중에서 황제를 선출하여 세웠다. AD 180~284년까지 황제는 군대의 포로나 다름이 없었다. 100년의 기간에 25명의 황제가 제위에 있었는데, 21명은 암살당했으며, 한 사람은 전쟁에서 휘하 장군들 중 한 사람에게 배신을 당하였다. 그리고 또 한 사람은 페르시아의 포로로 잡혀가 종무소식이었다. 자연사(自然死)를 한 이는 단 두 사람뿐이었다.

정국이 불안하게 되자 변방의 여러 부족들이 틈을 타게 되었다. 그들은 라인 강과 다뉴브 강을 건너 제국 안으로 쇄도하였다. 페르시아는 동방에서 전쟁을 도발하였다. 시리아와 갈리아에서는 독립 왕국들이 일어나서 각기 그 지방을 통치하였다. 378년 아드리아노플의 전투에서 로마군은 게르만에게 처음으로 패하였다. 이 전투에서의 패퇴가 정치적으로 큰 의미는 없었으나 그 일로 말미암아 로마군이 이제는 무적의 군대가 아님이 드러나게 되었다. 로마의 군사력은 아직 막강했으나 게르만이라는 새로운 적의 전법에 익숙하지 못하였으므로, 그들의 공격에 잘 대처하지 못한다는 것을 알게 되었다.

로마인들은 포악하고 공격적인 정복자였으나 통치자로서는 관대한 편이었다. AD 1~2세기에는 세금도 거의 없다고 할 정도로 낮았으며, 피지배 민족들은 황제숭배만 한다면 종교의 자유도 향유할 수 있었다. 그러나 외세의 침공이 잦아지면서 이를 방어하고 제국의 권위와 질서를 바로잡으려고 하다보니 자연히 중한 세금을 부과하지 않을 수 없었다. 3세기 이후로는 세율도 올라갔으며 지방의 자치와 자유는 억제되었다.

제국은 점점 전체주의적인 방향으로 나아가게 되었으며, 중한 과세는 경제 생활의 파탄을 초래하게 되었다. 교역(交易)의 대상과 범위는 좁아졌고, 농산물의 생산도 중한 과세 때문에 줄어들었다. 주화(鑄貨)를 마구 만들어 내는 바람에 화폐의 가치도 떨어졌다. 부자는 가난하게 되고 가난한 사람들은 희망을 잃게 되었다. 4세기에 이르러 기독교가 국교가 된 이후 제국 내의 다른 종교와 문화의 자유는 더 이상 보장을 받지 못하게 되었다. 로마 정부에 대한 제국 내의 백성들의 불만은 점점 더 커져서 나중에는 로마 제국이 게르만에게 패망하더라도 관여하지 않게 되었다.

5~7천만을 헤아리는 로마 제국의 인구에 비하여 게르만의 인구는 턱없이 적은 수였다. 그럼에도 불구하고 로마는 게르만의 침공에 의하여 불가사의하게 무너졌다. 게르만의 가장 큰 부족 서고트 족(Visigoth)이 376년 다뉴브를 건너 남하하면서부터 로마를 방어하는 전선은 붕괴되었다. AD 401년에 서고트 족이 처음으로 이탈리아로 침입했으며, 404년에는 게르만의 다른 부족들이 알프스를 넘어 이탈리아로 쇄도하였다. 부르군디 족(Burgundy)과 반달 족은 406년에 라인 강을 건넜다. 410년에 '영원한 도성' 로마는 세 번을 포위당한 끝에 서고트 족에게 함락되었다. 평화적인 부르군디 족은 론(Rhone) 계곡에 정착했으나, 난폭하고 호전적인 반달 족은 프랑스를 지나 스페인과 북아프리카로 쇄도하였다.

어거스틴은 히포의 성이 반달 족에게 포위되고 있는 와중에 세상을 하직하였다. 455년에 테오도시우스의 황통(皇統)을 계승할 마지막 황손(皇孫)이 죽고 난 이후 새롭게 세움을 받은 황제는 다만 허수아비에 지나지 않았다. 게르만 출신인 로마의 장군 오도바카르(Odovacar)가 476년 황제를 폐위함으로써 서로마 제국은 종언(終焉)을 맞이하였다. 오도바카르는 자신이 황제가 될 수 있는 상황이 아님을 알고 게르만의 왕임을 자처하여 이탈리아 반도에서 세력을 확장하려고 하였다. 로마 제국에 대한 향수를 가진 귀족들이 사병(私兵)을 동원하여 저항하려 했으나 역부족이었다. 이러한 저항은 5세기 말에 프랑크 족에게 완전히 분쇄되고 말았다.

고트 족과 반달 족이 아리우스주의 신앙을 가졌으므로 게르만의 침공으로 말미암아 가톨릭 교회는 어려운 숙제를 안게 되었다. 어거스틴은 이를 게르만이 가톨릭 교회로 동화될 수 있도록 인도하시는 하나님의 섭리로 보았으나, 암브로시우스나 히에로니무스(Jerome)는 침략자들을 두려운 존재로 보았으며, 다른 감독들은 게르만을 '박멸되어야 하는 해충' 과 같은 존재로 보았다. 그러나 이러한 비관적인 견해는 기우에 지나지 않았다. 게르만은 어거스틴의 견해대로 차츰 가톨릭화되었다. 교회는 제국과 함께 패망하는 것이 아니고 그대로 존속하며 새로운 전환기를 맞아 오히려 더 번창할 수도 있음을 경험하게 되었다.

교황권의 부상

　서로마 제국이 게르만에 의하여 붕괴되면서 새로운 권세가 부상(浮上)하게 되었다. 그것이 바로 로마를 종래와는 다른 의미에서 세계의 중심이 되게 만든 교황권의 부상이었다. 4세기까지만 해도 로마 감독의 우위 개념은 없었다. 교회의 하나 됨에 관심을 기울였던 콘스탄티누스 대제만 하더라도 로마의 감독을 교황에 해당하는 위치로 생각한 적이 없었다. 유세비우스의 교회사에도 로마 감독의 위치가 특별한 것으로 언급되어 있는 대목은 없다. 니케아의 교회법에서도 로마를 알렉산드리아 및 안디옥과 함께 대도시의 대주교구로 말하고 있을 뿐, 로마 감독의 우위권(優位權)에 대한 언급은 찾을 수 없다.

　그러나 여러 가지 역사적인 사건과 요인으로 인하여 로마 감독의 위상은 차츰 부상하게 되었다. 정통 교리를 위한 논쟁이 주로 동방에서 일어났으나 교회가 교리를 받아들여 교의화하는 과정에서 로마의 감독은 중재하는 위치를 점하였다. 아리우스파 논쟁에서 불리하게 된 정통파는 로마에 지지를 호소하기도 하였다. 콘스탄티누스가 전체 교회 위에 군림하자 로마 감독의 위치 역시 부상되었으며, 더욱이 콘스탄티누스의 천도(遷都) 이후 로마의 감독은 서방에서 두드러진 윗사람으로 인정받게 되었다.

　교회의 법과 제도는 로마의 감독이 감독들을 총괄하는 감독 중의 감독임을 면밀히 지향하며 발전하였다. 그리고 게르만을 따라 함께 이동하며 게르만의 왕들과 긴밀한 관계에 있던 감독들과는 달리 로마의 감독은 늘 한 자리에, 즉 로마에 상주하면서 지도적인 위치를 더 공고히 할 수 있었던 것이다. 성자 숭배가 더 고조되면서 베드로의 계승자로 자처하는 로마의 감독은 로마의 교권을 더 공고히 할 수 있었다.

　　로마 교회와 감독의 중요성에 관한 언급은 이미 2세기 중반부터 있었으며, 4세기 후반까지 로마 교회와 감독의 우위성을 확인시키려는 작업이 진행되었다. 160년에 로마에서 베드로와 바울을 추모하는 기념비에 그들이 사도적 전통의 수호자라고 기술함으로써 로마 교회가 중요한 위치를 점하고 있음을 시사하였다. 2세기 말에는 감독 빅토르(Victor)가 부활절을 지키는 문제를 두고 동방의 교회들을 포함하여 모든 교회들이 로마 교회가 정한 대로 같은 날에 지켜야 한다고 주장하였다. 그러나 3세기 이전만 해도 교회들은 다 동등한 형제와 같았다. 다만 로마 교회가 장자라는 정도로 생각할 뿐이었다.

　　로마 감독의 우위성을 이론적으로 정당화하게 된 것은 3세기 중엽 이후부터다. 카르타고의 키프리아누스와 로마의 스테판이 세례에 관하여 서로 의견이 상치되었을 때, 스테판은 마태복음 16:18의 말씀에 근거하여 로마의 감독이 베드로의 후계자라고 말하면서 자신을 변호하였다. 그런데 이 본문의 말씀을 로마 감독의 우위성을 신학적으로 입증하기 위하여 본격적으로 인용한 것은 382년 다마수스(Damasus I, 366~384) 이후부터다. 다마수스는 자신이 베드로의 역사적인 계승자이며, 따라서 마태복음 16:19의 천국의 열쇠에 대한 말씀에 근거하여 로마의 감독이 온 교회를 다스리고 재판하는 사법적인 치리권을 가진다고 하였다. 그러한 근거에서 다마수스는 자신의 서신(書信)을 법령의 형식을 갖춘 문서 양식으로 보내기 시작하였다.

　　그후 시리키우스(Syricius, 384~399), 인노켄트 1세(Innocent I, 402~417) 등이 로마 감독의 우월권을 위한 작업을 추진시켰으며, 레오(Leo, 440~461)는 그들이 작업해 놓은 바탕 위에 로마 감독의 우위를 공고히 하였다. 레오는 대단히 유능한 정치적인 인물이었다. 그는 뛰어난 교회의 선생이요 설교자로서, 게르만에게도 자신의 지도력을 발휘함으로써 서방 교회를 통솔하였다.

레오는 교황권의 확립을 위하여 신학적인 작업을 추진한 인물이다. 즉, 마태복음 16:18의 말씀뿐 아니라 요한복음 21:15~17의 말씀이 베드로의 역할의 중요성을 가르친다고 하였다. 따라서 로마의 감독, 즉 교황은 베드로의 후계자이며 '그리스도의 대리자'(vicarius Christi)라고 주장함으로써 모든 감독들보다 교황이 우위(優位)에 있음을 주장하였다. 이에 대한 신학적인 근거를 마련하기 위하여 제6 니케아 교회법을 라틴어로 번역하면서 '로마 교회의 우위'(De primatu ecclesiae Romanae)라는 표제를 붙여 본래의 기록을 왜곡하였다.

AD 500년경에는 로마와 교황을 돋보이게 하기 위한 많은 위조된 문서들이 작성되었다. 순교자의 행적과 노회록의 허위 기록이 꾸며졌는가 하면 실베스터 1세(Sylvester I, 314~335)의 전설도 조작되어 나왔다. 이 전설에는 그리스도인들을 심하게 박해하던 콘스탄티누스 황제가 로마에서 실베스터 1세를 통하여 회개하고 병고침을 받고 세례를 받았다는 터무니없는 얘기도 쓰여 있다.

4세기 서방 교회의 교부들과 신학

서방에서는 카르타고의 감독 키프리아누스 이후 뛰어난 교부가 없었으나, 4세기 말경에 이르러 신앙과 사상의 부흥을 경험하게 되었다. 4세기경의 헬라신학의 영향을 다분히 받게 되었다. 많은 감독들이 아리우스파 논쟁으로 인하여 출교를 당하기도 하였다. 그리고 동방으로부터 수도원 제도가 도입되었다. 동방에서 삼위일체와 그리스도에 대한 보다 형이상학적 교리 논쟁이 활발히 진행될 즈음에 서방에서는 인간과 구원에 대한 보다 실제적인 논의가 진행되었다. 바울 서신의 연구가 활발하였으며, 인간론 중심의 은혜의 교리가 발전하였다.

포이티에르스(Poitiers)의 감독 힐러리우스(Hilarius)는 아리우스주의에 반대하다가 356년부터 360년까지 콘스탄티우스에 의해 소아시아의 프리기아(Phrygia)로 추방되었다. 거기서 그는 동방의 그리스 신학을 접하게 되었으며, 난삽한 삼위일체 교리를 서방의 라틴 세계에 어떻게 잘 설명할 수 있는지 그 방법을 터득하게 되었다. 로마의 신플라톤주의 철학자 마리우스 빅토리누스(Marius Victorinus)는 355년 기독교로 개종함으로써 크게 주목을 끌었다. 그는 아리우스파들의 논리를 반박함으로써 니케아 신조를 변증하였다.

그러나 그리스 신학을 라틴 신학에다 좀더 본격적으로 접목시킨 대표적인 교부는 히에로니무스와 암브로시우스였다. 히에로니무스(Eusebius Hierony-mus, 331~419)는 라틴 이름으로 제롬(Jerome)으로 알려진 이로서, 이탈리아 동북에 있는 달마티아(Dalmatia)의 스트리돈(Stridon) 출신으로, 374년 이후 금욕 생활을 힘쓰며 이를 장려하였다. 젊어서는 로마에서 공부했으나 386년 이후부터 419년 임종할 때까지 베들레헴에 있는 한 수도원의 원장으로 있으면서 학문에 정진하였다. 그리스어와 히브리어에 정통했으나, 역시 그는 라틴 문화에 익숙한 서방의 신학자였다.

그는 학문과 문필로써 많은 영향을 끼쳤으나, 동방 신학에 대하여는 여러 면으로 비판적이었다. 예를 들면, 예루살렘의 예전(禮典)을 두고 서방의 순례자들은 그것을 따를 만한 모범적인 예전으로 생각했으나, 제롬은 비판적이었다. 그는 라틴어 번역 성경(Vulgata)을 내놓은 것으로 유명하다. 신약은 라틴어의 옛 판(Vetus Latina)에서 수정 번역하였으며, 구약은 시편의 경우 70인역과 프랑스어판에서, 그리고 나머지는 히브리어 원문에서 번역하였다. 그는 또한 헬라어로 쓰인 교회사도 번역하였으며, 「명인전」(De viris illustribus)에서는 교회 문학의 역사를 기술하였다.

암브로시우스(Ambrosius, 340~397)는 귀족 출신으로서 젊은 나이에 밀라노에 거주하면서 북이탈리아를 관할하는 지방 장관(知事)의 관직에 있었다. 374년 아직 그가 학습 교인으로 있을 때, 백성들에 의하여 감독에 선출된 예외적인 인물이다. 이단과 아리안주의자들에 대항하고, 수도원을 위하여 일하였으며, 감동적인 설교와 그가 지은 찬송을 통하여 어거스틴을 위시한 많은 사람들에게 감화를 주었다. 황제 테오도시우스에게 무려 두 번에 걸쳐 권징을 시행하여 공적으로 참회하게 함으로써 교회의 자유와 권위를 세우는 한편, 교회는 교회 자체의 문제에만 관여할 뿐 아니라 정부가 자연법과 인륜에 어긋나는 행위를 했을 때 그 잘못을 경고하는 최초의 사례를 남겼다.

첫째 사건은 암브로시우스가 황제에게 가톨릭의 두 교회를 아리우스파에게 넘겨 주도록 조처한 칙령을 취소하라고 요구한 것이다. 그리고 자기 자신과 아리우스파의 아욱센티우스(Auxentius) 두 사람 가운데 누가 밀라노의 감독이 될 것이냐 하는 문제를 두고 이를 조정하려는 황제의 법정에 자신은 참석하지 않을 것이라고 통고하였다. 교회와 신앙 문제는 황제가 관여할 일이 아니라는 이유에서였다. 황제가 세례를 받는 문제도 노회가 결정하는 것이므로, 감독들이 황제를 바로잡는 법이지 황제가 감독들을 바로잡는 것이 아니라고 하였다. 그리고 또한 설교에서 황제는 교회의 아들이며 교회에 속한 교인의 신분일 뿐 교회 위에 있는 존재가 아니라고 주장하였다.

둘째 사건은 데살로니가 시민들이 이방인 출신 군사령관을 죽였다고 하여 테오도시우스가 그 책임을 물어 수많은 사람들을 원형 경기장에서 학살하도록 명령을 내린 데 대하여 암브로시우스가 경고한 일이다. 암브로시우스는 밀라노를 떠나 있으면서 황제가 공적으로 회개하지 않으면 돌아오지 않는다고 편지를 보내어 고하였다. 이번에도 황제가 굴복하였다. 그의 주저로는 「직분론」(De officio ministrorum)이 있다.

플리니우스(Plinius)는 교회사에 공헌함으로써, 그리고 교황 다마수스는 예전을 정리하고 그 내용을 더 충실하게 함으로써 서방 신학의 전통을 세우는 데에 일익을 담당했다. 히에로니무스(제롬)는 성경 번역과 주석으로 공헌한 학자였으나 사상가는 아니었다. 신학 사상 면으로 공헌한 이는 다름 아닌 히포의 감독 어거스틴이었다. 어거스틴은 서방 신학을 대표하는 신학자이면서도 5세기까지의 여러 철학적인 사상에 대하여 기독교 진리를 변증함과 동시에 동방과 서방의 신학을 종합하고 체계화함으로써 중세 교회와 신학뿐 아니라 종교 개혁자들에게까지 지대한 영향을 미친 위대한 신앙인이요 교회 감독이며 신학자이다.

어거스틴은 북아프리카에 있는 누미디아의 타가스테(Thagaste)에서 354년 11월 13일, 부친 파트리키우스(Patricius)와 경건한 모친 모니카(Monnica) 사이에서 태어났다. 부친은 불신자였으나 370년 그가 죽기 직전에 기독교로 개종하였다고 한다. 어거스틴은 모친의 영향 아래서 기독교적 교육을 받으며 자랐다. 그러나 어거스틴은 일찍부터 기독교 신앙을 떠나 수사학을 공부하는 일과 세상의 친구들과 어울리는 길로 갔다.

19세에 키케로와 버질(Virgil)을 통하여 철학에 눈을 뜨고는 마니교에 탐닉하였으며, 거기서 자신의 이성적(理性的)이며 종교적인 욕구를 충족시킬 수 있는 길을 추구하였다. 마니교는 시리아어를 말하는 바벨론 사람 마니에서 유래된 영지주의적 이원론 사상으로서, 배화교와 불교 및 기독교적 영지주의의 혼합 종교였다. 어거스틴은 타가스테에서 가르치게 되었으나 곧 수사학 선생으로 374년에는 카르타고로, 383년에는 로마로, 384년에는 밀라노로 전전하였다.

383년 로마로 이주한 이후에 그는 회의에 빠졌다. 어거스틴은 그 이듬해에 밀라노로 가서 신플라톤주의를 접하면서 플로티누스와 포르피리우스(Porphyrius)의 글을 탐독하여 새로운 신관(神觀)과 세계관(世界觀)을 가지게 되었다. 그러면서 그는 마니교의 사상으로부터 해방을 받았다고 생각하게 되었다. 어거스틴은 그곳에서 또한 암브로시우스를 만나면서 가톨릭 교회의 기독교에 관심을 갖게 되었으며, 주님께서 부자 청년에게 명하신 그대로 실천한 안토니우스의 생애를 통하여 수도원을 눈여겨 보게 되었다. 어거스틴은 이러한 영향을 받던 즈음에 병이 들었다.

386년 여름에 그는 밀라노에서 "낮에와 같이 단정히 행하고 방탕과 술 취하지 말며 음란과 호색하지 말며 쟁투와 시기하지 말고"라는 로마서 13:13의 말씀에 감동을 받고 회개하였다. 387년 부활절에 그는 아들 아데오다투스(Adeodatus)와 친구 알리피우스(Alypius)와 함께 암브로시우스에게서 세례를 받았다. 그해 말에 그의 모친 모니카가 죽었다. 아들의 회심을 위하여 쉬지 않고 기도하던 어머니가 아들의 회심과 입신을 보고 눈을 감았던 것이다. 그는 모친이 죽고 난 후 1년 간 로마에 머물다가 고향으로 돌아왔다. 391년에 히포에서 장로가 되었으며 395년에는 감독이 되었다. 히포의 감독직이 별로 돋보이는 자리는 아니었으나 거기서 그는 영적이며 신학적인 큰 업적을 이룩하였다. 도나투스파와 마니교와 펠라기우스에 대항하여 성경의 진리와 가톨릭 교회를 변호하는 한편, 바울의 은혜의 교리를 펼치는 등 교회 역사에 큰 획을 긋는 위대한 신학자로서 봉사하였다.

어거스틴이 쓴 여러 책들 가운데 가장 잘 알려진 것이 「참회록」(Confessiones)과 「하나님의 도성」(De Civitate Dei)이다. 「참회록」은 400년경에 내놓은 것으로, 387년까지의 자신의 내적인 변화를 기도 형식으로 쓴 것이다. 「하나님의 도성」은 413~426년까지 14년에 걸쳐 쓴 22권으로 된 대작이다. 그 밖에 도나투스파, 펠라기우스 및 마니교 등에 대한 변증서들(Contra Faustum은 33권)과 「삼위일체론」(De Trinitate)이 있으며, 「로렌티우스를 위한 독본」(Enchiridion ad Laurentium)에서는 아들을 위하여 믿음과 사랑에 관한 신학적인 견해와 자신의 세계관을 조직적으로 기술하고 있다. 실천신학 분야로는 해석학과 설교를 다루는 「기독교 교리」(De Doctrina Chirstiana) 등이 있다.

어거스틴이 그의 대작 「하나님의 도성」을 쓰게 된 동기는 로마가 패망하게 되자 사람들이 기독교와 관련지어 던진 질문에 답하려는 데에서 비롯되었다. 4세기 말엽부터 게르만의 침입으로 로마의 군대가 패퇴하면서 로마 제국은 골과 스페인 지역에서 막대한 타격을 입게 되었다. 그리고 410년에는 로마시가 침공을 받는 등 패망의 위기를 당하게 되었다. 피난민들은 아프리카와 그리스로 밀려들었다. 이에 비기독교인들은 로마가 옛날 신들의 보호하에서 천년 동안이나 안전했는데 기독교의 신은 어떻게 로마를 지키지 못하는 것인가 의문하면서, 로마 제국을 보호하던 신들을 버렸기 때문에 로마가 재앙을 받게 되었다고 했다. 그런데 불신자들만 이런 질문을 던진 것이 아니다. 그리스도인들 가운데도 같은 질문을 하는 이들이 많았다. 메시아의 왕국이 로마 제국을 통해 실현되는 것으로 생각했던 사람들은 로마의 패망을 어떻게 설명해야 할지를 몰랐다.

어거스틴은 413부터 427년까지 로마가 패망하게 된 위기 상황에서 로마의 국교가 되고 있는 기독교를 변증하기 위하여 심혈을 쏟았다. 「하나님의 도성」에서 그는 로마의 다신교 신앙을 논박하며, 종말의 문제, 창조, 시간과 영원 등의 문제를 두고 그리스 철학을 신플라톤적인 견지에서 비판함과 동시에 성경이 말씀하는 진리를 변증한다. 성경 말씀을 통하여 당신 자신을 계시하시는 하나님이 참 신이시요, 그 밖에 모든 신들은 로마를 위하여 아무것도 할 수 없는 잡신일 뿐임을 역설한다.

그러나 교회는 지상의 모든 제국들과 문명들의 성쇠를 초월하여 하나님의 나라를 위하여 존재한다고 하며, 로마가 기독교적인 제국이라고 하더라도 야만족들의 침공으로 인한 혼돈과 멸망에서 면제될 수 있는 것은 아니라고 한다. 어거스틴은 로마 제국의 이해(利害)가 하나님의 나라의 이해와 일치한다는 생각은 전혀 하지 않는다. 그리고 정부는 교회와의 관계에서 평화와 자유를 보존하기 위하여 적극적으로 기능을 다해야 하는 것이지만, 제국을 공략하는 야만족들이 반드시 하나님의 도성에 적(敵)이 된다고 생각하지는 않는다고 했다. 그리고 인간의 진정한 목적은 현세를 넘어서는 것이므로 지상의 국가가 외적인 공격이나 내적인 붕괴를 막아 안전을 보장할 수는 없다고 보았다.

어거스틴은 예정론에 근거하여 교회를 구원으로 예정된 자들의 공동체(communio praedestinatorum)라고 한다. 그는 간혹 하나님께서 이방인들도 구원으로 예정하실 수 있다는 말을 하지만, 구원은 교회 안에서 이루어진다는 교부 키프리아누스의 전통을 철저히 따른다. "교회 밖에는 구원이 없다"(Extra ecclesiam nulla salus)고 하는 말을 수시로 표현한다. 어거스틴은 교회의 권위를 대단히 높인다. 심지어 성경의 권위도 교회로부터 오는 것이라고 한다. 성경이 곧 교회의 가르침을 위한 자료라는 것이다.

교회는 곧 그리스도의 몸(corpus Christi)이므로 권위를 가진다고 한다. 그러므로 교회는 믿고 신뢰해야 하는 것이며, 교회에 속하는 것은 구원을 위한 전제 조건이 된다. 그러므로 "사람을 강권하여 데려다가 내 집을 채우라"(눅 14:23)는 예수님의 비유의 말씀을 인용하면서 모든 사람을 교회로 불러들이는 것이야말로 그리스도인의 지고의 임무라고 한다.

교회의 권위를 절대시하는 로마 가톨릭의 교회관이나 중세의 종교 재판과 칼 대제(샬마뉴)의 경우에서와 같이 무력에 호소하는 선교 등이 모두 어거스틴의 교회관에 그 뿌리를 두고 있다고 말하기도 한다. 그러나 어거스틴은 전체 교회를 대표할 수 있는 어떠한 지상의 대리자도 인정하지 않는다. 로마의 감독이나 다른 어떠한 감독들도 그러한 권위를 가지고 있는 것이 아님을 분명히 한다. 노회 역시 교회를 통하여 치리권을 부여받는다고 한다.

380년 기독교가 로마 제국의 국교가 되면서부터 교회에는 많은 변화가 일어났다. 교회가 제도화되고 힘이 있고 번창하는 기관으로 발전하게 되면서부터 교회는 서로 다른 종말론적 신앙을 갖는 데서 오는 긴장 관계를 지양하고 양자 택일하는 편으로 종말론 신앙을 단순화하였다. 다시 말하면, 천년왕국 신앙에 대하여 부정적인 입장을 취하였다. 로마 교회가 이러한 과정을 취하도록 도운 이가 바로 어거스틴이었다.

어거스틴은 '하나님의 도성'(civitas Dei)과 '악마의 도성'(civitas diaboli)을 대조하며 비교한다. 그러나 지상의 어느 사회나 공동체도 이 두 도성에 일치하는 것은 없다. 교회는 하나님의 도성을 대표하는 것이지만 하나님의 도성 자체는 아니고 하나님의 도성을 지향해야 하는 공동체일 뿐이다. 그리스도 안에서 거듭난 교회의 지체는 영원한 하늘나라의 도성에 들어간다고 말한다. 그러므로 어거스틴이 말하는 '가톨릭' 교회는 그리스도의 몸과 로마의 역사적인 교회를 동일시하는 로마 가톨릭의 교회와 일치하는 것은 아니다.

어거스틴은 오리겐 이후의 동방 교회와 터툴리안 이후의 서방 교회의 신학을 종합하여 자기 나름의 종말론을 개진하였다. 어거스틴의 종말론을 이해하는 데는 그의 신플라톤주의적 시간 이해가 관건이다. 어거스틴에 따르면, 하나님께서 공간과 시간을 창조하셨으며, 창조하셨으므로 공간과 시간이 있게 되었다. 영원은 오리겐이 말하는 '에이온'의 끝없는 연속이 아니고, 연속 혹은 연장으로부터의 완전한 해방이며, 영원은 하나님의 존재하심에 속하는 전적으로 단순하며 불변하는 현재이다.

시간과 영원을 구별하는 선은 피조물을 위한 것인데, 그것은 전적인 형체의 변혁, 즉 우리의 물질적인 실재의 변형이요, 우리가 사는 세계의 변형이다. 하나님께서는 부활의 순간에 이 변형을 가능하게 하신다. 어거스틴에게 종말은 현세의 끝임과 동시에 새 시대의 시작일 뿐 아니라, 역사 자체의 종말이며 영원한 안식의 시작이다. 안식이 시작되면 모든 시간을 초월하시는 하나님께서 우리 안에 쉬신다고 한다.

어거스틴은 요한계시록 20:1~6을 해석하면서 지상에 이루어지는 왕국의 천년은 기독교의 전 시대를 상징하는 말로 이해한다. 그리고 천년왕국은 그리스도의 탄생에서 시작하여 교회에서 실현되는 것으로 보았다. 하나님의 도성은 한편 미래적인 것이어서 교회와 국가가 다 같이 일정한 형태를 갖추며, 구속받은 개개인들은 하나님의 도성에서 하늘의 축복을 받지만, 역사적인 가톨릭 교회의 가견적(可見的)인 형상(形象)을 바로 이 하나님의 도성과 동일한 것으로는 보지 않는다. 그런데 중세에 이르러서는 교회가 어거스틴의 영적 이해와 그 양면성을 하나님의 나라가 곧 가톨릭 교회로 형상화한 것으로 좁혀서 이해하였다.

어거스틴은 그의 「삼위일체론」에서 아리우스주의를 배격하고 삼위일체 교리를 말한다. 그러나 갑바도기아의 교부들이 '히포스타시스'(hypostasis)라는 말을 사용함으로써 삼위의 구별을 특별히 강조하는 신학적 경향과는 달리 말한다. 동방의 신학자들이 아버지 하나님을 아들과 성령의 신성의 원천이라고 보고 성령은 아버지에게서 아들을 통하여 나오신다고 고백하는 데 반하여, 서방에서는 삼위의 동본질성을 강조하는 뜻에서 성령은 하나님 아버지와 아들 (Filioque)에게서 나오신다고 고백하게 되었다. 어거스틴은 서방의 전통을 확인하고 강조함으로써 결국은 서방과 동방의 신학의 골이 더 벌어지게 되는 일에 일조를 한 셈이다.

어거스틴은 삼위일체의 흔적(vestigium Trinitatis)을 거론하며 삼위일체 교리를 설명하려고 한다. 사람이 하나님의 형상으로 지음받았다는 근거에서 인간의 내부에서 삼위일체의 흔적 혹은 모상(模像)을 발견한다는 것이다. 즉 존재, 지식, 의욕이라든지, 마음, 의식, 사랑 혹은 기억, 지각, 의지 등 인간의 지각 혹은 감정에 관한 추상적인 개념에서 삼위일체의 모상을 찾는다. 셋을 들어 말하는 유추들이 필연적으로 셋이 한 묶음으로 인식될 수 있는 개념들이 아님에도 불구하고 어거스틴은 유사하고 상호 관련된 개념들을 셋씩 골라 하나로 묶어 삼위일체의 흔적이라고 말한다.

삼위일체의 흔적 논의에서 우리는 역시 삼위일체 교리에 대한 유신론적 접근의 한계를 발견한다. 창조주 하나님을 피조물의 유추로 설명한다는 것은 어폐가 있다. 성경은 창조주 하나님께서 피조물과의 관계에서 드러내시는 하나님의 속성은 유추로 말하지만 하나님의 실체에 관한 유추는 말씀하지 않는다. 그럼에도 불구하고 어거스틴뿐 아니라 교부들과 많은 신학자들이 이를 시도한다.

펠라기우스파 논쟁과 어거스틴의 은혜 교리

인간의 초기 상태는 초자연적인 축복의 상태라는 것이 서방에서의 일반적인 견해였다. 힐라리우스는 사람이 영생하도록 지음받았으며, 하나님 자신을 축복으로 누리도록 정해졌다고 하였다. 암브로시우스는 아담이 하나님과 같이 되고자 하는 교만 때문에 범죄하게 되었다고 설명한다. 죄를 범한 것은 그의 영혼이었으나 범죄 행위가 육체마저 부패하게 만들었다는 것이다. 그래서 죄가 그 안에 거하게 되었으며, 몸을 '죄의 몸'이라고 칭하게 되었다고 한다. 인류의 죄는 아담과의 연합에서 성립하는 것이라고 말한다.

암브로시우스의 무명의 제자에 따르면, 첫 사람 아담 안에서 우리가 모두 죄를 범하였으며, 그 성품(nature)의 유전으로 말미암아 죄책(culpae)의 유전이 한 사람으로부터 모든 사람에게로 전수되었다고 한다. 그러므로 아담은 우리 각자 안에 있으니, 그 안에서 인간성 자체가 죄를 범했기 때문이라고 한다. 로마서 5:12에서 "이와 같이 모든 사람이 죄를 지었으매"를 옛 라틴어 번역에 따라 "그 안에서 모든 사람이 죄를 지었으매"로 이해한다.

암브로시우스는 은혜가 공로의 대가로 주어지는 것이 아니라고 보았다. 다만 주시는 이의 뜻을 따라 주어지는 것이며, 기독 신자가 되겠다는 결정은 하나님에 의하여 미리 준비된 것이라고 한다. 우리가 가지는 모든 거룩한 생각은 하나님께서 우리에게 주신 선물이라고 한다. 빅토리아누스 역시 선을 행하고자 하는 의지 그 자체까지도 하나님께서 하시는 일이며, 하나님의 은혜로 말미암는 것이라고 한다. 이와 같이 서방의 은혜에 관한 교리는 일찍이 어거스틴 이전부터 동방 교부들의 이해와는 차이를 보였다. 어거스틴의 은혜의 교리 이해는 이러한 서방의 전통에서 나온 것이다.

동방과 서방은 은혜의 교리에 대한 이해가 서로 달랐다. 동방의 신학자들은 헬라 철학이나 동방의 신비 종교 및 율법주의적인 유대주의의 영향에서 형이상학적인 사색에 관심을 둔 반면에, 서방의 신학자들은 실제적인 문제에 더 관심을 두는 성향 때문에 인간과 구원에 대한 교리에 관심을 두게 된 것으로 이해할 수 있다. 그리고 어거스틴 당시에 바울 서신의 연구가 활발하였으며, 인간론 중심의 은혜의 교리가 발전하게 되었다.

펠라기우스(Pelagius, 348~409)는 브리튼의 수도사였다. 390년경에 로마에 와서 활동하다가 후에 카르타고에 정착하였다. 그는 도덕주의자로서 인간성에 대한 비관적 견해를 혐오하였다. 인간은 어쩔 수 없이 죄를 짓게 마련이라는 견해는 창조의 원리에 대한 모독이라고 하였다. 펠라기우스는 동방 신학에서 말하는 것과 동일한 말을 하였다. 즉, 하나님의 은혜는 사람을 이성과 자유를 가진 하나님의 형상으로 만드신 창조의 은사에 포함되어 있으며, 우주적인 양육 과정에 내포되어 있다고 한다. 하나님께서는 계명과 언약과 교육, 그리고 종국에는 그리스도의 말씀과 행위를 통하여 상실된 하나님의 형상을 우리 안에 다시 회복시키신다고 한다.

펠라기우스는 어거스틴이 참회록에서 말하는 "당신께서 명하시는 것을 주시고, 당신께서 원하시는 것을 명하소서"라는 기도를 못마땅하게 여겼다. 그러면 인간은 온전히 하나님의 은혜의 사역으로 말미암아 결정되는 꼭두각시에 불과하지 않느냐는 것이었다. 그래서 펠라기우스는 이에 반발하여 그의 신학 사상의 핵심이 되고 있는 무조건적인 자유와 인간의 책임을 강조하였다.

펠라기우스는 사람이 시간마다, 순간마다, 아니 매 활동마다 하나님의 은혜를 필요로 하는 것은 사실이라고 말한다. 그러나 그가 말하는 은혜의 개념은 값없이 주시는 은혜의 개념과는 다르다. 펠라기우스는 자유의지 또는 하나님께서 우리를 창조하실 때 심어 주신 죄짓지 않는 가능성을 비롯하여, 영원한 상급을 얻기 위하여 무엇을 해야 하는지를 가르치는 하나님의 율법의 계시, 그리고 모세의 율법과 그리스도의 교훈과 그의 모범적인 행위 등이 곧 은혜라고 한다. 펠라기우스는 인간이 원한다면, 죄를 짓는 일 없이 하나님의 율법을 완전히 행할 수 있다고 한다.

펠라기우스의 제자 켈레스티우스(Celestius)는 한층 더 과격하게 잘못된 교리를 가르쳤다. 아담은 창조될 때부터 그가 죄를 범한 사실과는 관계없이 어차피 죽을 수밖에 없는 존재로 지어졌다고 한다. 그리고 인간의 원죄를 강력히 부인하면서 아이들이 세례를 받지 않아도 영생을 얻을 수 있다고 말하며, 은혜와 자유의지가 양립할 수 없는 개념임을 역설한다. 그리고 인간은 하나님의 면전에서 완전한 자유를 향유한다고 한다. 결국 켈레스티우스는 412년 카르타고에서 정죄를 받았으며, 416년에는 카르타고와 밀레붐(Milevum)에서, 그리고 418년 카르타고에서 열린 아프리카 대회에서 정죄를 받았다. 펠라기우스의 사상은 431년 7월 22일 에베소 회의에서 최종적으로 파문되었다.

어거스틴이 서방을 대표하는 신학자로서 은혜의 교리를 말하게 된 데에는 세 가지로 그 배경을 들 수 있다. 로마나 동방과는 대조적으로 북아프리카에는 일찍이 원죄(原罪) 사상이 확고히 뿌리를 내리고 있었다. 그 점에서 어거스틴은 첫째로 터툴리안의 원죄론을 유산으로 받은 것이다. 그러므로 북아프리카에서는 이미 죄로 물든 인간의 성품에 관하여 언급하지 않고는 은혜를 논할 수 없게 되어 있었다. 죄로 물든 인간의 성품이라는 개념은 인간 안에 파괴된 하나님의 형상이라는 개념과도 다를 뿐 아니라, 하나님의 경륜 가운데 행해지는 우주적인 교육의 과정을 통하여 인간 안에 있는 하나님의 형상이 회복된다는 동방 신학의 사상과도 다르다. 둘째로 어거스틴은 자신이 철학과 마니교에 탐닉했던 일, 그리고 자신의 힘으로는 육의 정욕을 이길 수 없었던 일, 인간의 부패성과 죄에 대한 자신의 무능함을 통감했던 경험이 있었기에 나름대로 은혜의 교리를 말하게 되었던 것이다. 그리고 셋째로는 성경 공부를 통하여, 특히 바울 서신의 연구를 통하여 은혜의 교리를 깨달았기 때문이다. AD 360년경, '바울 연구 붐'(Paulusrenaissance)이 일어났을 즈음에 어거스틴도 이에 참여하였다. 그는 자신의 문제를 좀더 분명히 해결하기 위하여 바울을 연구했다고 한다.

어거스틴은 원죄의 실재를 의심하지 않고 받아들인다(시 51; 엡 2~3장; 롬 5:12). 즉, 아담이 하나님의 말씀에 순종하지 않은 결과로 인간의 성품이 손상되고 타락하게 된 사실을 인정한다. 그리고 아담 안에서 우리가 타락함으로 인해 아담이 향유하던 자유를, 즉 죄를 피할 수 있으며 선을 행할 수 있는 자유를 상실하였다고 한다.

따라서 어거스틴에게 하나님의 은혜는 절대적으로 필요한 것이다. 하나님의 도우심 없이 우리의 자유의지로는 삶에서 당면하는 유혹들을 극복할 수 없기 때문이다. 하나님의 은혜가 우리 안에서 일하는데, 그것은 하나님께서 사람들의 마음속에 가동하시는, 내적이며 신비한 능력이다. 그것은 놀라운 능력이어서 필설로 표현할 수 없는 것이라고 한다.

예정(豫定)과 자유의지의 문제를 두고 어거스틴은 세 단계로 해결책을 말한다. 첫째로, 인간은 어디까지나 임의로 선택할 수 있는 자유를 가지고 있다. 그러나 타락한 인간은 실제로는 정욕으로 찬 대기(大氣) 속에서 숨을 쉬고 있으므로 죄를 택할 뿐이라고 한다. 둘째로, 어거스틴은 우리의 의지에 은혜로 역사하시는 하나님의 전능하신 의지는 불가항력적이라고 한다. 여기서 그는 모든 인간의 의지나 행동에 대한 하나님의 예지(豫知)를 전제한다. 셋째로 어거스틴은 자유의지(liberum arbitrium)와 자유(libertas)를 구별한다. 자유는 선한 일을 하는 자유의지며, 죄와 유혹에서 해방된 사람이 진정한 의미에서 자유롭다. 다시 말하면, 하나님께서 원하시는 삶을 살 때 사람은 자유롭다는 것이다.

4~5세기 동방 교회의 상황

서방에서 정부의 정치적인 권력이 쇠퇴하자 로마의 감독, 즉 교황의 위상과 역할이 격상되었듯이 동방에서도 같은 현상이 일어났다. 테오도시우스의 뒤를 이은 황제들의 치하에 국력이 약화되자 교회 지도자들은 자신들의 발언권을 강화하고 교권을 구축하려고 하였다. 그러나 서방과 다른 점은 동방에는 비등한 대도시들이 많이 있어서 감독들은 교권을 향한 치열한 경쟁을 치러야 했다는 점이다. 450년까지는 알렉산드리아의 총대주교의 위상이 부상하였다. 테오필루스(Theophilus, 385~412), 키릴루스(Cyrillus, 412~444), 디오스쿠루스(Dioscurus, 444~451) 등이 총대주교로 있으면서 위상을 높였다.

알렉산드리아의 총대주교는 이집트인들을 정치적으로 지배하려고 하였으며, 이집트의 수도사들과 그리스인들은 점점 적대 관계에 빠지게 된 에티오피아 국민들의 지지를 등에 업고 동방 교회의 우두머리 자리를 구축하려고 하였다. 이에 맞서는 경쟁자는 콘스탄티노플의 총대주교였다. 두 총대주교들의 경쟁 관계는 알렉산드리아의 테오필루스와 콘스탄티노플의 총대주교 요한 크리소스토무스간의 대립으로 구체화되었다.

요한 크리소스토무스는 4세기 동방 교회의 감독으로서 기억해 두어야 할 만한 인물이다. 그는 안디옥 출신으로서 381년에 집사로, 5년 후에는 사제로 장립을 받고 안디옥의 감독을 지내다가 403년 콘스탄티노플의 감독으로 납치되다시피 가서 부임하였다. 크리소스토무스는 일찍부터 설교자로서 명성을 얻었다. 안디옥에 봉사하는 10년 간에도 성경의 여러 책에 관하여 설교하였으며, 평생에 걸쳐 한 설교들 가운데 남아 있는 것만도 600여 편이나 된다. 그가 설교자로서 명성을 얻게 된 것은 성경 해석을 잘 하고 수사학적인 재능이 있어서 그런 것만은 아니었다. 그의 설교에는 그의 삶이 뒷받침하고 있었다.

크리소스토무스는 일찍이 수도원에서 금욕 생활을 하였으며, 감독이 된 이후에도 엄격한 경건 생활을 지속하였다. 콘스탄티노플에서 그는 교회에 개혁할 것이 너무나 많음을 발견하였다. 한편 그는 황제의 궁정 감독으로서 교권을 장악할 수 있었으나, 그에게는 전혀 어울리지 않는 역할이라면서 이를 거부하였다. 소박하고 금욕적인 생활 자세로 말미암아 크리소스토무스는 일반 시민들에게는 환영과 존경을 받았으나 황후 유독시아(Eudoxia)를 비롯하여 많은 사제들을 적으로 만들게 되었다. 그리고 콘스탄티노플 시내에 점차로 인구가 늘어나는 고트 족에게 선교 활동을 활발히 폈으면서도 아리우스주의를 용납하지 않은 점이 또한 반대자들의 반감을 불러일으켰다.

크리소스토무스는 401년 에베소 교회의 문제로 자리를 비운 사이에 득세한 적들의 모함으로 추방되는 수모를 당하게 되었다. 그러나 크리소스토무스를 원하는 백성들의 압력 때문에, 그리고 때마침 일어난 지진과 이로 인한 두려움으로 황후 유독시아마저 그의 복귀를 원하였으므로, 그는 마치 개선 장군처럼 다시 돌아왔으나 그의 날은 오래 가지 못했다. 404년 크리소스토무스를 따르는 많은 사람들이 황제군의 급습을 받아 희생되었으며, 그 자신은 테오필루스가 가세한 음모로 아르메니아의 산악지로 재차 추방을 당하였다가 407년 순교자로서 생을 마쳤다.

기독론 논쟁과 칼케돈 신조

니케아–콘스탄티노플 회의에서 삼위일체의 교리, 즉 그리스도가 하나님의 아들로서 하나님 아버지와 어떤 관계인지에 대한 의문이 해결되자 이번에는 그리스도의 하나님이심(神性)과 사람이심(人性)의 관계에 대한 논의가 시작되었다. 안디옥의 신학자들은 주로 그리스도의 인성을 강조한 반면 알렉산드리아의 신학자들은 그리스도의 신성을 강조하는 경향이었다. 그리스도의 신성과 인성 가운데 어느 한 편을 강조하는 아폴리나리스, 네스토리우스, 유티케스 등의 잘못된 기독론을 둘러싸고 논쟁이 있게 되었다. 그 결과로 교회는 451년 칼케돈 신조를 얻게 되었다. 중세 이전의 신학자들은 기독론에서 그리스도의 사역이나 기능보다는 그의 인격에 대한 존재론적인 논의에 관심을 기울였다.

기독론 논쟁

아리우스파는 예수 그리스도가 영을 소유하지 않았다고 주장한다. 로고스가 영의 자리를 대치했기 때문이라는 것이다. 아타나시우스는 로고스–육의 기독론에서 출발하지만, 그에게서 그리스도가 영을 소유하지 않았다는 언급은 찾아볼 수 없다. 아들의 전적인 신성을 믿으면서 또한 아들이 인간이 되셨다는 교리에 잘못이 없다고 인정한다.

아폴리나리스(Appolinaris, 310~390)는 그리스도의 인격의 통일성을 주장하던 나머지 그리스도의 인성의 선재성을 강조하였다. 그는 요한복음 3:13의 말씀, "하늘에서 내려온 자 곧 인자 외에는 하늘에 올라간 자가 없느니라"는 말씀과 고린도전서 15:47의 말씀, "첫 사람은 땅에서 났으니 흙에 속한 자이거니와 둘째 사람은 하늘에서 나셨느니라"는 말씀에 근거하여 선재하는 하늘의 사람 혹은 둘째 아담이 성육하게 되었다고 하였다. 이에 대하여 교회는 아폴리나리스의 가르침이 잘못된 것임을 지적하였다. 그의 가르침은 그리스도께서 참 사람이심을 흐리게 하며, 그의 교리에는 가현설적인 면이 있다는 것이다. 우리 인간의 구속을 위해서도 그리스도께서는 참 사람이심을 주장하고 또한 그리스도께서는 본질적으로 하나이심을 주장하였다.

안디옥 학파에 속하는 네스토리우스(?~451)는 아폴리나리스가 그리스도의 인격의 통일성을 강조한 데 반하여 신성과 인성의 구분을 강조하였다. 그의 선생 테오도르(Theodore of Mopsuestia, 350~428)는 그리스도가 사람이심을 강조하고, 하나님이 인간 그리스도 안에 거하였다고 하여 그리스도 안의 두 인격을 말하였다. 그리스도는 인간으로서 모든 시험을 이기고 하나님의 아들의 영광을 얻게 되고 만물의 처음 난 자가 된 것이라고 가르쳤다.

콘스탄티노플의 감독(428~431)을 지낸 네스토리우스는 그의 장로 가운데 한 사람인 아나스타시우스가 설교중에 마리아를 가리켜 '하나님을 낳은 이'(Theotokos)라고 하자, 마리아는 '하나님을 낳은 이'가 아니라 '그리스도를 낳은 이'(Christokos)라고 말하여 그리스도의 양성을 부인하였다. 인간 그리스도는 하나님이 아니고 '하나님을 지닌 자'(Θεόφορος)라고 하였다. 그리스도는 그가 하나님이시기 때문이 아니고 그 안에 하나님이 계시기 때문에 예배를 받으실 만하다고 말하였다.

이에 대하여 아타나시우스를 위시하여 갑바도기아의 교부들은 신인(神

人)의 하나 됨을 주장하였다. 나지안주스의 그레고리는 그리스도의 양성의 신비로운 연합을 말하고 상위의 성(性, nature)이 하위의 성을 지배하여 거의 흡수하다시피 되었다고 말하면서도 양성의 구분을 조심스럽게 변호하였다.

알렉산드리아의 감독 키릴루스는 430년 알렉산드리아에서 열린 노회에서 네스토리우스를 이단으로 정죄하였으며, 431년 6월 22일의 공의회에서도 네스토리우스를 '새 유다'로 정죄하고 감독 직에서 면직했다. 네스토리우스가 죽고 난 이후 그의 추종자들은 동양으로 선교의 길을 열었다. 네스토리우스파는 7세기에 당(唐)나라에 전파되어 경교(景敎)라는 이름으로 약 2세기 동안 성장하다가 쇠퇴하였다.

네스토리우스의 기독론이 잘못되었음을 밝히는 일에 앞장섰던 키릴루스 역시 그리스도의 하나 됨을 강조하였다. 키릴루스는 네스토리우스가 그리스도를 완전한 인간으로 보는 데서 기독론을 출발하는 것과는 대조적으로 그리스도를 하나님으로 부르는 데서 출발한다. 그는 그리스도의 양성의 구분을 논하면서도 그것은 단지 개념상의 구분에 지나지 않는다고 말하고, 그리스도의 인격은 하나인데 그것은 신적인 인격이라고 하면서 하나의 인격(μιὰ φύσις)을 말하였다. 키릴루스를 지지하는 신학자들은 그가 말하는 '인격'을 '실체'로 이해하였다.

키릴루스가 죽고(444년)난 후 단성론(單性論, Monophysitism)을 주장하는 경향이 다시 한번 대두되었다. 디오스코루스(Dioscorus)와 유티케스(Eutyches)가 단성론을 주장한 장본인이다. 콘스탄티노플의 수도원 원장 유티케스는 콘스탄티노플의 알렉산드리아파 신학을 대변한 사람이다. 그는 네스토리우스에 반대하고 키릴루스의 기독론을 지지한다는 것이 지나쳐서, 한 방울의 식초가 대양에 흡수되듯이 인성이 신성에 흡수되었다고 말하고, 구세주의 몸은 우리의 몸과는 본질적으로 같지 않다고 보았다. 그리하여 그는 448년에 도릴래움(Dorylaeum)의 유세비우스에 의하여 이단으로 정죄되었다.

유티케스의 오류도 실은 네스토리우스와 같은 전제에서 출발했기 때문이다. 즉, 본성(nature)과 인격(person)을 분간하지 못한 데에서 비롯되었다. 네스토리우스가 그리스도의 양성(兩性), 즉 신성과 인성은 두 인격을 전제하는 것이라고 생각한 반면에, 유티케스는 두 인격을 생각하는 일은 있을 수 없다고 하여 하나의 본성만을 고집하였다.

칼케돈 회의와 신조

정죄를 받은 유티케스는 로마의 교황 레오에게 호소하였다. 레오는 유티케스의 감독 플라비안(Flavian)으로부터 유티케스가 보낸 호소문과 그가 정죄받게 된 경위에 대한 보고를 듣고 주저하던 끝에 유명한 '교서'(Tome)를 보냈다. 한편 디오스코루스는 테오도시우스 2세(408~450)를 움직여 449년에 에베소에서 회의를 개최하도록 하였다. 135명의 대표가 참석한 이 회의는 폭력으로 주도되었으며, 이 회의에서 유티케스는 정통이라고 선포되었다. 450년 테오도시우스가 죽고 나자 상황은 달라졌다. 테오도시우스의 자리를 마르키안(Marcian)과 풀케리아(Pulcheria)가 계승하였다. 그들은 451년 10월에 칼케돈에서 세계 공의회를 소집하였다. 630명의 감독들과 대표들이 참석하였다.

칼케돈 회의에서는 '교서'를 '교부들과 사도들의 믿음'이라고 말하고, '베드로가 레오를 통하여서 말한 것'이라고 하였다. 칼케돈 회의에서는 첫째로는 디오스코루스를 정죄하고 추방하기로 결정하였으며, 둘째로는 레오의 교서와 네스토리우스에게 보내는 키릴루스의 편지를 정통적인 신앙의 표준으로 받아들이기로 하였다. 그리고 셋째로는 로마의 사절이 항의하는 데도 불구하고 그리스도를 설명하는 새로운 정의, 즉 신조를 작성하기로 하였다.

그러므로 교부들을 따라서 우리는 모두가 한 분이신 성자, 우리 주 예수 그리스도를 고백하도록 가르치는 일에 하나가 되었다. 그분은 하나님으로서 완전하시고, 사람으로서도 완전하시며, 참 하나님이시며, 이성적인 영혼과 몸을 가진 참 사람이시다. 그분은 신성으로 말하자면 아버지와 동질이시고 인성으로 말하자면 우리와 동질이시며 모든 점에서 우리와 같으시나 죄는 없으시다. 그분은 신성으로 말하면, 시간 이전에 성부에게 나셨으며, 인성으로 말하면, 마지막 날에 우리와 우리의 구원을 위하여 동정녀이시며 하나님을 낳으신 자 마리아에게서 나셨다.

우리는 성자(聖子)이시요, 주님이시요, 독생자이신 유일하신 한 분 그리스도를 고백한다. 그분은 두 본성으로 인식되는데, 두 본성이 혼합되지도 않고, 변화되지도 않으며, 분할되지도 않으며, 분리되지도 않음을 인정한다. 도리어 양성은 각 본성의 특이성을 보유하면서 하나의 인격과 자질로 연합되어 있다. 우리는 두 인격으로 분열되거나 분리된 한 분을 고백하지 않고, 한 분이시며 동일한 독생자이신 성자, 하나님의 로고스이신 주 예수 그리스도를 고백한다.

그것은 선지자들이 우리에게 미리 알려 주었고, 예수 그리스도께서 친히 우리에게 그와 같이 가르치셨으며, 교부들이 우리에게 그와 같이 가르쳤고, 교부들이 우리에게 전수한 신앙고백에서도 역시 그렇게 가르친다.

칼케돈의 신조는 두 아들을 가르치는 자를 정죄하고, 아들의 신성에 인성이 몰입되었다고 가르치는 자, 그리스도의 신성과 인성의 혼합을 가르치는 자, 그리스도의 몸의 인성을 부인하는 자, 그리스도의 인성과 신성이 연합 이전에는 둘이었으나 연합 이후에는 하나라고 가르치는 자를 정죄하였다. 긍정적인 서술로는 첫째로 우리 주님의 신적인 인격이 하나라는 사실, 둘째로는 인성과 신성이 영원히 실재한다는 사실, 셋째로 양성의 관계에 대한 설명으로는 인성과 신성은 혼합됨이 없다는 것, 양성의 분명한 본성은 변함이 없다는 것, 그리스도의 인격에 분할이 없다는 것, 연합된 인성과 신성에 조금도 분열이 없다는 것 등이다.

칼케돈 이후의 기독론과 교회의 분파

325년의 니케아 신조가 작성된 이후 삼위일체에 대한 논란이 수십 년 간 계속되었던 것과 비슷하게 칼케돈 회의 이후 1세기 이상 기독론에 대한 논란이 계속되었을 뿐 아니라 교회의 분열까지 야기되었다. 로마가 주도하는 서방에 대해 반감을 가지고 있던 이집트의 알렉산드리아에서는 감독들이 레오의 교서에 따른 칼케돈의 결정을 받아들이려고 하지 않았다. 디오스코루스는 총대주교의 자리에서 면직되어 귀양살이를 하고 있었다.

정통파는 디오스코루스의 후계자로 그와 가까운 프로테리우스(Proterius)를 후계자로 세워 항거하는 이집트인들을 무마하려고 하였다. 그러나 예상과는 달리 그는 겨우 4명의 감독의 지지를 받았을 뿐이었다. 이집트인들은 정통파가 프로테리우스를 선정한 사실에 반대한 나머지 폭동을 일으켜 진압군을 밀어붙이고 불태우며 시위하였다. 콘스탄티노플에서 지원군이 오지 않으면 수습이 불가능할 정도였다.

454년에 디오스코루스가 죽은 후 칼케돈의 결정을 높이 평가하는 마르키안 황제가 그의 뒤를 이었다. 알렉산드리아에는 다시금 소요가 일어났다. 457년 칼케돈의 반대자들이 디오스코루스파의 지도자 디모데 캐트(Timothy the Cat)를 사제로 안수하자 총독은 즉시 그를 체포하였다. 그러나 백성들의 거센 반발로 모든 것이 원점으로 돌아갔다. 2~3일 후 정통파의 프로테리우스가 살해되자 황제 레오 1세(457~474)는 이집트인들에게 임의로 처리하도록 방치하였다. 그 결과 디모데 캐트는 지방에서 감독이 되었으며, 알렉산드리아 노회는 교황과 콘스탄티노플과 안디옥의 총대주교들의 출교를 결정하였다.

알렉산드리아 이외의 곳에서 칼케돈의 결정을 가장 격렬히 반대한 곳은 팔레스타인이었다. 이 지역의 수도사들이 그 일에 앞장을 섰다. 수도사들은 팔레스타인의 총대주교 유베날(Juvenal)이 키릴루스의 신학을 배반했다고 비난하는 한편, 수도사들의 수장 격인 테오도시우스는 칼케돈에서 돌아오는 유베날로 하여금 칼케돈의 결정을 부정하든지 아니면 총대주교직을 사임하든지 양자택일을 하도록 강요하였다. 사태가 심상치 않음을 간파한 유베날은 도주하였다. 황제 테오도시우스 2세의 미망인인 황후 유도키아(Eudocia)가 수도사들을 배후에서 재정적으로 지원하였다. 수도사들은 떼를 지어 일어나서 감독들을 살해하였으며, 공석이 된 감독의 자리는 테오도시우스의 지지자들로 채워졌다. 로마 제국의 군대가 개입하여 수도사들과 한바탕 전투를 치른 끝에 예루살렘은 평정을 회복할 수 있었다.

단성론의 논의는 457년에서 565년까지 계속되었으며, 이어서 단의론(單意論, Monothelitism)의 논의가 뒤따랐다. 칼케돈의 결정에 불복하고 반대하는 사람들은 주로 알렉산드리아의 신학자들이었다. 피터 몽구스(Peter Mongus)를 중심으로 한 인물들이 단성론의 신조(The Henoticon)를 작성하여 이를 퍼뜨리자 로마의 교황은 이러한 시도를 정죄하였다. 그러자 484년부터 519년까지 36년간 동방 교회와 서방 교회의 교류는 단절되었다. 말하자면 동방 교회와 서방 교회간에 최초의 균열이 있게 된 셈이다. 유스티니안(Justinian, 527~565) 황제는 처음에 교회의 평화를 유지하기 위하여 칼케돈의 신조를 받아들이도록 강요하였다. 그러나 단성론을 믿는 황후 테오도라(Theodora)의 의견에 동조하여 단성론으로 기울었다가 말년에는 다시금 칼케돈 신조를 지지하는 쪽으로 돌아왔다.

단성론은 세 가지 유형으로 구분된다. 초기의 피터 몽구스는 '하나님의 고난설'(Theopaschitism)을 말하여 "하나님이 십자가에 달려 돌아가셨다"거나

"삼위일체의 한 위가 고난당하셨다"는 표현을 사용하였다. 세베루스(Severus)는 그리스도의 양성을 구별한다면서도 주로 연합(ἀσύγχυτος ἕνωσις)을 강조하였다. 그리하여 결과적으로는 그리스도의 인성을 강조하였다. 할리카나수스(Halicarnassus)의 감독 율리안(Julian)은 그리스도의 인성이 우리와 동질임을 부인하였다.

단의론(單意論)은 5세기경에 이집트에 나타난 신비주의적인 문서(Pseudo-Dionysius Areopagita)에서 유래한 것으로 알고 있는데, 그리스도인들의 사변(思辨)에 많은 영향을 미쳤다. 문서의 저자는 신플라톤주의 사상을 가져서 신의 초월을 지나치게 강조하는 생각을 가졌음을 엿볼 수 있다. 단의론을 단적으로 표현하는 말은 '신인의 능력'(θεανδρίκη ἐνέργεια)이었다. 수도사 카이우스(Caius)에게 보내는 제4서신에 보면, 그리스도는 하나님으로서 신적인 능력을 행하지 않았으며 또한 인간으로서는 인간적인 것을 행하지 않았다는 것이다. 하나님이 인간이 되셨기 때문에 그는 새로운 유의 활동을 보이셨으니 곧 신인적(神人的)인 것이었다고 한다.

단의론자들은 마치 심리학자나 정신분석학자가 추구하듯이 그리스도의 의지와 결단력이 그의 신성 혹은 인성과 어떤 관계에서 어떻게 작용했는지를 사변하였다. 단의론에 반대한 이들은 칼케돈 신조에 근거하여 그리스도는 완전한 이성을 가졌기 때문에 인간으로서의 의지나 결정은 인간적이었으며 완전한 것이었다고 주장하였다.

4~5세기의 교회와 사회 생활

4~5세기의 혼인과 가정에 대한 교회의 평가를 보면 목사들의 설교와 교부들간의 글에는 차이가 있었다. 교회는 당시의 세속의 혼인법을 상당한 정도로 인정하고 받아들이고 있었다. 기독교 저술가들은 혼인에 대한 교회의 법과 세속의 법에 차이가 있음을 구체적으로 지적하면서도 혼인에 대한 민법(民法)을 전적으로 거부하려고 하지는 않았다. 그리고 기독 신자들은 세속적인 관습을 그대로 지키는 경향이었다. 그러나 교회는 이방 종교와 관련된 것이나 기독교적 정서에 적합하지 않은 것들 때문에 도전을 받았다. 이를테면 이혼에 관한한, 교회는 세상 법과는 상반되는 원칙을 유지하였다.

4세기에 이르러 교회는 기독교인이 이교도 혹은 유대인과 혼인하는 것을 반대하였으며, 기독교인과 비기독교인간의 혼인도 금하였다. 그러나 여러 노회의 기록에 따르면, 그런 혼사가 이루어졌을 경우, 교회는 혼인 당사자들의 부모를 징계했을 뿐, 혼인 그 자체를 부정하지는 않았다. 이에 반하여 로마 제국의 법은 교회의 견해나 조치보다 더 엄격하였다. 즉, 국가는 기독교인과 유대인간의 혼인을 금지하였으며, 법을 어겼을 경우에는 사형에 처하거나 간통죄에 해당하는 벌을 내렸다.

당시의 로마법은 노예들간의 혼인을 인정하지 않은 반면에, 교회는 그것을 유효한 것으로 간주하였으나, 이에 대한 허락 여부는 주인의 권리임을 인정하였다. 또한 콘스탄티누스 당시의 법은 노예의 주인이 자신의 재산이 분배되거나 분할될 경우에 자기에게 속한 노예의 가정이 파괴되지 않도록 해야 한다고 명시하고 있는데, 이것은 교회의 영향으로 말미암은 것이다. 남녀 노예가 같은 주인에게 속하지 않았을 경우에는 양 주인이 동의해야만 교회는 그들의 혼인을 인정하였다. 그러나 문제는 법이 금하는 자유 시민과 노예간에 맺어진 혼인이 문제였다. 교회는 이런 경우의 혼인을 인정할 수도 없었고 인정하려고도 하지 않았다. 만일 이런 경우를 당면하면, 교회는 두 사람이 혼인하기 이전에 노예의 주인에게 먼저 노예를 해방시켜 주도록 요구하였다. 그렇다고 교회가 노예 소유주에게 강요한 것은 아니고 자의에 맡겼다.

교회는 원만한 혼인 생활을 위하여 법이 규정하고 있는 것보다 더 사려 깊게 관여하였다. 혼인은 사랑에 기초해야 하며, 가정에서 아내는 남편에게 복종해야 하되 남녀의 성별에 따른 주종 관계에서가 아니라, 남녀의 동등함을 인정하는 가운데 가정 생활의 역할 분담을 위하여 아내가 남편에게 복종해야 한다고 가르쳤다. 설교자들은 아내가 남편과 자녀들을 위하고 가정을 지키는 것이 곧 여자의 미덕임을 강조하였다.

또한 부모는 자식을 돌보며 자식은 늙은 부모를 공경하는 것이 사람이 마땅히 해야 할 의무라고 가르쳤으며, 이를 소홀히 하는 자는 교회가 징계로 다스렸다. 빈민층의 사람들이 자식을 팔거나 자녀들의 자유를 박탈할 경우, 교회는 이런 사람들을 벌하였다. 교회의 영향을 받은 로마 제국의 법 역시 391~451년까지의 기간에 그러한 관행을 금하였다. 또한 콘스탄티누스 치하에서 331년에 생부모가 양자(養子)를 양육하는 양부모로부터 나중에 자녀를 데려올 수 있는 권리를 인정하던 관습을 법적으로 처음 제한하였으나 실제로는 관용하였다.

그러나 발렌티니아누스 1세(Valentinianus I, 364~375) 치하에서는 교회의 영향으로 그러한 생부모는 벌을 받아야 했다. 412년 호노리우스(Honorious) 황제는 아이들을 버리는 부모를 처벌하는 법을 새삼 강화하였다. 골 지역의 노회는 버림받은 아이들을 데려 와 기른 지 10일 이상이 지나면 양부모에게 양육권을 인정한다는 원칙을 정하기도 하였다. 그럼으로써 그리스도인들로 하여금 버려진 아이들에 대하여 관심을 가지게 하고 사랑으로 돌보도록 고무하였다. 아나스타시우스(Anastasius I, 491~518) 황제 시대에 동방에는 교회가 운영하는 고아원이 있었다. 그것은 이미 5세기 중엽부터 볼 수 있는 것이었는데, 정부는 이런 일에는 관여하지 않고 교회에 맡겨 두었다.

디오클레티안 황제가 추진하기 시작한 로마 제국의 사회 개혁은 콘스탄티누스 때에 이르러 종결되었다. 황제의 정치적인 권력이 더 강화되었으며, 변방에 있는 모든 지역을 다스리고 외적의 침입을 방어하기 위하여 관료 제도와 군사력이 강화되었다. 그 결과 정부는 엄청나게 불어난 국가 예산을 충당하기 위하여 세율을 높이고 세금 징수를 강행하지 않을 수 없었다. 소농(小農)들과 수공업자들은 무자비하게 부과된 세금과 그에 따른 물가 상승 때문에 어려움을 겪게 되었다. 소농들은 소작인으로 전락했으며, 소작인들은 생존을 위하여 그들이 향유해 왔던 자유를 대가로 지불하였다. 이로 인해 그들의 자손들은 영영 그들의 새 주인의 땅에 종속되었다. 후에 그들이 자유를 돌려 받도록 법을 제정하곤 했으나 실제로는 잘 실현되지 않았다. 중산층은 몰락하여 빈민층이 되고, 빈민층은 노예가 되었다.

교회가 로마 제국의 절대 권력에 관하여, 혹은 그 경제적인 제도나 사회구조에 관하여 의문을 표하거나 무슨 의견을 말하는 경우는 없었다. 어거스틴에 의하면, 노예 제도는 인간을 자유인으로 만드신 하나님의 뜻에 위배되는 것이며, 인간들 사이에 있는 불평등은 불의와 권력으로 말미암아 초래되었다고 하였다. 교부들은 노예들을 비인도적으로 취급하는 것을 비판하기는 했으나, 법이나 혁명을 통하여 노예 제도를 폐지해야 한다고 요구하지는 않았다. 당시의 경제와 사회적인 상황으로 보아 노예 제도는 필요한 것이라고 인정하였다.

그러나 교회는 노예의 신분을 향상시키는 일에 많은 기여를 하였다. 예루살렘의 키릴루스를 위시하여 나지안주스의 그레고리, 어거스틴, 크리소스토무스 등 많은 설교자들이 빌레몬서를 본문으로 설교할 때, 하나님 앞에서는 사회적인 신분의 차이가 별로 중요한 것이 아님을 강조하였다. 노예와 주인 두 사람이 다 그리스도인일 경우, 그들은 다 같이 세례를 받은 형제요, 황제나 거지나 노예나 주인의 기도를 차별 없이 들어 주시는 한 하나님의 자녀임을 가르쳤다.

교회는 도주한 노예에게 도피처를 제공하기도 하였다. 그러나 이러한 관행에 노예의 주인들이 항의하는 사례가 적지 않았으므로 국가는 법으로 교회가 도피처를 제공할 수 있는 권리를 제한하였다. 398년의 법에 따르면, 교회는 교회를 피난처로 삼으려는 노예가 본 주인에게 되돌아가도록 협조해야 한다고 규정하고 있다. 432년의 법령에는 교회로 도주한 비무장한 노예는 그 다음 날로 '그가 도움을 구하여 간 곳의 명예를 위하여' 주인이 벌을 면해 준다는 조건으로 주인에게 인도되어야 한다고 규정하고 있다.

또한 노예가 수도원으로 도주하는 사건이 국가와 교회간에 마찰을 야기하였다. 국가는 경제적인 이유에서 노예들이 대거 수도원으로 도주해 가는 것을 방임할 수 없었다. 반면에 수도원에서는 상당한 곡절이 있어서 도주해 오는 노예들을 거절할 수가 없었다. 그러나 교회는 유스타티안파들처럼 노예들로 하여금 주인에게 맞서도록 선동하는 종파를 엄중히 경계하였다. 바실리우스는 주인이 노예로 하여금 죄를 짓도록 강요할 경우에만 노예가 수도원에 들어오는 것을 허락해야 한다고 했으며, 제롬과 알렉산드리아의 키릴루스 역시 노예가 주인에게 복종해야 하지만 한계가 있음을 말하였다.

어떤 경우에는 국가가 노예들에게 교회의 보호를 보증한 일도 있었다. 황제 아르카디우스와 호노리우스는 노예들에게 그들이 도나투스파를 떠난다면 자유를 얻게 하고 교회의 보호를 받도록 해 준다고 약속하였다. 칼케돈 회의에서는 노예가 주인이 문서로 동의한다면 수도사도 될 수 있다는 점에 국가와 교회 양측이 합의하였다.

교회는 빈민들을 구제하는 일을 두고 가진 자들의 양심에만 호소하지 않고 사회 사업을 적극적으로 추진하였다. 크리소스토무스에 의하면, 안디옥의 경우 주민의 대다수가 기독교 신자인데, 주민들의 10%는 부유층에, 같은 비율의 수가 빈민층에 속하였으며, 나머지 80%의 인구는 경제적으로 중산층에 속한다고 했다. 빈민들 가운데 매일 보조를 받는 과부들과 처녀들이 약 3,000명이나 되었다. 게다가 포로들, 병자들, 나그네들, 장애인들, 성직자 등이 또한 교회의 보조를 받았다. 안디옥 교회의 재정은 부자 한 사람의 것에도 미치지 못하는 것이어서 어려운 사람들을 만족스럽게 돕기에는 턱없이 모자랐다.

이 시기에 자선을 베푸는 집들이 생겨났다. 전적으로 병자를 돌보고 가난한 자와 고아와 나그네를 돌보는 기관이었다. 감독들은 일찍부터 이 일을 챙겼다. 그 가운데서도 제일 먼저 생긴 자선 기관이 지나가는 나그네를 위한 여인숙이었는데, 아마 예루살렘을 순례하는 이들을 위하여 숙박 시설을 마련한 데서부터 발전한 것으로 보인다.

수도원들은 또한 자선 기관의 역할을 다하였다. 나그네에게 숙박을 제공하였으며, 병자들과 어려움에 처한 사람들을 받아들여 도왔다. 356년에 세바스테(Sebaste)에 있었던 수도원은 병든 자와 나환자를 수용하였다. 에데사에서는 기근을 당했을 때 시리아인들이 부자들에게 간청하여 그들의 헌금으로 300명을 수용할 수 있는 병원을 지어 인근 농촌의 어려운 사람들을 받아들였다. 교회의 자선 사업에 수도원도 참여하게 함으로써 교회는 원군(援軍)을 얻었을 뿐 아니라 수도원과 긴밀히 협조하는 관계를 가지게 된 것을 바실리우스는 긍정적으로 평가하였다.

바실리우스는 가이사리아 시 교외에 수도원과 교직자들의 숙소, 순례자들을 위한 호스피스, 가난한 자들을 위한 병원, 의사와 간호원들의 숙소에다 점포 및 교통 수단을 갖춘 대규모의 단지를 조성하였다. 이 새로운 단지가 워낙 커지다 보니 이를 중심으로 도시가 형성되었다. 그러면서 이 단지가 신·구 도시의 새로운 중심부가 되었다. 5세기에는 이 단지의 창설자의 이름을 따라 가이사리아 도시를 '바실리아'(Basilia)라고 불렀다. 안디옥의 교회도 큰 병원과 특히 나그네를 위한 호스텔을 가지고 있었다. 서방에서도 5세기 초에 자선 기관을 갖게 되었다. 고용인들의 이름이 그리스인들의 이름인 것으로 보아 동방의 모범을 따랐던 것으로 추정한다.

국가는 교회의 자선 사업을 보조하고 기관 설립을 허가했으며, 초기 비잔틴 시대에는 이러한 기관들을 감독하기도 했다. 그러나 사회 문제에 대한 국가의 관여는 효율적인 면에서나 윤리적인 면에서 4~5세기의 교회가 보인 관심과 다양한 활동에는 비견할 수 없을 정도였다.

A HISTORY OF THE CHURCH

중세 교회사

중세 교회사의 의미

역사를 고대, 중세, 근세로 구분하는 것은 인위적인 것이다. 그러나 시기를 그렇게 구분하는 근거는, 역사를 기술하는 이들에 따라 다소 다르기는 하지만, 다들 그렇게 구분하는 것을 상식으로 알기 때문이다. 대체로 로마 제국이 동로마와 서로마 제국으로 분열되면서 중세(中世)로 접어들었다고 보는데, 동방과 서방을 비교해서 말하자면, 서방에서는 중세가 있었으나 동방에서는 중세가 뚜렷이 있었다고 말하기가 어렵다. 왜냐하면 동방에서는 중세라고 하여 시대를 구분할 만한 두드러진 사건이 없었기 때문이다. 서방은 하나의 통일된 세계를 이루어 내려왔으나 동방의 경우는 그렇지 못하였다. 이슬람의 침입으로 말미암아 동방에서 기독교 세계의 영역은 좁아졌으며, 이 좁아진 영역은 별다른 변화를 겪는 일도 없이 내내 비잔틴 문화로 이어져 왔기 때문이다.

어떤 이는 슬라브 족이 기독교를 받아들이게 된 것을 동방에서의 중세의 시발점으로 생각할 수 있다고도 말하나, 슬라브 족이 동로마 제국 전체를 대표하는 것도 아니었으며, 또한 그렇게 말하는 사람도 중세가 언제 끝난 것인지에 대해서는 말이 없다. 러시아에서 중세가 끝난 것은 피터 대제 때였다고 말하나 그것은 러시아에만 국한되는 이야기이다.

그러나 서방에서는 일반적으로 게르만 족이 로마로 침입한 사건과 더불어 중세가 시작되었으며, 인문주의와 종교 개혁으로 말미암아 새로운 시대가 열리면서 끝난 것으로 본다. 다시 말하면, 서방에서는 중세라고 구분을 지을 수 있는 시대가 있었다. 그러나 그것이 언제부터 시작된 것인지를 잘라 말하기는 어렵다. 흔히 중세가 게르만이 로마 제국에 침입한 때부터라고도 하나 게르만의 침입이 단 한 번만 있었던 것도 아니었으며, 동방에 있었던 이슬람 침략의 경우와는 달리 게르만의 단 한번의 침략으로 로마 제국의 종언(終焉)이 온 것도 아니기 때문이다. 게르만 족의 침입이 시작된 이후부터 로마 제국이 완전히 붕괴되기까지는 무려 300년이라는 세월이 흘렀다.

트뢸치(Ernst Treoltsch)는 루터를 중세적인 인물로 간주하면서 중세가 끝나는 시기를 계몽사조와 더불어 근세가 시작되는 시기로 본다. 그런데 문화사적으로는 그렇게 구분할 수 있을지는 몰라도 교회사적으로는 루터가 복음을 재발견한 종교 개혁과 더불어 새로운 시대가 열린 것으로 보아야 한다. 그러나 중세적인 관행 가운데 어떤 것은 근세에 와서도 근절되지 않고 시행되었다. 예를 들면, 마녀를 벌하는 재판과 사형(死刑)이 스위스 글라루스(Glarus)에서는 1782년에도 있었으며, 잘쯔부르크(Salzburg)에서는 1731~1732년에 신교도들을 이단으로 정죄하고 핍박한 일이 있었는가 하면, 잉글랜드에서는 삼위일체를 부인하는 자를 사형에 처하는 제도를 1813년에야 폐지하였다.

'중세'(中世, Medieval Age, Mittelalter)라는 말을 역사의 시대 구분을 서술하는 말로 사용하기 시작한 것은 그렇게 오래된 일이 아니다. 1707년 할레(Halle) 대학교의 교수 크리스토퍼 켈라리우스(Christopher Cellarius)가 처음으로 이 말을 역사학에 도입하였다. 그리고 낭만주의 시대에 와서는 이 말이 교회사를 기술하는 데도 사용되었다. '중세'라는 말은 '중간 시대'(medium aevum)라는 말에서 온 것이다. 15~16세기의 인문주의 문헌에서가 아니면 중세 말엽의 묵시 문서에서 나온 것으로 아는데, '중간 시대'라는 말은 그 자체로서는 아무런 내용이나 의미를 함축하고 있지 않다.

중세기가 시작될 무렵에는 교회가 하나였으나 끝날 무렵에는 종교 개혁으로 인한 교회의 분열을 경험하게 된다. 그러나 이것은 어디까지나 서방 교회의 견지에서 본 견해이다. 좀더 넓은 시야에서 보면 중세가 시작되면서 그리스도의 교회는 이미 크게 분열을 보게 되었던 것이다. 약 700년경 기독교 세계는 수백 년 간 기독교 신앙을 지녀 온 많은 나라들이 이슬람교에 잠식되었다. 북아프리카, 시리아, 팔레스타인 그리고 스페인은 이슬람에게 이미 점령을 당했거나, 아니면 침범을 당하고 있었다. 다시 말하면 로마, 콘스탄티노플, 안디옥, 예루살렘, 알렉산드리아 등 고대 5개의 총대주교구 가운데 후자의 3개의 총대주교구가 이슬람의 손에 넘어가 나머지 두 총대주교구와의 관계가 단절되고 만다. 알렉산드리아, 안디옥, 예루살렘의 대표들은 더 이상 교회 회의에 모습을 나타낼 수 없게 되었다.

이 시기부터 서방 교회는 초대교회 시대의 총대주교구에 관하여 별로 아는 것이 없게 되었다. 그리고 동방에서도 서방 교회에 대하여 아는 것이 없어지기는 마찬가지였다. 예를 들어, 안디옥의 한 신자가 11세기에 남긴 기록을 보면, 681년에 서거한 '아가토'(Agatho) 교황 시대 이후부터는 로마의 감독(교황)으로 누가 계승되어 왔는지를 전혀 언급하지 않고 있다. 이 시기 이후 안디옥 교회는 외부와 접촉이 두절되었던 것이다. 안디옥 교회는 겨우 생존할 수 있었을 뿐이다.

동방의 교회들이 파멸된 이후 콘스탄티노플과 로마는 남은 기독교 세계를 양분하게 되었다. AD 700년에만 하더라도 동방과 서방의 양 교회는 서로를 적으로 생각하지는 않았다. 양 교회의 하나 됨이 와해되리라고는 아무도 생각하지 못했다. 기독교국인 로마 제국이 외세의 침략에 시달리면서 그 세력이 약화되어 가고 있기는 했으나 양 교회는 단일한 정치하에 있었다.

콘스탄티노플의 황제는 아직까지 로마를 포함한 이탈리아 대부분을 지배하고 있었다. 로마의 감독은 로마의 관할 지역 내에서 황제의 정치적인 지방

장관과 같은 역할을 하였다. 로마의 거리에는 여전히 황제의 관리들을 볼 수 있었다. 로마로부터 비잔틴 정부의 수도 라베나(Ravena)를 경유하여 콘스탄티노플까지는 대로가 놓여 있었다. 지중해는 서쪽으로 멀리 마르세이유까지 비잔틴의 교통로 역할을 다하였다.

중세 교회사의 특징이라고 할 수 있는 중요한 일의 하나로 먼저는 게르만 족과 슬라브 족이 기독교화되었다는 점을 들 수 있다. 그것은 교회의 승리라고 할 수 있는데, 이러한 승리는 교회가 붕괴되어 가는 옛 문화에서부터 새로운 문화로 이행하는 것을 뜻하는 것이었다. 말하자면, 그리스도의 교회가 새로운 백성들의 교회가 되었던 것이다. 아직 미개한 백성들, 기독교 신앙의 기본 교리를 이해할 수 있기 위해서는 먼저 교화되어야 할 백성들의 교회가 되었던 것이다. 교회는 그들에게 기독교 신앙과 함께 정신적으로 중요한 고대 문화의 중요한 요소들을 전수하였다.

서방 교회는 교회의 양상에 있어서 동방 교회와 큰 차이점을 보였다. 서방 교회는 교황을 정점으로 하는 교계주의(敎階主義, hierarchy), 잘 정리된 교회법, 체계화된 교리, 고정화된 예배 의식 등을 갖추고 있었다는 점이 동방 교회와 다르다. 동방 교회에는 이러한 모든 것이 아직 유동적이었다. 게르만 족이 로마인을 계승하여 서방 교회의 전통에 속하게 된 반면에, 슬라브인들은 그리스인들을 계승하여 동방 교회에 속하게 되었다.

313년 콘스탄티누스 대제가 기독교를 공인하고, 380년 테오도시우스 (Theodosius)가 기독교를 국교로 선포하면서 교회는 국가 교회가 되었다. 그러나 중세에는 그 양상이 달라졌다. 유럽의 국왕들은 로마의 황제와는 달리 기독교 세계를 온전히 다스리지 못했다. 교회가 그 힘이 막강하여 왕들의 권한 밖에 군림하고 있었던 것이다. 중세에는 초대교회 때와 같이 하나의 왕국 교회나 국가 교회가 있었던 것이 아니고, 제후들이 다스리는 작은 국가를 단위로 한 많은 주 단위의 교회(Landeskirche)들이 있었다.

그리하여 교회 행정의 단일성은 와해되었으나 사람들은 교회의 하나 됨을 인식하고 있어서 교회는 로마의 감독을 중심으로 하는 하나의 교회를 이루고 있었다. 그리하여 교황권이 확립되었으며, 교황은 점차로 유럽을 지배하기에 이르렀던 것이다. 바로 이 교황권의 신장이 중세 교회사가 다루어야 할 중요한 과제 가운데 하나이다.

초기의 그리스도의 교회가 왕성하기 시작할 때 로마의 국가는 이미 잘 조직된 문명한 국가였다. 그러나 중세에는 교황의 조직이 확고부동하게 되어 있는 가운데 중소 국가들이 형성되기 시작했다. 그리고 신생 국가들과 함께 새로운 국가 개념이 생기게 되었을 뿐 아니라, 새로운 사회적 상황이 조성되었다. 교회는 새로운 국가들에게 사회적이며 문화적인 영향력을 행사하려고 하였으며, 실제로 여러 방면에 영향력을 행사하였다. 그리하여 교회는 옛날에는 미처 누리지 못했던 그러한 위치를 점하게 되었다. 그 결과 유럽인들의 정신적인 삶을 비롯한 전체적인 삶이 교회의 영향권 안에 들어오게 되었다. 따라서 교회는 정치에도 실제적인 권력자로 군림하게 되었다. 교회는 이와 같은 위치를 점하면서 문화를 지배하게 되었다. 이것 역시 중세사가 다루어야 할 중요한 문제 가운데 하나이다.

중세 말기의 현상을 보면 교황 교회의 위치가 늘 공고한 것은 아니었음을 알 수 있다. 그러나 중세 교회는, 박해 속에서 점차로 위를 향하여 자라 온 초대교회와는 달리, 최고의 정점에 달하였다가 서서히 쇠퇴하면서 내리막길을 걷는 과정에 있었다. 교회의 쇠퇴 역시 중세 교회사가 관여해야 할 문제 가운데 하나이다.

게르만 족의 이동과 왕국 건설

게르만 족이 어디서부터 어떤 동기에서 이동하게 되었는지에 관해서는 정설이 없으나, 게르만 족의 발원지는 스칸디나비아였을 것으로 추정한다. 그들이 이동하게 된 동기는 추운 기후를 피하여 따뜻한 곳을 찾은 데서 비롯되었다는 설이 있다. 그런가 하면 인구의 과잉으로 식량이 고갈되고 부족간에 싸움이 잦아지면서 싸움에 승리한 부족은 고향에 남고, 패배한 부족은 살길을 찾아 이동하게 되었다는 추측이 있다. 그런데 게르만 족의 이동이 근 천 년이나 계속되었다는 사실을 감안하면 민족 이동의 동기를 한두어 마디로 결론짓기는 어려운 일이다.

게르만 족은 그들의 본 거주지였던 스칸디나비아에서 BC 100년경부터 남하하기 시작한 것으로 알려지고 있다. 그들은 라인 강을 건너와서 평화롭게 농사에 종사하며 시와 노래를 즐기며 사는 켈트(Celt) 족을 몰아내고 골을 점령했으며, 나중에 브리튼을 점령하여 켈트 족을 웨일스(Wales) 산악 지대로 내쫓았다. 1세기 중엽에는 게르만들이 줄리어스 시저의 로마군에 패하여 라인 강 이북으로 후퇴하였다. 3세기 중엽에는 게르만이 다시금 간헐적으로 라인 강을 건너 침공을 감행하였다.

그러다가 406년에 로마의 방어선이 허물어지면서 게르만들은 밀물처럼 로마의 영토로 쇄도해 왔다. 그 이전에 로마 제국의 국경을 넘어 들어온 부족들은 로마의 용병이 되곤 하였다. 다뉴브에는 2세기경부터 게르만의 동고트 족(Ostrogoths)과 서고트 족(Visigoths)들이 밀집해 거주하면서 로마 제국의 국경을 위협하는 존재가 되었다. 이들이 3세기에는 때때로 국경을 넘나들다가 376년 다뉴브를 건너 남하하였다.

로마 제국과 문명에 대하여 게르만들은 부족에 따라 두 가지로 다르게 반응을 보였다. 어떤 부족들은 라인과 다뉴브 건너편에서 상당한 정도의 문명을 향유하면서 농사를 짓고 로마의 상인들과 교역하며 살았다. 그들은 기독교에 접하게 되자 이를 받아들였으며, 아리우스파의 선교사를 통하여 아리우스파 신앙을 갖게 되었다. 그들은 로마 제국을 두려워한 나머지 도발하거나 피해를 줄 생각은 하지 않았다.

그러나 로마로부터 별 영향을 받지 않은, 무식하고 용맹스런 다른 부류의 게르만들은 방어선인 라인 강을 건너 로마 제국을 침공하기도 했다. 아마도 이러한 부류의 게르만들은 그들의 고향인 스칸디나비아와 더 밀접한 관계를 유지했던 것으로 본다. 프랑크 족(Franks)은 일찍이 라인 전선을 넘어 침입했던 부르군디 족(Burgundy)과 같이 다른 부족들보다 한층 더 난폭하고 덜 개화된 부족이며, 북해(北海) 지역으로부터 직접 브리튼으로 건너온 앵글로-색슨 족(Anglo-Saxons)은 로마의 문화적 영향과는 거리가 먼 부족이다.

게르만은 다른 고대 부족들에게서 볼 수 있듯이 혈통을 중심으로 한 부족 사회를 이루고 있었으나, 4세기 말에 추장 혹은 왕을 중심으로 하는 정치제도를 갖추게 되었다. 오랜 기간 동안 통치하거나 군사적인 성공을 거둔 추장은 왕조를 건설하였다. 왕이 죽으면 부족의 지도자들이 새 왕을 선출하였다. 이러한 제도는 잉글랜드의 경우 12세기 말까지 존속되었다.

AD 480년에는 로마 제국의 영토였던 서유럽에 세 개의 게르만 왕국이 섰으나 그 어느 왕조도 8세기까지 존속하지는 못하였다. 이탈리아의 오도바칼

(Odovacar) 왕국은 489년 동고트 족에게 패망하였으며, 론(Rhone) 계곡에 자리 잡은 부르군디 왕국은 520년경 프랑크 족에게 병탄(倂呑)되었다. 서고트 족의 왕국은 프랑스 서부 지방으로부터 스페인까지 이르렀는데, 6세기 초에 프랑크 족에게 프랑스를 내어 주었으며, 711년 이슬람의 침공을 받아 항복하고 말았다. 이탈리아에 자리잡은 동고트 족의 왕국은 526년 나라를 세운 테오도릭 (Theodoric)이 죽은 직후에 붕괴되고 비잔틴의 황제 유스티니안에게 점령당하였다. 그 결과로 프랑크 왕국이 서유럽을 다스리는 강력한 왕국으로 발전하게 되었다.

프랑크 족의 클로비스 1세(Clovis I; 독일어로 Choldwig, 481~511)는 강력한 지도력을 발휘하여 라인 강 서부에 있는 여러 부족들을 굴복시키고 오랜 기간 통치함으로써 메로빙(Meroving) 왕조를 이룩하였다. 클로비스는 정복의 과업을 계속하기 위하여 496년 휘하의 군사들과 함께 라임스(Rheims)의 대주교에게서 세례를 받았다. 그럼으로써 그는 가톨릭 교회로부터 서유럽의 유일한 군주로 인정받을 수 있었으며, 골의 로마군과도 동맹을 맺어 군사적으로 유리한 입지를 확보할 수 있었다. 그뿐 아니라 그는 개종함으로써 교회의 여러 감독들과 정치적인 세력들의 지지와 경제적인 지원을 받게 되었으며, 도덕적인 힘을 등에 업게 되었다.

골을 점령하는 것과 다스리는 것은 별개였다. 메로빙의 왕들은 전사(戰士)로서는 훌륭했으나 통치자(統治者)로서는 손색이 많은 편이었다. 메로빙의 왕들은 나라를 자신들의 소유로 생각하였다. 그들은 백성을 돌보지 않았다. 그들의 야망을 충족시키기 위하여, 그리고 왕실과 신하들의 번영을 위하는 일에 골몰하였다. 백성을 위하여 한다는 일이 고작 그들을 군사로 징집하여 복무케 하는 것이었다. 이러한 풍조에서는 왕자가 둘 이상 있게 되면 서로가 권력을 장악하기 위하여 투쟁하고 피 흘리는 일이 있게 마련이며, 경우에 따라서는 국토의 분할이 따르게 되는 법이다. 그 일로 말미암아 국력은 소모되고 왕국은 분열되고 쇠퇴하게 된다.

클로비스가 죽고 난 후 메로빙의 왕가에는 6세기와 7세기 초에 실제로 그런 일이 벌어졌다. 로마가 시행하던 행정 가운데 징세(徵稅) 제도를 그대로 답습하려 했으나 왕실이 신뢰를 받지 못해 결국 실패하고 말았다. 메로빙의 왕이 처치하고 싶은 관리가 있으면 세금을 징수하도록 내보냈다는 정도였다. 그러면 다시는 그 관리의 소식을 들을 수 없게 되었다고 한다. 메로빙 왕조는 8세기 중엽에 패망하고 대신 카롤링 왕조가 유럽을 통치하게 된다.

칼롤링 왕조는 칼 대제(Charlemagne, 768-814) 때에 전성기를 누리나 그가 죽고 난 이후부터 기울기 시작하여 독일에서는 911년까지, 프랑스에서는 987년까지 존속한다. 그러나 9세기 후반부터 이미 칼롤링 왕조의 왕은 있으나마나 한 존재가 된다. 독일에서는 카롤링 왕실이 공작이나 백작의 작위를 주어 세력을 키워 준 제후들이 실제 권력을 장악하게 되며, 프랑스에서는 공작이나 백작들이 중앙 정부의 권력을 탈취하여 12세기 중엽까지 프랑스 사회를 이끄는 실력자들로 남게 된다.

유스티니안 1세와 비잔틴 제국

서유럽은 게르만의 침공 이후 법, 사회, 경제의 변혁을 겪었다. 그러나 6세기와 7세기에 서유럽만이 이와 같은 변혁을 경험한 것은 아니다. 지중해 세계 역시 그리스인들과 아랍인들의 야망으로 인해 동요하고 있었다. 비잔틴과 이슬람이 서유럽에 끼친 영향은 게르만들이 끼친 영향에 비교할 바가 못된다. 그러나 비잔틴의 황제 유스티니안 1세와 알라의 예언자 모하메드는 새로운 유럽 문명을 형성하는 데 중요한 역할을 하였다.

게르만들에게 먼저 공격을 받아 타격을 입은 동로마 제국이 서로마가 멸망했음에도 불구하고 어떻게 계속 살아남을 수 있었는지에 대한 대답은 이러하다. 동로마 제국의 인구가 서로마보다 훨씬 많았으며 도시들도 많았다. 게르만들도 그 점에서 동로마를 공략하는 것이 더 어려운 일임을 잘 알고 있었다. 동방의 콘스탄티노플은 난공불락의 성채를 보유하고 있었다. 모슬렘들은 게르만보다 군사적으로 더 우세였음에도 불구하고 7세기 간이나 콘스탄티노플을 공략하지 못했다.

게르만들은 콘스탄티노플을 거치지 않고는 부강한 지역으로 진입할 수가 없었다. 비잔틴의 통치자가 유능했기 때문이었다. 정부 조직의 개혁을 단행하고 세금을 감면하며, 교육을 장려하는 한편 법전을 편찬하는 등 선정을 베풀어 백성들로부터 지지를 받고 있었다. 콘스탄티노플은 또한 동서 교역의 중심이 되고 있어서 나라의 재정을 충당하는 일에 어려움이 없었다.

476년 이후 서방에는 더 이상 황제가 존재하지 않았으므로 동방의 황제들은 서방을 자신들의 통치하에 두어야 한다면서 로마와 서유럽을 점령하고 있는 게르만을 정벌하려는 뜻을 가졌다. 530년에 드디어 황제 유스티니안 1세(527~565)는 선황들이 계획해 온 정벌의 장정(長征)에 올랐다. 유스티니안 1세는 콘스탄티누스 대제 이후 10세기까지의 황제들 가운데 비잔틴의 발전을 위하여 가장 크게 공헌한 황제였다. 소피아(Sophia) 성당과 유스티니안 법전(Corpus Juris Civilis)은 그가 남긴 업적들 가운데 아직도 현존하는 것들이다. 그러나 그의 서방 정벌의 결과는 기대했던 대로 성공을 거두기는커녕 비잔틴의 동로마제국에 큰 재앙을 초래하였다.

유스티니안은 서방으로 원정을 떠나기 이전에 이미 제국의 국력에 큰 손실을 초래하였다. 테오도시우스 대제가 아리우스파들을 제거했으나 비정통적인 신앙은 5세기와 6세기에 이집트와 시리아에서 새롭게 지지 세력을 얻었다. 플라톤의 사상적 영향과 로마에 대한 국민적 감정 때문에 그러하였다. 이집트와 시리아의 많은 백성들이 그리스도의 인격은 신성임과 동시에 인성이시라는 전통적인 성육의 교리를 버리고, 그리스도의 인격은 신성일 뿐이라는 단성론을 지지하였다. 이러한 신앙을 가지는 것은 칼케돈의 결정을 따르는 로마 교회에서는 물론 금물이었다.

520년경 유스티니안은 서방으로 동고트 족의 정벌을 준비하는 과정에서 로마 교황의 환심을 사고 그의 후원을 얻기 위하여 단성론을 정죄하였다. 동고트 족들이 오래 전부터 아리우스파 사상을 가졌기 때문이었다. 유스티니안은 단지 정치적인 이유에서만 그렇게 한 것이 아니라 신학 수업을 받은 학자로서 단성론이 잘못된 교리라는 확신에서 그것을 정죄하였던 것이다. 그러다 보니 아프리카와 시리아에서는 그에 대한 불만이 확산되었다.

유스티니안을 계승한 황제들 역시 단성론을 정죄할 뿐 아니라 그런 신앙을 가진 자들을 혹독하게 핍박하였으므로 이집트와 시리아는 비잔틴에 등을 돌리게 되었다. 그 결과 이슬람이 이집트와 시리아로 침공해 왔을 때 주민들이 기독교 신앙을 포기하고 보다 쉽게 이슬람교를 받아들이게 되었던 것으로 추정한다. 여하튼 유스티니안의 종교 정책은 정통적인 신앙을 수호한 것이었으나 비잔틴의 국력에는 큰 손실을 초래하였다.

유스티니안의 서방 정벌은 처음 시작 단계에서는 성공적이었다. 그러나 동고트 족의 저항도 완강하여 전쟁은 장기전이 되면서 양측이 다 큰 피해를 입게 되었다. 이탈리아는 경제적으로 황폐하게 되었다. 6세기 중엽에는 로마, 나폴리, 밀라노 등의 도시들의 인구가 감소되고 지중해 연안의 도시들도 활기를 잃었으며, 문화와 경제를 주도해 오던 이탈리아는 그 면목을 상실하였다. 그 결과 10세기에 이르기까지 다시금 주도권을 회복하지 못할 정도였다. 비잔틴의 상황도 이탈리아나 다름이 없었다. 유스티니안이 제위에 오르고 난 초기에는 위대한 황제로 칭송을 받았으나 565년 그의 통치가 끝났을 무렵에는 원근 사방에 그를 비난하는 세력으로 가득하였다.

그의 후계자들은 약화된 비잔틴을 보호하기 위하여 페르시아, 몽고, 슬라브 족, 게르만 족과 대치하여 싸우지 않으면 안 되었다. 황제 헤라클리우스 1세(610~641)는 콘스탄티노플과 발칸 반도를 페르시아로부터 방어하기 위하여 최선을 다하였다. 만약에 콘스탄티노플이 버티지 못한다면 페르시아는 곧장 이탈리아로 쇄도하게 되어 있었다. 641년 헤라클리우스가 죽고 난 후 비잔틴은 보다 큰 위협을 받게 되었다. 이슬람이 일어나 시리아를 정복하고 페르시아와 이집트를 공략하고 있었다. 그후 30년 만에 그들은 지중해 연안을 휩쓸고 이집트를 완전히 점령해 버렸다. 동로마 제국은 발칸을 불가리인들과 슬라브 족에게 내어 주어야 했으며, 콘스탄티노플과 소아시아 이외에는 모든 것을 고스란히 이슬람에게 빼앗기고 말았다.

568년 게르만의 새 부족이 다뉴브를 건너 이탈리아로 침공해 들어왔다. 그 어느 게르만의 부족보다도 용맹한 부족이었다. 랑고바르덴(Langobarden)이라고도 하는 롬바르드 족(Lombards)이었다. 그리하여 이탈리아는 네 세력에 의하여 통치를 받게 되었다. 롬바르드는 라베나(Ravenna)를 제외한 로마 이북의 지역을 통치하였으며, 로마의 교회 국가는 교황이 다스렸고, 로마 이남의 대부분의 지역은 여전히 비잔틴의 세력하에 있었으며, 시실리는 이슬람에게 점령되고 있었다. 유스티니안 이후의 황제들은 위에서 말한 외적들에 대항하여 싸울 힘이 없었다. 겨우 비잔틴과 소아시아를 유지할 뿐이었다. 그러다 보니 비잔틴은 서방 유럽의 세계와 문화적인 교류에서도 점차로 소외되어 자체의 헬라적 문화 속에서만 살게 되었다.

이슬람의 팽창과 기독교가 입은 타격

　　이슬람(Islam)의 팽창은 중세사에 중요한 요인으로 작용하게 되었다. 지중해 문화권은 이제 비잔틴과 유럽 그리고 이슬람 세력의 세 문화권으로 분할되었다. 이 세 블록은 여러 측면에서 모두가 로마 제국의 후예라고 할 수 있다. 비잔틴 제국은 로마의 법, 행정 및 사상을 가장 직접적으로 따르고 있었으며, 서유럽도 로마 전통의 많은 것을 유산으로 받았다. 이슬람 역시 로마 제국의 조직과 그리스와 로마의 철학과 학문을 소화하였다. 로마 제국도 후기에 와서 동방 문화의 영향을 받았으나 이슬람은 보다 직접적으로 페르시아와 이집트의 동방적인 전통의 유산을 받았다.

　　이슬람교는 마호메트에 의하여 창시된 종교이다. 마호메트(Mahomet, 570년경~632년)는 메카의 유명한 가문에 속했으나 가난한 집안에서 태어났다. 그는 부유한 과부에게 속한 대상(隊商)의 경영자로 일하다가 여주인과 결혼하였다. 마호메트는 40세에 천사장 가브리엘을 통하여 알라 신이 주는 계시를 받았다면서 예언자로 자처하고 이슬람의 경전 코란을 기록하였다. 코란은 마호메트가 사막에서 기도와 신비적인 경험으로 계시를 받아 영감으로 기록했다는 짧은 어록집(語錄集)이다. 마호메트가 한 그룹의 신자들을 거느리고 메카로부터 메디나로 피신한 622년을 이슬람교의 원년으로 기산(起算)한다.

이슬람교는 아랍의 일부 종족들이 믿던 아브라함의 종교와 유대교, 그리고 불완전하게 전해진 기독교와의 혼합 종교라고 할 수 있다. 이슬람교는 아담, 노아, 아브라함, 모세 그리고 예수님을 뛰어난 선지자들로 구별하면서 마호메트는 가장 뛰어난 최후의 선지자로 믿는다. 예수 그리스도를 자기 이전의 위대한 예언자라고 말하는 마호메트는 구약의 예언자들이나 그리스도와는 달리 유능한 정략가요 탁월한 전략가였다. 그는 목적을 위해서는 수단을 가리지 않았다. 초기에 그는 메디나의 유대인들에게서 협조를 얻었으나 그들이 더 이상 필요 없게 되자 그들을 적대시하였다. 필요한 재정을 충당하기 위해서는 대상을 습격하여 탈취하는 일도 서슴지 않고 해냈다.

'이슬람' 이라는 말은 알라의 뜻에 '순종' 한다는 뜻이다. 이슬람교는 단일신론(Monotheism)에 근거하며 구약 종교와 기독교를 혼합한 하나의 종파라고 할 수 있다. 경건한 무슬림(Moslem=이슬람교도)은 매일 다섯 번을 기도해야 하며, 구제를 해야 하고, 해마다 30일간 해가 뜰 때부터 질 때까지 육식, 음주, 목욕, 향수, 성생활 등을 삼가해야 하며, 일생에 한 번은 자신이 직접 혹은 대리인이 메카를 순례해야 한다.

이슬람교의 교리는 단순하며 상벌 사상을 강조하는 것이 특징이다. 다른 큰 종교에서와 마찬가지로 자비와 사랑을 베풀며 선을 행하도록 가르친다. 가정 생활이 중요함을 강조하기는 하나, 한 남자가 네 사람의 아내를 가지는 것을 허용하는 점이 특이하다. 포상에 관하여 기독교보다 훨씬 더 많은 것을 약속하며, 피안의 세계에 대한 설명도 구체적이다. 예를 들면, 이 세상에서 이루지 못한 소원이나 욕구는 하늘나라에서 충족 받는다고 한다. 거기서 술도 마시고 노름도 하며 아름다운 검은 눈을 가진 처녀들과 즐길 수 있다고 한다. 상급(賞給)에 대한 이슬람교의 유치하리만큼 단순하고 구체적인 약속은 아랍인들이 점령한 여러 나라에 사는 수많은 백성들을 개종시키기에 충분한 매력이 되었다.

아랍인들은 이미 BC 1000년 이전부터 지중해 세계로 진출하려고 시도해 왔는데, 이슬람이 지중해 동쪽과 남쪽 해안 지역을 점령함으로써 그 꿈을 이룬 셈이다. 8세기와 9세기에 이 지역에 사는 수많은 기독교인들이 마호메트가 시작한 새 신앙을 좇아 이슬람으로 개종하였다. 시리아, 팔레스타인, 이집트 및 북아프리카에서 큰 교세를 이루었던 교회들이 급속히 붕괴되었다. 900년에 이르러서는 북아프리카의 라틴 교회는 거의 완전히 자취를 감추었다. 지중해의 동쪽과 남쪽 해안 지역의 지성 세계는 오랫동안 바울과 필로, 유세비우스, 어거스틴의 영향하에 있었으나, 아랍인들이 여기를 점령한 이후 언어와 문화가 완전히 아랍인과 무슬림의 것으로 바뀌어 버렸다. 그리하여 8세기부터 거대한 아랍 문화권이 형성되었다.

마호메트가 죽은 해인 632년부터 시작된 이슬람의 팽창은 732년 프랑스로 침공하던 아랍군이 프랑크 왕에 의하여 저지되기까지 무려 백 년 동안이나 거침없이 계속되었다. 마호메트를 계승한 '칼리프'(Calif)는 아랍 부족들을 선동하여 비잔틴 제국을 원정하도록 하였다. 638년 예루살렘이 함락되었으며, 그로부터 30년 간 아랍군은 시리아와 페르시아를 휩쓸고 인도의 북부 지방까지 점령하였다.

다른 군대는 이집트로 가서 알렉산드리아를 정복하고 신속히 리비아를 지나 북아프리카로 쇄도하였다. 아랍군은 이슬람교로 개종한 북아프리카의 베르베르 족(Berbers)과 유대인들의 도움을 받아 711년에 서고트 족 왕을 물리치고 스페인을 점령하였다. 기독교인 제후들은 피레네 산악 지대로 쫓겨가 지내다가 10세기경부터 이베리아 반도의 실지(失地)를 회복하기 위하여 반격을 시작하였다. 그러나 잃은 땅을 완전히 회복하는 것은 15세기에 이르러서야 실현되었다.

10세기까지 스페인을 완전히 장악하고 지배하던 무슬림은 12세기부터 흔들리기 시작하였다. 한편 아랍군은 717년에 콘스탄티노플을 함락시키기 위하여 대공세를 감행하였으나 무위로 끝났다. 그들은 지중해를 제패하여 시실리와 크레타를 점령하고 이번에는 해로로 공략했으나 역시 성공을 거두지 못했다. 그리하여 콘스탄티노플은 15세기까지 살아남게 되었다. 서방의 기독교 세계는 11세기에 소위 성지 탈환을 명분으로 동방으로 십자군 원정을 나선다. 그리하여 아랍 세력과 정면으로 충돌하여 전쟁을 치르면서 아랍의 문화와도 접촉하게 되며 문물을 받아들이게 된다.

게르만의 선교

기독교가 전파되기 이전의 게르만들의 정신이 무엇이었는지, 그들의 민속 신앙이 그들의 생활과는 어떤 관계가 있었는지를 규명하기란 쉬운 일이 아니다. 보는 시각에 따라 그것에 대한 해석이 달라지기 때문이다. 그러나 이러한 연구에는 무엇보다도 자료를 충분히 얻을 수 없어서 어려움이 있다고 쿠르트 슈미트(Kurt Schmidt)는 말하면서, 게르만과 기독교의 토착화에 관하여 흥미 있게 기술한다.

게르만들의 심성은 헬라인보다는 로마인에 가까웠다고 본다. 이를테면, 그들은 이야기를 만들어 내는 일은 즐겨했으나 우주에 대한 사변은 하지 않았다. 우주 생성론(cosmogony)이나 천문학(cosmology) 등에는 별로 관심을 두지 않았다. 그들은 이 세상에서 살아남기 위한 투쟁을 삶의 과제로 생각하고 영예로 여겼다. 게르만에게는 그리스인들이 가졌던 심미적(審美的) 사상에 근거하는 죽음에 대한 공포와 그에 따른 비극 같은 것도 결여되어 있었다. 죽음에 대한 각오를 가지는 일은 게르만 세계의 한 특징이라고 할 수 있다. 그들은 이 세상의 삶에서 재산을 소유하는 것보다는 명예를 얻는 것을 더 가치 있는 것으로 생각하였다.

그리고 그들의 공동체 의식과 감정은 특이하였다. 이러한 것이 큰 국가를 세우는 원동력이었다고 말할 수 있다. 그들은 개인 중심의 생활보다는 혈족 (Sippe)을 중심으로 하는 생활을 영위하였다. 각자는 종족의 일원을 귀중하게 여겼다. 어떤 한 개인이 죽임을 당한다거나 개인의 생활 영역이 침범을 당하는 경우, 그것은 곧 모든 종족과 관계되는 것으로 생각하였다. 만약 피해를 입었을 경우 그것은 신속히 본래의 상태로 복구되어야 했으며, 그렇지 못하면 종족 전체의 명예에 손상이 되는 것으로 생각하였다. 명예의 회복은 말하자면 복수를 통하여 성취되는 것이었다. 그리고 복수는 반드시 범법(犯法)한 당사자를 대상으로 하는 것이 아니라, 누구든지 범법자가 속해 있는 종족의 일원을 대상으로 하면 족하였다.

게르만의 공동체를 위한 협력 정신은 상전(上典)에 대한 충성에서도 나타났다. 성년이 된 청년은 지도자에게 충성을 다할 것을 자발적으로 약속하고 실천하였다. 젊은이들은 이러한 공동체 의식에서 정의감을 갖게 되었으며, 종족의 결속을 통해 철저한 의무감을 갖게 되었다. 그들은 또한 자신들의 생활 영역을 넓히려는 의욕을 가지고 있었다. 이러한 의욕이 게르만 족의 이동을 가져왔으며, 바이킹의 모험을 낳게 하였고, 나중에는 지리상의 발견 시대를 열게 하였으며, 미국 대륙을 발견하게 만들었다. 그들은 지구상 어느 대륙으로 가든지 자기의 땅으로 알고 개척하며 정착하였다.

게르만에게 있어서 세상의 삶은 종교적인 삶과 나눌 수 없이 밀접한 관계에 있었다. 말하자면, 종교와 정치는 밀착되어 있었다. 백성이 평안을 누리는 것은 신(神)들과의 관계에 달린 것으로 알았으며, 백성들의 안녕은 곧 정치의 동기요 최종 목표였다. 신들은 삶을 위한 투쟁에 진정한 도움을 주는 이들이었다. 신들은 세상을 위협하는 괴물들과 그들 나름대로 싸운다고 인식했으며, 그러한 싸움을 통하여 사람들을 돕는다고 이해하였다. 개인적으로 이러한 도움을 갈구하기도 하였으며, 이를 위하여 제물을 바치기도 하였다.

전쟁은 신들의 뜻에 달린 것으로 알았으며, 전쟁의 승패 또한 신들의 손에 달려 있다고 생각하였다. 승리하였을 경우에는 포로를 제물로 바치기도 하였으며, 공동체의 질서를 파괴하는 자도 신에게 제물로 드렸다. 신들은 때로는 그들을 적대시하고 진노하기 때문에 화해(reconciliation) 또는 사죄(expiation, Versöhnung)를 위하여 제물을 바치고 기도를 드렸다. 인간의 안녕이 신들과의 평화에 달린 것이라고 생각하면서도 신들이 요구하는 윤리적인 규범은 가지지 못하였다. 기독교의 계명 같은 것은 그들에게는 전혀 생소한 것이었다. 이러한 계명이 없었기 때문에 죄의식이 없었으며, 신을 거역하는 것이 죄라고 생각하지도 않았다.

그들은 필요에 따라 신들에게 제물을 바치는 일 이외에도 일정한 제의(祭儀, cult)를 가지고 있었다. 헬라인들은 신들이 죽지 않는다고 생각한 데 반하여 게르만들은 신들의 죽음에 관하여 말한다. 이것은 중동인들이나 이집트인들의 생각과도 비슷하다. 예를 들면 '보단-오딘' (Wodan-Odin)은 파멸의 시기가 언제인가를 알기 위하여 자기의 눈을 제물로 삼는다. 전쟁신 '찌유-튀르' (Ziu-Tyr)는 파멸의 짐승인 늑대 모양을 한 괴물(Fenriswolf)을 묶어 두기 위하여 자기의 오른손을 제물로 바친다. 그러나 이 괴물은 다시금 풀려나서 파멸을 가져 온다. 그 때는 신들도 속수무책이다. 신이나 인간이 다 같이 종말의 파멸로 치닫는다.

무엇이라고 설명할 수 없고 이름할 수 없는 힘, 깊은 흑암에서 다가오는 힘, '메오투드' (meotud, zumessen, 割當), 창성(創成) 또는 생성하는 힘 '기스카푸' (giscapu, ein Schaffen oder ein Werden), 즉 운명(Schicksal)이다. 이러한 운명의 신앙은 흑암을 더 깊은 것으로 만든다. 그러나 게르만들이 기독교로 개종한 이후에는 그들의 신들이 주는 도움이 아무것도 아님을 깨닫게 되었음은 물론이다.

게르만의 기독교화

　　게르만이 기독교를 어떻게 받아들였느냐 하는 문제를 두고 논할 때 선교의 방법이 어떤 것이었다고 단적으로 말하기는 어렵다. 게르만 족이 기독교와 접하게 되어 기독교 진리를 받아들이게 된 것을 크게 분류해서 말하자면, 전도자를 통한 말씀의 선교가 있었는가 하면 무력에 의한 선교도 있었으며, 종교와 함께 문화를 전수하는 문화 선교도 있었다. 문화 선교를 논할 경우 기독교의 전파가 문화 전수자(傳授者)로서의 역할을 했는지 아니면 문화 훼손자의 역할을 했는지 더 연구해 보아야 한다. 그리고 게르만이 기독교로 개종한 것이 순수한 의미에서 그리스도 안에서, 그리스도와 더불어 사는 삶으로 전환한 것이었는지도 규명해 보아야 할 과제이다.

　　게르만의 선교는 800년의 긴 세월에 걸쳐 진행되었다. 고트 족이 도나우로, 게르만의 알레마니아 족이 라인으로 와서 기독교와 처음으로 접촉을 하게 된 것이 3세기였다. 그런데 12세기 초에도 스웨덴의 일부 지역에서는 사람들이 아직도 기독교로 개종하지 않은 채 이교를 신봉하고 있었다. 흑해와 북아프리카로부터 아이슬랜드와 노르웨이 지역이 이에 속한다. 그러므로 유럽의 선교를 획일적으로 보거나 설명할 수는 없다.

　　게르만이 기독교와 어떻게 접촉하게 되었는지에 대해서는 기독교가 선교하기 위하여 게르만에게 온 것이 아니라 게르만들이 기독교로 온 것이었다고 주로 설명한다. 이레니우스의 증언에 따르면, 2세기에 이미 로마 제국 영토 내에 살던 게르만 족이 기독교로 개종하였다고 한다. 그리고 그것은 독일어 역사에서도 입증이 되고 있다고 한다. 이를테면 'Kirche', 'Bishof', 'offern' (opfern), 'Almosen'(구제) 등의 낱말이 당시에 사용되었고, 그것이 후 세대에 그대로 전수되었다는 점을 든다.

　　당시의 고대 교회가 로마 영토 밖에 있는 민족에게 계획적으로 선교사를 파송하여 선교한 일이 없었음에도 불구하고 게르만들이 기독교로 개종하게 된 사실은 게르만들이 기독교와 접하면서 개종하게 되었음을 말해 준다. 이를 테면 서고트 족과 프랑크 족이 로마의 영토에 침입해 옴으로써 간헐적으로 초대교회의 선교에 접하게 되었다. 그러므로 게르만의 선교는 민족의 이동과 직접적인 관계가 있는 것으로 보인다.

그러나 정치적으로 말하자면, 민족의 이동으로 말미암아 유럽은 게르만화가 되었고, 문화적으로는 로마의 문화를 계승하여 새로운 문화를 꽃피우는 기초가 놓이게 되었다. 그리고 종교적으로는 게르만을 대상으로 하는 선교의 큰 계기가 마련되었으며, 그것이 나중에 세계 선교로 발전하게 되었던 것이다. 그런데 게르만의 개종에서 개인적인 개종은 거의 불가능하였음을 짐작케 한다. 이를테면, 아이슬랜드 같은 곳에서는 기독교로 개종하지 않는 것은 부족의 수치라고 생각했는가 하면, 다른 곳에서는 처음으로 그리스도인이 된 사람들은 박해를 감수해야만 했다.

종교가 제일 중요한 공적인 행사가 되고 있는 그러한 사회에서는 부족 전원이 종교 의식에 참여하는 것을 의무화하고 있었다. 그러므로 일반인들이 기독교로 가는 길은 정치적인 지도자의 개종을 통해서나 그의 결단을 통하여 열리게 되었다. 말하자면 게르만 세계에서는 선교가 위에서 아래로 향한 것이어서 백성들이 기독교화되었다고 하더라도 제대로 복음화가 된 것이었다고 보기는 어렵다.

동게르만 족 | 동게르만 족은 아리우스주의(Arianism)를 받아들임으로써 기독교화되었다. 서고트 족은 게르만 세계에 정신적인 면에서 크게 영향을 미쳤다. 서고트 족이 기독교와 접촉하는 데 공헌을 한 사람은 불필라(Wulfila, 311년경~383년)였다. 그는 갑바도기아에 포로로 잡힌 사람의 손자로, 아버지가 고트인이었다. 콘스탄티노플의 총대주교(Patriarch) 니코메디아의 유세비우스에

게서 341년 고트 족의 감독(bishop)으로 임직을 받았다. 고트어, 헬라어, 라틴어에 능통한 불필라는 기독교를 게르만에게 소개하고 전도하였으며, 또한 게르만을 기독교 세계에 소개하는 중개자로서의 역할도 훌륭하게 해내었다.

불필라는 유세비우스로 말미암아 아리우스주의의 영향을 받았다. 그의 제자요 친구인 아욱센티우스(Auxentius)가 전하는 바에 의하면, 아들(聖子)은 아버지(聖父)에게 종속적이라고 말하였으나, 그리스도가 하나님의 아들임을 강조하였다. 불필라는 성부와 성자의 관계를 게르만의 부자(父子) 관계에서 유추해 이해하였다. 게르만에서는 아들이 아버지에게 철저하게 종속적임을 말하며, 아들은 진실한 종의 위치에서 죽기까지 복종해야 한다고 생각하였다. 그럼으로써 아버지의 뜻을 성취한다는 것이다. 그리스도가 본질적으로는 하나님이 아니시지만 우리를 위하여 하나님의 자리에 섰다고 한다. 그러므로 그리스도는 '하나님이시며 주님' 이라고 한다. 성경을 고트어로 번역한 불필라는 성경을 철저히 문자적으로 믿었으며 , 사변적인 신학을 거부하였다.

도나우 지역의 게르만들에게는 이와 같이 아리우스파 신앙이 전수되어 그들의 신앙 형태의 형성에 결정적인 영향을 미쳤다. 언어 역사 연구에 의하면 아리우스파 사상은 특히 바이에른 사람들에게 깊은 영향을 미쳤다. 독일인들(Alamannen)과 튀링겐인(Thüringer)들에게도 그런 흔적을 발견한다고 한다.

동고트 족, 반달 족, 랑고바르드 족, 부르군디 족, 게피덴(Gepiden) 등은 로마 제국 영토로 침입하기 이전에 이미 기독교화되고 있었다. 동고트 족은 로마 제국의 영토를 밟으면서부터 로마화되었으며 동시에 가톨릭으로 개종하였다. 그러나 그들은 아리우스파 사상의 영향으로 국민 교회를 세울 수 있었던 것으로 보인다. 게르만들이 아리우스파 사상을 받아들이게 된 것은 그들 자신의 신학적인 사고 구조 때문이라기보다는 선교를 통해서였다. 아리우스파 사상은 또한 게르만이 짧은 시일 안에 그리스도의 신앙을 갖게 하는 일에 교량역할을 한 것이라고 보기도 한다.

서게르만 족 | 서게르만의 프랑크 왕국에서는 가톨릭 교회가 조직되어 그대로 유지되었다. 소국가 혹은 주(州) 단위의 교회 조직을 갖게 되었으며, 교황은 정신적인 권위만을 가졌다. 국민적인 공의회를 두고 프랑크 족은 왕을 중심으로 하여 그들 자신의 교회 중앙 조직을 갖추었다. 성직자는 프랑크 족의 결속하에 있었으며, 성직자가 되려는 자는 왕의 재가를 받아야만 하였다. 클로비스 왕 자신은 프랑스의 대주교에게서 세례를 받았다. 이와 같이 교회의 조직과 체제는 국민적이었지만 예배를 위해서는 모국어가 아닌 라틴어를 사용하였다. 그것은 500년경의 모든 교회에 공통적이었다. 아마도 라틴어로 예배드리는 일은 교리적으로 아리우스파 사상을 멀리하고 가톨릭에 충실할 수 있게 해 준 여건 가운데 하나로 간주할 수 있다.

브리튼(Briten)에는 일찍이 설립된 교회가 있었으나 앵글로-색슨 족은 가톨릭 편에서 계획한 선교 활동을 통하여 기독교화 되었다. 대교황 그레고리가 어떤 동기에서 그랬는지는 밝혀지지 않고 있지만, 브리튼에 선교사를 보내어 선교 활동을 하게 하였다. 595년 그레고리는 앵글로-색슨 족의 소년 노예들을 매입하여 수도원에서 하나님께 헌정하고 이들을 훈련시켜 선교사로 파송하였다. 596년에는 40명의 수도사들을 파견하여 이탈리아와 론 계곡 지방, 투르스(Tours), 파리를 거쳐 잉글랜드까지 가게 하였다. 이 일을 맡아 진행시킨 이가 베네딕트 교단의 수도사 어거스틴이었으며, 잉글랜드에까지 가서 가톨릭 교회의 선교사로 사역하였다.

때마침 북방에서부터 이레-스코트인들의 선교사들이 잉글랜드에서 선교 활동을 벌였으나, 잉글랜드는 664년 위트비(Whitby) 노회에서 로마교의 형식을 따르기로 하였다. 이레-스코트인들은 동일한 신앙을 가졌으나, 이교도 색슨 족들이 중간의 통로를 막는 바람에 150년 동안이나 대륙의 기독교와 연락을 취하지 못한 채 고립되어 있었다. 그래서 신앙 생활의 양태와 관습면에서 다소 다른 점을 갖게 되었다. 어거스틴은 잉글랜드에서 7년을 사역하는 동안에 이들 주교들과 접촉을 시도하고 회담을 진행하였다. 이와 같이 잉글랜드의 교회는 서로 다른 교회적인 형식을 접하고 경험하면서 일찍부터 독특한 형태의 교회로 발전하였다.

초기에는 교황이 대주교를 임명하였으나 나중에는 왕이 임면(任免)에 개입하였다. 이것을 일컬어 평신도 서임권(敍任權, lay investiture)이라고 하는데, 중세 교회를 부패하게 만든 가장 큰 요인이다. 8세기에 교회는 선교에 힘쓰고 특히 금욕 생활을 장려하였으며, 학문적으로 많은 발전을 보게 되었다. 교회의 감독과 수도원은 가까운 관계를 유지하였으며, 왕과 교회의 관계도 밀접하였다. 교회가 주재하는 왕의 대관식이 그러한 관계를 상징하는 것이다. 그런데 이러한 대관식은 옛 게르만의 왕국에서 행하던 관습이다. 잉글랜드가 아직 7개 왕국으로 나뉘어 있었을 때, 673년 허트포드(Hertford)의 시노드(Synod)에서 캔터베리의 대주교 테오도르(Theodore)가 교회를 하나로 묶었다. 교회의 통일은 후에 알프레드 대왕(Alfred the Great, 849~901)이 잉글랜드에 통일 왕국을 이룩하는 데 기초가 되었다.

기타 지역 | 남부 및 중부 독일의 기독교화를 위해서는 로마의 남은 주민들과 동게르만 족의 아리우스파 사상이 준비 작업을 해 준 셈이다. 프랑크가 이 지역을 정복하고 점령하여 그들의 영토로 만들면서 기독교화가 이루어졌다. 특히 마인(Main) 강 지방에서 더욱 그러하였다. 본래 수도원에서 시작된 의식화된 선교를 통하여 남독일과 바이에른이 기독교화되었다. 헤센(Hessen)과 튀링겐(Thüringen)은 그 뒤를 이어 선교되었으며, 그후 앵글로-색슨 족의 선교가 뒤따랐다. 독일 교회가 사용하는 언어를 검토해 보면 이러한 그룹들이 남긴 흔적을 더듬어 볼 수 있다. 고고학적인 발굴 작업에 대한 지식과 사람들이 거주한 역사와 언어 지리(言語地理)를 통하여 선교적인 요소들을 연구함으로써 구체적인 나라와 장소를 규명하는 것이 오늘날 시행되고 있는 하나의 연구 방

법이기도 하다.

월프리드(Wylfrid, 634~709)는 678년 프리슬란드(Friesland)에 와서 복음을 전하였다. 후에 윌리브로드(Wylibrod)가 와서 복음을 전하는 일을 계승하였다. 윌리브로드는 또한 프리슬란드를 교황에게 종속시키는 일에 공헌하였으며, 한동안 보니파티우스와도 함께 일하였다. 남부 잉글랜드의 귀족 출신인 베네딕트의 수도사 보니파티우스(St. Bonifatius, 680~754)는 690년대 말에 프리슬란드에서 젊은 나이에 선교 활동을 시작하였다. 그의 본명은 윈프리드(Wynfrid)이며 보니파티우스는 라틴 이름이다.

보니파티우스는 유럽 대륙의 게르만의 사도로서 프랑크 교회를 개혁하는 일에 헌신하였으며, 새 유럽을 세우는 일에 공헌하였다. 그는 교황과 카롤링 왕가를 연결시켜 주는 조정자로서의 역할을 다하였다. 보니파티우스는 오늘의 독일 지역에 살고 있던 튜튼(Teuton) 족으로 하여금 복음의 영향 아래 살도록 만들었으며, 동시에 로마의 교황에게 순복하면서 살도록 만들었다.

보니파티우스는 공부를 많이 하고 경건한 사제가 된 이후 선교에 헌신하기로 작정하였다. 그는 다시 잉글랜드로 돌아가 베네딕트 수도원에서 동지를 규합하고, 718년 교황의 부름을 받아 로마로 가서 독일에서 복음 사역을 할 수 있도록 교황의 재가를 받았다. 독일에서 선교를 시작하면서 가이스마르(Geismar)의 백양나무를 찍어 예배당을 지었다는 일화가 있다. 그 지방 사람들은 그 나무를 그들의 토르(Thor) 신의 것이라고 믿고 있었다.

보니파티우스는 그의 정신적인 뿌리를 고향인 잉글랜드에 두고 있어서 자연스럽게 앵글로–색슨의 신앙적인 특징을 가진 사상과 생활 형식을 대륙에 심게 되었다. 프리슬란드에서는 윌리브로드와 함께 일하였으며, 헤센(Hessen)과는 튀링겐에서 일하였다. 보니파티우스는 복음을 전파한 선교사이기보다는 독일 교회를 조직한 교회 지도자였다고 하나 많은 독일인들을 개종시킨 업적도 대단한 것이었다. 풀다(Fulda)를 비롯한 여러 곳에 수도원을 건립하여 730년경 새로 조직되는 교회에 봉사할 인재를 양성하였다.

당시 대륙에서 선교 일을 하는 사람들은 많았음에도 불구하고 독일 이외의 지역에서는 교회가 조직을 옳게 갖추지 못하고 있었다. 그는 순회하는 감독으로서의 역할을 다하였다. 바이에른과 중부 독일은 보니파티우스를 통하여 확고한 주교구 제도를 갖게 되었으며, 이러한 제도는 여러 수도원들이 설립됨으로 인해 보강되었다. 그러나 대주교구를 두려고 하는 시도는 성취되지 못하였다.

보니파티우스는 프랑크에서 교회 제도를 개편하는 개혁자로서 활약하였다. 메로빙 왕조의 몰락은 왕정과 밀접한 관계를 유지하고 있던 교회에 큰 타격을 안겨 주었다. 카를 마르텔(Karl Martell)이 정권을 장악한 이후, 그의 두 아들 카를만(Karlmann)과 피핀(Pippin)은 교회의 재건에도 관심을 가졌다. 741년 카를만은 교회의 재건과 개편을 위하여 동쪽의 여러 나라에서 교회를 위하여 다방면으로 활동하는 보니파티우스를 불러들였다. 교회와 왕실이 협조하는 일에 보니파티우스는 마다하지 않고 카를만의 부름을 받아들였다.

742년 보니파티우스는 먼저 게르만 공의회(Concilium Germanicum)에서 영향을 발휘하여 프랑크 왕국의 동부 지역에서 일에 착수하였다. 744년에는 수아송(Soissons) 노회에서 왕국 서부의 일을 맡아 진행하였다. 그러면서 보니파티우스는 피핀과 아주 가까운 사이가 되었다. 그들은 각자의 신복(臣僕)을 교황청에 사절(使節)로 함께 보내기도 하였다. 751년 피핀이 왕권을 장악하자 보니파티우스는 그곳의 관례에 따라 피핀에게 기름을 부었다. 그리고 나중에 대관식에서도 피핀에게 기름을 부었다.

알프스를 넘어 북쪽과 동쪽에 있는 나라에 속한 교회들이 로마 교황에게 종속되도록 중개 역할을 한 이가 바로 보니파티우스였다. 독일과 프랑스에 그가 세운 수도원들은 유럽의 교회가 초대교회의 전통을 이어 받는 일에 공헌하였다. 보니파티우스 자신은 새로운 사상을 가진 사람은 아니었으나 그의 경건한 인격과 정력적인 활동을 통하여 유럽의 역사에 큰 업적을 남겼다. 보니파티우스는 로마에 세 번 갔는데, 두 번째 로마로 갔을 때 교황은 그를 감독으로 세웠으며, 세 번째 갔을 때는 마인쯔(Mainz)의 대주교로 임명하였다. 마인쯔의 대주교 자리는 수석 대주교 자리였으므로 그만큼 영향력을 발휘할 수 있었다.

작센(Sachsen) 지역은 프랑크 왕국의 영 외 북방에 위치하고 있어서 이곳의 선교는 정복을 통하여 선교의 길을 튼 전형적인 사례가 되었다. 이 지역에서는 전쟁이 250년 간이나 계속되었다. 이로 인해 국경선은 수시로 변경되었다. 칼 대제(Charlemagne, 768~814)가 전쟁을 주도한 지 30년 만에 드디어 작센은 프랑크에 병합되었다. 프랑크 국민은 기독교인이 되어야 한다고 법으로 정하고 있었으므로, 782년 칼 대제는 작센을 정복하자 작센 지역을 위한 법령을 포고하여 작센인들로 하여금 프랑크의 법을 따르도록 하면서 작센인들이 세례를 받는 일을 의무화하였다. 이를 소홀히 하는 자는 사형으로 다스린다고 공포하였다.

이 법령에는 세례를 받는 일뿐만 아니라 규례를 따라 예배를 드리며 십일조를 바치는 일도 포함되어 있었다. 계몽주의 시대에 이르러 많은 사람들의 '항복'(capitulatio)을 받아내기 위한 칼 대제의 법령은 기독교 본래의 정신에 위배된다고 비평하였다. 그러나 당시의 칼 대제로서는 왕에게 충성해야 하는 것과 다름없이 하나님께 충성을 다해야 하며, 하나님의 사랑 이전에 하나님께 대한 두려움을 가져야 한다고 했다.

이탈리아의 롬바르드(Lombards) 왕가는 일찍이 아리우스파 기독교 신앙으로 개종하였다. 그래서인지 568년부터 675년 어간에 남이탈리아를 지배하면서 교황에 반대하는 입장을 취하였다. 그레고리 1세는 롬바르드가(家)의 왕후가 된 바이에른의 공주 토이델린다(Theudelinda)를 통하여 롬바르드가와의 마찰을 피할 수 있었다. 이 왕후는 두 왕을 계속 보필하였다. 610년경 아일랜드의 수도사 콜룸바누스(Columbanus)가 와서 롬바르드가의 많은 사람들로 하여금 아리우스주의(Arianism)를 버리도록 하였다. 675년에 이르러서는 왕들과 대부분의 백성들이 로마의 정통 신앙을 받아들였다.

스페인의 아리우스주의 신앙을 가진 서고트 족은 로마의 교회에 반대하는 입장을 취하였다. 레카레드 1세(Recared I)는 589년의 제3차 톨레도(Toledo) 회의에서 아리우스주의를 버리고 로마의 정통 신앙을 따르겠다고 선언하였다. 그의 통치하에 있는 많은 귀족들과 아리우스주의 감독들도 왕의 결정을 따랐다. 그러나 아리우스주의는 완전히 말살되지 않고 정통 신앙에 대치하여 존속하였으므로 교회 안에는 늘 분쟁이 있었다. 아마도 이러한 갈등 관계 때문에 8세기에 이슬람이 스페인을 점령하였을 때 사람들이 쉽게 이슬람의 신앙으로 넘어지게 된 것이라고도 본다. 9세기에 들어서면서 교황의 권위는 잉글랜드와 현 독일 지역에서 확고하게 되었으며, 이탈리아와 스페인 지역에서는 아리우스주의의 위협을 거의 완전히 극복할 수 있게 되었다.

기독교의 게르만화

하르낙은 기독교의 게르만화는 헬라화(Hellenization)나 라틴화와 같이 두드러진 정도는 아니라고 말하나 노이스(Wilhelm Neuβ)는, 중세 교회사에서 특기할 만한 일은 게르만 형식의 가톨릭 교회가 형성된 점이라고 말한다.

헬라인들은 로고스(Logos) 교리로 그리스도를 설명하려고 하였으나 게르만들은 '주'(主, κύριος 혹은 dominus)를 게르만의 고어 '드루틴'(druhtin)의 개념으로 파악하였다고 한다. '드루틴'은 노예에 대한 절대적인 지배권을 가진 주인이라는 뜻이기보다는 젊은이가 선배 혹은 상전과 자발적으로 맺는 주종 관계(Gefolgschaft)에서의 주인이라는 뜻이며, 종은 신뢰와 자발적인 봉사를 전제로 하는, 그러한 주종 관계에서의 종이라는 것이다. 앵글로-색슨들은 이러한 주종 관계에서 종은 죽기까지 충성할 것을 서약하였다. 게르만의 세계에서는 자의로 인정받을 만한 일을 하고 인정을 받게끔 일을 해야 한다는 생각에서 공로 사상이 더 철저하게 되었다고 한다.

게르만에게는 '눈은 눈으로, 이는 이로' 갚아야 한다는 개념이 생소하였다. 위에서 본 바와 같이 원수 갚는 일을 두고 반드시 당사자를 찾아 갚는 것이 아니라, 혈족의 명예를 걸고 상대방의 혈족을 상대로 한다는 것인 만큼 정확하게 보상한다는 개념이 희박하였다. 그리하여 개인적인 잘못을 물건으로 갚는다든지 피 흘린 죄를 속전으로 갚을 수 있다고 생각하였다.

이런 제도는 구약에도 있었기 때문에 전형적으로 게르만적인 것이라고는 할 수 없겠으나, 여하튼 게르만들은 사죄와 속전에 대한 나름대로의 개념을 가지고 있었으므로 면죄부 제도가 잘못이라는 의식을 갖지 못하였다. 그리하여 면죄부 제도는 더욱 발전하게 되어 나중에는 종교 개혁에서 반성을 촉구하는 거센 반발에 부딪히게 된 것이다. 안셀무스(Anselmus)의 '보상'(satisfactio)의 사상도 게르만적인 배경에서 나온 사상이라고 할 수 있다.

그리고 주교(감독) 제도는 봉건 제도와 병행하는 것이며, 2세기경부터 로마 제국의 문화적인 배경에서 발전한 것이다. 중세 교회는 교회세 징수와 관리를 봉건 제도의 전형을 따라 시행하였다.

켈트 족의 선교

역사에서 문명의 퇴폐나 쇠퇴의 원인들을 찾아내고 설명하기는 쉬워도 새로운 문명이 어떻게 시작되는 것인지를 설명하기는 용이하지 않다. 메로빙 왕조하에서 유럽은 오랫동안 무질서와 파탄을 겪어 오다가 8세기와 9세기에 카롤링 왕조가 통치하면서부터 정치와 사회가 새롭게 개혁되어 새 질서를 갖추게 되었다. 그런데 유럽을 새롭게 형성한 힘은 교회로부터 나왔다고 할 수 있다. 앵글로-색슨 수도사들과 교황들은 새로운 유럽을 형성하려는 의지를 가지고 있었다. 그들은 프랑크 왕국의 교회와 프랑크 왕권에 변혁을 가져와 유럽인들을 각성시켜 정치적이며 지적인 능력을 발휘하도록 하였다. 그리하여 유럽인들은 교육과 정신 생활에 크게 진전을 보게 되었다.

이러한 원동력은 6~7세기의 아일랜드와 7~8세기의 잉글랜드 문화에서 유래하였다고 한다. 아일랜드는 로마의 일부가 된 적이 없는 나라였으며, 잉글랜드는 6세기 말까지만 해도 지중해 문명권 밖에 있는 나라였다. 아마도 그런 입지적 조건 때문에 양국은 새 유럽을 건설하는 데 신선하게 기여할 수 있었던 것으로 본다. 아일랜드와 잉글랜드의 지성인이었던 수도사들은 그들이 로마 문명의 중심부와는 멀리 떨어진 곳에 있음을 자각하고 대등한 문화인이 되기 위하여 분발하였다. 아일랜드인들은 큰 도서관을 지어 고전을 비치하였으며,

7세기 후반과 8세기 초에 기독교를 받아들인 잉글랜드의 학자들은 2~3세대가 지나면서부터 로마 교회의 열렬한 지지자가 되었다.

아일랜드는 5세기 말에서 7세기 초에 걸쳐 외부에서 기독교 신앙과 학문을 가져와 전수한 세 가지 다른 무리의 교회 사람들을 영입하였다. 첫째 무리는 앵글로-색슨 족의 침입으로 인하여 브리튼에서 피난 온 성 패트릭(St. Patrick)을 위시한 사제 그룹이었으며, 둘째 무리는 5~6세기에 게르만이 골을 점령할 즈음에 거기서 피난 온 사람들이었다. 셋째 무리는 6세기 말과 7세기 초에 지중해 동부 지역에서 교역을 위하여 온 그리스 교인들이었다. 그들은 당시 서유럽에서는 볼 수 없었던 문서들을 가져 왔으며, 학자들에게 헬라어를 가르쳐 주었다. 아일랜드인들은 이러한 혜택을 받았으므로 7~9세기에 서유럽에서 교회 지도자들 가운데 헬라어에 능통한 사람이면 아일랜드 출신으로 생각할 정도였다.

아일랜드 교인들은 배우는 일과 선교에 힘썼으며, 교회는 로마 교회와는 접촉이 없는 상태에서 특색 있게 발전하였다. 그러나 8세기에 접어들면서 유럽 문화에 기여하던 그들의 역할은 점차 시들해졌으며 그들의 켈트 교회는 급격히 쇠퇴하였다. 로마 교회와의 접촉에서 계속 자립성을 유지하려고 했으므로 서유럽의 교회에서 소외된 것도 그 원인 가운데 하나였다. 9세기에는 바이킹들의 침략으로 아일랜드의 수도원들이 파괴되었을 뿐 아니라 오랜 정치적인 불안으로 원시적인 부족주의 운동이 일어나는 등 사회의 일치가 와해되었는데, 이 또한 그 원인으로 작용하였다.

켈트 선교사들은 6세기 말과 7세기 초에 잉글랜드 북부 지방에서 복음과 함께 그들의 학문을 전함으로써 앵글로-색슨의 학교에 많은 것을 기여하였다. 그러나 앵글로-색슨의 학교들이 주로 영향을 받은 것은 유럽 대륙으로부터였다. 잉글랜드의 교회 지도자들은 660년에 로마 교회에 합류하기로 결정하였으므로, 교황은 소아시아 출신의 학자 다소의 테오도르(Theodore)를 캔터베리의 대주교로 파송하였다. 테오도르는 캔터베리에 큰 학교를 설립하여 인재를 양성하였다. 이 학교 출신들이 잉글랜드 남부의 여러 수도원의 원장들이 되었다.

캔터베리는 잉글랜드 남부의 교육을 주도한 반면에, 북부에서는 재로우(Jarrow)가 교육의 중심지가 되었으며, 거기서 베데(Bede)와 같은 대단한 학자가 탄생하였다. 베데는 성경과 교부들의 신학을 연구하고 전수하는 학자였는데, 철학적인 사색에 관심을 두기보다는 실제적으로 교회를 돕는 일에 힘썼다. 11세기에 잉글랜드가 유럽의 학문과 문화에 영향을 미치고 힘을 보탠 것은 엄연한 사실이다. 베데에 버금가는 학자, 요크(York) 출신 알쿠인(Alcuin)은 일찍이 칼 대제의 자문으로 봉사하였다.

슬라브 족의 선교와 북유럽과 동유럽의 선교

엘베 이동 지방과 도나우 지방에서 게르만 족이 이동하자 슬라브 족이 이곳을 차지하였다. 게르만이 먼저 기독교화되고 난 후 슬라브 족은 바야흐로 선교에 대한 열정을 갖게 된 게르만을 통하여 기독교 신앙을 접하게 되었다. 슬라브 족의 개종은 600년경부터 1400년까지의 기간에 걸쳐 이루어졌다. 부족들이 모두 기독교로 개종하는 데에는 긴 세월이 걸렸던 것이다.

슬라브 족의 선교 역사에는 여러 다른 환경과 사정에 대처하는 선교사들의 순수한 노력들도 있어서 슬라브 족의 선교를 획일적으로 말하기는 어렵다. 슬라브 족의 선교는 세 가지 거점(據點)에서부터 시작되었다. 알프스의 남쪽에 위치한 가톨릭 교회가 7세기 말에 아퀼레야(Aquileja)의 대주교구에서부터 그로아(Groa)인들간에 선교가 성공적으로 진행되었다. 그리하여 이 지역은 9세기 초에 기독교화 되었다.

비잔틴(Byzantin)에서도 교회가 이웃하고 있는 슬라브 족들에게 기독교를 전파하려고 나섰다. 헤라클리우스(Heraclius) 치하(610~641)에서 세르비아인들이 세례를 받았다. 이러한 개종은 퍽 피상적이라는 사실이 드러나기도 하였다. 827년 그리스 왕국이 몰락하자 이방 종교가 다시 성행하였다. 그러나 바실리우스 1세(Basilius I)는 세르비아인들에 대한 통치를 강화한 결과 그들은 마침내 희랍 정교로 개종하게 되었다.

비잔틴과 로마는 슬라브 족에 대한 경쟁적 선교로 인해 충돌하는 경우도 있었다. 863년 모라비아의 스타니슬라우스(Stanislaus)는 독일에 등을 돌리고 비잔틴에서 자기 왕국을 위하여 종사할 선교사를 구하였다. 그리하여 소위 '슬라브 족을 위한 사도'라고 불리는 키릴루스(Cyrillus)와 메토디우스(Methodius)가 비잔틴으로부터 선교사로 보냄을 받았다. 키릴루스는 크리미아에서 슬라브인들에게 선교한 경험을 가지고 있었으며, 이미 성경과 예전의 번역을 시작하였다. 말하자면 슬라브 족의 불필라가 된 셈이었다. 교황 니콜라우스 1세(Nicolaus I)는 두 사람을 다 로마로 초청하였으나, 키릴루스는 로마에서 죽었다. 메토디우스는 885년 그가 죽을 때까지 모라비아와 보헤미아를 위하여 일할 수 있었다. 그러나 모라비아는 독일과는 대립적인 관계에 있었다.

모라비아인들이 다시금 독일을 선호하게 되자 메토디우스의 제자들은 그 지역을 떠나 불가리아로 갔으며, 거기서 따뜻한 영접을 받았다. 불가리아인들은 그들의 제후 보고리스(Bogoris)를 따라 비잔틴의 영향하에서 864년 세례를 받았다. 그후 보고리스는 정치적인 독립을 위하여 프랑크 왕국 및 서방 교회와 관계를 맺었다. 그러나 보고리스는 자국인의 감독을 가지려는 소원이 서방 교회로부터 이루어지지 않자, 다시금 비잔틴 쪽으로 전향하였다. 그리하여 불가리아 교회는 동방 교회에서 처음으로 자립적인(autokephale) 교회가 되었다.

러시아에 사는 노르만인들은 9세기 후반에 일멘(Ilmen) 호수가의 노브고로드(Nowgorod)와 현 우크라이나의 수도 키에프(Kiew)에 국가를 건설하였다. 그들은 어느 날 바이킹과 상선을 타고 콘스탄티노플에 이르렀다. 콘스탄티노플의 대주교 이그나티우스와 포티우스(Photius)는 그들을 만나 보고는 그들에게 선교할 마음을 가졌다. 945년 키에프에 있는 일부 노르만 귀족들이 기독교로 개종하였다. 955년에는 유력한 공작(公爵)의 미망인 올가(Olga)가 세례를 받고 헬레나(Helena)라는 세례명을 받았다. 올가는 콘스탄티노플에 자기 나라의 종교를 위하여 도움을 청하였으나 소식이 없자 오토(Otto) 대제에게 도움을 청하였다. 오토 대제는 그의 청을 지체 없이 들어주었다. 한편 비잔틴의 황제 로마노스 2세(Romanos II)와 황후 테오파누(Theophanu)는 키에프와 다시금 관계를 맺었다. 그리하여 오토가 보낸 아달베르트(Adalbert) 감독은 962년 키에프에서 아무런 성과를 거두지 못한 채 돌아왔다. 올가의 손자 블라디미르(?~1015)는 987년 비잔틴 쪽으로 돌아서서 동방 교회로부터 세례를 받아 동방 교회의 교인이 되었으며, 비잔틴의 황제 바실리우스 2세의 누이를 왕후로 맞아들였다. 말하자면 완전히 비잔틴 편으로 기울었던 것이다. 키에프에는 13세기까지, 그리고 모스코바에는 15세기까지 헬라인들이 러시아 교회의 대주교 자리에 있었으나, 그후에는 본국인이 대주교가 되어 자립적인 교회가 되었다.

게르만의 본거지로 알려져 있는 유럽 북쪽의 스칸디나비아와 유럽의 중부와 동부에 있는 나라와 백성들의 개종을 위해서도 오랜 세기 동안 서서히 선교는 진행되어 왔으나 10세기를 지나면서부터 비로소 기독교화가 가시화되었다. 10세기에 신성 로마 제국이 정치적으로 강성해지면서 선교는 다시금 활기를 띠어 기독교 세계는 더 널리 확장되었다. 950년경에 보헤미아가, 1000년경에 폴란드와 헝가리 및 스칸디나비아의 나라들이 기독교 국가가 되었다. 그런데 폴란드와 헝가리의 교회는 신성 로마 제국의 교회와는 별도로 직접 로마와 유대를 갖는 자립적인 국가 교회가 되었다. 오토 3세는 이들의 교회들과 유대 관계를 유지해 보려고 노력했으나, 제국의 국력이 기울어지고 있었으므로 영향력을 행사할 수 없었다.

알프스의 북부에서는 선교가 프랑크 왕국에서부터 시작되었다. 바이에른으로부터 시작하여 슬로바키아의 카라탄(Karatanen)인들에게 복음이 전파되었으며, 8세기에는 오스트리아의 캐르텐(Kärten)인들을 기독교인으로 얻게 되었다. 칼 대제는 슬라브 족의 몇몇 부족에게 통치권을 행사하게 되었다. 그것은 곧 그 지역에 선교가 시작된 것을 의미한다. 아바르 족(Awaren)과 모라비아인들, 보헤미아와 체코인들 역시 선교의 대상이었다. 독일의 루트비히(Ludwig) 왕 역시 선교에 힘을 쏟았다. 845년에는 그의 궁정에서 14명의 보헤미아 추장들과 백성들이 세례를 받았다. 840년에는 모라비아의 제후 프리비나(Pribina)가 기독 신자가 되었다.

신앙심이 깊은 벤제슬라브(Wenzeslav) 왕은 929년에 이교도 체코 국민당의 지도자인 그의 동생 볼레슬라브(Boleslav)에게 시해되었다. 그러나 형을 이어 왕이 된 볼레슬라브는 오토 대제로부터 봉건왕으로 제수됨으로써 기독교를 받아들이지 않을 수가 없었다. 프라하의 주교구는 973년부터 1344년까지 마인쯔 대주교구 산하에 있었으나 보헤미아 교회는 국민 교회로 발전하였다.

폴란드는 보헤미아의 왕실과 관계를 가지면서 10세기에 기독교를 받아들이게 되었다. 미에실라브(Miecislav) 공작은 996년에 세례를 받고 폴란드 교회를 조직하였다. 그의 후계자 볼레슬라브 크로브리(Boleslav Chrobry)는 1000년에 폴란드를 신성 로마 제국의 속국으로 삼으려는 오토 3세의 도움을 받아 그네젠(Gnesen) 대주교구를 설치하였다. 헝가리는 970년경에 비잔틴의 주도하에 선교가 시작되었다. 유력한 제후 와이크(Waik)는 세례를 받고 성 스테판으로 알려지게 되었는데, 교황 실베스터 2세가 보낸 왕관을 받고 헝가리 왕국을 건설하였다. 오토 3세는 헝가리 교회를 설립하는 일에도 협조하였으나 그란(Gran) 대주교구가 설치되면서 헝가리 교회는 독일 교회의 영향을 벗어나게 되었다.

스칸디나비아에서는 안스카(Anskar)와 그의 후계자 림베르트(Rimbert)에 의하여 선교가 진행되었으나 거의 흔적이 남지 않았다. 그러던 중 934년 헨리 1세가 덴마크를 전쟁에서 굴복시키면서부터 선교의 길이 새롭게 열리게 되었다. 덴마크의 왕 하랄드 블라우잔(Blauzahn)은 오토 대제의 영향으로 세례를 받게 되었으며, 947년에 슐레스비히(Schleswig)와 리펜(Rippen)과 아르후스(Aarhus)에 주교구를 설치함으로써 덴마크 교회를 조직하였다. 그러나 이 지역은 독일

왕들에게 점령되었다.

모처럼의 선교가 980년경에 이르러 이교의 반격으로 정체 상태에 있다가 1000년경에 덴마크에서는 스벤 가벨바르트(Sven Gabelbart, 985~1014)와 그의 아들 크누트 대제(Knut the Great, 1014~1035)를 통하여 다시금 활기를 되찾았다. 크누트 대제는 덴마크, 노르웨이 및 잉글랜드를 한때 통일하였다.

노르웨이에서는 올라프 트리그바손(Olaf Tryggvason, 995~1000)과 성 올라프(1015~1030)가 정치적인 이유에서 기독교를 받아들였다. 스웨덴은 1000년 이후에 성주 올라프가 세례를 받음으로써 기독교로 개종하였다. 아이슬랜드에는 900년경 노르웨이 사람들이 이주하여 살게 되었는데, 거기서는 이교도와 기독교도들이 한바탕 전쟁을 치른 후에 1000년에 기독교에 이교적인 관습을 다소 받아들인다는 조건으로 화해하였다. 그러나 얼마 지나지 않아 1016년에 이교적인 관행은 철폐되었다. 스웨덴과 노르웨이에서는 12세기 후반까지 기독교화의 개종이 서서히 진행되었다.

중세 초기의 교회 조직

기독교가 로마 제국의 국가 종교가 된 이후 교회 회중의 수는 급격히 불어났다. 지역 교회는 감독 한 사람이 돌보았다. 서방에서는 감독이 살아 있는 동안에 후계자가 안수를 받는 일은 있을 수 없는 불법으로 간주하였다. 그러나 동방에서는 지역 목사 교구(paroichia)가 감독의 재량으로 설정되었다. 농촌이나 작은 마을에 사는 신자들은 도시 교회에 속한 목사가 순회하면서 목회하였다. 감독구는 주로 정부의 행정 구역과 병행하게 정해졌으나 이웃한 감독구와의 경계선이 명확하지 않은 경우가 많았다. 감독은 자신이 관할하는 교구의 변두리 지역에 새로 목회처를 마련하려고 할 경우 그 지역이 이웃 교구에 속해 있으면 그 교구 감독의 동의를 받아야만 했다.

서방에서는 로마의 감독이 새로운 지역 교회를 세우는 일에 직접 관여하거나 간섭하지 않고 해당 노회의 결정을 존중하였다. 아프리카의 감독들은 여러 교회 문제들을 자신들이 결정하고 해결하였다. 이를테면 도나투스파의 문제가 생겼을 때도 독립적으로 해결하려고 했다. 그러나 동방에서는 중요한 교회 문제가 있으면 정부가 개입하는 경우가 많았다.

감독은 목회자로서 특별한 경우에만 교구를 떠나 있을 수 있었으나 대체로 3주간을 넘기지 않도록 되어 있었다. 그러나 교회를 위하여 황제에게 가서 청원하기 위하여 장기간 자리를 비운다든지 하는 경우는 예외였다. 그런 경우에 감독은 서면으로 허가를 신청해야 했으며, 노회는 감독의 여행을 경우에 따라 허락하거나 혹은 금하기도 하였다. 감독의 면직도 노회가 결정하였으며, 감독이 이에 불복할 경우에는 로마에 상소할 수가 있었다. 그러나 동방에서는 때로는 황제가 감독을 직접 면직시키기도 하였다.

4세기부터 교구 제도에 약간의 변화가 일어났다. 알렉산드리아, 안디옥, 로마, 카르타고, 밀라노 등의 대도시의 기독교 인구가 불어나자 도심에 위치한 감독이 관할하는 교회당(Cathedral)에서 멀리 떨어져 있는 교외에 예배당을 세워 지역 사람들을 목회해야 했다. 이런 교회들을 '명목상의 교회'(titular church) 라고 불렀다. 이런 교회의 목회자는 도시의 감독구에 속해 있으므로 감독의 보조자로서 목회하였다. 로마에는 이런 교회 구역이 셋이나 되었다. 동방에서는 이를 '코에피스코푸스'(Chorepiscopus)라고 칭하였다.

그리스도의 교회는 일찍부터 보편적인 교회를 지향하였다. 노회들이 조직되었을 뿐만 아니라 니케아 공의회를 비롯한 여러 공의회가 소집되어 어떤 문제를 두고 토의하며 결정하였다. 대도시의 감독은 넓은 지역의 여러 감독들을 지도하는 위치에 있음을 자타가 인정하였다. 341년에 안디옥의 노회는, 지역 교회의 감독은 교구를 독자적으로 돌보는 것이라고 하면서도 대도시의 감독은 지역 교회의 감독을 돌아보아야 한다고 강조하였다.

4세기에 성직자는 실제로 두 그룹으로 나뉘어 있었다. 인노켄트 1세는 이를 상위의 교직자(clerici superioris)와 하위 직원(inferioris ordinis)으로 구분하였다. 상위의 성직자는 감독, 사제, 집사였는데, 이들은 감독에게 안수를 받아 장립되었으며, 이들의 직위는 국가 행정부의 인정을 받았다. 이에 반하여 하위 직원들은 서리집사(subdeacon), 복사(服事, acolyte), 축귀자(逐鬼者, exorcist), 수위(守衛, porter), 렉터(lector, 성경 읽는 이) 등 그 수가 많고 종사하는 분야가 다양하였으나, 막상 지역 교회에는 이러한 직분을 가진 자들이 거의 없었다. 하위 직원들 가운데서 렉터(讀經者)는 성직자 후보생으로 간주되었다.

평신도가 사제 혹은 감독이 되기 위해서는 적어도 1년 간 교회 교육을 받아야만 했다. 524년 아를레스(Arles)의 노회록에 따르면, 평신도들을 안수하여 감독으로 혹은 사제로 장립한 이유는 신속히 성장하는 교회를 돌볼 수 있는 교역자를 얻기 위해서였다. 533년의 오를레앙(Orleans) 노회와 589년의 나르본(Narbonne) 노회에서는 집사로 안수를 받을 사람은 읽고 쓸 수 있는 사람이어야 한다고 규정하였다. 교직자의 교육을 위한 최소한의 요구였다. 대다수의 목회자들, 즉 수장집사들이나 감독들은 대체로 렉터로서 10년, 서리집사(subdeacon)로 5년, 집사로 15년, 사제로 20년을 봉사한 경력을 가졌으나 그들이 받은 신학 교육의 수준은 일정하지가 않았다.

스페인의 교회 역시 교역자의 교육에 관심을 표하고 있었다. 527년의 톨레도(Toledo)의 제2공의회는 젊은 렉터들이 감독의 사저에서 선생의 지도하에 교회 일을 하는 데 필요한 과정을 공부해야 한다고 요구하고 있다. 아를레스에서도 집사가 될 사람은 적어도 성경을 네 번은 통독해야 한다고 규정하고 있었다. 598년의 나르본의 교회 법규에 따르면, 교육을 받지 못한 사제나 집사는 읽기와 쓰기를 의무적으로 배워야 한다고 말하고 있다. 633년의 톨레도 회의의 결정에는 사제들의 무지를 규탄하는 대목이 있다. 사제의 무지는 모든 오류의 원천이므로, 백성을 가르쳐야 하는 사제들과 감독들은 부단히 배우고 성경과 교회법을 상고해야 한다고 했다. 골에서도 교회법에 대한 지식을 요구했다.

교역자들은 구별된 금욕적인 생활을 해야 했다. 세속적인 직업은 완전히 버려야 한다고 하며, 사냥하는 개나 매 등을 소유하거나 무기를 휴대할 수 없으며, 사치스러운 옷이나 자색 옷을 입어서도 안 되었다. 마콘에서는 세속의 옷을 일체 입지 못하도록 규정하고 있다. 그러나 성직자들의 옷이 어떤 모양을 하고 있어야 한다고 언급한 것은 없다. 사제와 집사들은 감독이 발행한 증명서가 없이는 함부로 여행할 수도 없었다. 그들은 어떤 경우에도 단독으로 성찬식을 인도할 수 없었다.

성직자의 독신 제도는 이미 AD 300년경에 엘비라(Elvira) 회의에서 고위 성직자들부터 시행하도록 하는 요청이 있었으나 별 진전은 없었다. 그러다가 4세기 말 다마수스(Damasus)와 시리키우스(Siricius)가 교황으로 있을 때 성직자의 독신 문제가 재론되었으며, 5세기에 이르러 교황 레오는 시행 대상의 범위를 넓혀 서리집사까지 독신 생활을 해야 한다고 하였다. 이러한 규정에 따르면, 혼인한 사람은 고위 성직자가 될 수 없다는 것은 아니었으나, 그들이 안수받기 전에 앞으로는 더 이상 부부 생활을 하지 않기로 서약해야 한다는 것이었다. 그래서인지 교황은 기혼자를, 더욱이 자녀가 있을 경우, 성직자로 장립하기를 주저하였다.

펠라기우스 1세(556~561)는 그런 경우에 장립을 받는 자의 재산 목록을 제시하도록 하였다. 자녀에게 유산을 물려 줄 때 교회 재산이 조금이라도 거기에 포함되지 않도록 하기 위해서였다. 독신 제도야말로 성직자가 아무런 상속자도 두지 못하게 만드는 확실한 제도였다. 대교황 그레고리는 고위 성직을 받은 기혼자는 그들의 배우자를 버리지 말고 함께 살되 완전히 부부 생활을 하지 않는 가운데서 살도록 모범적인 부부의 실례까지 들면서 교서를 내렸다.

골에서는 441년의 오렌지 회의에서 기혼자가 집사로 장립을 받으려면 성적인 금욕 생활을 하기로 서약해야 한다는 법규를 정하였다. 그리고 배우자들도 같은 서약을 하도록 하였다. 이를테면, 성직자가 된 남편이 죽고 난 후에도 평생 과부로 지낼 것이라고 서약해야만 하였다. 스페인에서는 이보다 약 2세기 후에 비로소 이러한 엄한 금욕 생활을 요구하였다. 교회는 독신 제도의 근거를 고린도전서 7:5에서 찾았으며, 평신도들도 금욕 생활을 할 경우 하나님께서 그들의 기도를 잘 들어 주실 것인데 하물며 성직일 경우는 더 그렇지 않겠느냐고 했다.

그리하여 독신 제도는 5세기와 6세기에 골 전역에 보편화되었다. 589년의 톨레도 회의에서는 성직을 받고도 결혼 생활을 고집하는 사람은 독경자로 강등시키며, 첩을 둔 자는 성직을 박탈하여 수도원으로 보내야 하며, 여자는 노예로 팔고 그 돈은 가난한 사람들을 구제하는 일에 쓰도록 한다는 법규를 정하였다.

중세의 수도원과 그 제도

누르시아의 베네딕트는 옛 로마 귀족의 자손으로서, 로마의 질서와 규율 및 권위를 수도원에 도입하여 수도원을 짜임새 있는 교단으로 제도화하였다. 6세기 중반부터 12세기 중반까지를 베네딕트 수도원 시대라고도 하는데, 아일랜드의 수도원들을 제외한 서방의 수도원들은 베네딕트 교단과 동일시될 정도로 베네딕트 교단의 영향을 받았다. 베네딕트는 부모가 보내서 가게 된 학교에 염증을 느낀 나머지 광야로 달아나 은자(隱者)가 되었다. 그러나 그는 고독한 은거 생활이 만족스럽지 못하며, 심리적으로도 위험한 생활임을 발견하였다. 그후 그리스식의 허술한 은둔 공동체의 장이 되었던 수도원의 영성함과 무질서에 실망한 그는 수도원 제도를 나름대로 개혁하였다.

베네딕트 공동체의 목적은 먼저는 지체들이 구원을 확실히 얻도록 하자는 데 있었다. 그리고 수도원 공동체는 극도로 부패한 경우를 제외하고는 재정적으로나 정치적으로 혹은 영적으로 완전히 자급자족하며 자율적으로 운영하는 공동체였다. 베네딕트 교단의 규칙에는 수도원장과 수도사들이 명백하게 잘못된 생활을 할 경우에는 이웃의 감독이나 경건한 평신도들이 간섭함으로써 정상적인 생활을 되찾도록 하고 있었다.

수도원장은 수도사들이 선출하였으며, 수도원장에게는 형제들의 생명과 영혼을 좌지우지할 수 있는 권한이 부여되었다. 수도사들은 수도원장에게 금욕과 청빈한 삶으로 절대 복종할 것을 서약하였다. 설사 수도원장의 명령이 옳지 않은 것이라고 하더라도 수도사들은 무조건 복종해야만 했다. 수도원장은 수도원의 일상 생활을 주장하고 수도사들에게 여러 가지 의무를 부여할 수 있으며, 필요에 따라서는 벌할 수 있는 절대적인 권한을 가졌다. 수도사들은 특별한 경우가 아니고는 수도원을 떠날 수 없었으며, 떠날 때는 수도원장의 허락을 받아야만 했다.

베네딕트는 로마인답게 균형 감각을 가졌으며, 인간 본성의 가능성과 한계를 심리적으로 직시하는 능력을 가지고 있었다. 베네딕트는 고행을 장려하지 않았다. 수도원장은 수도사들의 건강을 보살필 의무를 졌으며, 그들이 하루 두 끼씩 충실하게 식사를 하는지 살피고, 병자나 어린이와 나이 많은 이들에게는 특별한 배려를 아끼지 않았다.

수도사들은 하루의 시간을 넷으로 구분하였다. 매일 채플에서 공동으로 예배하는 일(Opus Dei)에 4시간을 바쳤으며, 개인적으로 명상하며 기도하고 종교 서적을 읽는 일에 4시간을, 육체적인 노동에 6시간을 사용하였다. 수도원은 식량을 완전히 자급자족하였다. 그리고 먹고 자는 일에 나머지 10시간을 소모하였다. 이것은 베네딕트가 절제 있게 상식 선에서 규율을 정했음을 말해 준다. 수도사들은 늘 조용한 가운데 경건한 분위기에서 생활하는 것을 원칙으로 했다. 그러나 무조건 정숙해야 하는 것은 아니었으나 필요 없이 수다떠는 것은 금물이었다. 식사 시간에는 한 사람이 시편이나 카시안의 글(Cassian's Collations)을 낭송하여 모두들 들으면서 식사하게 하였다.

베네딕트는 상당히 믿음이 좋은 사람들 가운데도 엄격한 규율과 규칙적인 생활을 견디지 못하는 사람들이 있음을 알고 수도원에 입문하는 조건을 엄하게 정하였다. 지원자는 먼저 일 년 간 수도원 생활에 적응할 수 있는지를 시험받기 위하여 임시 수습생으로 생활을 해야 했다. 그 동안에 수도원장은 지원자의 성품을 면밀히 관찰하였다. 베네딕트는 자신의 수도원을 늙은이나 젊은이, 부한 자나 가난한 자, 교육을 받은 자나 무식한 자, 사제나 평신도 등, 모든 연령층과 계층을 다 포용하는 하나의 축소된 사회가 되기를 기대하였다.

교육을 못 받은 자나 문맹은 교육을 받도록 조처하였으나 교육을 중심으로 하는 기관으로 만들 생각은 없었다. 베네딕트의 공동체는 사회와는 아무런 관계가 없으며, 문명 세계를 위해서나 심지어 교회를 위해서도 무슨 기여를 해야 하는 기관일 필요가 없다는 생각이었다. 그럼으로써 수도원은 하나님의 도성을 바라고 사는 경건한 순례자들을 위한 도피성의 기능을 다할 수 있다고 했다.

베네딕트가 죽고 난 지 3세기 후에 그의 수도원과 같은 유의 수도원들은 사회의 중요한 기관으로 변모하였다. 초기의 중세 사회는 일을 할 만한 기관이 부족했으므로 수도사들에게 자연히 사회적인 책임이 부과되게 마련이다. 당시의 서방 사회는 교육받은 사람이나 유능한 지도력을 갖춘 사람들을 수도원 안에 그냥 갇혀 살도록 내버려 둘 수가 없는 상황에 있었다. 거의 모든 것을 자급자족하는 베네딕트 수도원은 중세 초기의 사회 상황에 꼭 알맞은 기관이었다.

그러나 변화하는 사회적 상황은 자급자족하는 베네딕트 공동체에도 변화를 초래하였다. 게르만의 침공으로 로마 제국이 붕괴되면서 통일적인 서방 사회와 정치는 지역 단위의 사회와 정치로 변모되었다. 베네딕트 수도원은 지역화하는 사회적 경향에 적합했다. 베네딕트 수도원은 공동체가 가진 효능과 자기 보존 능력으로 말미암아 교육, 종교, 경제, 정치 등 여러 분야에서 중요한 역할을 다할 수 있었다.

실은 베네딕트 시대에도 로마의 귀족이며 학자인 카시오도루스는 수도원들이 새로운 사회의 교육과 문화 센터로 가장 적합한 기관임을 과시하였다. 카시오도루스는 로마에다 중동에 존재하는 랍비들의 학교와 유사한 기독교 학교를 세우려고 하였다. 그러나 당시의 상황에서는 그것이 불가능함을 알았다. 그는 수준이 높은 교육 기관보다는 초보적인 교육 기관을 설립해야 하겠다는 생각에서 규모가 큰 수도원을 세워 기독교 교육과 학문을 위한 기관으로 활용하였다. 수도사들은 성경과 교부들의 신학적 전통을 연구하고 이를 전수하기 위하여 사본을 만드는 일에 종사하였다. 수도원은 기독교 서적과 고전을 소장하는 도서관의 기능을 하게 되었던 것이다.

8세기에 이르러서는 카시오도루스의 수도원뿐만 아니라 서유럽 전역에 있는 베네딕트 수도원들이 다 학교와 도서관을 갖추게 되었다. 그것은 카시오도루스의 영향이 컸기 때문이기보다는 로마의 국가가 붕괴되고 도시들이 와해됨에 따라 국립 학교와 시립 학교들이 사라지게 되었기 때문이다. 감독 교구에는 교회 학교들이 있었으나 교육에 관심을 가진 감독들이 많지 않았으므로 발전하지 못하였다.

중세 초기에는 베네딕트 수도원만이 교육에 지속적인 관심을 가지고 헌신하였으며, 도서관을 갖추고 교육에 봉사할 교사들을 양성하였다. 서유럽 전역에 800여 베네딕트 수도원이 학교와 큰 도서관과 사본을 만드는 필사(筆寫) 기관을 가지고 있었다. AD 600~1100년 어간에 글을 깨우친 사람들 가운데 90%가 수도원 학교에서 교육을 받은 사람들이었다. 베네딕트 수도원이 이상적인 교육 기관이었다고는 할 수 없다. 수도원 학교에서는 주로 라틴어를 사용하기 위하여 배우는 정도여서 창의성을 개발하는 교육은 하지 못했다. 실은 중세 초기에는 창의성의 개발을 고려할 여유조차 없었다. 글을 아는 사람은 교회나 정부를 위하여 봉사했기 때문이었다. 필사를 하는 수도사들은 대체로 그들이 필사하고 있는 글이나 책의 가치를 충분히 알지 못하면서도 그냥 맡은 작업을 충실히 수행하였다.

베네딕트는 예배하며 기도하는 일을 수도원의 일과(日課) 가운데 한 부분으로 삼았으나, 11세기 초에 이르러서는 예배가 여러 베네딕트 수도원에서 중요한 일과가 되었다. 대중들은 기도를 많이 하는 사람을 존경하고, 옛날 성 안토니우스가 그랬듯이 기도의 능력이 있는 수도사가 자기들을 위하여 기도해 주기를 바랐다. 이러한 기복 신앙은 수도원 생활에 예배와 기도에 많은 시간을 투여하는 동기를 부여하였다.

왕들과 귀족들은 그들의 가문에 속한 영혼들을 위하여 기도해 주는 수도원에 재산을 기증함으로써 보답하였다. 9세기에 많은 수도원들이 그렇게 기증받은 재산으로 말미암아 굉장히 부유해졌다. 따라서 수도원장들은 많은 소작인들을 거느린 지주(地主)가 된 셈이었다. 그들은 일반 귀족들보다 농장을 더 효과적으로 경영하여 10세기에 이르러서는 서유럽에서는 최상의 것으로 손꼽히는 농장들을 많이 소유하게 되었다. 그 결과로 수도원장들은 지역 주민들에게 정치적인 영향력과 사법권을 행사하게 되었다. 수도원장은 왕 혹은 공작 또는 영주, 기사 등의 계층으로 구성되는 봉건주의 제도의 반열에 들게 되었으며, 베네딕트 수도원장은 봉건주의 시대에 왕의 산하에 있는 중요한 봉건 영주로 역할하였다. 예를 들면, 12세기에 베리-세인트 에드먼드(Bury-St. Edmund)의 수도원장은 노포크(Norfolk) 영토의 반을 다스렸다.

베네딕트 수도원은 베네딕트가 죽은 지 200년이 채 지나지 않아 본래의 성격을 상실하고 말았다. 800년에 이르러서는 대부분의 수도원들이 이젠 더 이상 자급자족하는 공동체가 아니었다. 수도사들은 그들이 하던 육체 노동은 농노(農奴)에게 맡기고 예배하고 교육하는 일을 전담하였다. 9세기에 이르러서는 수도사들이 사회의 여러 계층에서 온 사람들이 아니고 주로 부유층과 귀족 가문 출신들이었다. 수녀원은 그 점에서 수도원보다 한 술 더 떴다. 9세기와 10세기에 수녀들은 모두가 상류층의 여자들이었다. 귀족 가문의 출신이 아니면 수녀원에 들어갈 수 없었다. 대부분의 수도사들은 그들이 서약한 대로 평생을 수도원에서 지냈으나, 유능한 수도사들은 선교사로 가거나 교회 지도자가 되거나 왕실의 사무직을 맡기도 하였다.

동방 교회와 성상 숭배 문제

기독교가 공인된 종교가 되고, 나아가 로마 제국에서 유일한 국가 종교가 되어 제국 내의 온 백성들을 포용하게 되면서 민중에게 뿌리 깊이 박혀 있는 민속 종교의 요소들이 예배와 실제 신앙 생활에 가미되기 시작하였다. 교회는 초대교회의 참신한 신앙을 점차로 상실하고 민중들의 자연 종교적인 민속 신앙에 부응하는 방향으로 흘렀으며, 여러 종교회의에서는 16세기의 종교 개혁자들이 폐기할 수밖에 없었던 잘못된 교리들을 결정하였다.

8세기 동방 교회에서 성상 숭배 문제는 삼위일체 교리에 관한 4세기의 아리우스파 논쟁이나 기독론에 관한 5~6세기의 단성론 논쟁에 못지 않게 격렬한 논쟁을 불러일으킨 문제였다. 초대교회에서는 성상 숭배 문제라는 것이 없었으며, 그것은 논의의 대상조차 될 수 없었다. 그런데 6~7세기에 이르러 성상 숭배는 로마 제국에 급속히 파급되었다. 그 중에서도 발칸 반도에서 더 현저하였다. 성상 숭배는 전설과 기적을 믿는 대중들의 민속 신앙과 함께 교회로 도입되었다. 예수님과 마리아 상을 비롯한 많은 조상(彫像)들이 모습을 보이기 시작했다.

중세 교회가 결국은 성상 숭배를 용인하였으나 별 이의나 반대도 없이 정착된 것은 아니다. 성상 숭배에 반대한 이는 황제 레오 3세(717~741)와 특히 프리기아(Phrygia) 지방의 감독들이었다. 성상에 대한 논쟁은 726년 황제 레오 3세가 성상 숭배를 금한다는 칙령을 내리면서 시작되었다. 총대주교 게르마누스(Germanus)를 비롯한 많은 감독들이 황제의 조치에 응하려고 하지 않았다. 그리스에서는 백성들이 폭동을 일으켰으며, 황제의 명령에 따라 조상을 제거하려던 병사들을 죽이기까지 하였다.

성상 숭배를 지지하고 나선 신학자는 시리아의 수도사 요한 다마신(Damascene)이었다. 성상 숭배에 대한 논의는 실제적인 문제를 들어 그 타당성을 입증하기보다는 창조와 기독론에 근거하여 각자의 입지를 변증하였다. 레오의 아들, 황제 콘스탄티누스 5세(741~775)는 다마신의 논의에 반대하여 성상으로 그리스도의 신성은 묘사할 수 없으므로 성상(聖像, $\varepsilon i\kappa\acute{\omega}\nu$)이 우상(偶像, $\varepsilon i\delta\omega\lambda o\nu$)이 될 가능성이 있음을 부인할 수 없다고 말하고, 그리스도의 성찬만이 그리스도의 진정한 형상이 될 수 있다고 말하였다.

754년 콘스탄티노플에 있는 히레이아(Hiereia) 왕궁에서 대회(Synod)가 열렸다. 회의는 2월부터 8월까지 계속되었는데, 377명의 감독들이 참석하였다. 대회는 그리스도의 조상은 단성론이나 네스토리우스파의 기독론을 전제로 하는 것이므로 있을 수 없는 일이라고 하여 성상을 만드는 일이나 거기에 절하는 것을 정죄하였다. 그리스도의 성상을 만드는 것은 그리스도의 육신을 그의 신격에서 분리시키는 것이며 삼위일체에다가 제4의 위격(位格)을 도입하는 것이 되기 때문에 불경죄를 범하는 것이라고 하였다. 그리고 그리스도의 인간성을 합당하게 용납할 수 있는 유일한 형상은 성만찬 예식에 나오는 떡과 포도주뿐이라고 하며, 이 형상만이, 그리고 이 형식만이 그리스도께서 그의 성육신을 제시하기 위하여 그가 선택한 것이라고 하였다.

황제는 마리아를 '하나님을 낳으신 이'(Theotokos)라고 부르거나 '거룩하신' 이라는 말을 그 이름 앞에 붙일 수 없다고 했으며, 성상뿐 아니라 소위 성 유물(relics)을 숭상하는 것도 금하였다. 황제는 대회의 결정을 근거로 하여 성상 숭배를 지지하는 자가 있으면 가차없이 벌하였다. 그럼에도 불구하고 황제의 조치에 반대하는 세력도 만만치 않았다. 황제의 박해로 반대자의 주모자인 비투니아의 수도원장 스테판이 죽음을 당하고 수도원은 황폐화되었으나, 수도사들은 수도원과 교회 안의 반대 세력을 규합하여 성상 숭배의 회복을 꾀하였다.

콘스탄티누스 5세가 죽고 나자 성상 숭배자들에 대한 박해가 뜸해졌다. 그의 아들 레오 4세(775~780)를 이어 나이 어린 아들 콘스탄티누스 6세가 황제가 되자 그의 모친, 즉 레오 4세의 황후 이레네(Irene)는 섭정을 하면서 권력을 장악하였다. 이레네는 나중에도 아들을 권력에서 철저하게 배제(排除)하던 끝에 797년에는 아들을 장님으로 만들고 홀로 제국을 다스렸다. 성상 숭배를 지지하는 황후 이레네가 권력을 장악하면서부터 성상 문제를 둘러싼 상황은 반전되었다.

이레네의 막후 정치를 통하여 787년 니케아에서 대회가 열렸다. 이 회의에서는 754년 콘스탄티노플의 결정을 무효화하고, 성상을 숭배하거나 예배할 수는 없지만 존경하며 절하고 입맞출 수는 있다고 결의하였다. 귀중한 생명을 주는 십자가의 형상과 복음서들과 또 다른 거룩한 물건들에게와 이러한 성상들에게도 분향하며 촛불을 켜는 것은 고대의 경건한 습관에 따라 허용될 수 있다고 하며, 이러한 성상들에게 바치는 존경은 그 형상들이 대표하는 대상에게 전달되는 것이고 성상들을 높이는 사람은 성상들이 묘사하는 대상들을 높이는 것이라고 하였다.

성상 숭배에 대한 논쟁은 9세기에 계속되었다. 815년 하기아 소피아(Hagia Sophia) 대회에서 성상 문제는 재론되었다. 예전처럼 토론이 격렬하지는 못했으나 성상 숭배를 반대하는 편이 승리하였다. 동로마 황제 레오 3세(717~740)로부터 테오필루스(Theophilus, 829~842)에 이르기까지 모든 황제들은 성상 숭배를 반대하고 억제하는 편이었다. 특히 테오필루스는 성상 숭배자들을 한층 더 심하게 핍박하였다. 테오필루스는 815년 소피아 대회에서 성상 숭배 반대를 위하여 주도적인 역할을 한 총대주교 요한 7세(837~843)의 옛날 제자였다.

테오필루스가 죽고 난 후 성상 숭배 반대 운동은 시들해졌다. 세 살 난 아들 미카엘 3세(842~867)가 황위를 계승하였다. 오래 전부터 성상 숭배를 해 오던 그의 모친 테오도라(Theodora) 황후가 정치를 맡으면서 성상 숭배 문제는 다시금 새로운 국면을 맞이하게 되었다. 총대주교 요한 7세는 퇴임하고 시실리인 메토디우스(843~847)가 그 자리를 이어받았다. 843년 3월에 콘스탄티노플에서 개최된 대회에서 성상 숭배는 자유화하도록 결정되었다. 동방 교회에서 오랜 세월 동안 논쟁을 거듭해 온 성상 문제는 단락을 짓게 되었으며, 동방 교회는 이를 기념하는 날을 절기로 정하였다.

성상 숭배 문제를 두고 동방 교회는 서방 교회와는 무관하게 대회를 열어 토의하고 결정하였다. 동방 교회가 대체로 성상 숭배를 지지하는 반면에, 칼 대제와 서방의 교회는 이를 반대하는 입지에 있었으므로 성상 숭배 문제는 동, 서 교회의 분열의 한 중요한 원인이 되었다.

교황권의 확립과 신장

기독교 세계는 2~3세기 이후부터 다섯 총대주교구로 나뉘어 있었다. 팔레스타인의 예루살렘, 시리아의 안디옥, 북아프리카의 알렉산드리아, 로마 및 콘스탄티노플을 중심으로 하는 총대주교구들이었다. 로마와 유럽 쪽을 서방 교회라고 하고 그 나머지를 동방 교회라고 구분하기도 하였는데, 7세기 이후 이슬람의 침공으로 인하여 알렉산드리아와 안디옥 및 예루살렘을 중심으로 하는 3개의 총대주교구들이 사라지고 말았다. 동방 교회는 그리스 본토에 근거를 둔 콘스탄티노플을 중심으로 한 교회로 축소되어 로마와 콘스탄티노플의 총대주교구만 남게 되었다.

교황권의 확립과 신장(伸張)이란 로마의 감독이 서방 교회의 여러 주교구의 감독들보다 우위임과 통솔권을 인정받게 된 것임을 의미할 뿐 아니라 다른 총대주교구의 감독보다 우위에 있음을 주장함으로써 동방 교회와의 갈등 관계를 야기하게 된 것도 포함한다. 그뿐 아니라 교황이 세속의 군왕보다도 우위에 있음을 주장하고 그것을 실현하려고 했던 역사도 함축한다.

교황 그레고리와 교권의 확립

서방의 총대주교가 7세기 초에 높은 위치를 차지하게 된 데에는 몇 가지 요인들이 있었다. 476년 이후에는 서방에 거주하는 황제가 없었으며, 게다가 로마는 여전히 유럽의 중심 도시로 인식되고 있었으므로 로마의 교황은 자연히 돋보이는 지도자로 부상하게 되었다. 모든 총대주교는 본래 세계적으로 주요한 도시에 자리잡고 있었는데, 로마의 총대주교는 이들 가운데서도 가장 중심적인 위치를 차지하고 있었다. 로마 제국 초기에 종교들간에 교세 신장을 위하여 각축을 벌일 즈음에, 여러 종교 지도자들은 모두가 로마에서 영향력을 행사하려고 하였다. 기독교 지도자들도 예외는 아니었다. 정통 신앙을 가진 위대한 지도자들뿐만 아니라 이단들 역시 로마에 자리를 잡고 세력을 펴고자 하였다.

교황은 새로운 야만족이 출현하면 이 새로운 침략자들과 투쟁해야 할 과업마저 떠안아야 했다. 그래서 교황은 롬바르드 족과 로마 제국간의 평화 협상과 지역 분할을 논의하는 일을 담당해야만 하였다. 그러나 겔라시우스 1세(Gelasius I, 492~496) 이후부터 그레고리 이전까지의 교황들은 아무도 이러한 막중한 임무를 감당하는 역량을 발휘하지 못했다.

6세기에 이르러서도 교황들은 유럽의 정치와 사회에 변혁을 가져 올 만한 일을 거의 하지 못했다. 로마 제국에 권력의 공백이 생겨서 누군가 그 임무를 수행할 만한 인물을 필요로 하는 시점에 로마의 감독 그레고리 1세(590~604)는 이를 감당하는 인물로 등장하였다. 많은 교회사가들이 중세가 시작된 시기를 그레고리 교황 시대부터로 잡는데, 그것은 교황 제도의 확립이 중세의 중요한 특징이기 때문일 것이다.

그레고리는 원로원 층의 귀족 가문에서 출생하여 고전 교육을 받았으며, 로마의 하급 관리직에서 시작하여 로마의 시장을 역임하였으므로, 일반 행정직에 풍부한 경험을 가졌을 뿐 아니라 유능함을 인정받은 사람이었다. 로마 시장이 하는 일에는 원로원(元老院) 의장직을 수행하는 일, 로마 시와 100마일 이내의 지역을 관장하는 일, 시민들의 양식을 공급하며 상하수도를 관리하고 티베르 강의 관개를 책임지는 일 등이 포함되어 있었다.

그레고리는 수도사 출신으로서 최초로 교황이 된 인물이었다. 그는 수도사가 되기 이전에 행정관으로서 더 높은 지위를 얻으며 출세할 수 있었으나, 생의 행로를 바꾸어 그리스도를 전적으로 섬기는 자의 길을 택하였다. 574년 시실리에 있는 그의 유산을 처분하여 그곳에 6개의 수도원을 세웠으며, 칼리안에 있는 부친의 저택 역시 수도원에 헌납하였다. 그후 그는 교황의 집사로 발탁되었다가 590년에 교황 펠라기우스가 병사하자 로마의 성직자들과 시민들의 추대를 받아 교황의 위에 오르게 되었다.

그레고리는 그의 행정 경험과 지식을 교회의 조직과 운영을 위하여 아낌없이 활용하였다. 592년 스포렛 공작과 롬바르드 족간에 협상을 체결하도록 했을 뿐 아니라, 롬바르드 족이 이를 무시하고 로마로 침공해 왔을 때는 이에 맞서 싸워 그들을 퇴치하였다. 그레고리에게 로마 주교의 위치는 단순한 서방의 총대주교가 아니고 모든 교회들의 으뜸이며, 모든 교회를 책임지는 위치였다. 교회 내의 잘못을 시정해야 할 책임을 지고 있으며, 베드로의 대리인이요 후계자로서 우월성을 가진 위치였다. 그레고리는 모든 주교들과 총대주교들은 교황의 감독과 시정(是正)을 받아야 한다고 했으며, 종교회의의 칙령들도 사도적 교구의 인정을 받아야 하고, 거기로부터 권위를 부여받지 못하면 효력이 없다고 주장하였다.

그레고리의 이러한 주장이 콘스탄티노플을 비롯한 다른 대도시의 총대주교들에게는 외면당하였으나, 서방 세계에서는 로마 교회의 세력을 더 넓히고 공고히 하는 밑거름이 되었다. 잉글랜드에 선교사로 간 베네딕트 교단의 어거스틴을 비롯하여 그곳 출신으로 유럽 대륙에서 선교한 윌프리드, 윌리브로드, 보니파티우스 및 그의 제자들은 로마 교황을 옹호하는 대변자로 활동하였다.

그 밖에 히포의 감독 어거스틴의 「하나님의 도성」이 로마와 로마 감독을 돋보이게 하는 일에 공헌하였다. 어거스틴은 410년에 알라릭이 이끄는 고트족이 로마 시를 함락시킨 사실에 새로운 역사적인 해석을 가하였다. 이교도에 의한 로마 제국의 함락으로 시작되는 새로운 시대는 역사의 퇴보가 아니고 옛 시대의 마감이며 이상적인 종말이라고 말하고, 이교도에 점령된 로마의 영광스런 섭리적인 성격을 강조함으로써 옛 도시 로마의 교회가 보다 중요한 위치에 있음을 주장하였다.

로마의 교황청은 로마 교황의 우위성을 교회 역사적으로 그리고 성경적으로 정당화하는 작업을 진행하였다. 그것을 입증하기 위하여 내세운 근거들 가운데는 의문되는 점도 있을 뿐 아니라 미신적인 황당한 주장도 없지 않았다. 교회 설립을 두고 복음서가, 특히 마태복음 16:16~18의 말씀이 베드로의 위치가 중요함을 말하고 있다고 주장하는가 하면, 로마로 말하면 베드로가 전도자요 설교자로 일한 곳이며, 바울까지 이에 합세했던 곳이라고 말한다. 그러므로 교황은 베드로의 후계자로서 독보적인 위치를 점한다는 것이었다. 즉, AD 34년 베드로는 안디옥의 감독이 되었고, 57년에는 강림절(Advent)과 고난절(Lent)에 금식하는 규례를 제정하였으며, 59년에는 그의 후계자로 리누스(Linus)와 클레투스(Cletus)를 결정하여 성별(聖別)하였다고 한다.

서방 교회에서는 7세기에서 11세기 어간에 베드로의 무덤이 로마에 있다는 사실을 대단히 중요하게 생각하였다. 교회는 무덤 안에 시체로 누워 있는 베드로를 어느 날 갑자기 천국의 문지기 역할을 담당한 사도로 소개하였다. 그럼으로써 교회는 천당의 현존과 지상 교회를 밀접하게 연결시켰다. 베드로는 그의 육체적인 현존을 통하여 세상 사람들을 계속 축복하고 저주하며, 치유하고 보존한다고 하였다. 사람들은 베드로가 로마에 늘 그냥 존재하고 있는 것으로 생각하였다.

예컨대, 쾰프리드 야로우(Ceolfrid Jarrow)의 수도원장이 716년 로마로 갈

때 성경을 한 권 가져가서 헌정(獻呈)하였다. 그런데 그는 '교황에게' 라고 한 것이 아니라 '베드로의 시신(屍身)에게' 라는 헌사를 썼다. 그리고 콘스탄티누스의 '헌정' (Donation)은 베드로의 이름으로 맹세를 하고 사도의 몸 위에 놓도록 하였다. 731년 로마에서 열린 공의회는 '지극히 축복받은 성 베드로의 몸이 묻혀 있는 지극히 거룩한 곳' 앞에 모인 것이었다. 말하자면, 베드로는 여전히 무덤 속에서 일하고 있었고, 그의 인격(persona)은 교황을 통하여 구현된다는 의미였다.

로마로 와서 교황에게 절하는 사람들은 실은 베드로를 방문하고 그에게 절하는 것이었다. 이를테면 그들이 입맞추는 손은 교황의 손이지만, 그들에게 말하는 교황의 음성은 베드로의 음성이었다. 그래서 교황에게 대한 불순종은 곧 베드로에게 대한 불순종이었다. 예를 들면 독일에서 선교한 보니파티우스가 교황의 명령에 순종하겠노라고 서약을 했는데, 그것은 곧 베드로의 명령에 순종한다는 뜻이었다. 보니파티우스와 여러 다른 대주교들이 대주교의 권위를 상징하는 '흰 허리띠' (Pallium)를 교황으로부터 하사받았다. 그런데 그들은 그것을 먼저 베드로의 무덤 위에 놓았다. 사도 베드로 자신이 그것을 손대게 한다는 것이었다.

그러나 '범세계적인 감독' (universal bishop)으로서, 그리고 '베드로의 조사(vicar)' 로서의 교황의 위치는 서유럽에 국한되어 있었다. 교황은 '콘스탄티누스의 헌정' 을 빙자하여 동, 서방을 막론하고 온 기독교 교회에서 우위권을 가진다고 주장하였으나, 서방 세계에서조차 일치한 동의는 얻지 못하였다. '콘스탄티누스의 헌정' 은 315년 3월 30일 콘스탄티누스 황제가 교황 실베스터 1세(Silvester I)에게 보낸 문서라는 것인데, 지금에 와서는 모든 사람들이 그것이 8세기 아니면 그 이후에 쓰인 것이라는 점에 동의한다. 여러 설명들이 있으나 아마도 750년 직후에 쓰였으리라는 설이 유력하다. 교황이 이탈리아 반도에 있는 옛 비잔틴의 방대한 영토를 소유하도록 되어 있다는 법적인 근거를 마련하기 위하여 만들었다고 한다.

중세 교회의 특징 가운데 하나는 교황권이 세속의 제왕권보다 우위에 있다는 주장과 함께 그것을 실증하려고 노력했다는 점이다. 교황이 제왕들의 대관식을 주도한 것을 가리켜 그것이 곧 제왕에 대한 교황권의 우위를 대변하는 것이었다는 견해가 있다. 그러나 그것은 극히 피상적인 견해일 뿐이다. 칼 대제의 대관식을 교황이 주도하였으나 그것이 곧 교황의 우위권을 인정할 수 있게 하는 행위였다거나 서방 제국이 교황의 권위를 신장시켰다는 생각은 전혀 맞지 않는 생각이다.

교황이 프랑크의 왕을 황제로 만들어 줌으로써 교황의 권위를 대변할 자를 만든 것이라고 하기보다는 그의 적수이면서 동시에 그를 주관하는 주인을 만들었던 것이다. 교황의 우위성을 조성하려고 하였다는 것은 이론일 뿐이었다. 왕에게서 실제적인 순종은 이끌어 낼 수 없는 것이 현실이었다. 그러므로 교황의 실제적인 우위성은 대관식이 끝남과 동시에 종식되었다.

교황은 동방 교회와 황제의 세력에서 벗어나기 위하여 서방 세력에 호소할 수 있었으나, 서방의 황제들이 동방의 황제들로부터 권세를 과시하는 일을 배우는 것을 막지는 못하였다. 그뿐 아니라 서방의 황제들은 도리어 자신들이 교황을 보호하는 자로 자처하며 조정자요 감독자라고 생각하였다. 962년 오토 1세 때 제시된 '콘스탄티누스의 헌정'의 내용은 "나와 나의 후계자들의 세력하에 있는 모든 것을 제외한 이탈리아 내에 있는 교황의 소유를 확인한다"는 것이다. 그런데 오토는 황제가 교황을 선출하는 선거 과정이 바르게 법을 따라 수행되도록 감독하는 권세를 가졌다고 생각하였다. 그것은 황제의 뜻을 거슬러서는 아무런 선거도 시행될 수 없다는 의미이기도 하다.

그럼에도 불구하고 교황권은 점차로 신장되어 갔다. 교황 레오 9세 (1049~1054)는 이러한 교황권 확립에 크게 역할한 사람이었다. 노르만들과 정치적으로 동맹을 맺는 반면에 동방 교회와의 관계는 악화되는 대로 내버려 두었으며, 교황청의 행정 기구를 개혁하는가 하면 교황의 관리들과의 협의를 통하여 교황 행정부로 하여금 일관성 있는 계획을 세우도록 하였다. 그의 인품에 끌린 많은 사람들이 주변으로 모여들어 모두가 교황의 위치를 회복하는 일에 전념하며 헌신하였다. 그들은 교황의 권세의 정당성을 '콘스탄티누스의 헌정'에서 발견하였다.

그레고리 7세(Hildebrand)는 1073년에 새로 펴내는 교회법에 '콘스탄티누스의 헌정'에 나오는 중요한 부분을 삽입하도록 하여 그것을 교황을 두둔하는 일에서 중요한 무기로 삼도록 하였다. 교황의 우위성을 인정한다면, 그것은 하나님께로부터 오는 것임에도 불구하고 일개 황제의 '헌정' 문서에서 그 근거를 찾는다는 것은 어불성설이기도 하다. 그레고리 7세의 교서에서는 교황 스스로가 교황의 권위를 엄청나게 높이고 있는 말을 볼 수 있다.

교황은 아무에게도 심판을 받지 않는다. 로마 교회는 잘못을 범한 일이 없으며, 앞으로 세상 끝날까지 결코 오류를 범하지 않을 것이다. 로마 교회는 그리스도로 말미암아 설립되었다. 교황만이 감독을 해임하거나 임명할 수 있다. 교황만이 새 교회법을 제정할 수 있으며, 새 주교구를 설정하거나 기존의 교구를 분할할 수 있다. 교황만이 감독들을 전보(轉輔)시킬 수 있으며, 교황만이 공의회를 소집할 수 있고, 교회법을 선포할 수 있다. 교황만이 그가 내린 판정을 수정할 수 있다.
교황만이 제국의 인장(insignia)을 사용할 수 있으며, 교황만이 황제를 폐위시킬 수 있고, 황제의 신하가 신하됨을 해제할 수 있다. 모든 제왕은 그의 발에 입맞추어야 한다. 교황의 사절은, 비록 그 지위가 얕다고 하더라도, 모든 주교들보다 우선적으로 대접을 받아야 한다. 교황의 법정에 상소를 하면 모든 하위의 법정에서 내린 판정은 효력을 정지한다. 합법적으로 세움을 받은 교황은 베드로의 공로로 의심할 여지가 없이 성자가 된다.

그레고리 7세 이후에는 베드로를 강조하는 풍습이 사라졌다. 교황을 일컬어 베드로의 조사(助事, Vicar of St. Peter)라고 하는 칭호는 점점 들을 수 없게 되었다. 그 대신 교황을 '그리스도의 조사'라고 칭하게 되었다. 실은 왕들과 사제들이 일찍이 자신들을 가리켜 '그리스도의 조사'라고 칭하였으므로 교황들은 자신들을 이들과 구별하기 위하여 '베드로의 조사'라고 하였던 것이다.

사람들이 순례나 유골(遺骨) 혹은 유물을 귀하게 생각하던 때에는 후자의 칭호가 호소력이 있었으나 이제는 그렇지가 않았다. 스콜라 신학자들에게도 교황이 최종의 권위로 인정을 받기 위해서는, 혹은 더욱 광범한 일을 하기 위해서는, 보다 높은 권위를 가져야 할 필요가 있었다. 그러므로 '그리스도의 조사'라는 칭호가 더 필요하게 되었던 것이다. 이와 같이 형세가 달라지자 12세기 말의 인노켄트 3세(1198~1216)는 이렇게 말하였다.

우리는 사도들 가운데서 으뜸이 되는 사도의 후계자이다. 그러나 우리는 그의 조사(vicar)가 아니다. 우리는 사도나 그 어떤 사람의 조사가 아니고, 예수 그리스도 그분의 조사이다.

교황의 우위를 위하여 그레고리 7세가 노력한 만큼 후대의 교황들이 그 전통을 잘 보전한 것은 아니지만, 인노켄트 3세는 교황권의 전성기를 이루고 누린 교황이다. 1215년 그의 요청으로 모인 제4차 라테란 회의(Lateran Council)는 중세기를 통틀어 가장 규모가 큰 회의였다. 400여 명의 주교들과 800여 명의 수도원 원장들이 모여 많은 현안들에 관하여 논의를 하고 결정을 하였다. 성찬의 화체설과 사제의 서품을 교의화한 것도 이 회의에서였다.

교황권을 확립하는 일을 위하여 교황과 교황청 관리들은 상상을 초월하는 억지를 쓰기도 했다. 그런 예를 하나 들기로 한다. 그레고리 7세는 브레멘(Bremen)의 대주교에게 사절(使節)들을 보내어 그 지역의 교회 회의를 열도록 명하였다. 브레멘의 대주교가 이를 거절하자 사절들은 그에게 지체없이 로마로 출두하도록 명령을 내렸다. 그러나 대주교는 회의 기간 내에 당도하지 못하였다. 교황은 즉시 그를 정직시키고, 다음 회기에는 로마에 꼭 도착하도록 명하였다. 대주교가 교황의 이와 같은 전갈을 받았을 때는 4주간의 여유밖에 없었다. 브레멘에서 로마까지의 길은 적어도 6~7주가 걸리는 먼 거리여서 전령이 기간 내에 도착한다는 것은 불가능한 일이었다. 대주교는 물론 참석하지 못하였다. 그리하여 그는 교만하여 불순종한다는 죄목으로 해임되는 동시에 파문을 당하였다. 이러한 처사는 그레고리 7세의 성급한 성격을 대변하는 것이기도 하지만, 교황청의 일이 아직 질서가 제대로 잡히지 않았음을 입증하는 것이기도 했다. 그레고리 7세 이후 2세기 동안 교황의 행정 조직은 발달되어 유럽의 어느 국가 행정보다도 잘 짜인 조직을 갖추게 되었다.

교황청의 업무는 12세기 초부터 약 2세기 동안 가장 건설적으로 활발히 진행되었다. 그간에 열렸던 종교회의의 빈도가 그것을 말해 준다. 12세기 이전에는 680년의 콘스탄티노플 회의, 787년의 니케아 회의, 869년의 콘스탄티노플 회의 등 종교회의가 드물게 열렸는데, 그나마도 그것들은 동방 교회의 주도 아래 열렸다. 그러던 것이 12세기에 들면서부터 종교회의가 자주 열렸다. 1123년 라테란(Lateran) 1차 회의, 1139년에는 2차 회의, 1179년에 3차 회의, 1215년에 4차 회의가 열렸으며, 1245년에는 리용(Lyons) 1차 회의, 1274년 리용 2차 회의가 열렸고, 1311~1312년에는 비엔(Vienne)에서 회의가 열렸다. 그것은 잉글랜드에서도 마찬가지였다. 1070년에서 1312년까지의 기간에 21회~30회에 걸쳐 교황의 사절이 소집한 회의가 열렸다. 그러나 1312년 이후 1519년까지는 이러한 회의가 전혀 열리지 않았다.

교황이 교서(敎書)를 얼마나 자주 보냈는가 하는 것 역시 교황청의 업무가 얼마나 확장되었는지를 짐작케 해 주는 것이다. 11세기 초반에는 교황의 이름으로 편지를 보내는 일이 별로 없었다. 실베스터 2세(999~1003)는 한 해에 10

통의 편지를 산하 교회에 보내었다. 베네딕트 9세(1033~1046) 하에서는 단 한 통뿐이었다. 그 다음 레오 9세 때부터 1130년까지는 연평균 35통이었음을 발견한다. 인노켄트 2세(1130~1143) 하에서 72통, 아드리안 4세(1154~1159) 하에서 130통, 알렉산더 3세(1159~1181) 하에서 130통, 인노켄트 3세(1198~1216) 때는 280통으로 불어났다. 그후부터 급격히 증가하기 시작하여 인노켄트 4세(1243~1254) 때는 730통, 요한 22세(1316~1324) 때는 무려 3,646통에 이르렀다.

왕권과의 우위 주장

박해에 시달리며 생존해 오던 교회가 313년에 공인되고, 380년에 국교가 되면서부터 교회는 국가에 대하여 당당하게 맞서는 새로운 관계로 접어들었다. 기독교가 국가 종교가 되었기 때문에 이제는 교회를 국가에 속한 기관으로 간주할 수도 있으므로 황제가 교회의 행정적인 처사에 필요하다면 개입하거나 조정자 역할을 해야 하는 것으로 생각할 수 있는 일이다. 기독교를 공인한 콘스탄티누스는 교회로 하여금 삼위일체 교리에 관한 신학적인 문제를 해결하도록 니케아 공의회를 열었다. 교회 문제를 간접적으로 조정한 셈이다.

그런데 기독교를 국가 종교로 승인한 테오도시우스가 바로 교회 일에 좀 더 적극적으로 관여하려고 하였다. 그러나 황제의 그러한 시도는 밀라노의 감독 암브로시우스(Ambrosius, 340~397)에 의하여 저지되었다. 암브로시우스는 국가가 교회를 간섭하거나 교회 일에 직접 개입해서는 안 된다고 경고하고, 교회 문제는 교회 스스로가 관장하고 해결한다고 주장하였다. 황제 테오도시우스에게 무려 두 번에 걸쳐 권징을 시행하여 공적으로 참회하게 함으로써 교회의 자주성과 권위를 세웠다.

교회가 국가 교회로 계속 성장하면서 교회의 영향력이 점차로 커짐에 따라 교회의 수장(首長)으로 인정을 받는 교황과 국가의 원수인 황제 또는 왕 사이에 우위 다툼이 있게 되었다. 5세기 말엽에 비잔틴의 교회와 황제는 기독론에 이단적인 교리를 받아들이고 서방의 교황 겔라시우스 1세에게도 이에 동조하도록 요청하였다. 겔라시우스는 비잔틴의 총대주교의 출교를 선언하고 황제의 권세에 도전하였다.

교황은 세속의 권세와 영적인 권세를 이론적으로 구분하려고 하였다. 즉, 성경의 가르침을 따르면, 멜기세덱이나 그리스도의 경우 그들은 왕이요 동시에 제사장이지만, 그리스도 이후로는 이 권세가 교회와 국가간에 양분되었다고 한다. 교회의 권세는 법을 세우는 것(auctoritas, legislative)이고, 세상의 통치자는 법을 집행하는 것(potestas, executive power)이라고 하였다. 그런데 로마의 법에 따르면, 전자가 후자보다 우위에 있는 것인데, 겔라시우스가 주장한 교회와 국가의 분리는 교회가 궁극적으로는 우위라는 의미를 함축하고 있다. 겔라시우스가 분리를 주장한 것은 황제가 교회를 간섭하지 못하게 하기 위함이었으나, 중세에 이르면서 왕권에 대한 교황권의 우위를 주장하는 목소리가 드높아지게 되었다.

국가와 교회의 분리를 요구하는 주장은 본래 교회의 독립성과 신앙의 자유를 보장받기 위한 교회 측의 외침이었다. 그러나 교권의 신장을 보게 된 교황이 이 선을 넘어서 정치를 지배하려다가 결국은 세속의 권세에 억압을 당하게 되었다. 세속적인 권세의 침투로 인하여 교회는 걷잡을 수 없이 부패의 늪에 빠지게 되었다.

6세기 후반에 스페인에서는 국가와 교회가 더욱 밀착되면서 성직자들은 지적으로나 도덕적으로 그만큼 더 퇴보하게 되었다. 감독들은 왕을 선출하는 선거인단의 일원이 된 반면에, 왕은 모든 감독들을 지명하였다. 프랑크 왕국 시대의 골에서도 감독을 임명하는 일에 왕이 영향력을 행사하는 경우가 날로 늘어 갔다. 그 결과 평신도가 안수를 받는 일이 빈번해지고 성직 매매가 성행하게 되었다.

칼 대제는 그의 부황 피핀이 닦은 터 위에 그의 통치권을 확립하였다. 피핀의 장자(長子) 카를만(Karlmann)이 왕위를 사양하였으므로 동생인 카를(Karl, Charles)이 대권을 장악하게 되었다. 771년 왕으로 등극한 이후 그는 서유럽의 땅들을 거의 다 차지할 정도로 프랑크 왕국의 영토를 넓혔다. 알라마니아(독일의 라인 강 지역)와 바이에른을 굴복시킴으로써 독일도 지배하게 되었다. 북쪽으로는 작센을 오랜 전쟁 끝에 굴복시켰다. 작센은 독일 부족들 가운데 기독교를 받아들이지 않고 가장 끈질기게 버티던 부족이었다. 776년에 처음으로 많은 사람들이 세례를 받았다.

카를의 부황 피핀이 교황에게 교황령을 완전히 독자적으로 다스리도록 권한을 준 것인지는 확실하지 않다. 피핀은 교황에게 교황령이 될 영토를 선물하기로 한 것을 재확인하면서도 교황령에 대한 자신의 통치권을 주장하였다. 여하튼 칼 대제는 그의 모친 베르트라다(Bertrada)의 영향으로 이탈리아의 랑고바르덴과의 평화를 모색하였으며, 교황 스테판 3세(768~772)와도 평화를 도모하였다. 그러나 교황 하드리안 1세(772~795)에게는 여러 모로 압력을 행사하였다. 칼 대제는 랑고바르덴의 왕 데지데리우스(Desiderius)와 인척이 되어 관계를 굳히기는 하였으나, 원만한 관계가 오래 지속되지는 못하였다. 774년 칼 대제는 랑고바르덴의 왕위를 자신이 차지함과 동시에 또한 로마의 귀족이 되었다.

칼 대제는 '하나님의 은혜'로 제위에 오른 왕으로서 자신의 왕권을 지상에서 가장 고귀한 권세로 인식하였다. 왕은 평화를 보전하며 백성들의 권익을 보호하고 정의를 세우며, 약한 자를 도울 뿐 아니라, 영적인 일을 관리해야 한다고 말하였다. 왕이 영적인 일과 세속의 일을 다 같이 관장하는 것은 옛 게르만의 관습에 따르는 것이기도 하였다. 성경에서 그 예를 찾는다면 멜기세덱과 다윗의 경우와 같은 것이었다. 교회적으로 말하자면, 칼 대제는 그가 가장 좋아하는 책, 즉 어거스틴의 「하나님의 도성」에서 말하는 '행복한 황제'(imperator felix)에 해당하는 왕이었다.

영적인 세계와 세속적인 세계를 동시에 통치한다는 사실은 두 가지 면으로 생각할 수 있다. 첫째로는, 교회가 국가 생활에 참여하게 되었다는 것이다. 메로빙(Merowing) 왕조 시대에는 일반 교육이 퇴보하고 있었다. 이로 인해 성직자들이 교육을 독점하고 있었다. 그러다 보니 성직자들이 국가적인 일에까지 영향을 미치게 되었다. 성직자들은 궁정에서 일하는 사람들을 교육하였으며, 교육받은 사람들 가운데는 대신(大臣)이 되는 사람들도 있어서 성직자들의 지위가 자연히 그만큼 향상되었다. 후에 마인츠의 대주교가 총리 대신과 같은 지위로 우대를 받았다는 사실도 이런 점에서 이해할 수 있다. 황제는 또한 성직자를 자신의 고문으로 삼는가 하면 외교관으로 발탁하기도 하였다. 이런 점으로 보아 교회와 국가가 하나가 된 것이라고 할 수 있다.

둘째로, 칼 대제는 교회의 일에 직접 관여하여 경제적인 기초를 든든히 하였다. 585년 마콘(Macon)의 제2차 노회에서 모든 교인들, 즉 국민들이 십일조를 바치도록 요청했던 것을 법으로 승인함으로써 십일조를 의무화하였다. 칼 대제는 그의 조부 카를 마르텔과 마찬가지로 교회의 재산 관할권을 가지고 교회의 유익을 위하여 행사하였다. 그는 성직자들의 위치를 높이는 여러 법령을 제정하도록 하여 포고하였다. 그는 그의 선왕들이 했던 바와 마찬가지로 감독들을 임면(任免)하는 한편, 왕이 감독을 임면하는 것을 제도화하였다. 그리하여 감독들은 설교하고 교회들을 방문하여 감사(監査)함으로써 교회를 쇄신하도록 하였다.

그리고 감독의 위치를 강화하여 수도원을 감독하게 하였다. 마을을 전담하는 감독과 순회 감독은 감독의 조사(助事)로 격하시켰으며, 대주교구로는 프랑스에 12곳, 이탈리아에 5곳, 독일에 4곳을 두도록 하였다. 그는 또한 수도원과 대주교구 교회당 안에 학교를 설립하도록 하고 백성들의 도덕 교육을 강화하였다. 그리고 설교집을 펴내게 하였으며, 주일성수와 예배 참석을 독려하고 백성들은 누구나 다 주기도와 신경을 외우도록 하였다.

대제는 나름대로 교회의 교리적인 논쟁에도 개입하여 이를 조정하는 일에 나섰다. 스페인에서 톨레도의 엘리판두스(Elipandus of Toledo) 감독과 우르겔리스의 펠릭스(Felix of Urgellis) 감독은, 그리스도는 신성으로 말하자면 참 하나님의 아들이시지만 인성으로 말하자면 하나님의 아들로 입양되었다고 가르쳤다. 그들의 가르침은 대다수의 감독들의 지지를 받아 세력을 이루면서 양자설(養子說)의 논쟁(782~799)이 시작되었다. 칼 대제는 이를 해결하기 위하여 791~792년 레겐스부르크에서, 794년 프랑크푸르트에서, 그리고 799년 아헨(Aachen)에서 프랑크 왕국 대회를 열어 스페인의 양자론적인 기독론에 반대하는 결정을 내리게 하였다.

서방에서는 교황 하드리안 1세가 787년의 니케아 회의 결정을 받아들였으나, 칼 대제는 이를 반대하여 그의 궁정 신학자들로 하여금 794년의 프랑크푸르트에서 열린 대회에서 니케아의 성상 숭배 자유화의 결정을 반대하게 하였다. 칼 대제 측의 신학자들은 성상 숭배를 우상숭배로 규정하고 극렬히 반대하였다.

또 하나 문제가 된 것은 소위 '필리오케'(Filioque)의 문제였다. 어거스틴의 영향을 받은 스페인의 교회에서는 일찍부터 성령이 '아버지와 아들에게서'(필리오케) 나오신다는 신앙고백 형식을 따르고 있었다. 프랑스의 교회 역시 이 형식을 받아들였다. 이러한 고백 형식이 동방 교회와의 논쟁의 불씨가 되었던 것인데, 아헨 대회는 프랑스에서 받아들인 그대로를 채택하였다. 로마도 결국은 이 형식을 취함으로 말미암아 서방 교회는 성령론을 두고 동방 교회와 교리적인 차이를 갖게 되었던 것이다. 동방 교회는 성령이 아들을 통하여 아버지에게서 나오신다고 고백하고 있었다. 이러한 모든 교리적인 결정이 내려지게 된 배후에는 왕국의 통일을 꾀하는 칼 대제의 의지와 노력이 있었다.

그뿐 아니라 교황은 자신이 랑고바르덴 지역의 주교로 머물지 않도록 해달라고 황제에게 도움을 청하기도 하였다. 교황은 이런 청원을 함으로써 황제가 교회를 좌우하는 권세를 가졌음을 스스로가 인정한 셈이 되었다. 황제는 교황을 선출하는 일에 영향력을 행사하였다. 그리고 로마 교황청의 관리들은 임직 시에 교황에게뿐 아니라 황제에게도 선서를 해야만 하였다. 황제는 교회를 다스리는 가장 높은 위치에 교황을 올려놓은 것이지만 결국은 자기 아래에다 두었다. 칼 대제는 교황 레오 3세(795~816)로 하여금 자신의 대관식을 주도하게 하였다. 그러나 그것은 교황이 황제에게 전적으로 의존하고 있음을 과시한 것일 뿐이다.

칼 대제는 학문의 진흥에도 관심을 두었다. 그는 당시의 이름 있는 학자들과 요크의 대주교 성당 학교장 알퀸(Alcuin)과 랑고바르덴의 역사가 바울 디아코누스(Paulus Diakonus)와 칼 대제의 전기를 쓴 아인하르트(Einhart) 등 여러 인재들을 모아 일종의 학술원을 구성하도록 하였다. 그리하여 고대 문화의 가치를 이용할 수 있도록 하였다. 황제는 또한 게르만의 역사에도 관심을 가졌으며, 시(詩)를 수집하도록 하였다.

칼 대제는 이와 같이 프랑크 왕국(王國)을 유럽의 제국(帝國)으로 확장하였으며, 정치적인 통일을 달성하였다. 그리하여 유럽의 사상과 문화를 하나로 묶는 일에 기여하였다. 칼 대제는 일종의 신정정치(神政政治)를 달성한 셈이었다. 국가와 교회가 모두 함께 칼 대제의 지배 아래 있게 되었다. 그는 모든 면에서 교회의 유익을 위한다고 하였는데, 이것이 나중에 교회와 국가의 우위권을 다투게 만든 요인이 되었다.

칼 대제로 인하여 교회와 국가가 하나가 되면서 세상의 권력자와 교황간에 누가 교회와 국가 이 양자를 다스릴 것인가 하는 문제에 관심을 갖게 되었다. 교황은 교황대로 외적으로나 내적으로 교회를 다스리는 자임을 주장하였다. 교황은 자신이 곧 베드로의 후계자이며, 그리스도의 '비카'(Vicar)임을 의식하는 가운데서 그렇게 주장하였다. 그러므로 교황은 이 문제를 두고는 양보할 수 없다고 했다. 그러나 세상의 군주들, 특히 황제의 편에서는 그들 나름대로 교회를 내적으로나 외적으로 자신들이 다스린다고 주장하였다. 왕이 모든 것을 다스리는 군주라는 생각에서뿐만 아니라, 그것이 성경적이라는 해석에서였다. 즉, 사울과 다윗의 경우와 같이 왕이나 황제가 기름부음을 받았기 때문이라는 것이며, 이러한 주장은 조금도 양보할 수 없다고 하였다.

동방 교회와 서방 교회의 분열

중세로 접어들 무렵만 해도 그리스도의 교회는 하나였다. 동방과 서방 양 교회간에는 7~8세기부터 오랜 세월 동안 여러 가지 알력과 갈등으로 분열의 요인들이 누적되어 왔었는데, 11세기 중엽에 이르러 동과 서 양(兩) 교회는 마침내 완전히 분립하게 되었다.

서방 교회에는 7세기 초에 출중한 그레고리 대교황(Gregory the Great, 590~604)이 교회를 이끌었다. 그러나 동방에는 이렇다 할 만한 두드러진 교회 지도자가 없었다. 콘스탄티노플의 총대주교는 안디옥과 알렉산드리아의 총대주교들보다 역사적으로 더 위대하지도 않고 보다 많은 특권을 누린 것도 아니었다. 그러나 그는 동방 기독교 신자들에게는 역시 중요한 존재였다. 동방 세계의 수도에서 총대주교가 교회를 이끌고 있었기 때문이었다. 그리스 교회는 이미 6세기경부터 전통주의 속에서 침체된 상태로 있어서 여러 면으로 생동성을 잃고 있었으나, 그리스 교회와 그리스 왕국은 8~9세기에 와서 다시금 강화되었다.

동방에서는 어거스틴과 같은 위대한 사상가도 나타나지 않았으며, 새로 입교한 슬라브 족들은 교회에 전혀 새로움을 더해 주지 못하였다. 서방에서는 새로운 왕국들이 일어나는 등 정치적으로 활기를 띠고 있었으나 동방에서는 그렇지가 못했다. 동방에서는 새로 입교한 민족들이 교회에 어떤 새로운 바람을 불어넣지 못했던 것이다. 그렇다고 하여 동방의 교회가 아주 침체된 상태에 있었다고 말할 수는 없다. 슬라브 족의 선교를 위하여 수행한 일들을 보면 당시의 동방 교회가 그런 대로 생동적이었음을 알 수 있다. 그리고 이슬람의 침략으로 동방 교회는 그리스 본토에 근거를 둔 교회로 줄어들었으나 동방 교회는 통일성을 갖추고 있었을 뿐 아니라, 신학과 예술 부문에 괄목할 만한 발전을 이룩하고 있었다.

교회의 분열은 로마 제국의 몰락에 기인한 것이기도 하지만, 양 교회가 가진 각자의 특성이 점차로 발전하여 이질적인 차이를 더욱 드러내게 된 데에서도 그 원인을 찾을 수 있다. 말하자면, 언어와 문화적인 배경이 달랐으며 백성들의 성격과 사고 방식도 달랐던 것이다. 그뿐 아니라 정치적으로는 동로마가 영유권(領有權)을 가진 것으로 주장하는 지역에 교회 국가를 건설한 일이라든지, 교황들이 프랑크 왕국과 밀접한 관계를 가지게 된 일이며, 프랑크 왕국의 왕을 황제로 호칭하는 일, 아직 비잔틴 영토인 이탈리아의 남부를 공략한 일 등으로 말미암아 서로 대립적인 관계에 들게 되었다. 그리고 교회적으로는 그리스도의 사역에 대한 견해를 달리하였고, 특히 성령론을 두고 서방 교회가 성령께서 "아버지와 아들에게서 나오신다(filioque)"고 고백하는 데 반하여, 동방에서는 "아버지에게서 아들을 통하여 나오신다"고 하여 열띤 논쟁을 벌였다.

이러한 신학적인 견해의 차이가 분열의 요인으로 작용하였다. 그리고 성상 숭배 문제도 분열의 한 요인이 되었다. 위에서 이미 기술한 바와 같이 동방 교회에서는 우여곡절 끝에 성상 숭배를 자유화하게 되었는데, 그 과정에서 서방 교회는 늘 배제되었던 점이 그 한 요인이었으며, 칼 대제와 많은 신학자들이 동방의 성상 숭배 결정에 반대하였다는 점과 서방 교회 역시 결국에 가서는 성상 숭배를 자유화하였으나 동방 교회에서처럼 기독론에 근거해서가 아니라 실제적인 도덕 신학에 근거했다는 점이 요인이었다. 게다가 교회법과 예전(禮

典)에서도 차이가 있었다. 교회 정치에 있어서 비잔틴의 총대주교와 로마의 총대주교, 즉 교황이 제각기 이탈리아 남부 지방과 발칸 지방에 대한 관할권을 주장함으로써 끊임없이 분쟁을 일삼아 왔던 것도 문제였다.

그레고리 대교황을 위시하여 여러 교황들과 비잔틴의 총대주교들이 호칭 문제를 두고 서로 다른 의견을 피력하였다. 비잔틴의 대주교는 자신을 가리켜 '총대주교'라고 칭하였다. 이에 대하여 그레고리는 이러한 "불경스럽고 교만한 호칭"을 포기하도록 요청하였다. 그리고 자신을 가리켜서는 마태복음 20:26, 23:11의 말씀을 따라 겸손하게 '하나님의 종들의 종'(servus servorum Dei)이라고 칭하였다.

교황 니콜라우스 1세(858~867) 때 비잔틴 내부에서 총대주교의 선출 문제를 두고 의견의 일치를 보지 못한 적이 있었다. 이때 로마의 교황이 지나치게 간섭하였으므로 이 일을 계기로 양 교회의 알력이 표면화되었다. 857년 동방 교회의 대주교 이그나티우스는 그가 합법적으로 대주교에 등극하지 못한 것이 쟁론을 불러일으켜 그 자리를 물러나게 되었다. 그의 후임으로는 포티우스(Photius)가 선임되었다. 포티우스는 총리를 지낸 사람으로 학식이 풍부한 평신도였다. 로마 측의 관점으로 보아서는 그의 취임 역시 합법적이라고 할 수 없었다. 니콜라우스 1세는 사절을 보내어 반대 의견을 피력하도록 했으나, 동방 교회는 교황의 권위 자체를 인정하지 않았다. 그리하여 니콜라우스 1세는 결국 867년의 콘스탄티노플 회의를 정죄하였다.

동방에서는 불가리아만이 서방의 견해에 동조하였다. 불가리아는 교회적으로 그리고 문화적으로는 그리스의 전통에 속했으면서도 정치적으로는 로마의 지배하에 있었기 때문이었다. 동로마의 황제 미카엘 3세가 암살당하자 사정이 바뀌었다. 새 황제가 반(反)포티우스 세력, 즉 이그나티우스파 세력과 로마를 필요로 하였다. 그리하여 869년 콘스탄티노플 노회는 포티우스를 정죄하기에 이르렀다. 그러나 새 황제는 정치적으로 다시금 포티우스의 도움이 필요하게 되어 황제의 조정으로 876년 포티우스와 이그나티우스는 화해하였다. 로마에서도 이를 인정하였다. 이러한 과정을 통하여 결국 로마 교황의 위상이 동방 교회에서도 올라간 셈이 되었다.

11세기에 이르러 동, 서 교회간에 알력이 다시금 심화되었다. 동방의 대주교 미카엘 케룰라리우스(Michael Cerularius, 1043~1058)는 서방을 이단으로 간주하며 철저히 반대하였다. 그의 재임 시에 로마의 교황 레오 9세(1049~1054)는 처음으로 개혁을 단행함으로써 교황권의 신장을 꾀하였다. 레오가 이탈리아 남부의 교회에 교황권을 행사하겠노라고 주장하자 동방 교회는 1053년 콘스탄티노플에 있는 라틴계의 교회를 폐쇄하고 수도원을 접수하였다. 라틴계들이 성찬 시에 발효되지 않은 빵을 사용하였다는 이유에서였다. 그러나 서방에서는 8세기 말경부터 그렇게 해 왔다.

오크리다(Ochrida)의 감독 레오가 총대주교가 되면서 서방의 대주교들과 교황에게 보내는 편지에 라틴계 신자들을 반(半)유대인이며 동시에 반(半)이교도라고 불렀다. 즉, 토요일마다 금식하며 성찬 시에는 발효되지 않은 빵을 먹는다는 이유에서 반유대인이며, 목매어 죽인 짐승의 고기를 먹는가 하면 금식기간에 '할렐루야'를 부르지 않는다는 이유에서 반이교도라고 하였다.

이에 대한 답변을 하도록 교황으로부터 위촉을 받은 추기경 훔베르트(Humbert, ?~1061)는 동방 교회의 관례대로 혼인하는 사제들을 가리켜 니골라당과 같다고 응수하였다. 이리하여 동서의 관계가 더 험악하게 되자 1054년 7월에 추기경 훔베르트와 로틀링겐의 프리드리히(Friedrich)는 파문장을 써서 교황의 사절로 하여금 하기아 소피아의 제단 위에다 놓게 하였다. 그 글에 그는 비잔틴 사람들을 성물 매매자(simony), 영지주의자, 아리우스주의자, 도나투스파, 니골라당, 신령파, 마니교도, 유대교적 기독교인이라고 칭하며 비난하였다. 형제를 그렇게 매도하면 그 욕이 자기에게로 되돌아오는 법이다. 동방 교회는 서방 교회를 이단으로 정죄하는 의미에서 스스로를 정통(Orthox) 교회라고 칭하였다. 그리하여 동방 교회와 서방 교회는 절교하게 되었다.

　　1054년 교회가 동과 서로 분열된 이후 양 교회는 진지하게 재연합을 시도하였는데, 대체로 세 가지 방법으로 시도하였다. 즉 무력에 호소하는 방법, 정치적인 협상 그리고 종교적인 대화를 통한 방법이었다. 첫째 방법은 순전히 서방에서 일방적으로 시도한 것이었으며, 둘째는 서방 교회 교황의 외교와 동로마 제국의 욕구의 합작이었다. 셋째 방법은 동방과 서방의 두 세계에 도움을 준 것인데, 재연합의 시도는 14세기와 15세기에 이르러 공의회 운동(Conciliar Movement)을 통하여 합의의 단계에까지 이르렀으나 실제적인 연합은 실현되지 않았다.

11~12세기의 개혁 운동

1050년경부터 1130년까지 약 80년 동안 유럽의 역사는 하나의 큰 전기를 맞이하였다. 도시들이 형성되고 상업이 융성하게 되었으며, 새로운 시민 계층이 정치에 영향력을 행사하기 시작하였다. 게다가 지적인 활동도 활발하였다. 이러한 변화의 시대에 있었던 일 가운데 가장 주목할 만한 일은 새로운 질서와 세계관의 혁명적인 변혁을 위한 시도가 있었던 일이었다. 그것이 바로 제왕(帝王)이 성직자를 임명하는 평신도의 서임권(investiture)에 대한 개혁 운동이었다.

평신도의 서임권 행사는 정치 권력자의 교회에 대한 간섭이요 성직 매매여서 교회를 부패케 하는 가장 큰 요인이었다. 서임권의 개혁을 위한 투쟁은 기대한 만큼 성공을 거두지 못하였다. 그러나 교회는 그 운동을 통하여 상당한 정도로 세속의 지배에서 벗어나 자유를 향유하게 되었으며, 성직자들의 도덕적이며 지적인 수준도 괄목할 정도로 향상되었다. 그러나 교회 자체는 서임권 개혁을 위한 투쟁 이후 점점 더 세속적인 사물에 관심을 가지게 되었다. 중세 중기에 교황들은 제왕들에 못지 않게 부와 권세를 누리게 되었으며, 교회는 교황청이 다스리는 하나의 거대한 국가가 되었다.

1050년대에 교황을 보좌하는 추기경단이 조직되었다. 겨우 열두 명으로 구성되었는데, 모두가 그레고리 시대의 개혁을 위하여 중요한 역할을 하였다.

그 가운데서도 특별히 그레고리 7세(1073~1085) 자신과 파스칼 2세(Paschal II, 1099~1118)는 교황으로서 개혁을 주도하였으며, 페트루스 다미아니(Petrus Damiani, 1007~1072)와 홈베르트는 추기경으로서 중요한 역할을 다하였다.

이들 가운데 다미아니는 사람들에게 널리 존경과 사랑을 받은 온건한 사람으로서, 중세 중기의 문화와 문학에까지 깊이 영향을 미쳤다. 다미아니는 가난한 가정에 태어난 고아였는데, 사제(司祭)의 양자가 되어 신학과 교육법을 공부하였다. 그는 클루니 수도사들의 생활이 훌륭하기는 하나 세상 일에 너무 많이 관여한다는 것을 발견하고, 북이탈리아에서 새로운 수도원 운동의 지도자 가운데 한 사람이 되었다. 교황 레오 10세는 세속적인 성직자들의 부패상을 지적하고 비판하며 성결한 삶을 강조하는 다미아니를 추기경으로 발탁하였다. 그는 밀라노로 보냄을 받아 교회 개혁에 힘썼으나 별로 성공을 거두지는 못하였다.

그레고리 시대의 개혁자들이 대단한 관심을 둔 문제는 성직자의 독신 문제였다. 서방에서는 일찍부터 성직자가 독신 생활을 원칙으로 정해 놓았지만 강행하지는 않고 있었다. 그레고리 7세가 교황이 될 때만 해도 감독들은 여자들과 동거 생활을 했으며, 자기들에게서 난 '조카' 들을 돌보고 있었다. 교구 사제들은 일반적으로 혼인한 가장으로 생활하고 있었다. 개혁자들은 하나같이 성직자의 독신 생활을 강화해야 한다고 생각하고 주장하였다. 감독들과 사제들은 그리스도의 신부로서 교회와 혼인한 것으로 간주하였다. 다미아니는 온건한 사람이었으나 이 문제를 두고는 단호한 태도를 취하였다.

힐데브란트(Hildebrand)는 25년 간 수도사로 있으면서 서방 교회를 다스린 셈이다. 그는 6명의 교황들을 위한 수석 고문 역할을 했는데, 이들 가운데 3명은 그가 예견한 대로 선출된 인물이었다. 힐데브란트는 교황을 추기경회(College of Cardinals)에서 선출한다는 다음과 같은 규정을 제정하도록 한 장본인이었다.

- 교황의 죽음과 동시에 추기경들은 그 후계자를 선출한다. 그후 성직자들과 국민들은 선출된 인물을 비준한다.
- 만약 로마 성직자들 가운데 적당한 인물이 있을 경우에는 그 중에서 교황을 선출하도록 한다.
- 교황 선거는 추기경들이 정하는 대로 어디서든지 이루어질 수 있다.
- 혹시 대관식이 연기되는 경우가 있더라도 일단 선출된 교황은 완전한 권한과 기능을 행사할 수 있다.
- 헨리 4세 및 그의 지지자들의 의견을 최대한 존중하도록 한다.

추기경단에 의하여 선출된 최초의 교황 알렉산더 2세가 사망하자, 로마의 시민들은 힐데브란트가 다시 어떤 인물을 추천할 것인지를 기다리지 않고 교황의 장례가 끝나는 즉시 그에게로 달려가 그를 납치하다시피 하여 강제로 교황에 추대하였다. 그를 두고는 달리 교황이 될 사람을 물색할 수 없다고 하면서, 실질적으로 교황의 배후에서 영향력을 행사해 온 당사자가 이제는 교황이 되는 것이 당연하다는 생각에서였다. 그로부터 한 달 후, 즉 1073년 5월 22일 그는 사제로 임직을 받고 다음 달인 6월 30일 감독(주교)으로 임명됨과 동시에 베드로 성당에서 그레고리 7세로 교황에 취임하였다.

힐데브란트는 교황의 선출 규정을 제정하도록 하는 한편 교황청과 제국의 법과 질서를 세우고자 노력해 왔음에도 불구하고 자신은 전혀 비정상적인 방법으로 교황이 되었다. 어쩔 수 없이 자기 모순에 빠진 결과가 되었으나, 그는 교황이 되면서부터 개혁의 의지를 늦추지 않고 추진하였다. 첫째로는 성직자들 세계에 만연된 부도덕과 성직 매매로부터 교회를 정화시키는 것이며, 둘째로는 평신도들의 성직서임(敍任)으로부터 교구들과 교회의 기관들을 해방시켜 교회에 대한 세속 권력의 간섭을 배제하자는 것이었다. 그레고리 7세는 평신도의 성직서임(lay investiture), 즉 평신도인 왕이나 제후가 교직자를 임명하는 제도는 봉건 제도가 낳은 것으로서, 교회에 막심한 부정(不正)과 폐해(弊害)를 초래하는 악습으로 인식하였다.

이러한 그레고리의 개혁 정책에 적극적으로 동조한 이들은 다름 아닌 수도사들이었다. 이들은 처음부터 평신도들의 간섭을 받지 않는 것을 신조로 하고 있었다. 예를 들면, 클루니(Cluny) 수도원의 원장은 그 어떤 외부 세력도 원장 선거에 개입하거나 수도원 규칙에 따르는 운영에 간섭하는 것을 금하고 있었다. 당시 새롭게 설립된 수도원으로 플로렌스의 발롬브로사(Vallombrosa) 수도원(1039년), 독일의 히르샤우(Hirschau) 수도원(1066년), 프랑스의 그레노블(Grenoble) 근방의 카르투시안(Carthusian) 수도원들이 그레고리의 개혁 정책을 환영하고 지지하였다. 그러나 가장 힘이 된 것은 클루니 수도원이었다. 제6대 수도원장 휴(Hugh)가 학식과 경건을 겸비한 출중한 인물이어서도 그러하였다. 1074년 3월에 개최된 회의에서 교황은 다음과 같은 칙령을 내렸다.

- 성직을 매입한 성직자는 바로 그 사실만으로도 성직을 감당하기에는 부족한 인물이다.
- 교구를 맡기 위해 금품을 증여한 자는 그의 교구를 상실한다. 아무도 교회에 관련된 직분을 팔거나 사지 못한다.
- 간음죄를 범한 신부는 즉각 성직자로서의 기능을 정지해야 한다.
- 성직 매매와 음란에 관한 교황의 칙령을 위반하는 성직자들의 목회를 교인들 스스로가 거부해야 한다.

칙령이 발표되자 여기저기서 사람들이 반기를 들고 일어났다. 교회의 부패는 이제 너무 심화되어서 어떻게 손을 쓸 수 없는 지경에 이르렀던 것이다. 프랑스의 교회 지도자들은 같은 해에 즉시 파리에서 회의를 열고 교황의 칙령을 비합리적이라고 선포하였다. 혹시 원한다고 해도 이를 수행하는 것은 불가능하다는 주장이었다. 그것은 독일에서도 마찬가지였다. 하인리히(헨리) 4세의 휘하에 있는 성직자들은 개혁 종교회의를 완강히 반대하였다. 따라서 그레고리의 명령을 따르고자 하는 일선 성직자들은 강한 압력을 받게 되었다. 스칸디나비아 및 헝가리에서는 교황의 칙령을 아예 무시하였다.

그러나 그레고리 7세는 교회 부패의 온상이 되고 있는 평신도의 성직서임 제도를 개혁하는 데 주력하였다. 1074년 2월 로마에서 개최된 종교회의에서 교황은 그의 입지를 분명히 하였다.

교회는 앞으로 평신도들에게서 주교직이나 수도원장직을 받는 성직자들을 주교나 수도원장으로 간주하지 않을 것이다. 우리는 그들이 축복받은 베드로 사도와 교제하는 것을 금한다. 이와 동일한 금령(禁令)은 하급 성직자들에게도 그대로 적용된다. 만약 황제나 공작이나 후작이나 백작을 막론하고 기타 어떤 평신도든지 성직을 임명하는 경우, 그는 이를 받아들이는 성직자와 똑같이 저주를 받을 것이다.

그레고리 7세가 평신도 성직서임의 폐습을 척결하려는 강한 의지를 가지고 이를 선포하자 잉글랜드와 프랑스 및 독일에서는 거센 반발이 일어났다. 헌금과 십일조 및 재산의 기증을 통하여 교회가 얻는 수익이 막대하였으므로 왕들은 자신들의 측근을 주교나 감독으로 임명함으로써 풍성한 재원을 직접 혹은 간접으로 관장할 수 있었다. 그러므로 왕들은 평신도서임권을 쉽게 포기하려고 하지 않았다. 이 일로 인하여 그레고리와 성직서임을 고집하는 잉글랜드의 정복자 윌리암간에 정면 대결은 없었으나 관계가 악화되었다. 프랑스의 왕은 미온적이었기 때문에 당시의 대주교 라임스는 성직 매매 혐의로 한 동안 교황으로부터 휴직 처분을 당하였다.

그런데 이 정책에 가장 크게 반발한 이가 독일의 하인리히 4세였다. 하인리히 4세는 6세의 어린 나이에 황제에 즉위하였기 때문에 그가 성년이 되기까지 모친 아그네스(Agness) 황후가 섭정하였다. 그 동안에 여러 제후들은 황실의 지배를 벗어나 권력 투쟁을 일삼았다. 하인리히가 성년이 되어 친정(親政)을 하게 되었을 때는 제후들이 막강한 힘을 기른 이후였으므로 왕이 그들을 다스리는 것이 쉬운 일이 아니었다. 그러므로 하인리히에게는 성직서임권이 그의 통치를 위해서도 반드시 필요하였다.

1075년 2월에 그레고리는 하인리히 4세에게 칙령을 발송하였다. 하인리히 4세는 그때 마침 이탈리아의 페르모(Fermo)와 스폴레토(Spoleto) 교구의 공석(空席)을 메운 직후였다. 그는 교황의 칙령에 승복하지 않고 계속 테발도(Tebaldo), 밀라노(Milan) 등 중요한 교구를 맡을 감독을 지명하였다. 밀라노의 경우는 공석이 아니었는데도 불구하고 감독을 새로 지명했던 것이다. 하인리히는 1076년 1월 24일 보름스(Worms)에 독일 감독 회의를 소집하여 그레고리를 정죄하게 하였다.

교황은 이에 맞서 하인리히를 파문하고 국민들이 왕에게 충성할 필요가 없음을 선언하였다. 파문의 결과는 예상했던 것보다도 훨씬 심각했다. 백성들은 왕에게 등을 돌렸으며, 제후들은 1076년 4월 트리부르(Tribur)에서 회의를 열어 왕의 공직 수행을 정지시키고 교회에 출석하지 못하도록 금하는 한편, 스피르(Spires)의 왕궁에 개인 자격으로 거주하도록 명하였다. 제후들은 추후에 아우구스부르크(Augusburg)에서 다시 회의를 소집하여 하인리히로 하여금 교황에게 재판을 받도록 하였다. 만일 그래도 교황을 만족시키지 못할 경우에는 하인리히를 퇴위시키기로 하였다.

궁지에 몰린 하인리히는 1077년 1월 투스카니(Tuscany)의 카노사(Canossa)에 머물고 있는 그레고리를 찾아가 눈 덮인 카노사 성 앞 벌판에 사흘을 서서 용서를 빌었다. 교황은 주저하던 끝에 마침내 사면을 선언하였다. 그것은 왕권에 대한 교황권의 승리를 상징하는 것으로 볼 수 있는 일이었다. 그러나 그것은 잠시뿐이었다. 이 일을 계기로 정점(頂点)에 이르렀던 교황의 권세는 세속의 정치 권력에 의하여 수난을 당하면서 점차 쇠퇴하게 되었다.

참회를 가장했던 하인리히는 그가 당한 수모를 철저하게 앙갚음하기 위하여 군대를 길러 반대자들을 응징하였다. 귀족 회의에서 왕으로 추대된 슈바벤(Schwaben)의 루돌프(Rudolf)는 3년 후인 1080년 하인리히와의 전투에서 부상을 입고 사망하였다. 반대 세력을 꺾은 하인리히는 1080년 6월 25일 브릭센(Brixen)에서 회의를 소집하고 그레고리 7세의 교황직을 취소했다. 그레고리는 기스카르(Guiscard)가 이끄는 노르만 병사들에게 구출되어 남부 이탈리아로 후송되었다. 교황은 포로처럼 연금된 생활을 하다가 1085년 5월 25일 살레르노(Salerno)에서 임종을 맞이하였다. 교회로 침투해 들어온 세속의 권력 행사를 배제함으로써 교회를 정화하려던 그의 개혁의 뜻과 시도는 칼을 가진 세상의 권세와 정면으로 부딪치면서 무참히 좌절되고 말았다.

십자군 운동

　　십자군 운동은 동방 이슬람 제국을 향한 서방 기독교의 군사 원정이었다. 서방의 기독교 국가들은 성지 탈환과 수호의 명분을 위하여 11세기 말에 시작하여 13세기 후반에 이르기까지 무려 7차에 걸쳐 원정을 감행하였다.

　　632년 마호메트가 죽고 난 이후 칼리프들은 652년까지 시리아, 이집트, 아르메니아, 페르시아 등을 정복하였으며, 750년까지는 북아프리카, 스페인과 지중해의 여러 도시들을 정복하였다. 이슬람은 처음에 성지 순례자들에게 관대하였으나 11세기 중엽에 이르러서는 7~8세기 때와 마찬가지로 여러 나라들을 공략하고 점령하였다. 그런데 이번에는 아랍인들이 아니고 이슬람으로 개종한 터키인들이 바로 정복의 주인공이었다.

　　이들은 1055년에는 바그다드를 함락시키고, 1056년 테오도라(Theodora)가 사망한 해로부터 1081년 콤네누스 왕조가 시작되기까지의 25년 간 7~8세기 당시와 같이 줄기차게 정복을 계속하였다. 1071년 터키인들은 만지케르트 (Manszikert) 전투에서 비잔틴 군에 대승하자 이어서 소아시아 대부분을 정복하고, 에게해 연안까지 침입하여 콘스탄티노플까지 위협하였다. 1071년에는 아르메니아와 시리아를 점령하였다. 이어서 소아시아에 침입하여 니케아에 정착하고, 1078년에는 예루살렘을, 그리고 1084년에는 안디옥마저 함락시켰다.

이들은 기독교의 성유물들에 대해 일체의 존경심도 보이지 않을 뿐 아니라, 순례자들의 안전한 통행도 허락하지 않았다. 이와 같이 이슬람교를 신봉하는 아랍의 세력이 서방의 기독교 세력에 대치하게 되자 양 진영의 무력적인 충돌은 불가피하게 되었다.

1081년에 즉위한 동방 황제 알렉시우스 콤네누스(Alexius Comnenus)는 터키인들을 제압하기 위하여 서방에 지원을 요청하였다. 이러한 요청에 대하여 교황 우르반 2세(1088~1099)는 여러 지역을 순회하는가 하면 1095년 11월 남부 프랑스 클레르몽(Clairmont)에 종교회의를 소집하여 성지(聖地) 해방을 위한 적극적인 지원을 호소하였다. 교황을 비롯하여 주교들이 영주들과 교구민들에게 호소할 뿐 아니라 많은 설교자들이 십자군의 원정을 독려하였다.

서방에서는 드디어 종교적인 동기에서 군사를 일으켜 동방으로 11세기 말부터 13세기 후반까지 무려 7차에 걸쳐 원정(遠征)을 하게 되었다. 십자군에는 영주들이 이끄는 정규군만이 아니라 은자(隱者) 페트루스와 같은 설교자들을 중심으로 모인 오합지졸의 군중들도 별도로 참가하였다. 그러나 이들은 전쟁을 변변히 치르지도 못하고 패퇴하고 말았다. 원정군과 주도적인 인물은 아래와 같다.

제1차 원정(1096~1099)에는 부이용의 고드프리(Godfrey de Bouillon)와 기타의 귀족들이 원정을 이끌었으며, 제2차 원정(1147~1149)에는 독일의 콘라드 3세(Conrad III)와 프랑스의 루이 7세가, 제3차 원정(1189~1192)에는 프리드리히 1세(Friedrich I, Barbarossa), 슈바벤의 프리드리히(Friedrich von Schwaben) 공작, 잉글랜드의 사자왕 리차드, 프랑스의 필립 2세 등이 참여하였다. 제4차 원정(1202~1204)이 있은 후에는 1212년에 어린이 십자군 원정이 있었다. 십자군 원정에 유럽의 나라들은 진력을 내기 시작하였으나, 제5차 원정(1228~1229)은 황제 프리트리히 2세가 주도하였으며, 제6차 원정(1248~1258)과 제7차 원정(1270년)은 프랑스의 성자로 칭함을 받은 루이가 주도하였다.

제1차로 유럽의 여러 제후들이 이끄는 대규모의 군대들이 동방으로 진군해 왔을 때, 정작 원병을 청했던 알렉시우스는 내심 당황하였다. 십자군들이 터키군을 물리친다고 하더라도 탈환된 영지가 자기에게로 귀속될 것 같지 않다는 생각에서였다. 십자군들은 한 사람의 지휘관 아래 행동하는 통일된 군대가 아니고, 여러 왕들과 제후들이 제각기 지휘하는 개별적인 군대들이었다. 툴루스의 레이몬드(Raymond of Toulouse), 부이용의 고드프리와 그 밖에 소영주들이 이끄는 십자군은 1099년 7월 예루살렘을 탈환하여 점령하였다. 그러나 원정군은 예루살렘에 당도하기까지 많은 희생의 대가를 치렀다. 예루살렘에서는 성안에 사는 무슬림과 유대인 주민들을 잔인하게도 모두 학살하였다.

　　우르반 2세는 예루살렘 함락 14일 후 십자군 소식을 듣기 전에 사망하였다. 십자군 원정의 명분은 종교적인 것이었으나, 거기에 참가한 왕들과 제후들은 세속적인 욕망을 가진 사람들이 많아서 원정은 종교적인 본래의 명분에서 벗어난 것이 되었다. 서방 여러 나라의 군사들의 무지와 야만적인 행동이 드러나게 되었으며, 그들의 비인도적인 잔인함은 형언할 수 없을 정도였다. 그리고 많은 제후들과 병사들이 귀국 길에 터키인들에게 죽임을 당하거나 포로가 되는 불상사를 당했다.

　　십자군 운동의 특징 가운데 하나는 많은 오합지졸들이 참여한 일이다. 그리고 그들 대부분이 천년왕국 신앙을 가졌으며, 자칭 메시아라고 하는 자들을 추종하는 광신적인 신앙을 가진 무리라는 점이었다. 교황 우르반 2세가 기사(騎士)들에게 십자군 원정을 호소하면서 기대한 바와는 달리, 가난한 백성들이 원정에 지원하고 나섰다. 그들은 이를 자신들의 사회적인 욕구 불만을 분출함과 동시에 희망을 성취할 수 있는 계기로 삼았다. 백성들의 사회적인 욕구 불만은 천년왕국 신앙으로 웅축되어 예루살렘 수복이라는 대의명분을 위하여 분출되었다. 백성들은 귀족들과 기사들이 이끄는 정규군과는 별도로 예루살렘 수복을 위한 의용군을 결성하였다. 남루한 옷을 걸친 채로 낫과 괭이나 몽

둥이로 무장한 오합지졸의 광신적인 무리는 가장 처절하게 싸우는 군대로서 무슬림도 이들을 가장 무서워했다고 한다.

이들이 이교도의 섬멸을 위한 십자군 원정을 앞두고 먼저 한 일이 유대인의 대학살이었다. 그들은 먼저 유대인을 처치해야만 성지를 더럽히는 이교도와 싸울 수 있는 자격을 획득하는 것으로 생각하였다. 가난한 민중들이 유대인을 학살한 것은 그들의 재산을 탐하여 한 것은 아니었다. "와서 우리와 한 백성이 되자!'는 것이 민중들의 구호였다. 유대인들은 세례만 받으면 생명과 재산을 보호받을 수 있었으나 거절하는 경우에는 죽임을 당했다. 주교와 귀족들, 부유한 시민들이 유대인들을 보호하려고 했으나 속수무책이었다.

유럽 전역에서 학살이 자행되었다. 예를 들면, 보름스(Worms)에서는 800명의 유대인이 희생되었으며, 마인쯔에서는 1,000명 이상이 죽임을 당하였다. 1096년 5월에서 6월 사이에만도 죽임을 당한 유대인의 수가 4천에서 8천 명에 이르렀던 것으로 추산한다. 가공할 만한 일은 이러한 유대인 학살이 전통이 되어 버렸다는 사실이다. 제2, 제3의 십자군 원정(1189년~)을 앞두고도 같은 일이 벌어졌다. 예언자임을 주장하는 사람들이 연이어 일어나 예루살렘 탈환을 호소하였으므로 십자군 운동은 계속되었다.

13세기 초에는 심지어 어린이들의 십자군(Children's Crusade)이 생겼다. 하나님의 택함을 받은 자, 기적을 행하는 성자라는 어린 청소년들이 각 대열의 향도(向導)였다. 그러나 그들 모두가 광신(狂信)의 희생물이 되고 말았다. 지중해에 당도하자 그들은 이스라엘 앞에 홍해를 가르신 하나님께서 그들 앞에 지중해도 가르실 것이라고 믿고 바다로 향해 진군하였다. 많은 청소년들이 바다에 익사하거나 아니면 포로가 되어 노예로 팔려 가는 등 그들의 원정은 물론 비극으로 끝났다.

13세기 중엽에는 프랑스 지역에서 '파스토로'(Pastoureaux)라고 불리는 목자들의 십자군이 형성되었다. 남녀 젊은이들이 양떼와 가축을 버리고, 부모에게 하직하는 인사도 없이 이상한 깃발 아래로 모여들었다. 얼마 안 가서 도둑들과 매춘부들이며 무법자들이나 배교한 수도사들과 살인자들이 가담하였다. 그들도 역시 목자의 차림을 하고 주로 무리들을 주도하였다. 헝가리에서 왔다는 배교한 수도사 야곱(Jacob)이 사람들을 현혹하였다. 그는 자신을 '살아 있는 그리스도'라고 칭하고 '열두 제자'와 '성모 마리아'를 거느리는 등 12세기 초에 천년왕국 신앙으로 사람들을 미혹하던 탄쉘름(Tanschelm)의 재판(再版)을 연출하였다.

야곱의 군대가 제일 먼저 아미엔(Amiens)으로 가자 그곳 시민들은 그들을 거룩한 사람들이라고 하며 열광적으로 환영하였다. 그들은 성지 탈환을 위한 원정을 떠나기보다는 교회를 공격하고 사제들을 살해하는 일을 자행하였다. 파리(Paris)만 하더라도 이 무리들 때문에 큰 피해를 입었다. 도미니코회와 프란체스코회의 많은 수도원들도 수난을 당하였다. 야곱은 한때 그를 열광적으로 환영했던 시민들의 손에 죽임을 당하고 그 잔당들은 쫓겨 흩어지면서 파스토로의 천년왕국 운동은 종막을 고하였다.

십자군 운동은 서유럽에 정치적 및 사회적인 큰 변화를 초래하였다. 많은 기사들과 귀족들이 십자군에 출정하여 불귀의 객이 되는 바람에 봉건 제도가 붕괴되기에 이르렀다. 십자군 출정에 필요한 경비 조달을 위하여 귀족들이 토지들을 농부에게나 돈 많은 중산 계급층 사람들에게 매각하는 바람에, 이전에는 봉건 제후들의 지배하에 있던 많은 도시들이 자치적인 도시로 발전하게 되었다. 왕들은 이러한 중산층의 도움을 받아 중앙집권적인 체제를 더욱 공고히 구축할 수 있었다. 중산층은 그들의 경제적인 번영에 중요한 요건이 되는 사회적인 안정을 보장받을 수 있기 위하여 강력한 중앙집권적인 군주 제도를 원하였다.

십자군 원정이 진행되는 동안에 교황은 권세를 행사하는 것 같았으나, 사람들이 십자군 원정을 통하여 국가에 대한 관심과 충성심이 고양되면서 오히려 교황의 권세는 퇴조하게 되었다. 그리고 콘스탄티노플의 동방 제국이 세력을 회복하게 되면서 동방과 서방간의 종교적인 감정은 더 악화되었다. 동방 제국은 쇠퇴하여 1453년에 마침내 몰락하게 되었다. 그리고 전투 기사 수도원의 출현 등은 교황의 권세를 일시적으로 강화하는 일에 도움이 되었다.

이슬람을 다루는 일을 두고 실력 행사보다는 대화를 통하여 설득하는 방법으로 임해야 한다는 움직임이 있었다. 스페인의 미노르칸(Minorcan) 귀족 가문의 레이몬드 룰(Raymond Lull, 1235~1315)은 이를 실천하기 위하여 노력한 대표적인 인물이었다. 노예에게서 아랍어와 아랍의 문화를 배운 그는 1276년에 대학을 설립하여 아랍의 언어, 문학, 문화를 배울 수 있도록 하였다. 이슬람 가운데 선교사로 일할 사람은 먼저 아랍어와 그 문화를 알아야 한다고 했다. 그는 북아프리카에서 순교하였다.

십자군은 유럽의 경제에도 변화를 가져 왔다. 베니스가 주도하는 이탈리아의 여러 도시 국가들은 첫 십자군이 원정의 길에 오르자마자 근동의 이슬람 나라들과 교역을 시작하였다. 십자군 원정이 예루살렘을 이슬람으로부터 영구적으로 해방시키는 일에는 실패하였으나 서유럽에 여러 가지 많은 유익을 가져다 주었다. 그 가운데도 중요한 것은 서유럽으로 하여금 문화적 지역주의 (Provincialism)에서 벗어나게 해 준 것이었다. 아랍의 학문, 과학, 문학이 서방에 전달되었으며, 그로 말미암아 스콜라철학과 신학이 융성하게 되었다.

수도원의 쇄신 운동

12세기에 많은 수도원들이 창설되었다. 그것은 십자군 원정과 대성당 (Cathedral, Dom) 건축에서 보여 준 것과 꼭 같은 종교적인 열정의 산물이었다. 10세기의 클루니 수도원이 처음 시작되었을 때 개혁의 열정은 대단하였다. 그러나 교단이 부유해지자 그러한 열정은 식고 말았다. 그러자 새로운 개혁을 부르짖는 그룹들이 여기저기서 일어났다. 13세기에 일어난 탁발(托鉢) 수도사 운동은 백성들에게 종교심을 갖게 만들고, 사회와 대학과 학문에 크게 영향을 미쳤다.

시토 수도원의 부흥

10세기 중엽에 프랑스의 론 강 상류에 위치한 시토(Citeaux)에서 일어났던 수도원 운동(Cistercians)이 12세기에 다시금 부흥하였다. 주로 상류층 출신들로 이루어진 수도원이었다. 도미니코와 프란체스코 수도사들은 무슬림을 기독교 신자로 개종시키기 위하여 교육과 설교를 통하여 믿음을 얻게 하는 일을 목적으로 삼았다. 십자군의 종교적인 열정은 평신도 군사 교단을 낳기도 하였다. 이 모든 교단들은 교황의 지도하에 있었으며, 수도사들은 교황과 수도원 원장에게 복종할 것을 서약하였다. 이러한 수도원 운동은 금욕적인 생활을 하려는 중세기 사람들의 욕구를 만족시켰으며, 공부하는 일에 관심을 가진 사람들에게 그럴 수 있는 기회를 마련해 주었다.

그 가운데서도 유명한 교단은 베르나르(Bernard de Clairvaux, 1090~1153)가 세운 것이다. 그는 귀족 가문 출신으로 경건한 모친 알레타(Aletta)에게서 많은 것을 얻었다. 베르나르는 1115년 나이가 25세 되던 해에 클레르보에 수도원을 건립하였다. 30명의 친구들과 다섯 형제의 협조를 받아 그 일을 시작하였다. 베르나르는 겸손한 데다가 다소 신비적인 면으로 치우친 경향이 있었으나 실천하는 힘과 용기를 가졌다. 그의 설교와 가르침은 제2차 십자군 원정을 하도록 고무하는 데 결정적인 역할을 하였다.

그가 신비주의적이었음과 동시에 유능한 설교자였다는 사실은 그의 「아가서 설교」(Homilies on the Song of Solomon)에도 잘 나타나 있다. 그래서 그는 또한 많은 찬송가도 작사하였다. 지적 능력, 신비주의적 경향, 언변, 실천적인 능력, 이러한 요소들로 말미암아 그는 당시의 영적인 지도자가 되었으며, 시토 수도원 운동의 제2의 창설자가 되었다.

무장병 수도원

십자군 운동으로 말미암아 무장병 수도원(The Military Orders)이 생기게 되었다. 12세기 초 성 요한의 기사단 또는 간호 기사단이 순례자들을 보호하고 그들이 병들었을 때 간호해 준다는 명분으로 창설되었다. 현대의 적십자 단체에 해당하는 것이다. 수도사들은 다른 수도원에서 하는 것과 같은 서약을 하지만 무기를 다루는 일을 포기하지 않았던 점이 특이하다.

후에는 이러한 수도원이 성지를 방어하는 군사적 조직으로 역할하였다. 1118년에 예루살렘 근교에 성전 기사단(the Knights Templars)이 창설되었다. 이

기사 수도원은 1128년 공적으로 승인을 받아 1130년에는 시토 교단의 수도원의 생활 규칙을 따르게 되었다. 수도사들은 먼저 이슬람의 공격으로부터 예루살렘 성지를 방어한다는 서약을 하였다. 그리고 교황에게만 충성한다는 것이었다. 이 수도원은 나중에 프랑스의 정치에 너무 깊이 개입하게 되어 1312년에 폐쇄되었다.

탁발 수도사 교단

탁발 수도사들은 12세기에 개혁을 주창한 또 하나의 다른 유형의 수도원 운동이었다. 그들은 일반 수도사들이 그랬듯이, 예수님과 사도들의 삶을 본받아 가난하게 살 것과, 박애 정신을 실천하고 순종하는 삶을 살 것을 서약하였다. 그러나 그들은 수도원 안에서 기도하고 속세와는 격리된 채로 노동하는 대신에 도시 사람들에게 가서 섞이면서 사람들을 도와 주는 한편, 알아듣기 쉬운, 일상 사람들이 쓰는 말로 설교하였다. 수도원은 재산을 소유하고 있었으며, 수도사들은 노동함으로써 자급자족하였다.

그러나 탁발 수도사들은 사람들이 구제를 위하여 주는 것을 받아 생활하였으며, 집이나 토지 등 사유 재산은 일체 소유하지 않았다. 그들은 12세기 이전의 수도사들이 그랬던 것보다 더 직접적으로 교황의 지도를 받았으며, 교황을 언제든지 도울 준비를 갖춘 기동성 있는 원군이었다. 이 시기에 조직된 탁발 수도사 교단(The Friars, die Bettelorden)으로 중요한 것은 프란체스코와 도미니코 교단인데, 카르멜 수도원(Carmelite)과 오스틴(Austin) 교단도 역시 이 시기에 조직되었다.

프란체스코 교단(Franciscan order, 1209년)은 투스카니 지방의 조그만 산촌 아시시 태생인 프란체스코(Francis of Assisi, 1182~1226)가 창설하였다. 프란체스코는 부유한 상인의 아들로 쾌락을 좋아하는 사람이었으나 병으로 고생하는 동안에 회개하고 아버지 집을 떠나 자신을 성별(聖別)하여 가난하게 하나님을 섬기며 살고자 하였다. 몇몇 젊은이들을 모아 자신들의 생활 규칙을 만들었다. 즉, 가난하게 살며, 사랑을 실천하고 순종하는 삶을 산다는 것이었다. 순종하는 삶이란 교황에게 철저하게 순종하는 삶을 의미하는 것이었다.

그리하여 그들의 교단은 1209년 인노켄트 3세로부터 구두(口頭)로 승인을 받았다. 인노켄트 3세는 수도사들이 초기에는 대부분 평신도로서 설교하였음에도 불구하고 그들을 조심스럽게 다루고자 그들의 규율을 공식적으로 인정해 주었다. 왜냐하면 그는 당시 평신도들의 길드 형태의 조직을 갖춘, 경건하고 열심 있는 왈도파를 제대로 처리하지 못함으로 말미암아 그들이 이단으로 흘러가고 만 경험을 되풀이하지 않기 위해서였다.

'탁발'로 번역되고 있는 'Friar'라는 말은 라틴어 'frater' (형제)에서 유래한 말이다. 그것은 그들의 영적인 생활을 두고 하는 말일 뿐 아니라, 로마 교회를 위하는 봉사를 두고도 한 말이다. 프란체스코 수도사들은 로마 교회의 선교적인 과업을 위하여 늘 선봉에 섰다. 프란체스코는 스페인과 이집트에서 설교하기도 하였다. 다른 프란체스코 수도사들은 근동으로, 더 나아가서는 극동에까지 선교사로 갔다. 이들은 도미니코 수도사들과 함께 아르메니아와 중앙 아시아의 교역로를 통과하여 페르시아, 인도, 수마트라, 자바, 보르네오, 티베트 그리고 중국에까지 이르렀다.

몬테 코르비노의 요한(John de Monte Corvino, 1246~1328)은 1300년 이전에 북경에까지 왔다. 거기서 그는 혼자서 6,000명의 신도에게 세례를 베풀었으며, 1300년에는 3만 명의 결신자를 얻었다는 것이다. 그러나 1368년 명조(明朝)가 중국을 통일하면서 교회를 핍박하는 바람에 그들의 선교는 중단되었다. 스페인과 프랑스가 미주 대륙을 개척하기 시작했을 때, 그곳에는 이미 프란체스코 수도사들에 의하여 선교 사업이 진척되고 있었다.

프란체스코 교단은 성장하면서 점차 교황이 지명한 교단장(general)의 통솔 아래 있게 되었다. 이 교단은 많은 학자들을 배출한 것으로도 유명하다. 이를테면, 로저 베이콘(Roger Bacon, 1214년경~94년)이라든지 보나벤투라(Bonabentura, 1221~1274), 둔스 스코투스(Duns Scotus, 1270~1308), 윌리암 오캄(William of Ockham, 1300년경~50년경) 등이 이 교단에서 배출되었다.

도미니코 수도사들(Dominicans) 역시 구제를 받으며 생활하였다. 프란체스코 수도사들이 선교에 힘쓰면서 모범적인 삶과 감정에 호소하는 설교를 통하여 많은 사람들로 하여금 개종하게 한 것과는 대조적으로 도미니코 수도사들은 지적인 설득을 통하여 사람들을 얻으려고 하였다. 말하자면 프란체스코 수도사들은 사람들의 마음에 호소한 데 반하여 도미니코 수도사들은 이성에 호소하였다. 도미니코 교단은 일반 설교자들로 구성된 교단이어서 '설교자 형제 교단'(Ordo fratrum praedicatorum)이라고도 한다.

스페인의 칼라로가(Calaroga) 귀족 출신 도미니쿠스(Dominicus, 1170~1221)는 처음에 오스마의 디에고 주교(Diego von Osma, ?~1206)를 따랐다. 남프랑스를 방문하는 동안에 거기서 만난 알비파(Albigenses) 이단을 동정하게 되어 그들 가운데 순회 설교자로 일하였다. 그래서 그는 이단과 싸우는 무리로 근엄한 생활, 단순함과 이성에 호소하는 논리를 발전시켰다. 그런 이유에서 '주님의 사냥개'라고 불리는 도미니코 수도사들은 설교를 강조하였다. 1215년 도미니쿠스는 새로운 교단을 창설하려고 하였으나 교황 인노켄트 3세하에서는 뜻을 이루지 못하다가 이듬해인 1216년 교황 호노리우스(Honorius) 3세의 승인을 받아 교단을 창설하였다. 1220년부터 새 교단은 주민들의 동냥을 받아 생계를 유지하는 탁발 수도사의 교단이 되었다.

도미니코 교단은 구심점을 가진 강력한 조직으로 발전하였다. 1221년 도미니쿠스가 죽은 바로 그해에 도미니코 교단은 8개의 교단 지역과 60개의 수도원을 거느리는 대교단으로 발전하였다. 1232년 이후 도미니코 수도사들은 종교 재판을 관장하는 일을 거의 독점하다시피 하였다. 토마스 아퀴나스

(Thomas Aquinas, 1225~1274)와 그의 선생 알베르투스 마그누스(Albertus Magnus, 1193~1280)는 도미니코 교단에 속한 뛰어난 학자들이었다. 현 로마 가톨릭의 신학 체계는 토마스 아퀴나스로 말미암아 완성된 것이다.

여성들의 종교 운동은 금욕 생활을 힘쓰는 비교적 부유한 상류층 여성들에 의하여 추진되었다. 교단과 연결된 여자 수도원이 생겼으며, 1206년 도미니쿠스는 남프랑스의 프루이유(Prouille)와 그 밖에 몇 지역에 여자 수도원을 창설하였다. 프란체스코는 1212년 아시시에 성 다미아노(San Damiano) 여자 수도원을 창설하게 하였다. 프란체스코 교단이 유명해지자, 교황 그레고리 9세는 1227년에 클라라(Clara)를 명하여 중부 이탈리아 지역에 자립하고 있는 여러 여자 수도원을 합쳐서 프란체스코 교단에 버금가는 여자 교단을 창설하도록 하였다. 처음에는 성 다미아노 교단이라고 하였는데, 1253년 성 클라라가 죽자 클라라 교단이라고 부르게 되었다. 그리고 이 교단이 중심이 되어 여자 수도원의 통합을 추진하였다. 1259년에는 도미니코회 측의 반대를 무마하고 여자 수도원을 흡수하게 되었다.

13세기의 경건 생활

탁발 수도사들의 등장과 활동으로 말미암아 교회가 일반 대중에게 용이하게 접근할 수 있게 되었다. 수도원 교단에 소속된 교직자들이 교구 목사들과 함께 사제의 역할과 목회 활동에 참여하였다. 탁발 수도사들의 순회 설교를 통하여 평신도들이 더 친근히 설교를 들을 수 있게 되었다.

교회에서 주교들의 세력은 약화되었다. 10세기경부터 주교들이 정치권에 관여하다 보니 교회 일은 자연히 소홀히 할 수밖에 없었다. 그리하여 주교들이 목회 일을 다하지 못하는 공백의 부분을 메우는 직분으로 '수장집사'(Archdeacon)가 주교와 교구 목사직 사이에 자리 잡게 되었다. 프랑스에서는 9세기에, 그리고 독일에서는 10세기에 제도화되었다. '수장집사'는 교회에서 평신도의 재판을 주관하는 일과 교구 목사를 임면(任免)하고 교직자들을 심방하는 일을 관장하였다. 그러나 13세기에 와서는 '수장집사'의 권한이 제한되었다.

교회의 교직자들은 설교를 통해서뿐만 아니라 고해(告解)를 통하여 백성들과 접촉하였다. 1215년 제4차 라테란 회의에서는 신자들이 일 년에 적어도 한 번은 사제를 찾아 고해하는 것을 의무화하였다. 12세기에 스콜라 신학자들이 저술한 고해에 대한 이론서가 나왔으며, 13세기 초에는 고해를 듣고 인도하는 목사들을 위하여 「고해 지침서」(*Sumae Confessorum*)가 나왔다.

혼인을 교회의 성례로 간주하는 일도 이 무렵에 시작되었다. 13세기만 하더라도 교회에서 주관하는 혼인 예식이란 존재하지 않았다. 교회는 다만 혼인 예식 후에 '브라우트메세' (die Brautmesse)라고 하여 혼인한 부부를 축하하고 축복하는 모임을 가졌을 뿐이었다. 혼인에 교회적인 축복이 있어야 한다는 것은 이미 칼 대제가 요구한 것이었으나, 1139년 제2차 라테란 회의에서 교회법으로 정하였으며, 제4차 라테란 회의에서 그것을 의무화하기로 재확인하였다. 14세기에 이르러 비로소 교회에서 주관하는 혼인 예식이 있게 되었는데, 처음에는 예배당 문 앞에서 예식을 올리다가 16세기에 이르러 예배당 안에서 혼인 예식을 올리게 되었다.

백성들은 하나님과 그리스도를 예배의 대상으로 생각하지 않은 적은 없었으나, 성자 숭배 등에 더 마음을 두고 있었다. 십자군 병사들간에는 '비교적 낮은 제의(祭儀)', 즉 성자 숭배, 사자(死者) 숭배, 성상 숭배 등이 다시금 활성화되었다. 나중에 성자의 수는 1,500명이나 될 정도로 계속 불어났다. 993년 아우구스부르크의 울리히(Ulich von Augusburg) 주교는 로마에서 제일 처음으로 성자로 추대하는 일에 관하여 언급한 사람인데, 그레고리 9세 이후에 성자됨을 선언하는 것은 교회의 권한이라고 확정하였다.

그 밖에 마리아 숭배가 성행하게 되었다. 12세기 말부터 사람들은 'Ave Maria' (마리아여, 경배를 받으소서)라고 했다. 누가복음 1장 28절과 42절에 근거하여 그렇게 말한다고 하였다. 1140년 이후부터는 12월 8일을 마리아 절기로 만들어 마리아의 흠 없는 수태를 기념한다면서 축하하였다(festum immaculatae conceptionis beatae virginis). 12세기 이후에는 '장미화환 기도' (Rosenkranzgebet)라고 하여 마리아를 사랑하는 마음으로 기도하며 마리아에게 봉사하도록, 그리고 기사들은 여자에게 봉사하도록 요구하였다. 레겐스부르크의 베르트홀트(Berthhold von Regensburg)는 '마리아는 죄를 사하는 이' 라고도 말하였다.

귀족들 및 상류층과 성직자들을 제외하고는 중세의 백성들 가운데 글을 읽을 수 있는 사람은 극소수였다. 사람들은 영적인 감수성을 가졌으며, 교회를 중심으로 하는 신앙을 가졌고, 권위를 믿고 기적을 믿는 신앙을 가졌다. 탁발 수도사들의 공헌으로 깊은 신앙심을 갖게 되었다. 사람들은 교회를 거룩한, 불가침의 독립적인 기관으로 이해하였다. 그들은 사제(司祭)를 경외함으로 대하였으며, 예배에는 규칙적으로 혹은 자주 출석하였다. 특히 미사에 참석하였다.

혼인 예식이나 대관식에는 축도(Benediction)를 생략하였다. 그 밖에 집이나 궁정, 포도원, 양식, 무기 등을 축복하였다. 사람들은 미신에 젖어 있어서, 미신에서 성수(聖水)를 사용하였다. 성수를 예배 의식에 사용한 것은 8~9세기부터였는데, 성수의 도움으로 평신도도 축도를 할 수 있는 것으로 알고 있었다. 또한 기적을 믿는 믿음이 보편화되어 있었다. 사람들이 성찬에 관한 이해를 두고 떡과 포도주의 실체(實體)가 그리스도의 몸과 피로 변한다는 화체설(化體說)을 선호한 것도 역시 기적을 믿는 믿음에서 그랬던 것으로 이해할 수 있다. 사람들은 기적을 믿는 믿음에서 성상 숭배를 하는가 하면, 전설 등 기적 이야기를 즐겼다. 그러나 자신들이 스스로 기적을 경험했다는 사람은 많지 않았다.

화체설의 교의화

기독교의 초기부터 6세기까지는 예수 그리스도께서 참으로 하나님의 아들이냐 하는 질문에서 주로 동방 교회의 교부들은 삼위일체와 그리스도의 교리에 관심을 가졌으며, 서방에서는 펠라기우스에 대항하기 위하여 어거스틴은 은혜의 교리를 말하였다. 그리스도의 역할, 즉 대속의 은혜에 대한 교리는 11~12세기에 와서 보다 깊이 명상하고 논의하게 되었는데, 9세기부터는 성찬에 대한 관심이 깊어졌으며 논쟁도 있게 되었다.

코르비(Corbie) 수도원의 원장 라트베르투스(Paschasius Radbertus, 790년경 ~856/59년)는 그의 저서 「주의 몸과 피」(*De Corpore et Sanguine Domini*)에서 성만찬의 변화설을 말하였다. 그는 성찬에는 상징(象徵)과 실재(實在) 둘이 다 있다고 하면서, 성찬이 변화되었음에도 불구하고 우리가 볼 수 있고 감각할 수 있는 외적인 형상은 그리스도의 몸과 피를 상징하는 것이지만, 임재하는 그리스도의 몸은 실재라고 하였다. 그에 반하여 라바누스 마루스(Hrabanus Marus, 780~856)는 떡과 포도주는 그냥 상징일 뿐이라고 하면서도 변화설을 어느 정도 인정하였다. 즉, 떡과 포도주가 신비적으로, 그리고 성례적으로(sacramentally) 그리스도의 몸과 피가 된다고 하였다. 라바누스 마루스는 풀다(Fulda)의 수도원장으로 있다가 847년 이후 마인츠의 대주교가 된 신학자이다.

상징설을 좀더 명확하게 말한 이는 라트람누스(Ratramnus, ?~868)였다. 그는 떡과 포도주 안에 그리스도의 몸과 피가 숨어 있는 것이 아니고, 그것은 그리스도의 영적인 몸이요 영적인 피일 뿐이라고 했다. 성만찬의 떡과 포도주는 그리스도의 죽음을 기념하는 것이므로 신자가 받는 것은 그리스도의 진짜 살과 피가 아님은 물론이지만, 그렇다고 단순한 떡과 포도주는 아니라고 했다. 성찬에서 우리는 더 고상한, 하늘나라의 신적인 것을 받는다고 하고, 그것은 믿는 사람만이 볼 수 있고 먹을 수 있는 것이라고 하였다.

성만찬에 대한 두 가지 견해를 두고 경건한 넓은 신자층은 라트베르투스의 성례론을 선호하였다. 그리고 9세기에 이미 화체설(transubstantiation)을 말한 사람들도 있었다. 할버슈타트(Halberstadt)의 하이모(Haimo, ?~853)는 실체, 즉 떡과 포도주의 실체는 본질적으로 다른 실체로, 즉 그리스도의 몸과 피로 변한다고 했다.

성만찬은 11세기에 다시금 쟁점화되었다. 베렝가(Berengar, ?~1088)는 반실재론적인 상징주의를 대변하는 교리를 말하였다. 떡과 포도주는 봉헌을 통하여 그리스도의 몸과 피가 된다. 그러나 실체가 변하는 것은 아니다. 물질의 형상이나 본질이 변한다는 것은 생각할 수 없는 일이다. 떡과 포도주의 겉모양이 변하지 않는다면 실체도 변하지 않는다. 봉헌을 통하여 떡과 포도주는 그리스도의 몸과 피의 성례(sacrament)가 된다. 떡과 포도주는 그리스도의 몸과 피를 상징(significant)한다. 그것들은 유사물(similitudo)이요, 징표(signum)요, 비유(figura)이며, 언약(pignum)이다. 그러므로 떡과 포도주는 본래 그것대로 남는다고 한다. 실체는 변하지 않으나 새 것이, 불가시적인 것이 실재 못지 않은 요소를 통하여 천상에 계시는 그리스도께서 전적으로 임재하신다. 그리스도의 몸은 하늘에 계시므로 그를 끌어내린다는 것은 불가능하다. 그러나 사제의 봉헌을 통하여 그리스도의 죽으심으로 말미암는 구원의 능력이 임재하고 그가 영적으로 임재하신다. 베렝가의 성찬론은 칼빈과 개혁주의자들의 성찬론을 방붉게 한다.

그에 반하여 구아문(Guitmund)은 떡과 포도주에 변화(mutatio)가 있게 되는 것인데, 그리스도께서 제정하실 때 말씀하신 그대로, 상징적인 변화가 아니고, 본질적인 변화가 있게 된다고 하였다. 유고(Hugo)는 봉헌의 말씀을 통하여 떡과 포도주의 진정한 실체는 그리스도의 몸과 피로 변한다고 하였다. 즉, 떡과 포도주의 외형은 그대로이지만 본질은 다른 본질로 변화한다는 것이었다. 그리스도의 몸은 편재할 수 없기 때문에 그리스도께서는 그가 원하신다면 지금 이 시간에 지상에 오셨듯이 성만찬에 임재하신다고 하였다.

12세기에 접어들면서 어떤 것이 성례에 속하는 것인가에 관심을 기울였다. 개혁적이고 금욕적인 신학자로 알려진 페트루스 다미아니는 무려 12개의 성례를 말했다. 즉 세례, 견신례, 환자에 기름 붓는 일, 감독의 서품, 왕에게 기름 붓는 일, 교회당 봉헌, 고백(confession), 참사(參事)의 서품, 수도승의 성별(聖別), 수도원 입소자의 성별, 여수도승의 성별, 혼인 예식 등을 성례라고 말하였다. 현재 로마 가톨릭이 견지하고 있는 7개의 성례는 중세 후기에 교의학의 기초를 놓은 페트루스 롬바르두스(Petrus Lombardus, ?~1160)가 제의한 것이다. 그는 세례, 견신례, 성찬, 고해(告解聖事), 죽어가는 사람에게 기름을 바르는 의식(終油聖事), 사제의 서품, 결혼 등을 성례라고 하였다.

토마스 아퀴나스는 아리스토텔레스의 물질(物質)과 형상(形相)의 이론을 적용하여 '요소'와 '말씀'을 구별하려고 하였다. 물질은 형상을 통하여 그 특성을 보유하므로, 은혜를 가져다 주는 것, 즉 말씀과 그 수단인 물질은 구별되어야 한다고 했다. 그런데 스콜라 신학이 진전됨에 따라 은혜의 효능을 성례에 연결해서 생각하는 경향이 있었다. 그래서 성례가 은혜를 보유한다는 생각은 성례만이 은혜를 가져온다는 생각으로 발전하였다. 롬바르두스에게는 성례가 불가시적 은혜를 가리키는 징표일 뿐 아니라 또한 은혜를 가져 오는 징표이다. 중세의 여러 학파간에, 이를테면, 도미니코회와 프란체스코회의 성례에 대한 견해가 다소 다르기는 했으나, 성례가 구원을 위하여 필요한 것이며, 그것을 행함으로 효능이 있게 된다는 점에는 같은 견해를 가졌다.

1215년 제4차 라테란 회의에서 교회는 드디어 교직자를 성별하여 봉헌한다는 사제의 서품과 함께 성찬에 대한 견해를 교의화하였다. 성찬시의 떡과 포도주는 사제가 봉헌의 말을 할 때 하나님의 능력으로 그리스도의 몸과 피로 변한다고 하였다. 그리고 1439년 플로렌스 회의에서는 성례에 대하여 제4차 라테란 회의에서 교의화한 것을 재확인하였으며, 1545~1563년의 트렌트 회의에서 성례에 대하여 포괄적인 정의를 내림으로써 로마 가톨릭은 종교 개혁자들의 견해와는 확연히 다른 교리를 말하였다.

종교 개혁자들은 중세 교회가 교의화한 화체설과 사제의 서품의 교리를 하나같이 다 거부하였다. 종교 개혁 이후 오늘에 이르기까지 로마 가톨릭과 종교 개혁의 교회가 서로 연합하거나 일치할 수 없게 하는 장애들 가운데 가장 큰 것이 바로 화체설을 믿는 신앙과 미사이며, 또한 미사를 집례하는 사제의 서품이다. 성찬의 화체설은 교직자를 제사장으로 받아들이는 이해와 연결되며, 그것은 또한 교계주의와 연계가 된다. 그리고 교직자를 제사장으로 인정하는 데서 교계주의적 교황 교회는 확고부동하게 존립한다.

중세 교회의 사회 봉사

중세의 복지 시설은 '병원'(hospital)이었는데, 이것은 단지 병자들만을 위한 기관은 아니고 가난하고 불우한 여러 사람들을 돕는 기관이었다. 교회는 가난한 사람들을 동정하도록 촉구하였을 뿐 아니라, 이들을 지속적으로 구제할 수 있는 재원을 마련할 수 있도록 권면하고 실천하였다. 교회와 수도원 근처에 병원이 서기 시작하였다. 병원은 실은 더 거슬러 올라가 5세기경 교회의 '파밀리아'(familia)에서 운영하던 '호스피티움'(hospitium)에 그 뿌리를 두고 있다. '파밀리아'는 처음에 목회자가 자발적으로 운영하기 시작했으나, 교회는 감독이 교구의 수입 가운데 일부를 구제 사업에 쓰도록 규정하였으므로, 감독들은 구제금의 대부분을 빈자들을 돌보는 호스피티움을 위하여 지출하였다. 왕실과 귀족들도 토지와 건물을 기증함으로써 이 일에 협조하였다.

최초의 병원들은 병자와 나그네를 위하여 숙박 시설을 제공하였는데, 이러한 병원은 이미 10세기 초반부터 서기 시작하였다. 캔터베리의 테오볼드 (Theobald) 대주교는 1141년 도버에 성지를 향하는 십자군들과 순례자들을 위한 병원을 세우도록 도왔다. 병원은 병자나 순례자들뿐 아니라 흑사병의 만연으로 집을 버리고 헤매는 노숙자들, 품팔이들과 도주한 농노(農奴)들로 만원을 이루었다. 이러한 상황에서 도시의 조례와 병원의 규칙은 가난한 자들을 받되 병자들을 우선적으로 돌보도록 규정하기 시작하였다. 그리하여 점차로 병자들만을 전문적으로 수용하고 돌보는 병원이 생기게 되었다.

13세기에 병자들을 수용하고 그들의 질병을 고치기 위한 기관인 병원이 로마의 성 베드로 대성당 근처에 설립되었다. 교황 인노켄트 3세의 노력으로 이루어진 것이다. 이에 자극을 받아 독일에는 100개 이상의 유사한 기관들이 설립되었으며, 잉글랜드와 프랑스에도 이에 못지 않게 많은 기관들이 서게 되었다. 파리에 있는 호텔 듀(Hotel Dieu)는 환자들의 치료를 위한 일체의 경비 지급을 받았으며, 성 루이(St. Louis) 병원은 특별세 징수를 통하여 지원을 받았다. 런던의 성 바돌로매와 브리스톨의 성 토마스 병원 등은 더 큰 규모로 발전하였다. 13세기 중반에 설립된 베드램(Bedlam)은 정신 병자들을 위한 병원이 되었다. 14세기에는 주교 성당이 있는 모든 도시들은 호스피티움을 가지게 되었다. 캔터베리에는 병원이 8개, 요크에는 18개, 런던에 17개, 노리치(Norwich)에 15개가 있었으며, 이러한 병원의 숫자가 15세기에 이르러서는 더 늘어났다.

현대의 모든 나라들이 민주주의 국가와 복지 사회를 지향하고 있지만, 실은 복지 사회 구현을 위한 노력이 유럽에서는 정치가 이를 제안하거나 주도하기 훨씬 이전인 중세 때부터 활발히 시작되었다는 사실은 특기할 만한 일이다. 그리고 초대교회 시대부터 그리스도의 교훈과 사랑의 모범을 따라 실천해 온 구제 봉사의 전통을 중세 교회와 수도원 등이 이어받아 더 발전시키고 제도화되도록 주도했다는 사실은 칭송할 만한 일이다.

중세의 교육과 대학의 생성

중세가 남겨 준 제도들 가운데 오늘에 이르기까지 가장 두드러지게 존속되고 있는 제도가 바로 '대학' 이다. 중세의 전 시대에 걸쳐 교육은 교회를 중심으로 하여 이루어졌다. 중세의 교육은 주로 직업을 위한 교육이었다. 그리고 직업이라면 넓은 의미에서 곧 교회를 섬기는 것이었다. 오랜 역사 동안 라틴어를 통하여 학문을 계승해 온 집단은 성직자들의 집단이었다.

왕들과 귀족들은 최소한 자기의 이름을 서명하는 정도는 배워야 했으므로 교육을 받았으나 일반 대중들은 교육을 받을 겨를도 없었고 그럴 필요도 없었다. 그러던 것이 14세기 말경에 이르러 공문서를 다루는 공증인, 도시의 상인들에게로 점차 교육이 보편화되기 시작하였다. 잉글랜드의 경우 14세기 이전에도 평민들의 자녀를 위한 교육의 기회는 열려 있었다. 교구 성직자들과 신부가 무료로 가르치는 교구 부속 학당이 있었으며, 우리 나라 서당과 같이 신부들이 부모들과 개인적인 합의 아래 약간의 사례를 받고 자녀들을 모아 가르치기도 하였다.

그러다가 시장이 열리는 대부분의 촌락에 중·고등학교(grammar school)가 서게 되었다. 유럽에서 초등 교육이 보편화되기는 산업 혁명 이후부터였다. 국가가 부강해지면서 교육에 투자할 여유가 생긴 것이다. 잉글랜드에서 보통 교육을 시행하기 시작한 것은 1870년 이후부터였으며, 러시아에서는 1914년까지만 해도 인구의 95%가 문맹이었다.

대학은 중세 특유의 산물이다. 12~13세기에 들어 유수한 대학들이 새로 생겨났는데, 이러한 대학들은 중세를 통하여 고대 그리스나 로마의 아카데미에서와 같은 학풍의 명맥을 이어 온 수도원과 성당 부속 학당과는 질적으로 다른, 제도화된 새로운 학교들이다. 수도원과 성당 부속 학당들 가운데 대학교로 발전한 학교도 있었으나 그 수가 많지 못하였다. 라임스, 샤르트르, 라온, 뚜르 등은 모두 유명한 성당 부속 학당들이었으나 대학교들의 출현과 동시에 점차 그 명성을 상실하게 되었다. 중세에는 교수의 명성이 중요하였다. 교수가 곧 학교였다. 교수가 학교를 옮기면 학생들도 그를 따라 옮겨 다녔다. 그러나 제도화된 대학교들이 설립되면서부터 학교를 중심으로 하는 강의와 학문 연구가 이루어지게 되었다.

많은 수의 성당 부속 학당이나 수도원들의 학적인 수준은 새로 설립된 대학 수준에 미치지 못했으나 대학으로 발전한 기관도 있었다. 서부 유럽에서 가장 유명한 대학교는 1210년 인노켄트 3세로부터 교수들의 길드 헌장을 하사받은 파리(Paris) 대학교였다. 파리 대학교는 12세기에 샴푸의 윌리암과 피터 아벨라르(Peter Abelard, 1079~1142)로 인하여 명성을 얻게 된 노틀담 성당 부속 학당에서 시작되었다.

13세기 중엽에는 신학, 교회법, 의학, 인문 과학 분야에 유수한 교수들이 있었다. 파리 대학교는 국제적인 학자들의 집단이어서 프랑스의 왕의 정책에 관여하는 일이 없었으며, 프랑스 왕 역시 외국 학자들을 잘 보호해 주었다. 그들의 모국과 전쟁을 할 때도 변함이 없었다. 아벨라르 이후 위대한 신학자들이 거의 다 그들의 생애에서 한때를 파리 대학교에서 강의하였다. 모든 도미니코회와 프란체스코 수도사들이 교수의 주류를 이루었던 파리 대학교는 세계의 철학과 신학의 중심지였다.

12~13세기의 서유럽에는 여러 면에서 파리 대학교 수준에는 미치지 못했으나 굴지의 다른 대학들이 이미 존재하고 있었다. 이탈리아의 파비아(Pavia)나 최고의 법학 대학을 가진 볼로냐(Bologna) 등은 파리 대학교보다 먼저 설립되었다고 한다. 13세기 초에 설립된 잉글랜드의 옥스퍼드에는 3,000명이나 되는 많은 학생들이 있었다. 케임브리지는 1209년에 옥스퍼드에서 일단의 교수들과 학생들이 나와 설립한 학교이다. 대학 교육은 거의 전적으로 강의에 의존하였다. 그래서 석사(master)와 박사(doctor) 외에 교수(professor)라는 칭호가 생기게 되었다. 초기에는 이러한 칭호에 구별이 없었으나 14~15세기에 이르러서는 차등을 따라 호칭하게 되었다.

유럽의 중세 사회는 십자군의 원정으로 말미암아 동방 세계의 문물에 눈뜨게 되었으며, 아랍 세계를 통하여 아리스토텔레스의 학문이 소개되면서 그리스 고전을 연구하게 되었다. 새로운 대학에서 행해진 고전 연구를 통하여 르네상스가 일어나게 되었으며, 또한 르네상스로 말미암아 대학은 교회의 통제를 벗어나 자유롭게 인문학과 자연 과학을 연구하고 발표하는 학문의 전당으로 발전하였다.

대학교들은 설립 당시 그 조직부터가 권위에 반대하여 학문의 자유를 구가할 수 있는 구조를 갖추었다. 즉, 대학교는 길드(guild)의 조직을 갖추었다. 대학교(universitas)란 본래 사람들의 모임 또는 조합을 의미하는 말이다. 특히 이탈리아에서는 학생들의 길드가 교수를 고용하는 형식의 제도를 가졌다. 학생들 가운데서 선출된 '렉터'(rector, 학장)들은 학생들이 제정한 교칙을 교수들이 제대로 지키는지, 강의 시간을 엄수하는지를 감독하였으며, 학생 위원회는 교수들의 자질과 능력을 점검하였다. 또한 학생들은 수업을 거부하는 방법으로 무능한 교수들을 축출하기도 하였다.

새로운 대학들은 성당 소속 학당이나 수도원과 비교하여 교육 내용이 그 질과 다양성에서 다를 뿐 아니라 학교의 구조와 이념에서도 달랐다. 학생 길드의 대학 운영은 곧 국가와 사회, 경제와 문화의 모든 생활 영역에서 하나님 나라의 구현을 이상으로 하던 신앙의 시대에 교회가 문화를 지배하던 중세의 권위주의에 대한 혁명적인 도전이었다. 인간은 만물의 척도라고 하며 자율을 구가하는 휴머니즘(人文主義)의 요람인 많은 대학들은 그 출발에서부터 구조적으로 자율적이었다.

중세 스콜라 신학

중세 스콜라 신학의 초기에는 플라톤의 사상이 지배적이었으나 점점 신학이 조직화되면서 아리스토텔레스의 사상이 그 자리를 대신하게 되었다. 아리스토텔레스는 12세기에 비로소 아라비아어 번역을 통하여 서방 세계에 알려지게 되었던 것이다. 중세 교회는 처음에 플라톤을 선호하고 아리스토텔레스의 사상을 멀리했으나 교황이나 종교회의도 이러한 사상 운동을 막기에는 역부족이었다. 결국 아리스토텔레스주의(Aristotelianism)는 플라톤주의(Platonism)를 대신하여 중세 철학에 특징을 부여한 대표적인 사상이 되었다.

아리스토텔레스의 사상은 14세기의 신비주의에 많은 영향을 주었으며, 그후 문예 부흥(Renaissance)의 휴머니스트들에게 영향을 주었다. 스콜라 시대는 대체로 다음과 같이 세 시기로 나누어 볼 수 있다.

스콜라 시대의 첫 시기 | 첫 시기는 9세기 중엽부터 약 3세기간 계속되었다. 신앙과 지식간의 관계, 권위와 이성간의 관계에 대한 종교적인 의문을 다루고, 우주에 관한 철학적인 문제, 그리스도의 구속 사역의 속성과 조건에 관한 신학적인 질문에 관심을 집중하였다. 신앙과 지식의 문제에 있어서는 합리적인 성향과 신비주의적 성향이 서로 대립되는 경향이 있었다. 대표적인 신학

자 캔터베리의 안셀무스(Anselmus, 1033~1109)는 플라톤적인 실재론과 어거스틴의 신비주의적인 열정을 가지면서 동시에 기독교의 합리성을 신뢰하였다. 안셀무스는 그리스도인으로서 열정을 가졌으며, 그의 인격은 종교적인 면과 사변적인 면에서 조화를 이룬 인물이었다. 그러나 안셀무스에게서는 조화를 이룬 이러한 두 가지 경향은 마침내 다른 신학자들 사이에서는 상호 충돌하게 되었다.

로셀린(Roscellin)의 유명론(唯名論)에서와 아벨라르의 합리주의에서는 비판적이며 사변적인 지적 갈등과 열정을 보는 반면에, 피터 롬바르두스는 스콜라주의 방법의 기초를 그의 저작 「센텐스」(Sentences)에 표현하고 있음을 본다. 이 저작은 신학을 다루는 범례를 제공하고 있어 12세기 당시에 누구나 한 번은 읽어야 하는 책으로 알려졌다. 한편 아벨라르의 적수로 알려진 베르나르와 파리에 있는 빅토르(St. Victor) 수도원의 신학자들, 즉 휴(Hugh, ?~1141)라든지 리차드(Richard, ?~1173), 왈터(Walter, ?~1180)는 경건한 열정을 가진 사람들로서 이성주의를 경건으로 점검하였다.

제2시기 | 이 시기는 13세기 말까지로 스콜라 신학이 정리되고 자리가 잡혀 개화기(開花期)를 이루었다. 이 시기에 인노켄트 3세가 크게 활약하고 영향력을 행사하였다. 프란체스코 교단과 도미니코 교단이 창설되었으며, 동방과의 교통도 빈번하여 십자군 원정으로까지 발전하게 되었다. 학자들은 아리스토텔레스의 유실된 작품을 회복하는 것이야말로 가장 중요한 과업이라고 생각하였다. 교리사적으로 볼 때 기독교 지성들이 아리스토텔레스의 철학과 접하게 된 것은 중요한 사건이다. 스페인의 모리쉬(Moorish) 학파들도 아리스토텔레스의 철학을 연구하는 일에 힘썼으며, 아랍의 학문이 코르도바(Cordova)의 학교들로부터 이탈리아와 스페인의 대학에까지 전해졌다. 그 가운데서도 의학(醫學)이 전해진 일은 괄목할 만한 일이다. 철학이 의학에 포장되어 몰래

들어올 수 있었다고 말할 정도였다.

　아리스토텔레스의 사상은 특히 학문 분야에 많은 유익을 끼쳤다. 프란체스코회의 알렉산더(Alexander of Hales, ?~1245)는 「신학총론」(Summa Universae Theologiae)을 펴냈는데, 기독교 신앙을 아리스토텔레스의 방법으로 분석하고 정의하며 삼단논법을 사용하여 밝히려고 하였다. 보나벤투라는 Books of the Sentences라는 주석을 썼으며, 알버트(Arbert the Great, ?~1280)는 아리스토텔레스 전집의 첫 주석가로서 「총론」(Summa)을 펴냈다. 「신학대전」(Summa Theologica)을 쓴 토마스 아퀴나스와 「센텐스」의 주석을 쓴 둔스 스코투스는 사상적으로 대조적이었다.

　토마스는 '아레오파기타'(Areopagite)의 영향을 많이 받은 반면에 둔스 스코투스는 플라톤주의의 영향을 받았다. 13세기 말에는 토마스 학파(Thomists)와 스코투스 학파(Scotists)가 생겨났다. 토마스학파는 아리스텔레스주의의 영향을 받아 신학을 학적이고 이론적인 측면에서 다루었으며, 어거스틴의 죄와 은혜의 교리에 근거를 둔 반면에, 스코투스 학파는 플라톤주의의 영향을 받았으며, 실제적인 면을 강조하고, 펠라기안주의(Pelaginanism)에 근거하여 인간 의지의 자유에 역점을 두었다. 그리고 도미니코 교단은 교리 연구에, 프란체스코 교단은 실제적인 도덕에 역점을 두었다.

　제3시기 | 14세기에 접어들면서 스콜라주의는 쇠퇴하기 시작하였다. 둔스 스코투스는 1265~1266년 스코틀랜드 록스버러(Roxburgh)의 맥스톤(Maxton)에서 출생하였다. 1278년에 프란체스코 교단에 들어가 1280년에 수도사가 되었으며, 1291년에 사제로 서품되었다. 변증법적 방법을 사용함으로써 교회의 교리에 회의를 갖게 하는 일에 길을 텄다. 윌리암 오캄은 잉글랜드 서리(Surrey) 지방의 오캄에서 출생하였다. 프란체스코 교단에 가입하였으며, 1312~1318년까지 옥스퍼드에서 수학하였다. 그의 유명론(唯名論, Nominalism)에 따르면, 종

교의 객관적인 진리와 그것을 다루는 주관적 양식(mode)간에는 일치가 되지 않음이 분명해졌다. 그 어떤 객관적인 실재의 존재도 부정하는 유명론의 회의론 때문에 교회의 권위에 대한 비판 정신이 고양되었다.

이러한 반작용에서 후기의 독립적이며 특이한 신비주의 운동이 나오게 되었을 뿐 아니라, 교황의 절대주의에 반대하는 운동이 일어나게 되었다. 라이문트(Raimund of Sabundel, ?~1436)와 가브리엘 비엘(Gabriel Biel, ?~1495)은 스콜라주의의 마지막 학자들로 손꼽히는데, 르네상스와 종교 개혁에 이르러서는 스콜라의 전통과 방법은 거부당하였다.

스콜라 신학의 기독론

9세기 이후 교회는 주로 선교, 이방 나라의 개종, 교회 조직에 관심을 기울였기에 상대적으로 기독론의 교리에는 관심이 소홀한 편이었다. 850~1050년에는 예정론과 성만찬에 관한 신학적인 논쟁이 있었다. 이 시기에 양자론이 대두되자 이에 대항하여 그리스도의 인격의 양상(樣相, mode)에 관하여 사변하게 되었고, 그러면서 신성을 더 강조하는 경향으로 기울었다. 그것은 그리스도를 하나님의 지혜의 성육으로 보았던 스코투스 에리게나(Johannes Scotus Erigena, ?~877)의 영향이라고 볼 수도 있는데, 그리스도의 지상 생활에는 별로 의미를 두지 않았다.

롬바르두스 역시 그리스도의 역사적 인성은 전혀 고려하지 않거나 소홀히 다루었다. 그리스도의 신성에 역점을 두는 기독론은 결국 신비주의로 직결되는 것일 뿐 아니라, 그러한 견해가 곧 신비주의적인 것이다. 스코투스 이후의 신비주의자들은 신약의 그리스도를 하나의 단순한 이상적인 상으로 변형시켰다. 그리하여 일부 사람들은 그리스도교 신자 각자가 그리스도 자신이라고 가르쳐 정죄를 받기도 하였다. 그리스도라는 이름은 모든 경건한 그리스도인들에게 일어나는 하나님의 성육의 상징에 지나지 않는다고 했다. 일반적으로 신학자들은 성육을 신의 현현(神顯現, theophany)으로 생각하는가 하면, 그리스도의 지상의 역사(歷史)를 신의 자기 시현(Self-manifestation)의 중요한 부분으로는 보지 않는 경향이었다.

이러한 가운데서도 구원론(soteriology)에 대한 관심은 새롭게 일어났다. 이러한 경향은 어거스틴의 영향이라고 보기도 하며, 교회의 고해 제도에서 온 것이라고 보기도 한다. 왜 구속(redemption)이 필요한 것인지, 그리고 왜 그것이 그리스도를 통한 하나의 방도로만 가능한지에 대해 의문을 제기하였으며, 그러한 질문에서 "왜 하나님이 사람이 되셨는가?"(Cur Deus homo?) 하는 문제를 두고 좀더 깊이 사변하게 되었다. "아담이 범죄하지 않았다면 그리스도가 무엇 때문에 왔겠는가?" 하는 의문을 제기하고 이에 답하려고 하였다. 그리하여 13세기의 신학자들은 주로 기독론과 관련하여 구원론에 관심을 기울였다.

안셀무스는 그의 저서 「왜 하나님께서 사람이 되셨나?」(Cur Deus homo?)에서 주로 구원론을 다룬다. 그의 책은 구속의 신비를 조직적으로 다룸으로써 교리사(教理史)에 하나의 전기(轉機)를 마련하였다. 안셀무스는 죄의 결과가 아니고서도 하나님이 성육을 하셨겠가 하는 질문을 제기하고는 사색하였다. 그리고 두 본성의 연합의 효능이 그의 인간으로서의 성장 및 지식과 경험에 얼마나 영향을 주었을지에 대해 사변한다.

안셀무스는 어거스틴이 말하는 주관적인 견해를 이어받아 객관적으로 논술하였다. 어거스틴은 전능하신 하나님께서는 다른 방도로도 인간을 구속하실 수 있었을 것이나, 인간의 비참함을 치유하고 인간에게 희망을 불러일으키고 사랑을 일깨우는 일을 위해서는 그리스도의 죽음 말고는 다른 어떤 방법도 적절하지 않았다고 한다. 안셀무스의 구속론을 좀더 옳게 이해하기 위해서는 초대교회 시대의 구속론부터 이해할 필요가 있다.

초대부터 오리겐까지 | 변증가들은 예수님의 설교와 교훈을 구속의 요소로 강조하였다. 구속은 주로 도덕적이고 영적인 계몽에 있다고 보았다. 이레니우스의 경우, 그는 그리스도의 전 생애의 현현이 구속을 위한 것이라고 보면서도 고난과 죽음을 구세주의 사역 가운데 가장 중요한 부분으로 본다. 그리고 초대교회의 다른 문서에서도 볼 수 있듯이 이레니우스의 글에서도 사단의 교리가 중요한 역할을 하고 있음을 확인할 수 있다. 즉, 그리스도의 죽음을 사단에 대한 승리로 보았던 것이다.

그리스도의 죽음을 하나님의 공의의 표현으로보다는 사단의 폭정으로부터 인간을 값 주고 사는 것으로 보며, 인간이 상실한 불멸의 은사를 회복시켜 주시는 하나님의 지혜와 능력의 승리로 본다. 구세주의 피는 구속을 위하여 지불하는 값(ransom price)이요 도덕적인 정결을 가져다 주는 방편이라고 한다. 그러나 지배적인 개념은 그리스도가 마귀의 사역을 파괴했다는 것이다.

알렉산드리아의 교부들, 즉 클레멘트와 오리겐에게서도 이러한 사상을 볼 수 있다. 영지주의자들은 죄를 죄책(罪責, guilt)으로 보기보다는 부패요 속박으로 본다. 따라서 고난을 죄에 대한 벌(罰)로 보기보다는 정화(淨化, purgatory)요 치유(治癒, remedy)로 본다. 교부들도 하나님에게 있어서 공의(justice)는 사랑보다 저급한 개념으로 보는 영지주의자들의 견해에 동조하였다. 그 결과로 오리겐과 클레멘트는 고난을 낙관적으로 본다. 예컨대 오리겐은 그리스도의 죽음을 다른 위대한 사람들의 영웅적인 죽음에 비교한다. 그리스도의 고난에 우주적 의미는 부여하지만 죄를 대속하기 위한 죽음이라는 개념은 희박하다.

오리겐 이후 다메섹의 요한까지(254~730) | 서방에서는 구속의 교리가 다소 인간학적인 사변으로 흐른 감이 없지 않다. 펠라기안 논쟁으로 말미암아 죄에 대하여 보다 깊이 생각하게 된 것은 사실이지만, 죄에 대하여 논하면서 하나님의 공의(公義) 및 도덕적인 다스리심에 객관적으로 관련시켜 논의하기

보다는 인간의 자유의지와 은혜의 사역에 관련하여 논하였다는 점을 지적할 수 있다. 그런가 하면 동방에서는 그리스도의 구속 사역보다는 그의 인격과 두 본성에 관심을 집중하였다. 그러나 아타나시우스라든지, 니사의 그레고리, 서방의 암브로시우스, 레오, 그레고리 대교황 등은 속죄(the Atonement)의 신비에 많은 관심을 쏟았다.

아타나시우스는 그리스도의 사역을 주로 '속량'(贖良, expiatory)으로, 즉 인간의 죄와 죽음의 파멸에 대한 값을 지불하는 것으로 간주하였다. 그리고 또한 대속(substitution)의 성질로도 인식하였다. 즉, 그리스도께서는 그와 연합한 사람들을 대표하는, 그들의 신비적인 머리로서 그들을 대신하여 고난을 당하셨다고 한다. 그러나 아타나시우스나 니사의 그레고리는 사단의 요구와 파괴적인 사역에 크게 관심을 기울였다. 교부들 가운데 어떤 이들은 몸값을 지불하는 속죄(ransom)의 교리를 내세웠다. 즉, 그들은 그리스도의 희생을 사단이 인류를 지배하는 정당한 권리에 대한 보상으로 사단에게 지불하는 값으로 생각하였다.

한편 이러한 생각에 이의를 제기한 다른 이들은 그리스도의 고난에는 속임수의 요소가 있는가 하면 하나님께서 사단과 홍정을 하시는 엄격한 공의의 요소도 있다고 한다. 속이는 장본인인 사단 자신이 말려든 속임수는 인간의 몸 속에 하나님의 죄 없으신 본성이 숨겨져 있었던 사실이라고 한다.

아타나시우스는 한편 죽음에 대한 사상을 강조하고 하나님의 도덕적 속성, 즉 하나님의 진실성과 사랑을 강조함으로써 사단의 역할을 왜소화한다. 하나님께서는 인간이 불순종하면 죽을 것이라고 경고하셨으나 하나님의 사랑은 즉시 인간을 구원할 수 있는 길을 발견한 것이라고 말한다. 아타나시우스는 한 걸음 더 나아가 그리스도의 신적 성품이 그의 행사와 고난에 유익과 효능을 주는 등 무한한 가치를 지닌 것으로 파악한다. 하나님의 아들의 죽음은 인간의 모든 죄의 값을 치르고도 남음이 있다고 한다. 다메석의 요한(John of Damascus)

은 속임수(deception)라는 현명하고도 정당한 방법으로 사단을 이긴 승리를 믿는 일반의 신앙을 받아들이면서도 마귀가 속죄의 값을 받았다는 견해에는 찬동하지 않았다. 사단이 인간을 꼼짝 못하게 지배한다는 사상은 동방의 신학에 뿌리 깊이 박힌 것이다.

안셀무스의 구속론 | 캔터베리의 안셀무스는 1060년에 수도사가 되고 1078년부터 노르만디의 베네딕트 수도원장으로 지내다가 1093년 캔터베리의 대주교가 되었으며, 신의 존재에 대한 논증을 시도한 이로 잘 알려져 있다. 안셀무스의 주장은 다음과 같다.

- 성육하신 아들의 자기 비하(卑下)는 그의 신성에 전혀 손상을 준 것이 아니다. 그의 죽음은 죄 없는 희생에 대한 부당한 형벌이 아니었으며, 자의로 결정하여 드린 자기 희생이다.
- 그리스도는 죄가 없으시기 때문에 죽으실 수 없는 분이시다. 그러나 하나님께 단순히 순종하신 결과로 죽으셨다. 하나님께서 그리스도에게 순종을 원하셨다는 의미에서, 혹은 하나님의 선하신 뜻이 그리스도로 하여금 자기를 희생하도록 감동하였다는 의미에서, 하나님만이 그리스도의 죽음을 원하셨다고 한다.
- 사람이 참된 목적을 성취한다면 그것은 죄씻음을 받는 것일 것이다. 죄는 속죄를 요구한다. 하나님께서는 당신에게 잘못한 부분에 대하여 보상을 요구하신다. 죄의 실상은 무법한 것이다. 하나님께서는 법을 어기는 그 어떤 것이라도 이 우주 속에 존재하도록 허락하실 수가 없다. 하나님께서는 어떤 죄라도 속죄하시지 않은 채로 용서하실 수가 없다. 그냥 용서한다는 것은 그의 공의에 부합하지 않기 때문이다.
- 인간은 죄의 값을 치러야 하는데 자기 힘으로는 불가능하다. 그렇다고

하나님께서 무조건 죄를 도말(塗抹)해 주실 수는 없다. 만일 그렇게 하신다면 그것은 하나님의 공의에 위배되기 때문이다. 그러므로 인간은 어쩔 수 없는 상황에서 구원의 주이신 그리스도를 바라보아야 한다.

- 인간을 향한 하나님의 목적은 하나님 아닌 그 어떤 것보다도 위대한 것이 하나님께 바쳐질 때만 성취될 수 있다. 그런데 하나님 자신 말고는 이러한 것이 있을 수가 없다. 그러므로 보상(satisfaction)은 하나님 자신에 의하여 지불되어야 하며, 그것은 또한 사람에 의하여 제공되어야 한다. 그러므로 하나님께서 사람이 되실 수밖에 없었다.

이와 같이 안셀무스는 동정녀를 통한 아들의 성육이 필연적인 것임을 사변한다. 안셀무스의 '보상 이론' 혹은 '만족설'에는 모순되는 점이 없지 않다. 그는 죄를 법적으로 하나님께 상처를 입힌 것으로 보며, 하나님은 자비하시고 거룩하셔서 피조물을 의젓하게 긍휼로써 다루시는 하나님으로보다는 자기의 권리를 위하여 보상을 요구하시는 권세가 있는 사적인 인격으로 묘사하고 있다. 만족설이라는 것이 하나님과 인간을 가해자와 피해자라는 같은 수준에 놓고 생각하는 것이면서 사람은 하나님과 대등한 관계에서는 생각하지 못한다고 하는 논리적인 모순을 범한다. 안셀무스 이후의 사람들이 지적하는 그의 이론의 약점은 한마디로 말하자면 만족(보상)을 위한 법적 요청에 역점을 두고 하나님의 구속하시는 사랑은 소홀히 한 것이다.

그럼에도 불구하고 그의 이론은 기독교 교리의 발전에 획기적인 기여를 하였다. 말하자면 그는 구속(redemption)이 죄로부터의 구원이라는 점을 인식하였는데, 그 이전의 사람들은 구속을 죄의 결과, 즉 죽음과 부패와 사단의 폭정으로부터의 해방으로 이해하였다. 안셀무스는 또한 하나님을 법적으로 파악하는 이해가 하나님의 뜻은 의(義)의 영원한 법과 같은 것이라고 시사함으로써 하나님께서는 윤리적으로 지고의 인격이심을 드러내었다. 그뿐 아니라, 그리스도께서 인간으로서 하나님의 뜻에 자유의지를 가지고 자발적으로 순종하심으로써 구속을 성취하셨다고 말한다. 안셀무스는 구속에 도덕적인 요소가 있음을 분명히 파악한 것으로 이해할 수 있다.

아벨라르는 낭트(Nantes) 근처의 라 팔레(La Pallet)에서 출생하였으며, 로셀린(Roscelin)에게서 배우고 나중에는 캔터베리의 안셀무스의 제자, 라온의 안셀무스(1050년경~1117년)에게서 배웠다. 아벨라르는 안셀무스와는 달리 예수님의 교훈과 행하심에 역점을 둔다.

> 이를 위하여 하나님의 지혜가 사람이 되셨다. 그러므로 우리는 그의 가르침과 삶을 통하여, 그의 고난과 죽음을 통하여, 그리고 그가 영광을 받으신 일을 통하여 깨우침을 받게 되었다. 그리스도께서는 고난을 받으심으로 하나님께서 얼마나 우리를 사랑하시는지를 가르치셨으며, 부활하심으로 우리에게 영원한 생명을 약속하시고, 승천하심으로 우리 영혼을 천당으로 받아들이신다.

아벨라르는 또한 "그리스도는 우리를 위하여 인류에게 향하신 그의 사랑이 얼마나 큰지를 보여 주시고, 사랑이 곧 기독교의 핵심임을 입증하시기 위하여 죽으셨다"고도 말한다. 그는 사단이 사람에게 요구할 권리가 있다는 것을 부인하는 점에서는 안셀무스와 생각을 같이한다. 사단은 그의 동료인 노예를 미혹하는 노예일 뿐이라고 한다.

안셀무스에게는 개별적인 인간이 그리스도의 대속을 받아들이는 방법에 관한 언급은 없지만, 아벨라르는 이 문제에 대한 해답을 제시하였다. 아벨라르는 말하기를, 죄의 용서란 그리스도의 모범을 통하여 우리 안에 일깨워지는 사랑에 근거하여 주어지는 것이라고 한다. 그러나 그와 견해를 같이하는 사람은 많지 않았다. 중세 시대의 속죄론의 특징은 속죄가 성례전을 통하여 얻어지는, 주입된 은혜의 형태로 인간에게 임한다는 사상이다.

은혜의 교리

은혜 및 칭의 개념에 관한 초기 스콜라 신학의 해석은 다른 많은 교리에서와 마찬가지로 어거스틴의 신학적 유산에 근거하고 있다. 안셀무스나 피터 롬바르두스와 같은 초기 스콜라 신학자들은 은혜의 사역을 대개 본성의 회복으로 이해하였다. 안셀무스에 따르면, 인간은 원래 창조 당시에 자신에게 부여된 은혜에 의하여 의(義, justitia)를 소유하였으며, 이 의는 의지의 올바른 태도와 선을 실행할 수 있는 능력으로 구성되어 있다. 그러나 타락의 결과로 인간은 자신이 가졌던 의의 올바름(rectitudo)을 상실함과 동시에 자신의 힘으로 의로워질 수 있는 가능성을 잃고 말았으며, 따라서 모든 일을 정당하게 처리할 수 없게 되었다고 한다.

그리고 의가 의지의 올바름 여하에 달려 있기 때문에, 인간은 의로운 행위로 의를 이룰 수는 없다. 그리고 의지의 사악함은 어떤 피조물로부터도 외부로부터 영향을 받아 바뀔 수는 없으므로, 인간은 오직 은혜로써만 의롭다함을 얻을 수 있다고 한다. 의지의 올바름이 한번 회복된 이후에도 은혜의 도움은 여전히 필요하게 된다고 한다. 왜냐하면 인간은 의를 항상 의지함으로써만 그것을 계속 보유할 수 있으며, 이 의지의 올바른 태도는 바로 은혜의 사역에 의한 것이기 때문이다. 따라서 의는 오직 은혜에 의하여 보존될 수 있다고 한다.

어거스틴의 신학 노선을 따르는 이들은 믿음과 의는 인간의 구원을 이루는 일에 피차 필요 조건이 되는 것으로 여긴다. 즉, 옳은 것을 의지하는 데는 믿음, 즉 진리에 대한 지식이 필요하며, 믿음을 갖기 위해서는 올바른 의지가 필요하다. 이 둘은 모두가 은혜의 산물로서 파괴된 인간의 본성을 고쳐 주고, 본래의 의를 회복시켜 준다. 이를 위하여 먼저 은혜가 주입되어야 하며, 이 은혜의 주입을 통하여 새로운 대상을 향한 의지의 전환이 일어나고, 인간 안에 새로운 감동과 자극이 일깨워진다. 그러면 인간은 마침내 자신의 죄에 대하여 애통하며, 그럼으로써 죄의 용서를 받는 과정을 밟는다고 한다.

제2기, 즉 전성기의 스콜라 신학자들, 특히 초기의 프란체스코회 신학자들은 구원에 대하여 여러 가지 답변을 시도하였다. 그들의 답변은 주로 전통에 기초한 것이었으나 대체로 초기의 어거스틴주의적 견해에서보다는 공로와 상급 사상을 크게 강조하였으며, 특히 프란체스코회의 신학에서는 반(半)펠라기우스적 경향이 뚜렷하게 나타나 보였다.

은혜의 전달 수단으로서 성례전에 상당한 의미를 부가했는가 하면, 전성기의 신학자들은 이전 사람들에게서는 사실로 인정받을 수 없는 방식으로 자연적인 은혜의 사역과 초자연적인 은혜의 사역을 구별하였다. 그 결과, 인간이 본성적 차원 이상의 존재로 격상될 수 있다는 은혜의 개념을 낳게 되었다. 초기의 프란체스코 수도사들은 구원의 서정(救援序程, ordo salutis)을 발전시켰는데, 그들은 칭의의 교리에서 의롭다함을 받기 위하여 먼저 예비적으로 행함이 있어야 한다는 예비적 행위 사상을 말한다.

그리스도의 구속 사역의 결과로 인간을 위한 하나님의 구원 계획은 이미 시행 단계로 들어가 효력을 발생하기 시작하였다. 하나님께서는 그의 예정을 통하여 예수님을 믿어 죄로부터 해방되어 축복을 받고 영생을 얻을 자들을 선별하셨다고 한다. 이러한 일들은 인간의 생활 가운데서 그가 의롭다함을 입는 칭의의 과정과 은혜의 계속적인 사역 과정을 통해서 일어난다고 한다. 그러므로 말씀과 성례적 은혜의 영향 아래에서 하는 교회 생활은 그리스도의 구속 사역의 연속이라 할 수 있으며, 아울러 하나님의 예정 속에 있는 영원한 작정하심의 적시(適時) 집행일 수도 있다고 한다.

프란체스코회는 은혜를 하나님의 영원한 사랑의 의지, 또는 '창조되지 않은 은혜'(gratia increta)로 생각하는가 하면, 그것이 인간에게 구원을 위하여 은사로 주어졌을 때, 그것은 '창조된 은혜'(gratia creata)라고 인식한다고 한다. 이 창조된 은혜는 하나님께서 우리 인간에게 값없이 주시는 모든 것을 포함하며, 인간에게 칭의와 선행을 가능하게 해 준다고 한다. 인간에게 구원의 길을 열어 주시는 은사를 가리켜서는 '값없이 주시는 은혜'(gratia gratis data)라고 한다. 그리고 구원을 위한 예비적인 행위는 일반적인 자연계에서도 발견할 수 있는 그런 것이라고 한다.

이를테면, 하나님을 모르는 이교도 가운데서도 하나님에 관한 지식을 갖고자 갈망하는 경우를 경험하게 되는 것은, 인간의 이성과 의지 속에는 선한 것을 생각해 내고 그것을 행동으로 옮기려는 성향이 있음을 말해 준다. 그러나 '은혜로 주시는 은혜'는 인간이 보다 높은 은혜를 받아들일 수 있는 길을 마련해 주는 은혜라고 한다. 인간은 이러한 은혜를 받으면, 이제 갓태어난 믿음과 처벌에 대한 두려움에서 오는 예비적 회개와 보다 낮은 형태의 두려움과 그리고 무한한 소망을 갖게 된다고 하는데, 말씀을 통한 하나님의 부르심(vocatio)도 이 은혜에 속한다고 한다.

구원의 서정에 있어서 말씀 혹은 복음이 차지하는 비중은 상대적으로 뚜렷하지 않은 편이었다. 말씀은 어떤 사람이 성례전의 은혜를 받아야 하고, 그와 함께 칭의를 입어야 할 처지에 있을 때 여기에 꼭 필요한 지식을 제공할 뿐이라고 생각하였다. 즉, 전성기의 스콜라 신학에서는 구원을 위해서는 말씀보다는 성례가 더 중요한 것으로 강조하였다. 말씀은 법적인 성격을 띠고 있어서 인간들에게 무엇을 믿을 것과 무엇을 행할 것을 말해 주는 것이다. 그리고 복음은 무엇을 명령할 뿐만 아니라, 받은 명령을 수행하는 데 필요한 능력을 공급해 주는 새 율법(nova lex)으로 이해한다. 그런데 이 능력은 말씀 자체를 통하여 공급되지 않고 그리스도께서 제정하신 성례전을 경유하여 오는 것으로 이해한다.

또한 인간이 값없이 주시는 은혜를 받기 위해서는 그 어떤 것을 갖추어야 할 것이라고 생각하면서, 저급한 정도의 믿음이나 회개만으로는 인간이 의롭게 되기에는 충분하지 못하다고 생각한다. 이에 답하기 위하여 프란체스코 수도사들은 합당한 공로(meritum de congruo, merit of congruity), 혹은 균형잡힌 공로(proportional merit)라는 용어를 사용하였다. 인간이 이와 같은 행위를 자력으로 행했을 때, 비록 그 행위 자체는 공로로 인정받을 만한 것이 아니라 하더라도, 하나님께서는 이들에 대한 상을 내리실 것이라고 기대할 수 있다고 한다.

이때 인간이 받는 상은 하나님께서 내려 주시는 진정한 은혜, 즉 '거룩하게 만드는 은혜'(gratia gratum faciens)로써 인간을 의롭게 하시며, 그를 하나님 보시기에 기뻐하실 만한 존재로 만드시는 동시에 그가 선행을 쌓으며 당연한 공로(meritum de condigno) 혹은 순수한 공로(genuine merit)를 얻는 데 반드시 필요한, 뛰어난 도구를 인간의 본성이 사용할 수 있게 해 준다고 말한다.

인간을 의롭게 하는 은혜는 주입되어 보유하는(habitus infusus) 것이요, 보유한 선물(donum habituale)이라고 할 수도 있는데, 이것은 성례전을 통하여 공급된다고 한다. 먼저는 세례를 통하여 오지만, 참회와 성찬을 통하여 오기도 한다는 것이다. 은혜는 상실해 버리는 경우가 있으나, 후에 참회함으로써 다시 찾을 수가 있다. 이러한 습관은 인간의 본성을 보다 높은 수준으로 끌어올린다고 한다. 이 보유하는 은혜(fides infusa)는 처벌에 대한 두려움에서가 아니라 하나님에 대한 사랑에서 회개하는 마음을 가질 수 있도록 한다. 그리하여 순수한 공로가 하나님 앞에 드러날 수 있으며, 이에 대하여 영생과 영화(榮華)의 은혜(gratia glorifica-tionis)를 상급으로 받게 된다고 한다.

토마스 아퀴나스는 로마와 나폴리 중간에 위치한 아퀴노의 로카시카 성주 란돌프 백작의 아들로 태어났다. 15세에 몽테 카씨노 수도원의 베네딕트회에서 수업을 시작하여 17세에 도미니코 교단에 입문하였다. 파리와 쾰른에서 '현자' 혹은 '만인의 스승'이라고 불리는 알베르투스 마그누스의 문하생으로 7년의 학업을 마치고 1252년에 파리에서 교수하였으며, 로마와 나폴리에서 가르치다가 1274년 리용에서의 회의에 참석하러 가는 도중에 죽었다. 그의 주저는 「이교 사상에 대한 반론대전」(Summa contra Gentiles, 1259~1264)과 「신학대전」(Summa Theologica, 1265~1273)이다.

토마스는 지식과 신앙, 즉 철학과 신학의 영역의 한계를 분명히 하였다. 토마스는 하나님으로부터의 '은총의 빛'(lumen gratiae)과 인간 본성의 '이성의 빛'(lumen rationale)을 구분하여 양자의 고유 분야와 한계 및 권한을 인정하였다. 신의 존재와 세계 창조 및 세계 내의 모든 법칙과 사실은 이성의 빛으로 밝혀질 철학의 대상으로 생각한 반면에, 기독교적 신앙이 안고 있는 본래의 오의(奧意), 즉 삼위일체 교리, 성육, 부활, 최후의 심판과 같은 최고의 진리(초자연적 진리)는 철학적인 사색으로 도달할 수 없는 영역이므로 은총의 빛에 의해서만 계시되는 것이라고 본다. 삼위일체는 토마스에게 논거인 동시에 원리이며, 신앙에 관해 받아들인 계시된 전제이지 철학적 논증의 결론은 아니다.

그러나 한편 토마스는 철학자로서 경험의 세계로부터 출발하여 신이 피조물에 의하여 알려질 수 있는 한 이성으로써 논증하려고 한다. 그는 아리스토텔레스에게서 물질적 실체의 구성 원리로서 질료형상론을 받아들였다. 질료(質料, ὕλη)는 가능태(可能態)이고 형상(形相, εἶδος; form)은 현실태(現實態)라고 한다. 그에 따르면, 자연계는 질료가 형상을 목적으로 운동하는 과정이다. 높은 단계로 갈수록 형상이 점점 순수해져서 마침내 최고의 순수 형상인 신에 도달한다고 한다. 그리고 신은 모든 사물의 제일 원인이고 최종 목적이며, 이 신은 질료를 포함한 모든 사물의 창조주라고 한다. 그런데 만물의 창조에서 신의 의지는 선(善)의 이데아에 의하여 규정된다고 하여 결정론(Determinism)을 말한다.

토마스는 안셀무스가 제시한 신의 본체론적(本體論的) 논증을 거부한다. 토마스에 의하면, "신은 존재한다"는 말은 결코 직접적으로 자명한 것으로 조명될 수 있는 생래적인 진리가 아니다. 따라서 신의 존재는 논증되지 않으면 안 된다고 말하고, 다섯 가지의 방식으로 논증한다. 이를 우주론적 논증

(cosmological argument)과 목적론적 논증(teleological argument)이라고도 한다. 첫째로, 세상에는 움직이는 물체로 가득한데, 움직이는 물체는 다른 사물에 의하여 가동(稼動)되어서 움직이게 되며, 최초의 가동자(稼動者)가 곧 하나님이라고 하며 토마스는 먼저 운동으로부터의 논증을 시도한다. 둘째로는, 모든 사물에는 원인이 작용하므로, 궁극적인 최초의 원인이 곧 하나님이라고 하여 작용인(作用因)으로부터의 증명을 시도한다. 셋째, 존재하지 않는 필연적인 사물이 존재하기 시작하려면 이미 필연적으로 존재하는 어떤 사물에 의하여 가능하다. 그러나 궁극적으로는 그 자체가 존재의 필연성을 가져서 존재하는 존재를 인정할 수밖에 없는데, 그것이 바로 하나님이라고 하여 필연적인 존재 대 가능적인 존재로부터의 증명을 말한다. 넷째로는, 사물에는 정도의 차이가 있어서 비교하게 되면, 가장 선하고 완전한 것을 생각하게 되는데, 그것이 바로 하나님이라는 완전성의 단계로부터 신의 존재를 증명하려고 시도한다. 다섯째로는, 세상의 사물은 어떤 목적을 지향하고 있다. 지적이 아닌 사물이 목적을 지향하고 움직이도록 하는 지적인 존재가 바로 하나님이라고 말하여 우주의 질서로부터 증명하려고 한다.

토마스는 프란체스코회의 특징인 지나친 심리학적 접근 방법을 거부하였다. 그는 먼저 은혜가 왜 필요한지를 묻는다. 하나님의 은혜가 아니고는 죄에서 벗어날 수 없음을 말한다. 은혜가 없이는 인간은 불완전할 뿐 아니라 상실된 존재일 뿐임을 말한다. 은혜가 없이 인간이 무엇을 할 수 있는지, 또 무엇을 할 수 없는지를 검토하며, 할 수 없는 것을 열거한다. 즉, 은혜가 없이는 구원의 중요성을 알지 못하며, 이성과 자유가 미칠 수 있는 선을 행하지 못하며, 하나님을 제일로 사랑하지도 못하며, 하나님의 계명을 내용 면으로는 불충분하게 이해하며 아무것도 그 뜻을 따라 행하지 못한다. 영생을 얻지 못하며, 은혜를 받기 위한 준비도 할 수 없으며, 죄에 항거할 수도 없다. 부패한 성품을 고치지도 못하고 하나님께로 돌아가지도 못하며 중한 죄를 낱낱이 피할 수도 없다. 은혜를 받았다고 하더라도 은혜가 없이는 이를 지속적으로 누릴 수가 없다고 한다.

토마스는 또한 은혜가 있을 때 할 수 있는 일을 다시금 열거한다. 즉, 위에서 열거한 것을 긍정문으로 고쳐서 말하는 격이다. 토마스는 이런 논의를 계속하면서 아리스토텔레스의 철학을 빌려 '형상'으로서의 은혜와 도움으로서의 은혜, 즉 운동(Bewegung)으로서의 은혜를 구별한다.

토마스는 인간의 본성을 온전한 본성(natura integra)과 부패한 본성(natura corrupta)으로 구분한다. 즉, 아담이 범죄하기 이전의 본성과 타락 이후의 본성으로 구분한다. 아담은 범죄함으로 말미암아 타락했을 뿐 아니라, 덤으로 주셨던 은사(donum sperexcedens, donum superadditum)마저 상실하였다고 한다. 그리고 온전함을 위한 근거를 상실하였다고 한다. 따라서 사람은 먼저 구원을 위하여 은혜를 필요로 하므로 하나님께서는 창조주로서 인간에게 은혜를 베푸셔서 구원하시고 초자연적으로 완성시키려고 작정하셨다고 말한다.

토마스는 죄 아래 있는 사람이 아직 무엇을 할 수 있는지에 대한 물음에 간결한 대답을 준다. 즉, 사람은 그의 본성의 힘을 통하여 약간의 개별적인 선(bonum particulare)을 행할 수 있다고 한다. 즉, 집을 짓는다든지, 포도원을 가꾸는 일 등을 할 수 있다고 한다. 종교 개혁자들이 말하는 전적 부패라는 개념과는 달리, 토마스에 의하면, 죄인도 본성적으로 윤리를 행할 수 있다고 한다.

토마스는 은혜의 본질을 논하면서, 가톨릭적인 개념으로 알고 있는 '창조된 은혜'에 관하여 언급하여 '은혜'는 하나님께서 존재하게 만든 피조물이 아니라고 한다. 은혜는 하나의 행위요 인간에 대한 하나님의 관계하심이라고 한다. 그리고 인간 안에 있는 '은혜'와 하나님 안에 있는 은혜가 결코 피조물과 창조주의 경우처럼 구별될 수가 없다고 한다. 양면성을 지니지만 동일한 실재(Realität)로 인식되어야 한다고 한다. 토마스는 또한 은혜는 운동임과 동시에 머무는 질(qualitas)로 인식한다.

토마스는 우리가 하나님의 은혜 행위 그 자체를 구분할 수 없다고 한다. 다만 빛이 프리즘을 통과하면서 여러 다른 색깔로 나타나 보이듯이, 인간 안에 은혜의 역사가 달리 나타남을 인식할 뿐이라고 한다. 그래서 그는 먼저 '거룩하게 만드는 은혜'와 '값없이 주어지는 은혜'로 구분한다. 그리고 '값없이 주어지는 은혜'는 바울이 말하는 성령의 은사, 즉 카리스마(charismata)에 해당한다고 한다.

어거스틴은 하나님께서 우리의 의식을 은혜로 다루심을 말하는 데 반하여, 토마스는 아무런 언급을 하지 않는다. 토마스는 '역사하는 은혜'(gratia operans)와 '함께 역사하는 은혜'(gratia cooperans)로 구분한다. 그리하여 죄인의 칭의는 '역사하는 은혜'의 일이고 '함께 역사하는 은혜'의 일은 공로라고 한다. 토마스는 은혜를 또한 '선행하는 은혜'와 '후속적인 은혜'로도 구분한다. 게다가 은혜의 사역을 다섯 가지로 말한다. 영혼의 치유, 선을 행하려는 노력, 선행의 완수, 선행의 지속, 영화(榮華)에 대한 갈망이다. 이러한 구분은 아리스토텔레스가 존재를 분석하는 방법을 그대로 적용한 것이다.

토마스는 죄인의 칭의에 관하여는 일단 은혜와는 별개로 논의를 시작하는데, 은혜의 경우와 마찬가지로 분석한다. 거룩하게 만드는 은혜는 곧 칭의를 주시는 은혜가 된다고 하며, 그것은 하나님의 영원한 사랑이 임하심으로써 하나라고 한다. 그는 칭의는 죄를 떠나 하나님께로 오는 것이라고 보고, 은혜의 부으심, 하나님께로의 전향, 죄로부터의 떠남, 죄의 용서 네 가지 단계로 구분한다. 토마스는 이와 같이 칭의의 단계적 요소를 말하며 모든 것이 다 하나님의 은혜로 말미암는 것임을 말하면서도 인간의 자유를 언급한다. 그리고 그 자유는 선물로 받은 자유라고 한다. 즉, 하나님께서 자유의지를 오류가 없이 특이한 방법으로 감동하신다는 것이다. 그러나 루터는 그냥 인간의 의지를 '부자유한 의지'로 이해할 뿐이었다. 그는 토마스가 말하는 바와 같은 자유의 형이상학을 이해하지 못했으며, 이해할 수도 없었다.

토마스에게 죄인의 칭의는 역사하는 은혜의 결과(effectus gratiae operantis)이다. 죄인의 칭의는 바울의 회개에서 볼 수 있는 바와 같은 것은 아니지만, 그 이상의 것이라고 한다. 즉, 칭의는 하나님께서 행하시는 가장 위대하신 역사이다. 그것은 무에서부터의 창조보다 위대하고 영원한 영광을 선물로 주시는 일보다 더 위대하다고 한다. 왜냐하면 죄 아래 있는 인간과 인간이 지향하는 하나님과의 거리가 너무나 멀기 때문이며, 하나님을 멀리 떠난 죄인의 신분과 하나님과 영원한 교제를 누리게 되는 칭의를 받은 사람의 신분의 차이가 너무나 엄청나기 때문이라고 한다. 이 점에서 토마스는 어거스틴의 견해를 그대로 계승하고 있다.

후기 스콜라 신학

후기 스콜라 신학을 장식한 사람은 잉글랜드인 신학자 오캄과 그의 학파들이었다. 오캄은 둔스 스코투스에게서 배워 스승의 사상을 더 발전시킨 신학자이다. 오캄의 사상을 따르는 사람 가운데는 피터 다일리(Peter d' Ailly, ?~1420)와 오캄주의의 전통을 요약한 「논문집」(Collectorium)을 편찬한 가브리엘 비엘 등이 있었다. 비엘은 튀빙겐의 교수로 있었는데, 그의 신학은 루터가 교육을 받은 에르푸르트(Erfurt)를 비롯한 독일의 여러 대학에 영향을 미쳤다.

오캄은 초기 스콜라 신학자들 사이에 많이 논의되었던 '보편'에 관한 문제를 새로운 시각에서 접근하였다. 그는 토마스 아퀴나스의 실재론(realism)을 배격하면서, 오직 개체만이 실재를 소유할 수 있다고 주장한 유명론자(唯名論者, nominalists)들의 견해를 재확인하였다. 오캄은 '보편'이라는 개념이 실제적으로 사물들 가운데 존재한다거나 혹은 그것이 별도로 존재한다는 주장에는 하등의 근거가 없는 것이므로, 실체의 존재에 대해서는 필요 이상으로 생각하지 말아야 한다는 생각에서 자신의 이론을 전개하였다.

그래서 그는 인간은 보편의 개념이 자신의 사고와 별도로 존재한다고 생각할 필요가 없다고 주장하면서, 보편이란 다수의 같은 종류의 개체(個體)들을 지칭하기 위하여 인간의 생각 속에 형성된 단순한 개념들에 지나지 않는다고 한다. 이러한 개념들의 배경과 그들 상호간의 관계를 학적으로 조사하는 것이 학문의 과업이라고 한다. 그 결과 오캄주의자들은 논리학을 기초 학문으로 간주하는 한편 형이상학은 불필요한 학문으로 취급하였다. 오캄주의자들에게는 보다 근대적인 경향과 사물을 좀더 경험적인 방법으로 관찰하려는 경향이 다분히 있음에도 불구하고, 실제에 있어서는 실재론자들보다 더욱 추상적인 형태의 사색을 하였다.

오캄은 실재론을 부인함에 따라 하나님의 존재에 대한 증명을 비판하였다. 따라서 일상 바라보는 사물들 가운데서 얻는 보편적인 요소에 대한 지식을 따라 하나님의 존재를 인식할 수 있는 지식에 도달할 수 있다고 한 토마스 아퀴나스의 우주론적 증명을 거부하였다. 오캄에게 있어서 하나님의 가장 정확한 의미는 가장 개체적인 어떤 존재(res singularissima)이며, 하나님이 모든 사물의 첫째 원인이라는 사실을 이성적으로 증명하는 것은 불가능하다는 것이다. 즉, 하나님은 유일하신 존재이시며 무한하시다고 하는 그런 주장은 신앙고백으로 간주될 수 있을 뿐, 그 이상의 의미를 말할 수 없는 것으로 보았다. 더욱이 삼위일체 교리를 이성적인 방법으로 생각하는 일은 있을 수 없는 일이다.

그러나 오캄은 이 교리가 인간의 사고 과정과는 별개로 존재하는 관계에 대하여 언급하고 있기 때문에, 삼위일체론은 실재론적 견해를 전제로 한다는 점을 인정하였다. 그는 이 교리를 경험적 지식의 원리에 따라 무력화될 수 없는 성경의 권위에 맡겨야 한다고 한다. 우리의 경험적 지식은 하나님을 제외한 피조 세계만을 다루는 지식이기 때문이라고 한다.

이와 같이 오캄은 토마스 아퀴나스와는 달리 신학을 하나의 학문으로 생각하지 않았다. 신학의 명제들은 논리적인 방식으로 명백하게 설명할 수 있는 성질의 것이 아니므로, 신앙고백의 조항들과 같이, 성경 가운데서만 그 근거를 찾을 수 있다고 말한다. 다시 말하면, 신학은 반드시 주입된 믿음(fides infusa)에 근거해야 한다고 한다. 그는 믿음을 신적인 것에 대한 즉시적 경험으로 해석하는 초기 프란체스코 학파의 신앙관을 부정하면서, 믿음은 성경적 진리에 대한 동의 또는 그것과의 일치를 의미한다고 한다. 믿음에 대한 비엘의 정의는 이를 더 분명히 해 준다.

> 성경을 읽는 사람은, 만일 그가 신자라면, 거기에 기록되어 있는 개개의 사실과 그 밖의 모든 것에 즉각적으로 동의할 수 있다. 왜냐하면, 그는 이 모든 것이 하나님에 의하여 계시되었음을 믿기 때문이다.

오캄주의자들은 성경에 관하여 즉시영감설을 제시하면서, 정경의 권위는 하나님께서 친히 성경 말씀을 성경 저자들에게 영감하셨다는 확신에 근거하는 것이라고 말하고, 성경을 유일한 권위로 주장하였다. 그리하여 그들 가운데 어떤 이들은 교황과 교회 당국의 견해에 반대되는 내용의 성경 말씀을 인용하기도 하였다. 이러한 점에서 그들은 종교 개혁자들의 '성경만이'(sola scriptura)의 교리에 이르는 길을 튼 것으로 볼 수 있다. 그러나 실제에 있어서 그들은 그들의 성경 말씀 이해가 교회의 전통이 믿는 성경 이해와 상치될 경우 성경을 내세우기보다는 교회의 전통을 용인하였다. 바로 이러한 점이 후기의 종교 개혁자들과는 다른 차이점이다. 그 밖에도 그들의 사상에는 종교 개혁자들에게 근접한 면이 있었으나, 은혜의 교리는 그렇지 못하므로 종교 개혁자들로부터 비판을 받았다.

오캄은 인간의 본성 속에 원죄가 실재적으로 존재한다는 것을 인정하지 않았다. 그것은 단지 아담의 죄책을 인간에게 돌리려는, 인간에 대한 하나님의 심판일 따름이라고 한다. 그러면서 그는 죄를 인간에게 있는 악한 것을 행하려는 성향으로 규정한다. 따라서 그는 은혜를 죄의 용서 및 죄책의 면제로 생각하였다. 오캄은 죄와 은혜를 논함에 있어서는 펠라기우스 사상의 영향을 받아, 인간이 자신의 힘으로 할 수 있는 모든 일을 성취하였을 때, 그에게는 은혜로 인한 은사들이 상급으로 내려진다고 한다. 오캄은 또한 인간은 자신의 힘으로 보다 낮은 등급의 공로를 낳을 수 있으며, 인간의 본성적 능력으로 하나님을 무엇보다도 사랑할 수 있게까지 될 수 있다고 한다. 이러한 사상은 죄가 본성의 타락이 아니고 다만 개별적인 의지적 행위라고 믿는 것과 관련이 있는 것으로 볼 수 있다.

오캄주의자들은 교회와 교회의 교리에 대하여 비판적인 입장을 취하면서도 공공연히 반대한다든지 심각한 회의론에 빠지는 것은 아니었다. 그들은 대체로 교회의 권위 및 신학적 지식과 이성적 지식의 명확한 구별이 신앙의 기반이라고 주장함으로써 자신들이 이단적인 모순을 범했다는 비난을 모면하였다.

중세 교회와 신학에 대한 좀더 분명한 비판은 종교 개혁의 선구자로 알고 있는 왈도파의 신학자들과 위클리프와 후스 등에서 보게 된다. 요한 위클리프는 교회의 권위를 신랄하게 비판하면서, 교회의 머리는 그리스도 한 분뿐이시라고 하였다. 위클리프의 사상은 요한 후스에 의하여 계승되었으며, 후스의 활동은 보헤미아 전역에 걸쳐 일어난 교황에 대한 반대 운동으로 확산되었다. 위클리프와 후스의 사상과 활동은 아래에서 좀더 자세히 보기로 한다.

중세 독일의 신비주의

신비주의는 인간의 영혼이 혹은 영혼의 섬광이 신적인 성질을 소유하고 있다고 한다. 따라서 인간은 하나님과 본래적으로 하나가 될 수 있다거나 혹은 하나님 편에서 인간의 영혼과 하나가 될 수 있다는 견해를 말한다. 중세의 신비주의는 신플라톤주의에 그 뿌리를 두고 있는 것처럼 보이는데, 어거스틴의 신학과 수도사들의 경건을 통하여 서방 세계에 확산되었다. 그 밖에 「디오니시우스 아레오파기타」(*Dionysius Areopagita*) 역시 큰 역할을 한 것으로 보인다. 「디오니시우스 아레오파기타」는 6세기에 쓰인 것으로 신플라톤주의와 기독교의 교리가 혼합되어 있는 신비주의 사상을 담고 있는 문서인데, 바울의 제자 디오니시우스(행 17:34)에게서 유래한 것이라고 한 데서 붙여진 이름이다. 요한 에리게나(J. Erigena)가 라틴어로 번역함으로써 널리 알려지게 되었다.

12세기에 아레오파기타의 주석을 써서 신플라톤주의 사상을 부활시킨 이는 성 빅토르의 유고(Hugo von St. Viktor, 1097~1141)였다. 그는 독일의 블란켄부르크 백작 가문 출신으로 파리에서 활동하였다. 유고는 인식의 능력을 넘어서서 하나님께 접근하는 길을 말하였다. 영혼은 명상을 통하여 결국은 모든 존재를 있게 하신 하나님께로 가게 마련이어서, 즉 철학적인 인식에서 출발하여 금욕을 동반하는 경건한 생활과 영혼의 고양을 통하여 하나님께로 접근한다고 하였다. 말하자면, 금욕 생활을 하며 세상을 버리고 인간의 모든 감각 세계로부터 우리의 전인(全人)이 해방될 때 하나님과 연합하게 된다는 것이었다.

이를 위하여 먼저 이미 지은 죄로부터 정결함을 받아야만 했다. 그것은 교회의 종교적인 의식, 즉 세례, 견신례, 성찬을 통하여 그리고 선한 행위와 금욕을 통하여 가능하다고 보았다. 세상으로 후퇴했을 경우에는 고해를 통하여 정함을 받는 것인데, 위에 말한 교회의 제도를 통하여 영혼은 성령과 거룩함을 선물로 받게 된다. 그리고 이를 통하여 하나님과 진정으로 하나가 된다는 것이다. 영혼은 때때로 순간적으로 본연(本然)의 자신이 되는 것을, 즉 하나님의 한 부분이 되는 것을 경험한다고 한다. 그럴 경우 우리의 영혼은 알 수 없는 장소로 이끌리며, 알 수 없는 사랑의 품안에 안기는 것을 느낀다고 한다. 그리고 이러한 상태가 영원히 계속되었으면 한다는 것이다. 그러나 그것은 지상에서는 달성될 수 없는 것이므로, 더 자주 이러한 경험을 하는 것이 목표라는 것이다.

클레르보의 베른하르는 브루군디의 귀족 가문 출신으로 1113년에 시토의 수도사가 되었으며, 교황과 군주들의 고문으로 활동하였다. 그는 빅토르의 유고에게서 영향을 받았으며, 신비주의적 경향이 있어서 신비주의를 신학 이론으로 발전시켰다. 그는 하나님보다는 하나님의 아들 예수님을 명상의 대상으로 하여, 인간 예수님께서는 주님이신 동시에 왕이시라는 믿음 위에 자신의 신학을 세웠다. 그는 지상에서 사신 그리스도의 삶, 그 중에서도 그리스도의 고난을 명상한다고 하였는데, 특히 아가서의 말씀을 적용하여 그리스도를 영혼의 신랑으로 보고 감정적으로 사랑한다고 하였다.

흔히 신비주의와 스콜라 신학은 상반되는 입지에 있는 것으로 생각하지만, 이들의 실제적 관계는 그런 것이 아니다. 신비주의는 스콜라 신학에서 생소한 것이 아니었으며, 스콜라 신학 역시 신비주의와 이질적인 것이 아니었다. 아벨라르와 둔스 스코투스는 분명히 변증신학자이므로 그들에게서는 신비주의의 요소를 별로 발견할 수 없지만, 빅토르의 유고와 리차드는 신비주의와 스콜라 신학을 혼합한 사람들이었다.

프란체스코회의 신학에서는 흔히 하나님에 관한 지식은 인간의 영혼에 직접적으로 전달된다고 말한다. 토마스 아퀴나스의 경우, 그의 신학적인 저술에서 신비주의적 경험과 감정들에 대한 설명이 있음을 발견한다. 토마스는 복된 환상(beatific vision)이야말로 마땅히 신학의 완성으로 볼 수 있으며, 지식이란 이러한 환상에 이르도록 하는 준비로 생각하였다. 그는 또한 말하기를, 자신은 수많은 학문적인 책에 관한 연구에서 얻는 것보다도 더 많은 것을 그리스도의 십자가 앞에서의 명상을 통하여 배운다고 하였다. 토마스는 만년에 이르러 「신학대전」을 집필하는 데 혼신의 힘을 쏟았다. 그는 왜 그러는지 이유를 묻는 말에 자기가 쓴 것은 자기가 본 것에 비교하면 한갓 지푸라기에 지나지 않는다고 했다. 신비주의적 명상이 때로는 스콜라 신학 활동의 기초가 되었음을 시사하는 말이다.

이러한 신비주의적 경건 운동은 거의 모든 수도원과 나아가서는 온 교회에까지 확산되었다. 초기의 신비주의 사상은 주로 인간의 영혼이 황홀(ecstasy)을 통하여 하나님과 연합하는 것이라고 가르쳤는데, 후에 일어난 정적주의적인 신비주의 사상에서는 역시 하나님과 연합하는 것을 목표로 하지만 그것을 다른 방도를 통하여 실현한다고 가르쳤다. 즉, 전혀 활동을 하지 않음으로써, 가만히 있어 자기를 비움으로써 하나님과의 연합에 이른다고 한다.

여하튼 이러한 신비주의 운동은 평신도들의 경건 운동에도 많은 영향을 미쳤다. 특히 정적주의(Quietism)는 평신도들로 하여금 제도적인 교회를 소홀히 여기는 경향을 낳게 하였다. 그들 가운데는 교회를 대항하는 그룹들도 생겨나게 되었다. 13세기에는 그러한 경향이 현저하였다. 정적주의에서는 영혼이 스스로를 아주 비우게 되면 하나님께서 스스로 그 영혼 안으로 들어오신다고 하며, 따라서 영혼의 신격화(神格化, Vergottung)가 이루어진다고 한다. 결국 충만한 신비주의자는 하나님의 부분이요 하나님과 같이 된다는 것이다. 그는 모든 교회와 천사들과 성자들보다 더 높이 고양되며, 어떤 이들의 주장에 따르면, 심지어는 그리스도 자신보다 더 높이 들려 올려진다고 한다.

후기 중세의 신비주의자들 가운데서 주요한 사람은 마이스터 에크하르트(Meister Eckhart von Hochheim, 1260년경~1327년)와 그의 제자 요한 타울러(Johannes Tauler, 1300~1361)이다. 하인리히 수소(Heinrich Suso, 1295~1366), 요한 반 러이스브로크(Johannes van Ruysbroeck, 1293~1381) 등도 에크하르트의 제자였다. 그 밖에 작가 미상의 「독일신학」(*Theologia Deutsch*)을 저술한 사람은 '하나님의 친구들'(Die Gottes Freunde)이라는 집단을 창설하는 일에 가담한 사람들이다.

여성 신비주의자들 가운데 알려진 이로는 힐데가르트(Hildegard von Bingen, ?~1179), 브리기타(Brigitta von Schweden, ?~1373), 메히트힐트(Mechthild von Magdeburg, ?~1285년경), 안젤라(Angela von Fligno, ?~1309), 카타리나(Katharina von Siena, ?~1380) 등이 있다.

에크하르트는 독일 신비주의에 큰 영향을 미친 대표적인 인물이다. 그는 신학적으로는 토마스 아퀴나스와 관련이 있으면서도, 전통적인 기독교의 자료들을 신플라톤주의적 신비주의와 결합시키면서 동시에 신학적인 전통을 따라 신비주의 사상을 발전시켰다. 베르나르의 신비주의는 그리스도의 생애에 근거를 둔 명상에 열중한 반면에, 에크하르트는 철학적 개념들을 좀더 일반적으로 사용하였다는 점이 다르다. 에크하르트는 라틴어와 함께 독일어를 사용하였으며, 설교자요 강연자로서 활동하였다. 그는 교회에 속한 사람으로 있기 위하여 무던히 노력했으나 그가 사망한 직후, 교회는 그의 교리 가운데 무려 28개 항목을 이단적인 것으로 선포하였다. 이로 인해 그의 이름은 알려지지 않게 되었으나, 19세기에 이르러 낭만주의 운동을 통하여 그는 독일 신비주의의 대표적인 인물로 알려지게 되었다.

에크하르트는 영혼을 비우는 것이 하나님과의 연합을 위한 전제가 된다고 말함으로써 역시 정적주의의 색채를 강하게 드러내었다. 누구든지 자신을 비운 자이면, 하나님으로 말미암아 충만하게 된다고 한다. 우리에게 닥치는 빈곤, 고난, 재난, 좌절 등의 모든 어려움을 즐겁게, 의지와 의욕을 가지고, 평화롭게, 흔들림이 없이 극복할 수 있으며, 죽을 때까지 그렇게 견딜 수 있으면, 그것이 곧 완전함(Vollkommenheit)이라고 한다. 그것은 부와 명예와 행복을 누릴 경우도 마찬가지라고 한다. 인간은 외적인 반응과 행동에 병행하여 소위 '방념'(放念, Gelassenheit), 즉 내적인 자유를 가져야 한다는 것이다. 후기 신비주의에서는 이 방념을 곧 정신적인 힘으로 간주한다.

에크하르트에 의하면, 하나님은 피조 세계의 복잡성과 심지어 삼위일체의 개념마저 초월하는 절대자이시다. 에크하르트는 세상의 기원을 한편으로는 창조로, 또 한편으로는 유출(emanation)로 설명한다. 하나님과 피조 세계 사이에는 절대적인 구별이 있고, 인간의 영혼만이 양자의 중간에 위치한다고 한다. 영혼은 그 존재의 심연에 신적인 핵심을 포함하고 있는데, 이것이 곧 영혼의 근본(foundation)이며, 영혼의 섬광(spark, scintilla animae)이라고 한다. 이 영혼의 근본은 절대자와 동일하며, 또한 영혼 속에서 하나님이 배태되는 장소라고도 한다.

에크하르트는 하나님과 존재를 동일하게 취하였으므로 그의 사상을 범신론으로 볼 수 있으나, 그는 하나님과 피조 세계를 확연하게 구분함으로 말미암아 그의 사상이 범신론이 희석되었다. 에크하르트에 따르면, 그리스도는 하나님과 인간의 연합을 보여 주는 원형(原形)으로서, 모든 신실한 자들을 위한 모범이라고 한다. 에크하르트는 십자가와 부활보다도 이 연합을 증명하는 성육신을 더 중시하였다. 인간은 세상에서 서서히 죽어 가는 과정에서, 그 과정과는 달리 신과 연합할 수 있는 길로 자신을 진입시킴으로써 구원을 받는다고 한다. 이것은 세 단계를 거쳐 이루어지는데, 곧 정화, 조명, 연합의 단계이다. 첫째 단계인 정화는 회개로 되는 것인데, 죄악에 찬 일들을 추구하던 행습(行習)을 죽이는 것과, 감각적인 것을 거슬러 싸우는 단계를 의미한다.

둘째, 조명(照明)의 단계는 그리스도의 고난과 순종을 본받는 단계이다. 그리스도의 고난에 관한 명상과 인간 자신의 의지를 포기하는 일(Abgeschieden-heit)과 하나님의 의지에 자신이 흡수되는 것 등을 말한다. 하나님에 대한 사랑을 강조하면서, 이웃을 향하는 사랑이야말로 하나님에 대한 최고 형태의 사랑으로 간주한다. 가령 이웃이 사랑을 요구할 때, 하나님에 대한 열광적인 사랑으로 열중하는 가장 행복한 상태도, 올바른 하나님 사랑을 위하여 포기할 수 있어야 한다고 말한다. 에크하르트는, 인간이 자아로부터 죽어 가는 것을 무엇보다도 촉진시켜 주는 일은 고난을 겪는 일이며, 고난이 인간으로 하여금 완전에 이르게 한다고 한다.

셋째이며 마지막 단계는 인간의 영혼이 하나님과 연합하는 것인데, 그것은 인간이 자기 자신으로부터뿐만 아니라 모든 피조물과 그들에 의한 유혹들로부터 완전히 해방되었을 때 이루어진다고 한다. 바로 이때 영혼 속에서는 그리스도가 태어나시고, 인간은 하나님이 원하시는 것을 바라게 되며, 하나님과 더불어 하나가 된다고 한다.

독일 신비주의에 속하는 저술가들 역시 에크하르트의 영향을 받은 것은 사실이지만, 그들은 대체로 에크하르트에게보다는 교회의 교리적인 전통에 더 충실하려고 하였다. 이러한 경향은 요한 타울러와 「독일신학」에서도 현저하게 드러난다. 타울러의 사상은 에크하르트의 사상에 비하여 보다 실제적인 경향을 띠었으며, 그만큼 인기도 더 있었다. 타울러의 글에는 순수하게 복음적인 사상도 많이 있어서, 루터는 그를 높이 평가하였다. 그러나 타울러는 성경 말씀보다는 인간 안에 있는 영혼이 곧 신적인 근원이라고 생각하는 전형적인 신비주의자이다.

루터는 「독일 신학」의 저자가 타울러인 줄 알았으나, 최근의 연구에서 밝혀진 대로는 그렇지 않은 것이 분명해졌으며, 본래의 저자는 아마도 14세기 말경에 '하나님의 친구들'이라는 집단에 속한 사람이었던 것으로 추정된다. '하나님의 친구들'은 완전한 선에 관하여, 즉 하나님과의 연합에 관하여, 그리고 이 궁극적인 목표에 이르는 길에 관하여 쓴 것이다.

디보시오 모데르나

14세기에 유럽의 북부 지역에서 제3의 신비주의라고도 일컫는 새로운 경건 운동이 일어났다. 즉, '디보시오 모데르나'(Devotio moderna) 운동은 네덜란드에서 시작하여 독일과 유럽 전역에 확산되었다. 이 운동을 시작한 이는 평신도 설교자 게라르트 흐로테(Gerard Groote, 1340~1384)였다. 그는 파리 대학교에서 법률과 의학, 그리고 신학을 공부하고 교회 행정직을 얻어 종사하였으나 만족을 얻지 못하다가 수소(Suso)와 마이스터 에크하르트 등 신비주의자들의 글을 읽고 감동을 받아 그의 삶에 변화를 경험하였다. 흐로테는, 신비주의자들과는 달리, 자신이 하나님과 하나가 되는 길은 세상을 위하여 활동하는 데에 있으며, 자신의 성화는 이웃을 위한 봉사를 통하여 성취되는 것임을 인식하게 되었다.

흐로테는 교회 행정직을 사임하고 1374년 그의 출생지 데벤터(Deventer)에 있는 자기 집에서 신앙하며 봉사하는 형제자매들이 공동으로 생활을 시작하게 하고, 1379년에 공동 생활을 위한 규율을 세움으로써 공동체를 조직하였다. 거의 같은 시기에 흐로테의 설교를 듣고 감동을 받은 플로렌스 라데베인스(Florens Radewijns, 1350~1400)는 형제들의 공동체를 조직하였다. 흐로테는 그를 도덕적으로 깨끗한 감독을 만나 사제로 안수를 받도록 보름스(Worms)로 보냈다. 흐로테 자신은 공적으로 설교를 할 수 있는 집사직으로 만족하였다. 당시에 사제들의 세계에는 성직 매매와 첩을 두는 일이 비일비재했기 때문에 사제가 될 마음이 없었다. 그는 회개를 외치는 설교자로서 겉모양만 갖춘 경건과 여러 도시의 부도덕과 성직자들의 성직 매매와 성적 부도덕을 공격하는 한편, 그들이 가난하게 살겠노라고 맹세한 약속을 지키지 않고 있는 사실을 상기시켰다.

1384년 8월 흐로테가 죽고 난 후 '새로운 경건' 운동, 즉 형제애를 나누는 공동 생활은 빈데스하임(Windesheim)에서 발전해 가게 되었다. 공동체에 속한 형제자매들은 매일 노동을 하면서 성경과 경건을 위한 글을 읽고 명상하며 기도에 힘쓰는 생활을 하였다. 서로 충고하며 공동으로 양심을 점검함으로써 그들의 규율을 지키며 겸손을 유지하는 일에 상호 협조하였다.

데벤터의 한 평신도의 글에 따르면, 그들은 새벽 3시에 명상을 하고 성경이나 경건 서적을 읽음으로써 하루의 삶을 시작하였다. 오전 5시에 각자는 일터로 가서 미사를 위한 종이 울릴 때까지 일하였다. 미사 시간에는 그리스도의 생애와 고난을 명상하고 오전 10시가 지나서야 공동으로 식사를 하였다. 식사를 하면서 그들은 성경 말씀이나 경건을 위한 글을 읽는 것을 들었다. 각자는 자기 방으로 가서 오후 3시까지 지내고, 오후 3시부터 저녁까지 다시금 일을 하다가 저녁 시간이 되면 공동으로 식사를 하고 저녁 8시에 하루의 일과를 끝냈다. 각자 밤에 특별히 기도할 일이 없으면 9시에 취침하였다. 하루의 일과가 이렇게 짜여 있다 보니 그들은 창조 세계의 아름다움을 감상할 여유가 없었다. 그리고 그들의 신앙에 기독교적 휴머니즘의 흔적도 없었다.

새로운 경건자들은 직접 교육에 관여하지 않았으나, 그들의 신앙과 삶은 당시의 교육에도 영향을 미쳤다. 그리고 수도원의 개혁 운동에 자극을 주었다. 또한 수도원을 설립하는 것이 흐로테의 뜻이기도 했으므로 1387년 빈데스하임에 그들은 자신들의 수도원을 설립하였으며, 1392년에는 아른하임(Arnheim)

근처에 있는 마리엔본(Marienborn)과 호른(Hoom) 근방의 노일리히트(Neulicht)에 두 수도원을 세웠다. 1407년에는 수도원은 토마스 아 켐피스(Thomas a Kempis, 1380~1471)가 속해 있던 아그네텐베르크(Agnetenberg) 수도원을 포함하여 12곳으로, 1500년경에는 87곳으로 불어났다. 그들은 목회나 교육에 종사하는 일은 하지 않고 책을 필사하는 일과 수도원을 개혁하는 일에만 전념하였다.

　　독일의 '형제 운동' 역시 데벤터에 그 뿌리를 둔 것이다. 1400년 봄에 뮨스터의 성당에 속한 목사 아하우스(Heinrich von Ahaus, ?~1439)가 데벤터를 방문하여 새로운 경건 운동자들의 원시 기독교적인 정신에 감명을 받고 돌아와 1401년 10월 뮨스터에 공동 생활하는 형제의 집을 마련하였다. 아하우스의 하인리히는 1416년 쾰른에, 1435년에는 베젤(Wesel)에 형제의 집을 세웠다. 그리고 보르켄(Borken), 쾨스펠트(Coesfeld), 베젤, 딘슬라켄(Dinslaken), 립슈타트(Lippstatd), 쉬터도르프(Schütterdorf), 뮨스터 등지에는 '자매의 집'이 마련되었다. 1479년에는 이러한 개별적인 '집'들을 연합하는 4개 그룹(Colloquy)의 조직을 갖추었다.

　　'디보시오 모데르나'에서 대단한 신학자는 나오지 않았다. 그들은 신학적인 논쟁을 피하고 영적인 실생활에 역점을 두었으므로 그들의 글도 역시 서간문이나 수기(手記), 전기(傳記) 등 거의가 경건 생활을 위한 글들이었다. 그들은 그리스도의 삶을 본받는 것을 모든 덕의 원천이요 거룩한 삶의 모델로 삼았으며, 특히 그리스도께서 고난 가운데 겸손히 순종하신 것을 본받아야 할 것으로 여겼다. 그리스도의 인성을 본받음으로써 그의 신성에 접근할 수 있다는 생각이었다.

　　디보시오 모데르나의 사상과 경건성을 엿볼 수 있게 해 주는 대표적인 책은 「그리스도를 본받아」(Imitatio Christi)이다. 각기 독립적으로 쓰인 것으로 추정되는 네 권의 책이 1427년 이후부터 빛을 보게 되었다. 15세기에는 저자가 누구냐 하는 문제를 두고 논란이 많았다. 한때는 클레르보의 베르나르, 보나벤투라, 타울러, 수소 등 35명이나 되는 사람들이 저자로 거명되었다. 그러나 마침내 단지 필사자로 알고 있었던 토마스 아 켐피스가 저자인 것으로 인정되었다.

「그리스도를 본받아」가 내포하고 있는 사상은 역사적인 그리스도를 모범으로 여기는 데 그치며, 그리스도께서 하나님이시면서 사람이 되신 사실이나 그리스도를 통하여 성령 안에서 아버지 하나님께 나아갈 수 있다는 진리에 대한 명상이나 언급은 볼 수 없다. 하나님의 사랑이 충만할 때 비로소 이웃을 사랑하고 교회를 위하게 된다는 생각도 볼 수 없으며, 선교의 사명에 대한 강조도 결여되고 있음을 흔히 지적한다.

15세기 말경에 뮌스터의 요한 페게(Johannes Veghe, ?~1504)는 하나님과 하나 됨을 강조하였으며, 빈데스하임의 요한 마우부르누스(Johannes Mauburnus)는 성찬을 받을 때의 영적인 경건을 강조하였다. 마우부르누스의 예배의 규례와 찬송집을 통하여 '디보시오 모데르나' 는 프랑스와 스페인에도 영향을 미치게 되었다.

'디보시오 모데르나' 는 그리스도를 본받아야 할 것을 강조하였으나 종교 개혁자들이 칭의와 은혜의 교리와 더불어 믿음의 대상이 되시는 중보자 그리스도를 새롭게 발견하고 강조한 신학적인 의미는 결여한 채 도덕적인 의미에 머물렀던 것이다. 그러므로 '디보시오 모데르나' 는 교황에게 충실했던 프란체스코회나 도미니코회와는 달리 교회로부터 보다 독자적인 공동체 생활을 영위하였다. 그러나 종교성과 도덕적인 행위에 역점을 둔 공동체였다는 점에서는 중세 가톨릭 교회의 사상적인 테두리 안에 머물렀던 운동이다. 16세기 로마 가톨릭 내의 쇄신 운동을 일으킨 로욜라가 '디보시오 모데르나' 의 영향을 직접 혹은 간접으로 받은 사실은 불확실하나 도덕적인 경건을 추구한 점에서는 유사하다.

교황권의 쇠퇴와 교황 교회의 정황

12~13세기에도 교황권(sacerdotium)과 제왕권(imperium)의 대결은 계속되었다. 교황권이 제왕권보다 우위에 있는 것처럼 보이는 때도 있었으나 국왕들의 권력은 교황의 권력보다 오히려 분쇄하기 힘든 탄탄한 기반을 가지고 있었다. 제왕들은 민족 국가에 권력의 기반을 두고 있는 반면에, 교황은 국제적인 관계에서 외교적으로 현명하게 처신함으로써 교권을 유지할 수 있었으므로 교황의 권위는 상황에 따라 유동적일 수밖에 없었다. 제왕들의 권력은 국가간의 이해 문제로 인한 갈등 관계에서 국력과 함께 신장되어 갔다.

교황 보니파티우스 8세(1294~1303)는 칙령 '우남 상탐'(Unam Sanctam)을 발표하여 교황권이 제왕권 위에 있음을 천명하였다. 기독교 신앙은 유일하고 거룩하며, 사도적인 교회의 머리는 그리스도요 그의 대리인은 베드로임을 가르친다고 주장하는 한편, 누가복음 22:36~38에서 말하는 사도들이, 즉 베드로가 가진 칼 둘을 교회의 권세와 세속의 권세를 비유하는 것으로 해석하고 제왕들에게 주어진 세속의 권세는 교회의 권세의 지도를 받아야 한다고 했다. 보니파티우스는 유럽 정치계의 변화를 감지하지 못하고 그레고리 7세를 비롯하여 그를 잇는 여러 교황들이 주장한 교황의 우위권에 대한 헛된 환상에서 깨어나지 못했다.

교황의 우위권을 주장하는 환상을 깨우쳐 준 결정적인 사건이 교황의 아비뇽 포수(捕囚) 사건인데, 교황주의를 비판하고 반대하는 지성인들의 목소리들은 벌써부터 점점 커지고 있었다. 이탈리아에서 단테(Dante)는 기름부음을 받은 왕만이 하나님의 종이라고 주장했으며, 1338년 독일에서는 선제후들이 자신들에 의하여 선출된 황제는 교황이 베푸는 의식이나 도움이 없이도 합법적인 독일의 왕임을 선포하였다. 바이에른의 루트비히(Ludwig)는 이를 왕국의 법으로 입법화하였다. 즉, 황제의 권세만이 하나님으로부터 나왔다는 것이다. 이러한 움직임에 사상적으로 영향을 준 이는 오캄과 「평화의 변호인」(Defensor Pacis)을 저술한 파두아의 마르실리우스(Marsilius von Padua)였다.

마르실리우스의 「평화의 변호인」은 그런 점에서 하나의 획기적인 저작이었다. 마르실리우스는 완전한 교회상을 말하면서 교회는 영적인 나라에 속한 것임을 강조하는 한편, 이 세상에서는 교회 역시 세상적인 사회의 한 기관이므로 교회는 합리적인 법, 즉 인간의 법을 따라 살아야 한다고 역설하였다. 그러므로 사제들이 사람들을 추방하는 등 사법권을 행사하는 일은 있을 수 없고 말씀을 가르치고 교인들을 영적으로 돌보는 일만 해야 한다고 했다. 마르실리우스는 또한 법을 제정하는 권세는 백성에게로 돌리고 법을 집행하는 권세는 소수가 가진다고 하였다. 그리고 기독교적인 국가를 가장 완전한 인간들의 공동체로 보았으며, 교회를 두고는 국가 교회가 이상적임을 말하고 보편적인 교회(ecclesia)의 상위의 기관은 주(州) 단위의 교회(Landeskirche)라고 말함으로써 교황주의 교회를 거부하였다.

보니파티우스는 주로 잉글랜드의 에드워드 1세와 프랑스의 필립 4세와 대결하게 되었다. 당시 이 두 왕은 프랑스 내에 있는 잉글랜드의 영토 문제로 대립적인 갈등 관계에 있었다. 보니파티우스는 이들의 대립 관계를 잘 이용하여 어부지리(漁父之利)를 취할 수도 있었으나, 1296년 칙령 '클레리키스 라이코스'(Clericis Laicos)를 발표하여 모든 성직자들로 하여금 세속의 정부에 납세하지 못하도록 금하였다. 이로 인해 잉글랜드와 프랑스 양국의 왕들은 교황에게 크게 반발하였다.

에드워드는 성직자들이 교황의 칙령을 따르는 것을 불법으로 규정하였으며, 필립은 프랑스로부터 모든 자금의 유출을 동결시킴으로써 로마로 헌금이 유입되는 것을 차단하였다. 교황 보니파티우스는 또한 스코틀랜드를 교황의 영지로 주장하면서 잉글랜드가 스코틀랜드로 침입하는 것을 금하는 등 세속의 정치에 간섭함으로써 교황과 왕들의 관계는 더욱 악화되었다. 필립은 마침내 군대를 보내어 보니파티우스를 습격하도록 하여 그의 생명을 위협하였다. 보니파티우스는 사흘간 감금당하였다가 한 달 후에 사망하였다. 그의 뒤를 이은 교황은 이러한 처사를 정죄하는 칙령을 발표하였는데, 그 역시 4주 후에 죽고 말았다. 사람들은 그가 독살당한 것으로 믿었다. 그후 교황청은 알프스를 넘어 아비뇽(Avignon)으로 옮겨져 70년 간 프랑스의 세력권에 있게 되었다.

필립에게 세움을 받은 교황 클레멘트 5세(1305~1313)는 하는 수 없이 왕의 세력 아래 굴종하였다. 클레멘트는 교황이 되자마자 12명의 프랑스인 추기경을 임명하였다. 그리고 그는 1309년에 거처를 아비뇽에 정하였다. 아비뇽은 프랑스 영토는 아니었으나 그 세력권에 있었으므로 클레멘트와 그의 후계자들은 1378년까지 프랑스 왕들의 세력 하에 살아야 했다.

교황청의 아비뇽 이전은 온 교회에 호된 비판을 불러일으켰다. 프란체스코 수도사들은 이를 이스라엘의 바벨론 포수에 비유하였다. 그리고 프랑스와 잉글랜드의 궁정처럼 웅장하고 화려하게 모든 것을 잘 갖춘 교황청을 요한계시록에 나오는 '바벨론'이라고 하며 정죄하였다. 당시의 사람들은 교황청은 반드시 있어야 하는 것으로 알았으며, 베드로의 후계자인 교황이 거주해야 할 곳은 바로 베드로의 교구인 로마라고 생각하였다. 교황청의 아비뇽 이전(移轉)을 특별히 싫어한 나라는 프랑스와 적대 관계에 있던 잉글랜드였다. 그때가 마침 백년전쟁이 시작되는 무렵이어서 더욱 그러하였다.

교황청의 아비뇽 이전은 교회와 교황청 관리들에게 중대한 결과를 초래하였다. 로마 교구는 이미 교회 법령들을 제정하는 원천이면서 동시에 최고 재판 기관이었다. 교황은 서방 교회의 정치적 및 행정적 지도자요 성직자들의 감독으로서 역할하고 있었다. 그러므로 아비뇽의 교황청은 지방 교회들과의 관계를 새삼스럽게 다지는 일과 교황청의 기관과 조직을 더욱 강화하고 대형화하는 데 힘을 기울였다. 교황들은 이를 뒷받침할 재정이 필요하였다.

교황들은 로마를 떠남으로 인해 그들의 저택과 별장이며 막대한 수입원들을 상실하게 되었다. 그래서 그들은 이탈리아 내에 있는 재산을 보호하는 한편, 아비뇽에다 필요한 건물을 새로 짓기 위해 돈이 필요하였다. 그리고 그 일 이외에도 전쟁을 치르고 십자군을 지원하기 위하여 재정을 조달해야만 했다. 그들은 새로 짓는 건축물을 전에 없이 장대하고 화려하게 짓는 바람에 더욱 그러했다. 방대한 지역의 교회를 다스리며 세속적인 권력자들과 힘을 겨루어야 하는 교황과 고위 성직자들은 교권을 유지하고 호화로운 생활을 영위하기 위하여 막대한 재력을 필요로 하였다.

이렇게 불어나는 재정을 충당하기 위하여 클레멘트 7세가 시작했던 수입 증대를 꾀한 각종 제도는 요한 22세(1316~1334)의 재임시에 더욱 강화되었다. 요한 22세 당시의 교황청의 문서에 나타난 교황청의 예산 집행의 내용을 보면 재정이 얼마나 희한하게 사용되었는지 알 수 있다. 즉, 전쟁에 63.7%, 인건비에 12.7%, 구제, 교회 건축, 선교에 7.16%, 의상(衣裳)에 3.35%, 보석에 0.17%, 건축에 2.9%, 부업과 지하실을 위하여 2.5%, 친척과 친구를 위하여 4%의 재정을 쓰고 있었다. 이러한 교황청의 재정 수입 증가와 부의 축적은 교회의 빈곤을 초래하였다. 교황청에 가장 인접한 프랑스 교구는 백년전쟁으로 말미암아 피폐해진 데다가 교회당은 파괴되거나 소실되었으며, 교구민과 성직자들은 중한 과세로 인하여 이전보다 더 가난하게 되었다.

프랑스의 경우 소위 주교들이 거두는 '순회 거마비'(procurations)가 교황의 손으로 넘어가게 되었다. 순회 거마비란 교회를 방문하는 주교에게나 주교의 이름으로 방문을 대행하는 이들에게 제공되는 약간의 음식과 숙박비였다. 이러한 순회 거마비가 14세기에는 일정한 현금 지불 형태로 정착되었다. 요한 22세는 주교의 심방을 받지 않은 교회에도 교황 직속의 수금원을 보내어 이를 징수하였으며, 우르반 5세는 교황이 수납하는 제도를 프랑스 전역에 적용하여 일반화하였다. 그 결과 주교들은 가난해지고 교황은 더욱 부유해졌다.

교황청은 또한 성직자들로부터 그들의 십일조를 증액시켜 돈을 거두어들였다. 그리고 성직자들이 교구에 임명된 이후 얻는 초년금(annate, annualia 혹은 annallia), 즉 첫 해의 수입은 교황이 차지하였다. 1400년경에는 모든 성직록(聖職祿)의 대부분이 초년금의 납부 대상이 되었다. 이와 같이 교회의 재정이 증가됨으로써 교황청 관리들은 부를 축적하게 되었으나, 지방의 주교들은 재정의 고갈로 인하여 그들의 교구를 옳게 돌보지 못했다.

교회는 교인들의 십일조와 헌금으로 유지될 뿐 아니라, 유력한 집안에서 유산을 바치는 기부 등을 통하여 재산을 불려 나갔다. 예를 들면, 보헤미아에서는 국토의 50%가 교회의 재산이었다. 그러나 교황청이나 주교구청은 그것으로 만족하지 않고 더 많은 돈을 거두어들이기 위하여 갖은 수단을 다 동원하였다. 여러 가지 명목으로, 자신과 가족의 속죄를 위하여 혹은 죽은 사람을 위해서도 개별적으로 미사를 드릴 수 있는 제도를 마련하고 대가를 지불하는 대로 미사를 드리게 하였다. 종교 개혁 당시 중요한 쟁점이 되었으며 개혁의 구체적인 표적이 되었던 면죄부는 교황청의 재원 마련을 위한 수단의 하나로 이용되었다.

면죄부 제도는 11세기경부터 시행되었다. 그 원천은 고행과 권징에서 발원한 것으로 훨씬 더 오랜 역사를 가진 것이다. 교회는 옛날 로마 제국의 박해 때부터 잘못을 범하여 수찬정지(受餐停止)를 받은 죄인들이 면죄를 받기 위해서는 죄를 고백하거나 교회법에 규정된 고행을 수행하거나 혹은 주교로부터 사죄의 처분이 있어야 했다. 교회법은 엄격했으므로 경우에 따라서는 20년 이상을 고행해야 하는 경우도 있었다.

9세기에는 특별한 경우 주교가 고행의 일부를 면제해 줄 수 있다고 믿기 시작하였다. 그러다가 고행을 대신하는 어떤 선행이 고행을 면제하는 조건이 될 수 있다는 생각을 갖게 되었다. 예를 들면, 구제를 위하여 상당한 액수의 돈을 내면 일 년 동안의 금식을 면제해 준다는 식이었다. 고행 대신에 구제금을 내는 제도는 잘못 남용될 가능성이 있었으므로 잉글랜드 교회에서는 초기에 고행을 다른 것으로 대체하는 것을 금지하기도 했다.

11세기에 주교들은 중한 죄를 범한 성직자들을 교황에게 보내어 고행의 일부 면제를 받도록 해 주기 위하여 문의한 적도 있었다. 알렉산더 2세(1061~1073)의 경우, 그는 죄인의 고행 기간을 28년에서 14년으로 감면해 준 예도 있다. 면죄부가 일반화되기는 십자군 원정이 시작되면서부터였다. 1095년 교황 우르반 2세는 십자군 원정에 가담하는 자에게 면죄부를 발부하였다. 그는 클레르몽 회의에서 '전면 면죄'의 실시를 선포하였다. 누구든지 영예나 금전을 탐해서가 아니라, 온전하고 순수하게 헌신하는 마음으로 하나님의 교회의 해방을 위하여 예루살렘으로 가는 자에게는 그 원정 자체를 일체의 고행을 대신하는 것으로 간주한다고 하였다. 십자군 원정이 계속되고 그 횟수가 거듭되면서 면죄부 발급은 증가하였으며, 또한 일반화되었다.

1150년 교황 유게니우스 3세(Eugenius III)는 몰리제(Molise) 백작이 그의 부인과의 결혼이 근친혼이라는 구실로 이혼하려고 하는 재판을 주재하였다. 교황은 재판정에서 눈물을 흘리며 백작의 발 앞에 엎드렸다. 주위의 주교들은 황급히 교황을 교좌에 앉히었다. 그러자 교황은 이혼을 만류하면서, 만일 백작이 이혼하려는 생각을 포기하면, 그가 지은 모든 죄를 사하도록 하겠다면서 "내가 심판 날에 책임을 지겠다"고 했다. 이런 일을 계기로 면제(immunity)의 범위는 점점 넓어졌다.

12세기 말에 교황 인노켄트 3세 때에는 십자군을 위하여 돈으로 혹은 조언으로 도운 사람도 면죄를 받았다. 13세기 중엽 인노켄트 4세 때에는 전혀 봉사를 하지 않고도 면죄를 받을 수 있었으며, 정치적인 이유에서 일반 통치자도 면죄를 받을 수 있었다. 1344년 클레멘트 6세는 200명에게 면죄부를 발부하였는데, 그 가격이 잉글랜드 돈으로 10실링이었다니까 돈 있는 사람에게는 과히 비싼 것은 아니었다.

또한 속죄와 구원을 위해서 고행을 할 것과 로마의 교황청을 순례할 것을 권장하면서 면죄부를 사면 고행을 면제해 주기도 하였다. 그 밖에 교황청이 고안한 재원 갹출의 또 하나의 방법은 성직 매매와 수뢰(受賂)였다. 교회가 무자격자에게 성직을 파는 일은 흔한 일이었으며 해묵은 병폐였다. 15세기의 일인데, 마그데부르크(Magdeburg)의 대주교 귄터(Günther)는 재직 35년 만에 처음으로 미사문을 읽었으며, 슈트라스부르크(Straβburg)의 주교 로버트(Robert)는 평생 미사문을 읽은 적이 없었다고 한다.

하위 성직자들 가운데도 첩을 둔 사람들이 많았으며, 가정부는 내연의 처였다고 한다. 사제들이 무식하여 성찬식의 미사문과 세례식의 미사문을 뒤바꾸어 읽기도 하였다. 1555년 잉글랜드 위간(Wigan)의 주교의 보고에 의하면, 자기의 주교구 내에 있는 211명의 목사들 가운데 십계명을 외우지 못하는 이가 무려 166명이었으며, 주기도문의 저자가 누구인지를 답하지 못하는 이가 14명이었다고 한다.

교황청은 주교나 대주교를 이동시킴으로써 수입을 올렸다. 주교와 대주교는 자기의 자리를 지키기 위하여, 혹은 보다 나은 자리로 옮기기 위하여 상부에 거금을 헌납해야 했다. 교황청은 이런 재미를 보느라고 고위 성직자의 전임 발령을 될 수 있는 대로 자주 내렸다. 1365년의 3개 문서에 보면 7명의 대주교, 49명의 주교, 123명의 수도원장을 거짓 맹세한 자로 선포하고 출교한 사실을 발견할 수 있다.

15세기에 교회 생활이 강조되면서 일반 백성들의 민속 신앙은 다시금 활기를 띠게 되었다. 그 전 시대부터 전수되어 오는 여러 신앙의 형태들, 즉 공로 쌓는 일, 기적에 대한 신앙, 순례, 성자 숭배 및 사자(死者)숭배, 면죄부 매매 등은 15세기에 이르러 더 성행하게 되었다. 그러면서 바른 신앙에서의 이탈은 더 현저하게 되었다. 교회와 수도원 등이 너무 많았다. 예를 들면, 쾰른에 3~4만의 인구가 살았는데, 11개의 주교구에 19개의 교구가 있었으며, 채플이 100개가 넘었고, 수도원이 22개, 양로원이 12개, 수녀원이 76개였다. 독일 전역으로 말하면, 수도원이 약 3천 개나 되었다.

성자 숭배로는 마리아 숭배가 고조되었으며, 마리아의 어머니 성 안나도 숭배의 대상이 되었다. 각 나라와 시, 교회 등을 수호하는 성자가 있었으며, 질병, 고난, 여러 가지 상황과 외양간의 황소를 위하여서도 각기 수호 성자가 있었다. 사자 숭배는 면죄부와도 관련이 있었다. 루터를 보호했던 프리트리히 선제후(選帝侯)는 1509년까지 무려 5005개의 사자의 뼈 혹은 유품을 수집했다고 한다.

교회 생활을 강조함에 따라 설교가 강화되었다. 설교는 지방어로 했다. 특히 탁발 수도사들이 사람들이 알아들을 수 있는 쉬운 말로 설교하는 데 공헌하였다. 도시의 중심 교회들은 설교에 특별한 관심을 기울였다. 성경도 많이 보급되기 시작하였다. 1466년부터 1521년까지 18종의 독일어 번역이 나왔다. 그 가운데 16종은 오늘의 표준 독일어(Hochdeutsch)로 된 것이었다. 가톨릭 교회는 지방어로 번역된 성경의 보급을 금하였다.

서방 교회의 분열과 교황권의 실추

아비뇽에 유폐(幽閉)되었던 교황청은 1377년 1월, 73년 만에 로마로 귀환하였다. 그간에 7명의 교황이 아비뇽에서 집무하였다. 그러나 이듬해 1378년 9월에 서방 교회가 분열되는 사태가 빚어졌다. 교황청의 환도를 주도한 그레고리 11세(1370~1378)가 사망한 후, 그 후임으로 선임된 우르반 6세가 성격이 난폭할 뿐 아니라 교황의 자질이 없는 사람으로서 추기경들의 신망을 잃음으로 말미암아 비롯되었다. 다수의 추기경들은 우르반 6세의 선출은 폭도들의 압력으로 인하여 이루어진 것이므로 무효라고 선언하고, 그 대신 프랑스인인 제네바의 로베르를 교황으로 선출하였다.

로베르는 아비뇽에 본부를 두고 클레멘트 7세로 취임하였다. 그리하여 서방 교회는 둘로 분열하게 되었다. 로마의 우르반의 후계자로는 보니파티우스 9세(1389~1404)가 교황이 되었으며, 그후 인노켄트 7세(1404~1406)가 뒤를 잇게 되었다. 서방 교회가 다시 연합할 무렵에는 그레고리 12세(1406~1415)가 로마의 교황이었다. 그리고 아비뇽의 클레멘트 7세의 뒤를 이은 이는 베네딕트 13세(1394~1422)였다.

공의회 운동(the Conciliar Movement)은 15세기 초반에 서방 교회가 종교회의를 연이어 개최함으로써 분열된 서방 교회를 봉합하기 위한 방안을 모색

중세 교회사 *351*

하는 등 현안의 문제들을 해결하려는 운동이었다. 서방 교회의 통일은 1409년 피사(Pisa)에서 열린 종교회의에서 토의되었다. 그러나 발타사르 코사(Balthasar Cossa)로 말미암아 종교회의가 교회 연합을 위한다는 명분으로 교황을 새로 선출함으로 말미암아 서방 교회는 세 사람의 교황을 갖게 되었다. 새로 선출된 교황이 1년 만에 사망하자 코사 자신이 존 23세로 교황이 되었다.

서방 교회의 통일은 1414년 신성 로마 제국의 황제 지기스문트(Sigis-mund)의 주최로 열린 콘스탄스(Constance) 종교회의(1414~1418)에서 성사되었다. 이 회의에는 명실공히 기독교 세계를 대표하는 이들이 참석하였다. 서방의 모든 국가들이 공식적으로 대표를 파견하였던 것이다. 추기경이 33명, 대주교가 33명, 주교가 150명, 수도원장이 100명, 게다가 동방 교회의 대주교 3명까지 합하여 약 300명의 신학자들이 참석한 대규모의 종교회의였다.

회의가 진행되는 동안 3,000명 이상의 창녀들이 콘스탄스로 몰려들었다고 하니 당시 종교 지도자들의 도덕성을 짐작케 해 주는 일이기도 하다. 이 회의에서 교황에 관하여 결정된 사항을 보면 교황의 권위가 실추된 것이 그대로 반영되고 있다.

- 교회의 최고, 최종적 권위는 세계 종교회의에 있다.
- 보통의 경우 교황의 존재가 유익한 것이기는 하나 그의 지존권(至尊權)은 오직 부수적인 것으로서, 항상 종교회의의 심판과 평가의 대상이 된다.
- 교황 역시 오류를 범할 수 있으며, 이단도 될 수 있다.
- 교황들은 단지 교회 내 최고의 행정 관리에 지나지 않는다. 따라서 그 직무를 제대로 수행하지 못할 경우에는 제거될 수 있다.

이러한 결정에 따라 종교회의는 당시 교황의 위(位)에 있던 세 사람을 다

정리하였다. 교황 요한 23세를 퇴위하도록 결정하였으며, 로마의 그레고리 12
세에게서는 사임원을 받았다. 그리고 아비뇽의 베네딕트 13세는 스페인으로
도주하였다. 종교회의는 1417년 11월 오토 콜로나(Otto Colonna)를 교황으로 선
출하였다. 오토가 교황 마르틴 5세(Martin V, 1417~1431)로 즉위함과 동시에 39년
간의 교회 분열이 종식되었다.

　이러한 우여곡절 끝에 서방 교회는 하나가 되고 한 사람의 교황만을 갖
게 되었으나, 교황청의 권위는 13세기 때와는 판이하였다. 교황과 황제가 다스
리던 통일된 세계로는 다시 복귀될 수 없었다. 유럽이 여러 민족 국가로 분리
됨으로 말미암아 교황령(敎皇領) 역시 이탈리아 내에 있는 다른 소왕국들과 같
은 위치로 전락하고 말았던 것이다. 세속적인 정치에 미치는 교황의 권위는 이
제 베니스의 시장(市長)이나 나폴리의 왕 등 소영주의 권위나 다름이 없었다.
그리고 그것은 종교 문제를 두고도 별로 다를 것이 없었다.

　콘스탄스 종교회의는 5년 후에 다시 세계 종교회의를 개최하기로 결의
하는 한편, 그 이후에는 7년마다 소집할 것을 결의하였다. 1431년에 바젤
(Basel)에서, 1438년에 페라라(Ferara)에서, 그리고 1439년에는 플로렌스에서 전
체 종교회의가 개최되었다. 여러 차례에 걸쳐 종교회의들이 열렸으나 교회의
개혁이나 부흥을 위하여 기여할 수 있는 기관으로 발전하지는 못하였다. 여러
나라에서 온 대표들과 여러 분파를 대표하는 이들이 주로 신학자들이기보다
는 법률가들이었으며, 서로가 견해와 이해를 달리하였으므로 구체적인 결실
을 기대할 수 없었다. 교황 마르틴 5세는 자신의 유리한 입지를 확보하기 위하
여 잉글랜드와 프랑스 및 여러 나라들의 이해 관계와 대립 등을 교묘하게 이용
하였다.

교회 일치 운동과 동방 교회

연이어 종교회의를 개최하게 된 또 하나의 목적은 동방 교회와의 일치를 도모하기 위한 것이다. 14세기에 와서도 교황들은 실지의 교구 회복을 위하여 십자군 운동의 필요성을 말했으나 왕들과 제후들의 관심을 불러일으키지는 못했다. 그런데 서방의 도움을 정작 필요로 한 측은 비잔틴의 황제들이었다. 비잔틴의 황제들이 십자군 운동 이후 서방과의 관계에 관심을 가지는 동안에 소아시아는 소홀히 다루었다. 터키의 셀죽(Seljuk) 왕조는 1243년 몽고의 침략으로 세력이 꺾였으나 그 결과는 기독교 세계에 더 심각한 문제를 야기하게 되었다. 오스만(Osman)이 터키 변두리의 여러 부족을 결속하여 오토만(Ottoman)국을 건립하였다.

오토만의 세력은 눈덩이처럼 불어나 셀죽과 함께 소아시아에 있는 비잔틴의 영토들을 덮쳐 점령하였다. 7세기에 아랍의 침공으로 시리아, 팔레스타인, 이집트, 아프리카가 이슬람화가 되었는데, 이제 또 이슬람화가 된 터키에 소아시아의 기독교 대도시들이 다 삼킨 바가 되고 말았다. 1300년경에 소아시아의 온 농촌 지역이 터키에게 점령당하였으며, 프루세(Pruse), 니케아, 니코메디아 등 초대 기독교의 대도시들이 속속 터키의 수중에 들어갔다. 이제 발칸도 같은 운명에 처할 것이라는 위기감을 갖게 되었다.

초기 십자군 운동이 있게 되었을 때와 마찬가지로 동로마의 황제는 서방에 도움을 기대할 수밖에 없었으며, 그러기 위해서는 먼저 동과 서로 분열된 교회의 일치를 성취하는 것이 선결 문제였다. 그리하여 동, 서 교회의 일치를 위한 회담이 개최되었다. 동방 교회는 처음에 동방의 대표들이 교회가 보낸 것이 아니고 황제의 측근들이었다는 점에서 방관하는 자세를 취하였으나 결국 좀더 적극적인 자세를 취하게 되어 소수이지만 교회의 대표를 서방이 주도하는 종교회의에 보내었다.

신학적인 문제로는 '필리오케'(Filioque), 연옥설, 성찬식의 문제, 교황의 우위성 문제 등을 다루었다. '필리오케'는 동방 교회와 서방 교회 분립의 중요한 교리적 문제였으므로, 그 문제를 토의하는 데 가장 많은 시간을 소모하였으나 의견을 좁히지는 못하였다. 그것은 성찬의 문제를 두고도 마찬가지였다. 그럼에도 불구하고 동로마 제국과 동방 교회가 당면한 위급한 정치적 상황 때문에 1439년 7월에 라틴어와 헬라어로 된 동서교회의 일치를 위한 칙령에 서방과 동방 교회의 대표가 서명을 하였다. 그러나 동방 교회의 대표들은 돌아가는 배에서 그들이 합의했던 사실을 취소하였으며, 본국에서는 주민들의 반대에 부딪혀 합의를 무효화하였다.

9세기 이후부터 비잔틴의 교회는 정치적으로 별 의미가 없는 교회가 되었다. 황제의 무력 행사에 완전히 자유를 잃었으며, 왕실의 윤리적인 퇴폐와 권모술수에 무기력하였으며, 신학적으로도 제의적인 신비와 이미 오래 전에 있었던 이단에 관하여 새삼스럽게 기술하는 것 이외에는 별로 괄목할 만한 결실이 없었다. 비잔틴의 황제는 법적으로 교회의 수장이었으며, 고위 성직자들과의 관계는 변함없이 원만히 유지해 온 편이었으나 양측이 다 백성들과 그들을 영적으로 지도하는 수도사들에게는 무기력하였다. 수도사들은 백성의 상담자요 그들을 돌보는 자로서 역할을 다하였으나 신비주의적인 성향이 짙었으며, 교회와 국가의 문제를 두고는 지나치게 폐쇄적이었다.

'헤시캐즘'(Hesychasm)으로 알려진 신비주의는 하나님께 이르는 3단계로서 실천, '자연 신학', 하나님과의 연합을 말했다. 실천 단계에서 수도자는 금욕하며 '예수님의 기도문'을 운율에 맞추어 반복 암송함으로써 상상과 같은 모든 명상을 초월할 뿐 아니라 마음을 완전히 비운다는 것이며, 자연 신학의 단계에서 사물의 궁극적인 의미와 하나님 안에 있는 사물의 역사를 명상하고 사색함으로써 하나님과의 연합을 추구한다고 하였다. 신비주의의 자연 신학은 우주적인 공감이나 감정을 추구하는 것이어서 기독교적 인문주의와는 거리가 멀었다. 신비주의 수도사들 가운데는 자기들의 선생을 통하여 신약적인 계시가 합법적으로 계속된다고 주장하는 이들도 있었다. 이에 대항하여 정통 신학을 옹호하려는 팔라미즘(Palamism)의 노력이 있었으나 수도원을 배경으로 하는 헤시캐즘의 세력은 더 끈질기게 수도사들 가운데 유포되었다.

콘스탄티노플, 즉 비잔틴은 터키의 침공을 받기 이전까지는 700년 간 동유럽을 이슬람의 침공으로부터 방어하는 보루 역할을 해 왔다. 서방의 십자군 원정을 유치하려는 비잔틴 황제들의 노력은 성사되지 않았으나 그러한 외교적인 노력이 터키로 하여금 콘스탄티노플의 침공을 주저하게 만들었으며, 동북방의 몽고 제국의 존재가 또한 터키의 서방 원정을 견제하는 세력이 되었다. 그러나 비잔틴은 결국 1453년에 터키군의 침공에 함락되었다. 12세기와 13세기까지만 하더라도 비잔틴에 사는 주민들의 일반적인 교육 수준은 서유럽의 주민들보다 더 높았다. 북방에 사는 민족들, 러시아인, 불가리아인, 세르비아인들은 비잔틴의 문화에 압도되어 기독교로 개종하였다.

비잔틴 제국이 패망한 이후 동방 교회는 이슬람의 지배를 받게 되었다. 이슬람교도들은 그런 대로 정교회를 상당히 관대하게 대하였다. 16~17세기에 개신교 신자들과 가톨릭 신자들이 서로를 대했던 것보다 훨씬 관대하게 대하였다. 콘스탄티노플을 정복한 술탄 무하메드 2세는 총대주교구에 합당한 예우를 해 주며 예배하는 것을 허락하였으나, 그의 치하에서 기독교 신자들은 종교의 자유를 보장받는 대신에 열등한 사회적 신분의 차별을 감수해야 했다. 이슬람 치하의 기독교는 2류 종교였으며, 그 신자들은 2류 시민이었다. 그들은 과중한 세금을 바쳐야 했으며, 옷도 구별이 되도록 달리 입어야 했다. 그들에게는 군 복무도 허용되지 않았으며, 이슬람 신자인 여자와 결혼하는 것도 허용되지 않았다.

러시아인들은 자신들이 동로마 제국의 정치적이며 교회적인 상속자가 된다고 생각하였다. 러시아 교회는 몽고 시대 이후 꾸준히 발전하였다. 14세기 이후 러시아 국교회의 중심은 모스크바였다. 1237년 몽골(Mongol) 군대가 침략해 와서 키에프를 약탈하고 1480년까지 러시아의 일부 지역을 통치했다.

중세의 종파 운동과 종교 재판

종파 운동(宗派運動)은 교회가 처해 있는 상황을 가늠하게 해 주는 척도로서 역할을 한다는 말이 있다. 백성들의 종교적 욕구가 충족되지 않을 경우, 혹은 교회가 개혁되어야 할 부분이 많을 경우, 종파 운동은 일어나게 마련이다. 중세로 말하면 12세기에 이르러 유럽 각처에서 종파 운동들이 일어났다. 백성들의 종교적인 욕구가 증대되었으며 평신도들의 정신적인 자립성이 높아지게 된 것도 큰 요인의 하나였다. 인노켄트 3세(1198~1216)는 당시의 교회적인 상황을 이렇게 묘사하였다.

파수꾼들은 모두가 눈멀고 짖을 수 없게 된 벙어리 개들과 같다. 그들은 모두가 게으른 종과 같이 주님께서 맡기신 달란트를 땅에다 묻어 두고 있는 격이다. 하나님께서는 그들의 입에 말씀을 맡겼는데도 말이다. 신분이 높은 사람으로부터 말단의 사람들까지, 그들은 선지자들의 말씀과 같이, 인색하고 선물을 좋아하며, 포상받기를 좋아하고, 뇌물을 받고서는 불경건한 자를 옳다 하는가 하면, 가난한 자의 호소를 외면한다. 악을 선으로, 선을 악으로 선포하며, 어두움을 빛으로 만드는가 하면, 빛을 어두움으로 만들고, 단 것을 신 것으로, 신 것을 단 것으로 만들며, 하나님을 두려워하지도 않고 사람들 앞에 부끄러워할 줄도 모른다. 그들은 복음의 가르침을 그릇되게 해석하여 왜곡하고 교회의 법을 어지럽힌다. 그러니 이단들의 기세는 높아지고 교회를 멸시하는 자가 늘어날 수밖에 없지 않은가.

중세의 대표적인 이단 운동은 정결파(Katharoi) 운동이다. 이 운동은 초대 교회 시대의 마니교로 돌아가자는 운동이다. 다시 말하면, 이원론적인 기독교적 혼합주의로 돌아가자는 운동이다. 그들은 이 세상을 악한 신의 산물로 보며, 인간은 이 세상의 굴레에서 해방을 받아 금욕을 통하여 선한 신의 세계로 올라가야 한다고 한다. 마니교는 일찍이 로마 황제가 제정한 이단을 다스리는 법으로 말미암아 지하에 잠입하여 거기서 명맥을 유지해 왔다.

정결주의는 11세기에 마니교의 사상이 표면으로 다시 올라와 형성된 사상으로, 12세기에는 가톨릭 교회에 위협을 주는 운동이 되었다. 이 운동이 수반하는 가장 심각한 문제는 악(惡)의 막강한 힘이 인간의 생존을 위협하는 폭력을 동반하여 현실화된다는 점이었다. 정결주의는 육을 극도로 미워하여 이를 극복하기 위하여 투쟁한다는 것인데, 그 결과로 혼인을 거부하고 국가를 부인하였다. 그들은 또한 죽음을 갈망하였으며, 자의적인 아사(餓死, Endura)를 통하여 죽음에 대한 갈망을 실현하였다. 이러한 운동이 세상을 다스리는 권세까지 장악하려는 부유한 교회에 대항하여 일어나자 많은 주목을 끌게 되었다.

왈도파 운동 역시 주목을 끄는 운동이었다. 왈도파의 운동은 리용(Lyon)의 상인 왈도(Petrus Waldes, ?~1218)에 의하여 시작된 것이다. 왈도는 부자 청년에게 요구하신 주님의 말씀을 따라, 자기의 재산을 다 팔아 가난한 사람들에게 나누어 주고 자신은 걸인으로 살았다. 그는 사도들의 생활을 이상적인 것으로 간주하고, 그것을 본받아 세상을 두루 돌아다니면서 복음을 전하였다. 교회가 왈도와 그를 따르는 평신도들에게 설교하는 것을 금지하자, 왈도는 마침내 이에 반항하였다. 성경의 명령을 거역하든지, 아니면 교회의 명령을 거역해야 하는 양자택일의 처지에 놓였다. 즉, 교회에 대한 불순종을 순종으로, 곧 하나님에 대한 순종으로 생각하였다. 왈도에 의하면, 교회가 사도적인 권세를 가진 것은 사실이지만, 사도적으로 실천할 때에 비로소 사도적인 권세를 가진다고 생각하였다.

왈도파는 16세기의 종교 개혁자들이 주장했던 것처럼, 성경 66권만이 유일한 신앙의 기초로 인정하였으며, 교계주의적 사제주의를 반대하고 예수 그리스도만이 유일한 중보자라고 말했으며, 연옥설과 미사 제도, 교회 절기, 성수(聖水), 성자 숭배 등을 반대하고 세례와 성만찬을 성례로 인정하였다. 1220년에 내놓은 왈도파의 신앙고백서의 내용은 오늘날의 장로교회의 신앙고백과 일치하는 점이 많았다. 교회의 직분을 장로와 집사의 두 직분으로 나누어 생각한 것과 장로의 직분이 회중의 영적인 상태를 살피며, 목사를 도와 주를 섬기며, 교회를 다스리는 목사와 장로의 권세가 동등하다고 하였다. 교황청은 교계주의적 교황 교회에 정면으로 도전하는 왈도파를 무참히 탄압하였다. 그리하여 무려 백만 명의 왈도파 사람들이 처형당했다. 살아 남은 이들은 박해를 피해 알프스의 남부 피드몽과 보헤미아 등지로 피신하여 자신들의 신앙을 지켰다.

중세의 신령파 운동의 대표적인 인물은 요아킴(Joachim von Fiore, ?~1202)이었다. 그는 삼위일체 하나님이 각 위마다 세 시대로 구분되어 시현(示顯)되신다고 주장하였다. 1260년은 성령의 시대가 시작된다고 하며, 그때가 되면 모든 의식(儀式)은 제거되고, 사람들은 하나님으로부터 직접 교훈을 받게 된다고 했다. 이러한 견해는 일반에 많은 영향을 미쳤다. 심지어 반대적인 입장에 있는 프란체스코 교단에서도 그의 견해를 받아들였으며, 그의 반교회적인 자세도 함께 받아들여 교회를 비판하는 입장에 서게 되었다.

초대교회 시대에는 교회가 박해를 받는 대상이었으므로 이단들에게 형벌을 가한다는 일은 생각할 수 없었다. 그러나 기독교가 국교화되면서부터 상황이 달라졌다. 385년 프리스킬라와 그 추종자들은 이단이요 마법사라는 혐의로 스페인의 주교들에게 고발당하여 황제에 의해 법에 따라 화형을 당하였다. 그러나 교부들 가운데는 이단을 죽이는 일에 반대하는 사람들이 많았다. 투우르의 성(聖) 마틴과 암브로시우스는 이에 가담한 주교들을 신랄하게 비난하였다. 크리소스토무스는 이단을 죽이는 것은 아마도 용서받을 수 없는 죄악일 것이라고 말하였다. 프리스킬라파들이 처형을 당한 이후 이단을 처형하는 일은 없었다. 그러나 12세기에 이르러 이단에 대한 처형이 성행하기 시작하였다.

종파적 운동은 이에 가담하는 사람의 수가 많아지면서 가톨릭 교회에 큰 위협이 되었다. 많은 종파 운동들은 은밀하게 일어나고 있어서 가톨릭 교회는 이들을 더욱 위험한 것으로 여겼다. 특히 카타로이파를 엄하게 다스려야 한다고 생각하였다. 교회가 교회로서의 특징을 포기하지 않는 한, 이러한 종파 운동은 용납할 수 없는 것이라고 생각하였다. 그리하여 교회는 종파 운동에 대하여 투쟁할 필요성을 절감하고 그 방안을 강구하였다. 먼저는 이단들의 종교적인 욕구를 될 수 있는 대로 충족시켜 주어야 한다고 했다.

교황 인노켄트 3세는 교회를 이탈하는 왈도파로 하여금 가톨릭 교회의 품안에서 생활하도록 조치를 강구하였다. 그리고 이미 교회를 이탈한 자들은 교회로 돌아오도록 선교와 전도 활동을 폈다. 도미니코 교단은 이러한 목적에서 창설되었다. 그러나 이러한 노력은 얼마 못 가서 강권으로 다스리려는 정책에 밀려나게 되었다. 처음에는 교회를 이탈하는 사람들을 사랑으로 관용해야 한다고 하다가 나중에는 이러한 사람들은 버림받은 사람이라고 단정하고 말았다. "교회 밖에서는 구원이 없다"(extra ecclesiam nulla salus)는 말을 적용하였다. 그리고는 패역한 무리들로부터 교인들을 보호해야 한다는 주장에서 이들을 범법자로 간주하여 강권으로 다스렸다.

이단을 벌함에 있어서 북쪽에서는 게르만들이 마술사를 처형하듯 화형을 시행하였으며, 남쪽에서는 재산을 몰수하고 추방하는 벌을 가하였다. 루키우스 3세(Lucius III, 1181~1185)가 1184년에 실시한 이단에 대한 재판에 근거하여 그레고리 9세(1227~1241)는 1231년 소위 교황의 종교 재판(Inquisition)을 시행하기 시작하였다. 이단의 혐의가 있는 자를 심문하고 고문하였으며, 회개하고 돌아서지 않는 이단은 화형에 처한다고 하였다. 종교 재판의 처벌이 가혹하고 가공할 만한 것이라는 사실은 재판 과정에서부터 드러났다. 검사와 판사가 다 한편인데다가 재판은 비밀리에 집행되었다.

15세기에 이르러 스페인에서는 종교 재판의 처벌로 많은 사람들이 처참하게 희생되었다. 예를 들어, 세빌라(Sevilla)에서는 40년 간 무려 4천 명이 화형을 당하였으며, 3만 명이 다른 중형의 벌을 받았다. 구아델루페(Guadelupe)라는 마을에는 3,000명의 주민이 살았는데, 1485년에 종교 재판은 53명을 산 채로 화형에 처하고, 46구의 시체를 파내어 불살랐으며, 16명은 영원한 지옥으로 보내도록 판결하였다. 그 밖에 여러 사람들을 배에서 노 젓는 노예로 축출하거나 혹은 다른 방법으로 처벌하였다. 중세 기독교의 종교 재판의 잔인함은 종교사에서 그 유례를 볼 수 없다.

15세기 중엽에 플로렌스에서 회개하라고 설교하던 지롤라모 사보나롤라(Girolamo Savonarola)가 종교 재판을 받아 화형을 당한 것도 기억할 만한 일이다. 신비주의적인 경향을 가지고 엄격한 금욕적인 생활을 한 사보나롤라는 교회 제도나 교리에 대한 이의를 제기한 것은 아니었으나 성결한 생활과 회개를 외쳐 백성들의 종교 생활에 많은 영향을 끼쳤다. 그래서 그는 교황 교회뿐 아니라 메디치가에게도 거추장스러운 존재였다. 사보나롤라는 1498년에 교황 알렉산더 6세에 의하여 종교 재판을 받고 교수형에다 화형까지 당하였다.

종교 개혁의 선구자 위클리프와 후스

중세 교회가 이단을 처형한 것은 불가피한 일이었다고 변호하는 사람들이 있는가 하면, 초대교회의 크리소스토무스와 같이 있을 수 없는 일로 여기는 사람들도 있다. 그런데 형벌을 가한 일에 대한 시비를 가리기 이전에 사람을 이단으로 규정할 수 있는 규범이 무엇이었느냐 하는 것이 문제이다. 중세 교회가 위클리프를 정죄하고 후스를 이단으로 정죄하여 화형에 처했으나, 개신교에서 볼 때 그들은 종교 개혁의 선구자였으며, 그들의 신학이 건전하였음에도 불구하고, 아니 건전했기 때문에 그들은 처형당하였던 것이다. 그러고 보면 교회나 지도자나 종교회의가 사람을 이단이라고 정죄할 수는 있다고 하더라도 죽이기까지 할 권한은 없음을 새삼 깨닫게 된다. 교회가 사람을 정죄하여 죽일 수 있을 정도로 스스로의 견해를 절대적으로 옳다고 주장할 수는 없다. 최후의 영원한 심판은 하나님께서 하시는 것이다.

위클리프(Wycliffe, 1328~1384)는 옥스퍼드에서 철학을 교수하다가 1363년부터 신학 교수로 일하면서 교황 제도와 교회의 처사들이 성경에 위배됨을 지적하였다. 당시 유럽의 왕들과 국민들은 민족국가 의식을 다짐하던 때여서 위클리프가 교황의 여러 가지 부당성을 지적하는 것을 환영하였다. 위클리프는 왕의 호의를 사서 1374년 라터워스(Lutterworth)의 목사직을 얻었다. 그러나 교회 교직자들은 그를 적대시하였다.

위클리프가 "하나님의 나라"(De dominio divino)라는 글을 써서 세속의 권력은 교황에게서 독립되어야 한다는 점을 주장함과 동시에 모든 교회의 재산은 국가에 귀속되어야 한다고 천명하자, 런던의 주교에게 고소를 당하여 1377년 법정에 서게 되었다. 그러나 무장한 귀족들이 법정으로 개입하여 보호하였으므로 그는 무사할 수 있었다. 같은 해에 교황 그레고리 9세가 그의 주장 몇 가지를 정죄함으로 말미암아 다시금 재판을 받게 되었다. 그러나 위클리프는 런던의 귀족과 시민들의 보호를 받았다.

위클리프는 교황 교회와 교계주의(教階主義)를 공격했을 뿐 아니라 교회관과 성례관에서도 종교 개혁의 선구자적인 견해를 피력하였다. 위클리프는 영적이거나 세속적인 것을 막론하고, '통치권'(dominion)은 하나님께로부터 중간의 매체들을 통하여 전수된다는 당시의 이론을 부인하였다. 즉, 하나님의 은혜가 신자에게 교회의 교계 제도(教階制度)를 통해서가 아니라 직접 전달된다는 것이며, 하나님의 율법, 즉 성경의 말씀을 준수하는 자는 이러한 통치권을 소유한다는 것이었다. 그럼에도 불구하고 위클리프는 종교 개혁자들의 개혁 의식 수준에는 미치지 못했다. 그는 성상 숭배나 연옥에 대한 관행에 관하여는 아무런 언급을 하지 않았다.

성경만이 신앙과 생활의 척도가 된다고 주장하는 위클리프는 친구들의 도움을 받아 라틴어 성경(Vulgata)을 영어로 번역하였다. 그것은 당시 유럽에서 시행된 유일한 번역 작업은 아니었다. 독일, 프랑스, 스페인, 이탈리아와 심지어 잉글랜드에서도 성경을 일상어로 번역하려는 움직임이 일고 있었다. 그러나 이전의 번역들이 복음서나 성경의 일부의 번역이었음에 반하여 위클리프의 것은 성경 전체를 다 번역한 것이다. 그리고 당시의 관행과는 달리 주해(註解)를 달지 않은 채로 번역한 점이 특이하다. 그러나 그의 영어 성경은 일반 백성들이 읽을 수 있도록 하기 위하여 번역한 것이었음에도 불구하고 지나치게 직역한 것이어서 기대에 미치지 못했다. 1408년 아룬데 대주교는 위클리프파의 번역을 정죄하였다. 그리고 교회의 허락 없이는 새로운 번역을 시도하거나 읽지 못한다고 경고하였다.

위클리프는 성찬의 화체설을 부인하고, 그리스도는 우리의 감각으로 인지할 수 없으나 성례 속에 임재해 계신다고 가르쳤다. 다시 말하면 성찬에서 우리는 물질적인 의미에서 그리스도를 먹는 것이 아니고 우리의 신앙을 통해 영적으로 그리스도에 의해 유지된다고 하였다. 위클리프는 교회 지도자들로부터 위험 인물로 낙인이 찍혔으며, 그의 저술들은 정죄를 받았다. 그러나 위클리프는 목회하는 일정한 교구도 없이 순회 설교자로 활동하였다. 많은 추종자들이 그의 모범을 따라 새로운 복음을 전파하는 운동을 벌였다. 그러나 이러한 복음 운동은 한편 반란과 폭동을 선동하는 자들에게 이용당하였다.

재산에 관한 위클리프의 교리는 봉건 제도의 개혁을 요구하는 자들로 말미암아 오용되었다. 농노들은 해방을 외치고 농장의 노동자들은 노동의 대가를 지불하라면서 봉기하였다. 1381년 존 볼(John Ball)과 재크 스트로(Jack Straw) 등이 농민 반란을 일으켰다. 위클리프는 종교 개혁 당시 농민 전쟁에 대하여 후에 독일에서 루터가 그랬던 것과 마찬가지로 영주들의 불의와 탐욕을 비난하는 한편 농민들의 반란도 질타하였다. 그는 반란 주도자들을 적그리스도요 국가에 대한 반역자라고 비난하였다. 와트 타일러(Wat Tyler)가 이끄는 농민들은 켄트와 에섹스 지방에서 올라와 런던을 점령하고, 캔터베리 대주교, 수상, 기타 요인들을 처형하였다. 이런 불행한 일이 있은 지 3년 후 1384년에 위클리프는 뇌일혈로 사망하였다.

체코에서 활동한 요한 후스(J. Hus, 1373~1415)는 15세기 초반에 나타난 지방 지도자들 가운데 가장 큰 영향력을 미쳤던 개혁의 선구자였다. 후스는 1402년에는 프라하 대학교의 인문대학 학장에 임명되었다. 후스 자신은 위클리프의 견해에 동의하지 않았으나 1403년부터 체코의 학자들과 학생들이 위클리프의 글을 읽고 연구할 수 있는 권리를 옹호하였다. 당시 프라하 대주교는 위클리프의 저작을 금지시키고 이를 유포하는 자들을 파문시키는 상황이었으므로 후스가 무사할 수가 없었다. 그러나 후스는 화체설, 미사, 면죄부 등 교회의 교리들을 그대로 받아들이고 있다고 천명하면서 자신이 이단적 사상을 소유하고 있다는 일체의 혐의를 부인하였다.

1411년까지 후스는 국왕과 동료들의 절대적 지지를 받아 국가적 영웅이 되었다. 그러나 1년 후 상황이 바뀌기 시작하였다. 교황 요한 23세(1410~1415)가 군자금을 마련하기 위하여 대대적으로 면죄부를 판매하였다. 체코에서도 면죄부 거래가 활발하게 이루어지는 것을 목격한 후스는 교회의 교리를 그대로 받아들이던 생각을 달리하게 되었다. 그는 면죄부를 부당하게 이용하는 일을 못마땅하게 여기면서부터 교회 제도 자체에 대한 회의를 갖게 되었다. 그리하여 마침내는 교회와 교리 개혁을 촉구하는 선지자의 길을 가게 되었다.

이를 알게 된 교황은 심문관을 파견하여 후스에게 23일간의 여유를 주면서 교회를 비판하는 주장을 철회하도록 명령을 내렸다. 만일 그렇게 하지 않으면 파문할 것이라고 선언하였다. 그에게 호의를 베풀거나 숙식을 제공하는 지역은 모두 성례의 정지 명령을 받게 된다고 경고하였다. 후스는 10월 프라하가 성례금지령에 묶이는 일이 없도록 하기 위하여 그곳을 떠났다. 후스와 그를 고발하는 자들을 화해시키려는 노력이 있었으나 모두 수포로 돌아갔다. 대학의 교수들은 후스를 지지하는 이들과 교황을 지지하며 교황 교회에 충실하려는 이들로 나누어졌다.

후스는 교황과 교회에 대한 위클리프의 견해를 그대로 받아들여 자신의 개혁 사상을 굽히지 않았다. 세속 정부는 부정 부패를 일소하고 성직자와 신자들의 도덕 생활을 바로 지도하도록 요청하였다. 설사 교회와 교황이 반대하더라도 개혁은 이루어져야 한다고 주장하였다. 요한 후스는 콘스탄스 종교회의에서 자신의 견해를 밝히라는 출두 명령에 응하기로 하였다. 그러나 그는 그보다 이미 6개월 전에 교황의 군사들에게 체포되었다. 황제 지기스문트(Sigismund)는 후스가 회의에 출두할 수 있도록 신변을 보호해 주기로 약속했으나 이를 저버렸다. 1415년 6월 종교회의의 결정에 따라 후스는 화형을 당하였다.

후스의 순교 소식이 보헤미아에 전해지자 452명의 귀족들은 신의(信義)를 저버리고 후스에게 악형을 가한 종교회의를 비난하였다. 국민들은 1419년 8월 벤젤(Wenzel) 왕이 죽었을 때, 그의 형제였던 지기스문트 황제를 자기들의 왕으로 받아들이기를 거부하였다. 개혁을 주장한 온건파인 칼릭스트파(Calixtines)들은 가톨릭 교회 안에 그대로 머물러 있기를 원하면서 4가지 사항을 주장하였다.

- 하나님의 말씀을 자유롭게 설교하도록 해 줄 것
- 성직자들뿐만 아니라 평신도들에게도 빵과 포도주를 다 나누는 성만찬을 베풀 것
- 도덕적 개혁을 수행할 것
- 성직자들로부터 권력과 재산을 몰수할 것

그러나 극단적인 타볼파는 로마 가톨릭 교회를 거짓된 교회로 단정하고 독립할 것을 주장하였다. 모라비아의 형제 교회는 후스를 추종하던 신자들 가운데서 형성된 교파이다.

르네상스와 휴머니즘

르네상스(Renaissance)라는 말은 라틴어 성경(Vulgata)에서 '쇄신', '개혁'이라는 뜻을 가진 말이므로 '르네상스'는 '종교 개혁'(Reformation)과 같은 어원에서 나온 말이다. 그러나 일반적으로 '르네상스'라면 고전의 부흥, 즉 문예 부흥을 가리키는 말로 통용된다. 어떤 이들은 르네상스를 맹목적인 신앙과 환상과 미숙한 편견으로 가득한 중세 사회에서 벗어나 개인적인 인간성을 충분히 의식하는 것을 특징으로 하는 근세로 이행하는 새로운 시대의 여명으로 보는가 하면, 다른 이들은, 적어도 이탈리아가 아닌 북유럽에서는, 오래 지속된 중세에 문화적인 성숙과 완성을 안겨다 준 풍성한 가을 햇빛으로 비유하기도 한다.

전염병과 전쟁에다 경제적인 어려움까지 겹친 어려운 사회적인 상황에서 서방의 지성인들과 예술가들은 하나님과 우주, 인간과 사회에 관하여 더 깊이 사색하며 보다 의욕적으로 창의적이며 생산적인 활동을 하였다. 14세기와 15세기에 이탈리아에서 일어나 북유럽으로 확산된 르네상스는 문학과 예술, 철학과 신학 등 각 분야에 유럽의 역사상 그 어느 시대보다도 풍성한 유산을 남겼다.

십자군 운동을 계기로 이탈리아는 정치와 경제 분야에 괄목할 만한 발전을 이루게 되었으며, 사람들은 삶을 위한 새로운 이상을 가지게 되었다. 세상의 아름다움을 즐기고 교양을 쌓으며 자신의 인격의 완성을 추구하는 경향이 현세를 부정하는 종래의 금욕주의를 대신하게 되었다. 이러한 현세적인 이상을 추구하는 경향은 고대의 문학과 예술에서 얻게 되었던 것이다. 14세기부터 시인과 작가와 예술가들과 학자들이 로마와 그리스의 고전을 연구하며 동경하였다.

'휴머니즘'(人文主義)은 르네상스 시대에 여러 가지 사상과 활동을 서술하는 말로 사용되었는데, 가장 중요한 사상과 활동을 두 가지로 들 수 있다. 즉, 그 하나는 새로운 시민 계급(bourgeoisie)이 형성되면서 사람들이 갖게 된 사회적 휴머니즘 사상이며, 다른 하나는 문학과 예술에서 보여 준 휴머니즘 사상이다. 사회적 휴머니즘 사상은 새로운 정치적인 질서와 민간인들의 자율 정신과 도시 국가의 번영을 추구하는 이탈리아 여러 도시의 중, 상류층 시민들의 세계관을 대변하는 사상이다. 중, 상류층 시민들은 13세기 프랑스 귀족들의 교육과 궁정을 중심으로 하는 생활 양식을 모방하면서 자신들의 신분의 격상과 자유로운 삶을 추구하였다. 문학과 예술에서 추구한 휴머니즘은 플라톤의 철학에 근거한 지적 운동으로서 봉건 사회나 교회의 전통과 제도들보다 인간의 가치와 개인의 창의성이 우선됨을 강조하는 사상 운동이다.

이탈리아의 르네상스

이탈리아 사회가 당시에 특이했던 점은 부의 축적과 도시 국가로 발전하는 정치적인 구조를 가졌다는 점이다. 이탈리아는 13세기 말경부터 교역과 금융업으로 부강하게 되었다. 상업과 교역에서 얻는 수익으로 생활하는 이탈리아 상류층의 생활 환경과 조건은, 봉토에서 얻는 수입으로 안정적으로 사는 북쪽 유럽의 봉건 제후들의 것과는 여러 면으로 달랐다. 상업이나 교역이 잘못되는 날에는 금방 망할 수도 있는 것이므로 부(富)를 상속받은 자들도 재산을 유지하기 위해서는 경제를 운영하는 지식과 기술을 연마하고 경쟁에서 살아남기 위하여 부단히 도전해야만 하였다.

그러므로 이탈리아의 엘리트들은 진취적이며 활동적이게 마련이었다. 이러한 사회적인 여건들이 또한 많은 지성인들이 창의성을 추구하고 발휘하게 만드는 데 큰 힘이 되었다. 이탈리아의 도시들 가운데 플로렌스(Florence)는 르네상스를 꽃피운 대표적인 도시이다. 플로렌스는 유럽 전역에 은행 지점망을 가진 메디치 가의 코시모(Cosimo de' Medici)의 통치하에 부강한 도시 국가로 발전하였다. 많은 지성인들과 예술가들은 메디치 가문의 재정적인 지원을 받아 다방면으로 활동하며 창의적인 결실을 얻을 수 있었다. 그러나 15세기 말경부터 메디치가의 부와 실력이 기울기 시작하였다. 1500년에는 지중해 연안 나라들의 경제적인 퇴조로 르네상스 문화도 퇴색되어 갔으며, 유럽에서 가장 부강했던 이탈리아는 그 자리를 내놓게 되었다.

단테, 페트라르카, 보카치오 등은 휴머니즘 사상을 문학을 통하여 표현함으로써 많은 지성인들과 예술가들에게 영향을 미친 대표적인 인물이다. 단테(Dante Alighieri, 1265~1321)의 대표작 「신곡」은 사람은 이성을 통하여 하나님을 아는 지식에 이른다는 토마스 아퀴나스의 자연 신학적인 사상을 작품화한 것으로 볼 수 있는데, 토마스와 다른 점은 사랑과 신비를 추구한 프란체스코의 사상에도 가치를 부여하고 있다는 점이다. 단테는 정치적인 권력은 신의 율법과 자연법에만 근거하는 것이 아니고 사회적인 필요에도 근거한다고 하였다.

페트라르카(Francesco Petrarch, 1304~1374)는 경건한 사람으로서 자신의 시(詩)에서 주로 신앙 문제를 다루었다. 그는 경건을 하나님 앞에서의 자기 부정으로 보기보다는 자기 완성을 위한 노력으로 보았다. 그것이 그리스도인의 의무라고 했다. 보카치오(Giovani Boccaccio, 1313~1375)의 「데카메론」(Decameron)은 잡다한 이야기를 모은 책인데, 수도사나 성직자들의 부도덕을 고발하며 희화화(戲畵化)하고 있다. 단테의 「신곡」에서도 교황 제도를 비판하는 글을 발견하게 된다.

그리스의 고전 연구는 언어 때문에 이탈리아인들에게는 어려운 과제였으나, 1453년 콘스탄티노플이 터키의 침공으로 함락된 이후 피난 온 많은 그리스 학자들을 통하여 활기를 띠게 되었다. 로렌조 발라(Lorenzo Valla, ?~1457)는 고전의 사본을 연구함으로써 이 방면에 기여하였다. 콘스탄티누스의 기증서가 중세의 위조 문서라는 것도 발라가 처음으로 밝혔다. 키케로, 플라톤, 아리스토텔레스를 비롯한 많은 고대 사상가들의 문서를 발견하고 보존하는 일이 진행되면서 고전 연구는 더욱 활기를 띠게 되었다.

마르실리오 피키노(Marsilio Ficino, ?~1499)는 메디치가의 후원으로 플로렌스 아카데미를 창설하여 플라톤 연구에 기여하였으며, 아리스토텔레스에 의존한 파두아(Padua)의 마르실리오(Marsilio)는 신민들이 법을 지킴으로써 이룰 수 있다는 공화국에 관하여 말함으로써 근대 국가론의 기초를 놓았다. 그는 또한 교황이 세속의 정치에 관여하는 것이 부당함을 지적하였다.

휴머니즘 저술가들의 이론적인 선언에도 불구하고 이탈리아의 도시 국가의 정치적인 삶은 유럽의 다른 국가와 다름없이 지저분하였다. 르네상스의 가장 뛰어난 정치 사상가 마키아벨리(Niccolo Machiavelli, 1469~1527)의 저작에서는 국가에 대한 보다 비관적인 견해를 볼 수 있다. 마키아벨리는 정치에 관한 저술을 플로렌스의 외교관과 행정가로 일한 경험을 토대로 하여 쓴 것이다. 그뿐 아니라 아리스토텔레스의 저자들과 로마 역사와 로마 공화국의 정치적인 이상에 관하여 여러 사람들이 저술한 책들을 읽은 지식도 동원하였다. 그가 쓴 「군주론」(The Prince)은 정부에 관한 제반 사항을 논하고 있으며, 「대화」(Discourses)에서는 로마의 역사를 해석하면서 역사에서 배울 수 있는 정치적인 원리들을 예시한다. 「플로렌스의 역사」에서는 정치에 대한 세속적인 자세를 표현하고 있다.

마키아벨리는 종교는 백성들의 복종을 얻기 위하여 국가에 필요한 것이며, 교황청의 부패는 이탈리아 국민의 도덕성을 버려 놓았다고 한다. 마키아벨리는 인간성에 대하여 철저하게 비관적인, 혹은 현실적인 견해를 가지고 있었다. 그래서 그는 정부가 어떠한 이상적인 형태나 도덕적인 목적을 가진다는 것은 있을 수 없는 일로 생각하였다. 「군주론」에서는 한 개인이 지배하는 정부만이 이탈리아를 정치적인 혼돈에서 구할 수 있다고 확언하는 반면에, 「대화」에서는 한 왕자가 통치하는 정부보다는 백성들에 의한 정부가 그래도 잘못되는 경우로부터 자유로울 것이라면서 공화 정부를 선호하는 것으로 말한다.

르네상스의 휴머니즘은 회화나 건축에도 그대로 반영되었다. 레오나르도 다 빈치(Leonardo da Vinci, 1452~1519), 미켈란젤로(Michelangelo Buon Arotti, 1476~1564), 라파엘(Raffael Santi, 1483~1520) 등은 주로 성경의 인물들과 사건들을 소재로 다루지만, 인체의 미와 힘을 사실적으로 묘사하며, 인물의 표정을 생생하게 묘사함으로써 인간의 내적 고뇌와 환희를 표현하려고 한 것이라든지, 원근법의 구도를 새롭게 도입함으로써 조화와 합리성을 추구한 것도 휴머니즘 사상에 상응하는 시도였다. 교회 건축에서도 하늘을 지향하는 것을 상징하는 고딕(Gothic) 양식이 조화를 추구하는 새로운 소위 르네상스 양식으로 대치되었다.

르네상스 문화는 인간의 세속적인 관심에 가치를 부여하고 인간 중심적인 것을 미화하였다는 점에서 세속적인 것이다. 중세 사람들은 그들의 본성을 따르는 세속적인 행위에 대하여는 죄의식을 가졌을 뿐 아니라 그 죄의식을 탈피하지 못했는데, 르네상스 문화는 곧 이러한 죄의식과 자신의 욕구를 억제하는 것으로부터의 해방을 의미하는 것이다.

중세에도 피조물들이 큰 사슬을 이루고 있다는 가르침이 있었다. 그러나 중세는 그러한 이론을 다루면서 인간의 한계성을 지적하는 데 집중하였으나, 르네상스는 그와 같은 소극적인 접근을 지양하고 인간의 긍정적인 면을 발견하려고 하였다. 즉, 인간은 피조된 존재들의 중앙에 위치하고 있으며, 모든 피조물 가운데 가장 경이롭고 완전한 존재라고 한다. 사람은 만물의 척도일 뿐 아니라 그 자신이 목적이라고 한다. 그러므로 인간이 가진 자질을 발굴하는 것이 곧 우주를 깨닫고 이해하는 데 첩경이라고 한다.

자유주의적인 휴머니즘은 인간 사회의 자원은 광대하고 무한하므로 폭력이나 빈곤 혹은 불행이 있을 수가 없다고 한다. 인간의 심성은 이러한 조건들을 치유하고 극복하며 모든 사람들이 자신들 속에 잠재해 있는 탁월함과 아름다움을 개발할 수 있는 자유와 가능성을 가진 사회를 능히 건설할 수 있다고 한다. 합리주의와 자연신론과 무신론 및 현대의 신학적 자유주의를 낳은 17세기의 계몽사조가 르네상스의 자유주의적인 휴머니즘에 그 뿌리를 두고 있음이 사실이다.

그러나 르네상스의 휴머니즘이 기독교 신앙에 부정적인 역할을 한 것으로만 평가하는 것은 옳지 않다. 그렇게 말해 버리기에는 르네상스와 휴머니즘은 너무나 광범위하고 복합성을 띤 사회와 문화와 세계관의 변혁이었다. 종교개혁의 많은 신학자와 신앙인들이 그 가운데서 교육을 받고 사고했듯이 신앙인은 새로운 환경과 문화에 대처해야 하며, 그 속에서 그 언어로 기독교 진리를 선포하고 변증해야 한다.

르네상스 시대의 대다수 인문주의자들은 신학과 스콜라철학을 공부한 사람들이다. 그들 모두가 불신자이거나 성직자를 반대하는 사람들은 아니다. 그러나 그들은 인간의 가치를 새롭게 발견하려고 하면서 중세 교회의 모순을 자각하게 되었다. 인간의 가치와 존엄성은 고려하지 않은 채 하나님과 교회의 이름으로 교권을 행사하며, 윤리보다는 교리를 앞세우고, 도덕적으로 타락했으면서도 독선에서 깨어나지 못하며, 비인간적이며 무자비한 종교 재판을 감행하는 교권주의자들의 실상을 그들은 직시할 수 있었던 것이다. 그들은 교회의 지도자들이 추상적일 뿐 아니라 편협하므로 하나님을 진정으로 사랑하는

데서 떠나 있다고 생각하였으며, 교회의 많은 주교들이 부패했을 뿐 아니라 저속하고 무지하다고 믿었다. 그러나 이러한 믿음 때문에 그들이 교회의 적(敵)이 된 것은 아니고 교회의 쇄신을 촉구하고 그것을 위하여 헌신한 편이었다.

사람은 하나님을 아는 지식과 자기 자신, 즉 인간을 아는 지식 둘 다 균형 있게 가져야 한다. 그 어느 한 편에 치우치면 건전한 신앙과 세계관을 가질 수 없다. 하나님 없이 인간의 자율과 자유만을 내세우는 자유주의적인 휴머니즘은 사람들을 교만하게 만들며 인간의 존엄성과 자기를 상실한 미아로 만드는 반면에, 하나님 중심임을 빙자한 중세적인 교권주의나 독선주의 혹은 열광주의는 하나님을 상실하게 할 뿐 아니라 사람들을 종교와 교권주의의 노예로 만든다.

알프스 이북의 휴머니즘과 에라스무스

이탈리아의 르네상스는 15세기부터 프랑스, 잉글랜드, 스페인 등 유럽의 여러 나라로 확산되었다. 이들 나라에서 르네상스는 별로 큰 영향을 주지 못했으나 독일에는 큰 영향을 미쳤다. 인문주의는 알프스 이북의 지역에서는 이탈리아에서보다 기독교에 훨씬 더 긍정적인 관계로 발전하였다.

독일에서는 휴머니즘 운동이 이미 14세기에 태동하였다. 황제 카를 4세(1347~1378)는 페트라르카와 교제하였으며, 15세기에는 독일에서 열리는 종교회의에 참가하기 위하여 이탈리아에서 온 인문주의자들을 통하여 인문주의 사상이 도입되었다. 1470년 이후에는 여러 인문학교(Lateinschulen)에 인문주의 교육이 시행되었다. 예를 들면, 하이델베르크의 루돌프 아그리콜라(Rudolf Agricola)와 쉴레트슈타트(Schletstadt)의 야콥 빔펠링(Jakob Wimpfeling) 등이 유명한 인문주의 교육자였다. 특히 쉴레트슈타트와 데벤터의 학교들이 잘 알려졌으며, 인문주의 사상을 도입한 최초의 대학은 비엔나 대학이며 루터가 공부한

에르푸르트(Erfurt) 대학은 인문주의의 중심지였다.

1517~1521년의 기간에 인문주의는 개화기를 맞이하였다. 예술 방면으로는 판화, 주조물, 회화 등에서 뛰어난 작품을 만든, 뉘른베르크 출신 알브레히트 뒤러(Albrecht Dürer, 1471~1528)는 인문주의 사상으로 사물을 깊이 천착하며 풍부한 사상을 표현하였다.

로테르담의 데지데리우스 에라스무스(Desiderius Erasmus, 1466~1536)는 인문주의를 교회에 대하여 긍정적인 관계로 발전시키는 데 기여한 대표적인 인문주의자이다. 로테르담 근처에 있는 후다(Gouda)에서 사제의 아들로 태어났다. 데벤터의 유명한 인문학교에서 공부를 마치고, 부모들의 의사에 따라 13세의 나이에 빈데스하임(Windesheim)의 수도원에서 생활하면서 디보시오 모데르나의 영향을 받았다. 잠시 캄브라이(Cambrai)의 주교의 비서로 있다가 곧 자립하여 당대의 가장 유명한 학자가 되었다.

그는 학자들, 제후들, 고위 성직자들과 교황에 이르기까지 각계의 사람들로부터 지대한 흠모와 존경을 받게 되었다. 1506~1509년에는 이탈리아에, 1509~1514년에는 잉글랜드에, 1515~1521년에는 네덜란드에 거주하였으며, 1521년에 바젤에 정착해서 활동하다가 1529년부터는 프라이부르크(Freiburg)에서 가톨릭 교회 내의 쇄신 운동에 힘을 쏟았다. 1536년 브라반트(Brabant)로 가는 길에 바젤에서 생을 마쳤다.

에라스무스는 옥스퍼드에 있을 때 콜레트(John Colet)와 토마스 모어(Thomas Morus)의 인문주의 사상의 영향을 받게 되었다. 그래서 그는 이탈리아의 세속적인 인문주의와는 거리를 두게 되었다. 에라스무스는 로렌조 발라가 제기한 고대 문화와 기독교의 관계를 규명하는 일을 그의 필생의 과업으로 삼았다. 그는 발라를 좇아 역사적인 방법으로 기독교에 대한 일차적인 자료를 섭렵함으로써 문제를 해결하려고 하였다. 그 일을 위해서는 성경에 대한 비판적인 연구와 교부학(敎父學)의 연구는 필수적인 것으로 여겼다.

발라는 고대 문화가 기독교보다 상위에 있는 것으로 보고 기독교가 이에 적응하는 것이라고 생각하였다. 스콜라 신학은 그의 견해와 비슷하면서도 약간 달리 고대 문화의 기초 위에 기독교적 초자연적인 구조가 형성되는 것으로 보았다. 그러나 에라스무스는 이러한 견해들을 따를 수가 없었다. 그는 자기 나름대로 그 해답을 찾으려고 하였다. 그는 역사적인 안목으로 고대 문화와 기독교를 대등한 것으로 보며, 본질에 있어서 서로 일치하는 것으로 보았다. 에라스무스는 오리겐이 문화와 기독교를 종합하는 일에 노력한 것을 모범으로 삼는다고 했다. 기독교는 환원(還元)을 통하여, 혹은 종교 개혁을 통하여 본래의 순수한 상태로 되돌아가야 하며, 신학 연구와 불가분의 관계를 가진 고전의 연구를 통하여 해결될 수 있다고 보았다. 그러므로 기독교는 에라스무스에게 교양을 위한 종교이기도 하다.

에라스무스는 가톨릭 교회의 실제적인 개혁을 그가 추구해야 할 최종의 목표로 정하였다. 1502년에 그는 교육을 받은 사람의 경건을 위한 교양 서적 「그리스도의 군병을 위한 수칙」(*Enchiridion Militis Christiani*)을 출판하였다. 그리스도의 군병이라는 개념은 '디보시오 모데르나'에서 얻었던 것인데, 책의 내용은 그리스도인들의 생활 규범을 누구나 쉽게 이해할 수 있도록 그리스도의 가르치심과 실천하신 모범을 들어 쓴 것이다. 에라스무스는 성경 말씀 가운데서도 예수 그리스도의 산상보훈을 휴머니즘의 압권이라면서 가장 귀하게 여겼다. 1509년 그는 토마스 모어의 집에 기숙하면서 해학적인 책 「엔코미움 모리아이」(*Encomium Moriae*)를 저술하였다.

1516년 에라스무스는 가톨릭 교회를 섬기기 위하여 최초로 본문비평과 자신의 라틴어 번역문과 함께 간략한 주해를 단 신약 성경(*Novum Instrumentum omne*)을 출판하였다. 이와 같이 여러 책을 써내면서 에라스무스는 당시에 교회를 가장 예리하게 비판하는 사람으로 알려지게 되었다. 신학, 수도원 제도, 종교 의식 등 어느 것도 기지(機智)와 해학(諧謔)에 찬 그의 신랄한 비평 앞에 남아나지를 않았다. 그는 교회를 비판함으로써 종교 개혁 운동을 유발한 셈이었으나 막상 적극적으로 교회를 개혁하려는 종교 개혁 운동에 대하여는 부정적인 자세를 취하였다.

에라스무스가 의중에 가진 교회 개혁은 교회의 하나 됨을 지향하는 것이었다. 에라스무스에게는 교황이 하나 됨의 상징으로서 불가결한 존재였다. 기독교는 교양 종교로서 조용하고 평화로워야 한다는 것이 그의 생각이다. 에라스무스는 보편주의자로서 16세기 초에 있었던 유럽 통일 운동의 선구자였으며 최초의 평화주의자(pacifist)이다.

A HISTORY OF THE CHURCH

종교 개혁사

종교 개혁과 시대적 배경

중세부터 시대를 따라 교회 개혁의 필요성을 절감하고 이를 외치며 실천하려는 개인들과 그룹들이 있었다. 그러나 그러한 사상이나 실천은 거대한 교황주의 교회 조직의 한 구석에서 추진되는 듯하다가 교계주의(敎階主義, Hierarchy) 체제에 부딪혀 좌초되고 시들기를 거듭하였다. 그레고리 7세의 경우처럼 교황도 예외가 아니었다. 교황은 가톨릭 교회 위에 있는 '무오한' 존재이며 교회의 수장으로서 절대권을 가지는 것같지만, 개혁의 의지를 가지고 실천하려고 들면 교황도 거대한 조직 속의 무기력한 한 개체에 불과한 존재임이 드러났다는 것이다.

그러나 한편 세속의 제왕(帝王)과 우위권을 다투는가 하면 하나로 얽혀 존속해 온 교황을 정점으로 하여 오랫동안 유럽인들의 정신과 문화를 지배해 온 교황주의 교회 체제는 실로 막강했다. 이러한 막강한 교회의 체제가 16세기에 와서 일개 수도사의 항의에서 시작된 종교 개혁 운동으로 말미암아 큰 위기를 맞았다. 서방 세계를 지배해 온 로마 가톨릭 교회의 유일성이 붕괴된 것이다.

교황주의 교회에 도전하거나 위협이 되는 사상이나 운동에 대해 종교 재판으로 다스리던 교황주의 교회는 16세기의 종교 개혁 운동 역시 이단(ketzer)

으로 정죄함으로써 억압하려고 하였다. 그럼에도 불구하고 종교 개혁 운동이 좌초되거나 국부적인 운동에 그치지 않고, 온 유럽으로 확산되어 마침내 로마 교회와 유럽의 교구를 분할하여 자립적인 교회가 될 수 있었던 것은 교회가 처한 시대적 환경이 이전과는 달랐기 때문이다. 다시 말하면 종교 개혁의 때가 무르익었기 때문이다.

교황주의 교회의 부패지수가 극에 달했을 뿐 아니라, 대학들의 설립과 교육을 통하여 지성인들의 수가 불어났으며, 봉건 제도의 붕괴와 상공업의 발달로 중산층이 많이 생겨났다. 르네상스와 인문주의 사상이 일어나 교황주의 교회에 대한 비판 의식이 확산되고 고양되었으며, 이미 오래 전부터 더는 교회가 문화를 지배할 수 없는 시대가 되어 있었다. 지리상의 발견으로 사람들은 지구상에 있는 새로운 세계에 대한 지식과 동경을 가짐으로써 더 폭넓은 세계관을 가지게 되었으며, 인쇄술의 발달로 사건들에 대한 보도가 신속히 전달되고 지식이 예전보다 보편화 되었다.

이와 같이 시대가 변했음에도 불구하고 로마 교회의 교황청과 로마 교회의 지지자들은 단순히 교권과 무력을 동원하여 새로운 개혁 운동을 막으려고 안간힘을 다하였다. 그러나 새로운 운동을 재래의 방식으로 억압하는 것이 역부족임을 인식하고 스스로 교회 개혁에 힘을 쏟았다. 가톨릭 교회가 교회 내의 개혁에 기울이는 열심과 노력은 곧 종교 개혁 운동을 반대하는 운동, 즉 반종교 개혁(Counter-Reformation) 운동으로 응집되고 분출되었다. 그들은 교회의 도덕적인 개혁에 힘쓰는 한편, 종교 개혁 운동을 무력으로 억압하였다. 유럽 각처에서 개신교 신자들을 마구 학살하였다. 제후들을 포함하는 개신교 신자들은 가톨릭의 탄압에 대항하여 무력으로 봉기하였고, 곳곳에서 신·구교 간에 전쟁이 벌어졌다. 로마 가톨릭의 개신교에 대한 탄압과 무력에 의한 진압 및 전쟁은 곧 교황주의 교회가 중세 때부터 시행해 오던 종교 재판의 연장이요 확대였다.

종교 개혁의 때가 무르익었다는 표현이 종교 개혁 운동이 순조롭게 진행되어 추수할 일꾼들을 위한 곡식처럼 개혁의 열매를 맺게 되었다는 말은 전혀 아니다. 유럽의 여러 나라에서는 종교 개혁 신앙을 위하여 수없이 많은 사람들이 죽임을 당하고 희생의 값을 치렀다. 독일은 더 유리한 입지에 있었으나 독일 역시 예외는 아니었다. 반종교 개혁 운동이 상상을 초월할 정도로 완강했음에도 불구하고, 많은 사람들이 엄청난 희생을 치르면서 종교 개혁 신앙을 택하고 지켜 나갔다.

그것은 종교 개혁이 단순히 교회의 부정과 부패를 지적하고 도덕적인 갱신을 시도한 것만이 아니고, 기독교 본래의 신앙을 흐리게 하는 모든 요소들을 제거하고 하나님에 대한, 그리스도에 대한 진정한 신앙, 즉 구원을 확신케 하는 기독교 본래의 신앙을 가질 것을 새롭게 강조하였기 때문이다. 다시 말하면, 루터로 인한 복음의 재발견이 하나님을 믿는 사람들의 신앙에 생기를 불어 넣었기 때문이다. 종교 개혁자들은 성경만이(sola scriptura)[1] 우리의 신앙과 생활의 척도가 된다고 높임으로써 우리는 오직 하나님의 은혜만으로(sola gratia) 구원을 얻으며, 우리 구주 예수 그리스도를 믿음으로만(sola fide) 의롭다 함을 얻는다는 성경이 가르치는 복음을 재발견하였다.

종교 개혁이 있기 이전에 수도사나 성직자에 대한 혐오를 나타내는 소책자들이 많이 나돌았다. 이러한 책자들은 또한 수공업이나 결혼에 대하여 높이 찬양하였으며, 금욕주의에 대하여 노골적인 반대 의사를 표명하였다. 교권을 행사하는 평신도들, 즉 영주들에 대한 비판도 높았으며, 영주들과 교회, 즉 교황청 직원들과 성직자들의 마찰에 대해서도 비판하였다. 그리고 인문주의자들이 교회에 대하여 비판해 온 결과로 도시의 식자들은 교회가 개혁되어야 한다는 것을 절감하고 있었다. 가장 첨예한 비판은 농부들 사이에 돌던 글들이었

---

1. sola gratia, sola fide는 탈격(ablative)이지만, sola scriptura는 탈격으로 혹은 주격으로 사용한다.

다. 그 글들은 교황을 대적하는 환상을 그린 묵시록을 담고 있었다. 교회에 대한 이들의 적대감은 사회적인 불만으로 확대되어 갔다.

당시에 가장 격렬한 비판을 불러일으킨 문제들 가운데 표면상으로 드러난 것은, 교회의 정체성이었다. 교회는 이자를 금함으로써 금융업의 침체를 야기하였다. 그런가 하면 교회는 세금을 면제받아야 하며, 자체적인 사법권을 행사할 수 있어야 하고, 교육을 독점할 뿐더러 기부금을 동냥할 권리가 있다고 주장하였다. 많은 축제일을 두어 상업에 종사하는 자와 여행하는 사람들에게 지장을 초래한다는 비판도 있었다. 사람들은 또한 교황청의 비정상적인 재정 정책에 대하여 비난했으며, 개혁을 요구하는 목소리에 전혀 반응을 보이지 않는 강퍅함에 대하여 울분을 삼켰다.

그 가운데서도 가장 크게 비난을 받은 것은 도덕적인 타락 때문이다. 많은 교황들과 추기경들, 교황청 관리들의 파렴치한 생활이 비난의 표적이 되었다. 비록 충실한 가톨릭 신자라고 하더라도 교회 직분자들을 좋게 보아 주거나 변호해 줄 여지가 없었다. 게다가 수없이 많은 사제(司祭)들과 수도사들의 무절제한 생활 역시 비난의 대상이었다. 적지 않은 수의 성직자들이 보란듯이 첩을 두었다. 뜻 있는 주교들이 개혁 의지를 가졌어도 완강한 반대에 부딪혀 좌절되기 일쑤였다. 많은 주교들이 벌금을 내면 첩을 둔 교구 목사들의 죄를 묵인해 주기도 하였다. 도덕적으로 타락한 수도원과 수녀원이 하나둘이 아니었다.

교황은 일찍부터 정치적인 영향력을 행사해 왔는데, 세속의 왕권과의 다툼에서 져서 우위권을 상실하게 되었으며, 또한 민족국가들의 대두로 인하여 교황의 위상이 실추되었다. 게다가 14세기에 오캄(Occam), 마르실리우스(Marsilius) 등과 같이 반교황주의적인 예리한 비판 정신을 가진 사람들로 말미암아, 특히 오캄주의자들로 말미암아, 교황주의 제도와 정신에 대하여 은근히 회의하고 부정하는 경향이 서방 세계에 만연하였다. 그뿐 아니라 아비뇽(Avignon)의 사건으로 두세 사람이 동시에 교황 행세를 하였으며, 그런 일들로 인하여 교회가 분열되는 바람에 교황주의에 대한 신앙이 흔들리게 되었다.

이런 문제를 해결하기 위해 15세기 초반에 연이어 교회 공의회가 열렸으나 별 실효를 거두지 못하였다. 급진적인 프랑스 신학자들과 대표들은 민족주의 원칙을 도입할 뿐 아니라 공의회가 교황보다 우위에 있음을 선포함으로써 교황의 위상은 그만큼 격하되었다. 그렇다고 공의회들이 교회에 대한 신뢰를 회복하는 일에 이렇다 할 기여를 한 것도 아니었다. 교회의 수장으로부터 말단의 지체까지 교회 개혁이 절실하다는 말은 무성했으나, 실천에 옮기려는 기미는 없었다. 공의회 시대 이후 교황주의에 대한 비판을 불러일으키기 시작한 유명론(唯名論)과 로마 교황의 지배로부터 벗어나려는 갈리아주의(Gallicanism)가 하나로 연결됨으로써 교황의 권력은 그만큼 더 약화되었다.

교회의 분열과 종교적인 개인주의를 부채질하는 신비주의의 확산도 문제였다. 게다가 만연된 인문주의가 교회에 대한 무관심 또는 회의와 거부를 불러일으켰다. 위클리프와 후스를 좇는 이들의 은밀한 운동도 교황주의 교회에 부정적인 영향을 미쳤다. 보헤미아의 국가 교회(State Church)는 교황으로부터 이미 분리되어 있었다.

기독교가 그 초기부터 정치와의 상관 관계에서 성장하고 확장되어 왔듯이 종교 개혁도 나라에 따라 정치적인 상황과의 상관 관계에서 확산되거나 혹은 위축되거나 심지어는 소멸되다시피 하였다. 종교 개혁이 시작될 무렵에 유럽에는 강력한 군주국들이 있었다. 스페인, 프랑스, 잉글랜드의 세 나라가 그러한 군주국이었다. 그 밖에 북쪽에는 스칸디나비아의 삼국, 즉 덴마크, 노르웨이, 스웨덴이 1397년 이후부터 연합국으로 있었으며, 1521년 스웨덴이 덴마크로부터 독립하면서 두 나라로 분립하였다.

동쪽에는 폴란드-리투아니아가 큰 왕국을 이루어 1490년 이후에는 폴란드의 왕이 보헤미아와 헝가리의 왕을 겸하고 있었다. 이와 같이 유럽에는 강력한 민족국가들이 형성되어 있었으나, 단지 독일과 이탈리아만은 아직 봉건 제후들이 통치하는 영지들로 분할되어 있어서 무기력하였다. 독일의 이러한 정치적인 상황은 종교 개혁 운동에 유리한 환경이 되었다.

스페인과 프랑스는 이탈리아를 점유하고 정치적 영향력을 행사하는 일을 두고 서로 각축을 벌였다. 1492년 미 대륙을 발견한 이후 스페인은 신대륙에 식민지를 개척함으로써 유럽에서 최대의 강국으로 비약했다. 1496년부터 스페인 왕실은 합스부르크가와 혼인을 하게 되었으며, 그 이후 스페인은 유럽에서 더 강력하게 정치적인 영향력을 행사할 수 있었다.

1519년 독일 황제 막시밀리안(Maximilian) 1세가 죽자 스페인과 프랑스 양국 왕실이 독일의 제위(帝位)를 상속받기 위하여 경합을 벌였다. 독일의 선제후들은 오랜 숙의 끝에 스페인의 왕 찰스 1세를 황제로 선출하였다. 1519년 찰스 1세는 카를(찰스) 5세라는 이름으로 황제로 즉위하여 1556년까지 제위에 있었다. 카를 5세는 오랜 역사를 가진 제국의 영광을 되살리려는 야망을 가지고 이를 실현하려고 하였으나 일이 뜻대로 되지 않았다. 제위에 오른 지 2년 후부터 제위에 있는 기간 내내 황제는 전쟁에 휘말렸다.

그는 이슬람의 침공을 막기 위하여, 그리고 제위를 위하여 경합할 때부터 숙적이 된 프랑스 왕을 제압하기 위하여 지속적으로 전쟁을 치러야만 했다. 프랑스군과는 1521년부터 1559년까지 다섯 차례에 걸쳐 소위 '이탈리아 전쟁'을 치렀다. 서방의 기독교 세계를 침공해 온 터키는 카를 5세와 서방 세계를 시종 괴롭혔다. 터키는 1521년 벨그라드를 점령하였으며, 1522년에는 몰타(Malta)를 쟁취하였다. 1526년에는 헝가리를 침공하여 승리하였다. 카를 5세는 이렇게 터키의 침공이 있을 때마다 이를 퇴치하기 위하여 출정하지 않으면 안 되었다.

황제는 가톨릭 신앙을 가지고 가톨릭 교회를 보전하는 일에 기여하려는 의지는 있었으나 종교 개혁 운동을 적극적으로 막을 여유가 없었다. 외세의 침입과 공격에 맞서 전쟁을 치러야 하는 상황 때문에 카를 5세는 내치에 힘쓸 겨

틀이 없었다. 황제가 내치에 관여할 수 없는 틈을 타 제후들은 제각기 세력을 키워 황제의 지배권에 도전할 정도로 정치적인 권력을 강화하게 되었다. 따라서 종교 개혁자들은 개혁 신앙을 가지게 된 제후들의 강력한 지지와 후원을 받아, 적어도 독일 내에서는 일방적으로 박해를 당하는 일 없이 개혁 운동의 확산을 도모할 수 있었다.

종교 개혁 운동의 결과로 교황을 정점으로 하나를 이루어 왔던 서방 교회는 로마 가톨릭 교회, 루터란 교회, 개혁교회, 앵글리칸(Anglican) 교회, 신령주의(Spiritualism) 그룹의 교회의 다섯 부류로 분열되었다. 교회가 분열된 것을 애석하게 여기는 교회사가들도 있으나, 종교 개혁의 신자들은, 비록 당시에 일반 신자들이 양자 택일할 수 있는 자유를 실제적으로 누린 것은 아니지만, 복음을 재발견하고 적극적이며 긍정적으로 교회 생활을 할 수 있는 자유를 향유하게 되었다. 종교 개혁은 로마 가톨릭에게도 교회의 개혁을 진지하게 고려하고 추진하도록 자극을 주었다.

종교 개혁 운동과 반종교 개혁 운동의 과정을 통하여 스페인과 이탈리아 및 프랑스는 결과적으로 가톨릭 국가로 남게 되었으며, 그 이외의 나라와 지역에는 개신교가 다수를 점하게 되었다. 루터교회는 루터의 개혁 운동과 신학을 따르는 교회로서 독일의 동쪽과 북쪽, 그리고 스칸디나비아 나라들로 확산되었다. 개혁교회는 스위스와 접경 지역인 남부 독일에서 여러 종교 개혁자들을 통하여 세워진 교회이다. 종교 개혁이 시작된 독일에는 현재 로마 가톨릭과 개신교가 비슷한 교세이고, 개신교 가운데 루터교의 교세가 60%를, 개혁교회가 10%를, 루터교회와 개혁교회의 중간이라고 할 수 있는 연합교회(Unierte)가 30%를 차지하고 있다. 개혁교회는 제네바의 칼빈으로 말미암아 유럽의 여러 나라로 확산되었다.

앵글리칸교회는 정치적인 동기에서 개혁이 시작되어 초기에는 신학적으로 루터교회의 영향을 많이 받았으나 엘리자베스 시대 이후는 개혁교회의 영향을 받았다. 그러나 교회 조직으로는 감독교회 정치를 유지하며 왕을 교회의 수장으로 하는 앵글리칸 특유의 교회로 발전하였다. 그 밖에 신령주의 교회들은 여러 다른 그룹들로 형성되어 있어서 위에서 언급한 교회들과는 달리 통일된 조직을 갖추고 있지 않았다. 종교 개혁 당시 신령주의를 대표하는 그룹이 재세례파(Anabaptists)였다. 재세례파는 전통적으로 전수되어 온 교구를 나누어 가진 가톨릭과 루터교 및 개혁교에게 소외당하고 이단시되어 어느 한 곳에 정착할 수 없었으나 그 후예들이 미국으로 가서는 대등한 교파 교회의 하나로 발전하게 되었다.

루터의 생애와 종교 개혁 운동의 시작

마르틴 루터(Martin Luther)는 1483년 11월 10일 광산업에 종사하는 아버지 한스 루터의 차남으로 아이슬레벤(Eisleben)에서 태어났다. 루터는 엄한 가정 교육을 받고 자랐으며, 마그데부르크와 아이슬레벤에서 학교를 마치고, 아버지의 뜻을 따라 1501년 초에 에르푸르트(Erfurt)로 가서 법학을 공부하기 시작하였다. 거기서 그는 수사학(修辭學)과 고전(古典) 등 인문학을 공부하고 1505년 문학석사 학위를 받았다. 루터는 에르푸르트 대학교에서 처음으로 성경 전권을 볼 수 있었다.

그 해 7월에 슈토터하임(Stotterheim)에서 벼락 사건을 경험한 루터는 몇 주간 강의해 오던 강사 자리도 마다하며 세상을 등지고 수도사가 되기로 결심하였다. 보름 후에 그는 친구들과 하직하고 에르푸르트에 있는 어거스틴 수도원으로 들어갔다. 이듬해 가을에 루터는 마침내 엄격하게 생활하는 탁발(托鉢) 교단의 회원이 되었으며, 1507년 사제로 서품을 받았다.

잠을 적게 자고 깨어 있으면서 기도하고 금식하며 독서를 하는 등의 금욕적인 수도원 생활은 그에게 "죽고 싶을 정도로 힘든 것"이었으며 "두 번 다시 하고 싶지 않은 일"이었다. 가톨릭 교회는 오늘날에도 그렇지만, 당시에도 사람이 자신의 선행을 통하여 천국에 갈 수 있다고 가르치지는 않았다. 그렇게 주장한 펠라기우스는 418년에 정죄를 받았으며, 이러한 결정이 공적으로 번복된 적은 없었다. 유명론은 사람이 자신 안에 있는 것으로 무엇인가를 행해야 한다고 했다. 유명론은 당시 에르푸르트 대학교에서 지배적인 사상이었다. 유명론의 가르침에 따르면, 인간은 그렇게 한다고 하더라도 모든 의를 성취할 수는 없다고 한다. 의를 성취할 수 있는 것은 하나님께서 은혜로 주시는 선물의 몫이라고 하며, 인간은 하나님께서 은혜로 주시는 선물을 받기 위하여 미리 준비해야 한다고 가르쳤다.

루터는 자신이 어떻게 하나님의 은혜를 받을 수 있을까 하는 생각을 내내 떨쳐 버릴 수 없었다. 그는 자신이 아무런 희망도 없으며 하나님의 노여움을 받을 수밖에 없는 진노의 자식이라고 생각하였다. 1511년 탁발 교단의 부단장 요하네스 슈타우피츠(Johannes Staupitz)가 비텐베르크(Wittenberg)를 방문했을 때 루터는 그와 면담할 수 있는 기회를 얻었다. 슈타우피츠는 유명론자가 아니고 토마스주의자였으며 '디보시오 모데르나' 출신이었다. 고민 가운데 있는 루터는 그에게서 신비주의적이면서도 귀한 가르침을 받았다.

슈타우피츠는 루터의 내적인 고민은 하나님의 구원으로 가는 길로 볼 수 있다고 말한다. 그는 루터에게 그리스도의 상처 안에 있는 하나님의 예정을 파악하도록 그리스도 안에 계시된 하나님의 사랑에 관하여 말했다. 그 사랑 안에서 예정은 구원의 은혜를 받게 만드는 전제 조건이 된다고 했다. 슈타우피츠의 도움으로 루터는 자신을 괴롭혀 온 고민에서 놓이게 되었다. 루터는 평생을 두고 슈타우피츠에게 감사했다.

성례에 관한 문제를 두고, 슈타우피츠는 토마스 아퀴나스의 교리를 말해 주었다. 즉, 하나님께로 가는 길은, 유명론이 요구하듯이, 인간 자신의 노력으로 선을 행함으로써 시작되는 것이 아니고, 하나님께서 친히 은혜를 베푸심으로써 시작된다고 가르쳤다. 다시 말하면, 모든 인간의 행위 이전에 오는 은혜(gratia praeveniens)로, 그리고 다만 그 은혜를 통하여 또 다른 도움을 받아 함께 일함으로써 인간은 성례를 효과 있게 받을 수 있다고 가르쳤다.

루터는 이제 하나님과 그리스도를 새로운 눈으로 보게 되었다. 그는 하나님과 그리스도를 심판자가 아닌 돕는 이시요 친구로 보게 되었다. 토마스는, 아담이 범죄함으로 말미암아 사람은 하나님의 계명을 지킬 수 있는 능력을 상실했는데, 성례를 받은 사람에게 하나님께서 이를 되돌려 주신다고 한다. 성례는 주입된 은혜(gratia infusa)를 통하여 사람의 마음에 하나님을 향한 충만한 사랑을 일깨워 준다. 그런데 이러한 가르침은 루터가 마음의 평정을 얻는 데 도리어 방해가 되었다. 마음을 다하여 하나님을 사랑하며 세상에 대한 생각이나 자신을 위하는 생각은 버려야 한다고 하지만 자신은 그렇지 못함을 알고 있었기 때문이다.

루터는 1514년 가을에 시편 강의를 하면서 시편 71:2(라틴어 불가타판 성경으로는 70편), "주의 의로 나를 건지시며 나를 풀어 주시며"(in justitia tua libera me)에서 하나님의 의(義)가 사람을 자유롭게 한다는 말씀을 이해할 수가 없었다. 그래서 루터는 하나님의 의가 여태껏 이해해 오던 '공의로운 잣대' 라는 뜻의 'justitia' 의 개념과는 다른 의미를 함축하고 있음을 깨닫게 되었다.

루터는 로마서 1:17과 로마서 3:21 이하의 말씀도 함께 고려하였다. '하나님의 의' 를 하나님께서 갖추신 자질이 아닌 하나님의 속성으로 이해하게 되었다. '하나님의 의' 는 '하나님께서 사람에게 베푸시는 의' 임을 깨달은 것이다. '하나님의 사랑' 도 마찬가지이다. '하나님의 사랑' 은 곧 '하나님께서 사람에게 베푸시는 사랑' 을 의미하는 것임이 명백해졌다. '하나님의 구원' , '하나님의 축복' 의 경우도 같은 사례임을 깨닫게 되었다.

하나님에 대한 사랑이라고 할 때도 사람이 사랑을 하기 위하여 억지를 쓰며 괴로워해야 하는 것이 아님을 루터는 슈타우피츠에게서 들어 이미 알고 있었다. 마찬가지로 하나님의 의는 자신이 씨름하고 행함으로써 얻는 것이 아니고, 하나님께서 거저 주시는 은혜의 선물임을 깨닫게 되었다. 로마서 주석

서문에서 루터는 다음과 같은 간증을 한다. 이 글은 모라비안들이 모여 예배할 때 늘 읽었던 글로서 존 웨슬리(John Wesley) 자신이 중생(重生)했음을 깨닫게 한 글이다.

하나님은 의로우시기 때문에 불의한 자를 의롭게 다루셔서 심판하시는 '하나님의 의'로만 내내 생각하다가 마침내 '하나님의 의'는 하나님께서 의로우시기 때문에 우리가 믿을 때 우리를 의롭게 하시는 '하나님의 의'라는 것을 깨닫게 되었다. 이를 깨달았을 때 나는 거듭났음을 느꼈으며, 낙원으로 활짝 열린 문으로 들어섰음을 느끼게 되었다. 성경 전체가 새롭게 이해되었다. 이전에는 '하나님의 의'가 혐오스러운 말로 들렸으나 이제는 말할 수 없이 달고 사랑스러운 말이 되었다. 바울의 이 글은 나를 천국 문으로 인도하는 대로가 되었다.

루터는 그의 재능을 인정받아 아리스토텔레스의 논리학과 물리학을 강의하게 되었다. 1509년 성경학사(baccalaureus biblicus)가 되자 성경 강의도 맡게 되었으며, 1512년 에르푸르트 대학교에서 신학박사 학위를 받고 성경 교수가 되었다. 루터는 1515~1516년에 로마서를 강의했으며, 1516~1517년에는 갈라디아서를, 1517~1518년에 히브리서를 강의하였다. 그런 점에서 면죄부를 반대하는 항의문을 써서 발표하여 종교 개혁 운동을 전개하기 이전에 신학의 기초를 탄탄히 닦으며 개혁을 위하여 충분한 준비를 갖추었다.

독일의 종교 개혁

로마 교황청은 베드로 성당의 건축 기금을 마련하기 위하여 브란덴부르크(Brandenburg)에서 면죄부를 팔고 있었다. 할버슈타트(Halberstadt)와 마그데부르크(Magdeburg)의 주교 알브레히트(Albrecht)가 마인쯔(Mainz)의 대주교가 되었다. 알브레히트는 브란덴부르크 왕가의 왕자였다. 그는 24세의 자격 미달의 나이로 대주교의 자리를 얻었다. 그러나 그 대가로 교황청에 1만 두카텐(Dukaten)이라는 엄청난 액수의 돈을 지불하기로 하였다. 알브레히트는 교황청의 제안으로 자기가 갚을 돈을 각출하기 위하여 1506년에 발행한 면죄부를 자기가 관할하는 대주교구(Archdioces)와 자기 형제들이 다스리는 주(州)에서 팔기로 하고, 판매 대금의 반은 베드로 성당의 건축 기금으로 바치고 나머지 반은 빚진 돈을 탕감하는 데 충당하기로 하였다.

알브레히트의 면죄부 판매책을 맡은 이는 텟젤(Johann Tetzel)이었다. 그는 죽은 사람을 위하여 면죄부를 사는 사람이 돈을 궤 속에 넣으면, 쨍그랑 하고 울리는 순간에 죽은 사람의 영혼이 연옥을 벗어나게 된다면서 어리석은 백성들에게 면죄부를 사도록 하였다. 루터는 사제로서 희년(禧年), 대사면(大赦免)의 해에 면죄부에 관하여 설교해야 한다는 알브레히트의 요청을 따라 백성들에게 설교를 해야 할 뿐 아니라 백성들의 고해도 들어 주는 등 이 일을 방조해야 할 처지에 있었다. 이에 분노한 루터는 설교에서 면죄부의 부당성을 성토하는 한편 대주교에게 글을 써서 면죄부의 판매를 철회하도록 요청하였다. 그러나 아무런 소용이 없었다.

1517년 10월 31일, 마침내 루터는 면죄부에 반대하는 '95개조의 항의문'을 써서 비텐베르크 도성 교회 문에 게시하였다. 이 소식은 보름만에 온 독일로 신속히 퍼졌으며, 6주 후에는 온 유럽 사람들이 알게 되었다. 면죄부의 부당성에 대하여 온 세상이 개탄하고 있었기 때문이었다. 마르틴 부처(Martin Bucer)의 말에 따르면, 에라스무스가 조용히 암시한 것을 루터는 공개적으로 거리낌없이 말했다. 면죄부의 부당성에 대한 논박은 다른 문제로까지 비화되었다. 가톨릭 교회가 시행하고 있는 고해의 타당성 여부에 대하여, 그리고 나아가서는 교황의 권위에 대하여 의문을 제기하고 논쟁을 하게 되었다.

1518년의 하이델베르크 공개 토론(Heidelberger Disputation)에서 텟젤은 루터의 '면죄부와 은혜에 관한 설교'와 95개 조항의 항의에 대항하여 면죄부 판매의 적법성을 변호하였다. 루터는 이미 비텐베르크의 동역자들, 안드레아스 보덴슈타인(Andreas Bodenstein)—그는 그의 출신 지명을 따라 카를슈타트(Karlstadt, 1480~1541)라는 이름으로 알려져 있었다—과 암스도르프의 니콜라우스, 요하네스 될쉬(Johannes Dölsch) 등의 지지를 받고 있었는데, 하이델베르크 공개 토론을 계기로 새로운 동지들을 얻게 되었다. 그들은 비텐베르크의 요하네스 브렌즈(Johannes Brenz)와 에르하르트 슈네프(Erhard Schnepf), 그리고 슈트라스부르크와 잉글랜드에서 활동한 마르틴 부처였다. 뉘른베르크에서는 라자루스 슈펭글러(Lazarus Spengler), 한스 작스(Hans Sachs), 알브레히트 뒤러 등의 인문주의자들도 호응을 보냈다. 루터가 얻은 가장 큰 소득은 평생을 그의 지지자요 동역자로 일한 소장(少壯) 학자 멜랑흐톤(Philipp Melanchton, 1497~1560)을 얻은 것이다.

'선한 행위에 관한 설교', '기독교 신앙을 가진 독일 귀족에게 고함',

'기독교인의 입지의 개선에 관하여', '교회의 바벨론 포수' 등 1520년에 쓴 여러 개혁적인 글들을 통하여 루터는 독일 국민들 다수의 지지를 얻게 되었다. 이에 로마의 교황청은 루터를 그냥 방치해 둘 수 없었다. 교황 레오 10세는 루터를 법적으로 처리하기로 하고 브란덴부르크의 선제후 프리드리히(Kurfürst Friedrich)에게 협조를 요청하였다. 프리드리히는 루터에게 아우구스부르크에서 열리는 왕국회의(Reichstag)에 출두하도록 호출하였다. 왕국회의에서는 도미니칸 교단의 단장이자 추기경인 카제탄(Cajetan)이 루터에게 심문을 했으나 만족할 만한 답변을 얻지 못하였다. 루터는 체포될지 모른다는 불안감에서 10월 20일 밤에 몰래 도시를 빠져 나왔다.

막시밀리안 황제의 죽음으로 상황은 새롭게 전개되었다. 교황 레오 10세는 루터에 대한 법적 처리를 원점으로 돌렸다. 잉골슈타트 대학 교수 요한 에크(Johann Eck)는 시비를 가리기 위한 공개 토론을 라이프찌히에서 열자고 요청하였다. 루터는 멜랑흐톤과 그 다음으로 신임하고 있던 카를슈타트와 함께 라이프찌히 토론회에 참석하였다. 18일 동안 열린 토론회에서는 구원 문제를 두고 교황의 우위성이 필요한 것인지, 종교회의도 잘못을 범할 수 있는지 여부에 대한 논박이 있었다. 루터는 신앙고백의 조항들은 성경에 근거해야 하므로 교회나 교황이 임의로 만들 수 없다고 주장하였다. 그리고 신앙고백의 조항이 성경과 일치하지 않을 경우 교황이나 종교회의가 비판할 수 있다고 하였다.

나는 나의 생각을 펼치는 데 아무런 방해도 받지 않기를 원한다. 나는 종교회의의 종도 아니고 교황의 종도 아니다. 나는 내가 진리로 생각하는 것이면 가톨릭 교회가 말한 것이든 이단이 말한 것이든, 종교회의가 허용한 것이든 비판한 것이든 상관하지 않고 서슴없이 고백하고자 한다.

루터의 이러한 발언은 바로 공개적인 반역을 의미하는 것이었다.

1520년 10월에 루터는 파문 예고장(Bannandrohungsbulle)을 받고 11월에 그에 대한 답변으로 '그리스도인의 자유'(Von der Freiheit eines Christenmenschen) 라는 글을 썼다. 로테르담의 에라스무스는 루터가 '교회의 바벨론 포수'에서 로마 교회가 사람들을 성례(聖禮)의 노예로 만든다는 부분을 읽고 이제 분열의 상처는 치유 불능의 단계에 이르렀음을 깨달았다. 그때부터 에라스무스는 점차로 루터를 멀리하기 시작하였다. 인문주의자이면서 동시에 세속적이었던 에라스무스는 교황을 대항하거나 무시하면서 감행하는 교회의 쇄신 운동에 동의할 수 없다면서 결국은 교황 편에 섰다. 그는 분란과 전쟁이 일어날 것을 예측하고, 기독교의 내적인 쇄신을 위하여 분란을 일으키고 전쟁을 치르는 것은 있을 수 없는 일로 생각하였다.

가톨릭의 사제들은 루터의 글들을 포함하여 소위 이단적인 수도사들의 글들을 불태웠다. 그러자 루터는 1520년 12월 10일에 파문 예고장을 비롯하여 교황의 법령들과 교회의 법전 및 스콜라신학 서적 등을 비텐베르크의 성문에서 불태움으로써 응수하였다. 이듬해 1521년 1월 3일부터 루터의 파문, 출교는 주효하게 되었다. 교황은 젊은 황제 카를 5세에게 교회가 판결한 것을 세속 정부에서도 그대로 집행해 달라고 요청하였다. 황제는 이 요청을 받아들여 루터에게 보름스(Worms)에서 열리는 왕국회의에 출두하여 자신을 위하여 직접 변론하도록 명하였다.

루터는 에르푸르트 대학교를 떠날 때 마치 행차하는 고관이나 고위 성직자처럼 환송을 받으며 보름스로 향하였다. 1521년 4월 18일 많은 증인들로 가득한 왕국회의에 출두하여 파문당한 이단으로서 심문을 받았다. 교황의 사절 알레안더(Aleander)는 황제와 그의 신하들에게 루터의 죄상을 말하고 루터에게 글들을 보이면서 자신이 쓴 글들인지 확인하게 하고는 그 내용을 그대로 계속 주장할 것인지 물었다. 루터는 생각할 여유를 달라고 하였다. 그리고 이튿날 그는 자신이 쓴 글들 중 글자 하나라도 취소할 수 없다고 단호하게 말하였다.

권력자들과 고위 성직자들 앞에서 한 개인이 심문을 받으면서 양심의 자유를 선포하였다는 점에서도 보름스 국회 사건은 독일 국민에게 깊은 인상을 남긴 역사적인 일이다.

황제는 루터에게 호의를 베풀어 달라는 선제후 프리드리히의 간청을 거절할 수 없는 처지에 있었다. 그리고 자신도 독일 국민을 재판 조차 하지 않고 죄인으로 단정하는 것을 원치 않았으며, 국민들의 여론도 존중하려던 참이었다. 그러나 황제는 그를 이단으로 단죄하려는 결의를 굳히고, 이튿날 이를 전국에 공포하도록 하였다. 아마도 루터의 단호한 태도를 보고 내린 결정인 듯하다. 그러나 알레안더가 작성한 1521년 5월 8일부의 황제의 칙령은 5월 28일 제후들이 이미 보름스를 떠난 후에야 그들에게 전달되었다. 칙령에는 루터와 그를 따르는 자들의 글들과 책들을 불태우도록 명하고 있었다.

루터는 집으로 돌아가는 길에 알텐슈타인(Altenstein) 성을 지날 무렵 한 무리의 병사들에게 습격을 받아 바르트부르크(Wartburg) 성으로 납치되었다. 선제후 프리드리히가 루터를 보호하기 위하여 은밀히 취한 조치였다. 루터는 거기서 1521년 5월 4일부터 이듬해 3월까지 약 10개월간이나 은신하면서 헬라어 신약을 독일어로 번역하였다. 신구약 전권의 번역본은 1534년에 나왔다.

루터가 바르트부르크에 있는 동안에 비텐베르크에서는 여러 면으로 개혁 운동이 진척되고 있었다. 멜랑흐톤은 루터의 신앙과 신학 사상을 조직적으로 엮은 「신학 개요」(Loci communes)를 1521년 12월에 처음으로 출간하였다. 카를슈타트는 루터가 1521년 초에 몇몇 사제들이 결혼한 일을 두고 그 타당성에 관하여 말한 것을 수도사들과 수녀들에게도 확대하여 해석하였으며, 미사에 대한 개혁을 논의하기 시작하였다. 미사는 당시에 교회의 재정을 충당하는 데 중요한 수단이 되고 있었다.

비텐베르크의 개혁 운동은 점점 더 고조되었다. 1521년 11월에 40명의 어거스틴 교단 수도사들 가운데 15명이 교단을 탈퇴하였다. 카를슈타트는 성탄절을 기하여 처음으로 성찬식을 독일어로 집례하면서 2,000명의 교인들에게 떡만이 아니라 여태껏 사제들만이 받던 포도주도 나누어 주었다. 이러한 성찬식은 1월 6일까지 많은 사람들이 찾아와 진행되었다. 비텐베르크 주민들은 가까운 쯔비카우(Zwickau)에서 온 '예언자들'의 무리로부터 충동을 받아 흥분하게 되면서 무질서에 빠졌다. '예언자들'의 무리는 토마스 뮌쩌(Thomas Müntzer, 1488/9~1525)의 추종자들이었다.

1522년 1월 24일 시 당국은 카를슈타트의 협조를 얻어 비텐베르크 시의 조례를 선포하고 예배 의식을 갱신하며 교회의 재정 문제를 개혁하였다. 그것은 루터가 이미 보름스로 가기 전에 주장했던 것이다. 시 당국은 이러한 개혁을 통하여 질서를 바로 잡으려고 했으나 주민들의 흥분을 가라앉힐 수가 없었다. 흥분한 시민들은 이제 마구 성상을 파괴하며 소란을 피웠다. 루터는 편지를 보내어 이를 말리려 했으나 소용이 없었다.

루터는 멜랑흐톤과 울리히 폰 후텐(Ulrich von Hutten)과 유대를 가지는 한편, 청교도적이며 혁명적인 토마스 뮌쩌, 울리히 쯔빙글리와 카를슈타트 등을 비판하였다. 후텐은 어떠한 폭력 행사도 반대하는 새로운 교회 운동의 온건파에 속한 이였다. 브뤼셀에서는 개혁적인 정신을 가진 두 젊은 어거스틴 수도사들이 화형을 당하는 바람에 소요는 더 악화되어 전쟁으로 확대되었다. 루터는 평화를 호소하는 한편 '강도와 살인을 범하는 농부들에게 대항하는' 글을 써서 경고했으나 소용이 없었다. 결국 농민 전쟁이 터지고 말았다. 그렇게 어지러운 상황에서도 루터는 글쓰는 일에 전념하였다. 1522년 12월 교황 하드리안 6세가 로테르담의 에라스무스에게 루터를 비판하는 글을 쓰도록 요청할 즈음 루터는 신약 성경 번역의 재판을 내는 한편, 구약 성경 번역에 착수하였다.

루터의 개혁 운동은 그의 글들을 통하여, 특히 1521년 보름스의 국회 사건을 통하여 놀랍게도 널리 확산되어 1522~1523년에는 독일 전역에서 개혁의 바람이 일게 되었다. 작센, 튀링겐, 남독일 지방, 티롤, 잘쯔부르크와 오스트리아의 인접 지역, 모라비아와 헝가리, 프로이센, 네덜란드까지 확산되었으며, 1524년과 1525년에는 슈트라스부르크, 뉘른베르크, 콘스탄쯔, 울름(Ulm), 에스링겐, 마그데부르크, 슈트랄순트(Stralsund), 브레멘이 종교 개혁 측으로 넘어오게 되었다.

예배 의식의 개혁은 토마스 뮌쩌가 1523년 알슈테트에서 제일 먼저 시도하였다. 루터는 1523년 「미사와 성찬 의식」(Formula Missae et Communionis)과 「독일어판 세례 의식」(Das Taufbüchlein Verdeutscht)을 출간하였으며, 1524년 말에 성자(聖者)를 기념하는 날들과 개인적으로 드리는 미사를 폐지하였다. 1524년 슈트라스부르크에서는 독일어 미사 예식서를 사용하기 시작하였으며, 1525년에는 쯔빙글리 역시 독일어 미사 예식서를 만들어 사용하였다. 바젤에서는 외콜람파디우스(Oecolampadius)가 독일어로 예배하였다. 루터는 1526년 예배 의식을 철저히 독일어로 고쳐 쓴 「독일 미사」(Deutsche Messe)를 내놓았다.

1523년의 「미사와 성찬 의식」에서는 아직도 중세 교회에서 행하던 많은 예전을 그대로 답습하고 있었다. 찬송과 성경 본문은 독일어였으나 기타 다른 부분은 라틴어로 하도록 되어 있었다. 그는 성찬 의식에서 떡과 잔을 하나님께 제사로 드린다는 부분을 위시하여 많은 부분을 삭제하였으며 그 대신에 설교가 중심이 되게 하였다. 루터는 성찬식은 하나님께서 사람에게 은혜를 베푸시는 성례이지 우리가 하나님께 드리는 제사가 아님을 강조하였다. 따라서 사제는 결코 구약적인 의미의 제사장이 아니며 모든 믿는 자가 다 제사장임을 주장하였다. 적어도 초기에는 이를 강조하였다.

1526년의 「독일 미사」에서는 중세적인 요소를 더 철저히 제거하고 라틴어의 찬송도 독일 민요 가락의 찬송으로 대치하였다. 도시의 대성당이나 큰 교회에서는 주로 1523년의 「미사와 성찬 의식」을 따라 예배를 드렸고, 작은 도시나 농촌 교회에서는 1526년의 「독일 미사」를 사용하였다.

루터의 종교 개혁 운동은 보름스에서 내린 황제의 칙령에도 불구하고 초기에 별로 저항을 받지 않고 널리 확산될 수 있었다. 그것은 외부와의 전쟁 때문에 황제가 국내 정치에 관여할 겨를이 없어 그의 정치적인 영향력이 약화되었는 데다가 여러 제후들이 종교 개혁 운동을 뒷받침했기 때문이다. 황제는 끊임없이 일어나는 전쟁에 휘말려 오랫동안 독일을 떠나 있어야 했다. 보름스 왕국회의 이후 1522년과 1524년에 뉴른베르크에서 모인 왕국회의에서는 보름스의 칙령을 시행하는 일을 두고 영주들이 각기 다른 견해를 가졌으므로 차후로 미루었다.

그러나 1524년, 오스트리아의 페르디난드(Ferdinand)와 바이에른의 공작(公爵)들을 중심으로 하는 가톨릭 제후들은 레겐스부르크 동맹을 결성하여 보름스의 칙령을 시행하려고 하였다. 그리하여 독일은 종교적으로 가톨릭 측과 개신교 측으로 양분되었다. 은밀히 종교 개혁을 지지해 온 프리드리히 선제후(Friedrich der Fromme)는 1525년 5월 임종을 맞이하여 개신교 신앙을 고백하였다. 그의 후계자들(Johann der Beständige와 Johann der Großmütige) 또한 루터의 충실한 지지자였다.

종교 개혁 운동의 내분과 농민 전쟁

1522년에 이르러 종교 개혁 운동에 내분이 있게 되었다. 카를슈타트가 1522년부터 신비주의로 기울면서 루터와 결별하게 되었다. 그것은 먼저 성찬에 대한 견해의 차이에서 비롯되었다. 카를슈타트는 성찬 제정의 말씀에서 '이것' 은 예수님의 육체적인 몸을 가리킨다면서 소위 상징설을 말하였다. 루터와 성찬 이해를 달리하게 된 카를슈타트는 결국 1525년 비텐베르크를 떠나 쿠르작센(Kursachsen)과 여러 곳으로 전전하다가 바젤로 가서 거기서 목사이자 교수로 일하다가 1541년에 생을 마쳤다.

토마스 뮌쩌는 쯔비카우에서 십자가의 필요성을 역설하면서 성도들은 십자가에서 지옥의 고통을 체험하며 신비적인 '방념' (放念, Gelassenheit) 상태에서 쉼을 얻는다고 말하였다. 그리고 하나님의 말씀은 인간의 마음속에 초자연적인 조명(照明), 즉 환상을 경험하게 한다는 등 황당한 성경 해석을 자행하였다. 뮌쩌는 1521년 쯔비카우에서 축출되어 1523년부터는 알슈테트(Alstedt)와 튀링겐의 뮐하우젠(Mühlhausen)에서 목회하였다. 그는 가톨릭뿐 아니라 루터교와 제후들에게도 적대적이었다. 그는 열광적인 설교로 사람들의 소요를 부추겼다. 1524년에는 작센에서 추방되어 남독일으로 갔다가 그 해에 일어난 농민 전쟁에 가담하였다. 1525년 독일 전역이 농민 전쟁의 전운에 휩싸였다.

1525년 초에 남독일에서 일어난 폭동은 캐르텐(Kärten)과 오스트리아로, 북쪽으로는 튀링겐과 작센까지 확산되었다. 1525년 3월 슈바벤에서는 농민 지도자들이 당시의 사회와 교회에 대한 농민들의 불만과 욕구를 12개 조항으로 표현하였다. 그들의 욕구를 하나님이 부여하신 권리로 인정해야 한다고 했다. 루터는 1525년 4월 농민들의 12개 조항을 비판하고 소요를 진정시키기 위하여 당국의 개입을 호소하였다. 당국은 주저하지 말고 개입하여 살인과 강탈을 일삼는 농민들의 무도한 행위를 다스려야 한다고 주장하였다.

1525년 5월 15일 농민들은 프랑켄하우젠(Frankenhausen)의 전투에서 참패하였다. 토마스 뮌쩌는 체포되어 교수형을 당하였다. 그리고 같은 해에 루터와 에라스무스가 격렬하게 논쟁을 하는 바람에 루터 교파는 인문주의자들과 결별하게 되었다. 루터는 이 해 여름에 수녀였던 카타리나 폰 보라(Katharina von Bora, 1499~1552)와 결혼하여 이듬해인 1526년에 그들의 여섯 자녀 중 맏아들인 한스를 얻었다.

종교 개혁과 독일 교회의 지역 분할

농민 전쟁 이후 북독일에서는 가톨릭 동맹과 개신교 동맹이 대치하게 되었다. 새로운 긴장 관계로 접어든 독일의 정치 판도는 호전될 전망이 보이지 않았다. 황제 카를 5세가 외부와의 전쟁을 끝내고 1526년 슈파이어(Speyer) 왕국회의를 열어 이제는 독일 내의 이단을 척결하는 데 여력을 다할 수 있을 것으로 생각했으나 또 달리 전개된 정치적인 상황 때문에 그 일을 다시금 차후로 미루지 않을 수 없었다.

1525년 7월 작센의 게오르그 공작, 마인쯔의 알브레히트, 브란덴부르크의 요아킴 1세, 브라운슈바이크의 제후 등 가톨릭의 제후들은 개신교의 신앙을 무력으로 근절하려는 목적으로 데사우 동맹(Bündnis von Dessau)을 결성하였다. 1524년 초부터 활발하게 정치적인 역량을 발휘해 오던 헤센의 필립 백작은 이러한 위협적인 가톨릭의 세력 규합에 대처하기 위하여 1526년 2월 작센의 제후들과 함께 고타 동맹(Bündnis von Gotha)을 결성하였다.

1526년 주 단위의 루터교회(Landeskirche)가 조직되었다. 이러한 교회 조직의 개혁은 영주들에 의하여 추진되었다. 그래서 루터는 교회 헌법을 써서 영주들이 교회를 옳게 유지하는 의무를 다하도록 하였다. 그리하여 전 세기부터 닦아 왔던 교회 개혁의 터전을 완비한 셈이었다. 1526~1530년 쿠르작센에서는 영주가 교회와 학교를 시찰하였으며, 작센의 주 단위 교회가 조직되었다. 그리고 시찰을 통하여 교회의 상황을 점검하고 조정하도록 하였다.

1526년 루터의 「독일 미사」, 1527년 멜랑흐톤의 「라틴어판 시찰 조례」, 1528년 멜랑흐톤의 독일어판 「시찰자를 위한 교육서」(*Unterricht der Visitatoren*)와 「십계명 해설」이 나왔다. 1529년 루터는 「소요리문답서」를 내고 이어서 「대요리문답서」, 즉 「독일 요리문답서」(*Deutsche Katechismus*)를 내놓았다. 모두 교회 시찰을 위하여 필요한 책들이었다.

개신교의 성찬 논쟁

개신교 내에서 루터교회와 스위스의 개혁교회가 성찬에 대한 각기 다른 견해를 좁히지 못함으로 인해 종교 개혁자들은 개신교의 하나 됨을 성취하지 못하고 각자의 길을 가게 되었다. 1525~1528년 루터교회와 스위스의 개혁교회는, 아니 더 좁혀서 말하면 루터와 쯔빙글리는 성찬 문제를 두고 팽팽히 맞서서 논쟁하기를 거듭하였다. 양편이 다 가톨릭의 화체설(Transubstantiation)은 거부했으나 루터는 공재설(共在說, Consubstantiation)을, 즉 떡과 포도주에 예수 그리스도께서 몸으로 실재적(實在的)으로 임재하신다는 견해를 견지하였다.

루터는 칼케돈의 기독론의 논의에서 받아들인 그리스도의 인성과 신성의 '상호교관'(相互交罐, Communicatio Idiomatum)이라는 교리에 따라 그리스도의 신성이 계신 곳에 인성도 함께 계신다는 편재(遍在)의 이론에서 그렇게 말했다. 이에 반하여 쯔빙글리는 성찬 제정의 말씀에서 '이것은 내 몸이니' 할 때의 '이다'(est)를 '상징하다'(significat)라는 의미로 읽어 떡과 포도주는 그리스도의 몸과 피를 상징하는 것일 뿐이라고 말하였다.

부처의 노력으로 헤센의 필립 공은 성찬에 대한 이견(異見)을 조정하기 위하여 1529년 마르부르크에 종교회담을 열어 개신교의 대표적인 신학자들을 초청하였다. 루터, 멜랑흐톤, 요나스(Jonas), 브렌쯔(Brenz), 오지안더(Andreas Osiander, 1498~1552), 쯔빙글리, 외콜람파디우스, 부처, 헤디오(Hedio) 등이 참석하였다. 15개조의 마르부르크 신조를 작성하려고 심의하는 과정에서 14개의 조항에는 모두 이의가 없었으나 성찬에 대한 고백을 담은 마지막 조항에 대하여 의견의 일치를 보지 못하고 결국 회담은 결렬되었다. 루터와 쯔빙글리의 견해를 좁혀 보려던 부처의 노력이 무위로 돌아간 것이다. 루터는 스위스 사람들뿐 아니라 슈트라스부르크 사람들까지 '형제'로 부를 수 없다고 말했다. 루터의 이러한 폐쇄적인 자세는 루터교 후계자들에게 그대로 전수되었다.

아우구스부르크 왕국회의

오랫동안 독일을 떠나 있던 카를 5세는 1530년 여름에 왕국회의를 소집하고 친히 회의를 주재하였다. 이제는 어느 교파를 이단이라고 정죄하면서 힘으로 억압할 수 없는 상황에 이른 것을 알고 대화로 해결해야 한다고 생각하였다. 황제는 가톨릭과 개신교 양측의 견해를 모두 들어 보려고 하였다. 이에 루터교 측에서는 멜랑흐톤이 개신교를 변증하는 「아우구스부르크 신앙고백서」(Confessio Augustana)를 작성하였다. 1530년 6월 25일 개신교 제후들이 서명한 이 신앙고백서의 독일어판이 황제와 제후들 앞에서 낭독되었다. 독일 남부 지방의 슈트라스부르크, 콘스탄쯔, 메밍겐, 린다우 등 4개 도시의 개혁교회들은 성찬에 대한 이견 때문에 부처와 카피토가 작성한 '4도시 신앙고백서'(Confessio Tetrapolitana)를 제출하였다.

황제는 가톨릭의 신학자들로 하여금 이에 대한 가톨릭 측의 의견서를 제출하도록 명하였다. 에크, 파버(Faber), 코크레우스(Cochläus) 등이 가톨릭 측의 '반박서'(Confutatio)를 작성하여 제출하였다. 루터파의 개신교 측에서는 이에 대한 변증을 위하여 멜랑흐톤이 다시금 '아우구스부르크 신앙고백 변증서'

(Melanctons Apologie der Confessio Augustana)를 작성하였다. 가톨릭 측이 다수를 점한 왕국회의는 보름스의 칙령이 계속 유효한 것으로 확인하였다.

이에 개신교의 제후들은 황제가 개신교에 호의를 가지고 있지 않다는 사실을 확인하고 1531년 2월에 슈말칼덴(Schmalkalden) 동맹을 결성하였다. 북독일의 여러 영지와 도시뿐 아니라 슈트라스부르크를 비롯한 남부의 많은 영지와 도시들도 이에 가맹하였다. 그것은 개신교의 세력 규합에 큰 힘이 되었다. 헤센의 필립은 합스부르크 가를 대항하는 선봉에 서서 프랑스, 잉글랜드, 덴마크, 헝가리 등의 나라들과 외교적인 유대를 가졌다. 바로 이 해에 스위스에서는 최초로 개신교와 가톨릭의 무력 충돌이 일어나 쯔빙글리가 전사(戰死)하는 사건이 있었다.

이러한 와중에도 개신교 세력은 더 확장되었다. 모반적인 슈말칼덴 동맹의 결성에 위협을 느낀 황제는 1532년 뉘른베르크 왕국회의에서 휴전을 선포하고 1년 이내로 종교회의를 열어 개신교를 관용하도록 하라는 칙령을 내렸다. 종교 문제를 해결하려던 황제는 다시금 1532년 여름부터 약 10년 동안이나 터키 및 프랑스와의 전쟁에 휘말려 국내 문제에 관여할 수 없게 되었다. 개신교에게는 유리한 상황 전개였다. 개신교는 이 기간에 교세를 정비하며 다시금 확장에 힘을 쏟았다.

1537년 황제 카를 5세의 요청으로 교황 바울 3세는 개신교와 가톨릭간의 화해를 위하여 종교회의를 소집하였다. 루터와 멜랑흐톤은 종교 개혁 측의 견해를 대변하기 위하여 소위 슈말칼덴 신조를 작성하였다. 그러나 신조는 여전히 가톨릭의 잘못된 부분을 지적하고 있어서 가톨릭으로서는 받아들일 수 없었다. 1537년 5월 이탈리아의 만투아에서 열릴 예정이었던 교회공의회는 결국 무산되어, 개신교와 가톨릭의 일치를 모색하려던 마지막 시도가 수포로 돌아갔다.

루터는 슈말칼덴 신조를 작성하기 시작하였으나 병으로 인하여 일부만

쓰고 나머지는 멜랑흐톤이 완성하였다. 루터는 병든 몸을 이끌고 비텐베르크로 되돌아갔다. 종교 개혁을 일으킨 것은 루터였으나 종교 개혁 운동은 이미 오래 전부터 그의 손을 떠나 개신교와 가톨릭 제후들의 정치적인 대립과 전쟁 및 흥정을 통하여 발전되어 갔다. 루터는 1542년 5월에 창세기 강의를 시작하였다. 그것이 그의 마지막 강의였다. 루터는 그의 고향 아이슬레벤으로 가는 길에 병을 얻어 1546년 2월 18일 고향에서 숨을 거두었다. 한 주일 후에 그의 시신은 비텐베르크 도성 교회에 안장되었다.

1544~1545년에 황제는 외부와의 전쟁을 끝내고 이제 다시금 안으로 소위 이단들 및 저항하는 개신교 측의 제후들에 대항하여 싸울 채비를 갖추었다. 그리고 종교회의를 개최하는 문제를 두고 교황과 합의도 보았다. 교황 바울 3세는 1545년 3월 15일에 트렌트에서 종교회의를 열도록 소집하였다. 루터교 측이 트렌트 회의에 참가하기를 거부하자 개신교와 가톨릭 양측은 무력을 동원한 일전(一戰)을 벌이는 것을 피할 수 없게 되었다.

1546~1547년에 드디어 슈말칼덴 전쟁이 일어났다. 전쟁은 수적으로 열세인 개신교를 대표하는 슈말칼덴 동맹의 패배로 끝났다. 작센의 선제후 요한 프리드리히는 포로가 되었으며, 헤센의 필립은 항복하여 프리드리히와 함께 황제 측에 억류되었다. 북부 독일에서는 여전히 개신교 측이 계속 저항하는 편이었으나 남부 독일에서는 개신교 측이 힘을 쓰지 못하였다. 그래서 개신교화되었던 여러 지역들이 다시금 가톨릭으로 복귀하였다. 이러한 난국에 개신교의 구원자가 된 이가 작센의 모리츠(Moritz)였다. 황제에게 충성을 보여 왔던 모리츠와 몇몇 제후들이 그의 정책에 불만을 품고 반기를 들었다. 황제는 곤경에 빠졌으며, 개신교를 반대하기 위하여 하던 모든 시정은 무위가 되었다.

1555년 카를 5세가 소집하여 페르디난드가 주재한 아우구스부르크 왕국 회의에서 마침내 종교 평화(Augusburger Religionsfriede)가 결정되었다. 중요한 결정은 신·구교 양측의 신앙을 다 인정한다는 것과 영주(領主)는 신앙을 선택할 자유를 가지되 영지 내의 모든 주민은 영주의 신앙을 따라야 한다(cuius regio, eius religio)는 것이었다. 그렇지 않은 주민들에게는 신앙을 위하여 영지를 떠날 수 있는 자유를 준다고 하였다. 평화조약이 기독교적이고 우호적이며 평화적인 노력으로 잘 지켜지기를 바랐다. 그러나 신·구교 양측의 분쟁이 될 만한 불씨는 그냥 덮어 두었다. 이러한 분쟁의 불씨는 30년 전쟁을 겪고 난 1648년에 베스트팔렌(Westfalen) 평화조약이 체결됨으로써 비로소 거의 제거되었다.

루터의 종교 개혁의 내용

루터의 개혁 사상의 중심은 사람이 하나님께로부터 의롭다함을 받는 것은 율법의 행함으로써가 아니라 오직 믿음으로 받는다는 교리이다. 믿음은 교회의 가르침에 그냥 복종하는 것이 아니고, 그리스도 안에서 자비하신 하나님을 신뢰하는 것이다. 그리고 이 믿음은 복음을 통하여 혹은 하나님의 말씀을 통하여 일깨워진다고 한다.

루터는 교회를 성도들의 교제 혹은 성도들의 공동체(communio sanctorum)로 본다. 루터는 내적인 교회와 외적인 교회로 구분하지만, 외적인 교회, 즉 보이는 공동체를 중요시한다. 성도의 교제라고 할 때, 그것은 믿는 성도가 교회의 머리이신 그리스도에게 속하는 것을 의미한다. 성도들간의 교제보다는 그리스도와의 공동체 의식과 교제를 더 중요시한다. 성도들은 믿음으로 의롭다함을 받은 사람들이며, 성도들이 지닌 의는 내주하시는 주님의 의이며, 이 의가 실제로 의로운 삶을 살게 한다고 말한다.

루터는 국가, 법, 사회의 계층 등을 무력이나 강제 행위의 산물로 보면서도 하나님께서 그것들을 섭리 가운데서 허락하신 것으로 본다. 세속의 노동은 하나님에 대한 의무일 뿐 아니라, 인간 상호를 위한 의무라고 말함으로써 새로운 노동 윤리를 피력하였다. 그것은 칼빈에게서도 볼 수 있는 것인데, 하나님께서는 노동을 축복하셨다고 하며, 그러므로 그리스도께서도 노동을 하셨다는 것이다. 세속의 일은 하나님께서 뜻하신 것이며, 정직하고 올바르게 종사하는 모든 노동은, 그것이 아무리 천한 일이라고 하더라도, 이를테면 마구간에서 하는 하녀의 일이라고 하더라도 똑같이 고귀한 것이며 하나님을 섬기는 일(Gottesdienst=예배)이요 하나님께서 맡기신 일이라고 한다.

루터는 '당국'(Obrigkeiten)만 알지 '국가'(Staaten)는 별로 염두에 없었다. 그는 당국을 사람이 범죄함으로 인하여 필요하게 된 기관으로 보며, 어려움에 처했을 때 도움을 주는 기관이며 하나님께서 제정하신 기관이라고 한다. 기독신자는 당국이 루터교 신앙을 핍박할 경우를 제외하고는 당국에 무조건 복종해야 한다고 말한다. 단지 핍박을 당할 경우에는 수동적인 저항을 해도 좋다고 한다. 하나님께서 당국에 부여하신 권세는 어디서나 그것이 필요하거나 유용한 곳에서는 파악될 수 있다고 한다. 그리고 당국이 기독교적일 경우에는 교회의 영역에도 종사할 수 있다. 말하자면 교회 기관과 더불어 신자들을 다스릴수 있다는 것이다.

1520~1523년, 루터는 교회 공동체(Gemeinde)가 자율성을 가져야 한다고 말하였다. 그리스도의 교회공동체는 모든 가르침을 스스로 판단할 수 있고 가르치는 선생을 초청할 수 있는 권리를 향유해야 한다고 말한다. 평신도, 즉 당국자의 미숙함 때문에 일을 그르치는 일이 없도록 해야 한다고 한다. 그러나 1550년대 중반에 이르러 영주가 감독(bishops)이 하는 직무를 맡는 방향으로 현실의 상황이 바뀌었다.

루터는 교황, 종교회의, 교회의 전통 등 가톨릭 특유의 권위를 배제하며, 목사를 제사장이라는 사제주의(司祭主義), 교계주의, 교회법을 신성시하는 것, 연옥을 믿는 신앙, 미사의 제물 사상, 가톨릭의 성례 개념, 세례와 성찬을 제외한 가톨릭의 다른 성례들 그리고 이차적인 종교적 질서들, 즉 성자들에게 기도하는 것과 성상 숭배, 죽은 자를 위한 기도, 순례, 예배 시의 행렬, 성수, 부적 등을 제거하였으며, 공로 쌓는 일, 수도원, 환상을 보거나 황홀을 추구하는 일, 풍유적인 성경 해석 등을 반대하였다.

옛 것을 그대로 보존한 것은, 초자연적인 세계관과 천사 및 마귀의 존재를 믿는 믿음, 지상의 존재를 비관적으로 보는 시각과 이와 관련된 종말 신앙, 초대교회에서부터 전수되어 오는 하나의 참된 교회에 대한 교리 등이다. 루터는 신령주의자들에 반하여 예배를 적극적으로 갱신하지는 않았다. 가톨릭의 미사를 폐지하는 대신에 수정하여 보존하였다. 루터는 예배에서 설교와 성찬을 두 정점으로 삼았으나 교인들 모두를 성찬식에 참여하도록 강권하지는 않았다. 교회 내에 제단(Altar)과 성상과 오르간은 그대로 두었으며, 세례 시에 행하는 축귀(Exorcism)의 관행도 그대로 행하였다.

쯔빙글리의 종교 개혁

루터가 보름스 왕국회의에서 문제의 인물로 다루어지고 비텐베르크를 중심으로 하여 종교 개혁 운동이 진척되어 갈 무렵, 쯔빙글리는 쮜리히(Zürich)에서 스위스와 독일 쪽 접경 지역의 종교 개혁을 주도하였다. 쯔빙글리(Ulrich Zwingli)는 1484년 1월 1일 토겐부르크 영지에 속한 빌트하우스(Wildhaus)에서 출생하였다. 바젤과 베른에서 학교에 다니고 1500년에 비엔나와 바젤에서 인문주의 교육을 받았다. 루터에 비해 정규 신학 과정을 밟지 않은 셈이다. 루터는 중세 후기 신학의 난해한 문제들에 대한 관심과 지식을 가진 데 반하여, 쯔빙글리는 수학, 지리, 철학, 고전 등 인문학 분야에 관심을 가지고 책을 수집하였다. 쯔빙글리는 1506년부터 1516년까지 글라루스(Glarus)에서 목회하였으며, 1518년에 쮜리히의 그로스뮌스터(Großmünster) 교회의 수석 사제가 되었다.

쯔빙글리는 에라스무스에게서 많은 영향을 받고 그에게 존경을 보내었으나, 1519년 라이프찌히 공개 토론이 있은 이후부터는 루터에게로 마음이 쏠리기 시작하였다. 그는 루터의 글을 읽고 감동을 받았을 뿐 아니라, 성경 공부를 하면서, 그리고 복음적인 설교를 하면서 교회의 부조리에 대하여 조직적으로 비판하며 개혁을 추진하기 시작하였다.

1522년 초 쮜리히 시 당국은 쯔빙글리의 제안으로 용병 금지법을 제정하고 쥐리히의 젊은이들이 용병으로 나가는 것을 금하였다. 쥐리히의 몇몇 시민들이 금식령을 범하자 콘스탄쯔의 감독이 이 일에 개입하였고, 쯔빙글리는 이 일로 인하여 개혁에 관한 그의 첫 글, '엘키젠과 음식의 자유'를 발표하였다. 그 해 여름에는 '대속의 기도'(Supplication)를 발표하여 복음을 자유롭게 설교할 수 있어야 한다고 주장하는 한편, 사제의 혼인이 허용되어야 한다고 역설하였다.

1523년 1월 29일 쥐리히에서 최초로 공개 토론회가 열렸다. 쯔빙글리는 이를 위하여 67개 조항으로 교회 개혁의 필요성을 말하였다. 토론의 상대자 요한 파버(Johann Faber)는 쯔빙글리의 논의를 반박하였으나, 시 당국은 앞으로 모든 설교자는 복음을 설교하도록 결정하였다. 그 해 10월 26~28일에 성상(聖像) 문제를 두고 두 번째 토론회가 열렸다. 주민들이 쯔빙글리의 만류를 듣지 않고 성상 파괴 행위를 자행했기 때문이다. 회의 결과 쯔빙글리의 의견을 받아들여 성상을 제거하되 당국의 개입하에 질서 있게 하기로 하였다.

쯔빙글리는 백성들을 가르치기 위하여 1523년 11월 「기독교 신앙 개요」(*Kurz Christliche Einleitung*)를 내놓고, 1525년에는 「참 종교와 거짓 종교에 대한 해석」(*Commentarius de vera ac fasa religione*)을 출간하였다. 개혁은 가톨릭의 종교 의식과 법을 과감히 버리는 것임을 말하고 성경에 근거하지 않은 것은 아무것도 지킬 필요가 없음을 주장하였다. 그리하여 가톨릭의 미사, 오르간, 찬송, 제단, 예배 시에 입장하는 행렬, 죽은 자를 위한 기도, 성상들, 임종을 당한 자에게 행하는 종유성사(終油聖事) 등을 제거하거나 폐지하였다. 구제 기관을 세우고 학교 교육을 쇄신하며 노예 제도를 철폐하였다. 금, 은, 보석 및 화려한 옷 등을 착용하지 않거나 구제를 위하여 팔도록 하였으며, 하나님을 모독하는 일, 저주하는 일, 술집, 연극 등도 없이 하고, 간음과 매음을 금하였다.

개혁 운동은 스위스의 여러 칸톤(州)과 도시로 확산되었다. 베른, 바젤, 상트 갈렌(St. Gallen), 샤펜하우젠(Schaffenhausen), 글라루스 등의 여러 도시와 지역이 종교 개혁에 가담하였다. 그러나 슈비쯔(Schwyz), 우리(Uri), 운터발덴(Unterwalden), 루쩨른(Luzern), 주크(Zug), 프라이부르크(Freiburg) 등은 가톨릭 신앙을 견지하였다. 양측의 대립은 드디어 무력 충돌로 발전하였다. 개혁 운동에 불만을 가진 가톨릭은 합스부르크 가의 페르디난드와 동맹을 맺고 쮜리히에 대항하였다.

쯔빙글리는 1529년 6월 가톨릭 측을 공격하기 위하여 카펠(Kappel)로 진군하였으나 접전 없이 제1차 카펠 평화조약을 체결하고 철수하였다. 쯔빙글리는 가톨릭 측이 페르디난드와의 동맹 관계를 포기하고 개신교 주민에 대한 탄압을 철회하겠다고 하는 약속을 받아내었다. 그러나 가톨릭 측 칸톤들이 약속을 이행하지 않자 쯔빙글리는 경제 봉쇄로 이들을 압박하였다. 1531년 10월에 산악지의 가톨릭 칸톤들은 8,000명의 군사를 동원하여 쮜리히를 공격하기 위하여 나서 카펠에 이르렀다. 쮜리히는 1,500명의 군사로 이에 맞서 싸웠으나 중과부적(衆寡不敵)으로 참패하였다. 쯔빙글리를 포함하여 400명이 전사하여 쮜리히는 큰 타격을 입었다. 가톨릭 측과 쮜리히는 그 해 11월 20일 제2차 카펠 조약을 체결하였다. 그 결과 쮜리히에서는 가톨릭의 활동이 허용된 반면에 가톨릭의 칸톤에서는 개신교의 활동이 허용되지 않았다.

쯔빙글리의 신학과 사상

쯔빙글리는 인문주의에서 출발하여 성경이 하나님의 영감된 무오한 말씀이며 모든 생활의 척도가 되는 말씀이라는 것을 알게 되었다. 그는 교계주의와 사제주의를 반대하며 가톨릭 교회의 권위를 인정하지 않으며 의식(儀式)을 싫어하였다. 그리고 토마스 아퀴나스와 르네상스의 신플라톤주의자들로부터는 자연신학의 사상적 영향을 받아 인간은 하나님을 찾는 내적 충동을 잃지 않았다고 하며 하나님을 이성을 통하여 인식할 수 있다고 생각하였다.

그리스도의 죽으심으로 말미암아 죄사함을 받는다는 사실을 루터로부터 배운 쯔빙글리는 이를 객관적인 사실로 발전시켜 하나님의 진노가 이제는 완전히 제거되었음을 강조하고 누구나 하나님께로 담대히 나아갈 수 있다고 말하였다. 쯔빙글리는 또한 어거스틴과 루터로부터 인간은 선을 행할 수 없는 존재이며, 인간의 무능은 그리스도를 통하여 극복될 수 있다는 교리를 받아들였다. 그러나 몇 가지 점에서 쯔빙글리는 루터와는 생각을 달리한다.

쯔빙글리가 신학에서 특이하게 강조하는 부분은 예정론이다. 하나님께서는 죄를 원하셨으며, 죄를 범함으로써 당신의 의를 온전한 영광 중에 나타내시려 하셨다고 말한다. 다시 말하면, 죄도 하나님의 작정 안에 포함되어 있었다는 말이다. 쯔빙글리는 예정을 교회에만 국한해서 생각하지 않는다. 천당은 고대의 위인들도 포용한다고 하였다. 이러한 사상은 루터에게는 이해될 수 없는 부분이었다. 루터의 은닉된 하나님(Deus absconditus)과 계시된 하나님(Deus revelatus)의 구별은 모든 것을 합리적인 논리로 체계화하려고 한 쯔빙글리에게는 생소한 개념이었다.

쯔빙글리는 고해와 사죄의 권한에 대한 루터의 가르침을 교계주의의 잔재로 생각하여 거부하였다. 그리고 1524년부터는 루터의 성례론에 반론을 제기하였다. 성례는 단지 신자 각자가 믿음을 고백하고 그리스도를 섬기게 하는 의식일 뿐이라고 쯔빙글리는 생각한다. 특히 루터의 공재설에 반대하여 성찬을 그리스도의 죽으심을 그냥 기념하는 것이라고 하였다. 즉, 성찬 제정의 말씀에서 '이것'을 그리스도의 몸을 상징하는 말씀으로 해석하였다.

국가와 교회의 관계에 관해서도 쯔빙글리는 루터와는 견해를 달리하였다. 쯔빙글리에 따르면, 당국은 성경이 말하는 하나님의 뜻과 율법을 적절히 실행하여 모든 사람으로 하여금 도덕적으로 새롭게 살도록 독려해야 한다. 그것이 국가가 해야 할 중요한 과업이다. 정부가 이를 잘 수행하지 못할 경우에는 재세례파들이 그랬던 것처럼 시민들이 항거 할 수도 있다고 한다. 그래서 그는, 위에서 언급한 바와 같이, 사회 개혁에 힘쓰는 등 정치에 적극적으로 참여하였으며, 마침내는 가톨릭과의 전쟁에서 전사하였다.

칼빈의 종교 개혁

종교 개혁 참여 이전의 칼빈

칼빈은 종교 개혁의 제2세대의 인물로서 제네바에서 종교 개혁 운동을 추진하였다. 요한 칼빈(Johannes Calvinus 또는 Cauvin, 1509~1564)은 1509년 7월 10일에 프랑스 파리에서 동북쪽으로 약 100km 떨어져 있는 작은 고도(古都) 노용(Noyon)에서 출생하였다. 루터가 성경의 학사학위를 받고 강의를 시작하던 해였다. 칼빈이 1536년 27세에 「기독교 강요」를 출판하였을 때 루터는 53세였다.

노용은 프랑스에서 두 번째로 오래된 고딕 주교 성당이 있는 곳이다. 아버지는 주교 교회에서 사서로 혹은 회계사로 있었고 어머니는 지방 귀족의 딸이었으며 경건한 신앙의 소유자였던 것으로 알려져 있다. 칼빈은 네 아들 중 하나로 다섯 살에 어머니를 여의었다. 아버지는 재혼한 뒤 어린 칼빈을 노용을 다스리던 이웃 귀족인 몽몰(Montmors) 집안에 보내어 양육 받게 하였다. 아버지는 칼빈을 사제로 만들 생각에서 노용의 카페트(Capettes) 학교에서 공부하게 하고, 1523년 그가 14살 나던 해에 파리 대학으로 보냈다. 당시에는 그 나이에 고등교육을 받는 것이 보통이었다. 칼빈은 마르쉐 대학(College de la Marche)에 입학하여 근대 교육학의 창시자의 한 사람인 코르디에(Mathurin Cordier)의 문하에서 공부를 시작하였다.

그후 그는 몬태규 대학(College de la Montaigu)으로 옮겨 인문과정을 마치고 석사학위를 받았다. 몬태규 대학은 인문주의에 반대하고 루터를 이단으로 매도하며 엄격한 정통주의(Orthodoxie) 노선을 따라 엄하게 교육하던 곳이다. 그럼에도 칼빈은 거기서 공부하는 동안 복음적인 인문주의를 접하게 되었으며, 에라스무스와 르페브르(Jacques Lefevre d' Etaples)의 사상을 배우는 한편, 루터와 멜랑흐톤의 글도 읽게 되었다. 그러면서도 칼빈은 로마 가톨릭 교회에 충실하려고 하였다. 적어도 1530년까지만 해도 그랬다.

칼빈이 개혁 운동으로 전향하게 된 것은 일러야 1533년 부터일 것으로 추정된다. 처음에 아들을 사제로 만들겠다던 아버지가 이제는 아들을 법률가로 만들겠다고 마음먹는 바람에 칼빈은 1528년에서 1531년까지 오를레앙(Orleans)과 부어지(Bourge)에서 법학을 공부하였다. 그러던 중 칼빈은 급히 부어지를 떠나 고향으로 가야만 했다. 칼빈의 아버지가 주교 성당의 참사회(Chapter)와의 의견 대립으로 출교를 당하는 불상사를 당하였기 때문이었다. 아버지를 변호하던 칼빈의 형 샬(Chales) 역시 출교를 당하였다.

2년 동안 자격 회복을 위하여 투쟁하던 아버지는 1531년에 세상을 떠났다. 아버지가 돌아가시자 칼빈은 자기가 하고 싶은 일을 마음껏 할 수 있는 자유를 누리게 되었으며, 집안이 겪은 로마 교회와의 관계 때문에도 칼빈은 부담없이 개혁 운동에 참여하게 된 것으로 보인다. 1531~1532년 겨울, 그는 처녀작 「세네카의 클레멘티아론에 대한 주석」을 손질하여 1532년 4월에 책으로 출판함으로써 학계의 인정을 받게 되었다.

칼빈의 회심에 관해서는 많은 사람들이 관심을 가진다. 그러나 칼빈이 언제 회심을 했는지는 아는 바가 없다. 칼빈은 극적인 회심을 경험한 것이 아니고 점차로 하나님께로 더 가까이 가게 되었음을 1557년에 쓴 시편 주석 서문에서 말한다. 그리고 칼빈 자신은 회심에 대하여 크게 평가를 하지 않을 뿐 아니라 갑작스런 회심을 하고도 그리스도인으로 사는 일에 진전을 보지 못하는 것보다는 점차로 신앙을 얻는 일을 더 높이 평가한다. 칼빈은 루터와는 달리 자기 자신에 관하여 별로 언급을 하지 않았다. 그래서 칼빈의 어린 시절이나 내면 생활을 추적하기가 어렵다. 하나님 앞에 쓰임받는 공인이 되었으면 그만이지 자신은 그리 중요하지 않다는 생각에서 그랬던 것 같다.

1535년 칼빈은 개신교도에 대한 박해도 피하고 공부도 할 겸 프랑스를 떠나 바젤로 갔다. 거기서 그는 여러 신학자들과 사귀기 시작하면서 불링어 (Bullinger), 비레(Paul Viret), 카피토(Capito), 부처 등 쟁쟁한 신학자들과 서신을 교환하였다. 칼빈은 바젤에서 교부들의 글을 탐독하며 히브리어를 공부하였다. 칼빈은 그의 「기독교 강요」 첫 판을 1535년에 탈고하여 이듬해 5월에 출판하였다. 그것은 그가 파리를 빠져나와 일 년 반 동안 친구 틸레(Louis du Tillet)의 집에서 묵으면서 집필한 것이다. 칼빈은 개신교도에 대한 이해를 촉구하고 호의를 기대하면서 「기독교 강요」 서두에 프랑수아 1세(François I, 1515~1547)에게 드리는 헌사를 썼다.

칼빈은 바젤에서 이번에는 프랑스로 가려고 하였으나 때마침 프랑수아 1세와 카를 5세가 전쟁을 하는 통에 길이 막혀 프랑스로 직행할 수가 없었다. 그리하여 칼빈은 제네바에 들러 프랑스로 가려고 그곳을 방문하였다가 드디어 파렐(Farrel)을 만나게 되었다.

칼빈과 제네바의 종교 개혁

칼빈이 제네바로 왔을 때는 제네바 시가 교황주의를 제거한 지 얼마 되지 않은 때였다. 파렐과 비레가 그곳의 교회 개혁을 주도하고 있었으나 제네바는 아직도 개혁적인 입장에 확고히 서지 못했으므로 분위기가 어수선하였다. 로마 가톨릭 측이 다소 열세이기는 했으나 아직도 만만치 않은 세력을 유지하고 있어서 개혁 운동은 지연되고 있었다. 즉, 누군가 개혁교회를 잘 조직하여 알차게 개혁 운동을 추진할 수 있는 인물이 필요했다. 파렐은 칼빈이야말로 제네바가 필요로 하는 사람이라 여겨 그에게 제네바에 머물도록 적극적으로 권유하였다. 칼빈은 파렐의 강권을 거절할 수가 없어서 겸양과 주저를 극복하고 제네바에 머물기로 하였다.

칼빈은 먼저 제네바 교회의 성경 봉독자요 교수로 봉사하기 시작하였다. 그러나 얼마 후 설교자로서 목회 일에도 관여하게 되었다. 칼빈이 언제 목사 안수를 받았다는 기록은 없으나 목회 일을 맡을 때 목사로 장립을 받는 의식이 있었음에 틀림없다고 여겨진다. 그는 처음부터 성경 강해와 교의학(敎義學) 강의, 설교 및 교회의 조직과 목회의 네 가지 일을 해냈다. 그의 이름이 알려지자 1536년 10월부터서는 로잔 등 이웃 도시에서부터 교회를 조직하는 일을 위하여 자문을 해 주도록 초청받기도 했다. 이러한 경험을 토대로 하여 칼빈은 1537년 1월 16일 교회의 새로운 조직에 대한 원리를 발표하였다.

칼빈은 일부 선택된 사람들만을 교회의 회원으로 간주하는 재세례파와는 달리 온 주민을 교인으로 간주하였다. 온 주민이 모두 등록된 세례 교인이기 때문이며 선택자를 가려내는 것은 오직 하나님께 속한 일이기 때문이다. 그러나 그는 모든 사람으로 하여금 예수 그리스도의 다스림을 받을 것인지 아니면 교황의 다스림을 받을 것인지를 스스로 결단하여 공식적으로 고백하도록 하였다. 이러한 조처로 인하여 주민들의 신앙은 표면적으로 드러나게 되었을 뿐 아니라, 제네바에 머물고 싶은 사람은 개혁 신앙을 택하지 않을 수 없게 되었다.

칼빈의 제네바 목회는 처음부터 순탄하지가 않았다. 로마 가톨릭 신자들과 어정쩡한 입지에 있는 사람들이 의외로 상당히 많아서 개혁에 완강히 반대하는 세력을 형성하고 있었다. 게다가 칼빈은 제네바로 온 지 얼마 지나지 않아서부터 재세례파들에게 괴로움을 당하였다. 그 밖에 로잔의 설교자 가운데 한 사람인 카롤리(Caroli)와도 충돌하게 되었다. 카롤리가 가톨릭의 연옥설에 대해서는 비판하면서도 죽은 사람을 위하여 중재하는 기도는 괜찮은 것으로 설교하므로 칼빈이 그의 생각이 모순됨을 지적하였기 때문이다.

카롤리는 파렐의 「신학 개요」(Summary)와 칼빈의 「기독교 강요」에서 인용하면서 제네바의 두 개혁자를 아리우스주의자라고 비난하였다. 제네바에서 열린 공개 토론에서 카롤리는 칼빈더러 만일 당사자가 아리우스주의자가 아니라면 사도신경과 니케아 신경 및 아타나시우스 신경에 서명하도록 요구하였다. 칼빈은 자신이 교회의 전통적인 기독론을 믿는 사람임을 확언할 뿐 카롤리가 요구하는 대로 서명하려고 하지는 않았다.

칼빈은 아마도 교회가 공식적으로 채택한 일이 없는 아타나시우스 신경에 서명할 이유가 없다는 뜻에서 응하지 않은 것으로 안다. 그러나 칼빈의 이러한 태도는 여러 사람들의 의심을 불러일으켰다. 1537년 5월과 6월에 로잔과 베른의 노회에서 토론은 재개되었다. 토론은 칼빈의 승리로 끝났으나 두 사람의 논쟁은 그후에도 슈트라스부르크에서 계속되었다. 카롤리는 결국 가톨릭으로 복귀하였다.

그러나 베른(Bern) 시민들은 이런 일로 인하여 칼빈을 좋아하지 않게 되었다. 그리고 베른은 루터교의 영향을 받아 루터교적인 예배 의식을 따랐다. 게다가 교회의 하나 됨을 위하여 노력하는 부처의 영향을 받아 스위스에 있는 모든 개혁교회가 자기네들식으로 예배하기를 바랄 뿐 아니라 유월절을 지키며 베른의 목사들이 입는 옷을 입도록 이를 정치적으로 관철하려고 하였다. 제네바 당국은 설교자에게 문의해 보지도 않고 베른 측이 요구하는 대로 시행하기로 하였다. 칼빈은 베른 시의 처사가 지역 교회의 자율성을 침해하는 것이라고 못마땅하게 여기면서 반대하였다.

제네바 시 당국은 부활절을 기하여 칼빈과 그를 지지하는 목사들에게 설교하는 것을 금하였다. 그리고는 소위원회와 200인회를 열어 베른의 예배 의식을 채택하기로 결정하였다. 칼빈과 파렐은 쮜리히에서 열리는 노회에 참석하여 자신들의 입장을 변호하고 화해할 의사를 밝혔다. 베른의 대표들은 제네바가 혹시 가톨릭으로 복귀하는 불상사를 당하지나 않을까 염려하여 칼빈과 파렐에게 호의를 보이고 제네바 당국과 개혁자들을 화해시키는 중재 역을 맡기로 하였다. 칼빈과 파렐이 중재자들과 함께 제네바에 이르렀을 때 시 당국은 그들에게 이미 금족령을 내린 한편 사흘 안으로 제네바 시를 떠나도록 명령했음을 알게 되었다. 시 당국은 칼빈과 파렐이 떠나 있는 동안에 개혁 측의 새 목사를 세웠다.

칼빈의 슈트라스부르크 목회

패배의 쓰라림 속에서 칼빈은 처음에 바젤로 가서 저술이나 하면서 조용히 지낼 생각을 했으나, 부처와 카피토의 간청을 받고 1538년 슈트라스부르크로 가서 프랑스에서 온 피난민들의 교회를 목회하기로 하였다. 그리하여 칼빈은 슈트라스부르크에서 프랑스 개혁교회의 모델이 되는 최초의 교구교회를 조직하고 예배 의식을 정하였다. 슈트라스부르크는 이미 루터교의 영향을 다분히 받고 있었다.

부처는 교회의 일치와 화목을 위하여 열정을 쏟을 뿐 아니라 교회의 조직에도 일가견을 가지고 슈트라스부르크의 개혁 운동을 주도하고 있었다. 그곳 교회들은 부처가 정성을 쏟아 개혁한 예배 의식을 따라 예배를 드리고 있었다. 칼빈은 이곳 교회들의 예배 의식을 주저없이 본받았다. 성찬식에서 죄를 회개하고 감사의 기도를 드리는 일이라든지 혼인 예식의 절차 등을 불어로 번역하였다. 이 예배 의식은 그가 후에 제네바에 가서도 실행하였으며, 그래서 그것이 온 개혁교회에 전수되었다. 1537년의 조례에 칼빈은 예배에서 회중이 시편을 찬송으로 부르도록 하고 있는데, 슈트라스부르크의 교회에서도 그렇게들 하고 있었다.

칼빈은 슈트라스부르크에 살면서 많은 것을 배웠다. 부처와는 교회의 조직이나 권징 등 여러 면에서 의견을 같이하였다. 예를 들면, 칼빈은 그의 「기독교 강요」에서 교회를 섬기는 직분으로 목사, 교사, 장로, 집사(라틴어로 Pastores, Doctores, Presbyteri, Diaconi)의 네 가지 직분을 말하고 이를 제네바에서 적용하였는데, 이러한 견해는 본래 부처에게서 나온 것이라고 한다. 칼빈 이전까지 장로와 집사는 감독 혹은 주교 아래 있는 성직자였다. 그러한 직분의 전통은 로마 가톨릭 교회나 앵글리칸교회에서는 그대로 보전되고 있다. 그런데 칼빈은 평신도를 장로와 집사로 세움으로써 교회 제도에 큰 변혁을 초래하였다.

칼빈도 그리스도의 교회의 순결을 위해서는 어쩔 수 없이 출교를 시행하는 권징이 있어야 한다고 했다. 칼빈은 제네바에서 지역 교회를 관할하는 기구를 조직하였다. 목사들과 교사들로 구성되는 일종의 교직자회(Vénérable Com-pagnie)를 두어 교수직과 교직자의 선임을 관장하게 하였으며, 또한 목사와 장로로 구성되는, 당회 혹은 노회에 해당하는 교회의 지도 감독 기구(consistoire)를 조직하였다.

부처는 1531년 이후부터 교회에 권징을 실제로 실시해 보려고 시도했다. 칼빈은 독일 교회로부터 배운 것도 없지 않았으나 별로 호감을 가지지는 않았다. 루터교회의 예전이 지나치게 가톨릭적인 점이 마음에 들지 않았으며, 또한 교회가 국가에 너무 의존적인 점에도 불만이었다. 그러한 조직에서는 권징을 시행할 수 없다는 생각이었다. 칼빈은 교회가 국가와 무관하기를 원하는 것은 아니지만 교회는 교회가 하는 일을 두고 자율성을 향유해야 한다고 생각하였다. 칼빈은 다시금 제네바에서 목회하면서 내내 이를 달성하기 위하여 시당국과 싸워야만 했다.

칼빈은 슈트라스부르크에 가자 이내 슈투름(Sturm)의 새 대학에서 성경 강해 강의 요청을 받았다. 칼빈은 요한복음을 비롯하여 고린도전서와 고린도후서로부터 시작하여 바울 서신들을 강해하였다. 그 밖에 그는 저술 활동도 활발히 하였다. 1539~1540년 겨울에 그는 「로마서 주석」을 포함하는 주석들을 출판하였으며, 1539년 8월에는 「기독교 강요」의 증보판을 출간하였다. 그 동안 신학 토론에서 경험하고 발표한 생각들을 수렴하여 보완한 것이었다. 1536년 판은 신앙 교육과 기독교의 변증을 다룬 기독교 개요에 지나지 않았으나 1539년 판은 기독교 교리를 깊이 있게 다루는 교의학 강요의 면모를 갖춘 것이다. 그리고 1541년에는 「기독교 강요」의 불역판을 출판하였다.

그 밖에 성찬에 대한 글을 써서 로마 가톨릭이나 루터파 혹은 쯔빙글리파와도 다른, 신약 성경에 근거한 자기 나름대로의 견해를 밝혔다. 추기경 사돌레트(Sadolet)는 칼빈에게 가톨릭 교회의 품안으로 다시 돌아오도록 회유하였으나, 칼빈은 사돌레트에게 보내는 공개 서한을 써서 로마의 교황교회가 참 교회가 아니고 복음이 가르치는 교회가 참 교회라고 말함으로써 자신의 확고한 태도를 피력하였다.

칼빈은 루터의 영향을 많이 받았다고 한다. 그는 루터의 신학적인 통찰력에 늘 경의를 표하였으며, 스스로 쯔빙글리보다는 루터를 더 좋아한다고 말하면서 루터를 사부(Father)라고 불러 대단한 존경을 표하였다. 그는 "설령 그가 나를 마귀라고 부르더라도 나는 그가 하나님의 귀한 종임을 시인하며 존경을 표해 마지않을 것입니다"라고 말하기도 했다. 그러나 한편 칼빈은 루터의 말씨가 거칠다거나 안하무인의 태도를 가졌다든지 혹은 무식하다는 등 그의 인격과 신학에 대하여 비판하는 말도 하였다.

칼빈이 멜랑흐톤과 친히 알고 지내게 된 것은 부처의 천거로 1539년 2월에 프랑크푸르트에서 열린 신학회의에 참석하면서부터였다. 1540년과 1541년에 하게나우(Hagenau)와 보름스에서 열린 신학회의에서 다시 만나 교제한 이후부터 두 사람의 교분은 더 두터워졌다.

칼빈은 1539년 7월 29일 슈트라스부르크의 시민권을 획득하였다. 그가 목회하는 교회도 틀이 잡히고 경제적인 안정도 얻게 되어 이제는 슈트라스부르크에 영주하는가 싶었을 때, 칼빈은 제네바로부터 그곳 교회로 다시 와 달라는 청빙(請聘)을 받았다. 그 동안 제네바에는 여러 가지 변동이 있었다. 칼빈과 파렐을 대신하여 취임한 목사들이 잘못을 범했는가 하면, 칼빈을 지지하며 그의 추방을 반대했던 소수의 사람들은 다시금 발언권과 세력을 얻게 되었다. 이들은 시 당국과 여러 반대자들을 설득하여 칼빈을 제네바로 복귀시키도록 하는 결의를 하게 하였다.

제네바 시 당국은 1540년 10월 20일 청빙을 위한 공식 대표를 슈트라스부르크로 보냈다. 그러나 칼빈은 제네바에 대하여 쓰라린 과거에 대한 기억 때문에 청빙을 선뜻 받아들이지 못하였다. 이번에도 파렐은 슈트라스부르크까지 먼길을 찾아와 이를 받아들이도록 간곡히 부탁하였다. 부처는 부처대로 칼빈을 자기 옆에 붙들어 두고 싶어서 제네바 사람들에게 청빙을 포기하도록 설득하는 일에 최선을 다하였다. 이런 와중에 칼빈은 어렵게 결단을 하고 1541년 9월 2일 제네바로 향하였다. 그가 32세 되는 해였다.

칼빈이 슈트라스부르크에 있는 동안 신학과 교회의 조직과 제도에 대한 새로운 사상을 가지게 된 데에는 부처에게서 힘입은 바가 많았다. 신학과 목회일 이외에 부처가 칼빈의 삶을 위하여 또 하나 크게 기여한 것이 있었다. 칼빈으로 하여금 혼인하도록 권유하고 알선한 일이다. 부처는 개혁자들 가운데서 가장 먼저 혼인하여 루터와 마찬가지로 혼인 생활의 고마움과 아름다움을 찬양하는 위인(爲人)이다 보니, 아들과 같이 사랑하는 칼빈을 혼자 살게 내버려둘 수 없었다.

칼빈은 1540년 8월 두 아이를 가진 홀로 된 여자 이델레트 드 부어(Idellette de Bure)와 혼인하였다. 옛날 칼빈을 반대하던 재세례파 사람의 미망인이었다. 칼빈은 개혁의 선배들과는 달리 결혼 생활이 행복한 것만은 아니었다. 1542년 영아인 아들을 잃었으며, 1549년에는 아내를 여의었다. 그후 칼빈은 독신으로 지냈다. 그는 자기와 결혼하는 여자는 불행하고, 여자가 없으면 하나님을 더 자유롭게 섬길 수 있기 때문에 다시 결혼할 생각을 하지 않는다고 하였다.

칼빈의 제네바 목회

1541년 9월 제네바로 돌아온 칼빈을 그곳 사람들은 크게 환영하였다. 시 당국은 그를 위하여 사택도 마련해 두고 보통 목사의 두 배에 해당하는 사례금을 주기로 책정해 놓고 있었다. 제네바 사람들이 칼빈에게 바라는 것은 무엇보다도 교회를 조직하고 교회의 평정을 도로 찾도록 해 달라는 것이었다. 그러나 목회를 하는 과정에서 칼빈은 시 당국과 의회를 설득시키며 자신의 목회 이상을 관철하기 위하여 수없이 많은 애로를 극복하지 않으면 안 되었다. 그 중에도 큰 어려움은 자신이 원하는 대로 권징을 시행할 수가 없는 일이었다.

또 하나의 어려움은 제네바에 피난민이 늘어나는 일이었다. 칼빈은 자신이 피난민이었으므로 프랑스에서 신앙의 자유를 찾는 사람들에게 제네바로 피난 오도록 권유하고 자문하곤 하였다. 피난민들은 주로 프랑스 사람들이었으나 영국과 북이탈리아에서도 많은 사람들이 피난을 왔다. 한때는 제네바 인구의 무려 삼분의 일이 피난민이었다. 칼빈 자신은 1559년에야 비로소 시민권을 받았으나 제네바 시는 피난민들에게 쉽게 시민권을 주었다. 존 낙스(John Knox, 1505~1572)도 제네바에 체류하는 동안 시민권을 받았다. 그는 제네바 시를 일컬어 '사도 시대 이후 지상에서 가장 완전한 그리스도의 학교'라고 말하였다. 그러나 주민들은 피난민들때문에 물가가 오른다고 불평하면서 피난민이 늘어나는 것을 싫어했다. 칼빈 역시 피난민이었으므로 주민들의 이러한 반응으로 인하여 심리적으로 위축되었던 것이다.

칼빈은 제네바에 있으면서 후세의 역사가들로부터 비판을 받게 된 곤혹스러운 사건을 경험하였다. 그것은 곧 1553년 삼위일체 교리를 부인하는 세르베투스(Michael Servetus)를 고발하여 제네바 당국에 넘겨 줌으로 말미암아 결과적으로 그가 화형(火刑)을 당하게 된 일이었다. 세르베투스는 비엔(Vienne)에서 몰래 삼위일체 교리를 부인하는 책(*Christianisimi Restitutio*)을 출판하여 체포되었다가 빠져나와 나폴리로 피신하여 가는 길에 제네바를 경유하려고 하였다.

칼빈은 미리 이 소식을 듣고 세르베투스에게 제네바에 들릴 경우에 처벌을 면치 못할 것이라고 경고했으나 세르베투스는 이를 무시하고 들렀다가 변을 당했다. 칼빈은 화형이 아닌 다른 방법으로 처형해 주도록 간청했으나 제네바 당국은 화형이라는 극형을 내리고 말았다. 이단을 화형으로 다스리는 것은 당시의 유럽에서는 어느 나라에서나 시행하던 국법이었다.

제네바의 처사에 대하여는 스위스의 여러 도시들이 모두 찬성했으며, 여러 종교 개혁자들도 칼빈이 마땅히 할 일을 했다고 격려하였다. 멜랑흐톤은 1554년 10월 14일부의 편지에 세르베투스가 처형을 받도록 고발한 사실을 읽고 중재자 되신 주님께 감사하며, 그리스도의 교회가 현재는 물론 장차 칼빈에게 그 일로 인해 감사할 것이라고 말하면서 멜랑흐톤 자신은 칼빈의 결단에 전적으로 의견을 같이한다는 것과 시 당국의 처사는 정당한 것이었다고 쓰고 있다.

칼빈은 제네바에서 교회 행정을 위하여 애쓰는 한편 「기독교 강요」를 다시 고쳐 쓰는 일과 주석을 쓰고 여러 신학 회의를 위한 원고를 쓰며, 목회하는 일을 위해서도 초인적인 힘을 기울였다. 격주로 주중에 아침 6시(겨울에는 7시)마다 열리는 기도회에서 구약을 본문으로 설교하였으며, 주일 오전에는 신약으로, 오후에는 시편으로 설교하였다. 제네바로 돌아와 세상을 떠날 때까지 그가 한 설교는 무려 4,000편이나 되었다. 일년에 170여 회의 설교를 한 셈이었다.

그 밖에 1550년 이후 10년 간 결혼식을 주례한 것이 270건이었으며 세례를 준 것이 50회였다. 너무나 많고 다양한 일에 정력을 쏟은 칼빈은 탈진한 상태에서 신장결석, 위궤양, 혈루증, 근육경화증 등의 합병증에 시달리다가 1564년 5월 27일 55세를 일기로 세상을 떠났다. 제네바 교회는 그의 후계자 테오도르 베자(Theodor Beza, 1519~1605)가 맡아 목회하였다.

루터와 칼빈의 신학

'오직 성경'을 주창하면서도 교회의 역사와 전통을 존중하는 종교 개혁의 전통적인 교회는 루터교회, 개혁교회, 앵글리칸교회이다. 그러나 앵글리칸은 신학적으로 루터교와 칼빈주의에 근거하고 있으므로 개신교 신학의 두 큰 주류의 원천은 루터와 칼빈이다. 칼빈은 루터의 신학적 영향을 받았으면서도 루터와는 다른 교회와 신학적인 전통의 창시자가 되고 있으므로 두 종교 개혁자의 신학을 피상적으로나마 함께 대비하면서 고찰하는 것이 개신교의 신학적인 전통을 이해하는 데 도움이 될 것이다. 더욱이 칼빈의 신학적 특징은 루터 및 주변의 사상과 비교 평가하는 데서 더 옳게 이해할 수 있다. 왜냐하면 칼빈은 종교 개혁이 한창 진행중이었던 시대에 활동하기 시작한 종교 개혁의 제 2세대에 속한 인물이기 때문이다.

루터와 칼빈의 신학 사상을 비교 고찰할 때 우리는 두 사람이 활동한 역사적 상황의 차이를 우선 염두에 두어야 한다. 종교 개혁의 개척자인 루터는 종교 개혁을 지지하는 영주들이 종교 개혁을 반대하는 가톨릭의 교회 및 정치 세력에 맞서 싸우고 협상하는 과정 속에서 개혁 사상을 발굴하고 발표하며 개혁 운동을 추진한 데 반하여, 칼빈은 루터와는 달리 이미 개혁을 지향하고 있는 제네바와 슈트라스부르크에서 대부분 개혁 신앙으로 전향한 사람들과 함께, 그리고 그들을 대상으로 목회하는 가운데 개혁적인 신학과 사상을 정리하며 전개하였던 것이다. 그리고 가톨릭과 개신교의 격렬한 대립과 전투의 소용돌이를 경험하는 일도 없었다.

성례에 관한 견해

성례에 관한 루터의 견해를 보면 루터가 중세 가톨릭에서 종교 개혁으로 넘어오는 과도기의 개척자임을 재삼 인식하게 된다. 가톨릭이 교의화한 7성례 가운데 종교 개혁자들은 세례와 성찬 이외의 것은 성례임을 부인하였다. 그러나 1519년에 루터는 7성례를 축소하면서 세례와 성찬과 함께 고해(告解)를 보유하였다. 루터는 고해를 성례로 보유하되 가톨릭에서 행하는 고해성사와는 의미를 달리하였다.

가톨릭에서는 죄를 통회하고(contritio) 고백하여(confessio) 사제를 통해 죄책을 용서받고(absolutio), 보상 행위를 하거나 벌을 받음으로써 만족을 얻는다(satisfactio)고 한다. 이에 반하여 루터는 사제가 용서의 말씀, 즉 복음을 참회자에게 들려 줌으로써 복음의 은혜를 전달할 때 참회자는 신앙으로 인한 죄의 용서를 확실히 믿어야 한다고 말한다. 그러나 1521년에 이르러 루터는 사제에게 은밀하게 고해하는 것은 사제의 권위를 지나치게 높이는 것이라고 하며 비판하기 시작하여 고해에서 목사의 역할보다는 설교된 말씀 자체의 역할을 강조하였다. 그후 1531의 「소요리문답」에서는 고해라는 말을 완전히 제거하였다.

세례에 관하여 루터는 세 가지로 말한다. 세례가 하나님의 이름으로 베풀어지는 것은 수세자를 받아들이는 것이 교회가 아니고 하나님 자신이심을 함축하기 때문이라고 한다. 그는 수세자를 하나님과 연합하도록 받아들이시는 하나님의 은혜의 선물이라고 한다. 그리고 수세자는 세례를 받음으로써 로마서 6장의 말씀과 같이 죽고 다시 살아나 새 사람이 되는 것을 상징한다고 한다. 그러나 루터는 세례가 가톨릭의 주장과는 달리 결코 자동적으로 받는 은혜(opere operato)가 아님을 분명히 한다. 믿음으로 받아들일 때 비로소 성례는 유효한 것이라고 거듭 강조한다.

칼빈의 세례 이해도 루터와 별 다름이 없으나, 세례는 그리스도에게 접붙임을 받은 우리가 하나님의 자녀로 인정받기 위하여 교회의 회원으로 받아들여지는 입회의 표라는 말을 강조한다. 세례는 사죄의 표이며, 그리스도와 함께 죽었다가 다시 살아나는 표이며, 우리가 그리스도와 연합한다는 표라고 한다.

유아 세례는 루터나 칼빈과 다른 종교 개혁자들이 모두 긍정한다. 루터에 따르면, 유아 세례는 사도 시대부터 행해 오던 일이며, 세례가 없이는 교회가 성립되지 않으므로 성장하고 이어지는 교회에 대한 하나님의 약속도 무효가 된다는 것이다. 또한 성경이 유아 세례를 금하지 않는다고 하고 누가복음 1:44을 인용하면서 믿음이 세례를 받는 행위를 낳는 것이 아니고 세례를 받는 것이 믿음을 낳는다고 말한다. 그리고 또한 마가복음 10장의 말씀을 인용한다.

그러나 성찬에 대한 이해는 일치하지 않는다. 루터는 위에서 이미 언급한 바와 같이 성찬에 그리스도가 몸으로 임재한다는 소위 공재설을 주장함으로써 가톨릭의 화체설을 완전히 탈피하지 못한 것이라고 개혁교회 측으로부터 비판을 받았다. 루터는 성찬에 참여한 자는 누구나 다 그리스도의 살과 피를 먹고 마시는 것이므로 그리스도의 살과 피에 참여하는 것이라고 강조하였다. 이에 반하여, 쯔빙글리는 성찬은 그리스도의 죽으심을 기념하며 취하는 것이라고 하는 소위 기념설을 말했다.

1529년 마르부르크에서 루터와 쯔빙글리간에 성찬에 대한 견해를 조정하기 위한 종교회의가 열린 것은 칼빈이 아직 종교 개혁의 대열에 입문하기 이전이었다. 칼빈은 루터와 쯔빙글리 양자를 절충하는 입장을 취하였다. 즉, 성찬은 그리스도의 죽음을 기념하는 것이면서도, 그것은 하나님께서 우리에게 말씀과 함께 은혜를 주시는 방편이며 인치시는 보증이라고 말하고, 그리스도께서 성찬에 영으로 임재하신다고 말한다. 칼빈은 떡과 포도주를 먹고 마심으로써 그리스도의 몸과 피를 먹고 마셔서 그와 연합하는 것임을 강조한다.

칼빈이 우리의 그리스도와의 연합을 말할 때 그리스도의 영과의 순수한 영적 연합만을 의미하는 것은 아니고 우리의 몸을 취하신 그리스도와 연합한다고 말한다. 칼빈은 그리스도의 육체와 우리 사이에는 무한한 공간적인 거리가 있음을 말하고 루터와는 달리 그리스도의 몸의 편재를 부인하면서도 그리스도의 실재적인 임재를 말하는 사상에는 루터의 견해에 찬성한 것이다. 그러나 루터는 그리스도의 임재를 요소들(떡과 포도주) 속에, 요소들 밑에, 그리고 요소들과 함께 계시는 임재를 말한 반면에, 칼빈은 성령을 통하여 계시는 임재를 말하였다. 성령께서만 그리스도의 몸에 접근하실 수가 있다는 것이었다.

칼빈은 성찬의 거룩한 비밀(sacrament)은 두 가지 의미를 함축한다고 말한다. 즉, 그것은 우리 앞에 놓여서 우리의 연약한 인식 능력을 도와 불가시적인 것을 볼 수 있도록 해 주는 그리스도의 몸의 징표와, 그와 동시에 징표 자체를 통하여 빚어지고 제공되는 영적인 진리라고 한다. 칼빈은 성찬의 징표가 의미하는 것을 지적으로 충분히 인식할 수 있다고 생각하지는 않는다. 칼빈은 성례에 대한 중세적인 이해, 즉 '자체가 효능이 있는 징표'(signum efficax)라는 개념을 배격한다. 이 개념은 중세 후기에 나온 것인데, 그리스도의 몸이 우리가 먹고 마시는 것 속에 포함되어 있다는 주장이다. 칼빈은 반면에 성례에서 경험하는 것을 단지 하나의 정신적인 것으로 축소하려는 극단적인 반론적 이해도 배격한다.

성찬에 대한 이해를 두고 루터교는 자신들의 견해를 견지하는 데에 더 철저하였다. 그래서 루터교회는 오랫동안 성찬식에 개혁주의 신자가 참석하는 것을 용인하지 않았다. 루터교회 측은 자신들의 견해를 지키는 일에 개혁교회 측보다 더 도그마적이고 폐쇄적이었다. 루터교회 측은 신령주의적 전통을 존중한 데 반하여, 개혁교회 측은 더 합리적인 사고와 이해를 존중하였으므로 더 개방적이었다. 성경을 하나님의 말씀으로 믿고 충실하려는 사람이면 해석상에 약간의 차이가 있다고 하더라도 관용하려는 편이었다. 메리 여왕 때 유럽으로 피신한 잉글랜드의 신자들을 루터교회 측보다는 개혁교회 측에서 환영하였으므로 그들은 개혁주의의 영향을 받게 되었다.

그리스도에 대한 이해

종교 개혁자들이 성찬에 대한 견해의 차이를 중요하게 생각한 것은 그것이 그리스도에 대한 이해와 직결되기 때문이었다. 루터는 칼케돈의 기독론을 받아들임과 동시에 그리스도의 인성과 신성이 상호교관된다는 개념과 하나님의 존재의 편재설에 근거하여 그리스도의 신성이 계신 곳에는 그리스도의 몸도 있다는 견해에서 성찬의 공재설을 역설하였다. 이에 반하여 개혁주의는 "유한(有限)은 무한(無限)을 포괄할 수 없다"(finitum non est capax infiniti)는 합리적인 이해에서 천상의 하나님 우편에 계시는 그리스도께서 성찬에 영으로 임재하시는 것이지 몸으로 임재하시는 것은 아니라고 믿었다.

루터는 그리스도에 대한 이해를 빌립보서 2:5~11을 중심으로 하여 시작한다. 성육하시기 이전에 계시는 아들(聖子)에 관하여 관심을 두기보다는 종의 형상을 입은 예수님께 초점을 두고 있다. 다시 말하면 요한복음 1:1의 로고스에 관한 말씀을 사변하기보다는 당장 구원과 관계를 가진 예수님께 관심을 갖는다. 루터는 삼위일체 교리와 기독론의 교리를 기독론적이며 구원론적인 관점에서 본다. "예수 그리스도는 계시된 하나님(Deus Revelatus)이시고 예수 그리스도는 나의 주님이시다" 그리스도께서는 하나님의 사역을 통하여 우리의 죄책을 맡아 지시고 우리 인간들을 위하여 하나님의 의가 계시되도록 율법 아래 스스로 죄인이 되셨다고 말한다.

루터는 또한 '그리스도의 양성의 상호교관'에 근거하여 그리스도의 편재(omnipresence)를 주장한다. 즉, 예수 그리스도의 인성과 신성은 상호 교관하므로 부활 승천하신 예수님의 신성과 인성이 어디든지 같이 계신다고 한다. 그리스도 안에 있는 신성과 인성은 한 인격이기 때문에 성경도 이러한 인격의 통일성을 위하여 인성이 경험하는 모든 것을 신성에 돌리며, 또한 그것이 진리 안에 있다고 말한다. 그러므로 그리스도께서 고난을 받으셨다는 말은 바로 그리스도 그분(person)이 고난을 받고 죽으신 것을 의미한다는 것이다.

루터는 소위 칼빈의 '분리적인 기독론'(Trennungs-Christologie)에 대항하여 강한 반론을 폈다. 만일 그리스도께서 어떤 한 장소에 신성과 인성의 인격으로 임재할 수 없다면, 그리고 다른 곳에서는 인성이 배제된 인격으로 계시다면, 그는 부족한 그리스도에 지나지 않을 것이라고 한다. 하나님이 나와 같이 하신다고 한다면 그의 인성도 나와 같이하심을 인정해야 한다고 말한다.

그리스도의 양성은 구별된다. 그러나 상호교관은 연결(conjunctio)이다. 말하자면, 하나의 인격(person)이지 두 인격이 아니다. 이러한 인격은 곧 하나님이시요 사람이시다. 그러므로 혹자는 루터가 단성론적 알렉산드리아신학이 말하는 가현설의 색채를 띤 기독론과 양태론에 기울어지는 경향이 있다고 평하기도 하지만, 유의해야 할 것은 루터의 기독론의 표현이 객관적이며 사변적인 기독론이 아니고 실존적이며 인격적이며 구원론적이면서 찬양과 영광을 돌리는 기독론에 머물려고 한다는 점이다.

희랍과 동방의 신학은 '우리를 위한 하나님의 영원한 생명'(vita aeterna Dei pro nobis)을 주제로 하였다. 그럼으로써 인간이 그리스도의 성찬의 몸을 통하여 죽음과 허무로부터 구원을 얻는다고 한다. 즉, 그리스도께서 성육하시고 부활하셔서 우리 인간을 위하여 신적인 불사를 가져다 주신 이로 이해하였다. 그런가 하면 서방의 라틴신학에서는 안셀무스의 '보상기독론'(Satisfactions Christologie)에서 보듯이 그리스도께서 법적으로 우리의 죄값을 치르시는 이로, 다시 말하면, 그리스도는 우리 죄인을 사하시는 모범이 되시는 이로 이해하였다. 다시 말하면, '법정적인 모방기독론'(Juristische Imitations-Christologie)으로 이해한 것이다.

이에 반하여 루터는 하나님께서 예수 그리스도 안에서 진정으로 나에게 무엇을 말씀하시는가라는 하나님 자신에 대한 기독론적이며 구원론적인 질문을 던졌다. 신적인 것도 아니고 불멸의 것도 아니며, 법적인 만족설의 신적인 중요성에 관하여도 묻지 않고, 하나님께서 그의 말씀이신 예수 그리스도 안에서 인격적으로 취급하시는 일에 관하여 물었다. 루터는 기독론은 곧 구원론이라고 말한다. 그리스도는 무엇보다도 먼저 그의 사역을 통해서만 옳게 파악될 수 있다고 하며, 그의 사역은 들음에서 난 믿음 안에서 나를 위하여 그리스도 안에 계셔서 계시된 하나님의 완전한 행사라고 말한다. 인격과 사역(works)의 통일성 속에서, 즉 중보자와 중보자 직의 통일성 속에서 우리 믿는 자들은 아버지와 아들, 즉 하나님 아버지와 성육하신 하나님의 연합(unio)과 하나이심(unitas)을 인식한다고 한다.

루터는 그리스도의 인격과 사역을 따로 보거나 나중에 생각해서 연결을 짓는 것이 아니라고 말한다. 루터는 그렇게 말함으로써 그리스도의 사역을 하나님의 사역으로 이해한다. 즉, 그리스도는 하나님 자신이다. 하나님 자신이 로고스 안에서 인간이 되신 바로 그분이시다. 그래서 그는 탄생에서 죽을 때까지 인성 안에서 일하시는 이로 참으로 현존하시는 분이시라고 한다.

루터가 말하는 것은 중보자 안에 있는 양성(兩性)을 두고 형이상학적으로 논하는 하나 됨(Einheit)이 아니고 중보자의 인격과 사역의 하나 됨 속에서 나를 위하시는 아버지와 아들의 인격적인 하나 됨이 하나님께서 설명하시는 말씀을 통하여 신앙의 확신을 불러일으킨다고 말한다. "나는 예수 그리스도라고 하는 그분을 통하지 않고는 아무 하나님도 알지 못한다."

루터는 전통적으로 믿어 오는 양성의 교리를 구원론적이며 실존적이고 실제적이며 삶에 필수적인 것으로 피력한다. 말하자면 하나님은 인간들에게 당신을 인격으로 나타내시되, 그들이 중보적 인격 안에서(그의 사역 안에서) 말씀을 통하여, 믿음을 통하여, 신뢰를 통하여 구원받는 것임을 깨닫도록 나타내신다고 한다. 루터는 전통적인 이해를 따라 하나님의 말씀의 '신적인 인격' (persona divina)을 본질적으로 '신성' (natura divina)과 동일시하는 가운데 신적인 인격이 인간적인 인격(persona humana)을 포용한 것이 아니고 인성(natura humana)을 포용한 것으로 이해한다.

루터는 '그리스도인의 자유'에서 피력하는 바와 같이 예수님의 직분에 관하여 칼빈과는 달리 접근한다. 칼빈은 그리스도의 사역에서 출발하여 그리스도의 인격을 이해하는 데 반하여, 루터는 그리스도의 인격에서 출발하여 그분의 사역을 인격과 함께 종합적으로 이해한다. 루터는 예수 그리스도를 표상 (exemplum)이요 징표(sacramentum)로 이해함과 동시에 모범자(exemplar)요 구원자(salvator)로 이해한다. 그러므로 그의 기독론은 그리스도를 모범으로 삼는 것은 아니다. 그는 예수 그리스도를 신앙의 모범이 되는 분이면서 신앙의 중재자라고 한다.

그리스도의 중요한 직임은 은혜와 죄사하심을 가르치고 가난한 자에게 복음을 전파하며 율법을 설교하는 일인데, 가장 중요한 일은 인간을 구속하는 일이라고 한다. 즉, 죄와 죽음과 마귀와 율법에서 벗어나게 하는 일이라고 한다. 그리스도는 스스로 죄를 담당하심으로써 하나님의 진노를 진정시키시며, 그리스도 자신의 사랑과 순종을 통하여 하나님의 의가 우리 사람들에게 미치도록 하신다고 말한다. 그리스도는 우리를 위하여 죽음을 감수하고 극복하신 최선의 제사장이며 또한 우리의 왕이 되신다. 그러므로 그는 영원히 통치하신다고 말한다. 예수 그리스도는 왕이시요 제사장이시라는 이 두 직분은 전통적으로 '그리스도'라는 칭호에서부터 이해해 온 것인데, 루터는 선지자 직은 이 두 직분에 근거하여 말할 수 있는 것으로 이해하였다. 선지자의 직능을 왕과 제사장 직능과는 좀 다른 사역으로 간주하였다.

칼빈은 그의 「기독교 강요」 제2권에서 인간과 죄, 율법, 구약, 그리스도와 그의 구속 사역의 4단계에 관하여 논한다(「기독교 강요」 II, 12~17). 그리스도와 구속 사역에 관한 장에서는 6가지로 말하고 있다.

- 하나님의 아들이 성육하신 목적은 영원 전부터 정하신 중보자의 직분을 감당하시기 위함이라는 것
- 그리스도의 인간적인 육체의 참 성질에 관하여(그리스도께서 그의 육체를 하늘에서부터 가져 오셨다는 재세례파의 메노 시몬스[Menno Simons]의 가현설적인 가르침에 반대한다.)
- 중보자의 한 인격이 어떻게 양성을 지니는가 하는 문제에 관하여(세르베투스 등에 반대하여 그리스도의 하나님의 아들 되심은 마리아에게서 태어날 때부터가 아니고 영원 전부터임을 강조한다.)
- 우리를 위한(pro nobis) 그리스도의 구원 사역으로서의 중보자의 3직(三職, triplex munus)에 관하여
- 기독론 고백의 구원적 실제에 관하여, 즉 중보자의 죽으심, 부활과 승천에 관하여
- 공로의 개념이 엄격하고 본래적인 의미에 있어서 그리스도의 직분에 부합하는 것인지에 관하여

칼빈은 아담이 범죄하지 않았더라면 그리스도께서 인간이 되시지 않았을 것이라는 루터파 신학자 오지안더의 논의를 거부하고, 모든 것을 하나님의 경륜에서 설명하고자 한다. 칼빈은 성육에 대한 오지안더나 둔스 스코투스의 사변적인 논의를 거부하고, 성육을 구원 역사적으로, 즉 인간은 아담으로 인해 죄가 있게 되었으며 그리스도 안에서 구원을 얻는다는 인간론적이며 구원론적인 관점에서 파악한다. 그것은 곧 성육을 하나님 이해와 예정론으로 돌아가

이해하는 것이다. 칼빈은 초기(1536년)에 그리스도의 고난과 순종을 안셀무스의 보상기독론 식으로 이해하였다. 다시 말하면, 그리스도의 죽음을 형벌로, 그리고 우리를 위한 충분한 선한 행위로 이해하였다. 그러나 후에는(1543년) 그리스도를 구약 시대에 기름 부음을 받은 선지자, 제사장, 왕의 3직의 개념으로 이해한다.

루터는 그리스도의 신성과 인성이 하나의 인격을 이루고 있다는 점을 강조하면서 전통적으로 견지해 온 '속성의 교관'에 근거하고 있으나, 칼빈은 하나님의 구원의 경륜에 호소한다. 그리하여 그리스도의 3직에 근거한다. 중보자의 직분을 두고 말할 경우 그리스도의 신성이나 인성을 나누어 강조할 수 없다고 한다. 칼빈은 그리스도의 양성이 혼합되거나 분리될 수 없다고 하는 점에서는 루터와 마찬가지로 칼케돈의 신조를 따르지만, 양성을 그리스도의 중보자 직에 비추어 이해해야 한다는 것은 칼케돈 신조를 넘어서서 덧붙여 말하는 것이다.

칼빈은 성육하신 영원하신 말씀이나 양성의 실체적인 연합으로 이루어진 신적인 인격에 관하여 말하기보다는, 분리해서 생각할 수가 없는 중보자 예수 그리스도와 그의 중보자로서의 직분에 관하여 훨씬 더 많이 언급한다. 루터는 그리스도의 직분론에서 기독론을 전개한 적은 없으나, 멜랑흐톤은 그리스도를 중보자(Mittler), 구속자(Erlöser), 구세주(Heiland), 왕(König), 제사장(Priester), 목자(Hirte) 등 여러 가지 직명을 들어 말한다. 그러나 칼빈은 중보자의 사역을 구약에서 말하는 세 직분을 언급한다.

칼빈은 「기독교 강요」 첫 판과 「제네바 교리문답서」에는 그리스도의 3직 가운데 왕 직에 관하여 먼저 언급하고 있으나 1559년 판에는 두 번째로 말한다. 1545년 이후부터는 선지자 직을 제일 먼저 다룬다. 그런가 하면 제사장 직은 언제나 왕 직에 이어 말한다. 그러나 17세기의 정통주의 신학에서도 그렇지만, 역사적으로 예수 그리스도의 선지자 직을 먼저 들어 말하고, 그 다음에 제사장 직을, 그리고 맨 나중에 왕 직의 순서로 말하는 것이 보통이다.

칼빈은 중보자의 성(natures)이 둘이라고 구분하면서도 통일을 이루고 있다고 하는 개념을 추상적으로 이해하기보다는 구원역사적으로 직분의 개념을 통하여 구체적으로 이해하려고 한다. 칼빈은 구약의 선지자, 왕, 제사장의 직분을 따라 그리스도의 3직을 이해하되, 그리스도의 신성은 이미 율법 안에 현존하셨던 것으로 이해하며, 창조의 중보자로서의 하나님의 영원한 로고스의 인격과 구원의 중보자로서의 나사렛 예수 그리스도의 우연적인(contingent) 인격을 구분하여 본다.

그리스도를 창조의 중보자와 구원의 중보자로 구별해서 보는 견해는 성령론에도 영향을 미친다. 칼빈은 온 우주의 창조와의 관련에서 볼 수 있는 섭리적 사역자로서의 성령과 예정 가운데 특별히 섭리하시는 사역자로서의 성령으로 구별한다. 그리고 이러한 견해는 더 나아가서 인간을 창세기 1장에서 보여 주는 피조물로서의 인간과 중보자를 통하여 성령으로 중생한 구원받은 인간으로 구별해 보는 데까지 부연된다.

루터는 그리스도의 선지자적 직능을 제사장 직능에 포함시켜서 본 데 반하여, 칼빈은 이를 따로 본다. 칼빈은 그리스도께서 가르치시고 기도하시고 말씀을 선포한 일을 선지자적 직능에 속한 것으로 본다(「기독교 강요」 II, 15, 6). 선지자적 직능은 그의 지상 사역에 국한되는 것이 아니고, 그리스도로 말미암아 열린 은혜의 시대에도 수행하는 직능으로 이해한다. 그리스도와 그의 가르침 안에서 모든 선지자들의 예언이 성취되었을 뿐만 아니라, 성령으로 영감된 성경 말씀의 증거와 그 말씀을 듣는 자들로 하여금 신앙을 고백하게 하는 성령의 역사가 그리스도께서 성취하신 선지자적 말씀 전파와 행하심의 연장이라고 말한다. 즉, 현재 그리스도께서 제사장 직능을 수행하시듯이 선지자의 직능 역시 계속 수행하신다는 말이다.

성경관

　로마 가톨릭은 제도적인 교회와 교의를 규범으로 여김으로써 성경을 상대화하는 데 반하여, 루터는 성경만이 우리의 삶을 위한 규범이 된다고 설명한다. 루터는 그 점에서는 성경의 권위를 높였으나 성경과 본래적인 하나님의 말씀을 구별한 점에서는 성경의 권위를 약화시켰다는 비평을 듣는다. 루터에게 하나님의 말씀은 예수 그리스도이시다. 그러므로 성경의 모든 말씀에서 예수 그리스도의 복음을 발견한다. 성경의 중심은 예수 그리스도의 인격과 그의 구속 사역이라고 하며, 구약의 율법 역시 그리스도를 지향하고 있다고 한다. 이와 같이 복음 중심의 성경 해석과 '오직 은혜로'와 '오직 믿음으로'를 강조하면서 야고보서, 요한계시록, 히브리서는 그다지 중요하지 않은 책으로 평가하게 된 것이다.

　루터는 설교된 말씀은 성령의 내적 역사를 통하여 살아 있는 말씀으로 듣는 자의 지성과 양심과 의지에 다가온다고 한다. 그리고 말씀은 인격적이므로 듣는 이에게 일정한 반응을 요구한다고 한다. 성경은 성령의 내적 증거 혹은 성령의 조명을 통해서만 하나님의 말씀으로 이해할 수 있게 되며, 성경은 그 자신이 해석자라고 말함으로써 성경 해석의 원리를 제시한다. 그 점은 칼빈의 경우에도 마찬가지이다.

　칼빈이 그리스도에 관한 이해를 그리스도의 3직에서 시작한 것은 성경의 권위를 철저하게 믿었기 때문이다. 루터는 성경의 책들을 두고 우열을 가린 데 반하여, 칼빈은 구약과 신약을 다 같이 권위 있는 하나님의 말씀으로 믿는 일에 더 철저하였다. 종교 개혁교회들이 모두 다 '오직 성경'(sola scriptura)을 내세웠으나 칼빈과 개혁신학자들에게는 성경을 중심으로 하는 사상이 더 공고함을 본다. 칼빈과 개혁신학자들은 합리성과 논리를 따라 사고하지만, 인간의 자율적인 사고나 판단이나 신비적인 경험에 의존하는 일은 단연코 배제하고 성경만을 사색의 근거요 규범으로 삼는다. 성경 중심 사상은 개혁주의 신앙고백서들에 잘 표현되어 있다. 베른 신조(1528년), 제1스위스 신앙고백서(1536년), 제2스위스 신앙고백서(1566년), 프랑스 신앙고백서(1559년), 웨스트민스터 신앙고백서(1647년) 등이 서두에서 계시와 성경을 다루고 있음을 발견한다.

칼빈은 성경이 성령께서 성경 기자들을 감동하셔서 기록하게 한 말씀으로 믿으며 이 점을 분명하게 말한다. 칼빈이 신약과 구약에서 제시하는 하나님은 '말씀하시는 하나님' (Deus loquens)이다. 그러므로 성경에서 가르치고 있는 모든 것을 비판하지 않고 공손하게 순종하는 마음으로 받아들여야 한다고 말한다. 그리고 성경은 성령의 학교이며 유익한 지식은 하나도 빠뜨리지 않는 동시에 유익한 지식이 아니면 아무 것도 가르치지 않는다고 말한다.

그런데 칼빈은 어디에서도 성경 영감과 관련된 사역의 양식에 대하여는 상세하게 논하지 않았다. 그러나 그는 성경은 그 기원을 하나님에게 두고 있다는 점과 성경은 마치 우리가 하늘에서 말씀하시는 하나님의 살아 있는 음성을 듣는 것과 마찬가지로 참된 하나님의 말씀이라는 점을 확신있게 말한다. 개혁 신학자들이 후에 성경의 영감의 양식(樣式)을 제각기 설명하지만 성경이 말씀한 것 이상은 말하지 않는 칼빈이 더 성경 중심의 신학을 한 것이다.

교회관

그리스도의 이해에 대한 루터와 칼빈의 이러한 견해 차이는 그들의 교회관에도 드러난다. 루터는 교회를 성도들의 교제(communio sanctorum)라고 하는 반면에, 칼빈은 교회는 성도들의 교제일 뿐 아니라 하나님께서 제정하신 기구(機構 혹은 制度, institution)라고 말하고, 하나님의 말씀이 먼저 있고 이에 응답하는 성도들의 모임이 성립되는 것이므로 교회가 하나님께서 제정하신 기구라는 개념이 성도들의 모임이라는 개념보다 선행한다고 한다. "주님께서는 교회를 직분자를 통하여 다스리기를 원하신다"(『기독교 강요』 IV, 3, 1).

교회를 하나님께서 제정하신 기구로 인정한다는 것은 교직 제도를 인정한다는 말이다. 즉, 말씀을 전하는 목회자가 먼저 있어서 교회가 성립된다는 말이다. 그것은 그리스도의 교회가 신앙고백에만 근거하는 교회가 아니고, 복음의 증언자요 성경을 기록한 사도와 선지자의 터 위에 선 역사적인 교회임을 인식하는 것이다. 교회에 대한 루터와 칼빈의 견해 차이는 마태복음 16:18에 대한 해석에도 그대로 반영되고 있다. "이 반석 위에 내 교회를 세우리라" 하신 말씀에서 '이 반석 위에'를 루터는 신앙고백으로 보아 '그리스도 위에'로 해석하는 데 반하여, 칼빈은 '사도들과 선지자의 터 위에'로 해석한다. 에베소서는 사도와 선지자의 터 위에 그리스도께서 머릿돌이 되심을 말씀한다(엡 2: 20).

루터는 또한 종교 개혁 초기에 교황주의에 강하게 반발한 나머지 만인제사장론을 말했으나 칼빈은 그런 말을 일체 언급하지 않았다. 쯔빙글리의 후계자인 불링어는 만인제사장론을 언급하고 있으나 성도들이 누구나 다 그리스도 안에서 하나님께 직접 나아갈 수 있다는 영적인 의미를 가질 뿐, 교회에서 봉사하는 직분을 두고 한 말은 아니라고 천명하였다. 루터의 만인제사장론은 교직 제도에 대하여 소극적인 견해를 가지는 경건주의자들이 다시금 강조하는 말이 되었으며, 교직 제도를 부정하는 그룹들에게 영향을 미쳤음을 역사에서 알 수 있다. 오늘날 한국 교회 안에서도 많은 사람들이 '만인제사장'이라는 개념을 개혁주의적으로보다는 경건주의적으로 이해하고 있음을 발견한다.

개혁교회는 선교해서 교회를 세우는 일에 적극적인 반면에, 루터교는 소극적이었던 것도 양 교회의 교회관과 무관하지 않다. 루터는 교회의 제도에 관심이 적었으므로 루터교는 그대로 감독교회로 머물렀으나, 칼빈은 그와 반대로 교회를 감독교회와 회중교회(Congregational Church)의 중간 형태인 장로교회 제도로 개혁하였던 것이다. 교회 역사에서 감독교회는 전제적(專制的)인 교황주의로 발전하였으므로 개혁교회는 이러한 위험성을 내포하고 있는 감독교회 제도를 지양하였다. 그러나 이와는 대조가 되는 개교회주의 제도는 성경이 가르치는 교회의 보편성을 덜 고려하는 제도이다. 그러므로 개혁교회는 개교회주의 제도도 마다하고 두 유형의 중간 형태인 장로교회 제도를 채택하고 있다.

장로교회 제도는 목사가 감독의 기능을 다하는 노회에 속함으로써 노회의 형제들이 서로가 순복하는 가운데 노회가 위임한 교회를 목회하도록 하는 것이다. 노회는 목회자가 당회를 중심으로 목회하는 지교회의 성장과 유익을 위하여 당회의 의사를 존중하는 가운데서 감독하는 한편, 다른 지역의 노회들과 함께 대회 혹은 총회를 구성하여 교회의 치리와 교리에 관한 문제를 상의하고 피차 순복한다. 말하자면, 개혁교회의 장로정치 제도는 지교회의 독립성과 교회의 보편성을 최대한으로 존중하며 조화(調和)를 기하는 교회 제도이다. 유럽의 개혁교회 제도는 장로회 제도이면서도 노회 업무를 관장하는 직분자를 '감리'(superintendent)라고 하여 4년 혹은 5년 간 그 직무를 수행하도록 하고 있는 점에서 감독교회 제도에 약간 가까울 따름이다.

종교 개혁자들은 부패한 가톨릭 교회, 즉 기구로서의 교회를 염두에 두고 교회의 쇄신을 주창하면서 교회의 개념을 이분화하였다. 교회를 예수 그리스도의 신비적인 몸의 성장과 동일시함으로써 보이는 하나의 교회가 있을 뿐이라는 로마 가톨릭의 교회관에 반하여, 루터는 '내적인 교회'와 '외적인 교회'로 나누어 말하고, 칼빈은 '보이는 교회'와 '보이지 않는 교회'로 구분하여 말하였다. 완전한 구원으로 택함을 받은 성도의 모임을 '내적인 교회' 혹은 '보이지 않는 교회'라고 하고, 최종적인 구원은 받지 못했으나 교회에 적을 두거나 출석하는 교인들을 다 포용하는 현실의 교회를 '외적인 교회' 또는 '보이는 교회'라고 하였다. 그런데 '보이는 교회'를 지나치게 강조하면 로마 가톨릭 교회처럼 교권주의 교회가 되고 '보이지 않는 교회'를 추구하면 분리주의 교회가 된다.

칼빈은 루터와 마찬가지로 교회 개념을 이분화하면서도 실제 우리가 관여해야 할 교회는 보이는 교회라고 말함으로써 '보이지 않는 교회', 즉 '참 신자들만의 교회'를 추구하는 재세례파의 교회관을 반대하고, 칼빈 자신은 제네바의 시 교회를 목회하는 일에 혼신의 힘을 다하였다. 칼빈의 교회관은 곧 바울의 교회관과 상통한다.

바울은 문제가 많은 고린도 교회를 향하여 '너희는 그리스도의 몸'이라고 말하는 한편, 흠이 많고 불완전한 현실의 교회가 지향해야 할 이상적인 교회상을 가르친다. 현실의 교회는 성화의 과정에 있는 교회, 즉 항상 개혁되어야 하는 불완전한 교회이므로 교회의 지체인 성도들과 교회를 섬기는 사역자는 현실의 불완전한 교회에 충실해야 하며, 그럼으로써 함께 성화를 이루어 가야 한다고 가르친다. 말하자면, 칼빈은 '보이지 않는 교회'를 전제하면서도 '보이는 교회'에 충실하고, 또한 '보이는 교회'에 충실하면서도 '보이지 않는 교회'를 지향해야 함을 말하였다.

신령주의의 전통을 가진 경건주의는 재세례파와 마찬가지로 믿는 자들만의 교회를 추구하므로 그들의 교회관은 분리주의적이다. 한국 교회는 여러 경로를 통하여 분리주의적인 교회관의 영향을 받았음을 인식한다. 미국 교회가 많은 교파 교회로 되어 있는 것은 본래 신령주의에 속하는 신자들이 신앙의 자유를 찾아 이민한 데다가, 같은 신앙고백을 가졌다고 하더라도 유럽의 여러 다른 언어와 민족적인 배경에 따라 제각기 종족교회들(ethnic churches)을 세웠기 때문이다.

건전한 교회관을 가지느냐 분리주의 교회관을 가지느냐 하는 것은 교회의 분열 혹은 연합에만 반영되는 것이 아니고, 목회와 교회 정치와 사회 및 문화 전반에 대한 자세와 세계관에도 반영된다. 신령주의자는 현실의 불완전한 교회를 정죄하면서 '보이지 않는 교회', 즉 '신앙인들만의 교회'를 추구하는 반면에, 하나님의 주권 사상을 강조하는 개혁주의자는 '보이지 않는 교회'를 시인하면서 '거룩한 교회'를 지향해야 하는 불완전한 현실의 교회를 중요시하며 목회한다. 신령주의는 특별은총을 강조하고 일반은총에 대한 개념이 희박한 반면에, 개혁주의는 특별은총과 함께 일반은총을 균형 있게 인식하고 강조한다.

신령주의는 죄악으로 가득한 현세와 세속의 역사와 문화를 정죄하는 나머지 반지성적이며 반문화적인 경향을 보이며, 영적인 삶에 치중하여 윤리를 소홀히 하는 반면에, 개혁주의는 그러한 현세와 세속의 역사와 문화가 하나님의 주권과 심판 아래 있음을 인식하면서 영적인 삶과 함께 윤리적인 삶을 강조하며, 하나님 나라의 확장을 위하고, 역사에 참여하며, 현세와 문화의 변혁을 위하여 최선을 다한다. 개혁주의와 신령주의의 이러한 대응의 차이는 실은 교회관 이전에 구원론에 대한 신학적인 관심의 차이에서 오게 된 것이다.

칭의 교리와 성화 교리

루터는 그리스도 안에서 믿는 자를 의롭다고 여겨 주신다고 성경이 가르치는 칭의의 교리를 말하였다. 바울 이후 교회 역사에서 그냥 묻혀 지내 온 위대한 교리를 발견하고 발굴했던 것이다. 칭의 교리는 사람이 구원을 얻는 것은 오직 하나님의 은혜로 말미암는 것이라고 어거스틴이 강조한 교리를 더 깊이 천착하며 더 강도 높게 드러내는 교리이다. 그것은 또한 기독교를 자력으로 하나님을 찾고 구원을 찾는 일반 종교와 구별되게 하는 가장 핵심적인 교리이다.

중세 교회는 은혜의 교리를 오랫동안 망각하고 반(半)펠라기우스주의에 근거하는 공로주의 사상에 젖어든 바람에 공로주의가 만연하게 되었으며, 따라서 교회가 그리스도 중심에서 떠나 부패하게 되었던 것이다. 13~14세기에 스콜라신학자들이 다시금 은혜의 교리를 상기하고 논의하였으나 공로주의 사상을 벗어나지 못했는데, 루터가 성경에서 칭의 교리를 발견함으로써 비로소 중세 교회의 공로주의를 극복할 수 있었다.

공로주의가 상식으로 통하는 중세의 교회적 상황에서 칭의의 교리의 발견은 위대한 발견이었으며, 그것을 발굴한 것은 대단한 작업이었다. 그러므로 루터는 중세의 공로주의에 대항하여 이를 극복하는 칭의의 교리를 강조하는 일에 많은 힘을 쏟았다. 그는 그리스도 안에서 의롭다함을 받은 그리스도인의 자유에 관하여 말한다. 그리스도인들은 율법주의나 공로 사상에서 선을 행할 것이 아니고 구원의 은혜에 감사하는 마음에서 행해야 함을 강조한다.

혹자는 루터는 사람이 어떻게 구원을 받으며 무엇을 해야 하는지에 관심을 쏟은 반면에, 칼빈은 하나님을 높이고 하나님의 영광을 드러내는 일에 더 많은 관심과 정력을 기울였다고 말하는데, 공로주의의 포로가 된 로마 가톨릭 교회에 대항하여 믿음으로 의롭다함을 얻는다는 사실을 강조해야 하는 역사적인 상황을 고려한다면 루터의 입장을 이해하게 된다. 루터는 실로 그 일을 통하여 종교 개혁의 개척자로서 종교 개혁 신학에 큰 물꼬를 트는 위대한 과업을 수행하였다.

칼빈은 칭의의 교리를 그대로 받을 뿐 아니라, 은혜의 교리를 더 발전적으로 이해하였다. 사람이 어떻게 하여야 구원을 얻느냐 하는 데 대한 관심을 넘어서서, 사람을 그리스도 안에서 의롭다고 하심으로 구원의 은혜를 베푸시는 하나님의 위대하심을 재발견하고 찬양하는 신학을 폈다. 그리하여 개혁주의 신학은 하나님의 은혜와 칭의의 교리를 뒷받침하는 하나님의 절대 주권 사상을 전개하게 되었으며, 나아가서는 예정론을 강조하게 되었다. 칼빈에게 있어서 중요한 것은 피조물의 자기 중심적 구원이나 사랑이라는 신적 의지의 보편성이 아니라, 하나님의 영광이었다.

루터는 칭의의 교리를 강조하면서 그리스도인이 선을 행해야 할 것을 동시에 강조한다. 칭의의 교리가 선행에 대한 의지를 약화시킨다는 오해도 있었으므로, 루터는 칭의를 강조하다가는 다시금 선행을 강조하고, 그러다가는 칭의의 교리가 약화될까봐 다시금 칭의를 강조한다. 칭의와 선행, 이 둘을 역설적(逆說的, paradoxically)으로 강조한 것이다. 그러나 칼빈은 성화의 교리를 더 체계 있게 설명한다. 루터가 칭의의 교리에 집중한 반면, 칼빈은 성령을 통하여 그리스도 안에서 사람을 의롭다 하시며 성화시키시는 하나님께 더 많은 관심을 가졌기 때문이다.

루터와 신령주의자들 및 복음주의자들이 인간이 어떻게 해야 구원을 받느냐 하는 문제를 두고 하나님의 은혜에 대한 인간의 반응에 먼저 관심을 두는 반면, 칼빈과 개혁신학자들은 구원을 베푸시는 하나님께 더 많은 관심을 둔다. 그래서 후자들이 하나님의 주권과 예정을 더 많이 말하게 된 것이다.

하나님에 대한 이해

루터는 하나님에 대한 인식은 그리스도 안에서와 그리스도를 통하여서만 가능하다고 말한다. 하나님은 본질적으로 살아서 끝없이 일하시는 의지이시며, 그의 창조 활동은 영원히 계속된다고 한다. 하나님은 전능하시며 만물을 주관하시며 편재하시는 분이라고 한다. 마귀도 하나님의 권세 아래 있으나, 하나님 자신은 악의 근원자(Urheber des Bösen)가 아니라고 말한다. 악의 근원자는 악한 자(der Böse)라고 한다. 사과나무의 좋고 나쁜 것은 나무의 질에 달린 것이지 심은 자에 달린 것은 아닌 것과 같다고 예를 들어 말한다. 그러면서도 그런 질문은 어려운 것이라고 하면서 세상에 존재하는 악의 문제는 하나님의 비밀에 속한다고 한다.

루터의 신관의 특징 가운데 하나는 하나님을 은닉된 하나님(Deus abs conditus, 사 45:15)과 계시된 하나님(Deus revelatus)으로 구분하는 것이다. 은닉된 하나님이라는 개념에서 루터는 인간의 강퍅한 죄, 죽음, 마귀를 허용하시는 부분들은 인간이 이해할 수 없는, 접근할 수 없는 면이라고 한다. 계시된 하나님은 성육된 하나님, 십자가에 달리신 그리스도 안에 계신 하나님이시며, 설교를 통하여 자신을 나타내시며 경배를 받으시려는 것이 하나님의 뜻이라고 한다.

루터는 삼위일체론에 대해 어거스틴을 따라 하나님은 삼위 안에 하나이심을 분명히 말한다. 각 위가 마치 다른 위는 계시지 않는다는 듯이 온전한 하나님이시며, 하나님이 일하시는 데에 삼위의 각 위가 일하신다고 말한다. 그런데 루터는 지적인 논리로 삼위일체를 논증하려고 하기보다는 일상의 설교에서 늘 삼위일체론적으로 말했다. 하나님의 말씀이 곧 그리스도다. 그러나 그것은 성령을 통하여 효능을 발휘한다고 하며, 교회는 하나님의 백성이며 그리스도의 몸이요 성령의 전이라는 식으로 말한다.

루터에 비하여 칼빈은 더 지적으로 신론에 접근한다. 우리의 정신 속에 하나님에 대한 직관이, 종교의 씨앗이 있다고 한다. 그래서 칼빈은 우주 속에 계시된 하나님에 관하여 말하고, 하나님께서는 자신을 우주 속에 나타내셨으나 인간은 죄로 눈이 어두워 하나님을 알지 못하므로 하나님께서 성경에 당신 자신을 계시하신다고 한다. 계시된 말씀에서 하나님을 창조주 하나님으로, 삼위일체 하나님으로 인식한다. 루터는 그리스도를 통하여 구원론적인 관심에서 만물을 지으신 창조주 하나님께 접근하는 반면에, 칼빈은 더 인식론적으로 창조주 하나님께서 계시를 주셨으나 우매하여 깨닫지 못한 인간에게 말씀을 주시고 중보자 아들을 주시는 구원의 하나님께 접근한다.

신론에 대한 이러한 이해의 차이는 루터교회 신앙고백이나 요리문답, 개혁교회의 신앙고백서나 요리문답에 그대로 잘 반영되어 있다. 루터교회는 인간의 죄와 구원과 구속에 대한 고백과 문답에서 시작하는 반면에, 개혁교회는 성경과 하나님, 하나님의 작정, 인생의 목적이 하나님을 영화롭게 하는 것이라는 고백과 문답으로 시작한다. 루터적인 경향은 경건주의와 부흥주의, 복음주의로 전수되고 있음을 발견할 수 있다.

개혁신학은 구원의 하나님을 곧 창조주 하나님으로 인식한다. 하나님께서는 창조주 하나님이시므로 모든 만물을 운행하시고 다스리시며, 죄 아래 버려져 죄의 종노릇하는 인생을 독생자 예수 그리스도의 희생을 통하여 구원하신다. 창조주 하나님, 만물을 다스리시고 섭리하시는 하나님께서는 능력과 권능이 있으시다. 개혁신학은 구원을 받아야 하는 사람에 대한 관심을 넘어서서 구원하시는 하나님을 바라보고 하나님께 영광을 돌리는 일에 열중하므로 하나님은 위대하시고 하나님의 사랑은 한없이 넓고 크심을 사색하며 찬양한다.

하나님께서는 죄인을 구원하시기 위하여 오래 참으시고, 악인과 선인에게 골고루 일반은총을 베푸신다. 우리가 가진 모든 것, 우리의 재능과 능력과 우리의 생명이 다 주님의 것임을 인식한다. 하나님의 이름이 높임을 받고 하나님께서 영광을 받으신다면, 모세와 같이, 자신의 구원 문제까지라도 다 하나님께 맡김으로써 하나님의 절대 주권에 순종하고 복종하기를 마다하지 않는다. 자신의 죽고 사는 일과 영원한 구원까지도 하나님의 처분에 다 맡기고 하나님께 영광과 존귀와 감사와 찬송을 돌리는 개혁주의 신앙자는 하나님께서 만세 전에 우리를 사랑하셔서 구원에 참여하도록 예정하셨다는 예정론을 성경이 가르치는 대로 믿고 그 일로 인하여 하나님을 찬양한다.

예정론

루터는 인간의 구원은 오직 하나님의 은혜로 되는 것임을 강조하고 칭의론을 강조함으로 예정론을 말하였다. 칼빈은 루터의 예정론을 '이중예정론'(Gemina Praedestinatio)으로 더 발전시켰다. 이중예정론이란 하나님께서는 어떤 자는 구원으로 택하시고, 어떤 자는 멸망에 버려 두기로 작정하셨다는 선택과 유기(遺棄)의 교리를 말한다. 그러나 루터가 유기를 말하지 않은 것은 하나님을 계시된 하나님이면서 동시에 은닉된 하나님으로 보는 그의 신관과도 관련이 있다. 루터는 이해하기 어려운 교리들은 합리적으로 추론하여 논리적인 결론을 내리지 않고 은닉된 하나님께 속한 것으로 덮어 둔다. 루터의 이러한 신관과 칭의와 구속론에 더 많은 관심을 두는 신학적인 경향을 따르는 루터의 다음 세대의 신학자들에게는 예정론에 대한 강조가 퇴조됨을 보게 된다. 루터파 신학자들은 예정론에 관하여 별로 언급하지 않을 뿐만 아니라 성례론을 두고 자기들과 다른 견해를 취하는 스위스 신학자들의 전유물로 치부한다.

반면에 더 합리적인 사고로 접근하는 개혁주의 신학자들은 구원론을 말하면서 예정론을 더 강조하였으며 후기의 개혁주의 신학자들은 이 주제를 두고 더 사변적인 경향을 보이게 되었다. 초기의 개혁자들, 즉 쯔빙글리, 기욤 파렐, 피에르 비레(Pierre Virret), 부처 및 불링어도 예정론을 확고하게 주장하였다.

칼빈은 칭의에서 성화를 논하며 창조주 하나님과 만물을 다스리시는 하나님의 주권에 관심을 두었으므로 그 역시 예정론을 강조하였다. 칼빈은 「기독교 강요」 3권에서 구원의 교리를 논한 끝에, 21절 이하에서 예정 교리를 논한다. 성도의 구원이 전적으로 하나님께로부터 말미암은 것임을 깨달음과 동시에, 하나님께서 만세 전에 당신의 작정 가운데 미리 정하신 것임을 깨닫고 하나님께 영광과 감사를 돌리는 찬양(doxology)에 속하는 교리임을 말한다. 칼빈은 하나님의 영원하고 불변하는 작정 가운데 어떤 이는 구원으로, 어떤 이는 멸망으로 예정하셨음을 성경이 밝히 말씀하신다고 논한다. 예정은 그리스도 안에서만 이해하고 인식할 수 있으며, 하나님의 작정은 당신의 의(義) 안에 숨겨져 있으므로, 사람이 그것을 알아내려고 해서는 안 되고 다만 순종과 경외로 대해야 하는 것이라고 말한다.

예정론은 아르미니우스와 그를 따르는 자들의 반론에 부딪히면서 16세기 말부터 17세기 중엽까지 유럽 대륙과 영국에서 열띤 신학적인 논쟁점이 되었다. 반예정론에 대처하기 위하여 모인 칼빈주의 신학자들의 도르트 노회는 1619년 예정론을 변증하며 확인하는 신조를 내놓았다.

칼빈주의자들은 예정론을 변증하는 과정에서 예정 교리를 성경에서 말하는 것 이상으로 추론하였다. 이를테면 '타락 전 예정론'(Supralapsarianism)과 '타락 후 예정론'(Infralapsarianism)을 말하는 등 예정 교리를 사변하고 체계화함으로써, 구원은 전적으로 하나님으로 말미암는 것임을 "고백하고 찬양하는 교리"(doxology)를 더 객관화된 교리로 다루었다. 그리하여 마침내는, 비록 칼빈은 신학과 교회 실천의 많은 주제들을 균형 있게 다루었음에도 불구하고, 마치 예정 교리가 칼빈의 신학과 개혁주의 신학의 특징을 나타내는 대표적인 교리인 양 일반적으로 인식하게 된 것이다.

종교 개혁과 급진파 운동

종교 개혁의 역사는 개신교와 로마 가톨릭간의 투쟁으로만 점철된 것이 아니고 제3의 운동이 있어서 더 복잡하고 다양하게 진행되었다. 종교 개혁자들은 교회의 개혁을 주창하되 교회가 지키는 절기나 예배 혹은 전통 가운데 성경적이거나 초대교회 때 전수되어 오는 건전한 것은 그대로 보유하고 그렇지 않은 것은 버린다는 자세를 취하였다. 그에 반하여 좀더 급진적인 그룹들은 성경을 주관적으로 그리고 더 문자적으로 해석하고 따른다면서 역사나 전통을 외면하는 경향을 보였다. 이를테면, 재세례파, 신비적 신령주의를 지지하거나 혹은 합리주의에 근거하여 삼위일체 신앙을 부정하는 자들이 그러했다.

재세례파

루터의 종교 개혁 운동이 한창 진행되고 있던 1520년부터 재세례파 운동이 일기 시작하였다. 재세례파 운동을 주도한 대표적인 인물은 토마스 뮌쩌였다. 급진파의 운동은 쯔빙글리의 영향을 받은 스위스와 인근 지방에서도 일어났다. 1524년부터 재세례를 주장하는 사람들이 목소리를 높이기 시작하였다. 쯔빙글리가 이러한 재세례에 반대하자 재세례파 운동은 알프스 지방, 모라비아, 라인 저지대, 프리슬란드(Friesland)로 급속히 확산되었으며 주로 서민층에게 파급되었다.

재세례파 운동은 신령주의 전통과 배경에서 나온 운동으로서 30여 개의 그룹이 있었다. 그들의 주장과 특징이 약간씩 다르기는 하지만 대체로 국가와 국가 교회를 불신하며, 산상설교에 근거하여 율법적인 도덕성을 강조하였다. 국가와 국가 교회를 불신하고 자기들 나름대로 신앙과 생활을 고집하면서 국가 교회와 정부 당국의 마찰을 피할 수가 없었다. 그들은 대체로 모든 압제, 특히 정부 당국의 압제와 불법한 처사에 대하여는 겸손히 인내로 참는 편이었다. 그러나 그룹에 따라서는 폭력에 호소하는 저항을 감행하기도 하였다.

또한 '내적인 빛'에 관한 신비주의적인 교리와 나름대로의 예언자적 조명에 대한 소명을 강조하는 한편, 택함을 받은 성도들만의 참된 교회를 추구하며, 성인 세례를 다시 받아야 한다고 주장하였다. 재세례파가 처음부터 침례를 시행한 것은 아니다. '내적인 빛'에 대한 가르침은 '오직 성경만으로'를 주창한 종교 개혁자들로서는 받아들일 수 없는 가르침이었으며, 택함을 받은 성도들의 교회를 추구하는 분리주의적인 사상은 칭의의 교리를 가르친 종교 개혁자들이 혐오하고 반대한 사상이다.

재세례파들의 또 하나의 특징은 천년왕국 종말 신앙을 가졌다는 것이다. 재세례파의 토마스 뮌쩌는 튀링겐 출신의 설교자로서 농민 봉기의 이념적 지주 역할을 하였으며, 1525년 농민 전쟁에 가담하여 농민들의 지도자로 역할하였다. 그는 천년왕국 건설의 꿈을 실현하기 위해서는 성령을 받은 선민들이 무력으로 천년왕국의 길을 예비해야 한다고 하고, 악인들의 대량 학살이 이루어져야 한다고 하였다. 즉, 일반 민중들로 구성된 선민들이 귀족들을 포함한 불신자들을 처단하기 위하여 칼을 사용할 수 있는 권리와 의무가 있음을 선언하였다.

뮌쩌의 이러한 사상은 중세부터 전해 오는 천년왕국 신앙과 그 운동의 특징을 대변하는 것이었다. 초대교회 대다수의 교부들은 천년왕국 신앙을 가졌다. 그러나 천년왕국 신앙은 어거스틴의 영향으로 431년 에베소 회의에서 정죄되었다. 그 이후 천년왕국 신앙은 서민층에 퍼져 전수되어 왔는데, 12세기경부터 백성들이 사회적인 불평등과 부조리에 대한 불만에서 사회 정의를 추구하고 이상 사회의 실현을 바라는 운동으로 발전하였다.

15세기 보헤미아에서는 사회평등주의를 지향하는 천년왕국 운동(Egalitarian Chiliasm)이 있었다. 설교자들은 하나님의 백성들이 세상의 정화(淨化)를 위하여 주의 이름으로 불신자들을 죽이는 것은 피할 수 없는 의무라고 외쳤다. 먼저 죄인들을 없이하여 땅이 정결해져야 그리스도가 오신다고 믿었으며, 때가 되면 신자들은 공중으로 들려 올라가 주를 만나고 자신들이 사는 지역의 거룩한 산 속에서 메시아의 잔치에 참예하게 된다고 믿었다.

또한 사도행전의 예루살렘교회와 같이 한다면서 재산을 공유하는 일도 실천한다고 했으나, 모두가 일하지 않고 소비만 하다가 가진 것이 없어지자 다른 이웃을 습격하여 약탈하는 무리로 전락하기도 하였다. 그들은 대환난 심판의 대행자라고 하면서 성직자들과 수도사들을 제일 먼저 처치해야 할 대상으로 삼았다. 당시 보헤미아의 경우, 국토의 반이 교회 소유로 되어 있었다고 하니 그 이유를 알 만하다.

보헤미아에서 일어난 사회평등주의의 천년왕국 운동은 인접한 독일로 침투해 들어갔다. 1502년 슈파이어(Speyer)에서 농부인 요스 프리츠(Joss Fritz)가 '분트슈'(Bundschuh)로 알려진, 천년왕국 신앙으로 무장한 혁명적인 농민운동을 일으켰다. 관아를 습격하여 파괴하고, 모든 세금 제도를 철폐하며, 교회 재산을 주민들에게 분배하고 삼림과 수자원과 목장을 공동의 소유로 하는 것을 목적으로 한다는 것이었다. 이와 때를 같이하여 독일의 여러 지역에서 농민들의 소요가 있었다. 모두가 다 천년왕국 신앙과 결부된 것은 아니었으나 천년왕국 신앙이 두터운 고장인 튀링겐에서는 농민 전쟁으로까지 발전하게 되었다.

멜키오르 호프만(Melchior Hoffmann)은 환난과 이적과 기사가 있은 후, 그리스도의 탄생 이후 1500년이 되는 해인 1533년에 천년왕국이 시작된다고 하였다. 처음에는 그의 추종자들이 슈트라스부르크로 모여들었으나 호프만이 투옥되자 그의 재세례파 추종자들은 뮌스터를 새 예루살렘이라고 하면서 거기로 모여들었다. 호프만과 함께 지도자 노릇을 한 보클손(Bockelson)이 1534년 2월 8일 거리를 달리며 회개를 외치자 마지막 날이 임박한 것이라고 생각한 여자들은 흥분한 나머지 울며 땅에 엎드려져 입에 거품을 내기도 하였다.

추종자들은 무기를 들고 봉기하여 시청과 시장(市場)을 점령하고 새 예루살렘의 건설을 추진하였다. 보클손은 예루살렘의 왕으로 즉위하며 일부다처제를 실시하는 한편 신정정치를 시행한다고 했으나, 1535년 6월 25일에 성이 함락되면서 소요는 평정되었다. 재세례파의 뮌스터 소요가 평정됨으로써 십자군 시대부터 수세기에 걸쳐 꼬리를 물고 일어나 무력 행사를 불사하던 광신적 천년왕국 운동은 그 막을 내리게 되었다.

재세례파들 가운데 평화주의(pacifism)를 대표할 만한 그룹은 메노 시몬스(Menno Simons)의 사상을 따르는 메노나이트들(Mennonites)이었다. 메노 시몬스는 당국에 대한 과격한 시위나 항거를 반대하고 성경에 위배되지 않는 일이라면 세속 당국에 복종할 것을 강조하였다. 그러나 군 복무를 거부하는 평화주의 사상 때문에 메노나이트들은 가는 곳마다 정부 당국의 박해를 받았다. 그들은 처음에 동부 유럽과 러시아로 흩어져 갔으나 다수가 신앙의 자유를 누릴 수 있는 미국으로 이주하였다. 19세기와 20세기에 많은 메노나이트들이 더 자유를 보장받을 수 있는 남미로 이주하였다.

신비적이며 사변적인 과격파의 대표적인 인물로는 카스파르 반 슈벵크펠트(Kaspar van Schwenkfeld, 1490~1561)와 세바스챤 프랑크(Sebastian Franck, 1499~1542)를 꼽을 수 있다. 슈벵크펠트는 신비주의자 요한 타울러처럼 신비주의적 방법으로 성경을 연구하고 경건을 추구하였으며, 반지성적인 견지에서 직접 계시를 주장하는가 하면 성찬의 무용론도 말하였다.

반삼위일체론자들

반삼위일체론자들은 성경을 통하여 자신을 계시하시는 하나님이 성부, 성자, 성령의 삼위일체 하나님 되심을 부인하고, 다시 말하면 예수 그리스도의 신성과 성령이 인격적인 하나님 되심을 부인하는 신앙을 가진 자들이다. 다른 말로 하면 초대교회 시대의 단일신론자(單一神論者)들의 후예이다.

16세기의 두드러진 반삼위일체론자는 1553년 10월 제네바에서 처형된 미카엘 세르베투스(Michael Servetus)였다. 그는 스페인 출신으로 바젤의 외코람파디우스에게서 배우다가 쫓겨나 스트라스부르크로 갔으나 거기에서도 추방을 당하였다. 1531년 「삼위일체의 오류」(De Trinitatis Erroribus)를 써서 물의를 일으켰다. 그후 그는 리용의 인쇄소에서 교정자로 일하다가 파리에서 의학을 공부하고 비엔에서 의사로 활동하였다. 거기서 그는 그의 주저에 해당하는 「기독교의 회복」(Christianisimi Restitutio)을 썼다. 1545~1546년에는 이 책에 관하여 칼빈과 편지 교환도 하였다. 그는 비엔에서 가톨릭의 종교 재판을 받고 감금되었다가 탈출하여 이탈리아로 가는 길에 제네바로 들렀다가 처형되었다. 그는 복음서의 그리스도와 교의화된 그리스도가 다르다고 주장하였다.

반삼위일체 운동은 재세례파들 가운데 꽤 널리 퍼졌다. 1550년에는 베니스에서 반삼위일체론을 지지하는 재세례파들의 대표 60명이 모여 수련회를 갖기도 하였다. 그들은 이탈리아에서 계속 회합을 가질 수 없게 되자 스위스 남부로 자리를 옮겨 거기서 칼빈의 교회를 비판하는 등 자극하였다. 1553년 세르베투스가 처형되고 난 후 폴란드와 지벤뷔르겐(Siebenbürgen) 등지에서 수많은 반삼위일체론자들이 모임을 가졌다.

그들의 지도자격인 파우스토 소치니(Fausto Paulo Sozzini, 1539~1604)는

1579년 폴란드로 가서 라코우(Rakow)에 유니테리안(Unitarian) 교회를 세웠다. 소치니는 1578년 「구원자 예수 그리스도」(De Jesu Christo Salvatore)라는 책을 썼다. 예수 그리스도에 대한 정통적인 이해를 부정하는 내용의 책이었다. 1605년 그의 제자들은 그의 사상을 담은 라코우 요리문답서를 내놓았다. 그러나 얼마 안 가서 예수회(Jesuite)의 탄압을 받게 되었다. 1638년 라코우 학교는 파괴되었으며, 1658년에 소치니 종파(Socinians)는 폴란드에서 추방되어 일부는 지벤뷔르겐으로, 다른 일부는 네덜란드로 가서 아르미니우스파 혹은 메노나이트와 합류하였다.

소시누스는 성경은 진리의 유일한 자료이지만, 오류와 비본질적인 것을 포함하고 있다고 하며, 이성과 상식에 배치되는 것은 하나님의 계시가 될 수 없다고 주장하였다. 그리고 삼위일체 교리, 예수 그리스도의 신성, 그의 속죄 사역을 부정하고 율법을 지켜야 할 것을 강조하였다. 이러한 소시누스의 사상은 16세기와 17세기에는 별로 영향을 미치지 못했으나 18세기 이후 일어난 자유주의 신학에 많은 영향을 미쳤다.

12

종교 개혁의 확산

종교 개혁 운동은 독일과 스위스로부터 유럽의 여러 나라로 확산되었다. 그러나 그것은 쉽게 이루어진 것이 아니었다. 종교 개혁 사상과 운동의 확산은 14세기의 르네상스와 인문주의 사상이나 17세기 후반의 계몽주의 사상의 확산과는 달리 수많은 사람이 피를 흘려 대가를 지불함으로써 이루어졌다.

루터교는 스칸디나비아와 프러시아 및 독일 북부 지역으로 번져 독점적인 종교가 되었다. 북쪽은 교황청이 있는 로마와, 교황과 제휴하고 있는 신성 로마 제국의 황제, 즉 독일의 황제가 있는 오스트리아에서 멀리 떨어져 있어서 황제의 세력과 교황의 영향권에서 그만큼 벗어날 수 있었기 때문으로 이해할 수 있다.

칼빈의 사상은 온 유럽에 더 널리 알려져 영향을 미치게 되었다. 제네바는 지정학적으로 유리한 위치에 있었을 뿐 아니라, 제네바는 칼빈이 오기 이전에 이미 개혁을 시작한 곳이어서 칼빈은 목회하면서 그의 신학 사상을 자유롭게 발전시킬 수 있었으며, 제네바 아카데미를 통하여, 그리고 그의 부지런한 서신 교환을 통하여 신학 사상을 널리 펼 수 있었다.

프랑스의 개혁교회는 칼빈의 거의 직접적인 영향 아래 있었으며 초기에는 활발하게 확산되어 갔으나 가톨릭의 반대 세력에 부딪쳐 거의 소멸되다시

피 하였다. 가톨릭의 탄압에 대항하여 소위 위그노 전쟁을 치렀으나 패하는 바람에 프랑스는 강력한 가톨릭 국으로 남게 되었다. 가톨릭 국가인 스페인의 지배하에 있었던 네덜란드는 신앙의 자유를 억압하는 가톨릭과 스페인 정부에 대항하여 싸워 이김으로써 신앙의 자유와 독립을 얻어 왕성한 개혁교회를 가진 나라가 되었다.

개혁의 동기와 시작이 불분명했던 잉글랜드는 교회 제도와 예배에 있어서도 특이하게 로마 가톨릭과 개신교의 중간형을 갖춘 국교회로 발전하였다. 그러므로 확실한 개혁을 주장하는 청교도 운동이 있게 되었으며, 여러 가지 다른 형태의 독립 교회 운동이 있게 되었다. 잉글랜드는 초기에는 루터교회의 영향을 받았으나 얼마 후에는 개혁교회의 영향을 받게 되었다. 잉글랜드의 왕과 개혁의 지도자들이 칼빈과 빈번하게 서신을 교환하여, 부처, 버미글리를 통하여, 그리고 박해를 피하여 유럽으로 망명했던 개혁자들을 통하여 개혁교회의 영향을 받게 되었다.

스코틀랜드에는 칼빈을 충실히 따르는 존 낙스가 개혁을 주도하였는데, 16세기 중반 이후에 개혁교회의 한 형태인 장로교를 국교로 하는 나라가 되었다. 그밖에 보헤미아, 유고슬라비아, 폴란드와 헝가리에서도 칼빈의 사상을 따르는 개혁교회가 서게 되었다.

스위스의 개혁교회들은 1549년 불링어가 작성한 티구리누스 일치서 (Consensus Tigurinus)를 통하여 하나를 이루었으나 이를 계기로 루터교와의 관계는 더 악화되었다. 칼빈 역시 본래 독일 루터교회에 퍽 가까웠으나 개혁교회들의 일치 운동에 참여함으로 말미암아 루터파와는 멀어지게 되었다. 티구리누스 일치서는 성찬 논쟁을 새롭게 불러일으켰다. 칼빈이 죽고 난 후 1566년에 불링어가 작성한 스위스 제2신앙고백을 대다수의 개혁교회들이 받아들이게 되자 개혁교회와 루터교회는 거의 갈라서게 되었다.

네덜란드의 종교 개혁

네덜란드에서도 종교 개혁은 역시 가톨릭 측의 반대와 박해 아래 추진되고 확산되었다. 그러나 다른 나라와는 달리 가톨릭 세력에 대항하여 싸운 종교 전쟁이 곧 외세의 통치로부터의 해방과 독립을 위한 전쟁이었다는 점이 특이하다. 오늘의 네덜란드, 벨기에, 룩셈부르크 등이 위치하고 있는 라인 강 하류의 낮은 지역 일대의 '17개 지방' (17 provinces)은 합스부르크 가의 지배하에 있었다.

라인 강 하류의 '17개 지방' 은 14세기 중반 이후에 시작된 '디보시오 모데르나' 운동과 토마스 아 켐피스를 통하여 성경을 중심으로 하려는 신앙과 경건 생활이 강조되어 오던 곳이었으며, 인문주의와 종교 개혁의 교량 역할을 한 에라스무스가 태어난 곳이기도 하여 인문주의의 사상적인 영향도 다분히 있었던 곳이었다. 1520년경부터 루터의 종교 개혁의 소식과 함께 그의 사상이 루터교의 설교자들을 통하여 전해지자 많은 사람들이 긍정적인 호응을 보였다. 루터의 종교 개혁 사상은 어거스틴 교단의 부수도원장 주트펜(Zutphen)의 하인리히가 루터의 글들을 소개하고 보급함으로써 여러 도시로 확산되었다. 1523년에 브뤼셀에서는 루터의 사상을 전파하던 어거스틴 교단 수도사 두 사람이 화형을 당하였다. 그것은 곧 불어닥칠 폭풍우를 알리는 빗방울처럼 앞으로 엄습하게 될 개신교에 대한 가톨릭의 혹독한 핍박을 예고하는 사건이었다.

1525년부터는 성찬에 대한 논쟁이 시작되었다. 인문주의자 코넬리우스 호엔(Cornelius Hoen)은 쯔빙글리와 마찬가지로 성찬 제정의 말씀에서 '이것'은 그리스도의 몸을 상징하는 것이라고 말하여 가톨릭의 화체설을 비판하였다. 1530년경부터는 재세례파들이 들어와서 뮌스터 성을 점거하는 등 소요가 있었으나, 그 이후에는 칼빈의 사상이 전해져 본격적인 개혁 운동이 전개되었다.

카를 5세는 개신교의 확장을 저지하려고 가혹한 탄압 정책을 썼다. 황제는 1550년 네덜란드에서 개혁 사상을 전하는 글이나 책을 인쇄하거나 보급하는 자는 화형에 처한다고 하는 등 여러 차례 경고를 발하는 칙령을 내렸다. 1561년에는 10만여 명의 개신교 신자들이 처형당하였다. 그들은 화형을 당하거나 참수를 당했으며, 산 채로 매장되기도 하였다.

그런데 이때만 해도 새로운 신앙을 가진 개신교 신자들은 주민들 가운데 소수였으므로 카를 5세에 대한 통치에 별 불만이 없었던 대부분의 주민들은 개신교 신자들이 처형되는 것을 방관하는 상황이었다. 그러나 카를 5세가 부왕(父王)에게서 물려받은 이 지역의 통치권을 1555년 아들 필립 2세(Philip II)에게 넘겨 주고 난 이후부터는 상황이 달라졌다. 필립 2세는 카를 5세와 스페인 여왕 이사벨라 사이에서 태어나 스페인에서 자랐으며 스페인어를 사용하였으므로, 주민들은 그를 외국의 군주로 간주했다. 그뿐 아니라 1556년 필립이 부왕에게서 스페인의 왕위를 물려받은 후 과중한 세금을 부과하는 등 스페인 위주로 정책을 폈기 때문에, 주민들은 그의 학정에 불만을 품고 독립을 기도(企圖)하였다.

1565년 4월, 주민들은 브뤼셀 당국에 종교 정책을 완화시켜 줄 것을 청원하였으나 거부되었다. 이때 관리들은 청원자들을 경멸하여 '거지들'이라고 칭하였다. 주민들은 이 말을 받아들여 독립을 위해 항거하는 자신들의 정체성을 지칭하는 말로 사용하였다. 저항과 탄압이 반복되자 '거지들'은 조직적인 저항을 꾀하였다. 1566년 회중들은 때때로 들에 모여 무장한 경비병의 호위하에 예배를 드렸다. 켄트(Ghent) 근방의 들에 7~8천 명의 회중이 모였으며, 안트워프(Antwerp)에서는 1만 5천 명이, 투르나이(Tournai)에서는 2만 명이 모였다. 프랑스의 위그노(Huguenots)들의 경우와 마찬가지로 설교자가 턱없이 모자랐다. 회중의 3분의 1은 무장한 채였으며, 설교자는 겹겹이 둘러싼 호위병을 대동하고 강단으로 나갔다.

네덜란드의 독립군을 이끈 영도자는 나사우-오라니엔(Nassau-Oranien)의 백작 빌헬름이었다. 영어로는 윌리엄 오렌지 공(William of Orange)이다. 그는 1568년에 가톨릭 신자로 독립군에 투신하였으나, 1573년에 칼빈주의자로 개종하였다. 필립 2세는 알바(Alba) 공작을 파견하여 '거지들'을 진압하도록 하였다. 알바는 1567년부터 1573년까지 스페인의 절대 군주의 대리자로서 스페인군을 지휘하였으며, 전투에서 승리하면 주민들을 무자비하게 학살함으로써 보복하였다. 1573년까지 개신교 신자나 가톨릭 신자를 가리지 않고 18,000명을 이단이라는 이름으로 처형하였다.

네덜란드의 독립군은 육상에서는 스페인에게 번번이 패하였으나 '바다의 거지들'이 해상권을 장악하여 해안 지대를 점령하고 보급로를 차단함으로써 스페인군에게 치명적인 타격을 입히곤 하였다. 레이든(Leiden)에서는 지상군이 포위되어 섬멸될 위기에 처했을 때 '바다 거지들' 원군의 도움으로 위기를 면하였다. 빌헬름이 수문(水門)을 열어 도시 주변이 바닷물에 잠기게 함으로써 수군이 합류할 수 있었다. 주민들은 농토가 바닷물에 잠김으로 인해 농사에 막대한 손해를 입게 될 것을 각오하고 작전에 협조하였다.

개신교 신앙인의 수는 월등히 적었다. 그러나 빌헬름의 노력으로 1584년 그가 암살을 당할 때까지 다수의 가톨릭 신자들을 반스페인 전선에 참여하게 하여 연합을 이루었다. 1587년까지만 해도 개신교 신자들이 전체 인구의 10분의 1밖에 되지 않았다. 가톨릭이 절대 다수인 남쪽 벨기에는 가톨릭국으로 남게 되었으며, 북쪽 네덜란드(혹은 홀란드)는 칼빈주의 나라로 독립을 쟁취하였다. 북쪽의 네덜란드가 1609년에 가까스로 스페인의 인정을 받았으나 독립국으로 제대로 인정을 받은 것은 베스트팔렌 평화조약이 체결된 1648년에 이르러서였다.

네덜란드 교회는 칼빈과 종교 개혁자들의 도움으로 핍박 가운데서와 신앙의 자유와 독립을 쟁취하기 위하여 싸운 전쟁의 와중에서도 크게 성장하였다. 칼빈의 제자 지오도 드 브레(Giodo de Brès)는 교회 내의 신앙의 동질성을 위하여 「벨기에 신앙고백서」(Confessio Belgica)를 작성하였다. 처음에 필립 2세에 대항하여 개혁주의 신앙이 재세례파의 신앙과 다름을 변증하기 위하여 1559년 프랑스어로 집필하였다.

「벨기에 신앙고백서」는 37개조로 「프랑스 신앙고백서」를 따라 작성되었으나 「프랑스 신앙고백서」보다는 덜 논쟁적이고 삼위일체, 성육신, 교회와 성례에 관하여 더 충실하게 설명하고 있다. 「벨기에 신앙고백서」는 1566년 안트워프 대회를 시작으로 여러 지역의 대회에서, 그리고 1574년 도르트의 전국 대회에서 채택되었으며, 1619년 도르트 회의에서는 「하이델베르크 신앙고백서」와 함께 네덜란드와 벨기에의 개혁교회 신앙고백으로 채택되었다.

프랑스의 종교 개혁

　　프랑스의 종교 개혁 운동은 프랑스 왕이 1516년 교황과 약정을 맺을 무렵부터 인문주의자들간에 시작되었다고 한다. 왕은 약정을 통하여 프랑스 가톨릭 교회의 교권을 완전히 장악하게 되어 고위 성직자들을 임면(任免)하는 한편, 교회로부터 풍성한 수익을 얻을 수 있었다. 이러한 특권을 향유하고 있는 왕실을 거스려 종교 개혁 운동을 추진하기란 어려운 일이었다. 신비주의적인 성향을 가진 인문주의자 에다플레의 자크 르페브르(Jacque Lefevre d' Etaples, 1450~1537)는 1512년에 쓴 그의 「바울 서신 주석」에서 칭의에 대한 사상에 관하여 말하였다. 1522년에는 「복음서 주석」을 내놓았으며, 1523년에는 프랑스어 신약 성경을 번역하였다. 인문주의자들은 또한 루터의 글을 읽으면서 개혁 운동에 눈을 뜨게 되었다. 그러나 이 운동은 처음부터 난관에 봉착하였다.

　　발로아(Valois) 가문의 마지막 출중한 왕 프랑수아 1세의 종교 정책은 유동적이었다. 국가의 분열을 피하고자 개신교도들에게 관용을 베풀었으나 때로는 프랑스의 루터교인들을 종교 재판과 화형으로 핍박하였다. 이러한 변덕에도 불구하고 왕은 프랑스 내의 지성인들과 귀족들 중에서 많은 추종자들을 얻게 되었다. 그러나 개혁자들을 핍박하곤 하는 왕의 불확실한 종교 정책 때문에 칼빈처럼 국외로 망명하는 개혁자들이 많았다.

이러한 망명자들을 따뜻이 맞이하여 보호해 준 이들 가운데 한 사람이 바로 프랑수아 1세의 누이 아골르메의 마그리트(Maguerite)였다. 개신교 신앙을 가진 마그리트는 나바르(Navarre) 왕국의 왕 알리와 결혼한 왕후였다. 나바르 왕국은 스페인과 프랑스의 사이에 있는 왕국이었다. 프랑스에는 많은 사람들이 나바르를 위시하여 인접한 스트라스부르크와 제네바 등 여러 도시들로부터 밀반입된 종교 개혁 서적들을 은밀히 읽고 있었다.

1530년대에 개신교 신자의 수가 증가하면서 개혁을 촉구하는 과격한 주장들이 나타나자 프랑수아 1세는 개신교도들을 박해하기 시작하였다. 1535년 7월 15일 꾸시 칙령(Edict of Coucy)을 선포하여 관용 정책을 펴는 듯했으나 날이 갈수록 박해는 더 심해졌다. 1545년에는 왈도파 교인 3,000명이 처형되었다. 1547년 프랑수아 1세를 이어 왕위를 계승한 그의 아들 앙리 2세(Henry II)는 위그노로 불리는 개신교도들을 부왕보다 더 가혹하게 핍박하였다. 왕은 최고 법원을 동원하여 500명의 개혁자들을 화형으로 처형하기도 하였다.

그러나 종교 개혁 운동은 심한 박해 속에서도 꾸준히 확산되어 개신교도의 수는 1550년대에는 40만 명을 헤아리게 되었다. 위그노들은 로마 가톨릭과 당국의 눈을 피하여 주로 밤에 헛간이나 수풀, 들판, 동굴 등 인적이 없는 곳에 모여 예배하였다. 그들은 처음에 목사 없이 집회를 가졌으나 성례를 집례할 목사를 세워야 했고 교회 조직의 필요성을 깨달았다. 그 해 5월에 위그노들은 파리의 한 개인 저택에서 프랑스 개혁교회의 첫 총회를 열었다. 제네바 교회 조직을 모방한 것이었다.

1557년에 처음으로 작성한 18개 조항의 신앙고백과 제네바의 칼빈에게서 보내 온 35개조의 초안을 근거로 하여 1559년 총회는 40개 조항으로 된 「프랑스 신앙고백서」(Confessio Gallicana)를 작성하여 채택하였다. 1560년 그들은 프랑수아 2세에게, 그리고 1561년에는 샬 9세에게 보내는 글과 함께 '위그노 신앙고백서' 라고도 하는 이 신앙고백서를 공포하였다.

앙리 2세가 마상 무술 시합에서 부상을 입어 사망하자 네 왕자 중 셋, 즉 프랑수아 2세, 샬 9세, 앙리 3세가 연이어 왕위를 계승하게 되었다. 그만큼 정국이 어지러워졌던 것이다. 프랑수아 2세가 먼저 왕위를 계승하자 로렌(Lorraine) 지방 출신의 기즈(Guise) 가문의 두 형제 프랑수아와 로렝의 추기경이었던 샬(Charls)이 실권을 장악하고 통치하였다. 그들의 종교 정책은 물론 가톨릭에 충실한 것이었다. 이에 불만을 품은 발로아 가문의 왕자들, 앙트앙 드 부르봉(Antoine de Bourbon)과 그의 동생 루이 드 꽁데(Louis de Condé) 등이 실권을 잡기 위하여 왕을 기즈 가문의 수중으로부터 납치하려다가 발각되어 곤경에 처하게 되었다. 이 음모에 연루된 많은 위그노들이 투옥되었다.

프랑수아 2세가 급서(急逝)하자 10살 난 샬 9세가 왕이 되었다. 정치적인 야망을 가진 그의 모후 메디치 가의 캐더린(Catherine de Medici)이 섭정을 하면서 기즈 가문의 세력을 견제하기 위하여 위그노들의 세력을 이용하였다. 1562년 상 제르맹(St. Germain) 칙령을 반포함으로써 위그노들에게 상당한 종교의 자유를 허용하였다. 그러나 기즈 가문은 이 칙령을 거부하고 바시(Vassy)의 한 마구간에서 예배하는 위그노들을 기습하여 닥치는 대로 살육하였다.

이 학살 사건은 프랑스의 종교 전쟁의 발단이 되었다. 가톨릭의 기즈 공작이 이끄는 가톨릭 군과 가스팔 드 콜리니(Gaspard de Coligny) 제독이 이끄는 개신교 군이 접전을 하게 되었다. 대부분의 전투에서 가톨릭 측이 승리하였으나 바시 사건이 있은 지 1년 만에 양측은 휴전 협정을 맺었다. 그러나 1567년부터 1570년 사이 양측은 다시금 두 번에 걸친 전쟁을 치렀다.

1570년부터 위그노들은 자유롭게 궁정을 출입할 수 있을 정도로 자유를 누렸다. 그러나 위그노의 지도자 콜리니가 왕위를 쟁탈하려고 한다는 기즈 가의 모함으로 많은 위그노들이 학살을 당하였다. 개신교에 호의를 보였던 샬 9세는 기즈 공작에게 파리의 치안을 맡겨 위그노를 도태하도록 하였다. 1572년 8월 24일 바돌로뮤 축제일에 콜리니는 암살되고 약 2,000명의 위그노들도 죽임을 당하였다. 학살은 전국으로 확산되어 수만 명의 위그노들이 희생되었다. 개신교 신앙을 가진 왕자들, 즉 앙리 부르봉과 루이 드 꽁데는 국왕 앞에 끌려나가 개종을 약속하고서야 겨우 목숨을 부지할 수 있었다.

1574년 샬 9세가 죽고 그의 동생 앙리 3세가 왕이 되자 그는 위그노와 평화조약을 맺고 파리를 제외한 전국의 지역에서 예배할 수 있는 자유를 허용하였다. 그러나 기즈 공작과 적극적인 가톨릭 신자들은 이에 반발하고 스페인의 지원을 얻어 위그노에 대한 전쟁을 선포하였다. 앙리 3세도 마침내 이들과 합세하였다. 위그노의 세력은 극도로 약화되었다.

이러한 와중에 왕권을 다투는 투쟁이 일어났다. 기즈 가문의 앙리가 파리를 점령하고 왕으로 자처하였으나 앙리 3세에게 살해되었으며, 앙리 3세도 결국 암살되었다. 그리하여 부르봉의 앙리가 앙리 4세라는 칭호로 왕위를 계승하려고 했다. 그러나 스페인의 세력을 업고 있는 가톨릭 측이 개신교 신앙을 가진 왕을 받아들일 수 없다고 불복하는 바람에 4년 간이나 전쟁을 더 계속하다가 앙리 4세가 가톨릭으로 개종을 선언함으로써 오랜 종교 전쟁을 종식시키고 마침내 왕위에 올랐다. 그것이 그의 다섯 번째 개종이었다.

새로 즉위한 국왕 앙리 4세는 비록 가톨릭으로 개종했으나 옛 동지들을 완전히 저버리지는 않았다. 왕은 1598년 4월 13일 낭트(Nantes) 칙령을 내려 파리 이외의 지역에 사는 위그노들에게 1597년에 소유했던 모든 요새들과 성채들의 소유권을 인정하고 예배의 자유를 허용하였다. 위그노들은 종교의 자유뿐 아니라 모든 분야에 국민으로서의 동등한 권익을 누릴 수 있게 되었다.

그러나 1610년 앙리 4세가 암살되면서 종교적인 자유는 다시금 위협을 받게 되었다. 앙리 4세를 이어 왕이 된 루이 13세(Louis XIII)와 그의 후계자 루이 14세는 절대왕권을 추구하면서 위그노를 차별하거나 핍박하는 정책을 폈다. 루이 14세 치하에서 박해가 심해지자 많은 위그노들이 스위스, 네덜란드, 잉글랜드와 미국으로 이주하였다. 중산층의 대거 이주로 인하여 프랑스는 경제 및 사회 생활에 큰 타격을 입게 되었다. 1685년 10월 17일 루이 14세는 낭트 칙령을 무효화하였다. 프랑스의 가톨릭 제후들은 전력 면에서 위그노의 제후들을 시종 압도하였으며, 왕들이 주로 가톨릭 편에 선 데다가 루이 14세가 절대왕권을 확보하면서 위그노를 철저히 탄압하는 정책을 폈으므로 프랑스의 종교 개혁 운동은 결국 좌초되고 프랑스는 가톨릭이 절대적으로 우세한 국가로 남게되었다.

스코틀랜드의 종교 개혁

  스코틀랜드에서도 프랑스와 네덜란드에서와 마찬가지로 종교 개혁이 정치적인 상황과 얽혀 진행되었다. 스코틀랜드는 전통적으로 잉글랜드와는 적대적인 관계에 있으면서 프랑스와는 가깝게 지내 오고 있었다. 그러나 16세기에 이르러 친영파(親英派)가 생기면서 전통적인 외교 정책은 혼선을 빚기 시작하였다. 외교 관계는 왕실의 결혼 상대자를 잉글랜드의 왕실과 프랑스의 왕실 어느 쪽에서 선택하느냐에 따라 결정되었다. 개신교 귀족들은 친영 정책을, 가톨릭 귀족들은 친불(親佛) 정책을 도모하였으며, 서로가 정권을 장악하는 대로 상대방을 탄압하였다.

  1502년 스코틀랜드의 제임스 4세(James IV)는 잉글랜드의 헨리 7세의 딸인 튜돌(Tudor) 가의 마가렛과 결혼하였다. 그들 사이에서 태어난 이가 제임스 5세인데, 1542년 제임스 5세가 사망하자 나이 어린 메리 스튜어트(Stuart)가 왕위를 계승하였다. 잉글랜드의 헨리 8세는 메리를 자기 아들 에드워드와 결혼시키려 했다. 그것은 친영파가 환영하는 바였으나 친불파의 반대로 성사되지 못했다. 메리는 프랑스의 기즈 가의 보호를 받으며 양육을 받아 1558년 프랑스의 세자(世子)와 결혼하였다. 세자는 1년 후 프랑수아 2세로 왕위에 올랐다. 메리 스튜어트는 스코틀랜드의 명목상의 여왕이었으며, 태후인 기즈 가의 메리가 섭정을 하고 있어서 가톨릭 측이 득세하게 되었다. 그래서 개신교 신자들은 탄압을 받았다.

개신교 신자들은 박해 가운데서 1558년 교회를 조직하여 스위스에 망명 중인 존 낙스에게 귀환하여 개혁 운동을 이끌어 가도록 요청하였다. 존 낙스는 1505년 에딘버러에서 가까운 해딩톤(Haddington)에서 빈농의 아들로 태어났다. 글래스고우 대학교를 졸업하고 신부로 서품을 받은 그는 신앙을 위해 순교한 조지 위샤트(George Wishart)의 추종자가 되었으며, 개신교 신자들이 세인트 앤 드류(St. Andrew)를 점령하고 벌인 저항 운동에 가담하였다.

1547년 프랑스 함대의 공격에 성은 함락되었다. 낙스는 몇몇 지도자들과 함께 프랑스군에 체포되어 19개월 동안 노예살이를 하다가 1549년 에드워드 6세의 중재로 풀려났다. 그후 그는 잉글랜드로 가서 스코틀랜드와의 접경 지역에서 목회하다가 1551년 에드워드의 궁정 설교자로 임명을 받아 영국 교회의 개혁에도 적극적으로 참여하였다. 그러나 1553년 에드워드 왕이 사망한 후 튜돌의 메리가 통치하면서 가톨릭의 반정이 시행되자 낙스는 프랑크푸르트를 거쳐 제네바로 망명하였다. 거기서 그는 영국 피난민들을 위하여 목회하는 한편, 칼빈과 사귀면서 그에게서 크게 사상적인 감화를 받았다.

1558년 11월에 잉글랜드의 여왕 메리가 죽자 세상은 다시금 바뀌었다. 낙스는 1559년 5월에 스코틀랜드로 돌아와 칼빈의 충실한 제자로서 개혁을 추진하여 스코틀랜드 장로교의 기초를 놓았다. 낙스는 지체하지 않고 신조 작성 위원회를 구성하여 25개 조항으로 된 「스코틀랜드 신앙고백서」(The Scot Confession)를 작성하여 의회의 승인을 얻었으며, 1561년 12월에 5명의 목사들과 36명의 장로들과 더불어 장로교 총회를 조직하고 「치리서」(The Book of Discipline)를 채택하였다. 1564년 낙스는 예배의 개혁을 위하여 「공동 예배서」(The Book of Common Order)를 내놓았다.

1559년 프랑수아 2세가 사망한 후 1561년 스코틀랜드 여왕 메리는 귀국하였다. 여왕은 홀리루드(Holyrood)의 궁정 채플에서 의회가 국법으로 금하는 미사를 드리는 등 스코틀랜드를 가톨릭으로 복귀시키려는 의지를 노골적으로 드러내었다. 낙스는 여왕이 드리는 한 번의 미사가 참된 종교를 억압하기 위하여 처들어오는 1만 명의 군사보다 더 두렵다고 말하면서 여왕을 비난하고 대항하여 투쟁할 것이라고 선언하였다. 여왕은 마침내 1567년 도덕성 때문에 탄핵을 받아 스코틀랜드에서 추방되어 잉글랜드에 피신해 있다가 엘리자베스에게 처형되었다. 잉글랜드의 가톨릭 세력이 계속 메리를 빙자하여 반역을 획책한 일들이 드러났기 때문이었다. 메리 여왕의 죽음으로 낙스와 종교 개혁은 확고한 승리를 거두었다.

잉글랜드의 종교 개혁

잉글랜드의 종교 개혁은 독일과 스위스에서 일어난 종교 개혁과는 달리 종교적인 동기에서보다는 정치적인 동기에서 시작되었다는 점에서 특이하다. 실은 독일의 경우에도 종교 개혁 운동이 그 진행 과정에서 정치적인 형세에 좌우되었던 점은 별로 다를 것이 없다. 그러나 독일에서는 종교 개혁을 지지하거나 로마 가톨릭을 견지하려고 하는 황제 및 여러 제후들과 영주들이 서로 양립하고 대치하는 관계 속에서 종교 개혁과 가톨릭이 서로 대립하며 공존하는 방향으로 발전한 반면에, 잉글랜드에서는 중앙집권적인 체제에서 군주가 새롭게 등극할 때마다 군주의 신앙을 따라 다른 신앙은 완전히 배제되거나 핍박을 받는 역사가 반복되었다.

그리고 잉글랜드의 교회는 종교적인 대립으로 인한 국론의 분열을 될 수 있는 대로 피하고 국민들을 하나로 단합시켜 가려는 군주를 교회의 수장으로 하였으므로 종교 개혁을 지향했으면서도 철저한 개혁을 하지 못하고 가톨릭적인 요소를 다분히 보유하는 교회로 발전하였다. 그리고 이에 대한 불만에서 더 철저한 개혁을 지향하는 청교도 운동과 독립 교회 운동이 일어나게 되었다.

헨리 8세가 왕위에 오른 것은 부왕 헨리 7세가 사망한 1509년이다. 잉글랜드는 그의 부왕 때부터 정치적으로나 경제적으로 어려움을 겪고 있었다. 헨리 8세는 대륙에서 일어난 종교 개혁에 관한 소식을 접했으나 관심을 보이지 않고 7성례를 지지하는 책을 써서 교황 레오 10세에게 헌정하였다. 1521년 왕은 교황으로부터 가톨릭 '신앙의 옹호자'라는 칭호를 얻었다. 이러한 왕이 종교 개혁을 허락한 것은 왕의 사적인 문제로 교황과 갈등 관계에 접어들면서 비롯되었다.

헨리 8세는 스페인 왕실 출신인 왕후 캐더린(Catherine)과의 사이에 딸 메리(Mary)만을 두었으므로 왕위 상속자가 될 왕자를 얻는다는 명분으로 앤(Anne Boleyn)과 혼인하려고 하였다. 그러기 위해서는 먼저 캐더린과 이혼을 해야만 했다. 그리하여 왕은 결혼을 무효로 해 줄 것을 교황청에 청원하였으나 교황은 이를 받아 주지 않았다. 헨리는 1532년 토마스 크랜머(Thomas Cranmer, 1489~1556)를 캔터베리의 대주교로 임명하고 성직자의 임직세를 송금하지 못하도록 하는 등 교황청과의 관계를 단절하기 위한 조처를 취하였다.

크랜머는 교황권보다 세속권의 우위를 주장하면서 헨리를 지지하였다. 1533년 크랜머는 왕의 캐더린과의 이혼을 합법화하고 앤(Anne Boleyn)과의 결혼을 합리화하였으며, 앤에게서 난 엘리자베스를 왕위 계승권자로 인정하였다. 1534년 국회는 잉글랜드 교회에 대한 교황의 권한을 배제하는 법령을 통과시켰다. 같은 해에 '수장령'(Act of Supremacy)을 공포하여 왕을 잉글랜드 교회의 수장(首長)으로 선언하였다. 잉글랜드에서는 이와 같이 교회 행정적으로 교황과의 관계를 단절하고 잉글랜드 교회의 분립을 선언함으로써 종교 개혁의 길로 들어서게 되었다.

잉글랜드에는 14세기부터 종교 개혁의 선구자 위클리프와 그를 추종하는 롤라드파(Rollards)들의 개혁 사상이 면면히 계승되고 있었다. 위클리프는 사도적인 교회를 회복해야 한다면서 교계주의, 7성례, 화체설을 배격하는 한편, 교회는 택함을 받은 자들의 공동체임을 말했으며, 성경만이 삶을 위한 법이라고 하면서 성경을 번역하기까지 하였다. 그 밖에 다른 나라에서와 마찬가지로 고전을 존중하는 인문주의 사상도 성경에 근거하는 교회를 지향하는 종교 개혁을 위한 교량 역할을 하였다.

1525년경부터 루터의 사상이 소개되면서 종교 개혁의 분위기는 한층 더 짙어졌다. 토마스 빌니(Thomas Bilny, 1495~1531)는 이미 1519년 에라스무스의 헬라어 신약 성경을 구입하여 연구하던 중 종교 개혁 사상을 갖게 되었다. 윌리엄 턴데일(William Tyndale, 1490~1536)은 에라스무스의 헬라어 신약을 영어로 번역하여 1525년 보름스에서 출판하고 1530년에는 모세오경을 안트워프에서 출판하였다. 그리고 저술을 통하여 루터의 사상을 소개하였다. 1529년 턴데일의 제자 사이먼 피쉬(Simon Fish)는 헨리 8세에게 보내는 편지에서 주교, 수도원장 등 성직자들이 잉글랜드 영토의 3분의 1을 지배하고 있다고 비난하고, 그들이 곡물, 목초, 잔디, 가축 및 노임의 십일조를 바칠 것을 요구하는 것은 부당하다고 비판하였다.

잉글랜드의 종교 개혁을 주도한 토마스 크랜머는 케임브리지에서 공부하고 1523년 사제로 서품을 받았다. 1529년 캐더린과 왕의 이혼 문제가 야기되자 이를 해결하기 위하여 유럽에 가 있다가 1532년 안드레아스 오지안더의 질녀 마가레트(Margaret Osiander)와 비밀리에 결혼하였다. 그 해에 그는 캔터베리 대주교로 임명되었다. 취임 후 그는 「마태성경」(*Matthew's Bible*)과 「대성경」(*Great Bible*)을 출판하였으며, 성경 중심 사상을 강조하였다.

1547년 에드워드 6세(Edwards VI, 1547~1553)가 헨리 8세를 이어 왕위를 계승하였다. 왕은 겨우 아홉 살밖에 되지 않았으므로 서머셋(Somerset)의 백작 벌레이(Burleigh)가 섭정을 하였다. 에드워드의 재임 시에 개혁 운동은 더 진전되었다. 잉글랜드 의회는 1547년 성찬에서 '하나님의 어린양'(Agnus Dei) 송을 그리스도의 실재적 임재를 노래하는 화답송이라는 이유로 폐지하고, 연옥을 지칭하는 일체의 문구나 죽은 자를 위한 기도를 삭제하였다. 그리고 현란한 사제복의 착용을 금하였으며, 사제(priest)는 목사로, 제단은 성찬상(聖餐床)으로 부르도록 하였다. 성찬에서는 평신도들에게도 떡과 잔을 허락하였으며, 기부금을 낸 영혼을 위하여 미사를 드리는 채플을 폐지하였다.

에드워드는 1549년 국민들의 마음을 하나로 묶으려고 '획일법령'(Act of Uniformity)을 선포하고 크랜머로 하여금 「공동 예배서」(Common Prayer Book)를 집필하여 예배에 사용하게 하였다. 1552년에는 마르틴 부처와 피터 마터(Peter Martyr)로 알려진 버미글리(Bermigli)의 도움을 받아 기도서의 미비점을 보완하여 「제2공동기도서」(The Second Book of Common Prayer)를 내놓았다.

마르틴 부처와 버미글리는 1547년에 크랜머의 초청으로 대륙으로부터 잉글랜드로 와서 옥스퍼드와 케임브리지에서 교수하고 있었다. 크랜머는 또한 니콜라스 리들리(Nicholas Ridley), 존 낙스 등과 함께 1553년 에드워드의 공인을 받아 선포된 「42개 신조」를 작성하는 일에도 기여하였다. 「42개 신조」는 엘리자베스 치하에서 「39개 신조」(39 Articles)로 개정되어 현재까지 영국 성공회의 신앙고백서가 되고 있다.

메리와 엘리자베스의 종교 정책

1553년 에드워드가 죽자, 그의 누이, 즉 캐더린의 딸 메리(1553~1558)가 왕위를 계승하였다. 메리가 왕위에 오르면서 가톨릭 교회의 복원을 꾀하는 바람에 잉글랜드의 종교적인 상황은 완전히 반전되었다. 여왕은 1554년 스페인의 필립 2세와 결혼하고 유럽 대륙에서 일어난 반종교 개혁 운동에 고무되어 종교 개혁 운동을 탄압하였다. 크랜머, 래티머(Hugh Latimer), 리들리, 후퍼(John Hooper, ?~1555) 등을 포함하는 300여 명의 개혁자들이 처형되었으며, 800여 명이 대륙으로 건너가 제네바, 쮜리히, 프랑크푸르트 등지에서 망명 생활을 하였다.

메리 여왕의 재임 기간이 길지 않은 것은 종교 개혁을 위하여 다행한 일이었다. 1558년 메리 여왕이 사망하자 스코틀랜드의 스튜어트 가의 메리와 메리 여왕의 남편 필립 2세가 왕위 계승권을 주장하였으나, 헨리 8세의 둘째 왕후 앤 볼린에게서 낳은 딸 엘리자베스(Elizabeth, 1559~1603)가 왕위에 올랐다. 25세의 젊은 여왕은 1559년 1월 수장령을 선포하여 자신이 잉글랜드의 여왕임과 동시에 교회의 수장임을 선언하였다. 그리고 '획일법령'을 선포하여 잉글랜드 국교회의 예배와 기도 및 성례 집행 등을 위한 통일적인 규범을 정하였다. 1563년 여왕은 캔터베리의 대주교 파커(Matthew Parker)로 하여금 「39개 신조」를 작성케 하여 영국 성공회의 신조로 채택하게 하였다. 「39개 신조」는 칼빈의 영향을 받은 것이었다.

로마의 교황 비오 5세(Pius V)는 엘리자베스의 교회 개혁에 분노하여 1570년 엘리자베스의 출교를 선포하였다. 그것은 곧 영국 국교회와 로마 가톨릭의 결별을 의미하는 것이었다. 여왕은 이에 대응하여 가톨릭을 말살하는 정책을 폈다. 1584년 종교적인 일로 로마 교황청에 상소(上訴)하는 법을 폐지하고 로마 가톨릭 교회의 사제나 예수회 회원을 반역자로 정죄하고 벌한다는 법을 제정하였다. 그리고 1587년에는 스코틀랜드의 여왕 스튜어트의 메리를 처형하고, 그를 의지하여 잉글랜드를 가톨릭 국가로 회복시키려고 기도(企圖)했던 사제들과 예수회 회원 125명을 반역죄로 처형하였다.

교황은 스페인의 필립 2세를 부추겨 잉글랜드를 치도록 하였다. 필립 2세는 1588년 스페인의 무적 함대를 파견하여 잉글랜드를 공격하였으나 잉글랜드의 함대에게 참패를 당하였다. 교황의 노력은 수포로 돌아갔으며, 지리상의 발견 이후 스페인이 장악해 오던 제해권은 잉글랜드의 수중으로 넘어갔다.

청교도 운동

엘리자베스가 왕위에 오르자 메리 여왕 때 유럽 대륙으로 피신했던 개혁자들이 속속 귀국하였다. 대다수의 개혁자들이 개혁교회 지역으로 가서 피신해 있었으므로 칼빈의 사상적인 영향을 받았다. 800여 명의 피신자들 가운데 제네바에 머문 이들이 230여 명이나 되었다. 그들은 주로 영국 성공회 안에 있으면서 성경 말씀을 따라 교회와 국가를 개혁하려고 하였다.

청교도들은 예배 의식의 간소화를 지향하였다. 세례 시에 대부(godfather)를 세우는 일, 성자의 날, 십자가 성호를 긋는 일, 성찬 받을 때 무릎을 꿇는 일, 사제복(vestment) 착용 등을 폐기하였다. 사제복 착용 폐기는 목사가 제사장이 아니라는 뜻에서였다. 청교도들은 한치의 양보도 없이 지나칠 정도로 정확하고 철저하게 말씀대로 개혁하고 도덕적으로 엄격하게 생활하려고 하였으며 로마교의 잔재를 제거하고 영국 교회를 청결히 하기(purify)를 원한다는 뜻에서 청교도(Puritans)라는 이름을 얻었다.

1565년 대주교 파커가 예배 시에 사제복을 착용하도록 하는 규정을 강화하자 심한 반발이 일어났다. 이 일로 인하여 청교도 운동이 잉글랜드에서 드러난 적극적인 운동이 되었다. 많은 목사들이 제사장복 착용을 거부함으로써 사임을 하거나 사면을 당했다.

도덕적으로 엄격하게 생활하려고 한 것은 비단 청교도들뿐 아니라 당시 개혁을 추진한 종교 개혁자들이나 가톨릭 내의 정화를 기도한 소위 반종교 개혁자들에게서도 볼 수 있는 일반적인 경향이었다. 그러나 청교도들은 하나님의 영광을 위한 것이라면서 계명을 따라 사는 생활을 철저히 하였다. 주일을 안식일로 지키는 일에도 철저하였으며, 근면하게 살아 엘리자베스 시대의 유리한 경제적 여건하에서 부를 축적한 이들도 많았다.

청교도들은 교육적이며 교훈적인 드라마는 정죄하지 않았으나 대체로 극장을 좋아하지 않았다. 극장은 취객이나 난봉꾼이 노리는 부도덕을 조장하고 관중들로 하여금 그러한 부도덕을 보고 미워하기보다는 희희낙락하게 만든다고 비판하였다. 극장에 대하여는 칼빈도 부정적이었다. 칼빈이 죽고 난 이후에도 제네바에서는 그러한 정서가 더 고조되었다. 1572년 님(Nimes)의 위그노 노회는 프랑스 개혁교회를 대표하여 교육적인 드라마 이외에는 일체의 연극을 배격하였다.

청교도들은 세 부류로 구분된다. 시종일관 잉글랜드 교회 안에 머무는 그룹, 분리주의적인 교회관에서 일찌감치 분립을 단행한 그룹과 할 수 있는 대로 잉글랜드 교회 안에 머물려고 노력하다가 부득이하게 분립한 그룹으로 분류할 수 있다. 독립교회 교도들은 제2그룹에 속하고 장로교도들은 제3그룹에 속한다.

1570년, 엘리자베스 통치 초기에 토마스 카트라이트(Thomas Cartwright, 1535~1603)는 케임브리지에서의 사도행전 강의에서 잉글랜드의 교회 정치 제도는 장로교 제도여야 한다고 주장하였다. 그 바람에 그는 교수직을 내놓아야만 했다. 얼마 후에 런던, 노스햄턴셔(Northamtonshire)와 에섹스(Essex)에서 목사들이 모여 장로교회를 조직하였다. 장로교회의 조직은 하원(the House of Commons)의 지지를 얻었으나, 1588년 주교들에 반대하는 익명의 책자가 발간되는 바람에 탄압을 받게 되었다. 카트라이트는 1570년 이후 장로교가 성경이 말하는 교회 정치 제도임을 누누이 주장하다가 국외로 추방을 당하거나 투옥되기를 거듭하였다.

1575년 파커가 죽자 여왕은 에드먼드 그린덜(Edmund Grindal)을 대주교로 임명하였다. 청교도들은 그들을 동정하는 그린덜에게 기대를 걸었다. 그린덜은 교직자의 설교 기능을 강화하고 칼빈주의적인 주석이 달린 제네바 성경을 출판할 뿐 아니라 교황주의 색채가 농후한 교직자들을 중요한 위치에서 제거하는 등 청교도들이 환영할 만한 일을 단행했다. 그리고 목회자의 교육 수준을 높이기 위하여 목회자의 계속 연수를 위하여 'prophesyings' 라는 비공식적인 제도를 만들었다.

그린덜의 이러한 조처들이 앵글리칸교회 제도에 위협이 된다고 본 여왕은 더 오래 참지 못하고 1576년 그린덜을 대주교의 자리에서 내려앉게 하였다. 이를 계기로 앵글리칸교회 안에서는 더 이상 개혁을 바랄 수 없다는 판단에서 주교가 없는 교회 체제를 모색하는 비국교도의 수가 늘어나기 시작하였다. 장로교도들은 대체로 앵글리칸교회 안에 머물면서 개혁을 시도하려고 하는 편이었으나 앵글리칸교회로 획일화하려는 정책이 강화되는 바람에 앵글리칸교회로부터 점차로 분립하게 되었다.

1581년 카트라이트의 제자 로버트 브라운(Robert Browne)은 케임브리지 대학교 내에 있는 많은 청교도들 가운데 좌파에 속하는 인물이었다. 장로교 제도를 반대하고 교권주의자들로부터 자유로운 교회 설립을 구상하다가 노리치(Norwich)에 독립교회(Independent Church)를 세웠다. 브라운은 재세례파들과 같이 택함을 받은 자들만의 교회를 주창하는 분리주의 성향을 가졌는데, 각 회중은 '언약'에 따라 성립되는 것이라고 하여 국가와 교회 당국을 부정하였다는 이유로 1582년 옥에 갇혔다. 그는 옥에서 나와서 자기를 따르는 회중을 데리고 네덜란드의 미들부르크로 이주했다. 그러나 회중이 분열되자 그는 스코틀랜드로 건너갔다. 거기서 그는 다시 투옥되었다가 노리치로 돌아와서 앵글리칸교회의 교구 목사로 생을 마쳤다.

영국에서는 브라운의 영향을 받아 회중교회 운동이 시작되었다. 그리고 독립교회들 가운데서 성경을 문자적으로 이해하고 신약에 나타나 있는 교회의 삶을 실현하겠다는 열망을 가진 침례교회가 탄생하였다. 1608년 런던의 존 스미스(John Smyth)는 유아 세례에 대한 의문을 품게 되었으며, 마침내 네덜란드에 있는 재세례파에 속한 메노나이트와의 결연을 모색하였다. 그는 하나님의 은혜로 인한 선택의 교리를 가르쳤다.

또 하나의 침례교 그룹은 헨리 제임스(Henry James)로 말미암아 생긴 것이다. 유럽 대륙의 재세례파와는 아무런 관계가 없이 자생한 그룹이었다. 칼빈주의 예정론을 지지하였으며, 1642년부터 스미스의 그룹과 마찬가지로, 세례 시에 완전히 물에 잠기도록 해야 한다고 하면서 침례를 주장하였다. 북미의 로드 아일랜드(Rhode Island) 주를 개척한 로저 윌리엄스(Roger Williams)는 스미스와는 관계없이 같은 생각을 가지고 침례교를 설립하였다. 1583년 존 위트기프트(John Whitgift)가 캔터베리의 대주교가 되자 그는 앵글리칸교회의 예배의식을 강화하면서 이를 따르지 않는 청교도들을 핍박하였다.

앵글리칸의 로드주의(Laudism)

엘리자베스 1세(1558~1603)는 영국의 교회와 신앙의 획일을 강요하면서 칼빈주의적 개혁을 주창하는 청교도들을 핍박하였는데, 여왕이 죽은 후, 스코틀랜드의 스튜어트 왕가의 제임스 6세가 제임스 1세라는 호칭을 가지고 잉글랜드의 왕위를 계승하였다. 이를 계기로 두 나라는 정치적으로 합병하게 되었다. 장로교 사상을 가진 청교도들은 왕에게 큰 기대를 가지고 잉글랜드의 교회가 앞으로 감독정치(Episcopalism)를 지양하고 장로교 정치를 도입할 것과 개혁주의 신학을 더 많이 수용하도록 진정하였다. 그러나 제임스 1세는 칼빈주의적 장로교 제도가 왕권의 신장(伸張)에 걸림돌이 될 것이라는 생각에서 그들의 청원을 받아들이지 않을 뿐 아니라 그들을 추방하든지 아니면 더 몹쓸 벌을 가하겠다고 위협했다.

1618년 스포츠 법령(the Book of Sports)이 발간되었다. 주일 오후에 운동을 즐기도록 장려하는 법령이었다. 그것은 주일을 안식일로 지키는 청교도들의 신앙을 노골적으로 무시하는 처사였다. 17세기 잉글랜드의 교회사가 토머스 풀러(Thomas Fuller)에 따르면 이것이 바로 잉글랜드에서 시민전쟁이 발발하게 된 중요한 원인 가운데 하나라고 말한다. 이와 같이 청교도들에게 여러 가지로 사태가 험악해지자 앵글리칸교회에서 일찌감치 이탈하여 1608년 네덜란드로 이주했던 분리주의적인 사상을 가진 청교도들은 1620년 미국의 매사추세츠의 플리머스로 향하였다.

1625년 제임스 1세가 죽고 왕위를 계승한 그의 세자 찰스 1세는 "주교들이 없이는 왕도 없다"(no bishops, no king)고 하면서 더 강경하게 감독 교회를 고집하였다. 윌리엄 로드(William Laud)는 이러한 찰스 1세의 교회 정책을 충실히 뒷받침하였다. 그는 1628년에 런던의 주교가 되고 1633년에 캔터베리의 대주교로 임명되었다. 로드는 아르미니우스주의자는 아니고 예정론을 믿는 칼빈주의자였으나 청교도를 비롯한 모든 분리주의 운동에는 철저히 반대하는 국교회주의자였다. 그는 교회와 국가가 하나를 이루어야 한다고 믿었으며, 교회와 국가 백성들로 하여금 당국을 존중하며 충성스럽고 바르게 살도록 조화 있게 가르쳐야 한다고 말하였다.

로드는 청교도들의 요구를 비웃기나 하듯이 종교 개혁이 시작되자 교회 내에서 제거되었던 여러 가지 것들을 복구함으로써 앵글리칸교회를 가톨릭과 분간하기 어렵게 만든 장본인이었다. 그와 그의 지지자들(the Laudians)들은 예배당의 창문을 채색 유리(stained glass)로 장식하고, 십자가와 심지어는 십자가에 못 박히신 예수의 형상을 다시금 예배당 안으로 도입하였으며, 오르간도 다시 들여다 놓았다. 성찬 상을 다시금 강단 위에 두고 제단(altar)이라고 불렀으며, 강단과 회중석 사이에 줄을 쳐서 강단을 지성소인양 구별하였다. 로드는 영국의 국민들로 하여금 성공회에 출석하도록 강제하는 벌금 제도를 두는가 하면, 1637년에는 스코트랜드 교회도 공동 예배서(Common Prayer Book)를 사용해야 한다고 주장하였다.

로드의 국교회로 획일화하려는 종교정책 때문에 분리주의적인 독립 교회 운동이 더 활발해졌다. 제임스 1세가 왕위에 오른 1603년에는 침례교와 회중교회 사람들의 수가 미미했으나 1641년에는 무시 못할 정도의 수로 불어났다. 이러한 종교적 억압에 반대하여 국회는 왕과 갈등 관계에 들게 되었으며, 스코틀랜드 쪽에서도 그러한 종교 정책에 반대하여 내란이 일어났다. 왕은 진압군을 스코틀랜드로 보내었으나 왕군은 스코틀랜드 군에게 패하였다. 국회의 소집을 늘 거부해 오던 찰스 1세는 전비를 배상하기 위하여 부득이 국회를 소집하지 않을 수 없었다. 그리하여 1640년 유명한 장기 국회(Long Parliament)가 열리게 되었다.

국회는 장로교도들과 왕당파인 감독교회 지지자들과 크롬웰을 중심한 독립교회파들의 세 부류의 대표들로 구성되고 있었다. 윌리엄 로드는 1640년 체포되어 런던 탑에 감금되었다가 1643년 처형되었다. 다수를 점하는 장로교도들은 감독교회파와 제휴하고 왕을 움직여 영국 교회에다 장로교 정치를 도입하고 신학적인 개혁을 추진하려고 하였다. 그리하여 국회는 런던의 웨스트민스터 성당에서 종교회의를 열도록 하자는 안을 결의하였다. 왕은 이를 무려 다섯 번이나 거부하였으므로 의회는 여섯 번째의 입안에 상원(House of Lords)의 동의를 얻어 왕의 승인 없이 웨스트민스터 회의를 개최하도록 하였다.

웨스트민스터 총회와 크롬웰의 청교도 혁명

1643년 7월에 웨스트민스터 회의가 열렸다. 영국 교회 안에 있는 121명의 청교도 목사들이 대의원이었다. 대부분 장로교 사상을 가진 이들이었으며, 소수의 회중교회 교인들과 두세 명의 감독교회 지지자들이 포함되어 있었다. 그 밖에 30명의 평신도 국회의원들과 스코틀랜드 교회에서 파견된 6명의 대표가 참석하였다. 스코틀랜드에서 온 이들은 수는 적으나 신앙고백서 작성에 많은 영향을 끼쳤다. 6명 중 4명이 잉글랜드 측의 레이놀즈(Edward Reynolds)를 포함하는 7명의 위원들과 함께 웨스트민스터 신앙고백서를 작성하는 기초 위원으로 역할을 하였다.

장기국회가 웨스트민스터 회의에 먼저 위촉한 것은 영국 교회의 「39개 신조」를 개정하는 일이었다. 웨스트민스터 회의에서 이 신조를 개정하는 일이

반이나 진척되었을 즈음에 혁명이 일어나 국회와 찰스 1세간에 시민전쟁이 벌어졌다. 올리버 크롬웰이 이끈 의회군이 스코틀랜드의 원병을 얻어 승리하였다. 그럼으로 말미암아 웨스트민스터 회의에서 스코틀랜드 대표의 발언권은 더욱 강화되었다.

1647년 11월, 회의를 마칠 무렵에는 웨스트민스터 신앙고백서와 예배 모범 및 설교자를 위한 대요리문답서와 교인들의 교육을 위한 소요리문답서가 완성되었다. 1648년 6월 20일 하원은 이미 상원이 승인한 신앙고백서를 받아들였다. 1646년 국회는 의회군을 해산하고자 했으나 뜻대로 되지 않았다. 크롬웰이 이끄는 청교도의 독립파들이 군부의 세력을 장악하게 되어 1648년 12월 크롬웰의 군대가 의회를 점령하였다. 그 바람에 의회는 신앙고백서와 장로교 제도를 영국 국교회의 것으로 만들 수 있는 능력과 기회를 상실하고 말았다.

찰스 1세는 1646년 스코틀랜드로 망명을 했으나, 1647년 잉글랜드 의회로 다시금 인도되었다가 1649년 1월 30일 "폭군이요, 반역자요, 살인자이며 국민의 적"으로 규탄을 받아 참수되었다. 8일 후에 영국은 공화국으로 선포되었다. 크롬웰 치하에서 장로교 목사들 역시 박해를 받아 교구로부터 추방당하였다. 장로교 지도자들이 독립교도들을 따돌리고 감독교회 지지자들과 제휴하여 왕을 인정하면서 장로교회를 영국 국교회로 만들려고 했기 때문이었다.

올리버 크롬웰은 지방 토후이며 헨리 8세의 장관을 지낸 토마스 크롬웰의 자손으로 엄격한 청교도 신앙을 갖게 되었다. 1628년에 하원 의원이 되고 1640년 의회 의원이 된 이후 왕과 의회가 대립하게 되자 청교도 신앙을 가진 농부들로 구성된 군대를 조직하였다. 「실락원」을 쓴 밀턴은 그와 가까운 사이였으며, 1645년 이후 총리로서 크롬웰을 보좌하였다. 크롬웰은 의식적으로 개신교적인 정치를 구현하려고 하였다. 그는 유럽의 다른 나라에서 핍박을 받는 개신교 신자들을 도우려는 외교적인 노력을 아끼지 않았다. 1655년에는 프랑스에서 사보아 공에게 핍박을 받고 있는 왈도파를 위하여 온 개신교 국가들이

궐기할 것을 호소하였으며, 1654~1657년에 스코틀랜드의 더리(John Durie)는 크롬웰의 위임을 받아 독일, 네덜란드, 스위스에 있는 개신교와의 유대를 위하여 노력하였다.

그러나 모처럼 시도된 크롬웰의 청교도적인 공화정치는 그의 단명으로 종식되었다. 1660년 2월 11일 장기국회가 재개되자 국회는 웨스트민스터 신앙고백서를 다시 채택하고 인쇄하도록 하였다. 그리고 동년 3월 14일 장로교 교회 정치를 법으로 공인하였다. 그후 국회는 왕정의 복귀를 공포하고 스스로 해산하였다. 장로교인들은 왕정의 복귀에 큰 기대를 걸고 지지하였으나, 감독교회주의자들이 득세하면서부터 장로교 신앙을 가진 청교도들은 다시금 변두리로 밀려나게 되었으며, 그 이후 영국의 장로교회는 소수의 교세로 쇠퇴하여 현재에 이르게 되었다.

크롬웰이 집권하고 있는 시기에 '퀘이커'(Quaker)로 알려진 신비주의적인 신령주의 그룹 운동이 태동하였다. 자칭 '친구회'(Society of Friends)라고 하는 이 그룹의 창시자인 조지 폭스(George Fox, 1624~1691)는 1649년 이후 노방 설교자로 돌아다니다가 어느 날 '내적 조명'을 받았다는 확신을 얻게 되었다. 그의 추종자들의 신앙은 1654~1657년에 그 절정에 달하였다. '내적 빛' 또는 '우리 안에 있는 그리스도'는 경건을 갖게 하는 기초적인 힘이며, 그것은 곧 하나님께서 모든 신자들에게 직접 주시는 초자연적인 조명임을 믿는 믿음이라고 하였다.

찰스 2세의 치하에서 앵글리칸을 국교로 강화하는 왕의 정책으로 말미암아 가톨릭도 청교도와 마찬가지로 핍박을 당하였으나, 왕의 말년에는 가톨릭에게 우호적이었다. 왕위를 계승한 그의 동생 제임스 2세(1685~1688)는 가톨릭 신앙을 가졌으면서 잉글랜드 교회의 수장으로 교회를 다스린다고 했으나 민심을 얻지 못했다. 1688년 명예혁명(Glorious Revolution)으로 제임스 2세의 개신교 신앙을 가진 딸 메리와 남편 윌리엄 오렌지 공이 잉글랜드의 왕과 왕후가 되었음을 공포하였다.

1689년 '권리 장정'(the Bill of Right)과 관용의 법령이 통과되면서 오랜 세월을 핍박과 악조건을 견디어 온 모든 비국교도들을 망라하는 청교도들이 신앙의 자유를 향유할 수 있게 되었다. 그리고 잉글랜드는 변함없이 앵글리칸을 국교로 하는 개신교 국가로 존속하게 되었다. 1685년 프랑스에서 루이 14세가 1598년에 앙리 4세가 종교적인 관용을 위하여 공포한 낭트 칙령을 취소하는 바람에 위그노의 개혁 운동은 좌절되고 프랑스는 강력한 가톨릭 국가로 남게 된 것과는 대조적이라고 할 수 있다.

웨스트민스터 신앙고백서

웨스트민스터 신앙고백서를 잘 이해하려면 위에서 기술한 정치적인 배경뿐 아니라 웨스트민스터 신앙고백이 나올 즈음의 신학적인 배경을 이해해야 한다. 당시 영국에는 예정론에 대한 신학 논쟁이 한창이었다. 영국의 초기 종교 개혁자들 역시 은혜의 교리와 함께 예정 교리를 말하였다. 무조건적인 예정 교리는 믿음으로만 의롭다함을 받는다는 칭의 교리에 필수적이라는 것이었다. 1520년대 중반부터는 은혜의 교리와 함께 예정 교리에 대한 유럽 대륙의 개혁자들의 견해가 소개되고 논의되었다.

아르미니우스(Jakob Arminius, 1560~1609)가 반예정론을 제기한 이후 영국에서는 1650년대까지 예정론에 대한 열띤 신학 논쟁(Arminian Controversy)이 벌어졌다. 웨스트민스터 신앙고백서는 신학적으로는 이러한 역사적인 상황에서 나온 것이므로 아르미니우스주의에 대항하여 예정론을 변증하고 확인하는 정통주의 신학이 그 기조에 깔려 있음을 볼 수 있다. 하나님의 절대 주권을 믿고 강조하는 개혁주의 신학 노선을 충실하게 따르는 청교도와 장로교인들에게 예정 교리는 양보할 수 없는 중요한 교리였다. 그리고 그것은 지금도 마찬가지이다.

서두인 제1장에서 성경의 권위에 관하여 말하고 성경을 해석하는 가장 올바른 규칙은 성경 자체임을 주장한다. 그리고 다른 신앙고백서와는 달리 제 3장에서 하나님의 영원한 작정과 예정에 관하여 고백한다. 또한 인간의 전적 타락에 관하여 말하며, 실효 있는 부르심, 하나님께서 택한 성도를 끝까지 붙들어 종국적인 구원을 주신다는 견인의 교리를 말하는 것 등이 도르트 신조와 별 다름이 없다. 그리고 또 하나의 특징은 그리스도와 구원에 관한 교리를 계약신학의 관점에서 서술하고 있다는 점이다. 그 밖에 당시 잉글랜드에서 문제가 되었던 여러 가지 상황들, 즉 주일 성수, 서약을 하는 문제, 교회의 조직 방법 등에 관하여 말하고 있다. 웨스트민스터 신앙고백서를 신앙고백으로 택하고 있는 오늘의 보수적인 한국 장로교는 마땅히 시간과 공간을 달리하는 현재의 상황을 잘 고려하여 우리의 것으로 적용해야 한다.

뉴잉글랜드의 청교도들

청교도들의 이주

1620년대에 청교도들은 잉글랜드가 큰 재난에 직면했다고 보았다. 그들은 그들 자신의 죄를 생각했을 뿐 아니라 나라 안에 가득한 죄를 생각하며 마음 아파하였다. 청교도 설교자들은 흔히 설교에서 당시의 세태를 소돔과 고모라에 비유하면서 경고하곤 했다. 잉글랜드에는 또한 경제 불황이 닥쳐와 삶이 고달파졌다. 17세기에 들어 아르미니우스주의가 잉글랜드에도 만연하여 찰스 1세를 비롯한 교회 지도층의 인물들이 그 사상에 동조하게 되었다.

청교도들에게는 이러한 사실도 지탄의 대상이었다. 또한 교회의 많은 목사들이 교육을 옳게 받지 못했을 뿐 아니라 영적으로 헌신할 마음도 없을 정도로 저질이었으나 교회는 이런 일에 별로 관심을 보이지 않았다. 게다가 고위 성직자와 일반 목회자들간의 생활 수준의 격차가 매우 컸다. 이를테면 시골 교회 목사는 구두 수선공의 보조원보다 못한 급료를 받는데 반하여 주교들은 수십 명의 종을 두었으며, 대주교 위트기프트는 수백 명의 종을 거느렸다. 이러한 부조리한 상황들로 인하여 의식 있는 사람들이 대거 청교도 운동에 참여하였다.

그리하여 청교도 운동은 잉글랜드의 모든 계층에 확산되었다. 특히 변호사와 같은 교육을 받은 중산층 사람들간에 확산되었는데, 고등 교육을 받고 법을 아는 지식층의 참여는 청교도 운동에 더 활기를 불어넣어주었다. 이러한 많은 중산층의 참여는 마침내 청교도들이 뉴잉글랜드에 이주하여 정착하는 데 큰 힘이 되었다.

1620년대는 잉글랜드의 청교도들만이 아니라 유럽 대륙에 있는 다른 개신교 신자들도 그들의 신앙 때문에 크게 시련을 겪을 때였다. 프랑스에서는 위그노들(Huguenots)이 1629년 라로쉘(La Rochelle)에서 추기경 리쉘류(Richelieu)의 탄압을 받아 절망적인 상황이 되었으며, 독일에서는 신·구교 간의 30년 전쟁(1618~1648)에서 개신교는 가톨릭의 거센 공격을 받아 열세에 처하였다. 게다가 1629년 황제가 1552년 이후 국유화되었던 모든 교회 재산을 가톨릭 교회의 재산으로 복구시킨다는 칙령을 발표함으로 말미암아 개신교의 세력은 한층 더 위축되었다.

이러한 시국 때문에 잉글랜드의 많은 청교도들과 대륙에서 종교를 인하여 핍박을 받는 많은 사람들이 신앙의 자유를 누릴 수 있고 기독교 진리를 수호할 수 있는 유일한 길은 잉글랜드와 유럽을 떠나 미 대륙으로 가는 것이라는 생각을 가지게 되었다.

미 대륙으로 제일 먼저 건너간 사람들이 청교도들은 아니었으나 일찍이 1608년 잉글랜드를 떠나 암스테르담과 레이든에 가 있던 청교도의 분리주의 그룹은 1620년 9월 작은 배 메이플라워(Mayflower)를 타고 미국으로 출발하여 뉴잉글랜드의 플리머스 항에 도착하였다. '순례자'(the Pilgrims)라는 이름을 얻은 이들은 추위와 굶주림을 극복하고 정착함으로써 1629년에는 새 대륙에서 그들의 꿈을 펼칠 수 있는 가능성을 잉글랜드에 있는 동포들에게 보여 주었다.

1629년 10월 20일 매사추세츠 베이 컴퍼니의 간부들에 의하여 지사로 선발된 윈트로프(John Winthrop)는 특히 청교도들의 이주가 하나님께서 경영하시는 일이며 하나님의 교회를 위하여 유익한 것이라는 믿음을 가지고 그 일을 추진하기 위하여 힘을 다하였다. 1630년 3월에 윈트로프와 거의 1,000명에 달하는 이주자들이 잉글랜드를 떠나 약속의 땅으로 향하였다. 1630년부터 1640년까지의 기간에 18,000명의 이주자들이 뉴잉글랜드로 와서 정착하였다. 그들 대부분이 청교도였다.

뉴잉글랜드로 이주한 청교도들은 그들의 신앙에 근거하는 새로운 사회와 국가 건설을 위하여 노력하였다. 뉴잉글랜드는 잉글랜드와는 멀리 떨어진 새 대륙에 위치한, 바야흐로 개척이 시작된 황량한 땅이었으나, 그곳 역시 잉글랜드 왕의 통치하에 있는 식민지였다. 이주한 청교도들은 왕이 마음만 먹으면 잉글랜드 본토에서처럼 지배하고 억압할 수 있다는 사실을 알았으나 왕 배후에 주권적으로 다스리시는 하나님을 의지하였다. 그러나 본국 정부와의 마찰을 피하면서 하나님의 뜻을 따르는 그들의 이상을 실현하기란 쉬운 일이 아니었다. 그들은 잉글랜드 정부의 이해와 관용을 위하여 글을 쓰거나 진정서를 보내는 등 여러 면으로 노력하였다. 찰스 1세는 미국 대륙에서 새로운 삶을 시작하는 비국교도들에게 많은 권리와 특전을 부여하며 관용 정책을 폈다. 왜 왕이 그토록 관용을 베풀었는지는 수수께끼라고 할 정도였다. 여하튼 새 이주자들은 그런 특권을 만끽하였다.

청교도들의 "언덕 위의 도시" 건설을 위한 모험은 잉글랜드와 유럽 사람들이 주목했던 일이다. 뉴잉글랜드 사람들에게 이제 그들이 바라던 일이 현실로 다가온 것이라고 믿게 한 사건이 일어났다. 1642년 잉글랜드에서 시민전쟁이 일어나고 이어서 청교도의 공화정권이 왕정을 대신하자 뉴잉글랜드의 대다수의 청교도들은 자신들이 바라던 오랜 꿈이 이제 실현되는 것이라고 생각했다.

그러나 그들은 예기치 못했던 현실에 직면했다. 뉴잉글랜드의 경제는 이주민들의 계속적인 유입에 의존하고 있었는데 이주민의 수가 급격히 줄어들자 뉴잉글랜드의 경제가 침체되었다. 이민이 격감하게 된 원인은 공화 정치의 실현으로 잉글랜드에 있는 청교도들이 미국으로 이주해야 할 뚜렷한 이유가 없어졌기 때문이었다. 1660년 왕정이 복구되자 이러한 원인은 해소되었다. 그러나 뉴잉글랜드의 청교도들은 옛날보다 좋지 못한 상황을 맞게 되었다. 찰스 2세는 새로 통치 위원회(the Lords of Trade and Plantation)를 조직하여 식민지 통치를 강화하였고, 특히 매사추세츠는 이 위원회의 엄한 감시를 받게 되었다.

1686년 뉴잉글랜드의 자치령(Dominion)이 형성되어 에드먼드 앤드로스(Edmund Andros) 지사가 관할하였다. 이 자치령은 1688년 메인(Maine)에서부터 뉴저지(New Jersey)까지 확대되었다. 1688년 잉글랜드에서 명예 혁명 이후 뉴잉글랜드 사람들은 새 왕정이 뉴잉글랜드의 자치령을 철회해 주기를 바랐으나, 1691년 종전에 있었던 구 매사추세츠 베이 캄퍼니의 헌장을 다시금 회복하게 해 주는 정도였다. 뉴잉글랜드의 청교도들의 영적인 열심은 이미 2세대와 3세대에 이르러 점차 해이해졌다. 17세기 말에 이르러 청교도의 종교적인 열정은 시들었으나 그들의 사회 참여와 개혁 정신은 미국 사회의 건설과 발전에 밑거름이 되었다. 말하자면 뉴잉글랜드의 청교도 운동과 그들의 정신은 독일에서 루터교가 지닌 그러한 위상을 지니게 된 것이다.

청교도들의 교회 형태

청교도들이 뉴잉글랜드를 개척하면서 세운 교회는 회중교회이다. 그런데 장로교는 뉴잉글랜드 이외의 지역에서 시작되었다. 그렇다면 뉴잉글랜드의 청교도들의 교회는 한국에 장로교를 이식한 미국 장로교회와는 어떤 관계에 있는 것인지 생각해 보게 된다.

유럽의 여러 나라에 있는 개혁교회의 치리 제도는 장로교형의 치리 제도이다. 스코틀랜드의 개혁주의 교회는 치리 형태를 따라 장로교회라고 부르게 되었다. 그런데 잉글랜드에서는 개혁주의 신학을 따르는 청교도들이 세 가지 치리 형태의 교회에 속하거나 교회를 형성하게 되었다. 앵글리칸의 감독교회, 장로교회, 독립교회 및 회중교회이다. 칼빈 자신은 제네바에서 장로교회를 시작했으나 신자들이 어떤 형태의 교회를 가지느냐 하는 데는 나라의 형편에 따라 감독 교회를 택할 수도 있다는 견해를 피력한 바가 있다. 영국의 청교도들은 칼빈의 이러한 폭넓은 견해를 광범위하게 따랐다고 할 수 있다.

엘리자베스 여왕의 통치 초기에 다소 왕성하던 장로교회는 점점 쇠퇴하여 통치 말기에 이르러서는 매우 약해졌다. 장로교회는 교회간의 유대를 강조한다는 점에서 감독교회를 대신하는 치리 제도인 것으로 볼 수 있다. 그러므로 감독교회 제도를 가진 앵글리칸교회가 국교가 되고, 여왕이 교회의 수장이 되어 교회의 획일 정책을 강화하는 그러한 상황에서는 장로교가 쇠퇴할 수밖에 없었다. 즉 종교 획일 정책 하에서 비국교도들이 택할 수 있는 교회 제도는 장로교이기보다는 개교회의 독립성을 확보하려는 회중교회였던 것이다. 그러나 시민전쟁이 일어나고 장로교 제도를 가진 스코틀랜드의 세력이 잉글랜드까지 미치면서 장로교의 교세는 되살아나게 되었다. 왕권을 제어하게 된 의회 의석의 다수를 점하게 된 장로교도들은 장로교를 국교로 만들려는 희망을 가지고 일을 추진하게끔 되었다. 그리하여 웨스트민스터 총회가 열리고 웨스트민스터 신앙고백서가 작성되었다.

잉글랜드에서 시민전쟁을 전후한 시기에 장로교세가 강화된 것은 비국교도로서 생존하게 된 회중교회와 독립교회들이 비국교도임을 면할 수 있는 상황에서는 자연스럽게 연합을 강화하면서 장로교 제도를 택하게 된 것으로 볼 수 있다. 과격파에 속하는 독립교회파의 청교도 혁명 정부가 붕괴된 이후에 있게 된 왕정의 복고 이후 비국교도에 대한 탄압이 강화되자 다시금 장로교는 쇠퇴하고 회중교회가 늘어났다. 개교회의 독립성에 역점을 두는 것이 회중교회인 반면에, 개교회의 독립성을 존중하되 교회의 연합을 더 강화하는 제도가 장로교이므로 그런 현상이 일어난 것이다. 이러한 과정은 미국에서도 일어났다.

미국 식민지 시대 초기에 장로교 사상을 가진 사람들이 여러 지역에 흩어져 있었다. 1700년 이후 앵글리칸 이주자들이 늘어나는 데서 위기 의식을 가지게 된 장로교의 지도적인 인물들이 장로교회를 조직할 필요성을 느끼게 되었다. 그리하여 1706년에 필라델피아에서 회합을 가지고 프란시스 매케미(Francis Makemie, 1658-1708)의 주도로 첫 장로교 노회(presbytery)를 조직하였다. 노회는 스코틀랜드 장로교의 것을 모델로 했으나 스코틀랜드 교회와는 전혀 관계가 없었다.

노회에 속하게 된 교회들의 인종과 교회적 배경은 다양했다. 스코틀랜드인, 스코트랜드-아일랜드인, 뉴잉글랜드인들이 구성원이 되고 있는 교회들이었다. 주변의 많은 회중교회들을 설득하여 회원을 얻었다. 모두가 교회간의 유대를 원하게 된 것과 웨스트민스터 신앙고백을 존중한다는 것이 서로를 새 노회 아래서 하나가 되게 하는 요건이 되었던 것이다.

노회는 롱아일랜드(Long Island), 델라웨어(Delaware), 뉴저지(New Jersey)에 흩어져 있는 많은 청교도 교회들을 영입하게 되었다. 그래서 초기 장로교를 구성하게 된 여러 그룹들 가운데 뉴잉글랜드 측이 우세하였다. 1716년에는 교회들이 늘어나 대회(synod)가 조직되었으며, 스코트랜드-아일랜드 이민이 늘어나면서 장로교 내의 인종의 비율은 균형을 이루게 되었다. 그러나 뉴잉글랜드를 제외하고는 목사 교육을 할 수 있는 학교가 있는 곳이 없었으므로 뉴잉글랜드 교회들은 여전히 중요한 역할을 했다.

장로교가 조직되면서 일부 회중교회들이 장로교에 흡수되기는 했으나 분리적인 성향이 강한 회중교회들은 1648년 '케임브리지 강령'(the Cambridge Platform)으로 자기들의 교회의 정체성을 재확인하는 가운데 그대로 회중교회로 존속하게 되었다. 1640년대에 잉글랜드에서는 시민전쟁이 일어나고 장로교파가 우세하게 되었으며, 브리튼의 청교도들이 장로교와 독립교회파들로 확연히 분립되던 즈음 뉴잉글랜드 회중교회들은 교회간의 유대 문제로 논의를 하게 되었다.

회중교회들은 1647~1648년 뉴잉글랜드의 케임브리지에서 대회를 열어 장로교에 반하여 회중교회의 치리 제도를 확인하는 케임브리지 강령을 작성하였던 것이다. '교회들간의 상호 교제'를 강화하고 대회(synod)나 '카운셀'(council=장로교의 노회에 해당하는 조직)이 개교회에 대하여 충고나 경고를 할 수 있는 권세를 인정했으나, 법적으로 강제할 수 있는 권위를 인정하지는 않았다. 그리고 영국의 독립파는 여러 종파들을, 심지어 이단이라고 말할 수 있을 정도의 종파들까지 다 포괄하였으나, 뉴잉글랜드의 회중교회는 그러한 관용의 원리를 반대하고 교회들이 웨스트민스터 총회의 교리적인 입장에 충실하기로 하였다. 그러고 보면 미국의 장로교회와 회중교회가 교회 형태에서는 차이를 보였으나 칼빈주의 신학과 웨스트민스터 신앙고백을 따른다는 점에서는 서로가 동일한 신학을 가졌으며 청교도의 유산을 공유하고 있음을 알 수 있다.

스칸디나비아와 동유럽의 종교 개혁

스칸디나비아의 왕국들은 루터교와 접촉을 한 지 20~30년 만에 루터교화되었다. 여기에서도 백성들은 스스로 결단한 것이 아니라 제후들의 정치적인 결정에 따라 새로운 신앙을 가지게 되었다.

덴마크에는 크리스천 2세(1513~1523)가 종교 개혁을 도입하였으나 제후들의 반대에 부딪쳐 계속 추진하지 못하고 마침내 1523년 왕위를 내어놓고 망명의 길을 떠났다. 그의 후계자 프리드리히 3세는 가톨릭 제후들에게 가톨릭 교회를 거슬리는 일은 하지 않겠다고 약속하였으나 종교 개혁에는 호의적이었다. 1526년 왕은 개신교의 설교자 한스 타우센(Hans Tausen)을 궁정 채플린으로 삼고 1527년에는 오덴세(Odense) 왕국회의에서 루터교를 용인하기로 공포하였다. 크리스천 3세(1533~1559)는 1536년에 7개 주교구의 주교를 감리(Superintendent)로 교체하는 등 종교 개혁을 더 적극적으로 추진하도록 하였다. 노르웨이에는 1536년에, 아이슬란드에는 1539년에 종교 개혁이 도입되어 루터교화하게 되었다.

스웨덴은 1521~1523년에 덴마크로부터 정치적으로 독립하게 되었다. 종교 개혁의 신앙은 비텐베르크에서 교육을 받은 올라우스 페트리(Olaus Petri)와 로렌쪼 페트리(Lorenzo Petri) 형제와 로렌쪼 안드레(Lorenzo Andrae)가 도입하였으며, 스웨덴의 독립을 확고히 하려는 새 왕 구스타프 바자(Gustav Wasa)가 이를 장려하였다. 덴마크 교회는 자신의 왕위를 걸고 종교 개혁의 신앙을 옹호하는 왕에게 결국 굴복하였다. 그러나 주민들은 완강히 새 신앙을 거부하였으므로 루터교는 다음 세대에 이르러서야 뿌리를 내리게 되었다.

폴란드와 리투아니아에는 처음에는 루터교가 도입되었으나 1540년 이후 이탈리아의 피난민들이 스위스의 개혁주의 신앙, 특히 칼빈적인 신앙을 퍼뜨렸다. 요한 라스코(Johannes a Lasco)는 칼빈의 사상을 전하는 사도로 활동하였다. 1548년 이후에는 슈말칼덴 전쟁 시 고향에서 추방당한 형제들이 와서 그들의 신앙을 지키고 있었다. 보헤미아에는 루터교와 재세례파들이 있었으며, 슬로바키아에는 1521년과 1525년 이후 비텐베르크에서 루터를 도왔던 콘라트 코르다투스(Konrad Cordatus)가 와서 종교 개혁 신앙을 위하여 활동하였다.

헝가리에는 개신교 신앙이 온 나라에 확산되었다. 특히 비텐베르크 출신이며 멜랑흐톤의 친구인 마티아스 비로(Matthias Biro)가 초기에는 루터교 신앙을 전했으나, 1543년부터 스위스에서 망명 생활을 한 이후에는 스위스 신앙고백서(Confessio Helvetica)를 소개함으로써 개혁주의 신앙을 이식하였다.

가톨릭의 반종교 개혁 운동

스페인 내의 반종교 개혁 운동

가톨릭의 개혁 운동은 곧 반종교 개혁 운동이었다. 종교 개혁자들의 개혁 운동에 자극을 받아 가톨릭 교회 내에서도 쇄신 운동들이 일어났다. 그러나 가톨릭의 개혁 운동은 가톨릭 교회의 질서 속에서 도덕적인 쇄신을 추구하는 개혁 운동일 뿐이었다. 가톨릭 교회의 쇄신 내용에는 종교 개혁자들을 비롯한 이단 척결에 대한 것들도 포함되어 있어서 가톨릭의 지도자나 단체의 개혁 의지가 투철하면 할수록 종교 개혁에 반대하는 결의나 대응도 그만큼 단호하고 격렬하였다. 따라서 그들은 종교 재판을 강화하여 개신교 신자들을 처형하거나 학살하고 종교 개혁의 확산을 막기 위하여 전쟁도 불사하였다.

스페인에서는 루터의 종교 개혁 운동이 있기 훨씬 이전부터 로마 가톨릭 교회 내에서 쇄신 운동이 추진되었다. 스페인의 여왕 이사벨라(Isabella)는 교회 개혁의 필요성을 절감하고 추기경 프란시스코 시메네즈 드 시스네로스(Francisco Ximenez de Cisneros)의 도움을 받아 교회의 쇄신을 추진하였다. 여왕과 추기경은 수도원과 수녀원의 개혁을 위하여 중요한 수도원들을 직접 방문하여 무질서한 일들을 지적하고 개선할 것을 촉구하였다. 그러나 여왕은 도덕적인 교회 개혁에 힘썼을 뿐 교리적인 문제에 손댈 생각은 추호도 없었다.

또한 여왕은 개혁 작업을 위하여 지식이 중요한 요소가 된다고 확신하고 다방면의 학문을 장려하였다. 그러나 종교적 혹은 교리적 자유는 허용하지 않았고, 정통적인 교리의 범주에서 벗어나는 경우가 있으면 종교 재판으로 가차 없이 처벌하였다. 그래서 여왕의 교회 쇄신의 의지와 실천은 결국 종교 개혁자들의 개혁 운동에 대한 적극적인 반대 운동의 양상으로 나타났다. 여왕의 강경책에 희생된 것은 개신교 신자들만이 아니었다. 20만 명에 이르는 유대인들이 개종을 받아들이지 않음으로써 재산을 박탈당하고 추방되었다.

이탈리아 내의 반종교 개혁 운동

이탈리아에서는 1520년대에 스페인과 또 한편으로는 루터의 영향으로 경건 운동이 일어났다. 쇄신 운동을 주도한 인물은 후에 교황 바울 4세(1555~1559)로 등극한 지안 피에트로 카라파(Gian Pietro Carafa)였다. 카라파는 교황의 사절(nuntius)로서 오랫동안 스페인의 이사벨라 궁정에 체류했던 인물이었다. 1523~1527년에 로마에는 신비주의적 가톨릭의 경건을 추구하는 30~60명의 성직자들이 '하나님 사랑 실천회'를 조직하였다. 카라파를 비롯하여 사돌레트(Sadolet), 지베르티(Giberti), 가이타노 다 테아티네(Gaetano da Theatine) 등이 주요 회원이었다. 이들이 또한 중심이 되어 이단에 대항하기 위한 '테아티네회'를 조직하였다. 1530년과 40년대에 가톨릭의 경건이 고조되면서 많은 수도원 교단들이 생겨났다.

그러나 교황들은 주로 정치적인 일에 흥미를 가진 반면에, 교회의 개혁에는 별로 관심을 보이지 않았다. 설령 어느 정도 관심을 가졌다고 하더라도 교황청이 교회 부패의 중심이 되고 있었으므로 쇄신을 감행한다는 것은 구조적으로 어려운 일이었다. 그나마 개혁의 의지를 가졌던 하드리안 6세(1522~23)

는 단명하여 아무 일도 하지 못했다. 교황 바울 3세(1534~1549)는 교회 개혁에 적극적인 인물은 아니었으나 1542년 종교 재판 제도를 새롭게 하고 강화하였으며, 1545년에는 트렌트 회의를 열어 가톨릭 교회를 개혁하고 신학을 재정비하는 작업을 단행하도록 하였다. 1555년 카라파가 교황에 선출되어 바울 4세로 취임하면서부터 비난의 대상이 되어 왔던 교황청의 여러 가지 부패와 부조리를 일소하고 개혁하는 일에 착수하였다. 그의 치하에서 개신교 신자들을 포함하는 소위 이단들에 대한 종교 재판은 공포의 대상이 되었다.

예수회

가톨릭 교회의 개혁을 추진하는 일에, 다시 말하여 종교 개혁에 반대하는 일에 가장 철저한 그룹이 예수회(Societas Jesu, Jesuite Order)였다. 예수회는 16세기에 새로 조직된 여러 교단들 가운데 하나로서 로욜라의 이그나티우스(Ignatius de Loyola, 1491~1556)가 창설한 것이다. 귀족 가문 출신인 로욜라는 1534년 피터 파버(Peter Faber), 프란체스코 사비어(Francisco Xavier, 1506~1552), 야곱 라이네쯔(Jakob Lainez), 알론소 살메론(Alonso Salmeron) 등의 동지들과 더불어 교회와 교황을 위해 충성을 다하기로 서약하고 교단을 조직하였다. 1540년 바울 3세는 교서(Regimini Militantis Ecclesiae)를 내려 군대식 조직을 갖춘 새 교단을 공인하였다. 1541년부터 로욜라는 로마에서 종신토록 교단장(General)으로 활동하였다.

예수회는 교단장을 정점으로 하여 그 아래 지방 교단의 장들이 있고, 그들의 산하에 수도사들을 거느리는 수도원장들이 있어서 상사의 명령에 절대 복종하는 조직을 갖추었다. 교단장은 종신직이며 군주와 같은 절대권을 행사하였다. 교단에 가입하려는 자는 2년 전에 미리 지원을 해야 하며, 입단 시에는 수도원 지망생들이 전통적으로 해 왔던 바와 같이 서약을 해야 했다. 즉, 청빈하게 살 것과 상사에게 절대 복종할 것을 서약했다. 자질(資質)이 있는 자는 철학과 신학을 공부하는 한편 가르치는 일에도 종사했으며, 약 15년이 지난 후 사제로 서품을 받음과 동시에 연구를 계속하며 가르치고 상담하는 일을 맡았다. 그리고 교수의 재능을 가진 사람은 45세가 넘어야 비로소 교수가 될 수 있었고, 사제가 될 자질이 없는 사람에게는 행정직 등을 맡겼다.

예수회 회원(Jesuits)은 전통적인 수도원에서 추구하는 대로 경건하게 사는 일에 힘쓰는 것을 신조로 삼는 한편, 교황에게 절대 복종할 것을 서약하였다. 예수회가 지향하는 지상 목표는 이단과 비기독교인들을 회개시킴으로써 가톨릭 교회만이 왕성하도록 하는 것이었다. 다시 말하면, 이단을 제거하는 일과 선교하는 일에 힘쓰는 것이었다. 그들은 제후들의 가정 교사로, 고해를 듣는 사제로, 학교와 대학의 교사와 교수로, 선교사로 활동하였다. 예수회의 창립 회원인 사비어는 인도를 거쳐 일본까지 선교 여행을 했다. 예수회는 또한 사제 양성을 위하여 로마에 신학교도 설립하였다.

예수회 회원들은 교황의 친위대로 불릴 정도로 교황에게 충성을 다하였다. 따라서 그들은 교황의 총애를 받아 여러 나라의 가톨릭 교회에서 사전 예고도 없이 설교를 맡아 하는 등 특권을 누렸을 뿐 아니라, 민중의 우월성과 폭군을 제거할 수 있는 권리를 인정하고 가르쳐, 정부 당국이나 교회의 지도부와 마찰을 빚기도 하였다. 그래서 그들은 여러 나라로부터 무려 마흔 번 정도 추방당한 역사를 가지게 되었다.

트렌트 종교회의

트렌트 종교회의(1545~1563)는 황제 카를 5세의 요청으로 교황 바울 3세가 소집하였다. 종교회의는 황제의 영토인 북부 이탈리아의 트렌트(Trent)에서 3차에 걸쳐 개최되었다. 종교회의를 열게 된 동기는 개신교 측과는 이제 대화하는 것이 불가능하게 되었으므로 종교 개혁 운동에 다른 방법으로 대처하자는 것이었다. 그런데 황제는 교회 개혁에 대한 안건을 다루는 것을 보고 싶어한 반면에, 교황은 교리적인 문제를 먼저 다루려고 하였다. 황제와 교황간의 이러한 갈등은 종교회의 기간 내내 존속되었다.

제1차 회기는 1545년 12월 13일에 열려 1547년 초까지 계속되었으며, 31명의 대표가 참석하여 8차의 회합을 가졌다. 제2차 회기는 율리오 3세(Julius III, 1550~1555)의 소집으로 1551년 프랑스가 참가를 거부한 가운데서 열렸으나 이듬해에 정회되었다. 그리고 제3차 회기는 비오 4세의 소집으로 1562년 1월 13일에 열려 1563년 12월 4일에 종료되었다. 회의에 참석한 대의원은 213명이었다.

중요한 안건들은 주로 제1차 회기 동안에 다루어졌다. 무엇이 교회의 가르침을 위한 자료가 되는지를 확정하였는데, 즉 성경과 함께 전통이 자료가 된다는 것이었으며, 구약의 외경이 정경적(正經的)임을 인정한다는 것이었다. 라틴어의 '불가타' (Vulgata)를 흠정역(authorized version)으로 인정하고, 교회만이 권위 있는 성경 해석자임을 확인하였다. 원죄와 칭의에 관하여 논하고 1215년 제4차 라테란 회의에서 받아들인 7가지 성례를 그대로 인정하는 한편, 교회의 개혁에 대해서도 결의하였다.

그리고 성찬의 화체설과 함께 떡과 포도주 어느 하나만 받으면 족하다는 교리(concomitantia)와 고해 및 종유성사의 필요성을 재확인하였다. 교회 개혁을 위한 것으로는 주교들이 자기가 맡은 교구에 거주할 것을 명하였으며, 한 사람이 성직을 겸임하는 것을 금하고, 성직자들의 임무를 규정하였다. 또한 소위 성유물(聖遺物, relics)과 면죄부 사용을 재확인하고, 성직자들을 양육하는 신학교를 설립하기로 하였다.

트렌트 종교회의의 결정은 중세 말기의 교의 결정과 별 다른 것이 없었으나 이제 가톨릭 교회는 중세의 가톨릭 교회로 그냥 머물러 있을 수는 없었다. 종교 개혁으로 말미암아 여러 나라와 지방의 방대한 교구를 상실하고 개신교와 대치하게 된 상황에서 교회의 개혁과 교리 문제를 진지하게 논의하고 스스로를 항상 점검하는 분위기를 계속 유지하지 않을 수 없게 되었다.

잔센주의 및 정적주의와 가톨릭의 대응

잔센주의(Jansenism)는 트렌트 회의 이후 가톨릭 내에 있었던 교회 쇄신 운동의 하나였다. 트렌트 회의는 은혜와 예정론을 두고 루터와 칼빈의 견해를 정죄하였다. 그러나 가톨릭 내에서도 이러한 결정에 대한 반성과 비판이 있었다. 그러한 결정은 어거스틴의 신학적인 전통을 전면적으로 부인하게 되는 결과를 초래한다는 우려에서 나온 것이다. 어거스틴의 신학을 새롭게 연구한 대표적인 인물이 코넬리우스 잔센(Cornelius Jansen, ?~1638)이었다.

잔센과 그를 따르는 잔센주의자들은 개신교를 반대하는 엄격한 가톨릭 교도들이었으나 어거스틴의 신학적인 전통을 존중할 뿐 아니라 가톨릭 교회에 대하여 비판적이라는 점에서 교황의 친위대인 예수회 교단과는 적대적인 관계에 있었다. 예수회 수도사들은 이미 16세기 말부터 루이 데 몰리나(Louis de Molina)의 가르침을 받아 예정은 하나님의 예지에 기초한 것이라고 주장해 오고 있었다. 반면에 어거스틴의 가르침에 충실하려던 도미니코 수도사들은 예수회를 가리켜 펠라기안들이라고 칭하였으며, 예수회는 도미니코 수도사들을 가리켜 칼빈주의자라고 응수하였다.

잔센의 필생의 저작 「어거스틴」이 1640년 저자가 죽은 지 2년 만에 출판되었다. 그러나 그가 연구한 어거스틴의 가르침은 칼빈과 매우 비슷하다고 하여 예수회의 공격 대상이 되었다. 1642년 교황 우르반 8세는 잔센의 책을 금서(禁書)로 규정하고 정죄하였다. 그러나 잔센주의자들의 기세는 수그러들지 않았다. 잔센의 친구 성(聖) 시랑(St. Cyran)으로 알려진 장 두베르지에(Jean

Duvergier)와 파리와 샹프(Champs)의 포 로얄(Port Royal) 수녀원장 안젤리크 (Angelique)와 그들의 영향 아래 있는 수도사 및 수녀들이 교회 개혁을 갈망하였다. 시랑은 추기경 리쉘루에 의하여 투옥되었다가 출감된 지 얼마 안 되어 사망했다.

프랑스의 많은 지성인들은 자신을 잔센주의자로 자처하기를 주저하지 않았다. 그 가운데 대표적인 인물이 기독교 변증서 「팡세」(Pensées sur la religion, 1669년)로 유명한 파스칼(Blaise Pascal, 1623~1662)이었다. 파스칼이 예수회에 대항하기 위하여 이름을 밝히지 않고 쓴 「한 시골뜨기의 편지」(Lettres Provinciales)는 기지와 해학으로 넘치고 있어서 많은 독자를 얻었다.

프랑스 지식층의 많은 사람들이 잔센의 사상에 매력을 느끼고 따르자 예수회 교단에서는 왕실과 베르사이유의 눈치를 살피는 교황청 관리들을 움직여 잔센주의자들을 탄압하고 정죄하도록 하였다. 루이 14세는 마자랭(Mazarin, 1602~1661)의 조언을 받아들여 1660년부터 잔센주의자들을 탄압하기 시작하였으며, 교황 클레멘트 9세는 그들에 대한 정죄를 재확인하였다. 1700년대 초에 이르러서는 잔센주의자들이 완전히 제거되었다. 잔센주의는 교회의 개혁에 뜻은 있었으나 중세 때부터 때때로 시도했다가는 사라져 간 가톨릭 내에서의 도덕적인 쇄신 운동들의 한계를 넘지 못하고 소멸하였다.

정적주의(Quietism)는 가톨릭 안에서 일어난 경건을 추구하는 신비주의 운동의 하나였다. 정적주의 운동은 스페인의 미구엘 데 몰리노스(Miguel de Molinos, 1640~1696)가 저술한 「영혼의 안내서」(Guida Spirituale, 1675년)가 출판되면서 시작되었다. 몰리노스는 신자는 하나님 속에 사라지고, 죽고, 상실되어야 하며 육체와 영혼을 막론하고 일체의 행동을 포기해야 한다고 주장하였다. 영혼이 하나님에 관한 명상에 잠길 때는 이웃도 생각하지 않는 완전한 몰아의 상태로 들어가야 한다고 했다. 이러한 교훈은 극도의 개인주의를 낳게 되고 교회는 그 중요성과 역할을 상실하게 되며 신자들은 정치와 사회 생활에 무관심하게 된다는 비판을 받게 되었다. 교황 이노켄티우스 11세는 1687년 몰리노스를 정죄하였다. 몰리노스는 종신토록 수도원에 감금당하였으며, 200여 명의 추종자들은 투옥되고 그 중 몇 명은 처형을 당하였다.

　　미망인 마담 기용(de Guyon, 1648~1717)은 프랑스에 침투한 정적주의를 받아들인 이들 가운데 한 사람이었다. 사랑은 아무런 보상도 요구하지 않는 것이라고 말하고 우리는 하나님 안으로 온전히 올라가야 한다면서 나름대로 소화하였다. 그는 정죄를 받고 1688~1696년에는 수녀원에 갇혀 살았으며, 1698~1701년에는 바스티유 감옥에 갇혔다가 풀렸다. 마담 기용을 통하여 정적주의를 접하게 된 기용의 젊은 주교 프랑수아 페네롱(Francoir Feneron)은 1699년 그가 쓴 책 때문에 교황으로부터 정죄를 받았으나 잘못을 시인하고 굴복함으로써 처벌은 면하였다. 그는 전 재산을 가난한 사람들에게 나누어 주고 경건하고 겸손하게 살아 사람들에게 존경을 받았다.

독일 내의 반종교 개혁 운동과 30년 전쟁

독일 내의 반종교 개혁

아우구스부르크 종교 평화조약(1555년)이 체결된 이후 유럽 여러 나라들의 개신교 교구는 가톨릭보다 더 많아졌다. 열세를 실감한 가톨릭은 1559년부터 세력을 만회하기 위하여 반종교 개혁 운동을 본격적으로 추진하였다. 예수회는 이단을 굴복시키기 위하여 종교 재판을 강화하고 탄압을 자행했으며, 1573년부터는 교황청의 지원을 받았다. 독일은 이미 1540년대에 예수회 회원들이 각자 단독으로 활동하기 시작하였다. 네덜란드 태생인 피터 카니시우스(Peter Canisius, 1511~1597)도 그 중 한 사람이었다. 카니시우스는 1925년, 성자요 교회의 선생(Doctor Ecclesiae)이라는 칭호를 받게 된 인물인데, 「신앙 교육 문답서」, 「타울러의 저작집」, 「독일 예수회 회원들의 문서 운동의 시작」 등의 저작을 남겼다.

1549년 예수회 회원들은 바이에른을 기점으로 하여 합스부르크 가의 통치 아래 있는 주들과 남독일의 교구들과 라인 지방으로 활동 범위를 넓혀 나갔다. 그들은 또한 여러 대학교에 선교의 거점을 마련하는 한편, 학교들을 세우고 학교 교육을 개선하며 인문주의 교육을 강화하는 등 개신교 학교 교육에 도전하였다. 그뿐 아니라 가톨릭 교회는 그들 특유의 경건, 즉 화려하게 지은 예배당, 엄숙하면서도 화려한 예배 의식, 화려한 사제복, 성자 숭배와 성상 숭배, 순례, 죽은 자를 위한 미사, 부적 등으로 무지한 대중들을 끌어들였다.

독일에는 1550년대 말경부터 개신교의 세력이 가톨릭을 능가하기 시작하여 1570년경에 독일 인구의 70%가 개신교에 속하게 되었다. 그러나 1600년경 신·구교의 교세는 1570년경의 상황과는 판이하게 되었다. 예수회 회원들과 가톨릭 교회의 의욕에 찬 반종교 개혁 운동으로 교세의 판도에 다시금 변화가 일어났다.

개신교가 우세하게 되었던 바이에른을 위시한 남독일의 많은 지역들이 로마 가톨릭으로 전향했으며, 개신교화되었던 중요한 도시들, 즉 북쪽의 쾰른(Köln), 파더보른(Paderborn), 뮌스터(Münster), 아이크펠트(Eichfeld), 풀다(Fulda) 등과 남쪽의 뷔르쯔부르크(Würzburg), 밤베르크(Bamberg), 잘츠부르크 등이 다시금 가톨릭화되었다. 특히 쾰른은 북쪽 독일에서 신·구교의 교세 판도가 연쇄적으로 바뀌게 만든 중요한 승부처였다. 1598년의 왕국회의를 계기로 그간 다수를 점해 온 개신교의 세력이 꺾이게 되었다.

30년 전쟁

30년 전쟁(1618-1648년)은 남독일의 한 자유시에서 신·구교도 간에 일어난 사소한 충돌에서 시작되어 대대적인 전투로 발전한 신·구교 간의 종교전쟁이다. 30년 전쟁은 적어도 1635년까지는 종교전쟁이었다. 그러나 그 이후는 여러 나라들이 정치적인 주도권을 다투는 유럽 전쟁으로 발전하였다. 여하튼 30년 전쟁을 통하여 가톨릭은 남독일 지방에서 실세(失勢)를 만회한 대신에 한때 월등히 우세했던 개신교는 많은 지역을 잃게 되었다. 그 결과 독일의 개신교와 가톨릭의 교세가 백중지세를 이루게 되었다.

남독일의 왕국 도시 도나우뵈르트(Donauwörth)에는 개신교 신자의 수가 월등히 많았으나 가톨릭 예배가 허용되고 있었다. 1606년 이곳 베네딕트 수도원 원장이 가톨릭의 기념일에 가톨릭의 세를 과시하려고 행렬을 강행하자 분노한 시민들이 이를 습격하였다. 1607년 바이에른의 막시밀리안은 도나우뵈르트를 점령하고 그곳 교회를 예수회 회원에게 맡김으로써 시민들에게 가톨릭 신앙을 강요하였다. 이러한 처사는 분명히 아우구스부르크 평화조약에 대한 위반이었다. 1608년 개신교 주(州)들은 개신교 연합을 결성하고 이에 항의하였다. 팔쯔(Pfalz)의 선제후 프리드리히 4세의 주도하에 먼저는 개혁교회들이 가톨릭에 대항하는 일에 앞장을 섰다. 루터교회들은 처음에 관망하는 자세를 취하였다. 1609년 막시밀리안을 지도자로 가톨릭 연맹이 결성되자, 양 진영은 전쟁에 대비하여 무장하기 시작하였다.

1618년 5월 13일 보헤미아의 개신교 귀족들은 보헤미아의 왕이면서 동시에 신성 로마 제국의 황제인 페르디난드(Ferdinand)에 반기를 들었다. 그들은 황제의 사절을 물리치고 예수회 회원들을 국외로 축출하였으며, 1619년 페르디난드가 죽고 나자 그의 후계자를 인정하지 않고 팔쯔의 선제후 프리드리히 5세를 황제로 추대하였다. 스페인과 쿠르작센과 동맹을 맺은 페르디난드 2세 (1619~1637)의 군대는 1620년 바이세 베르크(Weiße Berg)에서 프리드리히 산하의 개신교군과 접전하게 되었다. 보헤미아의 군대는 '성모 마리아'를 외치며 돌격하는 황제군에 패하여 프리드리히가 1620년 보헤미아에서, 1623년에는 팔쯔에서 축출 당하였다. 그러나 전쟁은 여기서 끝나지 않았다. 승승장구한 황제는 여세를 몰아 독일 전역을 장악하려고 하였다.

1560년대, 프랑스와 폴란드는 각기 가톨릭과 개신교 양 세력으로 나뉘어 있었으며, 남독일은 아직 유동적인 상황에 있었다. 그래서 교황청은 스페인에 정치적인 희망을 걸고 있었다. 1628년에 이르러 스페인은 세력이 약화된 대신 프랑스의 로마 가톨릭은 세력을 회복하여 위그노들을 몰아붙였다. 그 결과 위그노들은 약세로 전락하였다. 이제 가톨릭은 북부 독일에서의 전쟁도 승리로 이끌고 있었다. 1620~1627년 후스파와 개신교가 우세했던 보헤미아는 오스트리아군에게 가톨릭 신앙을 강요당하였다. 개신교 신자들은 시민권을 박탈당했는가 하면 프라하 대학은 예수회의 손에 넘어갔으며, 3만에 이르는 개신교 세대가 축출을 당하였다. 그것은 곧 반종교 개혁의 승리를 대변하는 것이었는데, 이러한 일들이 오스트리아를 위시한 여러 지역에서 진행되었다.

1629년 오스트리아의 신성 로마 제국의 황제는 1552년 이후 개신교가 점유한 모든 교구 지역을 가톨릭으로 회복되어야 한다는 칙령(Edict of Restitution)을 내렸다. 그리고 제국 내에서 개혁파 교도들이 누리는 모든 권리는 박탈되어야 한다는 것이었다. 만일 이 칙령대로 가톨릭화가 강행된다면 독일의 개신교 세력은 형편없이 약화될 터였다. 그러나 주변의 국가들이 유럽의 세력 균형을 위하여 이를 원치 않았다. 황제의 세력이 너무 강대해질 것을 우려해서였다.

스웨덴의 왕 구타프 아돌프는 황제의 칙령에 반대했는데, 그 이유는 그가 개신교 신자였고, 또한 발틱 연안을 지배하는 자신의 정치적인 세력이 침해당할 것을 염려했기 때문이었다. 프랑스의 추기경이며 정치적인 실권자인 리쉘류(Richelieu)는 한편으로는 독일에서 가톨릭의 세력이 완전히 복구되는 것을 바랐으나, 그 결과로 독일의 정치적인 세력이 비대해질 것을 우려한 나머지 결국 독일 가톨릭의 복구를 방해하였다. 이러한 정치적인 이해 타산을 가진 주변 나라들의 개입으로 1648년 10월 24일 뮌스터와 오스나브뤼케(Osnabrücke)에서 진행된 오랜 협상 끝에 베스트팔렌의 평화조약(Westfälischer Friede)이 체결됨으로써 30년 전쟁은 종결되었다.

독일 루터교의 내분과 콘코르디아 운동

루터가 죽고 난 후 독일 루터교의 내부에 갈등과 대립이 있게 되었다. 이러한 갈등과 대립은 교리적인 견해 차이에서 비롯된 것인데, 정치적인 상황과도 관련이 있었다. 종교 개혁 운동이 한창일 때부터 개신교 지역이었던 쿠르작센과 헤센은 정치적으로 불편한 관계에 있었다. 그리고 16세기 후반에는 쿠르작센과 쿠르팔쯔(Kurpfalz)가 서로 반목하게 되어 30년 전쟁 시대까지 불편한 관계가 계속 이어졌다. 루터교회 내의 교리적인 내분은 곧 이러한 정치적인 상황과 연계되어 있었다.

루터교회의 내분은 아우구스부르크 신앙고백서를 함께 작성하고 「신학개요」(*Loci Communi*)를 통해 루터의 신학을 체계화하고 대변해 왔던 멜랑흐톤이 루터가 죽고 난 후 루터와는 신학적으로 다른 견해를 가짐으로써 시작되었다. 멜랑흐톤은 세 가지 점에서 루터와 의견을 달리하기 시작하였다. 일반적으로 그가 받은 인문주의 교육의 배경과 개인적인 성품 때문일 것으로 이해한다.

멜랑흐톤은 하나님의 은혜를 얻는 데 인간의 의지가 함께 작용한다는 '신인협동설'(Synergism)을 말함으로써, 그리고 선한 일을 해야 할 필요성에 관한 교리를 말함에서 루터와 견해를 달리하였으며, 성찬론에서 칼빈 쪽으로 기울어져 1540년의 「아우구스부르크 신앙고백 변증서」(*Confessio Augustana*

Variata)에서 그리스도를 영적으로 맛보는 것이 중요하다고 강조한 것이 또한 그런 점이었다.

멜랑흐톤과 그의 추종자들을 멜랑흐톤의 이름을 따라 '필립주의자' (Philippisten)들이라고 부르는 한편, 루터의 신학에 충실한 이들을 '순루터파' (Gnesiolutheraner)라고 하였다. 순루터파를 대표하는 이는 루터의 제자 중 한 사람인 마티아스 플라키우스(Matthias Flacius)였다. 비텐베르크는 필립주의자들의 거점이었으며, 순루터파의 중심은 1548년에 시작하여 1558년에 개교한 예나 (Jena) 대학교였다. 순루터파는 칼빈주의가 독일 영토 내에 점차로 확산되자 필립주의자들을 '은밀한 칼빈주의자'(Kryptocalvinisten)로 간주하였다. 순루터파가 염려했던 바와 같이 쿠르팔쯔는 칼빈주의로 넘어갔다.

루터교 내에서는 일찍이 1520년대와 30년대부터 교리적인 논쟁이 있었으나, 1548년부터 1560년까지 여러 주제들에 대한 논쟁들이 있었다. 신앙을 비본질적인 것, 즉 '아디아포라'(adiaphora)에 속하는 것들이 어떤 것인지에 대한 문제, 신자에게 그리스도의 의(義)가 실재적으로 내재하느냐 하는 문제, 선한 행위가 구원을 위하여 필요한 것인지에 대한 문제, 성찬 문제, 신인협동에 대한 문제 등에 대한 논쟁들이 있었다.

1552년에 루터파와 개혁파간에 성찬에 대한 논쟁이 재연되자, 멜랑흐톤이 한 조심스런 발언을 두고 반대자들은 그를 '은밀한 칼빈주의자'라고 단정하게 되었다. 1556~1560년 라이프찌히의 교수 요한 페핑거(Johann Pfeffinger)는 멜랑흐톤의 신인협동설을 지지함으로써 논쟁을 야기하였다. 이에 대하여 암스도르프의 니콜라우스(Nikolaus von Amsdorf)와 마티아스 플라키우스가 반론을 제기하였다. 암스도르프는 멜랑흐톤의 제자 게오르그 마요르(Georg Major)가 구원을 위하여 선행이 필요하다고 하여 문제를 일으켰을 때 반론을 제기한 사람이었다. 플라키우스는 1560년에 신인협동설은 불가하다는 것을 말하면서 아담의 원죄를 강조한다는 것이 지나쳐 아담의 범죄로 인하여 원죄가 인간 본성의 실체(substance)가 되었다고 주장하는 바람에 그때부터 이단으로 간주되었다.

멜랑흐톤은 1560년 4월 19일 '신학 선생'(rabies theologorum)으로서 생을 마쳤다. 그는 박식했을 뿐 아니라 교수요 조직가로서 '게르만의 선생'(praeceptor Germaniae)으로 손색이 없었다. 그는 창의성과 종교적인 통찰력에서는 루터에 뒤졌지만 신학 이론을 전개하고 루터교의 교리를 체계화함으로써 신학과 일반 학문을 연결하는 과업을 성취하였다. 멜랑흐톤의 제자들 가운데서 그의 이론에 반론을 펴는 사람들이 많이 일어난 것은 그가 루터만큼 폭이 넓지 못하고 결단력이 부족했기 때문이었다고 평한다.

루터교회에서는 그 밖에 여러 가지 교회 내의 불일치를 극복하려는 일치(concordia) 운동이 일어났다. 이러한 일치 운동이 개혁교회 내에서의 일치 운동과 비슷한 시기에 일어났다는 사실은 흥미롭다. 개혁교회는 본래 다양하게 출발한 상태에서 일치를 모색한 반면에, 루터교회에서는 본래 하나로 출발했으나 내분을 경험하고는 다시금 일치를 도모한 점이 다르다. 야콥 안드레아(Jakob Andrea, 1528~1590)를 위시한 여러 신학자들이 몇몇 관심 있는 제후들, 이를테면 브라운슈바이크-볼펜뷔텔(Braunschweig-Wolfenbüttel)의 율리우스(Julius) 공작과 뷔르템베르크(Württemberg)의 루트비히(Ludwig), 작센의 아우구스트 선제후, 팔츠의 루트비히 공작 등의 후원을 받아 일치 운동을 전개하였다.

야콥 안드레아는 여러 해에 걸쳐 독일 전역으로 다니면서 제후들과 신학자들을 만나며, 모임이 있을 때마다 사람들을 찾아 면담하고 동의를 구하였다. 1580년 6월 25일 「일치신조 저작」(Konkordienwerk)이 발간되었다. 거기에는 3명의 선제후를 비롯하여 20명의 제후, 24명의 백작, 4명의 성주, 38개의 왕국 도시와 8천 명의 목사와 신학자들이 서명하고 있다.

「일치신조 저작」은, 1930년 독일 개신교 본부가 발행한 것에 따르면 1,135쪽에 달하는 방대한 책으로서, 두 부분으로 구성되어 있다. 제1부에는 종전까지 나온 루터교의 신앙고백들, 즉 아우구스부르크 신앙고백서와 그 변증서, 슈말칼덴 신조 및 루터의 대, 소요리문답이 실려 있으며, 제2부에는 1577년에 완성한 일치신조(Konkordienformel)가 수록되어 있다. 이 일치신조만 해도 400쪽에 달한다. 이 일치신조도 루터의 대, 소요리문답처럼 두 부분으로 나뉘어 있어서 첫째 부분에는 간단히 개요만을 서술하고 둘째 부분에는 같은 주제를 더 상세히 서술하고 있다.

「일치신조」는 원죄, 자유의지, 하나님 앞에서 믿음으로 의롭다함을 얻는 일, 선행, 율법과 복음, 율법의 제 삼의 필요성, 성찬, 그리스도의 인격, 그리스도께서 지옥에 가신 일, 교회의 의식, 하나님의 영원한 예정과 선택에 관하여 그 개요(epitome)를 다룬다. 그리고 부록으로 루터교의 기독론과 삼위일체 교리를 뒷받침해 주는 초대교회의 교부들에게서 인용한 글들을 편집하고 있다.

일치신조는 종교 개혁 제2세대의 신학자들이 작성한 것이어서 그 이전에 나온 루터교회 신앙고백서들과는 차이점이 있다. 루터교가 로마 가톨릭에 대항하면서 개신교로 존립하느냐 하는 긴박성은 이미 사라져서 개신교의 교리를 변호하기보다는 루터교회 내의 신학적으로 서로 다른 견해를 조정하는 데 역점을 두고 있다. 그래서 더 사변적으로 이론을 전개하고 있는 것을 보게 된다. 예컨대, 그리스도께서 지옥에 가셨다는 사도신경의 고백과 ─ 한국 교회의 번역에는 누락되어 있다 ─ 베드로전서 4:6을 하나의 큰 주제로 삼아 기술하고 있는 것 역시 바야흐로 정통주의 시대로 접어드는 시대적인 특징을 말해 준다.

여러 지역의 제후들과 목사와 신학자들의 지지를 받은 일치신조가 나옴으로써 루터교회의 통일이 상당한 정도로 달성되었다. 그러나 한편 일치신조로 말미암아, 특히 루터의 성찬론을 지지하며 재확인하는 고백 때문에, 개혁주의 교회와의 교류는 단절을 보게 되었으며, 그 밖에 멜랑흐톤의 가르침을 따르거나 개혁주의의 영향을 많이 받은 헤센, 팔쯔의 일부 지역과 슐레스비히 홀슈타인, 덴마크와 기타 여러 왕국 도시의 루터교회들은 일치신조를 받아들이지 않음으로써 교회적으로 분열하게 되었다.

정통주의 시대의 루터교

콘코르디아 신조가 작성된 이후 루터교 내에는 정통주의(Orthodoxie, Orthodoxism) 신학이 지배적이었다. 경건과 신학을 강조하는 한편 '순수한 교리'의 신학이 신앙고백 작성을 위하여 필요불가결한 것으로 간주되었다. 정통주의는 가톨릭과 대항하여, 그리고 루터교회와 개혁교회가 상호간에 대립하고 자신들의 교리를 변증하며 교의를 체계화하는 가운데 이루어진 신학적 경향을 말한다. 정통주의 신학자들은 아리스토텔레스적인 논리로 17세기의 신스콜라주의 시대를 연 스페인의 예수회와 마찬가지로 스콜라적이며 교회의 전통적인 교리에 충실하였다. 그들은 성경을 문자적으로 영감된 말씀으로 믿었다. 플라키우스와 요한 게르하르트(Johann Gerhard, 1582~1637)는 구약의 히브리어 모음까지도 영감된 것이라고 주장하였다. 히브리어 모음은 11세기에 마소렛 학자들에 의하여 붙여진 것이다.

교의학과 논쟁에 대한 관심이 지배적이어서 신학의 다른 분야, 즉 교회사라든지 심지어 성경 해석에 대한 관심은 지극히 약화되어 있었다. 성경 해석은 전적으로 신앙고백서에 의존하고 있었으며, 성경은 교의학(Dogmatics)을 위한 증거 자료(dicta probantia, proof text)들을 집대성한 책으로 간주되었다. 이러한 전통은 현대에 이르기까지 교의신학 혹은 조직신학에 전수되어 왔다.

루터교 정통주의의 중심은 비텐베르크였으며, 그 다음으로 중요한 곳이 예나였다. 브라운슈바이크의 감리 마르틴 켐니츠(Martin Chemnitz, 1522~1586), 비텐베르크의 교수 레오나르드 후터(Leonard Hutter, 1563~1616), 예나의 교수 요한 게르하르트, 비텐베르크의 교수 아브라함 칼로프(Abraham Calov, 1612~1686) 등이 정통주의를 대표하는 신학자였다. 켐니츠는 「신학 총론」(*Loci Theologici*)을 써서 루터교 교의를 체계화하였으며, 「트렌트 회의에 대한 검토」(*Examen Concilii Tridentini*)를 써서 가톨릭 교리를 비판하였다. 요한 게르하르트는 9권에 달하는 「신학 총론」을 썼다. 이 책은 루터교 정통주의 교의학의 가장 중요한 저서로 언급된다.

루터교와 개혁교는 처음부터 상대방을 인정하지 않으려는 경향이 있었는데, 그것은 정통주의 신학에서도 변함이 없었다. 그러나 그런 가운데서도 양 교회의 화해와 일치를 모색하는 일 또한 끊이지 않았다. 하이델베르크의 교수로 있는 프란시스쿠스 유니우스(Franciscus Junius, ?~1602)와 다윗 파레우스(David Paraeus, ?~1622)가 화해를 시도했으며, 1631년에는 황제의 노력으로 라이프찌히 종교회담이 열렸다. 쌍방이 서로를 이해하는 단계에는 이르지 못했으나 불편한 관계는 다소 해소되었다.

그후 게오르그 칼릭스트(Georg Calixt)가 루터교와 개혁교의 교리적인 융합을 시도했으나, 1645년에 열린 토르너 종교회담(Torner Religionsgespräche)에서 아브라함 칼로프 등은 칼릭스트의 견해에 반대하였다. 루터교와 개혁교의 교리적인 조정 문제를 두고 칼릭스트가 죽고 난 후에도 회담과 논쟁은 계속되었다. 1661년에는 카셀(Kassel)에서, 1662~1663년에는 베를린에서 종교회의가 열렸다. 그러나 회담은 별 성과를 거두지 못한 채 1680년에 이르러서는 그 열기가 가라앉았다.

17세기에 있었던 정통주의 신학과 함께 기억해야 할 만한 것은 경건(敬虔)이었다. 루터교는 정통주의 시대에 많은 성시들이 쏟아져 나와 찬송가의 개화기를 맞이하였다. 많은 경건한 찬송가 작사자들 가운데 루터 이후 가장 대표적인 이는 파울루스 게르하르트(Paulus Gerhardt, 1607~1676)였다. 발렌틴 바이겔(Valentin Weigel, 1533~1588)은 경건을 추구하였으나 신비주의와 환상적인 자연철학과 신지학(神智學, Theosophie)으로 기울었으며, 야곱 뵈메(Jakob Böhme, 1575~1624)는 바이겔보다 더 환상적이며 이원론적인 신비주의적 신지학을 체계화하려고 시도하였다. 그는 「떠오르는 여명」(*Aurora* 혹은 *Morgenröte im Aufgang*)을 1612년에 써서 1634년에 출판하였다.

좀더 건전하게 경건을 추구한 이들이 있었다. 야곱 안드레아의 손자 요한 발렌틴 안드레아(Johann Valentin Andreae, 1586~1654)는 실천적인 삶을 강조함으로써 나중에 요한 아른트(Johann Arndt, 1555~1621)와 함께 경건주의의 선구자로 알려졌다. 요한 아른트는 「진실한 기독교에 관한 네 책」(*Vier Bücher vom Wahren Christentum*, 1605~1609), 「낙원」(*Paradiesgärtelein*) 등을 썼다. 경건주의의 창시자 슈페너(Spener)는 아른트의 책에서 경건주의 운동을 위한 영감을 얻었다.

독일 개혁교회

1560년대 이후, 칼빈의 사상은 네덜란드로부터 인접한 클레베(Cleve), 율리히(Jülich) 등의 서부 독일 지역으로 확산되었다. 이 지역은 팔쯔의 영향도 미친 곳이다. 산간 지방에는 개혁주의 공동체가 드문드문 형성되었으며, 어려움도 많이 겪었다. 오스트프리슬란드(Ostfriesland)와 벤트하임에도 네덜란드와 관련되어 있는 지역으로부터 개혁주의가 도입되었다. 한편 브레멘(Bremen)에는 루터교의 필립주의가 개혁주의를 도입하는 관문으로서의 역할을 하였다.

남부 독일에서는 팔쯔의 경건자 프리드리히 선제후 자신이 1561년 칼빈적인 신앙을 받아들이기로 작정하고 자기 영지 주민들로 하여금 같은 신앙을 가지도록 하였다. 그러나 당시 팔쯔의 수도였던 대학 도시 하이델베르크에는 신학 사상과 교회 소속이 서로 다른 신학자들이 있어서 신학 논쟁에서 격론을 벌일 때가 많았다. 강경한 루터교 신학자들이 있었는가 하면 멜랑흐톤을 따르는 온건한 루터교 신학자들도 있었으며, 쯔빙글리나 칼빈의 영향을 받은 개혁교회 신학자들도 있었다. 팔쯔의 선제후 프리드리히 3세는 신학적인 대립이 자칫 정치적인 분열로 비화될 가능성을 우려하여 이러한 신학적인 이견들을 조정하는 일에 관심을 기울였다. 그는 자신이 성찬에 관하여 올바른 신학적인 이해를 가지고자 성경을 탐독하며 연구하는 한편, 신학적으로 여러 다른 견해들을 조정할 수 있는 신앙 교육 문답서를 작성하도록 배려하였다.

프리드리히 선제후는 하이델베르크 대학의 젊은 신학 교수 우르지누스(Zacharias Ursinus)와 '하일리게 가이스트' 교회의 목사 올레비아누스(Caspar Olevianus)로 하여금 새 신앙 교육 문답서를 작성하도록 하였다. 우르지누스는 비텐베르크에서 공부하면서 멜랑흐톤의 영향을 받았는데, 그때 그는 이미 칼빈주의적이라는 평을 듣고 있었다. 1560년 멜랑흐톤이 죽고 난 후 우르지누스는 쥐리히로 가서 피터 버미글리에게서 잠시 배우다가 선생의 추천을 받아 하이델베르크로 오게 되었다. 프리드리히 선제후가 버미글리를 하이델베르크의 신학교장으로 초빙하였으나, 그는 이를 사양하고 약관 27세의 소장 학자 우르지누스를 그 직임을 맡을 적임자라고 하여 추천하였다.

올레비아누스는 파리에서 고전어를 공부하고 제네바와 쥐리히에서 공부를 하면서 칼빈, 베자 및 버미글리의 영향을 받은 유능한 젊은 설교가였다. 올레비아누스가 로마 가톨릭 지역인 트리르(Trier) 지방으로 가서 종교 개혁 운동을 하다가 옥에 갇혔을 때, 프리드리히 선제후는 금화 2만 플로린이라는 거금을 몸값으로 지불하고 그를 데려다가 하이델베르크의 목회자로 일하게 하였다. 1563년 1월 프리드리히 선제후는 자기 영지 안에 있는 신학자와 목사를 소집하여 새 신앙 교육 문답서를 심의하고 받아들이도록 하였다. 이 문답서의 평판은 대단하여 그 해 안에 3판을 내놓게 되었다. 얼마 지나지 않아서 팔츠 이외의 여러 지역과 다른 나라에 있는 개혁교회들도 이 문답서를 환영하였다.

1568년에서 1571년까지는 네덜란드의 개혁교회와 라인 강 하류 지방과 헝가리, 체코, 폴란드에 있는 개혁교회가 이 신앙 교육 문답서를 받아들였으며, 독일에 있는 여러 지역의 개혁교회들은 17세기 초 이전에 거의 대부분 이 문답서를 청소년 및 성인들의 신앙 교육을 위하여 유익한 책으로 여겨 환영하였다. 그러한 가운데 1618~1619년에 네덜란드의 도르트레히트(Dortrecht)에서 열린 노회는 하이델베르크 신앙 교육 문답서를 교회의 신앙고백서로 받아들이기로 결정하였다. 그러나 독일에 있는 대부분의 개혁교회들은 이보다 뒤늦게 18세기 초에 이르러서야 비로소 이 문답서를 신앙고백서로 받아들였다.

하이델베르크 신앙 교육 문답서는 세 부분으로 나뉘어 있다. 제1부에서는 '인간의 비참에 관하여' 간략하게 문답하고, 제2부에서는 '인간의 구원에 관하여' 다룬 후에, 제3부에서는 '감사에 관하여'라는 제목하에 그리스도인이 어떻게 생활해야 할 것인가를 가르친다. 이러한 내용 구분을 두고 루터적이라고 지적하는 사람들도 있다. 루터는 그리스도를 믿음으로 의롭다함을 받고 구원을 얻은 신자는 감사함으로 선한 일을 하며 올바로 살아야 한다고 말했기 때문이다. 그리고 더러는 루터의 소요리문답서와도 그 형식이 비슷하다고 말하기도 한다.

하이델베르크 신앙 교육 문답이 그 내용의 논리적인 전개에서 자연히 그러한 구분을 취하게 되었다고 보는 사람들이 있는가 하면, 종교 개혁 당시에 나온 여러 신앙 문답서들이 모두 비슷한 형식을 취한 것으로 보아 어느 특정한 것을 모방한 것은 아니라고 보는 이들도 있다. 그런데 사실 문답서의 내용은 개혁주의적인 특색을 지니고 있다. 무엇보다도 성찬에 대한 문답은 루터적이 아니고 개혁주의적이다. 이 신앙 교육 문답서가 처음 나왔을 때 이러한 개혁주의적 특색 때문에 루터교 측이 심하게 반대했다. 이 문답서를 기획하고 뒷받침한 프리드리히 선제후는 루터교 제후들의 거센 반발 때문에 하마터면 제국회의에서 실권(失權)할 뻔하였다.

그런데 하이델베르크 신앙 교육 문답서는 여러 다른 개혁주의 신앙 교육 문답서와는 다소 다른 특이한 점을 가진 것이 사실이다. 예정론에 대한 가르침이 결여되어 있고, 이 문답서를 칼빈이 쓴 제네바교회의 신앙 교육 문답서(1542년)와 비교해 보면, 그 구성과 전개가 다르다. 제네바교회의 신앙 교육 문답에서는 하나님을 알고 예배하며 하나님께 영광을 돌리는 것이 사람이 해야 할 본분이라는 가르침으로 시작하는 반면에, 하이델베르크 신앙 교육 문답은 사람이 비참한 상태에서 어떻게 구원을 얻을 것인가 하는 질문에서 시작한다. 그 점에서는 루터교의 신학 및 신앙고백과 유사하다.

네덜란드 개혁교회와 정통주의

서유럽 대륙의 개혁교회 내에도 루터교에서와 마찬가지로 정통주의 신학 사상이 발전하였다. 그러나 개혁교회에서는 정통주의 신학에 제동을 거는 운동이 있었다. 바로 아르미니우스주의 운동이었다. 개혁주의화된 네덜란드에서는 1604년부터 1619년까지 아르미니우스파 논쟁이 있었다. 이 논쟁은 레이든의 저명한 두 교수간의 논쟁에서 비롯되었다. 예정론에 반론을 편 아르미니우스와 엄격한 칼빈주의자이며 예정론자인 고마루스간에 시작된 논쟁은 네덜란드 전역으로 급속히 확산되어 교회의 하나 됨과 국가의 존립에 위협이 될 정도로 격렬한 논쟁으로 발전하였다.

야곱 아르미니우스는 제네바의 레이든 대학에서 공부한 후 제네바의 베자에게서 배우고, 1587년 네덜란드로 돌아와 암스테르담에서 성경과 신학에 지식을 갖춘 목사로 인정받게 되었다. 네덜란드에는 인문주의 교육을 받은 지도적인 인물들 가운데 엄격한 칼빈주의 사상을 수정하여 받아들이려는 사람들이 많이 있었다. 할렘(Haarlem)의 법률가 코른헤르트(Dirk Volkerts Coornhert)가 그러한 대표적인 인물이었다. 코른헤르트는 칼빈이 가르친 교리들 가운데 일부, 특히 예정론을 수정하려고 한 사람이었다. 암스테르담의 교회 지도자들은 아르미니우스에게 칼빈이 가르친 교리 가운데 일부, 특히 예정론을 부인한 코른헤르트의 이론을 반박하도록 부탁하였다. 그러나 아르미니우스는 코른헤르트의 이론이 자신의 생각과 일치한다는 것을 발견하였으므로 잠자코 있었다.

1603년 아르미니우스가 레이든의 교수로 임명되자 그의 사상은 자연 공개되게 마련이었다. 레이든 신학부의 동료 고마루스가 아르미니우스의 사상이 칼빈주의 사상으로는 건전하지 못함을 지적하고 논박하였다. 프란시스 고마루스(Francis Gomarus, 1563~1641)는 슈트라스부르크, 옥스퍼드, 케임브리지, 하이델베르크에서 신학을 공부하고, 1587년 프랑크푸르트에 있는 네덜란드인 교회를 목회하였으며, 1594년부터 레이든 대학교에서 신학을 교수하는 보수적인 칼빈주의자였다. 아르미니우스가 신약 성경이 하나님은 사랑이심을 가르치는데, 이러한 가르침은 사람들을 그들의 행위와는 무관하게 지옥으로 보내기로 작정하셨다는 해석과는 상치된다고 주장하였다.

아르미니우스는 보수적인 칼빈주의자에게서는 심한 공격을 받았으나 지지자도 얻었다. 그가 죽고 난 후 1610년 그를 지지하는 46명의 목사들이 '항론'(抗論, Remonstrance)이라는 제목의 신앙고백 선언서를 작성하였다. 그들은 이 문서에서 하나님께서는 사람을 영원한 생명으로 선택하시되 사람이 이 세상에서 행하는 선한 행위를 조건으로 선택하신다고 하며, 은혜는 불가항력적인 것이 아니고 상실될 수도 있다고 말하였다. 그리고 그리스도는 만인을 위하여 죽으셨다고 주장하였다.

항론파들(Remonstrants)은 그들의 신앙고백 선언서를 정부에 제출하여 그들 나름의 신학 사상을 인정받으려고 하였다. 1611년 보수적인 칼빈주의자들은 '반-항론'(Contraremonstrance)의 문서를 작성하여 항론파에 대항하였다. 그리하여 교회는 분열의 위기를 맞게 되었으며, 국가는 종교와 밀접한 관계에 있었으므로 나라 안은 정치적인 내분으로 전쟁이라도 일어날 듯한 분위기였다.

처음에 정부는 항론파들을 옹호하였으나 오라니엔의 빌헬름의 아들이자 상속자인 모리츠(Moritz von Oranien) 영주가 보수적인 칼빈주의자들의 편을 들면서 상황이 반전되었다. 항론파의 중심 인물 요한 반 올덴바네벨트(Johann van Oldenbarnevelt)는 사형되고 국제법의 창시자로 유명한 그의 친구요 동료인 휴고 흐로티우스(Hugo Grotius, 1583~1645)는 종신형을 받아 투옥되었다가 감옥에서 탈출하였다. 정치에서 승리를 거둔 보수적인 칼빈주의자들은 예정론 문제를 두고 벌여온 논쟁을 매듭짓기 위하여 도르트 회의를 개최하였다.

도르트 회의(Synod von Dortrecht)는 1618년 11월부터 1619년 5월까지 열렸다. 온 유럽에 있는 칼빈주의자들도 초청을 받아 프랑스를 제외한 여러 나라에서 27명의 대표들도 와서 참석하였다. 프랑스의 위그노들은 자국의 정치적인 어려움 때문에 참석하지 못하였다. 도르트 회의는 아르미니안주의를 정죄하고 칼빈의 예정론을 재확인하였다. 채택된 신조의 내용은 아르미니우스주의자들(Arminians)이 주장한 것을 조목을 따라 반박하고 정통적인 교리를 진술한 것이었다. 즉, 하나님께서는 개인의 신앙적인 반응을 '예지'(豫知)하시고 선택하신 것이 아니고 구원할 자를 무조건적으로 선택하셨다는 것, 그리스도의 구속의 은혜는 택함을 받은 자에게만 미친다는 제한적 구속, 인간의 전적 타락, 불가항력적인 은혜, 택하신 성도는 하나님께서 오래 참으심으로 끝까지 붙드신다는 견인(堅忍)의 교리를 선언하였다.

도르트 대회 이후 네덜란드에는 개혁주의적 정통주의의 전성 시대가 열렸다. 우트레크트(Utrecht)의 교수 키스베르트 부티우스(Gisbert Voetius, 1588~1676)는 칼빈주의적 스콜라신학의 대표자였다. 한편 브레멘 출신의 요한 코케유스(Johann Coccejus, 1603~1669)는 계약신학을 말하게 되었다.

1625년 모리츠가 사망한 이후 항론파들에 대한 조치가 완화되었다. 1631년 마침내 그들은 공적으로 자유를 인정받았다. 1634년 항론파들은 암스테르담에 자신들의 신학교를 설립하였다. 시몬 에피스코피우스(Simon Episcopius), 잔 위텐보가르트(Jan Uytenbogaert) 등이 아르미니우스를 계승한 지도적인 신학자였으며, 유고 크로티우스는 지도적인 학자였다. 당시 네덜란드에서는 인문

주의 혹은 합리주의적 배경을 가진 이들이 아르미니우스주의를 받아들였으
나, 18세기 이후에는 자유주의자들뿐만 아니라 웨슬리를 위시한 많은 복음주
의자들도 그 사상을 받아들였다.

종교 개혁 이후의 교회와 신자들의 생활

종교 개혁은 교회의 제도와 기독교 교리를 두고 보면 '개혁'이지만, 유럽의 정치와 사회에 초래된 사건들을 두고 보면 그것은 혁명이었다. 종교 개혁 측과 반종교 개혁 측의 극한적인 대립에서 탄압하고 항거하며 오랜 세월 동안 처절하게 투쟁하며 전쟁을 치른 사실이 그것을 말한다. 1648년 베스트팔렌 조약으로 평화를 되찾았으나 북아일랜드 같은 나라에서는 현재도 신·구교도들이 정치 문제와 관련해서 싸움을 계속하고 있다. 종교 개혁 이전과 이후의 교회와 신자들의 생활에서 확연히 구별될 정도의 변화는 없었으나 여러 가지 면에서 점진적인 변화가 있게 되었다. 그 가운데 먼저 들 수 있는 것은 국가와 교회의 관계이다.

국가와 교회의 관계

백성을 거느리며 그들을 배경으로 하는 국가는 왕성하였으며, 교회의 분열을 통하여 그리고 군주들의 권력이 강화됨에 따라 상대적으로 교회의 권세는 쇠퇴하게 되었다. 특히 개신교 국가에서는 교회가 소유해 왔던 막대한 재산을 강제로 국가에 헌납해야만 했다. 국가와 영주들과 신흥 중산층은 부유해졌으나 교회는 그들의 부와는 상관없이 가난하게 되었다. 예를 들면, 영국에서는 국토의 3분의 1을 교회가 소유하고 있었는데, 엘리자베스 여왕 시대에 정부는 여러 가지 수단을 동원하여 교회의 재산 중 3분의 1을 왕실 재산으로 귀속시켰다.

그 밖에도 종교 개혁 이전까지 교회가 국가로부터 누리던 혜택을 포기해야 했다. 이를테면, 성당의 도피성 역할, 성직자들이 누리던 면제 특권 등이었다. 성당은 더 이상 도피처(sanctuary)로 인정받을 수 없게 되었다. 1539년 프랑스 정부는 도피성 제도를 폐지하였다. 영국에서는 헨리 8세가 도피처의 수를 절반으로 줄였으며, 살인, 강간 등 흉악한 죄를 범한 자는 도피할 수 없도록 도피자의 자격 요건을 제한하였다. 영국에서는 도피성 제도가 1624년에, 팔쯔에서는 1697년에 완전히 폐지되었으며, 다른 개신교 국가에서는 종교 개혁이 진행되고 있는 기간에 폐지하였으며, 프랑스 파리에서는 1789년 혁명이 일어난 해에 폐지하였다.

기독교를 국교로 한 로마 제국에서는 일찍부터 성직자들이 법적인 면제 특권을 누렸다. 죄를 범했을 경우 교회 법정에서 재판을 받았다. 중세 말기에는 성직자뿐 아니라 소수의 평신도들도 이런 특권을 누렸다. 그것은 왕권 혹은 정부의 권한이 제한받는 것이므로 강력한 왕권을 행사하는 군주로서는 더욱이 참을 수 없는 일이었다. 그래서 개신교 국가의 정부들은 종교 개혁이 진행되는 동안에 이러한 면제 특권을 폐지하기 시작하였다. 교황청은 이러한 특권을 유지하려고 하였으나 가톨릭의 군주들 역시 여러 수단을 동원하여 이를 폐지하려고 하였다.

1611년의 스웨덴 헌법에는 사제가 죄를 범했을 경우 감독이나 참사회가 먼저 사건을 심리한 이후에야 재판을 받을 수 있다고 규정하고 있었다. 1513년의 영국 법령에 따르면, 반역, 살인, 성당 강도, 노상 강도, 방화 등의 범죄자는 성직자인 경우에도 면제의 대상에서 제외한다고 했으며, 교회법을 지키지 않는 자는 면제 특권을 상실한다고 했다. 이러한 면제 특권은 영국의 경우 1827

년에 이르러서야 완전히 폐지되었다. 이러한 조처는 교회나 성직자가 가졌던 특권을 박탈한 것이므로 성직자에게 손해를 입힌 것이라고 보기보다는 교회나 성직자가 부패할 수 있는 소지를 없이 한 개혁의 일환이었다고 보아야 한다.

종교 개혁 이전까지는 고위 성직자들이 국가의 중요한 부서의 자리에 있었다. 성직자들이 주로 교육을 받은 층이어서 그러하였으며, 왕과 제후들이 그들에게서 교육을 받았기 때문에서도 그러하였다. 또한 행정력이 교회에까지 미칠 수 있게 하기 위해서도 그랬다. 성직자들은 어차피 교회에서 급료를 받으므로 국가로서는 재정 지출을 그만큼 절감할 수 있다는 이점도 있었다. 17세기 중엽에 리셸류와 마자랭은 고급 관리로서가 아니고 거의 프랑스의 통치자로서 왕의 권한을 대행하는 역할을 하였다. 라인 지역에서는 황제의 보호 아래 왕자가 주교구를 맡는 경우가 많았다. 그러나 주민들은 주교들이 주교구에 상주하기를 바랐으며, 주교들이 왕에게 봉사하기 위하여 주교구 자리를 비우는 것을 좋아하지 않았다. 이러한 관행은 점차로 퇴조되었다.

성직자들의 생활

성직자들의 생활 가운데 가장 큰 변화는 개신교의 목사들이 합법적인 결혼 생활을 하게 되었다는 점이다. 많은 성직자들이 첩을 두는 것은 종교 개혁 이전에 벌써 오래 전부터 해 오던 관행이었다. 1476년 브룬스비크의 주교구의 참사회에서는 성직자들에게 첩을 버리지 말고 어디든 잘 감추어 데리고 있으라는 훈시를 한 일도 있었다.

개신교의 영향을 받아 가톨릭 내에서도 성직자의 독신주의를 철폐하라는 진정이 많았다. 이미 1400년경부터 교회 쇄신에 뜻을 둔 사람들은 이를 진정하였다. 에라스무스도 그 중의 한 사람이었다. 오스트리아와 바이에른에서는 독신 제도를 양보하도록 트렌트 회의에 정식으로 상정하였으나 부결되었다. 개신교 목사들에게 결혼은 큰 축복이었다. 1523년 루터는 성직자의 결혼을 지지하는 설교를 하였으며, 1525년에는 동역자들을 초청하여 그들의 결혼 생활을 공개하였다. 칼빈은 부인이 죽고 난 이후 혼자 지냈으나 동역자들에게는 교회의 유익을 위하여 결혼하도록 격려하였다.

가톨릭과 개신교간의 담은 높아졌으나 책은 종종 그런 담을 넘나들었다. 17세기의 개신교 신자들은 스페인의 예수회 수도사들의 글을 읽었으며, 후커(Richard Hooker) 같은 청교도도 토마스 아퀴나스의 글을 읽고 배웠다. 1600~1640년에 옥스퍼드와 케임브리지의 교수와 학생들은 추기경 벨라르민(Bellarmine)과 반종교 개혁 학자들의 글을 읽었다.

청교도인 존 프레스톤(John Preston)은 아퀴나스의 「신학 대전」을 즐겨 읽었으며, 벨라르민은 청교도 윌리엄 위태커(William Whitaker)의 초상을 서재에 걸어 두고는 가장 박식한 이단이라고 말하곤 했다. 더 보수적인 개신교 신자들, 루터교 신자나 앵글리칸 신자들이 자신들의 신앙적인 성장을 위하여 중세 시대와 반종교 개혁 때의 경건 서적들을 읽었다. 그런가 하면 가톨릭 측은 루터교의 찬송가를 자신들의 영적인 생동을 위하여 사용하였다. 토마스 아켐피스의 「그리스도를 본받아」의 영역판은 그 종류가 한둘이 아니었다.

예배의 변화

로마 가톨릭 교회에서는 미사, 즉 말씀 예배에 이어 성찬을 제물로 드리며 성찬식을 거행하는 예배를 드렸으며, 미사를 인도하는 이는 제사장, 즉 사제이다. 그러므로 제단은 여전히 제단으로 있어서 예배 장소의 중요한 부분이다. 반면에 개신교는 예배를 인도하는 이는 목회하는 목사임을 강조하였으며 예배에서 하나님의 말씀을 전하고 듣는 것을 중요하게 생각하였으므로 제단이 아니라 설교하는 강도상(pulpit)을 중요시했다.

중세 때에는 설교하는 강도상이 교회 내부 옆 중간에 있었는데 종교 개혁 이후에 이것을 앞으로 옮긴 교회들이 많았다. 설교의 중요성을 인식했기 때문이다. 루터교회에서는 제단을 그대로 보유하였으나 개혁교회에서는 제단을 성찬상이라고 하였다. 그것은 영국의 교구교회에서도 마찬가지였으나, 대부분의 성당(cathedral)에서는 제단을 1640년대까지 그냥 제단이라고 하였다.

영국, 독일, 스위스, 스코틀랜드의 개신교는 1500년에 비하여 1600년에는 훨씬 더 현저하게 설교와 교인들의 신앙 교육에 역점을 두었다. 그것은 반종교 개혁의 밀라노와 다른 도시들에서도 마찬가지였다. 예수회와 도미니코 수도사들 역시 설교하며 교육하는 일에 힘썼다. 하기는 도미니코 수도원은 중세 때부터 많은 설교자를 양성해왔다. 그러나 목사관이 그냥 조용한 곳도 있었다. 이탈리아의 남부, 프랑스와 독일의 일부 가톨릭 지역이 주로 그런 곳이었다. 여하튼 종교 개혁 이후 서방의 기독교 교회는 목회와 목회자 및 신자들의 도덕적 수준을 높이기 위하여 노력하였다.

종교 개혁의 예배에서 개혁된 것 가운데 가장 두드러진 것이 회중찬송이었다. 종교 개혁 이전에 수도사들은 알고 있었으나 평신도들에게는 생소했던 찬송을 온 회중이 부르게 되었으며, 운율을 붙인 시편 찬송들로 함께 찬양함으로써 개신교 신자들은 헌신할 수 있는 힘을 얻었다. 찬송가의 보급은 루터교회에서 더 활발하였다. 루터와 그의 동역자들은 새 찬송들을 써서 곡을 붙이거나 민요곡에 맞추어 부르도록 하였다.

그러나 영국에서는 다른 모든 개혁주의 나라에서와 같이 성경의 시편만 부르도록 허용되고 있었다. 마일스 카버데일(Miles Coverdale)이 번역한 시편 찬송가는 성당이나 훌륭한 성가대가 있는 교회에서나 불렀다. 시골 교회에서는 목사들이 시편 찬송가를 그냥 읽었다. 일반 회중들이 이런 시편 찬송을 따라 부르기는 용이하지 않기 때문이었다. 예를 들면, 1640년 쥐리히의 11곳의 교회들 가운데 4곳에서는 회중찬송을 부르지 않았다.

주일 성수 문제

주일 성수 문제도 교회에 따라서는 더 해이한 방향으로 혹은 더 엄한 방향으로 변화를 경험하게 되었다. 사도 바울이 안식일을 유대교적으로 지키는 것에 반대했듯이, 종교 개혁자들은 중세 교회가 율법주의적으로 주일을 안식일로 지키는 것을 배격하였다. 마르틴 루터는 제4계명이 과거의 특정한 시대와 사람들에게 적용되었던 것이지 현대 그리스도인들에게는 적용되는 것이 아니라고 했다. 그리고 주일이 주일이기 때문에 거룩하다고 생각하여 거룩하게 지키는 것은 잘못된 율법주의적 사고라고 하였다.

칼빈 역시 안식일 제도가 그리스도 안에서 폐지되었다고 말하고 안식일 성수를 주장하는 것은 율법주의적이며 미신적인 사고에 기인한 것이라고 말했다. 칼빈은 그리스도께서 오심으로 넷째 계명의 의식적인 부분이 폐지된 것은 의심할 여지가 없으니, 그리스도는 안식일의 참된 완성이라고 한다. 그리스도인들이 미신적인 생각에서 날들을 지키는 일은 전적으로 금해야 할 일이지만, 말씀을 듣고 떡을 떼며 공중기도를 하기 위하여 일정한 날에 모여야 할 경우는 있으며, 일꾼들이 노동에서 쉬어야 하는 경우도 있다고 한다. 종교 개혁자들이 주일 성수에 소극적이어서 그랬는지 종교 개혁 이후 주일 성수가 해이해졌다.

일요일은 예배하는 날이었으나 사람들은 여러 가지 놀이들을 즐겼다. 축구, 축제, 파도타기, 닭싸움, 매사냥, 사냥, 주사위 노름, 볼링 등의 게임을 즐겼다. 교회 수선비를 마련한다는 명분으로 교회당 안에 혹은 교회 마당에서 맥주를 팔기도 하였다. 루터교회에서는 주일 성수에 그렇게 엄격하지 않았다. 어떤 곳에서는 사람들이 습관적으로 일을 하거나 시장을 열려고 준비하는 일에 항의하기도 하였으나, 곳에 따라서는 일년 중 특별한 주일에 연례 시장놀이를 벌이기도 하였다. 다름슈타트의 게오르그 백작은 주일에 열리는 모든 놀이를 다른 날에 하도록 조처하였으면서도 자신은 그런 규칙에 매이지 않았다. 그러다가 정통주의 시대로 접어들면서 중세의 스콜라주의적인 시각에서 주일을 안식일로 생각하는 경향이 되살아났다. 청교도들도 16세기 말에 이르러 주일을 안식일로 엄수하는 방향으로 전향하였다. 1585년 이후 영국에서 청교도들은 안식일주의자로 알려지게 되었다. 일반 개신교 신자들 역시 아마도 청교도들의 영향으로 주일에 게임을 하거나 일하는 것을 좋아하지 않았다. 1618년과 1633년에 제임스 1세와 찰스 1세가 내놓은 스포츠에 관한 법령집에는 사람들이 주일에 하는 무해한 게임을 지나치게 금하지 못하도록 규정하고 있었다.

스위스에서도 종교 개혁자들은 주일 아닌 모든 공휴일을 폐지하였으나, 주일과 주중의 날 저녁에는 게임이나 오락을 할 수 있도록 되어 있었다. 우유나 고기를 급할 경우에만 사고 팔 수 있도록 하고 모든 점포 문은 닫아야 했다. 1662년 런던에서는 가난한 구두 수선공이 토요일 밤에 일거리를 맡게 되면 밤을 새어서라도 고쳐 놓아야만 했으며, 주일 아침에는 일찍 일어나 아무 일도 하지 않는 것으로 보이기 위하여 일찌감치 자리를 떠야만 했다.

영국에서는 안식일 문제로 토론이 벌어져 1595년에는 「안식일의 참된 교리」라는 책이 발간되었다. 설교자에 따라서는 모세의 율법을 그대로 적용하여 안식일의 엄수를 강조하면서 주일에 볼링을 하는 것은 살인하는 죄를 짓는 것과 같다고 극언을 한 경우도 있었다. 1625년과 1627년에 나온 두 법령은 교구민 운동 시합을 위하여 이웃 교구로 가는 것을 금하고 있으며, 달구지를 모는 일, 가축을 잡거나 파는 일 등을 금하였다. 1677년의 법령은 이러한 내용들을 재확인하고 있다.

성직자들의 경제 생활

국가 교회에 속한 목사들의 경제 생활은 종교 개혁 이후와 이전이 별로 큰 차이가 없었다. 왕을 교회의 수장으로 하고 있는 영국 국교회의 구조와 교구 목사와 백성들의 생활을 그 한 예로 살펴보기로 한다. 16세기 말경 영국에는 거의 10,000개의 교구(parish)가 있었다. 각 교구에는 성직자들이 적어도 한 사람씩 있어서 주민들의 영적 안녕을 도모하였다. 성직자들은 교구민들이 바치는 십일조에서 생계비를 조달하거나 교회 토지를 자작으로 농사하든지 아니면 소작을 주어 수입을 얻었다.

교구 목사의 임명은 영주가 했다. 영주는 중세 시대부터 관행으로 내려오는 평신도 서임권을 여전히 행사하고 있었다. 목사들은 영주의 봉사자나 별다름이 없었다. 영주는 목사를 원하는 대로 언제나 사면시킬 수가 있었다. 이러한 제도는 감독이 권한 행사를 할 수 없도록 되어 있었기 때문에 감독들이 이것의 시정을 호소하여 제도가 개정되었다. 그리하여 영주를 교구의 소유자가 아닌 보호자(advocate 혹은 patron)로 간주하게 되었다. 이러한 사정은 독일 교회의 경우와도 비슷하다. 감독은 영주가 임명한 교구 목사를 동의하지 않을 경우 교회 법정에서 항의할 수 있었다. 그런데 일단 임명된 목사는 교회 법정의 판결이 없는 한 면직될 수 없도록 신분의 보장을 받았다.

교구 목사의 생활 정도에는 격차가 많았다. 예를 들면, 위간(Wigan)의 교구 목사는 연간 600파운드를 받았는가 하면, 어떤 교구 목사는 10파운드를 받았을 정도로 격심한 차이를 보였다. 또한 목사 임명권을 매매하기도 했다. 위간 교구의 경우 500파운드를 호가하였다. 어떤 교구에서는 실제로 1,010 파운드에 팔린 사례도 있었다. 이렇게 목사 임명권(혹은 추천권)을 매매하게 된 이유는 교구에 같은 신앙을 가진 목사를 모시기 위한 고육지책에서 나온 것이었다. 예를 들면 청교도들의 교구에서는 청교도 신앙을 가진 목사를 원했기 때문에 취해진 조처였다. 그런가 하면 영리적인 목적에서 투자하느라고 그러기도 하였다.

렉터(Rector)는 교구 목사에 대한 칭호였다. 비카(Vicar)는 처음에 렉터의 대행자 또는 수습 목사(stipendiry curate)였는데, 점차 지위가 확보되면서 렉터가 마음대로 면직시킬 수 없게 되었으며, 보호자인 영주는 비카를 렉터와 거의 대등한 직위의 목사로 인정하였다. 그런데 렉터와 비카의 차이는 수입 면에서 드러났다. 렉터는 십일조를 자기가 다 받았으며, 비카가 있을 경우에는 '큰 십일조'(the great tithes)라고 하여 곡식, 건초, 재목 등에서 나오는 십일조는 렉터의 몫으로 하고, '작은 십일조'(the small tithes), 즉 우유, 양모, 가축의 새끼 또는 노임에서 나오는 십일조는 비카의 몫으로 돌렸다. 큰 교구에는 수습목사가 있어서 목사 추천권자가 임명하고 급료를 지급하거나 면직시키기도 했는데, 수습목사는 주로 비카나 렉터의 조사로 일했다. 목사가 없는 곳에서는 단독 목회도 하였다. 수습목사는 대개 교육을 제대로 받지 못한 사람이어서 급료도 형편없었다.

교구 제도

매 교구에는 관리집사(churchwarden) 2명이 있었다. 목사나 교인들이 지명한 평신도로서 1년 간 직무를 맡았다. 교회의 관리 및 보수의 책임을 지고 교회의 재산을 관리했으며, 주일에 시장이 열리지나 않는지, 예배 시간에 경관이나 점포가 문을 열지나 않는지를 살피며 부도덕한 삶과 교회에 불참하는 사람을 점검하고 보고하는 일을 하였다.

잉글랜드와 웨일즈에는 교구들이 속해 있는 주교구(감독구, diocese)가 27개 있었다. 주교구를 총괄하는 이는 감독(주교, bishop)이었다. 감독의 직무는 견신례의 집행, 목사(priest 또는 deacon)의 장립, 헌당 및 장지의 봉헌, 교수 성직자의 임명을 주장했으며, 또는 왕이 교회에 내린 명령을 산하 성직자들이 잘 지키는지를 감독하고 그들의 경건 생활과 그들의 직무 수행 여부를 감찰하고 심방하는 일을 하는 것이었다. 각 주교구에는 대성당(cathedral)이 있어서 감독이 사제의 우두머리 역할을 했으나, 대성당의 관할권은 점차로 일단의 성직자단(canons 혹은 prebendaries)이 맡게 되었으며, 이의 주도자를 '수석집사'(dean)라고 하였다. '수석집사'는 왕이 임명했다. 감독도 왕이 임명했으나 '수석집사'와 '참사'(chapter)가 먼저 감독을 선출하는 절차를 거쳐서 임명하였다.

감독의 보조자로는 행정과 재판을 맡은 고문관(chancellor)이 있었다. 종교 개혁 이전에는 주로 성직자가 이 직임을 맡았으나, 엘리자베스 시대에 와서는 대부분 평신도가 이를 맡았다. 주교구는 주로 '카운티'(county=郡에 해당)의 행정 구역과 병행하여 지역을 나누고 '수장집사'(archdeacon)가 이를 관할하였다. 수장집사는 주로 감독이 임명했으며, 산하의 교구들을 감독하도록 하였다. 필요에 따라서는 감독을 대신하여 교구를 순회사찰(visitation)했으며, 순회사찰은 위트기프트(Whitgift)와 밴크로프트(Bancroft) 하에서는 정규적으로 시행하는 직무가 되었다.

주교구가 속해 있는 대주교구를 '프로빈스'(province)라고 하였다. 잉글랜드에는 캔터베리(Canterbury)와 요크를 중심으로 하는 두 대주교구가 있었으며, 대주교구는 대주교(archbishop)가 관할하였다. 요크의 대주교와 캔터베리의 대주교는 법적으로 동등했으나, 실제로 사람들은 캔터베리의 대주교를 더 중요한 직임으로 인식하였다. 남쪽 대주교구가 더 크고 부유할 뿐더러 캔터베리가 왕실과 정부에 가깝게 위치하고 있었기 때문이었다. 대주교구에는 각기 '성직자회'(convocation)가 있어서 초기에는 여기서 국회에 대표를 파견했으나 14세기에 성직자들이 이를 반대하였다. 두 대주교구를 관할하는 것은 국가였으며, 국가 교회의 머리는 왕 혹은 여왕이었다. 왕은 하나님의 말씀을 사역하는 일과 성례를 집행하는 권한은 없었으나 그 밖의 모든 행정적인 권한을 가졌다.

성직자들의 문제점

교회는 어느 시대나 사회를 막론하고 성직자 개개인의 오점 때문에 비판을 받는 일이 허다하였다. 맡은 교구를 영적으로 잘 다스리기보다는 자신의 재산을 불리는 데 더 관심을 쏟는 감독들이 있는가 하면 부도덕한 생활을 한다든지 영적인 의무보다는 세속적인 일에 더 관심을 두는 성직자들이 있었다. 문예부흥으로 인한 인문주의 사상의 영향과 개신교의 발전, 그리고 교육의 확대로 인하여 평신도들의 의식 수준이 높아지면서 교회와 성직자에 대한 비판의 소리도 드높아졌다.

무엇보다도 가장 크게 비판의 대상이 된 것은 교회의 부(富)와 일부 고위 성직자의 호화로운 생활이었다. 종교 개혁 이후 많은 수도원이 해체되고 많은 재산이 왕실로부터 수탈을 당한 후에도 교회가 소유하고 있는 재산은 막대했다. 일반 교구 목사들은 가난했으나 대부분의 감독들은 부를 누렸다. 잉글랜드의 7개 교구의 감독들은 1,000파운드의 연봉을 받았고, 많은 감독들이 40여 명이 넘는 하인을 두었으며, 행차 시에는 십여 명의 수행자를 거느렸다.

그런가 하면 일반 교구 목사들은 십일조 징수 문제 때문에 일반의 반목을 사기도 하였다. 교회에 십일조를 바치는 것을 국법으로 정했으면서도 이의 징수는 교회가 직접 맡아야 하는 데서 오는 폐단이 컸다. 농목 시대에는 십일조를 산정하고 징수하는 문제가 비교적 단순했으나 사회 구조와 경제 활동이 복잡하고 다양해지면서 여러 세목에 십일조를 부과하는 것이 어려워짐에 따라 이런 문제로 자주 시비가 일어났으며, 법정에 호소하거나 고소하는 일이 빈번히 일어났다.

성직자들이 거주하지 않는 교구가 상당히 많은 것도 문제였다. 성직자들 가운데는 이중 삼중으로 교구를 가진 이들이 많았다. 최저 생활의 보장을 위한 경우도 있었지만, 수입의 증대를 위하여 그렇게 하는 경우가 많았다. 예를 들면, 콜체스터(Colchester)의 어떤 감독은 12세의 아들을 수장집사로 만들어 수익을 독점했다고 한다. 여러 뜻 있는 대주교들이 이러한 부정을 시정하려고 노력하였다. 가장 긴급한 문제는 가난하게 사는 많은 성직자들의 생활 문제를 해결하는 일이었으나, 시대적으로 원활한 분배의 실현을 볼 수 없었던 때였으므로 실현시키기는 어려웠다. 교직자들의 수입의 극심한 불균형은 18세기에도 여전하였다. 그 밖에 또 한 가지 해결해야 할 문제는 교직자의 무지였다.

대부분의 사람들은 교회와 국가가 분리될 수 없다고 생각했는데, 종교개혁 이후 줄곧 정부가 교회를 지배하려고 한 데에는 그럴 만한 실제적인 이유가 있었다. 즉, 설교는 당시 사상을 전달하는 가장 중요한 수단이었다. 책이 귀하고 신문도 없으며 소수의 사람들만이 읽을 수 있었던 시대에 교구 목사는 교회에 참석하는 사람들에게 지대한 영향을 끼칠 수가 있었다. 그래서 교구 목사들은 표준 설교(standard homilies)를 읽도록 권고받았으며, 권세자들에게 복종하라는 교리를 자주 가르치도록 지시받았다.

1559년의 '왕의 훈령'(Royal Injunction)에 따르면 모든 교구 성직자들은 일년에 4회, 정부가 규정한 것을 가르쳐야 했다. 즉, 모든 외국의 법과 권세는 폐지되었다는 점과 여왕(혹은 왕)이 교회와 국가의 머리로서 하나님 앞에 의무를 진다는 것을 설교하도록 규정하고 있었다.

A HISTORY OF THE CHURCH

근세 교회사

근세 교회사의 의미

개신교의 교회사학자들은 교회사를 초대 교회사, 중세 교회사, 종교 개혁사, 근세 교회사로 구분한다. 20세기의 교회사를 현대 교회사라고 칭하며 구분했으나 이제 20세기가 지난 세기가 되었으므로 근세 교회사에 포함시키기로 한다. 시대 구분을 함에 있어서 초대 교회사와 종교 개혁사의 시작은 명확하다. 초대교회의 역사는 예수 그리스도의 천국 복음 사역과 이를 증거하는 사도들의 사역으로 복음이 전파되고 예루살렘교회를 위시하여 각처에 교회가 설립되는 일로부터 시작된다. 그리고 종교 개혁의 역사는 1517년 루터의 비텐베르크의 95개조 항의문 사건으로부터 시작된다. 그러나 중세 교회와 근세 교회의 시대가 언제부터 시작되는 것인지를 분명한 연도로 구분짓기는 어렵다. 대체로 중세 교회는 그레고리 대교황 시대부터 시작되는 것으로 구분하며, 근세와 근세 교회의 시대는 대체로 소위 신·구교의 30년 전쟁이 끝나는 1648년을 기점으로 시작된 것으로 말한다.

종교 개혁 이후 약 100년 간의 시대를 종교 개혁 후기 시대로 구분하기도 하는데, 이 시대를 당시 개신교의 신학적인 특징을 따라 정통주의 시대라고도 한다. 개신교와 로마 가톨릭 교회는 각자의 교회와 신학의 정통성을 위하여 신학적으로 논쟁하며 변증하는 시대였다. 독일에서는 로마 가톨릭과 개신교가 서로 대치하는 시대적인 배경에서 양 교회를 옹호하는 정치적인 세력들은 마침내 무력으로 충돌하여 소위 신·구교의 30년 전쟁을 치르게 되었다.

1648년의 베스트팔렌 평화조약을 계기로 개신교와 가톨릭의 정치 세력들이 극한적인 대립을 지양하고 서로를 관용하게 되었다. 이러한 사건은 새로운 시대의 도래를, 즉 지성인들이 이제는 교조주의(敎條主義)와 교회가 지켜 온 전통적인 세계관, 즉 초자연주의적인 세계관을 탈피하고 전통적인 권위에 얽매임이 없이 자율적인 세계관과 인생관을 갖는 계몽사조(啓蒙思潮)의 태동과 더불어 시작되는 새 시대의 도래를 의미하는 것이었다.

교회사가들은 이러한 근세의 특징을 여러 가지 개념으로 표현한다. 슈미트(K. D. Schmidt)는 근세 교회사를 개인주의와 세속주의 시대의 교회사라고 칭한다. 보른캄(Heinrich Bornkamm)은 교회사는 더 복합적인 요소를 포함하므로 근세 시대의 특징을 한마디로 말하기는 일반 역사에서보다 더 어렵다고 한다. 그런가 하면, 트뢸치(Ernst Troeltsch, 1865~1923)는 '현대 정신의 해방'이라는 개념으로 표현하였다.

근세에 접어들면서 '중세 시대의 이념', 즉 교회에 근거를 두고 있었던 통일적인 문화가 종말을 고하게 되었으며, 그 결과 국가와 교회의 분립이 이루어졌고, 세속적인 문화와 종교적 이념의 분리를 보게 되었으며, 기독교 내에 여러 분파들이 신앙의 자유를 누리고 제각기 교리를 가지면서 다른 교파들과 상호 교통을 하게 되었다. 그리고 새로운 정신적 발전의 주도권을 교회가 아닌 일반 세속 문화가 갖게 되었다는 점도 근세의 또 하나의 특징이다.

근세에 이르러 세속 문화 자체가 교회에서 해방을 받았을 뿐 아니라, 그 것이 기독교와 교회 및 종교 일반에 도전하기 시작했다. 그래서 이 시대를 더러는 자율주의 시대 혹은 세속주의 시대라 칭하기도 한다. 그런데 세속주의와 관련되는 것이 곧 개인주의이다. 17~18세기에는 개개인이 자기 자신이 규정하는 생활 형태를 누릴 수 있는 자유를 위하여 투쟁하였으나, 19세기에 와서는 결단의 자유, 인류 역사에서 그 유례를 볼 수 없을 정도로 실질적인 자유를 향유하게 되었다. 교회 내의 신학적 자유주의도 그러한 경향의 산물이다. 신학적 자유주의는 점차 발전하면서 교회를 이탈할 뿐 아니라 탈기독교적인 종교 다원주의로 발전하게 된다.

로마노 구아르디니(Romano Guardini, 1885~1968)는 자율적인 인격적 주체인 개인과 자체적인 규범에 의한 문화, 즉 세속주의 이외에 '자체 안에 휴식하는 자연' 을 의식하게 되었다고 말한다. 자연은 이제 더 이상 하나님의 규정과 통치를 받는 피조물이 아니고, 스스로 존재하는 자연(自然)으로 인식하게 되었다. '자연적' 이라는 말은 '기본적인 규범에 맞는' 이라는 뜻으로 이해하게 되었으며, 여기서 '자연신학', '자연윤리', '자연경제', '자연법' 등의 말이 생겨나게 되었던 것이다. 하나님을 아버지라고 지칭해 왔듯이, 이제는 자연을 의인화하여 어머니라고 부르면서 어머니에 상응하는 경외로 대하게 되었다.

마틴 슈미트(Martin Schmidt)는 위에서 말한 근세의 특징을 시인하면서도 한 가지 유의해야 할 사항을 지적한다. 즉, 모든 분야에서 세속화의 과정을 볼 수 있는 것은 사실이지만, 이 세속화의 과정과 병행하여 종교화의 과정이 수반되었다고 한다. 그리고 위에서 말한 시대적 특징들은 모두 교회 밖에서 보는 특징이지 교회 내부의 생활을 두고 말한 것은 아니다.

그렇다면 교회의 내적 생활을 두고 그 특징을 한마디로 표현할 수 있는가 하면 그것은 불가능하다. 교회는 제도적 교회와 경건주의 및 부흥 운동, 보수주의와 자유주의 등 양극화의 심화를 경험하면서 성장해 왔기 때문이다. 이러한 양극화와 많은 교파의 분립과 더불어 초교파적인 교회 운동이 있게 되었으며, 미국에서는 교회와 정치의 분리라는 표어 아래 교파 교회가 제각기 자유를 누렸으나, 유럽에서는 주로 국가 교회에 그대로 머물렀다. 그리고 근세의 교회는 교회 밖의 세속 문화와 대결하게 되었다는 점에서 초대교회가 처했던 상황과 공통점이 있음을 발견한다.

그러므로 교회사의 과제는 먼저 세속적인 사고(思考)가 어떻게 발생하게 된 것인지를 탐구해야 하며, 교회의 취약점이 어디에 있는지를 묻는 일이다. 그럼으로써 교회는 교회를 향한 새로운 공격에 대비할 수 있으며, 교회가 허약해지는 것을 예방할 수가 있을 것이다. 그러나 우리는 교회의 취약점은 동시에 강점을 동반하게 되었다는 사실을 관찰할 수 있다. 이를테면 근세에 들어와 지리상의 발견과 교통 수단의 발달로 말미암아 복음 선교를 위한 길이 활짝 트이게 되었다는 점을 인식해야 한다.

미국에는 유럽에서 건너온 이민자들로 인하여 교파 교회들이 설립되었는데, 이러한 교파 교회들은 새로운 의미를 가진 자립적인 교회로 발전하였으며, 오늘날에는 마침내 힘있는 교회로 발전하여 개신교의 주도적인 교회가 되었다고 볼 수 있다. 그뿐 아니라 세계 여러 곳에 새 교회들이 서게 되어 이러한 교회들이 교회의 연합적인 단체나 회합에 크게 영향을 미치고 있다는 점도 인식해야 한다. 선교 운동이 기독교의 내적 및 외적인 위력을 과시하고 있음도 괄목할 만한 사실이다. 교회의 본 고장인 유럽에서는 교세가 약화되고 있는 반면에 선교지에서는 왕성하다는 점 등이 근세에 초래된 또 하나의 복합적인 문제이다. 근세 교회사를 연구할 때 이러한 양면성을 동시에 잘 고려해야만 문제를 옳게 파악할 수 있을 것이다.

유럽의 국가와 교회

정치 및 국가관

문화적인 토착화는 정치에도 파급되었다. 18세기부터 기독교 국가들은 회교국인 터키를 동맹을 맺을 수 있는 나라로 생각하게 되었다. 그것은 십자군 운동에 열을 올리던 중세의 시각을 완전히 탈피한 것이다. 이러한 시각은 교회의 국가관에도 변혁을 초래하였으니, 국가를 종교적으로 다루려던 스콜라주의의 국가관, 즉 왕권신수설과 같은 국가관 대신에 근세의 사상가들은 자연법에 근거한 국가관을 피력하였다. 잔 보댕(Jean Bodin), 유고 흐로티우스, 토마스 홉스(Thomas Hobbes), 존 로크(John Locke), 사무엘 푸펜도르프(Samuel Pufendorf) 등이 국가는 국민과 정부간의 계약에서 오는 자연적인 산물이라고 하였다.

흐로티우스는 그의 국가관을 피력하여 말하기를 모든 인간은 본래 자유로우며 독립된 존재로서 아무에게도 지배를 받거나 얽매이지 않고, 모든 국민과 국가간의 관계는 계약 관계라고 한다. 그의 국가관을 신학적 입장에서 요약하면, 첫째로 국가의 기초를 인본주의적으로 본다. 국가의 기초는 인간의 지혜에 근거하고 하나님께서 정하신 질서에 근거하지 않는다는 것이다. 둘째로 국가의 목적과 과업은 세속적인 것이다. 교회를 국가보다 우위에 둔 하나님의 권세라든지 교회를 가리켜 하나님의 뜻을 전하는 기관이라는 개념은 찾을 수 없다. 셋째로 새로운 국가는 정신적인 생활 영역도 지배한다는 것이며, 넷째로 관용이라는 사상은 민주주의의 산물로서 사상 및 종교의 자유를 가져 왔고, 다섯째로 정치와 교회의 분립을 말한다. 이것은 실제로 프랑스와 미국에서 실현되었다. 이상과 같은 국가관이 배태되기까지 교회와 국가간의 관계가 실제로 어떻게 발전되었는지 국가별로 간단히 살펴보기로 한다.

국가와 교회의 관계

이탈리아 | 이탈리아로 말하면, 중세 때부터 교황의 권세(sacerdotium)와 군왕의 권세(imperium)가 상호간에 충돌을 거듭해 왔던 나라였다. 15세기에 이르러 이탈리아에는 밀라노, 플로렌스, 베니스, 나폴리, 로마 등 도시 국가들이 번영하였다. 이러한 도시 국가들의 틈에서 교황의 교회국가(Churchstate)는 문예 부흥기의 제후(諸侯)의 나라처럼 발전할 수 있었다. 플로렌스는 르네상스 문화의 중심지로서 미켈란젤로와 레오나르도 다 빈치 등이 활동한 곳이며, 또한 플로렌스-토스카나어가 단테, 페트라르카, 보카치오 등으로 말미암아 이탈리아어의 표준어, 즉 민족 문화의 언어가 되었다.

이탈리아화된 교황은 유럽의 대국들간의 세력 균형 속에서 권세를 유지하였는데, 프랑스가 이러한 균형을 깨고 세력을 떨치면서부터 교황은 프랑스에 의존하게 되었다. 절대주의(絶對主義)의 대두와 더불어 나라마다 제각기 교회를 국가 교회로 만들려는 경향으로 말미암아 교황의 입지는 더 좁아졌다. 그럼에도 불구하고 교황의 권리를 옹호하려던 예수회 교단을 도리어 교황이 폐쇄하였다. 프랑스 왕의 강압을 견디지 못해서였다. 그러나 프랑스 혁명이 일어난 이후부터는 교황의 영적인 권위가 다시금 인정받게 되었다.

스페인 | 스페인은 정교 일치를 달성했으나 프랑스만큼 중앙집권 체제를 달성하지는 못했다. 네덜란드의 독립전쟁(1568~1648), 아르마다(Armada)의 패전(1588년) 등을 겪으면서 세력이 약화된 스페인은 프랑스의 루이 14세와 피레네 강화조약을 맺은 이후 강대국 대열에서 탈락하게 되었다. 르네상스와 종교 개혁은 스페인의 교회와 문화에 별 영향을 주지 못했다. 스페인의 식민 정책은 국가를 지배하던 앵글로-색슨의 식민 정책과는 달랐다. 즉, 앵글로-색슨의 청교도 국가에서는 원주민이 학살당하여 멸종의 위기에 몰렸으나, 스페인과 포르투갈이 지배하는 남미에서는 인디언이 그대로 살아 남을 수 있었다. 한편으로는 인디언들에게 복종을 요구하고 경제적으로 수탈하면서 또한 종교화 정책(conquista espiritual)으로 인디언들을 기독교화함으로써 자발적인 봉사자가 되도록 유도하였다.

프랑스 | 1648년 베스트팔렌 강화조약이 체결된 이후 프랑스는 유럽을 주도할 수 있는 세력을 장악하게 되었다. 일찍이 루이 12세(1498~1515)는 '한 하나님, 한 믿음, 한 법, 한 왕'이라고 천명한 바가 있었는데, 신·구교 전쟁으로 인하여 이러한 하나 됨이 와해될까 봐 우려하였다. 종교 개혁 당시만 하더라도 개신교에 탄압을 가하다가 1598년 낭트 칙령으로 신교에 관용을 베풀었다. 추기경 리셜류(Richelieu, 1585~1642)와 마자랭(Mazarin, 1602~1661)은 무력을 사용하지 않고 개신교도를 개종시키도록 권유하였다.

그러나 마자랭이 죽고 난 후 루이 14세는 위그노의 개종을 촉구하였다. 1660년 성직자청에서는 낭트 칙령이 어떻게 시행되고 있는지를 알기 위하여 조사 위원을 선정하여 조사하게 하였다. 왕이 칙령을 내릴 당시 630개의 교구에 730명의 목사들이 백만 명의 위그노 신자들을 목회하고 있었다. 루이 14세는 개종자들에게 면세의 특혜까지 준다면서 군대를 동원하여 개종을 촉구하였다. 1685년 왕은 낭트 칙령을 취소하고 개종을 거부하는 신교도를 추방하도록 명하였다. 주로 중산층인 위그노들이 외국으로 망명하거나 이주하는 바람에 프랑스의 경제가 한때 피폐하게 되었다. 약 20만명이 외국으로 이주하였는데, 그 중에 네덜란드로 간 사람의 수가 5만 내지 7만 5천명에 이르렀다.

영국 | 헨리 8세(1509~1547)는, 프랑스가 갈리카니즘(Gallicanism), 즉 프랑스 주체적인 교회 정책을 추구해 왔듯이, 영국 교회를 국민 교회(National Church)로 만들었다. 엘리자베스 1세의 통치하에서 영국 국교는 영 제국주의 확립을 위하여 기여하였다. 개혁주의적이며 선민 사상을 정치적으로 적용하여 영국 백성이 새 이스라엘로서 하나님의 영광을 온 세계에 전파할 임무가 있다고 말하였다.

캔터베리의 대주교 위트기프트(J. Whitgift, 1530~1604)는 구약 시대의 왕 같은 제사장의 개념으로 교회와 국가가 하나 됨을 주장하였다. 영국에서도 프랑스에서와 같이 "한 하나님, 한 왕, 한 신앙, 한 신앙고백이 하나의 왕국을 위하여 적합하다"(One God, one king, one faith, one profession is fit for one monarchy)고 했다. 영국의 장로교 창시자 토마스 카트라이트는 이에 반대하여 정치와 종교의 분리를 말하는 칼빈주의적 교회관을 피력하였다. 어떤 이는 청교도의 율법주의가 영국인들의 생활을 히브리화하는 데 한 몫을 감당했다고도 평한다.

이 시기에 잉글랜드에는 국교회와 장로교 이외에도 독립교회와 회중교회가 생기면서 영향력을 미쳤다. 잉글랜드 교회와 비국교도(non-conformists)들 외에 중간파들이 있어서 관용주의(Latitudinarianism)를 표방하여 자연신학을 대변하면서 실제적이며 윤리적인 기독교를 주장하였다. 1603년 이후 스튜어트 왕가가 윌리엄 로드의 지지를 받아 비국교도들을 억압하는 복고 정책을 쓰자, 1642년 청교도 혁명이 일어났다. 윌리엄 로드는 1645년에 처형되었다. 1643년부터 1647년에 걸쳐 열린 웨스트민스터 회의(synod)가 장로교회의 신앙고백서인 웨스트민스터 신앙고백서를 내놓았다. 1658년까지 잉글랜드는 크롬웰의 지배하에 있다가 다시금 스튜어트 왕정으로 복고했다.

제임스 2세(1685~1688)는 가톨릭적이며 친프랑스적인 정책을 취하였다. 그러자 앵글리칸교회와 장로교가 합세하여 1688년에 혁명을 일으켜 오라니안의 윌리엄 3세를 잉글랜드의 왕으로 옹위하였다. 1689년 권리장전(Bill of Rights)이 발표되어 잉글랜드는 입헌국이 되었으며, 또한 같은 해에 관용의 법령(Toloerance Acts)이 발표되었으며, 앵글리칸교회는 다시금 잉글랜드의 국가 교회가 되었다. 그리고 그 밖의 교회는 독립교회로서 발전할 수 있게 되었다.

네덜란드 | 네덜란드는 스페인에 대항하여 1568년부터 1648년까지 오랜 세월 동안 자유를 위하여 싸워 독립한 나라이다. 남쪽 벨기에는 비엔나 국제 대회가 열린 1815년까지 오스트리아의 합스부르크의 지배하에 있다가 독립하였다. 네덜란드는 칼빈주의적 신교국이 되었으나 벨기에는 가톨릭국으로 남게 되었다. 네덜란드는 자체적으로 정치적 및 군사적 힘이 없었으므로 평화 유지를 위하여 유럽 제국의 민권 운동에서 그 가능성을 찾았다. 문화적인 특이성은 민족 문학에서보다는 학문과 예술을 통하여 확보되었다.

1575년 레이든, 1585년 프라네커(Franeker), 1612년 흐로닝겐(Groningen), 1636년 우트레크트, 1648년 하르데베이크(Hardewijk)에 신교 대학들이 설립되었으며, 렘브란트(Rembrant), 할스(Hals), 베르메어(Vermeer) 등의 화가들이 활동하였다. 개혁파교회는 국가 교회는 아니지만 그 이상의 많은 특전을 누렸으며, 그 이외의 교회도 17세기에 이르러 신앙의 자유를 누렸다.

스위스 | 17세기에 왕국으로부터 국가 교회 제도가 해제되었다. 경건주의와 계몽사조의 영향으로 1761~1762년, 초교파적인 스위스협회(Helvetische Gesellschaft)가 결성되었다. 스위스에는 18세기의 유럽 전쟁으로 말미암은 피해가 없었기 때문에 피난민과 망명객이 그곳으로 많이 몰려 갔다. 제

네바는 이런 국제적인 관계 때문에 가톨릭으로 기울게 되었다.

독일 ｜ 30년 전쟁(1618~1648)의 결과 신·구교가 양립하는 시대로 접어들었다. 뮌스터와 오스나브뤼케의 평화조약을 교회 편에서 보면 이러하다. 왕국 전체가 가톨릭이던 것이 이제는 로마 가톨릭과 개신교로 나뉘었으며, 로마 가톨릭과 루터교와 더불어 개혁파교회도 인정을 받게 되었다. 그리고 영주의 신앙을 따라 영내의 교회 및 주민의 신앙이 결정되는 일은 종식되었다. 영내의 신앙이 이미 정해졌기 때문에 영주가 개종을 한다고 해서 주민들이 그의 신앙을 더 이상 맹목적으로 따르지는 않았다. 1648년에 정해진 교회 관계는 19~20세기까지 존속되고 있다.

독일 교회는 오토 1세(Otto I, 919~973) 시대부터 왕국교회(Reichskirche)로서 왕국의 특별한 지지를 받아 왔었는데, 가톨릭은 30년 전쟁 이후 기형적인 교회로 남아 왕국과 황제에 충성하는 교회 정책을 유지함으로써 일종의 민족교회의 경향(febronianism)으로 흘렀다. 그런데 독일은 제후들의 세력과 영향력이 컸기 때문에 교회와 국가의 관계는 '란트'(Land, 州)에 따라 차이가 있었다.

폴란드 ｜ 폴란드는 16세기에는 동구에서 지도적인 세력을 가진 나라였으며, 문화적으로 황금 시대를 맞이했다. 지기스문트 3세(Sigismund III, 1587~1632) 하의 교회는 가톨릭이었으며, 예수회의 활동을 통하여 반종교 개혁이 진행되었으나 관용이 베풀어졌다. 1648~1667년 20년 간의 시기에 타탈과 스웨덴 및 브란덴부르크와의 '피의 홍수 전쟁'을 치르고 나서부터는 관용의 시대가 끝나고 완전한 가톨릭국이 되었다.

러시아 ｜ 차르(Tsar)의 대관식은 비잔틴의 예배 의식을 따랐으나, 정치적으로는 로마 제국의 전통을 따르면서 모스크바를 제3의 로마라고 불렀다. 이것은 말하자면 희랍 정교의 신앙을 가진 대국이 유럽의 전통에 끼어들려는 의도를 내비치는 것이었다. 희랍 애호가인 니콘(Nicon, 1652~1666) 총대주교는 1654년부터 1655년까지의 기간에 희랍 정교의 전통을 따라 예배 의식의 개혁을 단행하였다. 그러나 이에 반대하는 세력으로 말미암아 교회가 한때 분열되기도 하였다. 니콘은 절대 군주국가 내에서 교회의 자립책도 강구했으나 결국 실패하고 말았다. 그 바람에 오히려 국가가 교회를 지배하는 것이 더 굳어지게 되었으며, 니콘은 대주교의 자리를 박탈당하였다.

1668년에 모스크바 재래의 전통을 고수해야 한다고 주장하던 아바쿰(Avvakum)은 출교를 당하고 1682년에 화형을 당하였다. 1702년에 이르러 표트르(Piotr) 대제는 관용 정책을 선포했으나 국가의 시책에 어긋나는 일은 용납하지 않았다. 1716년에는 성상 숭배를 반대하는 이들이 처형되었고, 1719년에는 예수회 회원들이 추방당하였다. 그후 종교는 국가 기관의 한 부서에 종속되게 되었다. 그러나 정부가 예배 의식까지 간섭하지는 않았다. 노회가 신학을 관장하였기 때문에 교회가 러시아의 정신 생활 분야에서와 유럽의 문화권에서부터 격리되었다.

계몽사조의 발생과 특징

계몽사조의 개관

1648년 베스트팔렌 조약이 체결되면서 독일에서는 개신교와 로마 가톨릭의 30년 전쟁이 그치고 양 교회가 서로 관용하는 시대로 접어들게 되었다. 영국은 1688년에 명예혁명과 윌리엄 3세의 관용에 대한 칙령이 있은 이후 교파간의 관용의 시대를 맞이하게 되었다. 그러면서 신교와 구교는 16세기와 17세기의 논쟁과 전쟁으로 첨예하게 대립했던 상황에서 벗어나게 되었다.

그와 동시에 교회는 일반 백성들의 사회와 정치 생활에서 한 걸음 뒤로 물러서게 되었다. 그리고 지성인들은 교회가 지켜 온 전통적인 세계관, 즉 초자연주의적인 세계관을 탈피하고 전통적인 권위에 얽매임이 없이 자율적인 세계관과 인생관을 갖게 되었다. 사람들은 이러한 과정을 가리켜 계몽사조라고 칭하였다. 영어의 'Enlightenment'는 이성(理性)의 눈을 떠 밝히 보게 한다는 뜻에서 얻게 된 말이고, 독일어의 'Aufklärung'은 기존의 권위주의적 사고나 세계관을 청산하고 사물을 새롭게 인식한다는 뜻에서 나온 말이다.

계몽사조가 진행됨에 따라 교회는 다소 지적인 일반 백성들의 정신 생활을 지배하던 영향력을 상실하게 되었다. 계몽사조는 영국에서 시작된 것이었으나, 그 영향을 많이 받은 나라는 프랑스였다. 프랑스에서는 계몽사조로 인하여 많은 사람들이 유물론(唯物論) 및 무신론과 같은 사상을 접하면서 이를 수용하였으며, 유럽의 어느 나라보다 교회와 기독교에 대하여 심한 혐오감을 가지게 되었다. 전통과 권위에 대한 이러한 반감과 반발은 프랑스 혁명이라는 급진적인 사회 정치 운동을 초래하였다.

계몽사조로 말미암아 교육을 받은 많은 사람들은 합리주의 사상을 수용하면서 점점 교회의 가르침에 등을 돌렸다. 조상들로부터 물려받은 순수한 신앙은 이성종교로 채색된 세계관으로 대치되거나 새로운 과학적인 지식에 용해되었다. 그럼에도 불구하고 종교를 심하게 부정하는 사람들이 그렇게 많지는 않았다. 교육받은 많은 사람들이 비록 교회에 등을 돌리고 살았으나 그들의 세계관과 인생관에는 여러 면으로 아직도 기독교적인 요소를 보유하고 있었으며, 일반 백성들은 아직 거의 전적으로 교회의 경건한 교육과 지도의 영향 아래 살고 있었다.

개신교의 신학, 특히 독일 신학은 새로운 문화의 흐름에 휘말려들었다. 그리하여 신학은 정통주의 시대에 달성하였던 통일성과 확실성을 상실하게 되었다. 개신교가 여러 지역 교회와 분파로 분열되면서 교회들은 제각기 신학을 말하게 되었다. 이에 비하여 로마 가톨릭 교회의 지도자들은 계몽사조의 영향을 비교적 덜 받았으며, 동방 교회는 전혀 영향을 받지 않았다.

17세기의 합리주의적 계몽사조는 문예 부흥의 인문주의에서부터 발원하였다. 유럽의 중세 시대는 교회가 문화를 지배하던 시대였다. 그러나 11세기에서 13세기까지에 걸쳐 일어난 십자군 운동은 서유럽에 정치적, 사회적으로 큰 변화를 초래하였다. 많은 기사들과 귀족들이 십자군에 출정하여 불귀의 객이 되거나 십자군 출정에 필요한 경비 조달을 위하여 토지를 농부에게나 돈 많은 중산 계급층 사람들에게 매각하는 바람에, 봉건 제후들의 지배하에 있던 많은 도시들이 자치적인 도시로 발전하게 되었다.

왕들은 이러한 중산층의 도움을 받아 더욱 중앙집권적인 체제를 구축할 수 있었다. 중산층은 그들의 경제적인 번영에 중요한 요건이 되는 사회적인 안정을 보장받기 위하여 강력한 중앙집권적인 군주 제도를 원하였다. 십자군 원정이 진행되는 동안에 사람들의 국가에 대한 관심과 충성심이 고양되면서 교황의 권세는 퇴조하게 되었다. 그리고 콘스탄티노플의 동방 제국이 세력을 회복하게 되면서 동방과 서방간의 종교적인 감정은 더 악화되었으며, 동방 제국은 쇠퇴하여 1453년 마침내 몰락하게 되었다.

십자군은 유럽의 경제와 문화에도 변화를 가져 왔다. 베니스가 주도하는 이탈리아의 여러 도시 국가들은 첫 십자군이 원정의 길에 오르자마자 근동의 이슬람 나라들과 교역을 시작하였다. 십자군 원정이 예루살렘을 이슬람의 지배로부터 영구적으로 해방시키는 일에는 실패하였으나 서유럽에 여러 가지 많은 유익을 가져다 주었다. 그 가운데에서도 중요한 것은 서유럽으로 하여금 문화적 지역주의(Provincialism)에서 벗어나게 해 준 것이다.

아랍의 학문, 과학, 문학이 서방에 전달되었으며, 그로 말미암아 서방 세계는 동방 세계의 문물에 눈을 뜨게 되었다. 아랍 세계를 통하여 아리스토텔레스의 학문이 소개되면서 헬라의 고전을 연구하게 되었으며, 13세기부터는 새로운 대학들이 설립되었다. 그리고 이러한 대학에서 행해진 고전 연구를 통하여 르네상스가 일어나게 되었다. 또한 르네상스로 말미암아 대학은 교회의 통제를 벗어나 자유롭게 인문학과 자연과학을 연구하고 발표하는 학문의 전당으로 발전하게 되었다.

새로운 대학들은 성당 소속 학당이나 수도원과 비교하여 교육 내용이 그 질과 다양성에서 다를 뿐 아니라, 학교의 구조와 이념에서도 달랐다. 학생 길드의 대학 운영은 곧 국가와 사회, 경제와 문화의 모든 생활 영역에서 하나님 나라의 구현을 이상으로 하던 신앙의 시대요 교회가 문화를 지배하던 중세의 권위주의에 대한 혁명적인 도전이었다. 대학은 인간이 만물의 척도라고 하며 자율을 구가하는 인문주의의 요람이 되었으며, 이러한 대학들을 통하여 문예 부흥은 유럽에 확산되었다.

문예 부흥의 인문주의로 말미암아 문화와 교회에 대응하는 두 가지 다른 흐름이 형성되었다. 그 하나는 문화를 지배하던 중세적인 교회의 권위에 대하여 비판하고 반발하여 자율을 구가하고, 인간이 만물의 척도임을 내세우며 인문주의를 고양하고 세속주의적인 문화를 창달하는 운동이요, 다른 하나는 교황주의 교회를 비판하면서도 교회를 개혁하려는 종교 개혁 운동을 일으킨 개혁자들의 운동이다.

그런데 문예 부흥 시대의 작가나 예술가들이 비록 인문주의 사상을 가지고 교회와 권위를 비판하는 정신은 가졌으나 아직은 그들 대부분이 교회와 기독교적인 영향하에 있었다. 이를테면 대표적인 화가들의 그림만 하더라도 중세적인 신비적 분위기에서는 탈피하였으나 그들의 작품은 그 소재를 여전히 성경에서 얻고 있었음을 발견한다. 그리고 종교 개혁 운동과 반종교 개혁 운동이 있었던 16세기와 교파들간에 교리 논쟁이 활발했던 17세기의 정통주의 시대에는 교회의 경건이 지배적이어서 세속주의적인 인문주의는 별로 힘을 쓰지 못하고 있었다. 그러던 것이 계몽사조로 말미암아 자율을 구가하는 인문주의 사상은 교회적인 전통과 좀더 확실하게 결별을 하게 되었다.

16세기 이탈리아에서 일어난 소시니우스주의 운동(Socinianism)은 르네상스와 계몽사조를 잇는 징검다리 역할을 하였다. 소시니안들은 로마 가톨릭 신학과 종교 개혁 신학에 강력하게 반발하였다. 그들은 성경의 중요성은 인정하나 말씀을 합리주의적으로 해석하여 성경 말씀 가운데 이성과 상식에 어긋난다고 생각하는 것들은 받아들이지 않았다. 삼위일체 교리, 그리스도의 속죄, 영적 중생 등을 거부하였으며, 비합리적이라고 생각되는 일체의 신비를 다 제거한 윤리 종교를 내세웠다.

그뿐 아니라 코페르니쿠스, 케플러, 갈릴레오와 뉴턴 등의 천체 발견으로 자연과학자들은 자연을 정확한 법칙에 따라 운행되는 하나의 거대한 단일 체계로 보게 되었다. 이들의 발견으로 인한 과학 혁명은 자연과 이성의 새 종교의 형성을 촉진시켰다. 계몽사상은 네덜란드, 영국, 프랑스와 독일 등지의 나라에서 다양하게 발전하였다. 공통적인 것은 지성주의를 추구한 것이며, 지식과 진리를 탐구하는 일에 열의를 가지고 맹목적인 권위에 대한 신앙이나 모든 전통적인 것에 대한 경외심 같은 것을 일축하고 자율적인 지식을 지향한 것이다.

내세를 지향하는 금욕적인 생활은 현세와 문화를 즐기는 것으로 대치되었으며, 창조 세계와 인간의 심성에 대한 비관적인 견해가 거의 한없는 낙관주의로 대치되었다. 하기는 이러한 낙관주의가 1755년 리사본(Lissabon)에서 일어난 대지진으로 말미암아 처음으로 흔들린 적은 있었으나, 낙관주의는 실용주의 사상을 부추겼으며, 발전에 대한 낙관적인 신앙은 국가와 경제, 교회와 교육의 여러 분야의 개혁을 불러일으켰다.

종교를 소홀히 하는 한편 도덕을 강조하다 보니 많은 계몽사상가들이 중국(中國) 문화를, 특히 공자(孔子)를 선호하고 이상화하게 되었다. 자연신론적인 신관과 중국의 윤리가 계몽사상에 크게 영향을 미쳤다. 자연신론(理神論, Deism) 혹은 합리주의 신학은 계몽사조 시대의 신학과 철학 사상을 특징짓는 말이지만, 이러한 사상과 신학은 한 시대를 풍미하다가 과거로 사라져 간 사상 운동이 아니고, 19세기를 거쳐 20세기에 이르기까지 기독교의 전통이나 성경의 권위에 도전해 여러 비판적인 정신과 신학과 성경관을 낳게 된 원천이요 모체가 되었다.

계몽사상이 일어날 무렵에 거의 때를 같이하여 경건주의(敬虔主義, Pietism) 운동이 태동하게 되었다. 그것은 교회 역사의 어떤 면에서는 계몽주의 신학에 유사성을 가지면서도 정반대적인 흐름의 운동이었다. 경건주의가 정통주의에 대한 반동에서 교리 없는 기독교를 주장한 점은 계몽주의 신학과 비숫한 점이 있으나, 경건주의는 성경이 하나님의 말씀임을 철저하게 믿으며 경건 생활을 강조한 점에서는 계몽주의와는 대치되는 운동이었다. 경건주의와 그 영향으로 말미암아 일어난 웨슬리의 부흥 운동과 복음주의 운동 및 미국의 각성 운동 등은 계몽주의 신학과 사상의 팽창을 상당한 정도로 저지하는 데 큰 역할을 하였음을 아울러 인식해야 한다.

계몽사조의 진행

네덜란드 | 계몽사조는 유럽 대륙에서는 네덜란드에서 가장 먼저 진행되었다. 암스테르담은 계몽사조의 인쇄 출판의 중심지로서 1648년 스페인으로부터 독립한 이후 문화의 개화기를 맞이하였으며, 경제적 번영과 시민 계급의 형성으로 과학과 예술의 발전을 보게 되었다. 네덜란드는 개혁주의 전통에 충실한 개신교 국가이면서도 1566년 이후부터 로마 가톨릭을 관용하였으며, 학문의 자유도 보장해 오고 있었다. 1609년 아르미니우스가 죽고 난 후 아르미니우스파의 지도적인 인물 가운데 한 사람이요 가장 뛰어난 학자인 휴고 흐로티우스는 그의 자연신학과 자연법 및 역사적, 문법적 성경해석학을 교수하면서 계몽사조의 선구자로서 후세 사람들에게 많은 영향을 미쳤다. 데카르트, 스피노자와 피에르 베일 등이 또한 네덜란드에 망명하여 자유롭게 그들의 사상을 펼쳤다.

데카르트(Rene Descares, 1596~1650)는 프랑스의 라헤이(La Haye)에서 출생하여 라 플리쉐(La Fliche)의 예수회 교단에서 교육을 받았다. 1628년 네덜란드로 망명하여 오래 정착해 살면서 활동하였다. 데카르트는 인식의 기본 원리를 '나는 생각한다. 그러므로 나는 존재한다'(Cogito, ergo sum)라는 명제에서 찾았다. 모든 사물을 다 의심한다고 해도 생각하는 것 그 자체만은 의심할 수 없다는 것이었다. 진리에 대한 판단의 기준은 개념(idea)의 명료성과 명확성이며,

이것은 가장 근본적인 확신에서 유래하는 것인데, 신 개념(神槪念)보다 더 명료한 개념은 없다는 것이었다. 왜냐하면 신 개념은 그 어떤 감각적인 경험에서 유래되거나 우리 자신의 행위로 말미암아 빚어지는 개념이 아니므로 하나님 자신이 우리 속에 심으신 본유 개념에 틀림없다고 한다. 하나님을 생각한다는 것이 곧 그의 존재를 암시하는 것이다.

이와 같이 데카르트는 신 개념을 말하고 영과 육의 세계를 구별하는 것이 기독교를 위하여 중요하다고 했지만, 계시 신앙과 자연 종교를 분간하지 않았다. 데카르트는 자기인식에서 출발하여 신인식을 말한다는 점에서 개혁주의 신학자들과 일맥 상통한다고 보기도 하나 칼빈의 경우는 그렇지 않다. 칼빈이 그의 「기독교 강요」 서두에서 하나님에 대한 지식을 인식의 기본이라고 말하고 있으나 그 전제와 출발점이 데카르트와 같지 않다.

스피노자(Baruch de Spinoza, 1632~1677)는 말브랑쉬(Malebranche)와 함께 데카르트의 영향을 받았는데, 그는 말브랑쉬보다 더 범신론적이었다. 스피노자는 포르투갈에서 출생한 유대인으로서 네덜란드에서 활동하였다. 그는 모든 전통적인 신앙은 버려야 한다고 믿었다. 종교는 내적인 설득력을 상실했으며, 따라서 그것은 인간의 행위를 지배할 수 없게 되었다는 것이다. 교회는 탐욕과 야욕으로 가득 찬 인간들에게 희생물이 되었으며, 사랑의 정신 대신에 질투와 악의로 가득하기 때문에 새로운 출발이 필요하다. 그런데 이 새로운 출발의 계기를 만들 수 있는 것은 바로 이성이라고 한다. 스피노자는 하나의 실체만을 인정하고, 이를 무한한 존재라고 한다. 그것은 무한하기 때문에 무엇이라고 말로 서술할 수 없으며, 서술하려고 하다 보면 부정(否定)에 빠질 뿐이라고 한다.

스피노자는 신은, 즉 자연(Deus sive natura)이라고 주장하여 인격적 하나님을 개인의 불사(不死)와 동일시하는 범신론을 가르쳤다. 그는 또한 종교론에서 종교를 사랑과 경건한 감정에 국한시키고 성경에 역사적 비판을 가하였다. 그는 그의 주저 가운데 하나인 *Tractatus Theologico-Politicus*(1670년)에서 이성과 계시, 국가와 교회의 관계를 논하며, 철학을 신학에서 완전히 분리시킨다. 「윤리에 대한 기하학적 설명」(*Ethica, Ordine Geometrico Demonstrata*, 1677년)에서는 윤리 혹은 도덕을 당위의 규범(imperative)으로 인식하지 않고 인간성의 구조와 인간의 행위를 고찰한다. 모든 윤리의 중심을 이성에 있다고 보고, 복지를 추구하는 것, 스스로의 존재를 보존하는 것, 자유로워지는 것, 덕에 따라 행동하는 것, 이 모든 것은 이성의 지도에 따라 사는 것일 뿐이라고 한다. 그의 사상은 교계에서 무신론으로 낙인찍혔으나, 18세기의 독일 사상가들에게 많은 영향을 주었다.

프랑스에서 망명해 온 위그노의 한 사람인 베일(Pierre Bayle, 1647~1706)은 위의 두 사람과는 비교가 되지 않지만 교회 교의가 새로운 과학의 지식으로 인하여 문제가 된다고 말함으로써 많은 영향을 끼친 사람이다. 1682년에는 「혜성에 관한 글」(*Lettres sur les Cometes*)을 발표했는데, 그의 주저 「역사비판적 사전」(*Dictionaire Historique et Critique*, 1695~1697)은 계몽사조의 한 표준적인 저서로서 회의적이며 비판적인 정신을 잘 표현하고 있다.

네덜란드에서는 1700년경까지만 해도 신학이 계몽사조의 영향을 별로 받지 않은 셈이었는데, 아르미니우스적 항론파들, 이를테면 레크렉(Johann Lecrec, 1657~1736)이나, 「신약비평」을 쓴 베트스타인(Wettstein) 등에 의하여 점점 계몽사조의 색채가 짙어져 갔다. 그러나 교의학은 아무런 영향을 받지 않았다. 베커(Balthasar Bekker)는 「마술에 걸린 세계」(*De beverde Wereld, die bezauberte Welt*, 1691년)에서 초자연적인 신앙을 강조했으나 마귀의 존재와 마술적인 것에 대한 신앙을 배제하였으며, 축귀(逐鬼, exorcism)를 자연적인 것으로 설명하여 목사직을 박탈당하였다. 그러나 이로 인해 그의 책은 불티나게 팔렸다.

잉글랜드 | 잉글랜드에서 계몽 사조는 크롬웰의 혁명 이후에 일어나기 시작하여 17세기 말에는 지배적인 사상의 흐름이 되었다. 청교도 혁명 등 과격

한 종교적 반목과 충돌을 겪으면서 이를 극복하려는 생각을 가진 사람들이 많이 일어난 것이 계몽사조가 일어나게 된 원인의 하나라고 할 수 있다. 그 밖에 과학 지식의 발달과 기독교 세계 밖의 문화와 종교와의 접촉, 문학의 진흥, 관용주의(Latitudinarianism) 신학의 합리화 등이 기독교 교리를 약화시키는 계몽주의를 촉진하였으며, 유럽 대륙, 특히 네덜란드에서 일어난 아르미니우스주의 및 소시니우스주의와 스피노자와 베일 등의 기독교에 대한 비평들도 잉글랜드 계몽사상에 큰 영향을 끼쳤다. 1688년 스튜어트 왕조의 절대주의 정부가 물러나고 정치적인 자유가 보장되자 계몽사상은 잉글랜드에 급속히 확산되어 자연신론을 낳게 되었으며 반신학적(反神學的)인 경향을 보였다.

17세기 초반에 셔베리의 에드워드 허버트(Edward Herbert of Cherbury, 1581~1648)는 자연신론 사상을 제일 먼저 피력하였다. 「진리에 관하여」(*De Veritate*, 1624년)와 「종교의 잘못된 유형과 그 원인에 관하여」(*De Religione Gentilium Errorumque Apud eos Causis*, 1645년)를 써서 종교의 근본 정신을 규명하려 하였다. 그가 말하는 종교의 보편적인 교리를 요약하면 이렇다.

- 신은 존재한다.
- 신은 존귀함을 받아야 한다.
- 신을 존귀하게 하는 중요한 행위는 덕행과 경건이다.
- 이 세상에서와 저 세상에서 사람은 신의 심판을 받는다.

허버트에 따르면, 최초의 기독교는 이런 특징을 보유하였으나 후기의 기독교에서는 이런 점이 왜곡되었다. 청교도 혁명이 진행되는 와중에 허버트의 주장은 한때 망각되었다가 1660년 스튜어트 왕조가 복고된 이후 다시금 주목을 끌게 되었다.

계몽주의 철학자의 한 사람인 토마스 홉스(Thomas Hobbes, 1588~1679) 역시 자연신론의 길을 튼 선구자였다. 그는 지적인 지고(至高)의 존재를 인정하면서도, 신의 성품을 유한한 존재에 사용하는 말로 서술할 수는 없으므로 결국에는 인식할 수 없다고 말하였다. 그리고 성경에 대하여 소위 고등비평을 가하였는데, 모세 오경의 저자 문제와 역사서들의 기록 연대에 대하여 의문을 제기하였다.

잉글랜드 경험철학의 시조로 알려져 있는 존 로크(John Locke, 1632~1704)는 이성과 계시의 조화를 시도하였다. 로크 자신은 자연신론자가 아니라고 하지만, 영국의 자연신론에 많은 영향을 준 것이 사실이다. 로크는 '하나님이 계시하신 것은 참'이라고 말하면서도, 성경이 하나님의 말씀임을 아는 것은 이성적 분별을 통해서라고 하였다. 우리가 이성으로는 잘 알 수 없는 것이 많이 있는 것은 사실인데, 아무것도 이성의 명백하고 자명한 인식에 반대되거나 모순되는 것은 없으며, 이성을 떠나서는 신앙을 말할 수 없고, 이성이 매사를 위한 최후의 판단자요 안내자라고 하였다.

1695년 로크는 「성경이 말하는 기독교의 합리성」(*The Reasonableness of Christianity as Delivered in the Scriptures*)을 써서 신약을 전통적인 기독교 교리와 주석을 떠나 자유롭게 해석하고 그리스도의 사랑과 그의 가르침은 인간에게 최선의 밝은 희망을 주는 것이라고 말하였다. 홉스가 교회는 국가에 종속되어야 한다고 주장한 데 반하여, 로크는 가톨릭을 제외한 모든 형태의 기독교 교회가 자유를 누려야 한다고 하여, 1666년에 이미 관용에 대한 글을 썼다.

1689년 관용의 법령(Toleration Act)이 발표되자 제1, 제2, 제3의 관용에 대한 공개 서한(Epistula de Tolerantia, 1689, 1690, 1692년)을 써서 자신의 견해를 밝혔다. 1689년의 관용의 법령에 따르면, 종교의 자유를 누리는 데는 가톨릭과 유니테리안, 유대교 및 이방종교는 제외되었으며, 비국교도들에게는 공적인 행사를 금하고 있었다. 로크 자신도 무신론자나 외세를 배경으로 하는 이슬람교는 관용의 대상에서 제외하였으며, 같은 이유에서 가톨릭도 제외하고, 특별히 장로교, 독립교회, 재세례파, 아르미니우스파들과 퀘이커에 대한 관용을 원하였다. 슈펭글러가 "서구의 계몽사조는 영국에서 발단되었으며, 유럽 대륙의 합리주의는 순전히 로크에게서 왔다"고 과대평가할 정도로 로크의 사상은 대륙에도 널리 알려졌다.

그 다음 세대의 사상가들은 로크처럼 계시와 이성의 타협점을 찾는 데 머물지 않고 계시를 합리화함으로써 더 극단적인 합리주의 사상으로 발전시켰다. 그들은 자신들을 가리켜 '자유로운 사상가'라고 칭하였다. 자연신론자들의 근본 사상은 합리적인 것만을 내용으로 다루는 '자연 종교'였다. 즉, 신(神)과 불사(不死) 등을 주제로 하는 합리적인 형이상학과 윤리학을 다루며, 삼위일체라든지 성육과 같은 교회의 교의는 비합리적인 것이라고 하여 논의의 대상으로 삼지 않았다. 그들은 '자연종교'를 표준적, 유일한, 참된, 절대적인 종교라고 하고, 역사적 계시종교와 일치할 때에만 인정할 수 있다고 한다. 따라서 그들은 예수님을 자연종교의 순수한 인간 예언자로 인식하였다.

자연신론의 대표적인 사상가 존 톨랜드(John Toland, 1670~1722)는 본래 순수하게 이성적인 기독교가 유대교와 헬라의 신비종교와 플라톤의 철학으로 인하여 왜곡되었다고 하였다. 1696년에 톨랜드는 익명으로 쓴 「기독교는 신비적이 아니다」(Christianity Not Mysterious)에서 복음서에는 이성에 모순되거나 이성을 초월하는 것은 아무것도 없다는 것을 보여 주고자 한다고 할 정도로 철저한 합리주의를 주장하였다.

매튜 틴달(Matthew Tindal, 1656~1733)의 「창조 때부터 시작된 기독교」(Christianity as old as the Creation, 1730년)는 자연신론의 대표작이라고 하는데, 틴달은 여기서 모든 종교를 포괄하는 철학적인 안목으로 종교사를 보려고 하였다. 그에 따르면, 이성종교가 인간 본래의 원시종교였다는 것이며, 이것이 기독교와 유대교에서 다시 쇄신되었으며, 다른 종교에서는 그것을 단편적으로 볼 수 있을 뿐이라는 것이었다.

자연신론 사상은 그 밖에도 위스톤(William Whiston, 1667~1752), 첩(Thomas Chubb, 1679~1746), 미들톤(Conyers Middlton, 1683~1750), 볼링브로크(Bolingbroke, 1678~1751)와 철학자 샤프츠베리(Shaftesbury)를 거쳐 흄(David Hume, 1711~76)과 기본(Lord Edward Gibbon, 1737~1794)에까지 이르렀다. 이들의 사상이 민주주의 사상을 자극한다는 뜻에서 상류 사회에서는 인기가 없었으나, 교직자들 중에는 그들의 사상을 받아들이는 사람들이 많아 신앙의 퇴보를 초래하였다. 불신앙과 세속주의가 만연했으며, 성경의 영감을 부인하여 기적을 우화라고 거부하며, 삼위일체 교리를 비웃곤 하였다.

자연신론은 결국 그 자체의 약점 때문에 시들게 되었다. 자연신론자들은 역사에 대한 이해가 없었으며, 발전이라든지 발전적 계시에 대한 개념도 없었다. 지나치게 비판적으로 논의함으로써 스스로 가누지 못할 정도였다. 그들은 세계를 하나님이 만드시고 가동시킨 기계로 이해했으며, 잘못된 낙관주의로 스스로 기만하였으니, 악이라든지 생에서 직면하는 비참한 일에 대한 설명을 할 수 없었다. 그리고 신앙을 매우 단순한 말로써 설명하려 한 것이 그들의 가장 큰 약점이다.

윌리엄 로(William Law, *Case of Reason*, 1731년), 버클리(George Berkeley, *Acriphron*, 1732년), 버틀러(Bishop Butler, *Analogy of Religion*, 1736년)는 자연신론에 반대하여 이성과 그 역할에 대한 새로운 이해를 통하여 문제를 해결할 수 있음을 시사하였다. 1750년을 고비로 자연신론은 그 전성기를 넘어섰다. 1739년부터 영국인들은 감리교 운동에 관심을 가지기 시작하였으며, 학적으로는 흄의 실증주의(Positivism)와 인식론적 경험주의를 따르기 시작하였다. 흄은 모든 감각적인 지각을 통하여 얻은 인식과 원인 및 본체에 대한 개념은 단지 인간의 오성(悟性)의 활동이 빚어낸 환상적인 산물에 지나지 않는다고 말하며, 따라서 경험 세계를 초월하는 사실은 학적으로 수용이 될 수 없다고 한다. 그러므로 신과 영혼불멸은 인식론적으로 도달할 수 없는 불가지적(不可知的)인 것이라고 한다.

이와 같이 흄은 자연신론의 합리주의적 형이상학을 폐기하였다. 흄은 종교는 하나의 환상이며 자연에 대한 공포와 경외에서 온 것이라고 하여 본래 다신교적이었다고 보았다. 흄의 영향을 받은 역사가 기본은 그의 유명한 저서 「로마 제국의 쇠퇴와 몰락」(*History of the Decline and Fall of the Roman Empire*, 1776~1788)에서 기독교의 발생 및 확장과 기독교가 로마 제국에 끼친 영향을 자연적인 과정의 결과로 서술한다.

프랑스 | 유럽 대부분의 왕실들이 18세기에 들어서 계몽사조를 받아들였으나 프랑스 왕실만은 이를 완강히 거부하였다. 프랑스의 계몽주의는 잉글랜드에서 들여 온 것이어서 독창성은 결여되었으나 큰 의미를 가지게 되었다. 프랑스에는 계몽사조가 일반화되고 국제적인 운동으로 번지게 되었다. 프랑스의 계몽사상은 또한 반교회적이며 반종교적인 색채가 농후하였다. 프랑스의 정치와 교회가 매우 유착해 있었던 것도 그렇게 된 이유 중의 하나였다.

실은 프랑스에서는 16세기 위그노 전쟁 때 이미 계몽사조가 움이 텄다고 할 수 있다. 장 보댕(Jean Bodin, 1530~1596/97)은 역사적인 비판을 가하기 시작하였으며, 그의 종교관에서는 자연신론의 경향을 엿볼 수 있다. 많은 수상록(隨想錄)을 써서 유명한 몽테뉴(Michel de Montaigne, 1533~1592), 「타르투페」(*Tartuffe*)라는 작품에서 종교적 위선자를 풍자한 몰리에르(Jean Moliere, 1622~1673), 프랑스 사회를 회의적인 비판으로 파헤친 피에르 베일 등이 계몽사조의 선구자였다.

프랑스에서 잉글랜드의 존 로크에 버금가는 계몽사상의 대표적인 인물은 볼테르(François Marie Arouet Voltaire, 1694~1778)였다. 볼테르는 파리 출신으로 예수회에서 교육을 받았다. 그는 종교와 가톨릭 교회에 대하여 신랄한 비판을 가함으로써 프랑스의 계몽사조를 반교회적인 방향으로 발전하게 만든 장본인이었다. 자신은 신(神)을 믿기는 하지만, 신비주의자나 신학자들이 믿는 신이 아니고 자연의 신, 즉 위대한 기하학자요 우주의 건축자요 원동자이며, 불변하고 초월적이며 영원하신 신을 믿는다고 한다. 그리고 이러한 신은 인간 역사와는 전혀 관계없이 존재하는 신일 뿐이라고 한다. 볼테르 자신은 무신론자가 아니었으나 그의 사상적 영향은 하나님을 전적으로 부인하는 무신론을 조장하였다. 그의 대표적인 저술은 「국민 도덕과 정신에 관한 에세이」(*Essai sur les moeur et l' esprit des nations*, 1754~1758)이다.

소위 백과사전파(Encyclopaedists)도 프랑스 계몽사조 운동의 일익을 담당하였다. 대표적인 인물은 디드로(Denis Diderot, 1713~1784)와 달랑베르(Jean d' Alembert, 1717~1783)였다. 35권으로 된 백과사전(1751~1755, 1780)은 계몽사상을 일반에게 널리 보급하는 데 크게 기여하였다. 1751년에 초판이 나온 이후 25년 간 수많은 해적판을 합하여 43판이나 거듭 출판되었다는 사실이 그것을 말해 준다. 볼테르의 사상적 영향이 듬뿍 실렸으며, 무신론보다는 자연신론을 지지했으나, 주제에 따라서는 회의주의와 무신론적인 색채가 농후하였다. 정치적으로는 보수적인 경향을 띠었으며, 극단적인 형이상학과 유물론을 드러내고 있었다. 의사이며 작가인 라메트리(Julien Offroy de La Mettrie, 1709~1751)는 인체를 순전히 물리적인 유기체로 보는 「인간 기계」(*L' bomme Machine*, 1748년)를 저술하여 물의를 일으켰다.

루소(Jean Jacques Rousseau, 1712~1778)는 주로 제네바에서 활동하면서 백과사전파들의 일방적인 이성주의와 반종교적인 경향에 반발하였다. 루소는 '감정과 자연의 선지자' 라는 칭함에 걸맞게 자연적인 것을 예찬하였다. 자연은 완전히 행복과 평등으로 찼었는데 문화와 국가 및 재산의 사유화가 이를 망쳐 놓았다고 한다. 그는 "자연으로 돌아가자!' 는 구호를 외쳐 국가 생활, 교육과 종교에서 자연에의 접근을 시도해야 한다고 주장하였다.

그의 저서 「사회 계약」(*Du Contrat Social*, 1762년)은 프랑스 혁명에 막대한 영향을 주었다. 「에밀」(*Emile ou sur l' éducation*, 1762년)에서는 합리적인 동시에 자연에 맞는 교육을 역설하며 모든 기독교적인 것을 거부하고 '자연종교'를 말한다. 루소는 자연신론의 합리주의적 종교를 거부하고 신을 이성적으로 증명할 수 없으므로 종교를 감정, 즉 자연적이고 더럽혀지지 않은 마음의 느낌에다 두려고 하였다. 그런 점에서 슐라이어마허의 선구라고 할 수 있다.

독일 | 독일은 신·구교의 30년 전쟁 이후 경제적 및 사회적으로는 물론 문화적으로도 극도의 침체에 빠졌다. 신학 분야에서는 정통주의 신학이 독무대를 차지해 오다가 경건주의 운동이 막 시작될 무렵에 이웃 나라의 영향을 받아 계몽사조에 서서히 눈을 뜨기 시작하였다. 잉글랜드의 자연신론과 프랑스의 급진주의에 비하여 독일의 계몽사상은 그 시작이 온건한 편이었다. 그러한 경향은 라이프니쯔(Gotfried Wilhelm Leibniz, 1646~1716)에게서 비롯되었다.

라이프니쯔는 쿠어마인쯔(Kurmainz)와 하노버(Hannover)에서 정치가요 철학자로 활동하였다. 많은 서신을 교환하는 등 널리 사교했던 인물이었다. 1700년에는 베를린에 아카데미를 설립하였다. 라이프니쯔는 하나님과 불사(不死)에 대한 신앙과 자연과학간의 조화를 시도하였다. 그는 독일 계몽주의 사상의 전형이라고 할 수 있는 기독교와 관념주의 철학의 종합을 제일 먼저 시도한 사람이었다. 세계를 모나드(Monad, 單子)의 조직으로 보고 모나드를 파괴될 수 없는 힘의 본체로 보았다. 낮은 형상, 즉 물질에서부터 영혼과 영들(천사들)을 거쳐 가장 중심이 되는 모나드에 이르게 된다면서 모다드가 곧 신(神)이라고 한다.

그 밖에 그는 성육(incarnation)에 이어 성만찬 등의 교리들을 변호하였다. 그리고 기적에는 제한을 두면서도 예수 그리스도의 부활은 인정하였다. 그러나 계시신학(theologia reveleta)과 자연신학(theologia naturatlis)을 논하면서 기독교를 이성종교와 같이 취급하고, 예수님을 사람이 되신 하나님의 아들이 아니라 훌륭한 종교 선생으로 본다. 이런 점에서 라이프니쯔는 존 로크와 닮았다.

토마시우스(Christian Thomasius, 1655~1728)는 독창적인 사상가는 아니었으나 독일 대학에 계몽사조의 선풍을 일으킨 인물이다. 라이프찌히 대학에서 처음으로 독일어로 강의하고 독일어 학술 신문을 발간하고 교회가 고문하는 것을 폐지하도록 제안하는 등 이론보다는 행동으로 주목을 끌었다.

볼프(Christian Wolff, 1679~1754)는 토마시우스보다 성숙한 사상가였으나 잉글랜드의 계몽사상과 라이프니쯔의 사상을 더 보편화시키고 칸트에 이르는 교량 역할을 했을 뿐, 그 역시 독창적이지는 못했다. 볼프는 몸과 마음, 행동과 생각은 병행하는 두 과정으로 피차 아무런 영향을 미치지 않는다고 하였다. 외적 세계는 기계적으로 작동되며 또한 외적 세계에는 목적을 두고 설계된 많은 증거가 있으며, 정신의 작용도 원인과 결과를 말하는 결정론에 따른다고 한다. 윤리학은 종교적인 신앙과는 관계없는 도덕률을 추구해야 한다면서 윤리학이 사람에게 공포를 주어 도덕을 지키도록 하는 신에 의존해서는 안 된다고 한다.

볼프는 공자의 윤리를 높이 평가하였다. 공자의 가르침은 도덕의 근거를 초자연적인 계시에 두지 않고 인간의 이성에 두고 있다는 점에서였다. 볼프의 사상과 공자에 대한 존경은 많은 물의를 일으켰으며, 경건주의자들로부터 심한 비난을 받았다. 1723년 빌헬름 1세 하에 프러시아에서 추방되어 마르부르크로 가서 크게 환영을 받고 황금 시기를 누리다가 1740년 프리드리히 2세하에 할레(Halle)로 다시 귀환하였다.

경건주의

17세기 후반에 일어난 경건주의는 1690년에서 1730년 어간에 독일교회 내에 크게 영향을 미쳤다. 그런데 경건주의나 계몽사조 그 어느 것도 교회를 일시적으로나마 전적으로 지배했던 것은 아니었다. 30년 전쟁 이후 사람들은 경제적 및 정치적인 어려움에 처하여 삶에 대한 새로운 희망과 의욕을 가져야 할 그러한 상황에 살고 있었다. 영적으로는 로마 가톨릭과 개신교를 막론하고 교회법과 교직 제도 및 고정화된 예배 형식에 불만을 가지고 신앙의 내면성을 찾았다. 정통주의는 아직 스콜라주의적 교리의 확립과 논쟁으로 경화되어 있어서 사람들의 영적 욕구를 충족시켜 주지 못했다. 이런 상황에서 정통주의에 반발하여 일어난 것이 경건주의 운동이었다. 경건주의는 가톨릭의 신비주의 및 잔센주의(Jansenism)와 17세기 영국의 청교도 운동 및 퀘이커 운동, 18세기 잉글랜드의 감리교 운동과 유사한 신앙 운동이었다.

경건주의에 영향을 준 인물 및 사상

경건주의에 영향을 끼친 사상적인 요소나 신앙적인 인물을 들자면, 루터교의 경건주의의 경우, 먼저는 루터와 17세기 초반부터 널리 읽혔던 신비주의적 신앙 서적이라고 할 수 있으며, 개혁파 경건주의의 경우는 영국의 청교도 신앙을 들 수 있다.

루터파 경건주의자들은 종교 개혁이 정통주의로 인하여 중단되었던 것을 다시금 계속한다는 명분에서 경건주의 운동을 제2의 종교 개혁이라고 하였다. 말하자면 루터는 개인적인 구원에 대한 확신을 가졌음과 동시에 이 구원을 신앙하는 주관적인 주체 밖에 객관적으로 구원의 기초가 설정되었다는 사실을 강조하였다. 즉, 객관적 사실이란 그리스도의 사역과 고난인데 이 객관적인 사실이 설교인 구원의 말씀 또는 성례에 현존한다는 점을 강조하였다. 정통주의는 이 객관적인 진리를 지나치게 강조한 나머지 그것을 개인적인 경험과 분리하는 경향이 있었다. 정통주의는 순수한 교리와 성경의 영감성을 강조하였으며, 교육적이며 지적인 경향을 띠고 있었다. 이에 반하여 경건주의는 루터가 말하는 개인적인 신앙 경험을 다시금 앞세우며 감정을 강조하였다.

루터 다음으로는, 사랑을 강조한 요한 아른트와 중생을 강조한 슈벵크펠트(Caspar Schwenkfeld von Ossig, 1489~1561), 신비주의자로 혹은 영적 생활을 강조하는 신령주의자로 알려진 오지안더, 바이겔 및 야콥 뵈메 등에게서 사상적인 영향을 받은 것으로 안다. 개혁파 경건주의자들에게 영국의 청교도 사상을 전해 준 사람은 윌리엄 퍼킨스(William Perkins)의 제자 윌리엄 에임스(William Ames, 1576~1633)였다. 에임스는 1610년 네덜란드로 망명해 오자, 곧 프라네커 대학의 교수로 임명되었으며, 1618~1619년의 도르트 노회의 고문으로 봉사하였다. 에임스는 슈페너처럼 신자의 생활을 강조하였다. 그리고 그것은 칼빈과 제네바의 교리문답서의 가르침과 일치하는 것이라고 말하였다. 중생의 교리는 영국의 청교도들에게도 볼 수 있다. 즉, 토마스 테일러(Thomas Taylor, 1576~1633)와 윌리엄 웨이틀리(William Whately, 1583~1639)에서 볼 수 있다.

경건주의 신앙과 그 특징

경건주의는 초대교회의 신앙 생활, 즉 완전을 지향하는(perfectionism) 초대교회의 생동성과 사랑과 능력을 사모하였으며, 신비주의적인 신령주의를 강조하였다. 그러면서도 대부분의 경건주의자들은 전통을 존중하고 위정 당국을 거스르지 않는 방향에서 그들의 신앙 운동을 교회 안의 운동으로 자제하며, 루터의 신앙과 신학을 이어받아 이를 발전시키는 것으로 자처하였다. 경건주의는 처음부터 혁명적인 동시에 보수적이었다. 특별히 강조한 가르침은 '중생', '완전한 새 창조', '새 피조물', '새 사람', '내적이며 은밀한 마음의 소유자', '하나님의 자녀' 등이었다. 경건주의의 특징을 흔히 말하는 대로 요약하면 다음과 같다.

- 살아 있는 내적 종교성, 즉 마음의 경건을 강조하였다. 이런 점에서 많은 경건주의자들이 신앙적인 자기 반성을 적은 일기 또는 전기를 쓰게 되었다.
- 경건의 실천(Praxis Pietatis), 즉 실제 일하는 데서 신앙이 표현되어야 함을 강조하였다.
- 비현세적이며 금욕적이었다. 댄스, 카드놀이, 극장 관람 등을 금하였으며, 종말적인 기대를 강조하였다.
- 교회 안에 머물면서도 제도적인 국가 교회에는 소극적인 자세를 취하면서 중생한 자들의 집회(Konventikel)를 가졌다.

개혁파 경건주의

개혁파의 경건주의는 네덜란드에서 시작하여 인접한 독일의 라인 강 하류 지방에 파급되면서부터 전 개혁파 지역으로 확산되었다. 개혁파의 정통신학자였던 코케유스(J. Coccejus, 독일 이름으로는 Heinrich Koch)는 계약신학을 펼치는 한편, 여태껏 지지해 온 개혁파적 정통주의에 얽매이지 않고 경건주의적인 색채가 짙은 생각을 발표하였다. 코케유스는 성경을 어느 한 부분이나 요절만을 즐겨 읽을 것이 아니고 전체를 다 읽어 영의 양식을 삼아야 한다는 점과 '구원 역사'(Heilsgeschichte), 또는 '인간 교육' 등의 말을 도입하였으며, 재림에 대한 기대와 신앙에서 선교에 대한 긴급성을 일깨웠다. 코케유스는 독일 브레멘에서 났으며, 1636년 네덜란드의 프라네카 대학의 교수가 되었다가 1650년 이후에는 레이든에서 교수하였다. 성경신학자로서 이미 칼빈이 언급하고 발전시킨 계약설, 즉 신약과 구약을 하나님께서 인간과 더불어 맺으신 계약으로 보는 견해(Inst, II, 9~11)를 근거로 하여 계약신학을 말하였다.

우트레크트의 교수로 있었던 부티우스는 코케유스와 신학적으로 반대의 입장을 취하였다. 코케유스가 구약의 안식일이 기독교의 주일이 되었다는 견해를 거부하는 데 반하여, 부티우스는 크리스천의 생활 규범을 자세히 규정하였다. 이를 가리켜 '아디아포리즘'(Adiaphorism) 혹은 '프래찌지스무스'(Präzisismus)라고 한다.

빌렘 텔링크(Willem Teelinck, 1579~1629)는 청교도 운동의 영향을 받아 신학자가 되었으며, 1612년 이후 미들부르크(Middelburg)의 목사가 되었다. 미들부르크는 경건주의의 중심지가 되었다. 이 도시는 종교 개혁 당시 메리 여왕의 박해를 피하여 온 잉글랜드의 많은 신자들이 체류하면서 개혁주의의 영향을 받았던 곳이다. 후에 텔링크는 감정을 많이 강조하였으며, 새 생활은 아름다움과 친절과 주님의 사랑으로 가득 찬 생활이라고 말하였다. 그의 설교는 많은 감화를 끼쳤으나, 후에 그가 쓴 「경건의 실천」(*Praxis Pietatis*)에서는 그의 사상이 신비주의로 기울었음을 보게 된다.

장 드 라바디에(Jean de Labadies, 1610~1674)는 프랑스 출신으로 예수회의 신부로 있다가 1650년에 칼빈주의자가 되었다. 1659년 제네바의 설교자가 되었다가 1666년 미들부르크의 목사가 되었다. 그러나 '교회 안의 교회'(Ecclesiola in Ecclesia) 집회를 시작하자 출교당하였으며, 분리주의자로 낙인이 찍히게 되었다. 그 밖에 독일의 운터라이크(Theodor Untereyck, 1635~1693)는 교회 안의 집회(Konventikel)를 시작한 첫 경건주의자이며, 네안더(Joachim Neander, 1650~1680)는 계약신학의 영향을 받아 '언약의 노래'(Bundeslieder)를 써서 많은 감화를 끼쳤다.

테어스테겐(Gerhard Tersteegen, 1697~1769)은 네덜란드 개혁교회 지역에서 출생하여 독일의 뮐하임(Müllheim)에서 처음에는 상업을 공부하였으나, 경건주의 집회에 참석했다가 회개하고 나중에는 집회의 인도자가 되었으며, 많은 찬송가를 썼다. 가톨릭의 신비주의적 영향을 많이 받아 감정을 강조하고 사랑으로 용서하시는 하나님을 의지하는 신앙보다는 하나님, 그리스도와의 연합을 더 강조하였다. 그리스도인이 되는 데는 후자가 더 중요하다고 한다.

루터교의 경건주의

슈페너 | 슈페너, 프랑케, 찐젠도르프는 개혁교회의 경건주의와 영국의 청교도 운동에서 자극을 받은 한편, 요한 아른트와 루터의 신학에서 사상적인 감화를 받았다. 슈페너(Philipp Jakob Spener, 1635~1705)는 엘사스의 라폴스타인(Rappolstein)에서 경건한 법률가의 아들로 태어났다. 슈페너는 루터파와 개혁주의 정통신학이 지배적이던 슈트라스부르크 대학 신학과에서 단하우어(J. U. Dannhauer, 1603~1666)와 슈미트(Sebastian Schmidt, 1617~1696)에게서 신앙적 감화를 받고 조직신학과 성경신학을 배우며 학문적 수련을 쌓았다. 그리고 아른트의 「참된 기독교」(*Wahres Christentum*)와 청교도들의 신앙 서적을 통하여 경건주의적 신앙의 감화를 받았으며, 제네바에 유학차 여행했을 때 라바디에의 설

교에 깊은 감명을 받았다.

슈페너는 프랑크푸르트에서 목회하면서 교회의 개혁을 위하여 힘썼다. 청소년 신앙 교육과 견신례(Confirmation)의 시행과 보급에 힘쓰는 한편, 1670년에는 '중생과 경건한 자들의 집회'(Collegia Pietatis 혹은 Konventikel)를 정기적으로 열었다. 1675년에 그는 유명한 「경건한 욕망」(Pia Desideria)이라는 책자를 냈다. 이것은 본래 요한 아른트의 설교집(Postille)에 서문으로 쓴 글이었는데, 교계의 지대한 관심을 끌게 되었다. 이를 통하여 슈페너는 독일 경건주의의 창시자로 알려지게 되었다. 그는 여기서 교회의 부패상을 지적하고 다음과 같이 6개 항목으로 그 개선책을 제의하였다.

- 그룹 성경공부를 통하여 하나님의 말씀을, 특히 신약의 말씀을 열심히 공부해야 한다. 설교는 목사 혼자서 말하는 독백이어서는 안 되고 청중과 나누는 대화(dialogue)여야 한다.
- 모든 신자들이 다 제사장임을 알고 평신도들이 더 적극적으로 교회 생활에 참여해야 한다.
- 기독교는 지식이 아닌 실천을 통하여 실증된다.
- 신앙 논쟁에 임할 때 거듭난 자는 기도와 모범으로 진리를 선포하며, 온전히 사랑으로 사람을 대해야 한다.
- 신학 교육의 개혁이 있어야 하며, 신학은 실천과 연결된 학문이어야 한다.
- 수사적인 설교가 아니라 신앙을 길러 주는 설교라야 한다. 강조점은 믿음과 행위이다.

1686년 슈페너는 독일 루터교회에서 제일 귀한 자리라고 할 수 있는 드레스덴(Dresden)에 있는 작센 선제후의 궁정 수석목사로 부름을 받았다. 그리하여 한동안 라이프찌히 대학이 경건주의의 중심이 되는 듯했다. 프랑케를 위시한 많은 젊은 석학들이 '성경 모임'(Collegia Biblica)을 가지고 성경 연구에 힘썼다. 그러나 1690년 신학적 논쟁이 있은 이후 이들은 라이프찌히를 떠날 수밖에 없었다.

이를 계기로 슈페너는 신학자들, 특히 비텐베르크의 신학자들로부터 비판을 받기 시작하였다. 중생과 경건한 실천 생활을 촉구하는 설교가 선제후 게오르그 3세(Johann Georg III)의 비위를 거스르는 바람에 슈페너 역시 드레스덴을 떠나지 않으면 안 되었다. 그는 1691년 (3월 28일) 베를린의 니콜라이교회의 행정 책임자요 감독으로 가게 되었다. 베를린에 있는 동안 그는 그를 비평하는 정통주의 신학자들에게 대항하는 글을 쓰는 일로 많은 시간을 보냈다. 슈페너가 특별히 강조한 것은 '중생과 경건한 자들의 집회'와 '보다 나은 시대를 바라는 소망'이라는 새로운 종말론이었다. 루터교 정통주의가 세계의 종말을 기대하는 데 반하여 슈페너는 "하나님께서 자기 교회를 위하여 더 나은 상태의 시대를 약속하셨다"고 한다. 그는 이방인들의 수가 차고 난 후에 이스라엘이 회개한다는 종말에 대한 대망에 관해 말하였다.

프랑케 | 프랑케(August Hermann Francke, 1663~1727)는 한자동맹 도시 뤼벡(Lübeck)에서 법률가의 아들로 출생하였다. 키일(Kiel)과 라이프찌히에서 어머니 쪽의 가족 장학금으로 풍족한 가운데서 공부하였다. 교회사와 실천신학 교수인 크리스천 코르트홀트(Christian Kortholt, 1632~1694) 아래에서 공부했는데, 그와는 계속 서신을 교환하였다. 라이프찌히에서 히브리어 선생으로 있으면서 젊은 교수와 학생들과 함께 성경 연구에 몰두하였다. 그들의 모임을 '성경을 사랑하는 이들의 모임'(Collegia Philobiblicum)이라고 칭하고, 여기서 프랑케는 안톤(Paul Anton, 1661~1730)과 교제하면서 서로 영향을 주고 받았다. 안톤은 후에 할레의 교수가 되었다. 프랑케는 그에게 성경 공부 방법을 가르치면서 짧

은 성경 구절에 관하여 서로 토의하되 신앙적 유익을 위한 목적을 잊지 말도록 당부하였다.

프랑케는 요한복음 20:31로 설교하도록 부탁을 받고 준비하는 가운데 성경에 기록된 말씀과 하나님의 실재성에 대하여 의심이 생겨 설교를 할 수가 없었다. 고민하다가 이 문제를 가지고 씨름하는 중에 자신이 거듭났음을 깨달았다. 마침내 그는 경건주의에서 가장 강조하는 중생을 깨닫고 하나님 앞에 무릎을 꿇고 기도하였다. 1687년 여름이었다. 그는 이것을 루터의 로마서 서문을 인용하여 표현하였다.

> 신앙은 우리 속에서 일하시는 하나님의 역사이다. 그것은 우리를 변화시키고 우리로 하여금 거듭나게 하시며 옛 아담(사람)은 죽게 하고 마음과 뜻과 정성과 힘 등, 모든 면에서 우리를 전혀 딴 사람으로 만들고 성령을 모시도록 한다. 하나님의 은혜에 자신을 맡기고 신앙을 인식할 때, 하나님과 만물을 향하여 우리는 기쁨과 즐거움이 넘치게 된다. 이 일을 하시는 이가 바로 성령이시다.

프랑케가 드레스덴에 머물다가 라이프찌히로 돌아오면서부터 그는 '경건주의자'(Pietist)라는 호칭을 받게 되었다. 성경 연구를 중심으로 하면서 신학의 전체성을 강조하는 교수들과 충돌을 일으키게 되었으며, 그들은 그를 경멸하는 의미에서 '경건주의자'라고 불렀다. 프랑케는 라이프찌히를 떠나 에르푸르트의 어거스틴교회의 목사가 되었다. 여기서 그는 청소년 입교반 공부를 시키는 한편, 성인반을 조직하여 많은 주목을 끌었다. 에르푸르트 대학에서 성경신학과 교리문답에 대한 강의를 했으나 라이프찌히에서와 동일한 결과가 빚어져 1691년 그곳을 떠나지 않으면 안 되었다.

그는 할레에서 신학 교수직을 얻었다. 할레로 가는 길에 약 7주 간을 슈페너의 집에 거하면서 교제를 나누었다. 슈페너와 프랑케는 스승과 제자의 관계라기보다는 피차 독립적이면서도, 하나님에 대한 비슷한 신앙 체험을 가진 동료와 같았다. 두 사람은 성경을 교리문답식으로 연구했다는 점에서도 공통점을 가지고 있었다. 프랑케에 의하여 경건주의 운동은 공고하게 되었다.

프랑케가 경건주의자가 된 동기에는 물론 중생의 체험이 크게 작용했지만, 그 밖에 여러 외적인 조건들이 있었다. 할레 대학은 처녀지와 같아서 열심 있는 젊은이들을 통하여 쉽게 경건주의의 본거지가 될 수 있었다. 프랑케는 젊고, 새로운 것을 기획하기를 좋아하는 성격인 데다가 결단력이 있어서, 여러 가지 격렬한 반대를 무릅쓰고 고통스럽고 부당한 일을 견디면서 일찍 원숙한 사람이 되어 있었다. 그리고 그는 목회에서는 가난하고 평범한 사람들을 상대하는 한편, 교수로서 학적인 분야에서 그와 버금가는 사람들과 상대하였다. 성경 해석, 상담, 설교, 교육, 저술 활동, 조직 활동 등이 그에게서 하나로 조화를 이루었다.

프랑케는 1694년 초에 고아원을 경영하기 시작했다. 1695년 초 4탈러 (Taler) 16전(Groschen)의 돈을 거두어 책을 사고, 학교를 시작하였다. 그는 귀족의 자녀도 입학시켰다. 그 해 여름 어느 귀족으로부터 500탈러를 기부 받고, 또한 얼마 후 친구로부터 또한 500탈러를 기부받아 고아원에서 시작한 학교를 어디에도 손색 없는 학교로 발전시켜 나갔다. 1727년 프랑케가 죽었을 때, 2,234명의 아동이 있었다. 그 중 137명은 실제로 고아였다. 프랑케는 그 밖에 선교에도 종사하였다. 그의 아들 고트힐프(Gotthilf A. Francke)는 조지아에서 광부들을 위하여 선교하였다. 그들은 1734년 잘쯔부르크에서 쫓겨와 사는 사람들이었다.

프랑케의 신학에 대해 말하자면, 슈페너보다 더 강하게 루터에게로 돌아가 정통주의 루터파의 전통과 관계를 유지한다. 그는 '율법과 복음'(Gesetz und Evangelium), '회개로의 부르심'(Ruf zur Buße)과 '은혜의 부어내리심'(Durch-bruch der Gnade)을 주제로 삼아 연구하였다. 회개(Buße)는 예수님의 이름으로 사는 생애의 전제가 되며, 누구에게나 '회개를 위한 투쟁'(Bußkampf)이 있어야 한다고 주장하였다. 회개를 위한 투쟁은 새로운 생명을 탄생시키기 위한 산고(産苦)라고 말함으로써 정통주의 루터교의 칭의의 사상과 경건주의의 중생의 사상을 연결하려고 하였다. 슈페너와의 차이점은 중생으로 향하는 준비 과정으로서의 율법의 역할을 강조한 점이다.

프랑케는 또한 거듭난 자의 성장을 강조하며, 완전으로 향해야 한다고 하였다. 예수 그리스도와의 연합을 역설하며, 신의 성품에 참예하는 것을 강조하였다. 1695년에 그는 「성경 연구」(Oberservationes Biblicae)라는 신학지를 출간하였다. 그는 교육을 경건주의의 본래적인 목적으로 보았으며, 개개인의 변화를 통한 세계의 변화를 기대하였다. 찐젠도르프에 따르면, 경건주의는 프랑케 때에 그 절정에 달했다고 한다. 프랑케는 할레의 고아원을 하나님 나라의 영적인 센터로 이해하였다.

찐젠도르프 | 경건주의는 찐젠도르프(Nicolaus Ludwig von Zinzendorf, 1700~1760)로 인해 새로운 국면으로 접어들었다. 1700년 5월 26일 드레스덴에서 작센 선제후의 대신의 아들로 태어났다. 그는 일찍이 부친을 잃고 모친이 재가하는 바람에 그로스헤네스도르프(Grosshenesdorf)에 있는 외할머니에게 가서 자랐다. 소년 시절을 혼자 외롭게 지낸 그는 발코니에서 형님 되신 주님께 편지를 써 보낸다면서 편지를 하늘로 날리곤 했다.

외할머니 헨리테 카타리나(Henritte Katharina von Gersdorf)는 경건주의 운동에 전적으로 참여하였으며, 찬송가 작사도 하고 음악과 그림에도 조예가 있는 경건한 귀부인이었다. 슈페너 및 프랑케와 편지 교환도 했으며 사재(私財)를 털어 예배 장소도 마련하였다. 부인은 프랑케처럼 고아원을 설립하고, 그곳에 귀족의 자녀들을 교육하는 학교를 부설하였다. 그의 좌우명은 '기도하고 믿고 조용히 기다려라. 하나님께서 손짓하실 때 십자가도 고된 일도 기피하지 말라' 는 것이었다. 찐젠도르프는 외할머니께 신앙적 감화를 많이 받았다고 술회하였다. 그는 법학 공부를 시작했으나 신학에 대한 향수를 떨쳐버릴 수 없어서 비텐베르크의 베르스도르프(Gottlieb Werhsdorf) 교수와 할레의 프랑케에게서 신학을 공부하였다. 그리하여 그는 루터교 정통주의와 할레의 경건주의 간의 조화점을 추구하였다.

1719년 젊은 찐젠도르프 백작은 견문을 넓히기 위하여 네덜란드와 프랑스 등지로 여행을 떠났다. 여행중에 그는 뒤셀도르프에서 페티(Domenico Fetti, 1589~1624)라는 화가가 그린 십자가에 달리신 예수 그리스도의 그림을 샀다. 그 그림에는 "이렇게 나는 너를 위하여 고난을 당했는데, 너는 날 위해 무엇을 했느냐?"(Hoc passus sum pro te quid fecisti pro me?)라는 말씀이 쓰어 있었다. 찐젠도르프는 이 그림과 말씀에서 자기의 일생을 좌우하는 큰 힘을 얻었다고 말했다. 1721년 경건주의 집안의 딸 도로테아(Erdmuth Odorthea von Reub-Ebersdorf, 1700~1756)와 결혼하였다. 찐젠도르프의 부재 시에는 부인이 직접 교회를 이끌어 가는 등 부인의 내조가 컸다.

1722년 체코슬로바키아의 동쪽에 위치한 모라비아(Moravia)에서 반종교 개혁 때문에 피난온 사람들이 찐젠도르프의 영지 내에 정착하게 되었다. 할레의 경건주의자 슈타인메츠(Johann Adam Steinmetz, 1690~1751)에게서 영향을 받은 크리스천 다윗이라는 목수가 이 무리를 이끌고 온 것이었다. 그리하여 후트베르크(Hutberg)에서 역사적인 '헤른후터 공동체'(Herrnhut Brüdergemeinde)가 탄생하게 되었다. 처음에는 분리주의자들도 끼어 있어서 어려움도 겪었으나, 루터교 목사이며 경건주의자인 로테(Johann Andreas Rothe, 1688~1758)가 교회와 새로 창설된 그룹과 연결을 맺어서 1727년 8월에 베어틀스도르프 교회에서 함께 성찬식을 거행했다.

이 모임의 조직은 영성했다. 'Die Banden' 이라고 하는 4~5인으로 구성된 지도자단과 이에 화답하는 'Chore' 로 구성되었다. 1728년에는 청년회가 조직되고 1730년에는 처녀회가 조직되었다. 그리고 1728년부터는 유명한 '로중엔'(Losungen)을 만들기 시작하였다. 구약의 성구를 365일에 해당되게 뽑고 이에 맞는 신약의 성구(Lehrtext)를 택하여 수첩(캘린더)으로 만든 것이다. 그것은 보헤미아인들을 통하여 전수(傳授)된 것으로 12세기의 왈도파의 전통을 따른 것이었다. 이것은 현재도 독일에서 시행되고 있으며, 성구 캘린더 수첩은 거의 모든 개신교 신자들이나 봉사자들이 지니고 사용한다.

1732년 찐젠도르프는 마침내 작센에서 추방당하였다. 그는 그의 귀족 가문의 친척들로부터 바보 취급을 받았다. 1735년 그는 헤른후트에 정착할 교인들(Brüder)과 공적인 관계를 가졌다. 그는 형제교회 감독(Brüderbischof)으로 장립되었다. 이 형제교회(Brüdergemeine)는 성장하여 마침내 뷰딩겐(Büdingen)에 또 하나의 교회를 세우게 되었다. 이로부터 형제교회는 자유롭게 발전하여 종국에는 할레의 경건주의와 충돌하게 되었다. 높은 건물을 짓고 일상 생활 및 경제 활동을 함께 하는 공동체를 형성하여 세상을 놀라게 하였다. 이러한 자유로운 발전은 곧 할레의 율법주의에 대항하는 것으로 이해되었다.

1727년 프랑케가 죽고 난 후 양 공동체의 대립은 더 심각해졌다. 찐젠도르프의 아들 레나투스(Christian Renatus, 1727~1752)가 주동하여 소위 '예수 그리스도의 옆구리 제의(祭儀)'를 행하였다. 사람들로 하여금 십자가에 달린 예수님을 그린 그림 앞에 한 사람씩 다가가서 참배하도록 하였다. 이 일로 말미암아 그들은 이젠부르크-뷰딩겐(Isenburg-Büdingen)의 영주로부터 추방을 당하였으며, 건물은 헐렸다. 그들은 라인 지방의 노이비트(Neuwied)에 새로운 정착지를 마련하였다. 찐젠도르프는 여행중에 이 소식을 들었다. 외할머니 헨리테는 이를 계기로 찐젠도르프와 절교하다시피 하였다. 찐젠도르프는 그리스도를 '신인'(神人, Gottmensch)이라고 하지 않고, "하나님이 예수 그리스도 안에서 사람이 되셨다"(Gott wurde Mensch in Jesus Christus)고 하여 기독교의 근본 교의에 이의를 제기하였다.

찐첸도르프와 형제 공동체는 감리교의 창시자 존 웨슬리에게 영향을 주었다. 1741년 웨슬리가 런던과 브리스톨을 중심하여 부흥 운동을 일으켰을 때 헤른후터 형제 공동체는 가장 긴밀하게 공동 보조를 취하였다. 그러나 얼마 못 가서 양측은 분리하게 되었다. 찐첸도르프가 죽고 난 후 슈팡겐베르크(August Gottlieb Spangenberg)가 형제 공동체를 지도하였다. 찐첸도르프는 젊은 시절, 신비적인 신령주의의 영향을 많이 받았기 때문에 할레의 경건주의자들과는 어울리지 못했다.

고트프리드 아놀드 | 고트프리드 아놀드(Gottfried Arnold, 1666~1714)는 1666년 9월 5일 작센의 광산 지구 아나베르크(Annaberg)에서 김나지움(Gymnasium) 선생의 아들로 태어났으며, 1685년 비텐베르크 대학에서 공부했다. 그는 처음부터 루터교의 정통신학을 좋아하지 않았고, 교우 관계도 없이 수도사처럼 살면서 초대교회 역사에 많은 관심을 기울였다. 1689년 슈페너의 알선으로 드레스덴에 있는 아델하우스의 교사가 되었다.

그는 슈페너보다 훨씬 더 신랄하게 현실 교회와 신자들의 일상 생활에 대하여 비판을 가하였다. 교회를 빗대어 바벨론이라고 하며 '바벨의 장송곡'(Babelsgrablied)을 짓는 등 모든 기구적인 조직을 배격함으로써 신비적인 신령주의 노선을 취하였다. 1701년 슈프뢰겔(Johann Georg Sprögel)의 딸과 결혼하고부터는 그의 생애에 변화가 일어나 교회와 화합하고 목사가 되었다. 그는 1697년부터 1년 간 기센(Gießen) 대학에서 교수하였으나 하나님의 진리를 전해야 한다는 생각에서 교수직을 사임하고 목회 길로 나섰다.

아놀드는 뛰어난 문필가로서 많은 저술을 하였다. 가장 대표적인 저작은 「편견 없는 교회와 이단의 역사」(Unparteyische Kirchen und Ketzerhistorie, 1699년)이다. 책 제목이 암시하듯이 그는 '교회 없는 기독교, 교회에 반대하는 기독교, 개인적인 기독교' (Christentum ohne Kirche, Christentum gegen Kirche,

Christentum als persönliche)를 말하여 철저하게 개인적인 결단을 촉구하였다. 이 책에 따르면, 교회와 교회 직분자들이 내린 결정은 다 잘못된 것이었으며, 그들이 순수한 경건을 탄압했다는 것이었다. 그는 소위 이단을 새로운 눈으로 보고 이단에 대한 교회의 보고를 사람들로 하여금 일단 의심하도록 만들었다. 종교 개혁자들은 로마 가톨릭을 바벨론(계 14:8; 17:5)이라고 하고 개신교를 가리켜 이 바벨론에서의 해방이라고 한 반면에, 아놀드는 신·구교 양자가 다 바벨론이라는 것이었다. 특히 신·구교의 30년 전쟁을 정죄하였다.

아놀드는 슈페너와 프랑케에 비하여 훨씬 극단적이었다. 그는 내적인 이해 없이 교회에 가고 성찬에 참여하는 것은 우상 숭배라고 말하였다. 교회에 대하여는 사도행전 7장에 스테반이 말한 "지극히 높으신 이가 손으로 지은 전에 계시지 않고"라는 말을 인용하여 교회를 부정하였다. 또한 기독교 진리에 대한 증거는 교의적인 원리나 이론적인 데 있는 것이 아니라고 하고, 초대교회를 이상적인 교회라고 말했다.

그러나 기독교의 황금 시대가 이상이나 꿈으로 끝난 것이 아니라 현실이라는 것이었다. 또한 기독교 진리는 기독교의 성경을 통하여 파악할 수 있고 충분히 실현할 수 있는 것이며, 성경은 어떤 세계관이나 인생관 또는 교훈의 집대성이 아니라 실제로 일어난 사실들에 대한 보고로서 개인과 교회를 성장하게 만드는 것이라고 하였다. 그는 역사적인 현실과 논리적 또는 이론적 논의를 대립시켰다. 아놀드는 지나치게 개인주의적이어서 교회나 성도의 교제를 위한 모임(Gemeinschaft)은 그에게 별로 의미가 없었다. 그는 개별적으로 거듭난 사람의 모임을 교회로 생각하였다.

벵겔 | 벵겔(Johann Albrecht Bengel, 1697~1752)은 남독일 뷔르템베르크(Württemberg)를 중심으로 활동하였다. 슈투트가르트 근방의 비네덴(Winneden)에서 목사의 아들로 태어난 그는 6세에 아버지를 여의고 수도원에 있으면서

경건주의를 접하게 되었다. 그리고 온 유럽을 휩쓴 흑사병과 프랑스군의 침입으로 유년 시절을 암울하게 보냈다. 그의 선생 예거(Johann Wolfgang Jäger, 1647~1720)는 개혁파의 계약신학을 루터교 전통에 접목시킨 신학자였다. 즉, 마르틴 부처와 알스테드(Johann Heinrich Alsted, 1588~1638)가 발전시킨, '성경을 계약이라는 열쇠를 따라 이해해야 한다'는 명제를 신학적으로 부연하였다. 벵겔은 또한 경건주의 성경신학자 로이클린(Christoph Reuchlin, 1660~1707)에게서도 배웠다.

1713년부터 그는 뉘른베르크, 예나, 할레, 기센, 하이델베르크 등지로 유학 여행을 다녔다. 벵겔은 경건주의 성경신학자로 부동의 위치를 점한 사람으로, 그의 성경 해석 원리는 이렇다.

- 성경은 서로 연결된 하나님의 구원의 집(Veranstaltung 또는 Ökonomie)이며, 좀더 확실히 말하자면, 하나님의 구원 역사를 연결한 증거이다.
- 성경의 내용을 증명하는 것은 성경 자체이다. 저자이신 하나님께 모든 것을 돌려라.
- 성경은 루터교의 고백이나 교의로서 성경의 독립성을 속박하거나 좁혀서는 안 된다.

그의 저서 중 중요한 것은 「신약 개론」[1](*Gnomon Novi Testamenti*, 1742, 1759년 etc.), 「계시록 강해」(*Erklärte Offenbarung*, 1740년)와 「시간의 질서」(*Ordo Temporen*) 등인데, 그는 이 책을 통하여 계시록의 시간을 계산하여 세상사의 변천에 대하여 예언하는 길을 텄다. 경건주의자 융스틸링(Johannes Heinrich Jungstiling, 1740~1840)은 이것에 영향을 받아 1835년을 예수 그리스도의 재림 일

---

1. 웨슬리는 이 책을 가리켜 기독교 세계의 큰 빛이라고 했다.

자로 예언하기도 했다.

그 밖의 경건주의자들 | 외팅거(Friedrich Christoph Oetinger, 1702~1782)는 경건한 관리의 아들로 태어났다. 튀빙겐에서 신학을 공부하고 목사와 감독으로 일했다. 볼프와 라이프니츠를 접하고부터는 더욱 야곱 뵈메의 사상을 따르게 되었다. 외팅거는 계몽사조를 '거룩한 철학'(philosophia sacra)이라고 하여 반대하고, 기독교적 세계관을 말하였다. 피조물의 조화가 성경을 통하여 이루어진다고 보고 또한 이것을 성경과 예수 그리스도의 십자가에 연결시켜 보는 신비적 자연철학(Pansophie)을 말했다. 하나님은 우리 사람의 몸을 치료해 구원하시는 창조자요 의사라고 말하는 등 성경의 영적 진리를 실제적인 것으로 구체화하여 설명하는 것이 그의 신학의 특징이다.

뷔르템베르크의 경건주의는 벵겔과 외팅거에게서 배운 필립 한(Philipp M. Hahn, 1739~1790)과 미카엘 한(Johann Michael Hahn, 1758~1819)에 의해 더 의미를 갖게 되었다. 농부였던 미카엘 한은 하나님 나라가 곧 임한다는 주제의 설교를 했으며, 많은 추종자들을 얻었다.

경건주의는 이론적인 지성주의를 배격하고 개인적인 경험적 산 신앙을 강조하였으며, 성경의 기본적인 교리를 강조했다. 제도적인 국민교회에 속해 있는 것만으로는 만족하지 않고, 슈페너의 표현대로, '진지하게 기독신자가 되고자 하는 자', 또는 프랑케가 말한 대로, '회개하는 자', 또는 찐젠도르프의 '주를 사랑하는 자들', 또는 분리주의자들이 말하는 '성령으로 충만한 자들'이 교회 안에서 따로 모임을 가진 점이 특색이다. 이런 모임은 19세기를 거쳐 현재에 이르기까지 계속되고 있다.

경건주의는 계몽사조를 내부로부터 극복할 수 있을 정도로 신학적이며 창조적인 힘을 지니지 못했다. 경건주의는 그럴 수 있을 정도로 성장하지 못하고 초기 시대를 지난 다음 세대부터 쇠퇴하였다. 그러나 신학적인 불균형과 교회관의 결함에도 불구하고 경건주의는 계몽사조의 합리주의와 관념론에 대항하여 성경의 진리를 강조하면서 독일 교회 내의 보수적인 세력으로 존속해 오고 있다. 열매 있는 신앙 생활에 대한 강조로 말미암아 독일 교회가 사회 봉사(diakonie)의 실적을 올리게 된 것도 경건주의가 미친 긍정적인 영향이라고 할 수 있다.

17~18세기의 가톨릭 교회

가톨릭 교회가 어거스틴 사상의 노선을 따르는 잔센주의와 프랑스의 신비주의적 쇄신 운동을 철저히 탄압하였으므로, 계몽사상은 그 위력을 더 크게 발휘하게 되었다. 계몽사조와 함께 개신교와 가톨릭을 막론하고 민족교회를 지향하는 운동(National Church Movement)이 활발해졌다. 1682년 프랑스에서는 '교회 권세에 대한 프랑스 교직자들의 선언'을 공포하였다(Declaratio Cleri Gallicani de Ecclesiastica Potestate).

- 교황은 영적인 권세만 가지고 세상의 권력은 가지지 않는다. 교황에게는 사실상 왕과 제후를 지배할 아무런 권세도 없다.
- 교황은 교회를 다스리되 교회공의회(General Church Council)에게 복종해야 한다.
- 특히 프랑스교회를 다스릴 경우에는 옛 프랑스의 관례법을 따라야 한다.
- 교황의 신앙 문제에 대한 결정은 전체 교회를 통하여 합법적으로 수납되어야만 그 효력을 발생한다.

이러한 경향은 독일에서도 볼 수 있었다. 즉, 1785년 가톨릭 교회에서 뮌헨에 제2교황의 사절관(使節館, Nuntiatur 혹은 Nunziatur)을 건립했을 때였다. 주교들은 교황의 세력 침투에 반대하여 1786년 엠스의 협약(Emser Punktation)을 결의하여 주교구 내에서 주교의 자치권을 주장하였다. 주교들은 황제에게 국내 가톨릭 교회 대회를 개최하도록 하여 교황은 다만 교회를 대표하는 이, 즉 명예 대표자요 교회의 통일을 위한 한 중심임을 확인하였다.

트리어의 부주교 니콜라우스(Nikolaus Von Hontheim)는 이미 1763년 페브로니우스(Febronius)라는 가명으로 「교회법과 로마 교황의 합법적인 권세」(De Statu Ecclesiae et Iegitima Potestate Romani Pontificis)를 써서 위와 같은 견해를 피력하였다. 이러한 연유로 독일의 민족교회를 가지려는 운동을 '페브로니우스주의'(Febroniusmus)라고 일컫는다. 하지만 정치에 능한 교황청 관리들 때문에 이러한 시도는 결실을 보지 못했다.

그러나 민족교회에 대한 이념은 여전히 지지를 받았다. 독일 교회의 수장인 마인쯔의 대주교는 부주교 베센베르크(Freiherrn von Wessenberg)를 시켜 비엔나의 국회에 독일 가톨릭 민족교회를 이룩하도록 요청하였다. 오스트리아에서는 황제 요셉 2세가 계몽사조의 절대주의 사상으로 교회의 개혁을 위하여 노력하였다. 이를 가리켜 요셉주의(Josefismus)라고도 하는데 잔센주의의 영향을 받은 사상이었다. 교회의 재산권을 회수하고 수도원의 감옥을 폐쇄하는 한편, 많은 축제일을 폐지했으며, 교황이 국가의 허락 없이 공공 기관을 이용한다든지 하는 일을 금하였다. 토스카나(Toscana)의 공작 레오폴드(Leopold)도 오스트리아의 처사를 본받았으며, 바이에른의 막시밀리안 3세도 교회의 쇄신을 위하여 힘썼다. 페브로니우스의 책에는 '분열자들의 재연합을 위하여'(ad reuniendos dissidentes)라는 부제가 붙어 있었다.

비엔나의 노이스타트의 주교 스피놀라(Spinola)는 레오폴드 1세의 명을 받들어 재연합을 지지하면서 개신교를 향하여 교황을 인정할 것과 엠스의 협약을 재연합의 조건으로 받아들이도록 요청하였다. 그러나 신·구교 교회가 재연합을 위하여 노력해 본 결과 피차의 차이점이 더 심각하게 드러남을 발견하게 되었다. 1773년 클레멘트 14세는 교황의 근위대(近衛隊)로 인정받아 오던 예수회 교단을 가톨릭 교회의 평화적인 공존을 위하여 방해가 된다고 보고, 예수회 교단을 폐쇄하였다. 물론 이것은 프랑스 왕의 압력에 못 이겨 한 처사였다.

그 밖에 프랑스 혁명과 같은 민족적 국민 운동은 가톨릭 교회를 적대시하였다. 1790년 국민의회는 교회의 십일조 제도를 폐지하는 한편, 오랜 논란 끝에 정부가 교회 재산을 몰수하기로 하고 교직자들의 급료는 정부가 지불하기로 하였다. 또한 교회는 로마로부터 자립할 것과 교직자들이 법을 준수할 것을 요구하였다. 가톨릭 교회가 국가 교회라고 하지만, 국가가 목사를 보직하는 것이 아니고, 목사로 하여금 지역 교회의 선거를 통하여 교회에 부임하도록 하였다. 이와 같은 결정에 대하여 성직자들은 반발하였다. 방데(Vendèe)에서는 폭동이 일어나기까지 하였다.

1792년 4월 프랑스 혁명정부는 오스트리아에 대항하여 선전포고를 하면서부터 교회에 대한 핍박에 더욱 박차를 가하여 기독교를 폐쇄하겠다고 공언하기까지 하였다. 그러나 1795년에 다시금 종교의 자유를 허용하였다. 그러한 과정에서 교황은 막대한 피해를 입었다. 비오 4세(1775~1799)가 프랑스 혁명에 대하여 처음에는 관망하는 태도를 취하였으나, 프랑스 정부와 대치하게 되면서 무력으로 저항하기에 이르렀다. 그 결과 1791년 9월 아비뇽과 베나생(Venassin)을 프랑스에 탈취당하였다.

1797년 톨렌티노(Tolentino)의 강화조약이 체결되었을 때, 나폴레옹은 교황에게서 3천만 루브르를 받아 내고 교황국가를 탈취하였으며, 1798년에는 프랑스 정부가 로마 공화국을 세워 교황의 세속의 지배권을 완전히 박탈해 버렸다. 비오 4세는 체포되어 1799년 발렌스(Valence)에서 죽었다. 후계자인 비오 7세는 1809년에 붙잡혀 로마에서 추방되었다. 교회국가, 즉 교황령은 비엔나 회의를 통하여 영토가 줄었으며, 1870년 이탈리아가 반도를 통일하면서 로마를 점령하자 교회국가는 없어지게 되었다.

독일에서는 1803년 레겐스부르크에서 열린 왕국 대표자 회의의 결의로 말미암아 고위 성직자들은 그들이 향유해 오던 정치적인 특권을 상실하게 되었다. 교회 영역의 세속화가 가속화되었다. 계몽사조의 영향으로 말미암아 가톨릭 교회는 정치 세력의 지배를 받게 되었으며, 많은 재산과 특권을 잃게 되었다. 말하자면, 18세기는 가톨릭 교회에게는 최악의 시기였다. 그러나 19세기에 와서는 가톨릭 교회가 그 지위와 영향력을 다시금 회복하게 되었다.

독일 계몽주의 신학

계몽주의 사상이 교회로 흘러들면서 새로운 형태의 경건과 새 신학이 나오게 되었다. 종교 개혁 이후의 시대를 지배했던 정통주의 신학은 쇠퇴 일로에 있었으며, 많은 신학자들이 교회의 신앙과 신조를 대변하는 교의 체계를 떠나 각자의 개인적인 신학 사상을 소신껏 말하게 되었다. 독일에서는 계몽사상이 기독교 신앙에 대하여 비교적 온건한 편이었다고는 하나, 계몽주의 신학은 계시를 인정하면서도 그 의미를 약화시켰고, 합리적인 사고와 연결짓는 일에 부족했으며, 사상 면에서나 경건 면에서 그 깊이가 결여되어 있음을 볼 수 있다.

계몽주의 신학은 신신학(Neologie, neue Theologie)이라는 대명사가 함축하듯, 날이 갈수록 비판적인 신학으로 발전하였다. 그러한 경향은 대표적인 신학자들의 사상에서 볼 수 있다. 부데우스(Johannes Franz Buddeus, 1667~1729)는 할레에서 도덕철학 교수로, 1705년 이후부터는 예나의 신학 교수로 있었다. 합리적인 신인식(神認識)을 말하고 무신론에 대항하였으며(*These Theologiae de Atheismo et Superstitione*, 1716년), 학적인 데 근거한 기독교 역사 이해의 길을 열었다.

튀빙겐의 교수와 총장을 역임하고 1756년 이후 기센의 교수로 있던 파프(Christoph Matthäus Pfaff, 1686~1760)는 정통신학으로부터 더 멀리 떠나 계몽사조의 산물인 백과사전식 방법을 신학에 도입하였으며, 교회 안에서 사상의 다양성이 용인되어야 한다고 주장하였다. 또한 '새로운 교회사 서술의 아버지'라고 불리는 헬름스테트(Helmstedt)의 모스하임(Johann Lorenz von Mosheim, 1693~1775)은 교회사는 '거룩한 역사'(historia sacra)가 아니고, 사람을 더 현명하고 신앙심 있게 만들려는 인간의 작업이라고 말했으며, 교회의 기구(institution)를 국가의 유추(類推, analogy)로 보았다. 그는 일어나는 모든 사건들을 하나님과 마귀의 싸움이라거나 선과 악의 대결에서 일어나는 것이라는 종래의 교회사관을 지양하고 원인과 결과를 검토함으로써 사건들을 설명하는 일반 역사의 서술 방법을 따랐다.

계몽주의 신학은 신신학이라는 이름으로 제2단계로 접어든다. 볼프와 과도기적인 신학은 이성을 계시를 평가하는 기준으로 삼아 계시를 이성으로 확인하고 지지함으로써 비교적 긍정적으로 평가하는 데 반하여, 신신학은 이성과 계시의 조화를 깨뜨렸다. 즉, 계시에 근거하고 있는 교리를 무가치한 것으로 비평하였다. 신신학자들은 원죄라든지 마귀에 대한 믿음을 거부하고 지옥의 영원한 형벌에 대한 교리에 의문을 제기하였다. 그뿐 아니라 속죄 및 칭의의 교리와 성만찬 등의 교리에 부정적인 비판을 가함으로써 정통신학의 교리에 전면적인 비판을 가하였다.

슈팔딩(Johann Joachim Spalding, 1714~1804)은 슈페너가 있던 베를린에서 감독을 지낸 사람이었으나, 스코틀랜드 혈통으로서 경건주의의 영향은 전혀 받지 않은 루터교의 정통파 출신이었다. 그는 교리를 파괴하는 일을 하지 않고 자유 사상과 싸우며 복음을 계몽사상의 관점에서 이해하려고 하였다. 자연종교는 복음의 빛이 인간 정신을 계몽하는 곳에서 언제나 가장 잘 인식할 수 있고 배울 수 있다고 했으며, 교회의 교리보다는 기독교의 본질이 중요 관심사라고 하였다. 그는 유물론자 라메트리(Lametrie)에 대항하여 「인간을 결정론적으로 보는 견해에 대한 고찰」(*Gedanken über die Bestimmung des Menschen*, 1748[1], 1794[13])을 썼다. 그런가 하면 설교로는 시민의 도덕적인 교육을 위하여 봉사해야 한다고 강조하였다.

브라운슈바이크(Braunschweig)의 궁정 설교가요, 왕자의 가정 교사로 있던 예루살렘(Johann Friedrich Wilhelm Jerusalem, 1709~1789)은 신신학 실천신학의 대표자였다. 합리적인 정통주의에서 신신학적인 교의비평으로 넘어가는 것을 그의 사상에서 엿볼 수 있다. 그의 저서「종교의 가장 고상한 진리들에 관한 고찰」(Betrachtungen über die vornehmsten Wahrheiten der Religion, 1768년)에 의하면, 창조의 기사(記事)에서 인간이 하나님의 형상으로 지음받은 것을 약속으로 보며, 이것이 인간의 복지(福祉)에서 실현되는 것으로 본다. '타락'을 성경의 원시적인 역사(Urgeschichte)로 보고 도덕적인 교훈의 시(詩)로 간주한다.

신신학의 대표적인 신학자 제믈러(Johann Salomo Semler, 1725~1791, 1752 이후 할레의 신학 교수)는 훨씬 더 비판적이었다. '자유주의 신학'(Liberale Theologie)이라는 개념은 1774년에 나온 그의 책명, 'Institutio ad doctrinam Christianam liberater discendam' (독어역: Versuch einer freien theologischen Lehrart, 1777년)에서 유래하였다. 제믈러는 교회사가로서 경건주의자들과는 반대로 초대교회의 순수성을 부인하고, 계몽사상의 논리를 따라 완전은 미래에 이루어진다고 말하였다. 그리고 교의는 시간과 공간의 조건에 따라 형성된다고 이해하고 정통주의의 교리에 구애받지 않고 성경 자체를 연구한다고 했다. 즉, 성경을 연구함에 있어서 '성경을 둘러싼 모든 울타리를 제거한다'는 것이었다. 그리하여 그는 구약과 신약의 차이를 문서 비평을 통하여 말하고, 베드로후서 및 계시록의 저자 문제를 두고 비평하였다.

교회의 신앙고백과 전통적인 경건에 대하여도 비평을 가한 제믈러는 세 가지 점에서 전형적인 자유주의 신학을 말했다. 첫째로는, 하나님의 말씀과 성경을 구별한다는 것이었다. 성경의 말씀 가운데서 도덕적인 완전성과 참된 내적 축복을 말하는 본문만을 하나님의 말씀이라고 했다. 둘째로는, 종교와 신학의 구별을 말하였다. 종교는 기독신자의 참된 경건을 내용으로 하는 반면, 신학은 일반적인 과학적 방법으로 지식을 습득하고 가르치는 전문적인 신학자를 양성하는 것이라고 하여 역사적-비판적 성경 연구의 자유를 구가하였다. 그리고 셋째로는, 공적인 종교와 사적인 종교를 구별하였다. 기독교의 본질은 기독신자 개개인의 도덕성에 있으며, 신자들은 하나님의 사랑을 통하여 한 정신 아래 하나로 연결된다. 그러나 대부분의 신자들은 사적인 종교, 즉 경건을 완전한 상태로 유지하지 못하기 때문에, 국가가 합법으로 인정하는 예배와 교훈의 질서를 갖춘 가시적인 교회가 필요하다고 한다.

제믈러는 한편 라이마루스의 극단주의를 비판하고 반대하였다. 라이마루스(Hermann Samuel Raimarus, 1694~1768)는 함부르크의 아카데미 김나지움의 교수로 있었는데, 자연신학을 지지하고 기독교는 거짓에서 탄생했다는 극단론을 폈다. 제자들이 예수님의 시체를 훔쳐 놓고는 예수님이 부활했다고 거짓말을 했으며, 예수님은 본래 정치적인 메시아였으나 허무하게 죽자 제자들이 비정치적인 메시아로 선전했다고 한다.

위의 글은 라이마루스가 작은 학회에서 비공식적으로 발표한 것이었는데, 레싱(Gotthold Ephraim Lessing, 1729~1781)이 그 일부를 「볼펜뷔텔의 문서」(*Wolfenbüttel Fragmente*, 1774~1778)라고 하여 익명으로 출판함으로써 공개하였다. 그것은 그때까지의 기독교에 대한 공격 가운데 가장 혹독했으며, 독일 교회에 크게 부정적인 영향을 미쳤다. 뿐만 아니라 그것은 기독교의 가장 근본적인 교리를 뒤흔들어 놓은 결과가 되었으며 세계의 기독교 공동체는 이 충격에서 완전히 회복되지 못했을 뿐 아니라, 이런 충격을 견디며 사는 것을 배우지도 못했다고 평가하기도 한다.

18세기 중엽에서 말엽까지 합리주의와 초자연주의가 독일 신학의 주류를 이루면서 19세기로 접어들었다. 합리주의는 주로 칸트의 영향을 입었는데, 소위 구합리주의자들을 들자면, 헬름스테트(Helmstedt)의 교회사가이며 조직신학자인 헨케(Philipp Konrad Henke, 1752~1809)와 예나와 하이델베르크에서 활동한 주경신학자 파울루스(Heinrich Eberhard Gottlieb Paulus, 1761~1851), 그리고 교회사가이며 동시에 역사가인 괴팅겐의 스피틀러(Ludwig Timotheus Spittler)를 들 수 있다. 구 초자연주의(超自然主義)는 뷔르텐베르크를 중심으로 하여 발전했는데, 튀빙겐만 하더라도 합리주의는 거의 소개되지 못했다.

구 튀빙겐 학파의 초자연주의의 지도적 인물은 고틀로프 스토르(Gottlob Christian Storr, 1746~1805)였다. 북독일 드레스덴의 궁정 설교가 라인하르트(Franz Volkmar Reinhard, 1753~1827)는 뛰어난 설교가로서 초자연주의의 지도적 인물이었다. 합리주의와 초자연주의는 상반된 입장인 것 같으나 실상은 유사점이 많았다. 그래서 괴팅겐의 교회사가 플랑크(Gottlieb Jakob Planck, 1751~1833)와 오리엔탈 학자이며 주석가인 아이크혼(Johann Gottfried Eichhorn, 1752~1827) 등은 '합리주의적 초자연주의' 또는 '초자연주의적 합리주의'라는 말로 두 입장을 조화시키려 하였다.

계몽주의 신학을 논하면서 간과할 수 없는 인물이 있으니 그가 바로 레싱이다. 라이프니쯔와 칸트를 잇는 시대의 사상가들 가운데 가장 예리한 사상가요 문예비평가로 알려져 있는 사람이다. 레싱은 종교철학의 드라마 「현자(賢者) 나단」(Nathan der Weise, 1778년)과 그것과 유사한 논문집 「인간 교육」(Die Erziehung des Menschengeschlechts, 1780년) 등의 저서를 남겼고, 기독교를 도덕 종교로 이해하는 등 신학에도 영향을 미쳤다. 자기 자신의 저작보다는 위에서 언급한 「볼펜뷔텔의 문서」의 발간을 통하여 더 많은 영향을 끼쳤다.

계몽주의 신학자들은 그들의 소신을 따라 개혁하려는 의욕에서 교회의 실천 면에 눈을 돌렸다. 설교, 찬송가, 예배 인도서 등을 시대 정신에 맞게 고치는 작업을 서둘렀다. 새로운 신앙고백서도 만들었으나 상징적인 종래의 신앙고백도 그대로 보존하였다. 그런데 이것이 정통주의의 재기를 위한 중요한 발판이 되었다. 1770년경 계몽주의가 세력을 떨치게 되면서부터 경건주의와 정통주의에 대한 반대가 일어났으며, 그밖에 여러 비합리주의 운동과 신비주의 및 비의종교(秘儀宗敎, Occultism)와 미신(迷信)이 성하게 되었다. 1766년 작센에서는 처음으로 계몽주의에 반대하는 칙령이 내렸으며, 이어서 기타의 주(州)에서도 그와 같은 칙령이 포고되었다. 그러나 이런 것이 계몽주의의 세력을 꺾지는 못했다. 계몽사상에 젖은 목사들은 교회 교리와 상관없이 자기가 믿는 대로 설교했다.

영국 교회

영국의 사회적 상황과 교회 운동

대영제국의 교회는 유럽 대륙에 비하여 특이하게 발전하였다. 종교 개혁 당시 잉글랜드와 웨일즈 및 스코틀랜드가 모두 개신교가 된 반면에, 아일랜드는 로마 가톨릭에 머물렀다. 신교국인 세 나라가 연방왕국(United Kingdom)으로 연합하게 된 것은 종교 개혁이 있은 지 오랜 후인 18세기 초의 일이었다. 잉글랜드에서는 앵글리칸교회가 국교회로 발전했는데, 그 성격은, 신학으로 말하자면 개혁주의적이고, 교회 정치로 말하자면 감독정치였다. 17세기에는 분리주의자, 또는 비국교도와 장로교도들의 앵글리칸교회에 대한 반대 운동이 드높았다. 청교도 혁명으로 앵글리칸교회는 쇠퇴하는 듯했으나, 혁명 이후 세력을 만회하였다. 17세기 말과 18세기 초에 앵글리칸교회 이외의 신자들에게 대한 엄한 법이 완화되기는 했으나, 앵글리칸교회는 잉글랜드에서 계속 국교회로 존속하고 있다.

스코틀랜드에서는 종교 개혁을 통하여 장로교회가 형성되었다. 스튜어트 왕조가 장로교회에 대하여 반대를 시도했음에도 불구하고 스코틀랜드에 앵글리칸교회를 심지는 못하였다. 18세기에 이르러 앵글리칸교회는 산업 혁명으로 인하여 파생된 사회 문제를 해결하지 못하고 사람들의 욕구를 충족시켜 주지 못했다. 이러한 공백을 부흥 운동이 메워 주었다.

앵글리칸교회에 속한 계층의 사람들은 피상적인 교회 생활을 할 뿐이었다. 귀족들은 종교의 가치를 별로 인정하지 않았으며, 중산층 역시 종교에는 무관심하였다. 그리고 서민층과 산업 도시의 노동자들은 교회와는 거리가 먼 생활을 하고 있었다. 유럽에서는 계몽주의가 교회를 거의 지배하다시피 된 데 반하여 잉글랜드에서는 자연신론이 지식층의 많은 사람들과 대부분의 성직자들에게 환영을 받지 못했을 정도로 보수주의 성향이 강하였다. 그럼에도 불구하고 잉글랜드의 신학은 합리주의적인 신앙에서 완전히 자유로운 것은 아니었다.

18세기에 와서는 홉스와 자연신론자들에 대항하여 논쟁을 한 데서 나온 관용주의 신학이 지배적이었고, 교의에서 후퇴하여 성경으로 돌아간다고 하면서도 다분히 합리주의적인 경향을 띠고 있었다. 18세기 관용주의 신학의 대표자는 앵글리칸교회의 감독 버틀러(Joseph Butler, 1692~1752)였다. 그런데 이러한 신학자들 가운데서 아르미니우스주의자들이 나오고 18세기 초부터는 유니테리언적 경향을 띤 신학자들이 나왔으며, 몇몇 유니테리언 교회가 서고 신학교도 서게 되었다. 유니테리언의 대표적 인물은 조셉 프리스틀리(Joseph Priestley)였다. 그는 설교가요 유명한 자연 연구가였다. 유럽에서는 삼위일체를 부인하는 자는 사형에 처한다는 오랜 법이 있었는데, 잉글랜드에서는 1813년에 이 법이 폐지되었다. 그 이후부터는 유니테리언들이 더 늘어나게 되었다.

잉글랜드에서는 당시 합리주의적인 경향이 강했던 만큼, 그와 병행하여 신비주의와 비의종교(秘儀宗敎, occultism)가 성행하였다. 비의종교의 신봉자들을 통하여 계몽사상이 독일로 전해졌으며, 레싱 등에게 많은 영향을 주었다. 자연과학자이며 동시에 계시를 본다는 스톡홀름의 스웨덴보르그(Emanuel von Sweden-borg, 1688~1772)는 비의종교 교회를 조직하였다. 이의 신봉자들을 가리커 스웨덴보르지언(Swedenborgian)이라고 한다.

그 밖에 또한 경건주의와 관계를 맺고 있는 여러 종교 단체가 있어서 기도와 신앙의 교제를 가지면서 가난한 자를 위하고 사회 사업과 선교에 힘썼다. 1695년 '기독교지식증진회'(Society for Promoting Christian Knowledge)가, 1701년 '해외복음전파협회'(Society for Propagation of the Gospel in Foreign Parts)가 조직되었다. 그런데 존 웨슬리와 조지 휫필드(George Whitefield, 1714~1770) 등이 주도한 부흥 운동을 통하여 이러한 종교 단체들로부터 복음주의적 대중 운동이 시작되었다. 그리하여 마침내는 경건주의적 교회, 즉 교회 내의 교회와 앵글리칸교회의 영역을 넘어서 성장하기 시작하였다.

웨슬리와 부흥 운동

존 웨슬리(John Wesley, 1703~1791)와 그의 동생 찰스 웨슬리(Charles Wesley, 1707~1788)는 앵글리칸교회 목사의 아들로 태어났다. 옥스퍼드에서 존 웨슬리는 강사(fellow)로서 학생 모임을 인도하였다. 여기에 모인 회원들은 청교도적인 엄격한 신앙 생활을 한 점에서 '메토디스트'(Methodists)로 불렸다. 1735년 웨슬리는 미국 조지아(Georgia)에 선교사로 갔다가 배를 타고 대서양을 건너면서 모라비아 교도들, 즉 헤른후터 공동체 사람들을 만났다. 폭풍으로 파선 당할 것 같은 위험 속에서도 그들에게 죽음에 대한 두려움이 없는 것을 보고 웨슬리는 깊은 감명을 받았다. 그후 슈팡겐베르크를 만나 구원의 확실성에 대한 질문을 받고 회개하는 길을 모색하였다.

런던에 돌아와 모라비안들의 모임에서 루터의 「로마서 주석」 서문을 읽는 것을 듣고 웨슬리는 자신이 중생했음을 깨달았다. 1738년 존 웨슬리는 독일의 헤른후터 공동체를 방문하여 모라비안들이 서로가 형제처럼 지내는 것을 보고 큰 감명을 받았다. 그러나 1741년 웨슬리는 찐젠도르프가 성화를 위하여 힘쓰지 않는다면서 그를 반율법주의자(Antinomian)라고 비난하고 교제를 끊었다. 웨슬리는 잉글랜드의 모라비안들과도 결별하였다. 중생의 회개에서 경험하게 되는 칭의(justification)와 청교도적 전통을 잇는 성화(sanctification)가 존 웨슬리 신학의 기본이었다. 그것은 성경, 특히 신약과 초대교회의 신앙 생활에서 볼 수 있는 것으로 믿었다.

존 웨슬리는 벵겔의 영향을 받았으나 종말론에 대한 가르침은 따르지 않았다. 1739년 조지 횟필드와 웨슬리는 널리 순회하면서 부흥회를 인도하였다. 횟필드는 조지아에서도 전도했는데, 거기서 그는 할레의 경건주의자들의 모범을 따라 학교와 고아원을 세웠다. 잉글랜드에서는 설교 때 이를 위하여 연보를 요청하기도 하였다. 1739년 앵글리칸교회에서 강단에 서지 못하도록 조치를 취하자 횟필드는 점점 수가 늘어나는 청중을 데리고 브리스톨의 킹스우드(Kingswood)에서부터 노천에서 설교를 시작하였다. 이것이 바로 감리교 운동의 시작이었다. 런던과 브리스톨이 운동의 중심지가 되어, 그 해 브리스톨에는 작은 감리교 예배당 건물도 마련되었다.

1740년에 모라비안들과 결별을 하게 되었으며, 1741년에는 예정론에 관한 견해의 차이 때문에 웨슬리와 횟필드 사이에 틈이 벌어지기 시작하였다. 그러자 그들은 각기 개별적으로 행동하였다. 횟필드는 칼빈주의적 예정론에 충실하려는 반면에, 웨슬리는 만인구원설(Universalism)을 믿었다. 1770~1777년에 일어난 '칼빈주의 논쟁'을 계기로 감리교의 큰 그룹은 예정론을 완전히 버리고 만인구원론을 택하였다. 웨슬리는 주로 잉글랜드를 무대로 집회를 인도한 반면에, 횟필드는 잉글랜드와 미국에서 집회를 인도하였다. 횟필드가 설교한 회수가 18,000여 회였고, 웨슬리의 경우는 무려 40,000여 회에 이르렀다. 웨슬리는 일생 동안 22만 5천 마일에 달하는 전도 여행을 했다고 한다.

감리교 운동

존 웨슬리는 감리교의 창설자요 이를 조직한 사람이었다. 메토디스트 운동은 여러 종회(religious societies)로 구성되었는데, 각 회는 속회(classes)로 나뉘었다. 속회에서는 남녀노소 신분의 귀천을 가리지 않고 회원들간에 영적으로 교제하도록 하였다. 그들은 자신들의 모임을 '잉글랜드 교회 안에 있는 메토디스트회'(Methodist Societies within the Church of England)라고 했는데, 이름 그대로 그들은 앵글리칸교회의 공적인 예배 시간에는 집회를 갖지 않았다. 웨슬리는 평신도 설교자들을 동원하여 교회와는 멀리 떠나 사는 대중들, 광부들과 노동자들에게 전도하게 했으며, 신앙을 위한 소책자를 내어 큰 효과를 거두었다.

1744년 제1회 설교자 연회(Annual Conference)가 웨슬리의 주도하에 열렸다. 메토디스트의 조직은 존 웨슬리 개인에게 전적으로 의존하고 있었다. 웨슬리는 바울의 사도직에 비추어 자신의 지도적 위치를 의식하고 자유 민주적 경향을 배제하였다. 웨슬리는 또한 메토디스트 운동이 앵글리칸국교회와 결별하는 것을 원하지 않았다. 그래서 영국의 메토디스트 운동이 그의 생전에는 분립을 시도하지 않았다. 그러나 회원 수는 1770년 29,406명에 이르렀으며, 1783년에는 잉글랜드와 스코틀랜드, 아일랜드에 회원 수가 45,995명을 헤아리게 되었다. 이렇게 회원 수가 점점 불어남에 따라 행정적인 조직이 필요하게 되었다. 게다가 앵글리칸교회가 메토디스트 운동을 노골적으로 거부하자 일부 메토디스트들이 분립을 외치며 웨슬리의 주류 그룹에서 떨어져 나갔다.

미국에서는 독립전쟁 이후 감리교의 분립이 한층 더 고조되었다. 1784년 드디어 메토디스트들은 감리교(the Methodist Episcopal Church)를 조직하였다. 본국인 잉글랜드에서는 1795년 웨슬리가 죽고 난 후에 비로소 소위 모교회(母教會)인 앵글리칸교회에서 분립하였다. 메토디스트들은 일인 지도 체제를 지양하고 100명으로 구성되는 설교자 연회를 지도 기관으로 하였다. 칼빈파 감리교회는 웨슬리파 감리교회처럼 성장하지 못했다. 휫필드가 웨슬리처럼 조직에 능하지 못했던 것도 한 이유였다. 그래서 헌팅던의 백작부인 셀리나(Selina, Countess of Hutingdon, 1709~1791)가 교회 조직에 관여하였다. 1761년 브라이튼(Brighton)에 최초의 예배당을 건립하고 1779년에 웨슬리파 감리교회보다는 훨씬 일찍 앵글리칸교회로부터 분립하였다.

웨슬리의 부흥 운동이 영국 사회에 미친 영향

웨슬리의 부흥 운동으로 말미암아 앵글리칸교회 내에서는 '저교회파'(Low Church Party)와 '복음주의파'(Evangelical Party)가 세력을 얻게 되었다. 이들은 18세기 말과 19세기 초에 앵글리칸교회 내의 부흥 운동을 주도하였으며, 현재까지 복음주의 세력으로 역할하고 있다. 웨슬리의 부흥 운동은 영국인들에게 선교열을 고취하였다.

1792년에는 윌리엄 캐리(William Carey)가 주도하는 '침례교선교회'(Baptist Missionary Society)가 조직되었고, 1795년에는 초교파적인 '런던선교회', 1796년에는 '스코틀랜드선교회'와 '글래스고우선교회'가, 1799년에는 앵글리칸 내의 저교회파와 복음주의파가 주도하는 '국교회선교회'(Church Missionary Society)가 조직되었다. 1804년에는 '대영성서공회'(British and Foreign Bible Society)가 창립되었다. 대영성서공회는 1799년에 창립된 '종교책자협회'(Religious Tract Society)와 같이 초교파적으로 운영되었으며, 교회 연합 운동에 기여하였다.

웨슬리는 사람들로 하여금 기독교 교육에도 관심을 갖게 하였으며, 주일학교 운동을 활성화하고, 교직자들과 평신도들의 지적 및 영적 수준의 향상을 위하여 몸소 출판 사업에도 관여하여 신앙 서적과 교양 서적의 보급을 장려하였다. 웨슬리는 휫필드가 1739년 킹스우드 탄광촌의 자녀들을 위하여 세운 학교를 계속 돌보았으며, 각처에 기독교 주간학교를 설립하여 어려운 환경에 있는 청소년들이 교육을 받을 수 있도록 하였다. 그 밖에 성인들을 위한 야간 학교도 개설하였다. 감리교 최초의 주일학교는 1769년 잉글랜드 동남부 하이-위컴(High-Wycombe)에 세워졌으며, 1780년에는 글로서터에 세워지면서 전국으로 확산되기 시작하였다. 1785년에는 런던에서 국내외에 주일학교 운동을 확산시키는 것을 목적으로 하는 '주일학교협회'(Sunday School Society)가 조직되었다.

감리교가 공헌한 것 가운데 또 하나는 사회 문제에 대응한 것이다. 메토디스트는 노동자들과 광부들에게 접근하여 설교하고 감리교 운동에 참여케하였다. 노동조합의 지도자와 노동당이 여기서 나오게 되었다. 감리교 운동과 더불어 일어난 잉글랜드의 부흥 운동은 중요한 기독교 운동과 사업을 일으키는 촉매 역할을 했다. 복음주의 교회 출신 정치가 윌버포스(William Wilberforce, 1759~1833)는 노예 제도 폐지를 위하여 투쟁하여 성과를 얻었다. 1789년 그는 의회 연설에서 당시의 수상 피트(W. Pitt)와 프랑스 혁명 반대자인 버크(E. Burke)의 지지를 얻어 노예 제도 폐지를 위한 청원을 상정하였다. 1807년 의회는 노예 매매 금지 법안을 통과시켰으며, 1834년에 노예 제도 폐지를 결의하였다. 미국에서는 1865년에야 노예 제도 폐지를 결정하였다.

에반젤리칼 운동

에반젤리칼이라면 잉글랜드 교회 내의 '에반젤리칼'(Evangelicals)과 저교회파를 모두 포괄한다. 그런데 스코틀랜드에서는 감리교 운동이 순회 설교 제도와는 반대가 되는 개교회의 자율(自律)을 말하는 회중교회적 교회관에 부딪쳐 진전을 보지 못했다. 그리하여 제임스 헬데인(James Alexander Haldane, 1768~1851)과 로버트 헬데인(Robert Haldane, 1764~1842)을 통하여 에반젤리칼 부흥 운동이 일어나게 되었으며, 회중교회적인 독립교회가 형성되었다.

기독교 사회주의의 창시자 차머스(Thomas Chalmers, 1780~1847)는 스코틀랜드 국교회에서 나와 1843년 스코틀랜드 독립교회(Free Church of Scotland)를 창립하였다. 이러한 운동에 자극을 받아 1846년 런던에서는 '에반젤리칼 얼라이언스'(Evangelical Alliance)가 조직되어 모든 기성 교회의 '각성한' 기독신자들을 규합하였다.

옥스퍼드 운동

앵글리칸교회 내에서 다수를 점하는 '고교회파'(High Church Party)에서는 앵글로-가톨릭의 옥스퍼드(Oxford) 운동을 통하여 쇄신운동이 일어났다. 이를 계기로 '고교회파'는 종교 개혁 이전의 교회 생활과 예배 의식을 회복하려 하였다. 옥스퍼드 운동의 초기에, 즉 1833년부터 '고교회파'는 헨리 뉴먼(J. Henry Newman, 1801~1890)의 지도하에 소책자 정기 간행물(Tracts for the Time)을 통하여 개신교와 로마 가톨릭의 중간 노선에 관하여 홍보하였다.

1841년 제90회의 소책자에서 그들은 앵글리칸교회의 「39개 신조」에 반대한다는 것과 그들의 입장이 앵글로-가톨릭적임을 천명하였다. 앵글리칸교회의 감독이 드디어 이 소책자의 출판을 금지하려고 하자 뉴먼은 앵글리칸교회를 멀리하다가 마침내 1843년에 목사직을 사임하고 1845년에 로마 가톨릭으로 개종하였다. 많은 추종자들이 그의 뒤를 따랐는데, 더러는 뉴질랜드로 이민하였다.

뉴먼이 개종한 이후 옥스퍼드 운동은 제2단계로 접어들었다. 뉴먼을 계승한 옥스퍼드의 교수 퍼시(E. B. Pusey, 1800~1882)는 성례론에서 감독(주교)의 사도직 계승(apostolic succession)과 성찬의 제사적 의미를 주장하였다. 반면에 로마 가톨릭의 '새 오류(誤謬)', 즉 성상 숭배, 마리아 숭배, 수도사 제도, 화체설, 제사장적 직능, 정화(淨化), 7성례, 성찬에서 평신도에게 떡만 나누는 것 (communio sub una), 교황의 수장권(supremacy of the pope) 등은 거절하였다.

제3단계는 의식주의(ritualism)에 관한 것이었다. 옥스퍼드 운동은 앵글로-가톨릭화되면서 개신교적인 특징을 많이 상실하였다. 즉, 향을 피우는 일, 성수를 뿌리는 일, 고해를 시행하는 일 등은 개신교적인 것과는 거리가 먼 것이었다. 이런 문제를 두고 자체 내에서도 찬반에 대한 의견이 분분했을 뿐만 아니라, 외부적인 완강한 반대에 부딪혔다. 물론 에반젤리칼들은 이를 반대한 큰 세력이었다.

옥스퍼드 운동이 전 앵글리칸교회를 장악하지는 못했으나, 귀족층과 노동자층에 파고드는 데는 성공을 거두었다. 희생 정신을 발휘하여 병원, 고아원, 선교 및 교육 기관을 설립하였으며, 런던의 빈민 지역에 주일학교를 비롯하여 시민 도서관, 서민 금고 등을 세웠다. 이러한 사회적인 활동으로 인하여 잉글랜드에서는 교회와 노동 운동이 유럽 대륙에서와는 달리 친근한 이미지를 부각했다. 앵글로-가톨릭화 운동은 그밖에 교회 건축 및 교회 음악과 미술에도 영향을 미쳤다. 이를테면, 교회 건축 양식에서 고딕 형식의 복고를 지향한 점이라든지, 교회 음악에 오르간 사용을 강화한 점 등이 그러하였다. 그러나 1896년 교황 레오 13세가 앵글리칸교회의 헌당을 거절하자 앵글리칸교회의 가톨릭화 경향은 시들어졌다.

자유주의 교회 운동

고교회파(High Church)와 에반젤리칼 운동에 참여하지 않은 소수의 무리가 확고한 조직도 갖추지 않은 채 '브로드 처치'(Broad Church)를 형성하였다. 이들은 개신교적 바탕에서 자유주의와 과학과 문화 생활을 겸비한 이성적인 기독교를 지향하였다. 대표자격인 콜러리지(S. T. Coleridge, ?~1834)는 독일의 철학과 성경비평학의 영향을 받은 이였다. 교육가 토마스 아놀드(Thomas Arnold, ?~1842)와 작가 찰스 킹슬리(Charles Kingsley, ?~1875) 역시 중요한 인물이었다. 기독교 신앙을 자연과학과 역사과학에 조화시키려는 의도와 내용을 실은 그들의 「옥스퍼드 에세이」(Oxford Essays)에 대하여는 모든 감독들을 위시하여 9,000명이나 되는 성직자들이 반대하였다.

새로운 교파 운동

1828년 비국교도들에게 종교의 자유를 인정하면서부터 새로운 교파들이 생겨났다. 스코틀랜드의 부흥 설교가 어빙(E. Irving, ?~1834)을 따르는 소위 어빙파(Irvingianer) 신도들은 자신들의 교회를 '사도적 가톨릭 교회'(Apostolic Catholic Church)라고 하며, 열광적이며 묵시적인 종파로 발전시켰다. 플리머스 형제(Plymouth-Brethren)는 제도적인 교회와 교회 조직을 전적으로 부정하고 예수 그리스도의 재림을 바라며 형제들끼리 모임을 갖는 운동이다. 이 운동의 지도자인 전 앵글리칸 목사 다르비(J. N. Darby, ?~1882)의 이름을 따라 다르비스트(Darbyst)라고도 칭한다. 구세군(救世軍, Salvation Army)은 본래 감리교 설교가 윌리엄 부트(William Booth, 1829~1912)가 군대의 조직을 따라 교회를 조직한 것으로 대도시에서 활동하면서 전도와 구제에 힘썼다.

계몽사조 이후의 독일 신학

18세기 후반기에 계몽사조는 독일 신학에 지대한 영향을 미쳤다. 거의 모든 대학의 교수와 학생들이 계몽사상에 사로잡히게 되었다. 지방에 따라서는 경건주의와 정통주의가 저변에 깔려 있는 곳이 도처에 있었다. 그러나 독일 개신교의 일반 신자들은 여전히 교회에 출석하였으며, 교회를 멀리 한 사람은 소수의 지식층에 불과했다. 그 밖에 많은 사람들은 합리주의적 신앙 또는 정통주의적이거나 경건주의적 신앙을 가지고 있었다.

경건주의의 후기

1800년 전후에도 '경건'은 시들지 않아 새로운 신앙 운동이 일어날 수 있는 소지가 다분했다. 18세기 말에 이르러서는 경건주의가 다시금 활기를 되찾았으며, 비합리적인 운동도 때를 같이하여 일어났다. 그러나 계몽사조의 물결을 잠잠케 만든 것은 관념론(Idealism)이라든지 낭만주의(Romanticism) 등의 새로운 사상 운동이었다. 관념론은 계몽주의에서 시작되었으나 계몽주의를 넘어서 그것이 던진 문제에 대한 새로운 해결을 추구한 사상이다.

경건주의의 중심이었던 할레는 사실상 계몽주의자들에게 점령되고 말았으나, 남서 독일과 라인 하류 지방(Niederrehein)과 개혁파 지역에서는 여전히 경건주의가 성하고 있었다. 헤른후터 형제 공동체는 슈팡겐베르크의 지도하에 상당히 활기를 띠고 있었다. 그리고 낭만주의의 '질풍노도 운동'(Sturm und Drang)에서 영향을 입은 경건주의자들 역시 계몽주의에 대한 반대자로서 심미적(審美的)인 천재성을 종교적인 색채로 표현하였다.

쾨닉스부르크의 요한 하만(Johann Georg Hamann, 1730~1788)은 비조직적이나마 어두우면서도 영적으로 풍부한 것을 찾고, 경건주의의 색채를 띠면서 계시를 믿는 기독교를 추구하였다. 쥐리히의 설교가 라바터(Johann Kaspar Lavater, 1741~1801)는 종교적 감정을 과장한다고 할 정도로 표현하였으며, 의사 융스틸링(Jüngstilling, ?~1817)은 괴테(Goethe)와 친구로서 상호간에 영향을 주고 받았다. 클라우디우스(Matthias Claudius, ?~1815)는 '정감(情感)에 찬 마음의 경건을 전하는 자'(Der Verkündiger einer gemütvollen Herzens-frömmigkeit)로 알려졌다.

서남 독일의 우르스페르거(Johann Ursperger, 1728~1806)는 계몽사상의 철저한 반대자였다. 그는 1780년 바젤을 중심하여 경건한 동지들을 규합하여 '독일기독교협회'(die Deutsche Christumsgesellschaft)를 발족하였다. 이것이 바로 독립적인 내지 및 외지 선교 기관으로 발전하게 되었다. 바젤 성서공회(1804년)와 바젤 선교 학교(1815년)가 우르스페르거 재단에 의하여 발족되었다. 정통주의를 대표하는 함부르크의 괴쩨(Johann Melchior Goeze, ?~1786)는 극장과 괴테의 베르테르, 레싱과 제믈러 그리고 라이마루스의 「볼펜뷔텔의 문서」에 대항하여 싸웠다.

동프러시아의 헤르더(Johann Gottfried Herder, 1744~1803)는 예수님을 합리적인 도덕 설교가가 아니라, 하나님의 능력을 소유한 중보자라고 하였다. 그는 「히브리 문학 정신」(Vom Geiste hebräischer Poesie, 1782년)에서 구약을 새롭게 보았다. 즉, 구약에서 성경의 심미성을 발견하였던 것이다. 특기할 만한 것은 그의 역사철학이다. 그는 계몽주의의 순수한 경험적 역사 서술과는 반대로 역사에서 사상(Ideen)들이 지배한 것으로 서술하려고 모색하였다. 민족의 경전, 성경의 책들이 그에게는 인류가 소유하는 신경험(神經驗)의 원천이었다. 기독교는 휴머니티의 종교로, 기타의 고전을 제2의 휴머니티의 원전으로 존중하였다. 헤르더의 신학은 낭만주의와 슐라이어마허로 이끌어가는 전초적인 신학이었다. 1900년에 이르러 그의 신학이 많이 논의되었다. 그의 주저는 「인류 역사철학 사상」(*Ideen zur Philosophie der Geschichte der Menschheit*, 1784~1891)이다.

임마누엘 칸트

쾨닉스부르크의 철학 교수이며 정신사상(精神史上) 하나의 획기적인 전기를 이룩한 칸트(Imannuel Kant, 1724~1804, 1770년부터 교수)는 계몽사상을 극복한 철학자이다. '비판' 이전의 시기에 칸트는 볼프 학파의 영향을 받았으며, 1781년 그의 '비판' 이 나오면서부터 그는 볼프에게서 받은 순수한 지성주의의 종교 이해를 견지하는 한편, 계몽주의의 판에 박은 듯한 형이상학(Schulmetaphysik)을 분쇄함으로써 계몽사상, 즉 합리주의를 극복하였다. 그러므로 그의 '비판' 에 따르면 기독교 교리에 대한 합리적인 사색이나 해석은 무의미하다.

칸트는 「순수 이성 비판」(*Die Kritik der reinen Vernunft*, 1781년), 「실천 이성 비판」(*Die Kritik der Praktischen Vernunft*, 1788년), 「판단력 비판」(*Die Kritik der Urteilskraft*, 1795년)을 내어놓음으로써 사상사(思想史)에 부동의 자리를 점하게 되었다. 칸트는 신앙에의 자리를 얻기 위하여 지식을 지양(止揚)해야 한다고 말하며 신(神), 자유, 불사(不死) 등은 이론적인 이성(理性)을 통해서는 그 근거를 찾을 길이 없으나, 그것들은 도덕적(道德的) 의식(意識)의 필연적인 확신이요 실천 이성의 요청(das Postulat)이라고 한다. 칸트는 종교의 개연성은 드러내었으나 기독교 교리에 대한 합리적인 이해의 길은 차단하였다.

고전주의와 낭만주의

계몽사상에 반대의 입장을 취한 것은 또한 고전주의(古典主義)였다. 더 좁혀 말하자면, 1787~1805년의 시기에 괴테와 쉴러(Schiller)의 작품에 나타난 것이다. 그들의 이상은 휴머니티로서 그리스 사상과 기독교를 반영하고 있다. 이이상(理想)에 도달하는 길은 종교나 도덕을 통해서가 아니라 심미적 교육을 통해서 가능하다.

1790년대에 이르러서는 고전주의와 나란히 낭만주의(浪漫主義)가 대두되었다. 이것은 처음에 예나와 베를린의 작가들의 동호회에서 시작된 것이었는데, 종교와는 전혀 무관한 심미적 세계관이 그 특징이다. 그러나 얼마 가지 않아 희한하게도 낭만주의자들은 종교에 관심을 갖기 시작하였다. 즉, 감정과 환상(phantasie)에 대한 강조가 새로운 신비주의로 유도했으며, 스피노자의 영향을 받아 일원론(monism)으로 기울었다. 여기서 하나의 새로운 심미적이며 신비적 범신론 신앙이 나왔다.

낭만주의자들은 그들의 심미적 성향 때문에 자연히 가톨릭에 더 가까워졌다. 낭만주의에 자극을 준 철학자는 피히테(Fichte)였으며, 지도적인 철학자는 아우구스트 슐레겔(August Wilhelm Schlegel), 프리드리히 슐레겔(Friedrich Schlegel), 루트비히 티에크(Ludwig Tieck)였다. 1808년 슐레겔은 가톨릭교를 대변하게 되었으며, 가톨릭의 마리아 숭배를 미화하였다.

관념론(이상주의, Idealismus)은 지식층에게 종교에 대한 새로운 관심과 이해를 불러일으켰다. 프랑스의 지배하에 있으면서 이에서 벗어나려는 해방 운동과 함께 새로운 신앙 운동이 일어났다. 말하자면 민족주의 운동과 더불어 종교적인 열정이 다시금 불타오르게 되었다. 독일의 도덕과 경제가 프랑스군의 지배하에 들게 되자 사람들은 계몽사조와 함께 팽배했던 세계동포주의(Cosmopolitanism)와 종교적인 무관심에서 벗어나게 되었다.

경건주의적 부흥 운동

1814년 비엔나 회의 이후 몇 해 동안 신앙 운동은 더욱 활발해졌다. 사람들은 계몽주의 종교에서 깨어나 기독교로, 더 나아가서는 정통주의로 되돌아가는 경향이 짙어졌다. 1816년부터 일부에서는 부흥 운동이 일어나 사람들은 경건주의적 '마음의 경건'과 엄격한 신앙을 소유하게 되었다. 그리하여 소위 현대의 경건주의 운동이 일어나게 되었던 것이다. 이 운동은 현재까지 그대로 발전하여 현재도 교회 안에서 영향력을 가진 신앙 그룹으로 활동하고 있다.

경건주의적 부흥 운동은 남쪽의 뷔르템베르크에서 시작되었는데 이를 주도한 사람은 루트비히 호프아커(Ludwig Hofacker, ?~1828), 요한 크리스토프(Johann Christoph, ?~1880), 그리고 니더라인(Niederrhein)의 세 명의 크룸마허(Krummacher), 즉 아돌프(Friedrich Adolf, ?~1845), 형 다니엘(Gottfried Daniel, ?~1837), 조카 빌헬름(Friedrich Wilhelm, ?~1868)과 브레멘의 멘켄(Gottfried Menken, ?~1831), 함부르크의 서적상 페르테스(Friedrich Perthes)와 그의 사위 클라우디우스(Matthias Claudius) 등이었다. 슐레지엔(Schlesien)의 남작 에른스트 폰 코트비츠(Ernst von Kottwitz, 1757~1843)도 헤른후터(모라비안)를 통하여 회개한 사람이었다.

부흥 운동의 신학적 지도자는 헹스텐베르크(Ernst Wilhelm Hengstenberg, 1802~1869)였다. 그는 1826년부터 베를린의 교수로, 또한 교회 정치가로 활동하면서 1827년 베를린 부흥 운동가들이 창간한 '복음(개신)교회 신문'(Evangelische Kirchenzeitung)을 통하여 많은 목사들에게 영향을 끼쳤다.

슐라이어마허

1814년 이후부터 계몽주의 신학에 결별을 고하면서 독일에서는 새로운 신학적인 재정비가 이루어졌다. 관념론과 낭만주의를 대표하는 신학자들, 사변적인 철학의 영향을 입은 신학자들, 부흥 운동을 중심한 부흥신학자들, 계몽주의의 신학적 전통을 계승했다고 할 수 있는 비판적인 신학자들의 활동으로 신학의 경향은 다양해졌다.

슐라이어마허(Friedrich Ernst Schleiermacher, 1768~1834)는 칸트 및 헤겔(Hegel)과 동시대 사람으로 낭만주의를 대표하는 신학자이다. 그는 브레슬라우(Breslau)에서 루터교 목사의 아들로 태어났다. 그의 아버지는 일찍이 모라비안을 통하여 회개한 사람이었다. 그래서 슐라이어마허는 신앙적인 체험을 강조하며 정통임을 주장하는 경건주의적 루터교 가정에서 자라면서 신앙 교육을 받았다. 그러나 그는 1787~1789년에 형제 공동체와는 절교하고 할레에서 공부하였다. 1796~1802년에는 베를린에서 목사로 일하였다. 거기서 그는 프리드리히 슐레겔 등의 낭만주의자들과 교제하였다. 1802~1804년에는 스톨프(Stolp)의 궁정목사를 지냈고, 1806년 할레의 교수로, 1810년부터는 베를린의 교수로 일했다.

1799년 저자를 밝히지 않은 채 출판한 슐라이어마허의 「종교론」(*Reden über die Religion: Reden an die Gebildeten unter ihren Verächtern*)은 초기의 낭만주의 사상에 가까움에도 불구하고 가톨릭으로 기울지 않은 점이 특이하다. '교양을 갖추었다면서 종교를 경멸하는 반기독교적인 합리주의자를 설득하는 변증서' 라는 것이 그 책자의 부제인데, 종교를 경멸하는 합리주의자들을 향하여 종교는 인간의 경험에 근거하고 있음을 역설하는 소책자이다. 이 책자는 17세기의 정통신학과 18세기의 계몽주의 및 경건주의 신학에서 19세기의 신학으로 넘어오는 하나의 분기점을 이루는 저작으로 평가받는다. 그는 비판적인 계몽주의 신학과 보수적인 신학의 중간 입장을 취한 격이었으나 신학의 근거를 초월적인 존재자에 대한 의존의 느낌으로 환원시키고 말았다.

1821년에 나온 「개신교 기본법에 따른 기독교 신앙」(*Der Christliche*

Glaube nach der Grundsätzen der Evangelischen Kirche) 역시 19세기 신학에 많은 영향을 미쳤다. 죄와 은혜, 삶과 부활, 기타 여러 신학적인 교리를 전통적인 설명과는 달리 모호한 표현으로 흐리게 만든다. 예를 들면, 동정녀 탄생 이야기는 하나님께 의존하는 그리스도의 질적(質的) 삶이 모든 환경을 멀리할 정도로 비범하다는 인상을 주고, 그리스도의 무죄하심은 탄생 때부터 의식적으로 잘못을 범하지 않으려고 했음을 의미하는 말, 즉 하나님을 의지하기를 쉬지 않았음을 나타내는 말이라고 한다. 또한 부활과 승천은 의심스러운 이야기이지만, 악과의 싸움에서 이기시는 그의 우월성을 상징한다는 식으로 표현한다.

슐라이어마허를 중심하여 결국 학파(schule)가 형성되었는데, 정작 철학적이며 비판적인 사람들보다는 교회적이며 기독교에 충실하려는 사람들이 더 많았다. 킬(Kiel)의 교수로 있다가 1835년 슐라이어마허의 후계자가 된 트베스텐(August Twesten, 1789~1876), 괴팅겐의 신약학자 류케(Friedrich Lücke, 1791~1855), 본(Bonn)의 블레크(Friedrich Bleek, 1793~1859), 그리고 교의신학자 카를 니치(Karl Immanuel Nitsch) 등이 소위 우파에 속하는 신학자들이다. 좌파로는 쥐리히의 알렉산더 슈바이쩌(Alexander Schweizer, 1808~1888)가 있는데, 「개혁교회의 신앙 교리 분석」(*Glaubenslehre der evang. reformierten Kirche dargestellt und aus den Quellen belegt*, 1844~1847), 「기독교 신앙 교리」(*Die Christliche Glaubenslehre*, 1863년) 등의 저서를 남겼다.

칸트 이후의 관념론

낭만주의 문학과 함께 먼저 예나에서 새로운 주관주의적 철학, 다시 말하면, 칸트 이후의 관념론이 발달하였다. 이를 대표하는 이들이 피히테, 쉘링(Schelling), 헤겔 등이었는데, 칸트의 이율배반(二律背反)적인 'Ding an sich'(物自體)를 극복하는 것이 그들의 목적이었다. 그들은, 말하자면, 세계를 의식 현상(Bewubtseinsphenomen)에서 해방시키는 궁극적인 관념론을 말한다. 즉, 세계를 이러한 전제하에서 하나의 '이성의 체계' 또는 정신의 필연적인 산물로 파악하려는 시도에서 그들의 사상은 아주 현란하고 광범위한 철학적인 세계관으로 발전하였다.

그리하여 칸트가 형이상학을 말살하려 한 것에 반하여 하나의 새로운 형이상학적인 사색을 가능케 했다. 그 결과 종교에 대해서도 더 깊이 사색하게 되었다. 이들의 사상 체계가 철저하게 일원론적(monistic)이라는 점에서 교회의 교의와 가까운 듯이 보인다. 또한 비록 그들이 계몽사상을 과소 평가했으나 그들의 기독교에 대한 이해는 또 다른 형태의 합리주의적 시도에 지나지 않는다.

슐라이어마허와 동시대에 쉘링과 헤겔의 관념론 철학의 영향을 받은 관념주의적인 신학자들이 있었다. 그들은 슐라이어마허와는 반대로 계몽사상의 주지주의(主知主義)로 되돌아갔다. 대표적인 신학자는 하이델베르크의 카를 다우프(Karl Daub, 1765~1836)였다. 그는 동시대의 칸트와 쉘링을 거쳐 헤겔에 이르기까지 그들의 사상을 충분히 이해했으며, 신의 계시로서 인간 정신에 내재하는 신(神)의 이데아(Idee)를 파악하는 것을 신학의 과업으로 생각하였다. 1811년부터 베를린에서 교수로 일한 마르하이네케(Phillip Marheinecke, 1780~1846)도 관념신학자에 속한다.

부흥신학

그 밖에 또한 '부흥신학'(Erweckungstheologie)을 대표하는 제3의 신학자들이 있었다. 그들은 옛날의 초자연주의를 더 발전시킨 그들의 신학을 종교적으로 더 심화시켰으며, 그들의 역사 이해는 낭만주의와 다름이 없었다. 이들로 말미암아 낭만주의적이며 이상주의적인 색채를 띤 경건주의적 초자연주의 신학이 배태되었다. 대표적인 신학자는 1813년 베를린의 교회사 교수가 된 네안

더(August Neander, 1789~1850)이다. 그의 신학을 '마음의 신학'(Pektoraltheologie) 이라고 하는데, 이는 그가 남긴 '신학을 하는 것은 마음이다'(Pektus est quod theologum facit)라는 말에서 온 것이다.

네안더는 계몽주의의 역사적 관심을 이어 받아 새로운 경건주의적 견지에서 교회사를 서술하였다. 그는 또한 교회사 서술에 특기할 만한 공헌을 하였다. 즉, 충분한 사료(史料) 연구를 하고 과거의 역사를 현재의 사건으로 부각시켰다. 교회사를 신학으로 인식하게 했으며, 역사적인 삶의 다양성에 대한 환희와 예술을 교회사에 담았던 것이다. 그리고 기독교 역사를 통일적인 삶의 발전으로 서술하였다.[2] 그의 소책자 「죄와 사죄의 교리」(*Die Lehre von der Sünde und von Versöhner, oder die wahre Weihe des Zweiflers*, 1823년)를 통하여, 그리고 그의 인격적인 감화를 통하여 많은 학생들이 영향을 받았다.

요한 베크(Johann Tobias Beck, 1804~1878)는 1836년 바젤에서, 그리고 1843년부터는 튀빙겐의 교수로 있을 때 많은 학생들이 그의 강의를 들었다. 그는 낭만주의와 관념론의 영향을 전혀 받지 않은 신학자로서 금욕적이며 신비적인 면을 지닌, 성경문자주의자(Biblizist)였다.

슈트라우스와 바우어

위에서 언급한 새로운 경향의 신학 이외에도 옛 합리주의를 계속 고수하는 신학자들이 있었다. 예를 들면 파울루스 같은 이였다. 이 그룹에는 뛰어난 신학자는 없었으나 성실한 신학자들이 많았다. 이들은 주로 교의신학과 주경신학에 힘썼다. 그 밖에 계몽주의 신학을 이어받았다고 할 수 있는 비판적인 신학자들이 있었다. 바로 신학사에 중요한 위치를 점하는 슈트라우스와 바우

2. Stephan-Schmidt, *Geschichte der evangelischen Theologie in Deutschland seit dem Idealismus*, Walter de Gruyter, Berlin. New York, 1973, S. 132f.

어와 그의 학파이다.

슈트라우스(David Friedrich Strauß, 1808~1874)의 「예수님의 생애」(Leben Jesu, 1835년)는 19세기 예수전 연구의 효시(嚆矢)로서 그의 신학 사상은 헤겔에게서 영향을 받은 것이다. 슈트라우스의 종교철학에 따르면, 개인적으로 인격적인 관계를 가지는 신인(神人)이 필요 없으며, 따라서 신인의 역사적인 실재(實在)란 생각할 수 없다. 그리고 그는 신인에 관한 교의를 사실상 인류 전체에 해당하는 것으로 보편화하였는데, 복음은 신화이며 기독교 공동체(Gemeinde)가 무의식중에 낳은 환상의 산물이라고 한다.

1840년의 「기독교 신앙 교리」(Christliche Glaubenslehre)에서 그는 기독교의 발전과 현대 과학으로 인한 교의(敎義)의 붕괴를 서술하였다. 슈트라우스의 마지막 저작은 「옛 신앙과 새 신앙」(Der Alte und der Neue Glaube, 1872년)인데, 그는 이 책에서 다윈에게 매료되어 무신론적 유물론을 말하며 종교를 예술 감상으로 대치시킨다.

슈트라우스보다 더 극단으로 나간 사람이 있으니 바로 브루노 바우어(Bruno Bauer, 1809~1882)이다. 바우어는 베를린과 본에서 신학 강사로 일했으나 다른 직업으로 전전하다가 은행원으로 죽었다. 요한복음, 공관복음, 사도행전, 바울 서신에 끝없는 비판을 가하였다. 복음서는 문서에 의한 저작이라고 하고 구전(口傳)을 부인하였으며, 마가를 가리켜 '창조적인 원복음서 기자'(Schöpferische Urevangelist)라고 하였다. 1877년 「그리스도와 카이사」(Christus und Cäsaren)에서는 그리스도가 역사적인 인물임을 의심하고 결국에는 부인하였다.

또 다른 바우어(Ferdinand Christian Baur, 1792~1860)는 튀빙겐 학파의 주도자로서 알려진 신학자이다. 바우어를 중심으로 학파를 이룬 사람은 젤러(Eduard Zeller), 슈베글러(Albrecht Schwegler), 쾨스틀린(Reinhold Köstlin), 폴크마르(Gustav Volkmar), 홀스타인(Karl Holstein) 등이며, 리츨(Albert Ritschl)도 한때 이 학

파에 속했었다. 바우어는 신약과 교회사 및 교리사 연구에 새로운 전기를 마련하였다. 그는 헤겔의 역사철학을 교회사 연구에 도입하여 이데아(Idee 또는 Geist)가 '정, 반, 합'의 변증법적 원리를 통하여 자기 발전을 시현(示顯)하는 것이라고 본다. 그리하여 초대 기독교가 초자연적인 기적이 원인이 되어 생성된 것을 부인하고, 단지 하나의 역사적인 산물로 볼 뿐이다.

바우어를 위시한 튀빙겐 학파는 주로 초대 교회사에 관심을 많이 쏟고 복음서 비평에 힘을 기울였다. 바우어는 초대 기독교의 첫 세대에는 유대교적 기독교(These)와 이방의 기독교(Antithese)의 대립으로 찼었는데, 제3세대, 즉 2세기에 와서는 영지주의라는 공동의 적(敵)을 만나 화해하는 종합(synthese)을 통하여 어려움을 극복하고 발전하게 되었다고 한다. 그는 여기서 사도행전과 요한복음을 '종합'으로 본다.

바우어의 주저는 「바울」(*Paulus*, 1854년)과 「첫 3세기의 기독교와 교회」(*Das Christentum und die christliche Kirche der ersten drei Jahrhundert*, 1853년)였다. 슈베클러는 「속사도 시대」(*Das Nach-apostolischen Zeitalter*, 1846년)를 썼다.

에얼랑겐 학파

19세기 신약학에서의 주요 논지는 튀빙겐 학파와의 논쟁이었다. 자유주의의 비판적 신학이 새롭고 거센 바람을 일으킬 즈음에 에얼랑겐(Erlangen)에서는 정통주의 신학을 견지하는 에얼랑겐 학파가 형성되었다. 위에서 언급한 부흥신학자들과 헹스텐베르크, 필립피(Friedrich A. Philippi, 1809~1882), 케노시스(Kenosis) 기독론을 말한 토마시우스(Gottfried Thomasius, 1802~1875), 주경신학자로서 특히 구약 분야에 업적을 남긴 델리치(Franz Delitsch) 등이다. 필립피는 유대인으로서 기독교로 개종했으며, 그리스도께서 대표적으로 의(義)를 행하셨음을 말했다. 그의 주저로는 「로마서 주석」(1845~1850)과 6권으로 된 「교회교리」(*Die Kirchliche Glaubenslehre*, 6 Bde, 1854~1879)가 있다. 델리치는 로스토크 (Rohstock), 에얼랑겐, 라이프찌히의 교수로 있었는데 점차로 성경비평의 문을 열었다.

그 밖에 요한 호프만(Johann Christian Konrad Hofmann, 1810~1877)은 「예언 과 성취」(*Weissagung und Erfüllung*, 1841년)를 썼는데, 교의는 그에게 성경신학 이었다. 그는 기독교 신앙을 중생에 대한 개인적인 체험에서 이해하였다. 이들 의 신학을 복고적 신학(Restorative Theologie)이라고 하며, 루터교의 교의에 충실 하려고 한 점에서 교파신학(Konfessionalistische Theologie)이라고도 한다.

자유주의적이며 비판적인 튀빙겐 학파와 보수적인 신학을 절충하려는 신학을 가리켜 중재신학(Vermittlungstheologie)이라고 한다. 주로 슐라이어마허 의 우파가 이에 속한다. 즉 니치, 뤼케, 블레크, 할레와 마르부르크의 교수였으 며 톨루크(Tholuck)의 영향을 받은 뮐러(Julius Müller, 1801~1878), 도너(Isaak August Doner, 1809~1884) 등이었다.

리츨과 그의 영향

1870년 이후 독일 신학에서는 역사적 연구가 강조되는 반면 신학적인 사 변(speculation)은 약화되는 경향이 농후했다. 이스라엘 종교 및 기독교의 역사 적인 사실을 추구하는 데에 관심이 집중되었기 때문이다. 역사적 연구 태도는 보수 측에서도 받아들이는 것이었다. 그런가 하면 신학과 교회 신앙의 틈은 점 점 더 벌어졌다.

알버트 리츨(Albert Ritschl, 1822~1889)은 베를린에서 목사의 아들로 태어났 다. 그의 아버지 카를 리츨(Karl Ritschl)은 루터교의 감독 및 총감리(Generalsu-perintendent)를 지냈으며 본과 괴팅겐(1864년)에서 교수를 지냈다. 알버트 리츨 은 한때 바우어 학파의 영향하에 있다가 1857년 그의 「초대 가톨릭 교회의 생성」(Entstehung der altkatholischen Kirche, 1850년)에 대한 재판을 계기로 하여 바우어의 역사관을 탈피하게 되었다. 그후 괴팅겐에서 그의 주저 「기독교의 칭의와 사죄의 교리」(Die Christliche Lehre von der Rechtfertigung und Versöhnung, Band I~III, 1870~1874)를 내놓자, 그는 슐라이어마허 이후 나타난 대신학자로 인정받게 되었다. 그런데 1880~1886년에 쓴 「경건주의 역사」(Geschichte des Pietismus)는 별로 환영을 받지 못했다.

리츨은 역시 교의학자로 더 인정을 받았다. 왜냐하면 그의 교의학의 원리가 독특했기 때문이다. 교의학자는 속죄를 그리스도의 사역으로 소유하고 자기의 입장을, 믿음을 같이하는 그리스도의 교회 안에 두어야 한다는 것이었으며, 기적을 부인하는 등 아무런 전제 없이 신학하는 것을 거부하였다. 리츨은 신인식(神認識)은 예수 그리스도의 인격에서 얻을 수 있다고 말하여 자연신학을 용납하지 않으며, 교의학에 형이상학을 이용하는 것을 거부했다. 그는 자연신학을 거부하고 성경을, 특히 신앙을 강조한다.

리츨은 신약을 외경과 구별은 하지만 영감론에 근거하지는 않으면서 성경 비판에 자유를 허용한다. 그러나 성경비평 문제를 두고는 보수 편에 섰다. 리츨은 또한 예수전을 쓰는 일에 반대하였다. 슐라이어마허 이후 거의 모든 신학자들이 교의학의 원천(源泉)이 기독교적인 경건한 자의식이라고 생각하였다. 그러나 리츨은 이를 '복음'이라고 말한다. 이와 같이 리츨은 성경문자주의에 접근하고 있으나, 그가 교회의 발전과 루터 및 신앙고백서에 관심을 가진다는 뜻에서 자신을 성경문자주의자와는 구별하였다. 또 한편 그는 형이상학과 함께 신비주의를 외면하고, 경건주의도 부정적으로 평가하였다. 이러한 것들은 중세 가톨릭으로 되돌아가게 하는 것이라고 말하였다.

리츨은 종교의 의(義) 및 실제적이며 윤리적인 면에 관심을 가졌다. 그래서 그는 칸트의 인식론의 영향을 받아, 우리가 하나님 자신을 알 수 없으며, 다만 믿음으로 하나님의 실제적 실재(實際的 實在)를 인식할 뿐이라고 하였다. 그러다 보면 사람들의 신 개념이 주관적이 될 수밖에 없는데, 그럼에도 리츨은 객관적인 진리를 재강조하려고 하여 주관적 의식(意識)에서가 아니라 복음서에서부터 신학을 시작하려고 하였다.

그는 성경에 충실한 사람으로 자처하지만 그의 이해는 정통교리와는 멀어 자유주의의 아버지라는 칭함을 받는다. 말하자면, 그의 죄에 대한 이해도 성경적이며 전통적인 이해와는 거리가 있으며, 예수님의 동정녀 탄생이나 부활에는 무관심하였다. 그리스도의 신성과 인성을 피상적으로 논했을 뿐이었으며, 역사적인 예수님을 사랑을 구현한 모범적인 인간으로 이해하였다. 또한 사람들이 사랑의 법 아래서 함께 살면 하나님의 나라가 실현된다는 것이었다. 그러므로 리츨의 신학을 가리켜 '신 개신교'(Neoprotestantismus) 또는 '문화 개신교'(Kulturprotestantismus)라고 부른다.

리츨의 주변에 학파가 형성되지는 않았으나 많은 신학자들이 그의 영향을 받았다. 괴팅겐의 헤르만 슐쯔(Hermann Schultz, 1836~1903), 튀빙겐의 고트쉬크(Johannes Gottschick, 1847~1907), 할레의 라이슐레(Max Reischle, 1858~1906)와 카텐바하(Ferdinand Kattenbach, 1851~1935), 예나의 벤트(Hans Heinrich Wendt, 1853~1928), 본의 오토 리츨(Otto Ritschl, 1860~1944) 등이다. 우파로는 베를린의 카프탄(Julius Kaftan, 1848~1926), 튀빙겐의 하링(Theodor Haring, 1848~1928), 마르부르크의 헤르만(Wilhelm Hermann, 1846~1922) 등이 있다.

헤르만은 리츨의 영향을 받았으면서도 칸트와 슐라이어마허에게서, 그리고 경건주의 신학자 톨루크에게서 영향을 받았다. 종교를 개인적인 경험으로 인식하고, 성경의 역사적 비판이 기독교 신앙에 영향을 줄 수 없다면서 신학과 신앙을 분리하였다. 그렇다고 기독교 신앙이 주관주의에 근거하고 있는 것은 아니고 실제(Wirklichkeit)에 근거하는 것이며, 이 실제는 바로 예수님과의 만남에 있는 하나님의 계시라고 한다. 이런 점에서 칼 바르트는 헤르만의 영향을 받았던 것으로 알려져 있다.

이 시기에도 보수주의 신학자들은 여전히 전통적인 기독교 신앙에 충실하려고 했다. 즉, 라이프찌히의 루트하르트(Luthhardt, ?~1902)는 루터교의 신앙고백에 충실했으며, 일반 목사들의 환영을 받았다. 할레의 마르틴 캘러(Martin Kähler, 1835~1912)는 'Geschichte'와 'Historie'를 구분하였으며, 그의 칭의론에서 역사적인 예수님에 대한 연구를 반대하였다. 신약과 후기 유대교에 정통한 튀빙겐의 아돌프 슐라터(Adolf Schlatter, 1852~1938)는 다방면의 저술을 남겼다. 라인홀트 프랑크(Reinhold Frank, 1827~1890)는 에얼랑겐의 대표적인 신학자로서 '내적 체험'을 강조하였다. 제베르크(Reinhold Seeberg, 1859~1935)는 프랑크보다는 현대적 신학자로 그의 책 「교의사」에서 기독교를 긍정적으로 기술한다.

종교사학파

1880년 이후에는 조직신학보다는 역사 연구가 성행하였다. 구약 및 신약과 교의사 및 초대 교회사 연구가 진전되었다. 성경신학에서 비판적인 신학자들은 예수전 연구 이후 신, 구약의 역사적 연구에 심혈을 쏟으면서 역사적인 것과 비역사적인 것을 구별하고 소위 비역사적인 것을 신화(神話)와 동일시하였다.

헤르만 궁켈(Hermann Günkel, 1862~1932)을 위시하여 알버트 아이크호른(Albert Eichorn, 1856~1926), 빌헤름 부세트(Wilhelm Bousset, 1865~1920), 휴고 그레스만(Hugo Greßmann, 1877~1927) 등의 소위 종교사학파(宗敎史學派)의 구약학자들은 구약과 주변 세계의 종교 및 문화의 관계를 고찰하여 구약의 특이성을 그러한 배경에 비추어 밝히려고 하였다. 주변 세계의 종교에서 발견되는 신화가 이스라엘이 이를 신앙으로 받아들이는 과정에서 어떻게 변형되었느냐 하는 것을 형이상학적으로 연구한다고 하였다.

그리하여 궁켈은 '양식'(樣式, Formen)이니 '종속'(Gattungen), 또는 '설

화'(Sagen)라는 말을 구약의 내용을 분석하는 데 사용하였다. 여기서 소위 '양식비평'(form criticism, Formgeschichte)이 나오게 되었다. 성경 연구에서 '양식'을 제일 먼저 말한 사람은 신약과 초대교회사학자로 알려진 프란쯔 오버베크(Franz Oberveck, 1837~1905)로 '양식사'(樣式史, Formgschichte), 즉 '양식비평'의 창시자라고 할 수 있다. 궁켈은 성경의 소위 '양식'과 '종속'은 그들 특유의 '삶의 정황'(Sitz im Leben)을 갖고 있다고 주장하였다.

아돌프 윌리커(Adolf Jülicher, 1857~1938)는 구약의 이러한 연구와 가설을 도입하여 복음서의 비유의 '양식'을 연구하였다. 비교적 보수적인 조직신학자 마틴 캘러(Martin Kähler)는 그의 「시간에 대한 교의적 질문」(Dogmatische Zeitfragen, 1907년)에서 양식비평의 연구 결과를 종합하여 성경은 교회가 행한 설교집이라고 단정하고 예수전 연구를 무의미한 것이라고 거부하였다. 복음서는 예수전을 위한 하등의 자료가 될 수 없을 뿐 아니라 전기(傳記)를 위하여 쓰여진 것이 아니라고 한다.

그로부터 15년 후 알버트 슈바이처(Albert Schweitzer, 1875~1965)는 「예수전 연구의 역사, 라이마루스에서 브레데까지」(Von Reimarus zu Wrede, eine Geschichte der Leben Jesu Forschung)에서 캘러가 말한 것과 같은 결론에 도달하였다. 즉, 복음서는 전기에 대한 관심을 충족시켜 주지 않고, 다만 예수님이 '메시아적 자의식'을 가진 분이라는 것을 알리는 정도로 그의 생애를 서술한다고 말한다. 그리고 슈바이처는 말하기를 예수님의 자의식을 이해하는 데에는 종말론이 관건이 되는데, 이 점에서도 그는 오버베크와 견해를 같이한다. 즉, 재림의 지연이 초대 기독교의 중요한 문제였다고 한다.

브레데(William Wrede, 1859~1906)는 「복음서에 있는 메시아 비밀」(Das Messiasgebeimnis in Evangelien, 1901년)에서 또 다르게 말한다. 즉, 4복음이 역사적인 예수님을 서술하고 있는 것이 아님은 물론이고, 그보다 후에 교회의 신앙에서 나온 예수님의 생애에 대한 이해를 기록하고 있다고 한다. 예수님의 부활 사건은 제자들이 예수님을 메시아로 믿은 데서 온 부활절 현현(復活節 顯現, Ostererscheinung)이라고 한다. 그 밖에 요하네스 바이스(Johannes Weiβ, 1863~1914), 하이트밀러(Wilhelm Heitmüller, 1869~1926) 등의 많은 학자들이 종교 사학파의 신학 운동에 가담하였다. 「종교백과사전」(*Religion in Geschichte und Gegenwart*) 등을 통하여 그들의 신학은 더 널리 영향을 미쳤다.

문서설과 역사주의

이와 동시에 성경의 문서설이 등장하였다. 이 방면에 가장 유명한 이가 벨하우젠(Julius Wellhausen, 1844~1918)이다. 그는 그라이스발트(Greiswald)에서 구약을, 마르부르크와 괴팅겐에서 셈 족어(Semetics)를 교수하였다. 벨하우젠은 구약의 모세오경과 역사서들이 문서들(Quellen)을 자료로 사용하여 쓰여진 것이라고 하면서, 이 문서들을 가려내는 작업을 구약 연구의 과제로 삼았다.

바젤의 베른하르트 둠(Bernhard Duhm)은 선지서를 같은 목적으로 분해하였다. 그러자 슈트라스부르크의 홀쯔만(Heinrich Julius Holtzmann, 1832~1910)이라든지 튀빙겐의 바이제커(Karl Heinrich von Weizsäcker, 1822~1899) 같은 신약학자들은 벨하우젠의 방법을 신약 연구에 적용하였다. 즉, 공관복음과 요한복음의 차이를 지적하고 또한 공관복음의 두 문서설을 말하면서 마가복음이 제일 먼저 쓰여진 책이라고 말하고 마태와 누가가 마가복음과 함께 아마도 예수님의 말씀의 수록집으로 생각되는 '어록집'(Logienquellen 혹은 Spruchquellen)과 함께 자료로 사용했을 것이라고 추정하였다. 구스타프 달만(Gustav Dalmann, 1855~1941)은 예수님의 말씀을 아람어로 재생하여 유대인의 청중이 이해했던 대로의 의미를 캐내려고 시도했다. 그런가 하면 보수적인 다이스만(Deiβmann, 1866~1937)은 같은 목적으로 당시에 사용되던 희랍어의 의미를 밝히려고 하였다.

교회사 분야의 대표적인 신학자는 바로 유명한 하르낙(Adolf von Harnack,

1851~1930)으로 많은 신학자들에게 지대한 영향을 끼쳤다. 하르낙은「교리사」(Lehrbuch der Dogmengeschichte, 1885~1889)를 써서 유명해졌으며, 1900년에 쓴「기독교의 본질」(Das Wesen des Christentums)은 신학계에 새로운 바람을 일으켰다. 하르낙에 따르면, 기독교 교의는 그 개념과 구성을 볼 때 복음의 토양에 떨어진 희랍 정신의 산물이며, 초대교회의 사람들이 복음을 이해시키고 보존하기 위하여 사용한 개념들은 복음의 내용에 용해되었다.

그와 동시대의 같은 경향의 교회사가로는 튀빙겐의 카를 뮐러(Karl Müller, 1852~1940), 할레의 프리드리히 로프스(Friedrich Loofs, 1858~1928), 하이델베르크의 한스 폰 슈베르트(Hans von Schubert, 1859~1931) 등을 들 수 있다. 에얼랑겐의 노선을 따르는 보수적인 교회사가로는 라이프찌히의 알버트 하우크(Albert Hauck, 1845~1918)를 들 수 있다. 하우크는 교회를 생각하며 성경이 생과 역사에 의미를 가진다는 것을 밝히려 하였다.

역사철학자로 알려진 트뢸치는 종교사학파에 속하는 학자로서 하이델베르크에서 조직신학 교수로 있다가 베를린에서는 철학 교수로 활동하였다. 그는 기독교의 역사적인 발전을 말하면서 근세(近世)가 계몽사조와 더불어 시작되었다고 하며, 그 이전의 것은 전근대적(前近代的)이라고 규정하였다. 그리고 모든 역사적인 발전에는 상이한 특징들이 있다면서 이를 개성이라고 하고, 기독교 역시 독특한 발전을 해 왔는데 그것은 역시 사회적 및 문화적 환경에서 특이성이 조성되었다고 한다.

트뢸치(Ernst Troeltsch, 1865-1923)는 일반 역사 속에 기독교를 상대화함으로써 기독교의 유일성을 부인한다. 또한 서양 문화와 사회 속에서 발전해 온 기독교가 서양이 아닌 다른 문화권에 성공적으로 이식(移植)될 수 없다고 하였다. 그는「역사주의와 그 문제점」(Der Historismus und seine Probleme, 1922년)에서 역사주의, 즉 역사적 상대성을 극복하는 것을 하나의 과제로 삼고 있으나 그 해결책을 발견하지는 못하였다.

19세기의 가톨릭 교회

19세기 가톨릭 교회는 직접적으로 행사하던 정치적 영향력을 잃게 되면서부터 오히려 영적인 기관으로 부상하게 되었다. 그리하여 많은 신앙적인 추종자들을 얻게 되었으며, 이로 인하여 정치에 대한 간접적인 영향력을 행사할 수 있게 되었다. 레오 13세(1878~1903) 당시 가톨릭의 지도층이 반대했던 민주주의적 정치 형태가 오히려 가톨릭 교회에 유익을 주었다. 여러 나라에서 가톨릭 정당이 형성되어 크게 세력을 떨치게 되었기 때문이다.

19세기는 이를테면 가톨릭 교회의 탈세속화 또는 신령화(神靈化)의 시대라고도 할 수 있다. 민족교회의 사상은 혁명을 통하여 어느 정도 완화가 되었으며, 교황에게 너무 가혹하게 대한 것이 도리어 많은 사람들의 동정을 사게 되었던 것이다. 샤토브리앙(Chateaubriand), 드 로날드(de Ronald), 라메네(Lamenais) 등의 글을 통하여 마침내 교황을 추대하는 사상이 고조되었다. 교황이 없이는 기독교도 없다고 하며, 교황의 부재는 사회 질서에 상처를 입힐 뿐이라고 하였다. 그리하여 주교들에게 교황에 대한 복종을 요구하게 되었으며, 교황은 주교들 위에 있는 무한한 권세자로 인정을 받게 되었다.

1814년 8월 7일 비오 7세 때 '전체 교회들의 문제'(Sollicitudo Omnium Ecclesiarum)라는 칙령을 통하여 예수회 교단이 복권하게 되었다. 1854년에는 비오 9세가 공의회의 동의나 결의도 없이 단독으로 '마리아의 무죄 잉태' (Immaculata Conceptio Mariae) 교리를 발표할 정도로 교황의 권세는 막강한 것으로 인정을 받게 되었다. 1870년 바티칸 회의에서는 교황에 관한 두 가지 교의가 오랜 논란 끝에 결의되었다. 즉, 교황의 무오(無誤)와 전 교회에 대한 교황의 직접적인 치리권(Universalepiskopal)이었다. 바티칸 회의에 참석한 회원 774 명 가운데 80%가 로마인들이었으며, 이탈리아인이 276명, 독일인이 19명이었다. 반대자들은 주로 프랑스, 잉글랜드, 독일의 주교들이었다. 반대자들이 떠나고 난 후 1870년 7월 18일 '교회 헌법' (Constitutio de Ecclesia)이 533 : 2로 통과되었다.

교황의 전 교회 치리권 개념은 그레고리 7세(1073~1085) 때 이미 나온 것으로, 예수 그리스도의 대행자는 단 한 사람, 즉 교황이며, 다른 감독들, 즉 주교들은 보조자라는 것이었다. 그러나 제2 바티칸 회의(1960~1965)에서는 교황과 함께 주교들의 회의를 중요시하고 상호관계를 강조하게 되었다. 교황의 우위에 관하여는 헌법 '그리스도의 교회' (De Ecclesia Christi)의 첫 3장에 설명하고 있다. 베드로 사도의 우위성을 먼저 말하고, 베드로의 우위성이 로마 교황에게 계속 전승되었다는 것을 전제하면서, 교황은 신앙과 도덕 문제만이 아니라 전체 교회를 질서 있게 다스린다고 한다.

'교황의 무오' 란 교황이 교회를 목회하고 가르치는 일을 위하여 결정한 것은 변할 수 없으며, 교회의 동의를 필요로 하지도 않는다는 뜻이었다(De Romani pontificis infallibili magisterio). 이 교리를 반대한 주교들이 57명이나 되었으나 얼마 후 대부분 받아들이고 말았다. 그러나 독일의 대학에서는 완강한 반대가 있었으며, 또한 이로 말미암아 파문을 당한 신학자들이 중심이 되어 구(舊) 가톨릭 교회(Altkatholische Kirche)를 형성하였다. 1871년에 뮌헨에서, 1872년에는 쾰른에서, 1873년에는 콘스탄쯔(Konstanz)에서 회의를 열고, 1874년에는 본에서 첫 대회(Synod)를 조직하였다.

가톨릭 교회의 자의식이 강화되면서 교회는 근대적인 자유주의적 민족

국가와 충돌을 피할 수 없게 되었다. 이탈리아와 스페인은 물론 독일에서도 역시 그러하였다. 이러한 충돌을 조정하기 위하여 국가와 교회간에 일종의 협의가 이루어졌다. 즉, 1817년에는 바이에른에서, 1821년에는 프러시아와 서부 독일에서 화해의 성명이 발표되었다. 그런가 하면 1836년 쾰른의 대주교가 교회 문제 때문에 체포되고 1839년에 포젠(Posen)의 대주교가 감옥에 갇히게 된 일들은 국가와 교회가 계속 알력 관계에 있었음을 말해 주는 사건들이다. '문화 투쟁'(Kulturkampf)으로 알려진 비스마르크와 가톨릭 교회간의 투쟁은 대표적인 사례이다.

1869년에 가톨릭 정당이 재조직되자, 이 정당은 프러시아 제국 내의 38%에 해당하는 가톨릭 인구를 대변할 뿐 아니라, 여러 다른 소수 정당과 규합하여 세력을 증대시키지 않을까, 혹은 바티칸을 배경으로 정치 활동을 하지 않을까 하는 의구심에서 비스마르크는 가톨릭을 탄압하는 정책을 썼다. 1873년에 '5월의 법'(Maigesetze)을, 그리고 1875년에는 '투쟁법'(Kampfgesetze)을 공포하여 예수회 교단을 추방하는 한편, 법에 불복하는 주교 및 교직자 2,000명을 체포하는 등 가톨릭 교회를 탄압하였다.

처음에는 물론 정치 활동과 교회를 구별한다는 것이었으나 결과적으로 그것은 불가능했다. 이러한 처사는 국민의 반발을 유발하였으며, 사람들로 하여금 가톨릭 교회를 더 동정을 하도록 만들었다. 1871년 58명이던 가톨릭 국회의원의 수가 1890년에는 106명으로 불어났으며, 1865년에는 가톨릭 신문이 20종에 불과했으나 1912년에는 446종으로 늘어났다. 마침내 비스마르크도 가톨릭 교회와 화해해야 하겠다는 필요성을 느끼게 되어 레오 13세(1878~1903)가 새로 교황이 되자 화해를 도모하였다. 그런데 예수회 교단을 금지하는 법은 1918년에야 비로소 폐지되었다.

프랑스에서는 1905년 사회주의자들과 연합 전선을 편 자유주의자들이 국가와 교회의 완전한 분리를 초래하였다. 그들에 따르면, 교회는 단지 문화

단체 가운데 하나에 불과하다. 정부는 많은 자선 기관을 세운다는 명목으로 교회 재산의 상당한 부분을 몰수하는 한편, 교회에 대한 국가의 보조도 끊어 버렸다. 그러나 교회가 이와 같이 가난해지자 오히려 영적으로는 더 풍성함을 누렸다. 가톨릭 교회는 모든 현대적인 새로운 사상들 즉 민족주의, 자유주의, 사회주의, 민족사회주의, 공산주의를 다 거부하였기 때문에 그만큼 어려움을 겪었다. 그런데 바로 이러한 이유 때문에 가톨릭 교회를 정신과 사상의 혼돈 속에서 선(善)과 질서를 방어하는 보루(堡壘)로 간주하고 교황와 가톨릭 교회에 동조하는 사람들이 많아졌다.

교황 레오 13세(1878~1903)는 로마 가톨릭 교회가 개신교에 비하여 신학과 역사 연구에서 낙후되었다는 점과 전반적인 학문적 빈곤성을 깨닫고 이를 극복하기 위하여 노력을 기울였다. 1879년 토마스 아퀴나스를 철학 및 사회학을 포함하는 가톨릭의 제반 사상의 표준적인 신학자로 선포함으로써 사상적인 규범을 설정하여 가톨릭 교회 내에서 통일적인 인간관 내지는 세계관을 갖도록 하였다. 그는 바티칸 고문헌 저장고를 역사가들에게 공개하는 한편, 철학분야에서 데카르트파, 스코투스파, 플라톤주의자들에게 대항하는 입장에 있었던 신토마스주의자들을 지원하는 한편 성경 연구를 장려하였다.

미국의 기독교

최초의 이주자들과 기독교

미국의 기독교는 유럽에서 건너온 이민자들에 의하여 이식된 것이므로 미국의 교회 역사는 유럽 교회사와의 관계에서 보아야 한다. 미국의 교회는 여러 이민자들이 세운 교회이므로 처음부터 다양한 교파 교회로 출발하였다. 유럽의 국가 교회 혹은 국민교회에 속하지 않은 신앙인의 그룹(nonconformists, dissidents)들이 종교의 자유를 찾아서 미국으로 건너왔는가 하면, 국가 교회에 속한 사람들도 이민하여 제각기 자기들의 신앙을 따라 교회를 형성했을 뿐 아니라, 같은 신앙고백을 가졌다고 하더라도 민족마다 언어와 문화적 배경이 다르므로 제각기 동족끼리 모이는 '종족교회'(Ethnic Churches)를 형성하였다. 지속적으로 이민자들의 증가함에 따라 교회는 더 다양하게 성장하게 되었으며, 영어가 공용어가 되었음에도 불구하고 모국어로 예배해야 하는 필요성 때문에 종족교회의 특징이 계속 유지되었다.

가톨릭 신앙을 가진 스페인계는 서인도제도, 남미 및 중미와 현 미국의 남부를 포함하는 여러 주(states)를 차지하였다. 16세기 중엽부터 스페인 사람들은 위에 말한 영토들을 탐험하여 파렴치한 방법으로 국민들을 가톨릭화하였다. 교회가 제국주의의 앞잡이 노릇을 하다시피하였던 것이다. 유럽에서 건너 온 백인들은 대개는 무력으로 인디언들을 정복하고 그들에게 가톨릭 신앙을 받아들이도록 강요하였다. 남미에서 예외인 곳은 동부 브라질이었다. 브라질은 포르투갈인들이 개척했는데 그들은 스페인인들처럼 거친 수단을 쓰지는 않았다.

스페인인들이 미주(美洲)를 점령한 지 약 100년 후 프랑스인들은 북미와 특히 미시시피 계곡과 강에 관심을 가지고 개척하기 시작하였다. 프랑스인들은 관대하고 점잖게 인디언들을 다루고 교화하려고 하였다. 비록 스페인인들과 같이 미주에 영구적인 국가를 형성하지는 못했으나 종교적 및 문화적 유산을 남겼다. 프랑스인들은 캐나다를 프랑스 왕의 치하에 두고 위에 말한 지역을 식민지로 만들었다. 1699년 빌로이 베이(Biloi Bay)를 군사 기지로 만들고, 1718년 뉴올리언즈(New Orleans)를 창설하였다.

1753년에는 피츠버그(Pittsburgh)로 갔다. 그러다가 인디언과의 전쟁 (French and Indian War)에서 타격을 입어 움츠러들게 되었다. 그리고 루이지애나(Louisiana)를 브리튼인들의 손에 넘기지 않으려고 스페인인들에게 주었다가 나폴레옹 전쟁 이후 이를 다시 회수하여 1803년 미국 합중국에 팔아 넘겼다. 1763년 파리 조약에서 영국에 굴복하고 캐나다를 양도하였다. 프랑스인들이 다수인 캐나다의 퀘벡(Quebec)은 로마 가톨릭과 프랑스의 문화가 지배적인 곳이다.

1600년 초에 잉글랜드의 신교도들은 대서양 연안을 식민지화하기 시작하였다. 영국계 개신교도들의 종교 정책은 가톨릭과는 달랐다. 잉글랜드에는 국교로 공인된 앵글리칸교회 이외에도 많은 비국교도 교회들이 있었다. 그러므로 잉글랜드에서 온 이민자들의 신앙 역시 다양하였다. 버지니아(Virginia)에서는 앵글리칸교회가 다수를 점하는 대표적인 교회여서 청교도와 같은 비국교도들은 추방을 당하기도 하였다. 청교도들은 17세기 초에 매사추세츠

(Massachusetts)에 정착했다.

식민지 시대 초기에는 잉글랜드계가 아닌 다른 유럽인들도 있었다. 델라웨어(Delaware)에는 스웨덴의 루터교인들이 터를 잡았으며, 뉴암스테르담(New Amsterdam), 즉 현 뉴욕에는 개혁파의 네덜란드인들이 정착하였다. 윌리엄 펜(William Penn)의 식민지, 즉 펜실베이니아(Pennsylvania)에는 퀘이커, 루터란, 모라비언, 독일 개혁파 및 좌경한 독일의 교파, 잉글랜드의 가톨릭 등 여러 교파 사람들이 섞여 살았다. 프랑스와 영국의 식민지 전쟁, 즉 1689~1697년의 '윌리엄 왕의 전쟁'(King William's War), 1702~1713년 스페인 영토를 얻기 위한 전쟁(War of the Spanish Succession)에서 영국은 거듭 승리를 거두었다. 그러한 와중에 잉글랜드의 식민지는 계속 성장했다.

1664년에 네덜란드는 전쟁에서 영국에 패배한 후 북미에서 완전히 물러났다. 스웨덴도 정치적으로 뿐만 아니라 문화적으로 약세에 놓였으므로, 영국의 식민지들은 어려움 없이 독립하여 합중국을 형성하고 성장하게 되었다. 매사추세츠와 버지니아에는 칼빈주의자들이 주도적이었으나, 버지니아의 앵글리칸들은 '하이 처치'(High Church)의 견해를 가졌으므로 감독정치를 견지하는 한편, 국가 교회 제도를 지지하였다. 그와는 반대로 매사추세츠의 비국교도들은 회중교회를 형성하였으며 교회가 국가를 지배해야 한다는 견해를 가졌다. 그 결과로 매사추세츠의 회중교도들은 다른 교파들을 용납하지 않고 침례교도들을 추방하고 퀘이커들을 핍박하였다. 미국의 헌법이 교회와 국가의 분리를 말하고 있으나 뉴잉글랜드에서는 정교 분리가 훨씬 나중에 시행되었다.

미국 개신교의 발전

17세기 말에 이르러 영국의 자연신론이 미국 식민지 교회에 영향을 미치기 시작하면서부터 18세기에는 홍수가 범람하듯 확산되었다. 그러나 이런 거센 물결을 막을 길은 없었다. 18세기에 각성 운동이 일어났음에도 불구하고 결과는 다를 것이 없었다. 미국 독립운동이 일어났을 즈음 존 로크와 데이비드 흄은 모세나 예레미야보다 훨씬 더 영향력이 있었다. 결국 이러한 경향은 유니테리언주의의 만연을 초래했다. 미국의 유니테리언 협회는 1825년에 창립되었다. 보스톤의 '킹스 채플'(King's Chapel)은 1688년 앵글리칸교회가 설립한 것인데 유니테리언으로 넘어간 첫 교회였다. 이를 시작으로 많은 회중교회들이 유니테리언이 되었다.

엘리후 파머(Elihu Palmer, 1764~1806)는 회중교회를 버리고 유니테리언이 된 대표적 인물이었다. 그는 미국에서 프랑스 혁명을 지지하는 운동을 벌였다. 엄격한 칼빈주의에 도전했던 아르미니우스주의는 사람들에게 쉽게 유니테리언 사상으로 넘어갈 수 있는 길을 터놓은 셈이었다. 아르미니우스주의는 인간의 본성에 대한 낙관적 견해를 취했고 완성의 가능성을 믿었기 때문에, 이러한 사상이 유니테리언주의로 가는 대로를 닦은 셈이었다. 아르미니우스파의 만인구원론과 유니테리언주의는 유사성이 아주 많다. 유니테리언은 인간이 매우 선하기 때문에 저주를 받을 수 없다고 하는 반면에, 아르미니우스파는 하나님께서 매우 선하시기 때문에 인간을 벌하실 수 없다고 한다.

뉴잉글랜드 회중교회의 배타성은 침례교회의 교세가 불어 가자 완화되었다. 식민 시대 초기부터 정착했던 침례교도들은 1707년 '필라델피아침례교협회'(Philadelphia Baptist Association)를 조직하고, 후에 브라운(Brown) 대학교를 창설하였으며, 로드 아일랜드(Rhodes Island)에 신학교를 설립하였다. 1800년에 이르러서는 침례교회가 미국에서 주도적인 교파가 되었다. 그러나 미국 독립전쟁 당시에는 회중교회와 장로교회의 두 교회가 가장 큰 교파로서 둘이 합하여 미국 전체 교회의 40%를 차지하였다.

장로교회들은 1706년 필라델피아 노회를 조직하였다. 스코틀랜드와 아일랜드의 이민들이 대거 이주해 오는 바람에 장로교회가 가장 빨리 성장하게 되었다. 정치와 종교의 분립을 말하는 장로교회가 미국의 독립을 위하여 가장 많이 기여했다는 사실과 회중교인들이 그들의 교회관을 따라 중앙집권적 행정 체제를 싫어했다는 사실은 교회관이 정치 제도를 선택하는 데 중요한 시각을 제공한다는 것을 새삼 깨닫게 해 준다.

1765년에 영국 의회는 인지세법을 만들어 미국 식민지에서 신문이며 기타 모든 공적인 서류를 작성하고 등록하는 데 세금을 부과하도록 하였으며, 1767년에는 미국에서 수입하는 상품에 관세를 부과하였다. 영국 정부는 관세 부과에 대한 반대에 부딪혀 1770년에 이를 취소하였으나 차(茶)에 대한 관세 조치는 그대로 두었다. 이에 분노한 미국인들이 보스턴에서 차를 적재한 배를 공격하여 상품을 물에 빠뜨리는 등 무력으로 대항하였다. 이것이 발단이 되어 독립전쟁이 일어났으며 미국은 독립을 쟁취하게 되었다. 1776년 7월 4일 미국 대륙의 13주 대표들이 모인 국회에서 독립선언문을 채택 발표하였다.

1776년 미국이 독립한 이후 교세가 가장 크게 늘어난 교회는 감리교회였다. 웨슬리의 추종자들은 미국의 독립 이전에는 교회를 형성하려고 하지 않았으며, 웨슬리가 원하는 대로 앵글리칸교회의 일부로 머물렀다. 미국 독립전쟁이 일어났을 때, 시민들이 감리교도들을 앵글리칸으로 본 것도 이 때문이었다. 사실, 존 웨슬리는 미국인들이 독립을 갈망하는 것을 반대했으며, 평신도 설교자들은 이런 이유에서 한 사람을 제외하고는 모두 잉글랜드로 되돌아갔다.

그러나 감리교도들은 자립 자조하는 전통을 따라 혁명중에는 미국 내에서 평신도 설교자들을 얻어 전도한 결과 전쟁 중에 교인 수가 두 배로 늘어났다. 전쟁 후에 웨슬리는 미국 감리교회를 위하여 많은 목사를 세웠다. 1784년 '감리교감독교회'(Methodist Episcopal Church)가 조직되었다. 당시 미국 감리교인 수가 15,000명이었는데, 불과 6년 후에 57,631명이 되었고, 1820년에는 침례교를 앞질러 셋째로 큰 교세를 갖게 되었다.

감리교가 이렇게 크게 성장하게 된 이유 중 하나는 순회 전도자들의 활동과 수많은 평신도들의 적극적인 활동에 힘입은 것이었다. 그런데 무엇보다도 19세기의 각성 운동이 교회 성장에 중요한 요소였음은 말할 나위가 없다. 감리교회는 여러 나라에서 온 이민자들을 교인으로 맞아들였다. 독일인 올브라이트(Jacob Albright, 1759~1808)는 1790년 감리교로 개종하여 설교자가 되었다. 그는 추종자들을 모아 '복음주의자협회'(Evangelical Asscociation)라는 교회를 만들어 1807년 그 교회의 감독이 되었다. 또한 독일 개혁파교회 목사 오터바인 (Wilhelm Otterbein, 1726~1813)은 1800년에 감리교 노선을 따르는 '그리스도 안에서 연합된 형제'(United Brethren in Christ)라는 교회를 세웠다. 이 교회는 1968년 감리교회(The Methodist Church)와 연합하여 연합감리교회(The United Methodist Church)를 형성하였다.

앵글리칸교회는 이민 초기에 가장 큰 교파였으나 미국 독립전쟁 이후 그 세력을 잃게 되었다. 독립전쟁 당시만 하더라도 침례교회와 같은 교세였으나 영국의 앵글리칸교회와의 유대 관계 때문에 전쟁이 일어나자 타격을 받게 되었던 것이다. 1793년 애나폴리스(Annapolis)의 교직자 회의에서 '개신교감독교회'(The Protestant Episcopal Church)를 형성하였다. 영국 의회는 이 교회를 앵글리칸의 전통을 계승하는 교회로 인정하였다. 한편 퀘이커들은 17세기에 매사추세츠 같은 곳에서 푸대접을 받았으나 퀘이커 이민자들이 계속 대서양을 건너오는 바람에 독립 당시 다섯 째로 큰 교세를 이루었다.

미국 식민지 당시 또 하나의 큰 교파를 들자면 루터교회이다. 루터교 이민자들은 유럽의 여러 루터교 지역, 즉 18세기 초 팔쯔(Pfalz, Palatine)에서, 그리고 1730년 잘쯔부르크에서 이주한 사람들이었다. 모라비안들도 1730년대에 함께 들어왔으나, 사이가 점점 벌어져 마침내 따로 교회를 형성하였다. 그러나 일반적으로 사람들은 모라비안들을 루터파 교인으로 알고 있었다.

독일 이민자들 가운데는 개혁파 교인들도 많이 있었다. 그들은 루터파들과는 본래부터 다르다는 사실을 뚜렷이 의식하고 있었다. 독일 루터파와 개혁파 교인들은 비록 수는 적었으나 유럽의 핍박을 피해 온 터여서 열심이 대단하였다. 펜실베니아는 이들의 안식처가 되었으며 마침내 어느 교파를 막론하고 종교적 자유를 누릴 수 있는 최초의 주가 되었다. 1784년 밀렌베르크(Henry Melchior Mühlenberg)의 주도하에 펜실베니아에서 처음으로 루터교회의 노회가 조직되었다.

미국의 로마 가톨릭 교회

13개 주의 영국 식민지가 독립했을 때, 로마 가톨릭 인구는 극히 소수에 불과하였고, 잉글랜드인, 아일랜드인 그리고 독일인들이 섞여 있었다. 로마 가톨릭 교회는 주교들과 평신도들간의 불화가 심하였는데, 필라델피아의 세인트 메리 대성당(St. Mary Cathedral)의 소유권이 1808년에 재단으로 편입되자, 이에 대한 평신도들의 항의로 교회가 분리되기까지 하였다.

평신도들이 주도하는 회중 모임은 자의적으로 성직자를 청빙했다. 헨리 콘웰(Henry Conwell)이 주교가 되자, 그는 평신도들이 세워 주교가 된 윌리엄 호건(William Hogan)에게 1821년 그 자리를 물러나도록 강요하였고, 교황이 직접 관여하여 호건을 파문하였다. 그후 오랫동안 교회 당국간에 알력이 계속되다가 1830년 켄리크(Francis Patrick Kenrick)가 주교가 되자 교회를 폐쇄하는 강경한 조처를 취함으로써 주교 교구 내의 질서를 회복하게 되었다. 이와 비슷한 경우들이 일반에게 알려지자 사람들은 로마 가톨릭의 교회 정치에 회의를 품게 되었다. 볼티모어에서는 민족적 배경이 교회 소란의 원인이 되기도 하였다. 캐롤(Carroll, 1735~1815)이 미국 로마 가톨릭의 첫 주교가 되자 독일계 가톨릭 교도들은 이에 반대했으나, 소송을 통하여 반대자들을 굴복시켰다. 1808년 볼티모어가 대주교구로 승격이 되고 캐롤은 대주교가 되었다.

1791년 가톨릭 교회는 조지타운 아카데미를 신설하고 교파를 초월하여 학생들을 받아들였다. 또한 같은 해에 프랑스에서 온 가톨릭 신부들이 중심이 되어 볼티모어에 미국 최초의 가톨릭 신학교(St. Mary's Seminary)를 설립하였다. 1850년 인구 조사에 따르면, 961,719명의 아일랜드 이민자들이 살았는데, 바로 그 해에 이를 능가하는 1,071,000명의 가톨릭 이민자들이 미국으로 이주하였다. 1829년 52명의 가톨릭 성직자 가운데 21명이 미국 태생이고 나머지 13명이 아일랜드와 잉글랜드에서, 18명이 프랑스와 독일에서 이주해 온 성직자였다.

미국의 로마 가톨릭 교회는 유럽과는 달리 부자나 가난한 자, 지주나 노예를 가리지 않고 포용했으며, 초등학교도 교파를 초월하여 모든 아동들을 입학시키는 관대한 정책을 베풀었다. 로마 가톨릭이 미국에 뿌리를 내리기까지 먼저 주민들의 반가톨릭 감정을 불식하지 않으면 안 되었던 것이다. 특히 영국의 식민지에서 이런 감정을 무마하는 데는 오랜 시일이 걸렸다.

미국 교회의 교파

유럽에서 온 이주자들이 이룩한 미국 교회는 처음 출발에서부터 다양한 교파 교회로 출발했으며, 국가와 교회의 분리라는 원칙을 내세운 것도 교파 교회의 독립성을 인정하는 데 주목적이 있었다. 국가와 교회의 분리를 내세웠으나, 미국 사회는 기독교적인 사회로 발전하였다. 미국의 교회와 신자의 신앙 생활의 특징을 들자면, 국가 교회를 배경으로 한 유럽의 신자들보다 교회의 회원 의식이 강하고, 교파 교회들이 사회 공동체의 중심이 되었다. 그 밖에 주일을 거룩하게 지키는 등 엄격한 신앙 생활을 하며, 여러 차례의 부흥 운동을 겪으면서 교회 이외의 여러 활동에도 적극 참여하는 전통을 가지게 되었다.

교파 교회들은 쉽게 분열하는가 하면 또한 어렵지 않게 통합하면서 발전하였다. 1908년의 통계에 따르면, 155개의 군소 교파가 있었다. 1900년경에는 통합 운동도 상당히 활발하였다. 교회가 실제로 통합된 경우도 없지 않았으나 선교 및 신앙 운동을 위한 초교파적 조직들이 생겨났다. 감리교적 성격을 띤 '청년면려회'(Young People's Society of Christian Endeavor, 1881년) 등을 예로 들 수 있는데, 교파간에 일체감을 갖도록 한 조직이었다.

미국에서는 또한 평신도 운동이 활발하였다. 그것은 교회의 정치적 구조와도 관련이 많은 것으로 보인다. 19세기에 와서는 여성들의 참여 역시 현저히 높아졌다. 이와 같이 평신도들의 적극적인 참여로 말미암아 미국 교회는 실제적인 활동에, 이를테면 내지 및 외지 선교, 사회 개혁을 위한 운동과 노예 제도에 대한 반대 운동, 알콜 및 자본주의에 대한 반대 운동 등에 많은 힘을 기울였다. 미국 사회에는 교파 교회들이 난립해 있었으므로 공립학교에서는 종교 교육을 시행하지 못했다. 그것은 지금도 마찬가지이다. 교회와 국가의 분리를 유지하려는 법이 그것을 금하고 있기 때문이다. 그 대신 종교 교육은 교파 교회의 주일학교가 담당하였다. 그리고 목사들의 교육 수준은 유럽에 못 미쳤으나, 20세기에 들어오면서 많이 호전되었다.

미국의 모든 교파 교회들을 다 살펴보는 것은 불가능하므로 중요한 교파 교회들의 형성과 발전을 일별하기로 한다.

감리교회 | 감리교 부흥 운동에서 시작된 미국 감리교는 잉글랜드보다 앞서 교회로 조직되었다. 메토디스트들은 1784년 12월 볼티모어에서 열린 크리스마스 대회(conference)에서 '감리교회'(Methodist Episcopal Church)를 조직하고, 코크(Coke)와 애스베리(Asbury)를 '감리사'(superintendents)—후에 '감독'이라고 불렀다—로 선출하였다. 대회는 앵글리칸교회의 예배서(the Book of Common Prayer)에서 발췌하여 만든 "주일 예배"(the Sunday Service)와 존 웨슬리가 쓴 "신앙 조례"(Articles of Religion)에 애국적인 선서를 하는 조항을 첨가하여 채택하였다.

1813년에서 1817년까지의 어간에 흑인들은 교회를 따로 분립하여 '아프리카인감리교회'(The African Methodist Episcopal Church)를 세웠다. 이것은 나중에 여러 교회로 분열되었다. 1844년에 노예 문제가 남북의 대립을 초래한 정치적인 문제가 되면서 대부분의 교회들이 남북으로 분립하게 되었다. 현재 제일 큰 교세를 가진 '연합감리교회'는 세 감리교회들이 1939년 캔사스 시에서 합동 회의를 열어 통합한 교회이다. 그 밖에 20여 개의 감리교회가 있다.

침례교회 | 제임스 1세 치하에 네덜란드로 망명한 작은 그룹의 분리주의자들은 재세례파의 메노나이트를 만나 함께 지내는 동안에 그들의 신학적인 영향을 받았다. 지도자의 한 사람인 존 스미스(John Smyth)는 침례로 재세례를 받고 1609년 최초의 영국인 침례교회를 조직하였다. 스미스가 죽고 난 후 만인구원론을 믿는 그의 추종자들은 잉글랜드로 건너와 런던에 침례교회를 세웠다. 그간에 칼빈의 예정론과 제한속죄를 믿는 그룹이 1638년 최초의 특별침례교회(Particular Baptist Church)를 세웠다. 그리고 3년 후에는 침수침례교도(Immersion Baptist)로 알려진 제3의 그룹이 침례교회를 세웠으며, 1644년에는 신앙고백서를 작성하였다. 이 신앙고백서는 많은 침례교회들로부터 인정을 받고 있다. 종교 개혁 당시 많은 재세례파들이 있었던 것과 마찬가지로 잉글랜드와 미국에서 거의 동시에 침례교회들이 조직되었다.

미국에서 최초로 선 침례교회가 어느 것이냐에 대하여는 의견이 분분하다. 그러나 일반적으로 1631년에 미국으로 온 로저 윌리엄(Roger William)이 1639년 로드 아일랜드(Rhode Island)의 프로비던스(Providence)에 세운 교회가 첫 번째 침례교회이며, 1641년 존 클라크(John Clarke)가 같은 주의 뉴포트(Newport)에 세운 것이 두 번째 침례교회로 알려져 있다. 1971년 통계 결과 교회 수가 94,508개, 교인 수가 27,527,471명이며, 27개의 침례교 교단들이 있다. 그 중 '남침례교'(Southern Baptist)가 가장 교세가 크며 급속히 성장하는 교회이다.

장로교회 | 장로교회는 1710~1750년에 많은 스코틀랜드와 아일랜드 이민자들이 와서 성장하게 되었다. 장로교는 이들이 오기 훨씬 전부터 미국 동부의 여러 곳에 있었다. 1611년에는 버지니아에, 1630년에는 매사추세츠와 코넥티컷(Connecticut)에, 1640년과 1643년에는 롱아일랜드와 뉴욕에 교회가 세워졌다. 초기에 프란시스 매케미(Francis Makemie)는 보스톤으로부터 사우스 캐롤라이나까지 대서양 해안을 따라 전도하면서 교회를 설립하며, 교회의 통일을 위하여 노력하였다. 1706년 6개의 그룹이 필라델피아에 모여 첫 노회를 조직하였으며, 1716년 4개의 노회가 모여 대회를 형성하였다. 이듬해인 1717년 첫 대회를 열었으며, 1729년 웨스트민스터 신앙고백과 대소요리문답을 채택하였다.

부흥 운동이 일어나면서 이에 냉담했던 '구파'(the Old Side)와 부흥 운동을 지지하는 '신파'(the New Side)로 한동안 교회가 갈라졌다가 1758년 다시 연합되었다. 회중교회도 비슷한 과정을 경험하였다. 그후 장로교회는 회중교회와의 연합 문제가 논의되면서 이를 지지하는 '신 학파'(New School)와 회중교회의 신학을 의심하는 한편 엄격한 칼빈주의 노선을 고수하려는 '구 학파'(Old School)가 대립하게 되었다. 1837년의 총회에서 4곳의 '신 학파' 노회를 축출하는 바람에 장로교회가 둘로 갈라졌다. 1857년과 1861년에 양 교회는 각기 노예 문제로 남과 북으로 분리하였는데, 1869년 남과 북으로 분리된 채로 각자의 교회 내에서 '신 학파'와 '구 학파'가 하나로 연합하였다.

1902년에는 초교파적인 부흥 운동의 영향으로 인하여 '구 학파' 적인 엄격한 칼빈주의가 다소 후퇴를 하여 웨스트민스터 신앙고백에 약간의 수정을 가하였다. 성령에 대하여 고백하는 조항과 예정론에 관한 조항을 '부흥 운동과 선교에' 첨가하거나 수정하였다. 이러한 신앙고백이 있은 후 '2중 예정 문제'로 분립해 나갔던 컴벌랜드(Cumberland) 장로교의 대다수의 교회들이 복귀하였다. 현재 10개 정도의 장로교 교단이 있는데, 남장로교회와 북장로교회는 남북전쟁이 있은 지 한 세기가 훨씬 지난, 1983년 미국 연합장로교회(Presbyterian Church in the United States of America, 약자로 PCUSA)라는 이름 아래 합동하였다. 1973년 12월 남장로교회에서 나온 PCA(Presbyterian Church in America)는 보수적인 군소 개혁파 및 장로교단들과 협력 관계를 유지하고 있다.

감독교회 │ 엘리자베스 여왕은 프란시스 드레이크(Sir Francis Drake)에게 신대륙을 개척하는 임무를 주었다. 1578년 드레이크는 프란시 프레처를 채플린으로 대동하고 버지니아에 도착하였다. 그후 마틴 프로비셔(Martin Frobisher), 월터 롤리(Sir Walter Raleigh) 등 역시 채플린을 대동하고 왔다. 이때 온 목사들이 앵글리칸교회를 미국 영토에 이식하였던 것이다. 그리하여 남부에는 일찍부터 앵글리칸교회가 서게 되었는데, 북쪽 뉴잉글랜드에는 1689년 보스톤에 '킹스 채플' 이 설립됨으로써 첫 앵글리칸교회가 서게 되었다.

앵글리칸교회는 독립전쟁을 겪으면서 본국 교회와는 독립된 미국의 앵글리칸교회로 재출발해야 할 것을 절감하였다. 1783년 메릴랜드(Maryland)의 애나폴리스에서 회의를 열고 교회 이름을 'Protestant Episcopal Church in the USA' 로 바꾸기로 하였다. 그후 1967년의 총회에서는 그냥 '감독교회' (Episcopal Church)라고 부르도록 결의하였다.

앵글리칸교회는 1830년 12명의 감독과 20개의 감독교구(dioceses), 600명의 성직자와 3만 명의 세례 교인이 있었는데, 1930년에는 감독이 152명, 감독교구 105개, 성직자가 6,000명, 세례 교인 수가 125만명이었다. 그리고 1970년대 말에는 교인이 3백만명이 넘었다. 1873년에는 성찬 및 사제직에 관한 의견의 차이로 '하이 처치' 에 반대하는 소수가 뉴욕에서 '개혁감독교회' (Reformed Episcopal Church)를 조직하였다.

1970년 개신교감독교회(the Protestant Episcopal Church)에서는 여자를 '집사' (deacon)로 안수하는 것은 찬성하나 '사제' (priest)로 안수하는 것에는 반대했으며, 1973년에도 이를 거부하였다. 그러나 1976년에 근소한 차이로 이것이 결정되었다. 이것에 반대하는 소수의 사람들이 따로 세운 교회가 북미앵글리칸교회(Anglican Church of North America)였다.

루터교회 | 루터교 역시 유럽에서 건너온 이민자들이 늘어남에 따라 교세가 불어났다. 그러나 루터교의 교리적인 입장과 다른 교파에 대한 배타성 때문에 교세에 비하여 미국 국민 생활에 별 영향을 주지는 못했다. 첫 루터교 성탄 예배를 드리게 된 것은 1619년 허드슨 베이(Hudson's Bay)에서였다. 네덜란드에서 온 루터교 이민자들은 1623년 맨해튼에 도착했다. 스웨텐 사람들은 1638년에 델라웨어(Delaware) 해안 지방에 식민지를 개척하였다. 잘쯔부르크에서 온 독일 루터교인들은 조지아에, 뷔르템베르크에서 온 사람들은 사우스캐롤라이나에 정착하였다.

노회를 조직하면서 처음으로 조직교회로 출발한 것은 1748년 밀렌베르크가 펜실베니아와 뉴저지, 뉴욕, 메릴랜드에 산재한 목사들과 교회들을 모아 펜실베니아 노회를 조직하면서부터였다. 총노회(General Synode)는 1820년에 조직되었다. 한때 미국에는 150여 개나 되는 루터교 그룹이 있었으나 연합과 통합을 통하여 12개 교단으로 줄어들었다. 북미 루터교인의 95%가 6개 루터교 교단에 속해 있다.

개혁파교회 | 개혁파교회(Reformed Churches)는 식민지 당시에 40개의 그룹들로 나뉘어 있었으나 몇 개의 그룹으로 통합이 되었다. 네덜란드계로는 'Reformed Church in America'와 'the Christian Reformed Church'가 있으며, 독일계로는 'Reformed Church in the United States'가 있다. 그 밖에 헝가리계의 'Hungarian Reformed Church in America' 등이 있는데, 모두가 보수적인 칼빈주의 교회이다. 하이델베르크 신앙 교육 문답과 벨기에 신앙고백서 및 도르트 신조를 교회의 신앙고백으로 채택하고 있다.

자연신론이 18세기 미국 교회에 미친 영향

18세기에 자연신론과 함께 합리주의와 유물론 사상이 영국과 프랑스에서 미국으로 들어왔다. 때를 같이하여 독일에서는 자유주의 사상이 유입되었다. 그 밖에 아르미니우스의 저서를 비롯하여 네덜란드 신학자들도 미국에서 인기를 얻었다. 아르미니우스는 인간의 전적 부패를 말하는 칼빈주의 인간관을 부인하고 인간이 자신의 결정에 따라 하나님께 가까이 나아갈 수 있다고 주장하면서, 칼빈주의의 제한된 은혜와 이중적 예정론을 따를 수 없다고 하였다. 이러한 여러 사상이 한데 혼합되어 미국 교회에 크게 영향을 미쳤다. 그 중에서도 가장 극단적인 것이 유니테리언주의였다.

대부분의 유니테리언들은 1820년경 '유니테리언'(Unitarian)이라는 명칭을 받아들였으나, 1830년대에 이르러서는 많은 유니테리언들이 '자유주의자' (Liberals)라는 명칭을 더 좋아하였다. 그들은 삼위일체 교리를 부인할 뿐만 아니라 인간이 완전해질 수 있다는 극단적인 견해를 가졌다. 1815년 윌리엄 채닝(William Ellery Channing)은 유니테리언의 기독론을 피력하여 말하기를 "그리스도가 보통 인간보다 우월하다는 것은 인정하나 삼위일체 하나님의 한 분(person)이라고 받아들일 수는 없다"고 하였다.

유니테리언들은 자신들이 교파(敎派)가 되는 것을 원치 않았으나, 그럼에도 불구하고 조직이 필요하였으므로 1825년 '미국유니테리언협회'(American Unitarian Association)를 조직하고 에스라 가네트(Ezra Stiles Gannett)를 지도자로 세웠다. 채닝은 성경을 다른 책들과 마찬가지로 해석하고 성경 전체를 인간의 이성으로 읽어야 한다고 했다.

유니테리언의 지성인 에머슨(Ralph Waldo Emerson, 1803~1882)은 1838년 하버드 신학교(Harvard Divinity School)에서 행한 연설에서 가장 문제가 되고 있는 유니테리언 교리를 얘기하였다. 즉, 예수님께서는 자신의 신성을 말씀한 적이 없었고, 인간의 혼을 가졌다고 말씀했을 뿐이라는 것이었다. 또한 그리스도께서 말씀하신 기적은 생의 모든 것이 기적이라는 뜻으로 말씀하셨다는 것이었다. 에머슨은 이 연설을 통하여 미국 최초로 '사신신학'(the Death of God)을 말한 사람이 된 셈이다.

에머슨의 사상을 초월주의(Transcendentalism)라는 말로도 표현하는데 초월주의라는 말은 임마누엘 칸트와 그 이전의 철학자들에게서 빌려 온 말이기도 하다. 즉, 신 개념은 선험적(a priori)이라는 에머슨의 말이 초월주의를 대변한다. 1836년 에머슨과 그의 측근자들이 보스톤에서 '초월주의클럽'(Transcendental Club)을 창설하여 계몽사상에 대항하려고 하였으나, 그들의 사상은 스스로 인정하듯이 낭만적 관념주의에 지나지 않았다.

하버드는 유니테리언의 본거지였다. 1803년 데이비드 태편(David Tappan)이 죽고 난 후 학교 이사회가 오랜 논란 끝에 1805년 신학과 과장의 자리에 자유주의 신학자인 헨리 웨어(Henry Ware, 1764~1845)를 지명하자, 보수적인 칼빈주의자들은 1808년 앤도버(Andover) 신학교를 세웠다. 헨리 웨어의 경쟁자였던 모어스(Jedidiah Morse, 1761~1826)와 홉킨스(Samuel Hopkins)의 영향 아래 있던 사람들이 이 새 보수주의 신학교 운동을 추진하였다.

예일(Yale)은 하버드와는 달리 부흥 운동의 영향하에 있었다. 앤도버가 설립되기 이전인 1802년에 예일에서는 부흥 운동이 일어났다. 디모데 드와이트(Timothy Dwight)가 예일의 총장으로 있었기 때문이었다. 이때의 부흥 운동을 통하여 예일의 대학생 중 3분의 1이 회개하고 신자가 되었다고 한다. 예일은 1822년 신학교(Divinity School)를 증설하였으며, 앤도버와 경쟁하면서 많은 선교사를 배출하였다.

19세기에 있었던 부흥 운동으로 말미암아 기독신자들은 교회 활동과 실제 생활에 관심을 갖게 되었다. 즉, 선교에 힘쓰는 한편, 구제 사업, 사회 개혁, 교육 및 노예 폐지 운동에 적극 참여하였다. 19세기 초 켄터키에서 일어난 부흥 운동은 이러한 추세와 함께 전국으로 파급되었으며, 또한 이를 위하여 각 교회는 선교회를 조직하였다. 1789년 코넥티컷의 회중교회는 선교회(Missionary Society of Connecticut)를 조직하였으며, 1809년에는 버몬트(Vermont)에서부터 24명의 선교사가 활동하였다. 뉴잉글랜드의 회중교회들과 장로교회도 선교회를 조직하였다.

두 교파는 협력 선교를 위하여 1801년 합동안(Plan of Union)을 작성하였으나, 1830년경 장로교회에서 엄격한 칼빈주의 노선을 지지하는 교회들이 합동안에 반대하여 이탈한다는 여론이 강해지는 바람에, 1837년 합동안은 폐지되었다. 1826년 이 합동안을 따라 '미국내지선교회'(American Home Mission Society)가 창설되었는데, 장로교 그룹은 회중교회와 계속해서 선교를 위한 공동 전선을 폈다.

미국 교회의 각성 운동

경건주의 운동에서 비롯된 18세기의 부흥 운동은 영국과 미국에서 거의 동시에 일어나기 시작하였다. 독일의 경건주의자 찐젠도르프는 1727년 모라비아 형제단을 창설하였으며, 1738년 영국에서는 존 웨슬리로부터 부흥 운동이 시작되었다. 그런데 조나단 에드워즈(Jonathan Edwards, 1703~1758)로부터 미국에서 부흥 운동이 시작된 것은 영국에서보다 4년 앞선 1734년이었다. 18세기 전반에 유럽과 미국에서 거의 동시에 부흥 운동이 일어난 것은 우연한 일이 아니었다. 부흥 운동은 계몽사조의 합리주의 사상이 확산되고 있으며 산업화를 통한 물질의 풍요를 추구하는 비슷한 사회적 상황에서 일어났다. 그것은 침체해 가는 교회를 각성시키고 도덕적으로 타락해 가는 사회를 쇄신하는, 성령의 역사하심으로 일어난 영적 각성 운동이었다.

미국에서는 18세기 전반부터 20세기에 이르기까지 네 차례의 각성 운동이 일어났다. 18세기에 미국에서는 교회에 속한 사람들이 소수였다. 그러던 것이 19세기에 접어들면서 변화가 왔다. 즉, 칼빈주의 사회 전통에 변화가 온 것이었다. 18세기의 대부흥 운동은 뉴잉글랜드의 신학이 성장하는 데 촉진제 역할을 하였다.

제1차 각성 운동 | 제1차 각성 운동(A Great and General Awakening)에서 지도적인 역할을 한 인물은 조나단 에드워즈와 그의 두 제자인 벨라미(Joseph Bellamy, 1719~1790)와 홉킨스(Samuel Hopkins, 1721~1803)였다. 미국의 부흥 운동이 널리 퍼지면서 활기를 띠기 시작한 것은 1740년 조지 휫필드가 두 번째로 미국을 방문하여 순회 설교를 하면서부터였다. 부흥 운동은 계몽사상과 대치하는 가운데서 더 널리 파급되었으며, 1763년에 그 절정에 달하였다. 이 기간에 잉글랜드 식민지인 13개 주는 더욱 유대를 공고히 하게 되었다. 미국에서는 부흥 운동을 대각성(The Great Awakening) 운동이라고 칭한다.

존 웨슬리가 아르미니우스주의에 근거한 반면 조나단 에드워즈는 칼빈주의에 근거했다는 사실은 주목할 만하다. 거기에다가 칼빈주의적인 감리교 설교자 조지 휫필드가 일곱 번이나 미국을 방문하여 각성 운동에 크게 기여한 사실도 특기할 만한 일이다. 휫필드가 미국을 처음 방문한 것은 1738년이었다. 1739년에서 1741년에 그가 두 번째 미국을 방문했을 때 뉴잉글랜드에서 시작된 부흥 운동은 미국 전역으로 확산되었다. 그보다 먼저 조나단 에드워즈는 뉴잉글랜드 지방에 만연하기 시작한 아르미니안주의에 반대하기 위하여 1734년 '오직 믿음으로 말미암는 칭의'(Justification by Faith Alone)라는 제목의 설교를 다섯 차례에 걸쳐 행하였는데, 이것이 청중에게 큰 감동을 주게 되어 부흥 운동이 시작되었다.

제1차 각성 운동은 1763년에 그 절정에 이른 것으로 본다. 미국 교회 안에서는 대각성을 하나님의 역사(役事)로 볼 것인가의 여부로 많은 논란이 있었다. 조나단 에드워즈는 1741년 예일 대학교의 개강 예배 설교에서 '하나님의 영의 특별한 역사'(The Distinguishing Marks of the Spirit of God)라고 강조하였다. 에드워즈는 예일 출신 부흥 설교가로 타고난 회중교인이었다. 그는 그의 설교와 활동을 통하여 자신이 목회하는 교회의 교인 수가 줄어드는 경향을 바꾸어 놓지는 못했으나 전체적으로 교회를 각성시켜 교회로 하여금 고등교육을 장려하며 선교에 힘쓰도록 하는 데 공헌하였다.

이러한 부흥 운동을 가리켜 복음주의 운동(Evangelicalism)이라고도 하는데, 엄격한 칼빈주의 전통에서 어느 정도 이탈하는 경향을 띠었던 것이라고 할 수 있다. 그러나 에드워즈와 그의 제자들은 칼빈주의에 충실하려고 했으므로 그들을 가리켜 '일관성 있는 칼빈주의자'(consistent Calvinists)라고 칭하였다. 그들은 인간이 구원받는 것은 오직 하나님의 은혜로 말미암는다는 것을 강조하였다. 이것은 자연신론을 대항하는 강한 무기가 되었다. 자연신론은 원죄의 가능성과 영원에 대한 확실성을 부인하였다.

제2차 각성 운동 | 제2차 각성 운동은 뉴잉글랜드에서 일어났다. 각성 운동이 일어나면서 교회의 부흥과 전도와 교회 개혁이 수반되었다. 조나단 에드워즈의 외손자 디모데 드와이트(Timothy Dwight, 1752~1817), 나다니엘 테일러(Nathaniel William Taylor, 1786~1858), 베네트 테일러(Bennet Tayler, 1783~1858), 아사헬 네틀톤(Asahel Nettleton, 1783~1844), 라이먼 비처(Lyman Beecher, 1775~1863) 등이 설교자로 활동하였다. 여러 설교가들이 퇴수회 집회를 인도했을 때 거기 참석한 사람들이 죄씻음받음을 경험하였다. 여기에는 억제할 수 없는 감정적인 경험이 있었다.

켄터키(Kentucky)의 로건 카운티(Logan County)에서는 1796년 장로교 목사 제임스 맥그레디(James McGready)를 통하여 처음으로 각성 운동이 일어났다. 감리교 순회설교자 카트라이트(Peter Cartwright, 1785~1872)도 이 지역에서 일하다가 일리노이(Illinois)와 미주리(Missouri)까지 전도하였다. 1801년 켄터키의 버본(Bourbon) 카운티에서 열린 케인 리지(The Cane Ridge) 부흥회는 실로 역사적인 것이었다. 1만 명에서 2만 5천 명이 이 부흥회에 참석하였다. 켄터키의 부흥회는 먼저 장로교회에서 시작되었으나, 나중에는 침례교와 감리교에서 더 큰 성과를 거두었다.

장로교가 뒤지게 된 원인은 장로교인들이 질서의 혼란 같은 것을 조금이라도 용인하지 못한 데에 있었다. 많은 결신자가 생기자 이를 돌볼 목사 또는 교직자를 장립하는 것이 시급한 문제가 되었는데, 감리교와 침례교는 목사가 되는 데 반드시 고등교육을 조건으로 내세우지 않았으나, 장로교를 비롯한 다른 보수적인 교파에서는 이런 문제 때문에 내분이 일어났다. 부흥 운동의 결과 교인 수는 많이 늘어났으나 교회는 갈라지는 쓰라림을 맛보게 되었다.

1803년 바톤 스톤(Barton W. Stone, 1772~1844)은 케인리지 부흥회의 '뉴 라이츠'(New Lights)에 속하는 다른 지도자들과 함께 스프링필드 노회(Springfield Presbytery)를 조직하였다. 그들은 전통적인 장로교 제도와 신학을 비판하였다. 스톤은 메릴랜드 출신의 장로교 목사이면서도 칼빈주의의 무조건적 선택의 도리에 대하여 다소 회의를 품고 있었다. 부흥 운동이 시작되자 초교파적인 교회를 이룩한다면서 자신들을 '크리스천' 이라 칭하고 성경을 그들의 유일한 신경으로 삼았다.

이와 유사한 그룹들이 다른 곳에서도 생겨났다. 토마스 캠벨(Thomas Campbell, 1763~1854)과 그의 아들 알렉산더(Alexander Campbell, 1788~1866)는 장로교회를 개혁한다면서 새로 교회를 조직하였다. 평소에 유아 세례가 잘못이라는 생각을 가지고 있었으므로 마침내 온 가족이 침례교회 목사에게서 침례를 받았다. 그러나 침례교회에는 속하지 않고 '그리스도의 제자' (The Disciples of Christ)라는 교회를 세워 후에 바톤 스톤과 함께 목회하였다.

목사 안수 문제로 인한 교회 분리도 있었으니 켄터키의 컴벌랜드 카운티

(Cumberland County)에서였다. 컴벌랜드 노회의 목사들이 자격이 불충분한 사람들을 안수하였다고 하여 켄터키 대회에서 치리를 받았다. 그러자 노회 내의 부흥 운동을 지지하는 한편 이중예정을 반대하는 목사들이 1810년 '컴벌랜드 장로교회'(Cumberland Presbyterian Church)를 조직하였다. 이와 같이 장로교회는 여러 가지로 타격을 받게 된 반면에, 감리교는 집회를 열어 수많은 신자를 얻게 되었으며, 약 10년 후에는 부흥 운동을 독점하다시피 하였다.

부흥 운동에 참가한 사람 가운데 유명한 사람은 찰스 피니(Charles G. Finney, 1792~1875)였다. 피니는 코넥티컷의 워른(Warren)에서 나서 2살 때부터 뉴욕에서 자랐다. 장로교인이자 변호사였던 피니는 1821년 회개를 경험하고 신학을 공부하여 장로교 목사가 되었다. 1825년 그는 모호크 벨리(Mohawk Valley)에서 열렬히 전도하였다. 그후 그는 도시에서 부흥 운동을 인도한 최초의 사람이 되었다. 피니는 부흥회에서 '새로운 회개의 법'(New Measure)을 도입하여 부정적인 비판을 받았다. 즉, 그것은 회개를 강력하게 설교하고 회개한 사람을 공중 앞에 내세워 죄를 고백하게 하는 것이었다. 루터 교회와 네덜란드 개혁교회도 더러 이 방법을 채택하였다.

제2차 각성 운동으로 말미암아 많은 선교 단체가 조직되었다. 1801년 회중교회와 장로교회의 연합이 추진된 이후로는 비슷한 기관들이 서게 되었다. 1826년 뉴욕에 '미국내지선교회'가 창설되었다. 복음주의 교회의 조직화된 부흥 운동은 교회 확장의 중요한 활력소가 되었다. 켄터키 및 테네시와 남부 오하이오는 3년 간 교회에 출석하는 사람이 급격히 늘어났다. 이것이 교파 교회들이 성장하는 일에 기초가 되었다. 주로 침례교와 감리교가 이러한 발전에 적극적이었다. 그러나 장로교 목사들 가운데는 이에 반발하는 이들이 많았다. 따라서 장로교의 교세 증가는 이 시기부터 둔화되었다.

부흥 운동의 또 하나의 결과는 대립과 분열이 조장된 일이었다. 그 가운데서도 장로교가 가장 큰 피해를 입었다. 미국 장로교는, 위에서 이미 기술한 바와 같이, 부흥 운동에 냉담한 '구파'(Old Side)와 부흥 운동에 참여한 '신파'(New Side)로 분열되었으며, 회중교회는 이에 상응하는 '올드 라이츠'(Old Lights)와 '뉴라이츠'로 분열하였다. 미국 장로교는 1741년에 분열되었다가 1758년에 다시 연합하였으며, 그후 회중교회와의 연합 문제를 두고 장로교회는 다시금 1838년에 '구 학파'와 '신 학파'로 나뉘어졌다가 북쪽에서는 1870년에 다시 연합하였다.

첫 분열은 부흥 운동과 목사 교육에 대한 의견 차이에서 비롯된 것이었다. 신파는 부흥 운동을 환영하였으며, 부흥 운동으로 말미암아 급격히 불어나는 교회를 돌아볼 목회자를 신속히 충당해야 하고, 또한 목회자 양성을 위한 단기 교육이 불가피하다는 주장을 폈다. 이에 반하여 '구파'는 부흥 운동에 대하여 냉담한 태도를 취하였다. 그들은 어떠한 상황에서도 목사 교육을 철저히 하는 일을 양보할 수 없다고 하였다. '신파'의 주장은 미국의 감리교회와 침례교회에서 실시하던 목회자 수급 정책과 같은 정책을 시행해야 한다는 것이었다. 이러한 정책의 차이로 인하여 신파는 급격히 불어나는 데 반하여 구파는 줄어들었다. 1741년 구파의 목사 수는 27명이던 것이 1758년에는 23명으로 줄어든 반면에, 신파는 1745년에 목사 수가 22명이던 것이 1758년에는 73명으로 불어났다.

부흥 운동의 여파로 많은 새로운 교파들이 생겨나게 되었다. 여러 교파 교회들 가운데 감리교가 가장 빠른 성장을 보였다. 감리교는 1784년 시작되었다. 처음에는 어려움이 많았으나, 1800년 볼티모어에서 열린 연회에서 대부흥을 경험하였다. 그들이 자기들의 교회에 돌아가서 설교하자 희한하게도 온 교회가 그들의 설교를 듣고 회개하였다. 19세기가 시작될 무렵 서부에는 감리교인이 백인 2,622명, 흑인 179명이었는데, 1812년에는 백인 교인이 29,093명, 흑인 교인이 1,648명이었다. 1830년에는 교인 수가 175,000명으로 불어났는데, 그 가운데는 인디언이 2,000명, 흑인이 15,000명이었다. 1844년 교회는 남북으로 분열되었다. 감리교는 미국에서 가장 큰 교세를 가진 교회가 되었다. 교인이 1,068,525명에, 순회 설교자가 3,988명, 지역 교회 목회자가 7,730명이었다.

감리교가 이렇게 놀랍게 성장하게 된 요인은 속회 제도와 전도소 및 자치적으로 운용하게 하면서도 감독하는 제도 등을 들 수 있다. 두 번째 요인은 수양회(camp)의 운용이었다. 1840년경에는 그 열기가 식었으나, 캠프는 교파를 초월하여 수련회를 위한 장소로 사용되었다. 셋째는 평신도 가운데 설교자를 세운 것이었다. 그럼으로써 교회의 지도자들이 언제나 대중들의 관심이 무엇인지 알 수 있었으며, 쉽게, 단순하게, 그리고 힘있게 대중이 알아듣는 말로 설교할 수 있었다. 넷째로는 웨슬리적인 신학이었다. 즉, 회개를 촉구하는 것이었는데, 그것은 아르미니안주의라기보다는 사죄와 은혜의 교리와 성령으로 말미암는 성화에 대한 엄격한 칼빈주의적인 이해를 재해석하는 것이었다고 한다. 그렇지 않고서는 서부에서 감리교가 도덕적인 힘을 발휘할 수가 없었다고 한다.

침례교는 감리교와 다른 각도에서 교회 성장을 경험하였다. 자치적인 교회 운영을 통하여, 감리교회에서는 평신도 가운데서 설교자로 세움을 받은 이들이 순회전도자로 일한 데 반하여, 침례교에서는 주로 농부 출신 설교자들이 소명을 받아 일하였다. 양편 모두 신학 교육을 제대로 받기 전에 설교자로 활동하게 하는 것은 마찬가지였다. 침례교에서는 현재도 이러한 제도를 운용하고 있다. 소명감이 있고 지도자가 될 만한 사람이면 먼저 안수하여 설교자로 세운다. 그리고 목회를 하면서 소정의 신학교 교육을 이수하도록 하고 있다.

제2차 각성 운동의 여파로 일어난 종파 운동들도 유의할 만하다. 완전한 성화(聖化)를 주장함과 동시에 회심한 그리스도인들은 '제2의 축복'(the second blessings)을 받을 수 있고 반드시 받아야 한다고 주장하는 완전주의(Perfectionism), 계시록을 극히 주관적으로 해석함으로써 그리스도의 재림과 천년왕국을 강조하는 천년왕국 신앙(Millennialism), 모든 인류의 궁극적인 구원을 주장하는 만인구원론, 새로운 계시를 받은 것으로 주장하는 신흥 종교 (Illuminism) 운동이 일어났다.

완전한 성화는 존 웨슬리가 주로 설교하던 것이었으며, 제2의 축복도 그가 언급한 것이다. '제2의 축복'은 후에 일어난 오순절파(Holiness-Pentecostal) 운동에서 강조하는 교리로서 극심한 분리주의를 초래하였다. 1820년대와 1830년대 초반에는 완전주의 설교가 별로 인기가 없었으나 1830년대 후반부터 감리교 내에서 다시금 각광을 받기 시작하였다. 대부흥 설교가 찰스 피니도 이에 큰 몫을 담당하였다. 존 험프리 노이스(John Humphrey Noyes)의 사회주의적 성격을 띤 오네이다 공동체(Oneida Community)도 이러한 완전주의에 그 뿌리를 두고 있다.

재림 안식교의 창시자 윌리암 밀러(William Miller, 1782~1849)는 버몬트의 경건한 침례교 신자였다. 1833년 목사로 안수를 받았으며, 1835년에는 재림에 대한 그의 강의를 책으로 출판하였다. 그는 다니엘서 9:24~27과 8:14에 근거하여 예수 그리스도의 재림의 날자를 1843년 3월로 계산하였다. 그후 1844년 3월로 한 해 연기했다가 그 해 10월 22일로 재차 연기하자 많은 추종자들이 실망하고 흩어졌다.

그러나 이 대실망의 날(Great Disappointment)이 곧 안식교가 시작된 날이 되었다. 밀러가 죽고 난 이후 안식교는 세계적으로 확산되기 시작하였다. 뉴욕의 농부인 하이람 에드슨(Hiram Edson)은 밀러의 추종자였는데 대실망의 날 다음 날 밭을 거닐다가 '성전의 정화'가 지상에서가 아니고 천상에서 이루어지는 환상을 보았다고 한다. 여하튼 그로 말미암아 안식교도들은 주일 아닌 안식일을 지키게 되었다. '재림교의 여선지자' 엘렌 하몬(Ellen G. Harmon, 1827~1915)은 대실망의 날이 지나고 얼마 후 첫 환상을 보았다면서 자기가 본 환상들을 활자화하였다. 안식교에서 음식에 까다로운 규제를 하게 된 것은 하몬으로 말미암은 것이다.

만인구원론을 주장한 사람 가운데 기억할 만한 사람은 호세아 발루 (Hosea Ballou, 1771~1852)이다. 발루는 침례교 출신으로서 보스톤 회중교회의 자유주의의 영향을 받기도 했다. 그는 1804년 「구속론」(*Treatise on the Atonement*)을 출판하였다. 나중에 그는 그리스도의 대속의 교리를 버리고 유니테리언 사상에 동조하게 되었다. 미국에서 만인구원설을 믿는 교회를 일으킨 것은 존 머레이(John Murray, 1741~1815)였다. 그는 영국의 칼빈주의 교회 출신이었으나 감리교 운동에 참여하더니, 웨슬리의 '모든 사람에게 미치는 은혜' 라는 말을 부연하여 그리스도의 희생은 택자의 구원을 위한 것만이 아니고, 모든 인류의 구원을 위한 것이라고 하였다. 그는 영국에서 출교당하여 1770년 미국으로 건너와서 1779년에 매사추세츠의 글로스터(Gloucester)에 만인구원론의 교회를 세웠다.

제3차 각성 운동 | 제3차 각성 운동은 19세기 후반에 무디(Dwight Lyman Moody, 1837~1899)로 부터 일어난 부흥 운동을 지칭한다. 무디는 보스톤에서 1854년부터 1856까지 그의 삼촌의 구두 가게에서 점원 일을 하였다. 삼촌이 다니는 교회의 목사로부터 복음을 듣고 그리스도를 영접하여 1856년 교회 회원이 되었다. 그의 회심은 조용하고 단순하며, 감정적인 면이 없었으나 그의 삶에 큰 변화를 가져 왔다. 그 해 9월 무디는 시카고로 이사하여 플리머스 회중교회에 나갔다. 무디는 긴 의자 넷을 세내어 주일 아침마다 거리에서 혹은 하숙집에서 사람들을 모아 앉히고는 성경을 가르쳤다. 얼마 안 가서 큰 집회 장소(North Market Hall)에서 주일학교를 시작하여 1,500명의 사람들이 모였다.

1861년 그는 생업을 버리고 전도자의 길로 나섰다. 남북 시민전쟁이 끝나자 그는 시카고 YMCA의 총무로 일하면서 복음 전파에 전념하였다. YMCA는 1844년 잉글랜드에서 조지 윌리엄스(George Williams)에 의하여 창설된 기관이다. 1870년 무디는 생키(Ira David Sankey, 1840~1908)로 하여금 찬양으로 봉사하도록 설득하여 전도 팀을 만들었으며, 1873~1875년에는 함께 영국으로 건너가 대전도 집회를 인도하였다.

무디의 설교는 아주 소박하면서 미국의 낙관주의와 복음주의적인 아르미니안주의 요소를 띤 것이었다. 성경을 높이 쳐들고 청중들에게 영생은 당신들의 것이라고 하면서 믿는 자는 앞으로 나와서 취하라는 것이었다. 그리고는 어느 교회이든 출석하도록 권유하였다. 이것은 빌리 그레이엄(Billy Graham)에게서도 볼 수 있다. 무디는 예수 그리스도 안에서 구원을 베푸시는 하나님의 은혜를 설교하고 죄인의 회개를 촉구하면서 구원을 취하라고 역설하였다. 그 밖에 도덕적인 생활은 이차적인 것이었다. 그것은 개인이 구원을 받았을 때 자연히 따르게 마련인 것으로 여겼다. 무디는 '위대한 19세기'의 사람들로 하여금 선교에 헌신하고자 하는 열정을 갖도록 불을 붙이는 일에 종사한 위대한 부흥사이다.

1892년 그가 은퇴한 이후 채프만(J. Wilbur Chapman), 토리(Reuben A. Torrey) 등이 부흥사로 활동하였으나, 무디와 같지는 못했다. 윌리엄 애쉴리 선데이(William Ashley Sunday, 1863~1935)는 야구 선수 출신으로서 그리스도를 영접한 이후 야구계를 떠나 1891년 시카고 YMCA의 부총무가 되었다. 그리고 2년 후에는 채프만의 부흥 팀의 간사 일을 보았다. 1895년 채프만이 은퇴하면서 그를 후계자로 지목하였고, 선데이는 부흥회를 조직화함으로써 성공을 거두었다.

20세기에 들어와서도 미국의 기독교 부흥을 위한 운동은 활발히 계속되었다. 1911년에는 650명의 부흥사가 활동하였으며, 1,200명의 시간제 봉사자들이 부흥회를 위하여 종사하였다. 1912년부터 1918년까지 3만 5천번의 부흥 집회가 열렸으며, 1914~1917년에는 복음주의 교회가 매해 2천만 달러를 천막 부흥집회(Professional Tabernacle Evangelism)를 위하여 지출하였다. 그러나 이러한 노력에도 불구하고 부흥의 퇴조를 막을 수 없었다.

미국 남북 시민전쟁과 흑인 교회

미국의 교회들은 남북 시민전쟁(1861~1865)을 계기로 남측과 북측을 지지하는 세력으로 양분되어 분립하였다. 설교자들과 교회 지도자들은 강단과 교회 언론에서 남과 북의 반목과 전쟁의 발발을 두고 나름대로 해석하며 지지하였다. 1860년 노예 제도를 반대하는 공화당의 젊은 후보 아브라함 링컨(Abraham Lincoln)이 3분의 2의 득표로 대통령에 당선되자, 미국의 남부인들은 분립을 단행하였다.

1861년 3월 4일 대통령 취임이 있기 이전에 사우스 캐롤라이나로부터 텍사스에 이르는 7개의 주가 미 연방국(the Confederate States of America)을 형성함으로 인해 남과 북은 전쟁에 돌입하게 되었다. 흥미 있는 일은 정치적으로 남북이 완전히 갈라서기 이전에 교회가 미리 분립한 일이다. 가장 큰 교파로 발전한 침례교와 감리교는 연방국이 형성되기 15년 전에 남북으로 분립하였으며, 장로교의 '신 학파'는 1857년 분립하였다.

양측의 그리스도인들은 하나님께서 자기들의 편임을 확신하면서 전쟁에 적극적으로 참여하였다. 많은 목사들이 군목(軍牧)이 되었고, 병사들도 예배에 열심을 가지고 참여하였으며, 전쟁중에 양 진영에 부흥 운동이 일어나서 회심하는 병사들도 많이 생겼다. 노예 문제로 양측의 교회가 전쟁을 불사할 정도로 극한으로 대립했다는 사실과 마치 종교전쟁을 치르듯 투철한 신념과 신앙을 가지고 전쟁을 치렀던 사실은 곧 미국에서 흑백간의 골이 얼마나 깊었는지, 특히 남부에서 흑인들의 사회적인 입지뿐만이 아니라 종교적인 위치가 어떠했으며, 현재도 어떤 것인지를 짐작하게 해 준다.

1863년 초에 링컨이 노예해방을 선언하자, 합중국군에 점령당한 남부에서는 수많은 노예들이 해방되었으며, 그들 중에 많은 이들이 군에 입대하였다. 여러 자원 봉사 단체들이 해방된 노예들을 돕고 교육하는 일을 힘썼으며, '미국선교협회'(American Missionary Association)는 남부에 흑인들을 위한 학교와 대학들을 세우는 일에 주도적인 역할을 하였다.

1865~1877년의 전후 재건의 시기에 노예 제도를 반대했던 북부의 기독교 개인과 단체들은 흑인들의 인권 회복을 위하여 노력하였다. 미국 연방 정부는 제13~15차의 헌법 수정을 통하여 노예 제도를 일소하고 노예로 있던 흑인들에게 시민권과 선거권을 보장하는 등 재건 사업을 추진하였고, 흑인들도 미국 남부의 정부 관리가 되었다. 그러나 이러한 재건 정책이 끝나자 남부의 흑인들은 예전과 같이 어려움을 겪었다. KKK(Ku Klux Klan)단과 같은 비밀 단체들이 흑인들을 괴롭혔으며, 4백만에 이르는 노예에서 해방된 흑인들은 농업에 종사하든 공장에 취업을 하든 경제적인 차별을 감수하지 않으면 안 되었다. 전쟁이 끝난 이후 남부 사람들과 남부의 교회는 패전의 사실이나 노예해방 또는 합중국 정부 그 어느 것도 달갑게 인정하려고 하지 않았다.

남부의 흑인들은 전쟁 전에도 백인들의 교회에서 소외당했었는데, 전쟁이 끝난 이후 흑인 교회들이 형성되면서 우후죽순처럼 급속히 성장하기 시작하였다. 재건이 끝남과 동시에 흑인들의 정치적인 희망이 사라지고 백인들의 압제가 여전해지자, 그들의 사회적 상처를 어루만져 주고 정치적인 불만을 해소해 줄 수 있는 유일한 기관이요 모임은 교회였다. 흑인들은 자신들만의 교회를 가지기를 원했으며, 백인들 역시 그것을 환영하였다.

백인들과 함께 침례교회에 속해 있던 15만명의 흑인들이 교회를 나와 따로 그들만의 교회들을 세웠다. 흑인 교회 연합이 형성되어 1895년에는 애틀랜타에서 침례교연회(National Baptist Convention)가 조직되었다. 감리교 흑인들은 1870년에 무려 20만 명이 남감리교(Methodist Episcopal Church, South)를 떠났다. 일부는 북감리교에 속했으나 대부분은 기존의 흑인 감리교(African Methodist Episcopal Church와 African Methodist Episcopal Zion Church)에 가입하였다.

남과 북의 백인들은 1877년 재건 기간이 지나면서 다시 화해하기 시작하였다. 그러나 그것은 흑인들을 희생시킴으로써 이루어져 갔다. 북부의 백인들은 남부의 백인들이 흑인들에 대하여 더 많은 것을 알고 있다고 인정하기 시작하였다. 그리하여 '짐 크로우'(Jim Crow) 법안이 입안 통과되었다. 그 결과 흑인들은 공공 건물과 교통 수단의 이용에서와 교육에서 백인들과 자리를 같이 할 수 없게 되었으며, 여러 부분에서 권리를 박탈당하였다. 이러한 현실에 직면하여 많은 흑인 지도층의 인사들은 동족들에게 자제하기를 부탁하고 교육을 통하여 스스로의 입지를 향상시키도록 호소하였다. 부커 워싱톤(1859~1915)은 알라바마의 터스키지(Tuskegge)에 학교를 세워 흑인들을 교육하며 많은 인재를 양성하였다. 이에 반하여 아프리칸 메토디스트 교회의 감독 헨리 터너(Henry M. Turner, 1834~1915)는 흑인들이 부당한 대우를 받는 데 대하여 분노를 터뜨리며 항의하였다.

이와 같이 흑인들은 백인들의 압제에 대하여 자제하는가 하면 분노하기도 하면서, 온건파와 강경파의 내부 갈등을 겪는 가운데 인권을 위하여 투쟁해 왔다. 마침내 1968년 백인 인종차별주의자에게 암살된 마틴 루터 킹(Martin Luther King Jr., 1929~1968)의 희생을 계기로 흑인들의 인권은 적어도 법적으로는 별 차별이 없는 보장을 받게 되었다.

기독교와 세계 선교

식민지 정책과 선교

기독교의 선교를 비판적으로 보는 시각에서는 선교를 식민지 확장 정책의 일환으로 본다. 식민지화 정책은 현지민들이 복음을 받아들이는 데 방해가 되는 부정적인 요소로 작용한 것이 사실이다. 그러나 여하튼 선교에 열정을 가진 사람들에게는 식민지 확장을 통하여 선교의 세계가 그만큼 넓어졌던 것이다. 스웨덴과 노르웨이를 제외한 개신교 국가들의 정부는 대체로 선교에 냉담한 편이었으나, 선교의 사명을 가진 이들은 선교회를 조직하여 자신들의 정부가 식민지로 개척한 선교지로 향하였다.

선교사들은 원주민들에게 식민주의의 앞잡이로 오해를 받기도 하였으나, 리빙스톤(David Livingston, ?~1873)이 아프리카의 심장부를 탐험하는 한편 노예 무역의 흉악성을 폭로했듯이, 선교사 가운데는 식민지 개척자들이나 식민주의 정부의 비인도적 정책에 대하여 항거하는 이도 있어서 식민주의자들에게는 성가신 존재로 취급되기도 하였다. 여하튼 그들은 식민주의 정부의 보호를 받으며 그 울타리 안에서 선교 활동을 하였다.

정치적인 세력의 확장과 더불어 선교가 이루어지는 현상은 19세기의 식민주의 시대에 와서 처음 있게 된 것은 아니다. 기독교의 복음은 시초부터 세속적인 정부의 권세나 문화를 거스려 전파되거나 혹은 그것을 배경으로 하거나 지지를 받아 전파되었다. 아시아로 전파된 네스토리우스파들의 기독교는 동양의 여러 종교와 문화와 접촉하는 과정에서 혹은 심한 박해를 받아 그 정체성이 왜곡되거나 소멸되기에 이르렀다. 중동과 소아시아와 이집트에 전파된 기독교는 7세기에 일어난 이슬람에 의해 아주 거세되거나 교세가 극도로 약화되었다.

그러나 서방으로 전파된 기독교는 로마 제국의 박해를 무릅쓰고 문화를 거스리면서 서서히 성장하여 로마 제국을 기독교화하게 되었다. 기독교가 로마 제국의 국교가 된 것을 부정적으로 보는 시각도 있으나, 실은 국교화됨으로써 역사적이며 세계적인 종교로 존속하고 발전할 수 있었던 것으로 보아야 할 것이다. 로마 제국의 정권은 게르만에 의해 와해되었으나 로마의 문화 속에 생존하면서 문화를 주도하게 된 교회는 문화적으로 열등한 게르만을 권위를 가지고 기독교화하기에 이르렀다. 유럽의 기독교화는 12세기경에 이르기까지 약 800년이라는 긴 세월에 걸쳐 진행되었다.

슬라브 족에 대한 선교는 더 뒤늦게 헬라 문화를 배경으로 한 동방 교회를 통하여 이루어졌다. 기독교 신앙은 이를 가진 지역에서 아직 가지지 못한 지역으로, 선교사들의 희생과 순교를 통하여, 혹은 칼 대제의 경우처럼 무력적인 통치를 통하여 전파되어 갔다. 중세에 무슬림에 대한 선교의 시도도 있었으나, 선교는 유럽을 기독교화하는 데 머물렀다. 당시의 교회는 그들이 알고 있는 세상 끝까지 기독교 신앙을 전파하는 일에 힘을 쏟은 셈이었다.

지리상의 발견 이후 유럽인들에게 세계는 더 넓어졌다. 따라서 선교의 대상지도 그만큼 넓어졌다. 남북 미주 대륙과 호주를 발견한 유럽인들은 새 대륙으로 그들의 종교를 가지고 이주하였으므로 기독교 신앙을 새 대륙에 이식한 셈이다. 백인들의 군대와 정부는 이주자들의 거주 영역을 넓히기 위하여 원주민을 무력으로 몰아내는 한편, 교회는 백인이 아닌 인디언들에게 선교하기 시작하였다. 그러다가 더 확고하게 정착하고 부흥 운동을 경험하면서 세계 선교에 눈을 뜨게 되었다.

선교에 있어서 문화의 전수는 선교의 부산물이라는 바르넥(Gustav Warneck)이 관찰한 바와 같이, 선교사들은 복음의 전도자로서뿐만이 아니고 아프리카와 태평양의 섬나라에는 물론이고 문명한 아시아의 여러 나라에서도 산업 혁명을 이룩함으로써 자연과학과 산업 면에서 앞서게 된 구미의 문화를 소개하고 전달하는 문화 전수자(Kulturträger)로서 역할하였다. 선교사들의 기질이나 교양을 따라, 혹은 선교에 처음으로 접하는 나라와 민족의 특성과 재래적인 토착 문화의 정도에 따라, 여러 가지로 다른 대처와 선교 방법이 동원되었다.

선교지의 나라와 민족들은 새로운 신앙의 유입을 토착적인 문화와 전통에 대한 도전으로 이해하여 거의 예외 없이 새로운 신앙을 거부하기 때문에, 선교사들은 직접적인 전도보다는 우회적인 전도 방법을 사용하였다. 그래서 의료 선교사들이 병원과 학교를 세워 의료 활동을 펴고 새로운 교육을 실시하였다. 그리고 의사소통을 위하여 선교지의 문화와 관습을 연구하는 일은 선교사들이 기본적으로 갖추어야 할 준비요 자세였으며, 성경을 번역하는 것은 선교 사업의 초석을 놓는 것으로 간주하였다.

가톨릭의 선교

로마 가톨릭의 선교는 이미 지리상의 발견이 이루어지던 15세기에도 활발히 시행되었다. 다시 말하면, 기독교 국가가 새로운 세계를 개척하고 식민지화하는 것과 병행하여 시행되고 강화되었던 것이다. 콜럼버스가 1492년 아메리카 신대륙을 발견한 이후 당시 해상을 제패했던 스페인과 포르투갈이 새로운 세계를 탐험하고 접근하면서 이들의 정부는 세 가지 사항을 마땅히 시행해야 할 필수적인 과제로 고려하였다. 즉, 정복, 정착 그리고 전도였다.

식민지 개척을 두고 각축을 벌이는 두 나라의 세력을 뒷받침하며 조정하는 역할을 한 교황의 교서에도 선교의 의지가 잘 표현되고 있다. 1493년 5월 교황 알렉산더 6세는 3개의 교서를 발표하여, 대서양 서안에 존재하거나 발견될지도 모르는 땅의 주민들과의 무역 독점권을 스페인 왕실이 가지는 것을 인정하면서, 새로 발견되는 섬들과 대륙에 거주하는 백성들을 그리스도인 신앙으로 돌아오도록 할 것과 토착인들을 훌륭한 도덕과 가톨릭 신앙으로 교도할 수 있는 현명하고 정직하며 하나님을 두려워하는 덕망 있는 사람들을 그 땅에 보내야 한다는 지시를 내렸다.

교황은 스페인과 포르투갈에 의하여 새롭게 발견되거나 식민지로 개척되는 지역을 가톨릭의 교구로 만들었다. 일찍부터 추진된 가톨릭의 선교 활동은 16세기와 17세기에도 종교 개혁 운동이나 반종교 개혁 운동과는 상관없이 더 활발히 추진되었다. 특히 1534년 로욜라가 반종교 개혁을 외치면서 결성한 예수회 교단은 교황에게 절대적으로 순복하며 이단자들과 이교도들을 가톨릭 신앙으로 개심시켰을 뿐 아니라, 세계 선교를 위하여 대단한 열정으로 헌신하였다. 창단 이후 백 년 안에 예수회 회원들은 알려진 세계의 거의 모든 나라와 섬에 그들의 뼈를 묻게 되었다. 예수회 교단의 창설 회원 가운데 한 사람인 사비어는 인도와 동남아를 거쳐 일본에까지 선교 여행을 감행한 것으로 유명하다.

이에 반하여 교회의 개혁과 새로운 신학의 수립에 관심을 기울인 종교 개혁자들은 그들이 거주하는 지방을 떠나 복음을 전파해야 한다는 생각은 미처 하지 못했다. 정통주의 시대의 신학자들 역시 로마 가톨릭에 대항하여 교리적인 변증에 관심을 두었을 뿐 선교의 필요성은 깨닫지 못하였다.

개신교는 유럽에서 주로 국가 교회로 발전하였는데, 국가 교회는 선교에 별로 관심을 보이지 않았다. 그러나 스웨덴과 덴마크는 예외였다. 17세기에 덴마크 왕은 루터교회 선교사를 인도로 보내어 선교하게 하였으며, 스웨덴 왕은 식민지를 개척하는 일에 직접 관여하였다. 영국의 엘리자베스 여왕은 동인도 회사를 통하여 식민지를 넓혀 갔다. 이러한 척식회사들은 식민지의 국민들이 식민지 지배에 반대하고 대항할 경우 군대를 동원하여 전쟁을 할 수 있는 권한을 부여받았다. 이 회사들은 교역을 통하여 수익을 올릴 뿐 아니라 그 나라의 사회적 및 문화적 상황을 변화시키는 일도 맡아 수행하였다.

동인도회사는 선교를 반대하는 정책을 오랫동안 고집하였다. 1793년에만 하더라도 선교를 적극 반대하였다. "선교사들을 우리 동부 지역으로 투입하는 것은 지극히 부질없는 짓이다. 그것은 정신 나간 사람들의 어처구니없는, 부당한 계획이다" 이와 같이 유럽의 국가 교회들은 교회의 관료적 조직이나 국가의 정책 때문에 선교에는 대체로 속수무책이었다. 그러므로 선교에 뜻을 가진 사람들은 선교회를 조직하여 스스로 선교를 추진하였다. 그리하여 여러 선교 단체들이 생기게 되었다.

개신교의 선교

개신교의 본격적인 선교는 경건주의 운동이 일어나면서부터 시작되었다. 자신들의 모임을 '교회 내의 작은 교회'(Ecclisiola Ecclesiae)라고 지칭하는 경건주의자들의 운동은 여러 면에서 국가 교회의 제약과 한계를 벗어나 활동하는 운동이었다. 18세기에 독일의 경건주의자들로 인하여 시작된 개신교의 세계 선교는 영적인 부흥과 각성 운동을 경험하게 된 영국과 미국의 복음주의 교회들과 단체들과 신자들의 헌신적인 참여로 인하여 활성화되고 확대되었다.

선교는 18~19세기에 유럽 국가들의 식민지 개척 및 확장과 더불어 이루어졌다. 19세기에 영국의 교회들과 선교 단체들은 선교사들을 가장 많이 파송하고 선교를 활발하게 추진하였다. 먼저는 영국에서 복음주의 운동이 왕성했기 때문이며, 동시에 17세기 이후 영국이 세계를 제패하였으므로 가장 많은 식민지를 가져 선교할 수 있는 세계를 넓혔기 때문이다. 그리고 같은 영어를 사용하는 미국의 교파 교회들이 이에 가세하였다.

개신교의 세계 선교는 일찍부터 민족교회의 경계를 넘어 공동으로 추진되었음을 우리는 기억해야 한다. 영국에서는 1699년에 대영제국의 기독교인들에게 종교적인 지식을 제공해 주는 것을 목적으로 하는 SPCK(the Society for Promoting Christian Knowledge, 基督敎知識增進會)가 앵글리칸 성도들에 의하여 창설되었다. SPCK는 문서 활동 기관이었으나 인도 선교를 지원하였다. 그리고 그후에는 인도에서 목회하는 독일 목사들도 지원하였다. 1728년에는 마드라스(Madras)에 독자적인 선교부를 설립하였으며, 1813년에는 마지막 독일 선교사를 파송하고, 12년 후에는 '복음전도협회'(the Society for Propagation of the Gospel)에 인도 선교 사업을 이양하였다. 이 기관은 1701년에 조직되었다.

1792년, 윌리엄 캐리(William Carey)가 이끄는 '침례교선교회'(The Baptist Missionary Society)가 조직되었다. 캐리는 일찍이 인도 선교에서 쌓은 경험을 토대로 선교 정책을 피력한 것으로 유명하다. 그가 말한 정책은 ① 가능한 한 모든 방법을 동원하여 복음을 전파하며, ② 그 나라의 언어로 기록된 성경을 보급하여 전도 활동을 지원하고, ③ 할 수 있는 대로 신속한 장래에 교회를 세우며, ④ 비기독교인들의 배경과 사상을 깊이 연구하며, ⑤ 가능한 신속한 장래에 토착인 교역자를 양성하는 일 등이다. 그가 제시한 정책은 많은 선교사들이 따르는 지침이 되었다. 한국에 온 선교사들이 받아들인 네비우스 선교 정책도 캐리의 정책에서 채택한 것이었다.

1795년에는 '런던선교회'(The London Missionary Society)가 초교파적임을 표방하고 결성이 되었으나 별로 효과를 거두지는 못했다. 앵글리칸교회 측에서는 '국교회선교회'(The Church Mission Society)를 조직하였다. 독일에서는 이보다 먼저 1778년에 '독일 기독교회'(Deutsche Christentumsgesellschaft)가 조직되었으며, 1817년에 '바젤선교회'(The Basel Missionary Society)가 조직되었다. 이 선교회는 독일과 관계가 있는 많은 선교사들을 중미와 아시아와 아프리카의 여러 나라로 파송하였다. 뷔르템베르크를 중심으로 한 부흥 운동으로 말미암아 많은 선교사들이 영국의 선교회들을 통하여 선교를 나갔다. 당시는 열대 지방의 여러 가지 질병과 싸울 수 있는 의술이 발달하지 못했기 때문에 열대병으로 인한 희생자도 많이 생겼다.

모라비안들과 모라비안의 '형제단' (Unitas Fratrum)이 재정적인 뒷받침을 하였다. 모라비안들은 이미 18세기에 선교를 시작했었는데, 19세기에도 여전히 선교에 열정적이었다. 모라비안들은 열정 뿐만 아니라 선교 방법에 있어서도 훌륭했다. 그들은 한 번에 8~10명의 선교사들로 하여금 그룹을 지어 선교지로 가도록 하여 피차 도우면서 선교하도록 하였다.

인도 선교

미국의 주요한 선교 단체 가운데 하나인 '미국해외선교국' (The American Board of Commissioners for Foreign Missions)은 1810년에 창설되었다. 처음에는 초교파적이었으나 후에 회중교회적인 선교 단체가 되었다. 의료 선교사 존 스커더(John Scudder)는 1819년 실론(Cylon)으로 갔다가 후에는 마드라스로 옮겼다. 그의 후손들이 또한 의료 선교사가 되어 인도로 가서 선교하였다는 이야기는 감동적이다. 장로교는 1830년대에 푼잡(Punjub)에서 선교 사업을 시작했는데, 찰스 포먼(Charles Forman)은 1848년에 그곳에 자기 이름으로 명명된 대학을 설립하였다.

1800년에 인도의 대부분은 영국의 동인도회사의 지배하에 들게 되었다. 선교사에 대하여 적대적인 동인도회사의 헌장이 개정되어야 한다는 것이 여론화되어 1793년 그 개정안이 국회에 상정되었다. 영국의 복음주의자들은 동인도회사에 사목(社牧, chaplain)을 보내는 일을 입법화하였다. 동인도회사의 채플린 가운데 잘 알려진 사람으로는 헨리 마틴(Henry Martin)을 들 수 있는데, 1805년 인도로 가서 1812년에 생을 마쳤다. 그는 아랍어, 페르시아어, 산스크릿에 능통한 사람으로 성경 번역에 크게 공헌하였다. 윌리엄 캐리는 벵갈 성경(Bengali Bible)을 번역하였다.

인도에는 많은 선교사들이 가서 사역했는데, 중국과 일본에 비하면 성과를 거둔 셈이었다. 그러나 완전한 성공이라고는 할 수 없었다. 인도에는 제1차 세계 대전 당시 백만의 기독 신자가 있었다. 신교도의 수가 로마 가톨릭의 두 배였다. 20세기 중엽까지도 카스트(Caste)와 인종 문제로 교회가 분열되는 어려움을 겪었다. 버마의 아도니럼 저드슨(Adoniram Judson)은 1813년 미국 선교부에 가서 침례교로 개종했으며, 후에 그는 선교사로 버마에 귀국하여 복음 사역에 헌신하였다.

중국 선교

중국에서는 로마 가톨릭의 예수회 교단이 문화에 적응하는 노선을 취하였다. 제의(祭儀) 문제를 두고 도미니코회와 프란체스코회의 양 교단은 예수회 교단의 적응 정책에 반대하였다. 결국 황제가 모든 외국 선교사들을 추방하는 바람에 기독교 선교에 공백기가 생기게 되었다. 18세기와 19세기에 유럽과 미국의 많은 선교사들이 중국으로 가려고 했으나 중국의 쇄국 정책 때문에 뜻을 이루지 못하였다. 1839년 아편전쟁이 있고 1842년 남경조약이 체결되면서부터는 사정이 달라졌다. 제2 아편전쟁(1856~1860)이 터졌을 때는 프랑스도 이에 가담하였다.

영국과 프랑스는 중국으로 하여금 여러 항구 도시를 개항하고 통상을 하도록 하였다. 그 결과 중국 정부는 다른 외국인에게도 입국을 허용하였다. 프랑스의 가톨릭 선교사들은 적극적으로 선교에 나섰다. 선교사들은 중국의 어느 성(省)에서나 땅을 세내어 그 위에 집을 지어 살 수 있다는 조약을 맺었다. 이 조약은 불어와 중국어로 된 것인데 선교사들은 늘 이 문서를 지니고 다녔다. 그리고 중국어 문장이 불분명할 경우 불어문이 더 효력을 발생했는데, 이러한 내용은 곧 나폴레옹 3세 하의 프랑스 제국주의를 반영하는 것이다.

중국이 개방하기 이전부터 서방 기독교의 중국에 대한 선교열은 대단하였다. 세계에서 제일 많은 인구를 가진 나라이며, 교통이 나쁘다는 이유에서도 그러하였다. 그들은 모험을 필요로 한다는 뜻에서 더 많은 관심을 가졌다. 19세기 초에 선교를 시작한 선구자의 한 사람이 곧 '런던선교회'의 로버트 모리슨(Robert Morrison)이었다. 그는 중국에 입국할 수가 없어서 말레지아의 말라카(Malaca) 주에 머물면서 교육과 성경 번역에 전념하였다. 1842년 남경조약이 체결된 이후 모리슨과 메드허스트(Medhurst) 등 여러 사람들은 상해로 가서 일을 계속하였다. 미국 선교사로는 1830년 엘라이자 브리지먼(Elijah C. Bridgman)이 중국으로 왔으며, 몇 해 후에는 사무엘 윌리엄스(Samuel Wells Williams)가 도착하였다. 윌리엄스는 중국학 연구가로 이름을 얻었다.

영국 감리교인인 허드슨 테일러(J. Hudson Taylor)는 초교파적인 선교 단체 CIM(China Inland Mission)을 창설하였다. 이 선교 단체는 경제적인 뒷받침을 위한 조직이라기보다는 신앙으로 선교할 수 있다는 것을 철저히 믿고 이를 실천하는 것을 불문율의 수칙으로 하는 기관이었다. 허드슨 테일러는 중국 내륙 전도에 힘쓰면서 근본주의적인 복음 전파에만 주력하였다. 그는 과학이나 정치를 가르쳐야 한다는 마틴(W. A. P. Martin) 같은 사람은 용납하지 않았다.

마틴은 학교를 세워 서양 문화를 가르치고, 기독교를 유교의 말로 설명하려고 하였다. 그의 글은 일본어로 번역되고 일본에 소개되어 영향을 주었다. 디모데 리처드(Timothy Richards)는 중국어 신문을 발간하여 서양 문물을 소개하였다. 이러한 선교 정신을 가진 사람은 CIM의 선교사나 그 밖의 보수적인 신앙을 가진 선교사들과 대립 관계에 있었다. 그리고 이러한 대립은 20세기에 들어와 신학적인 양극화로 인하여 더 첨예하게 되었다.

선교사들이 선교를 진행하는 사이 중국 사람들의 배외(排外) 감정과 사상이 고조되었다. 1870년 천진(天津)에서는 10명의 수녀가 학살당하는 일이 일어났다. 수녀들이 경영하는 고아원에 대한 오해에서 빚어진 일이었다. 이를 계기로 배외 감정 때문에 희생을 당하는 선교사들의 수가 늘어났다. 1911년 혁명 이후 배외 감정은 더욱 고조되었으며, 제1차 세계대전 이후에는 이러한 배외 감정이 더욱 악화되었다. 일본의 침략과 서방 세계의 이에 대한 방관이 중국인의 배외 감정을 더욱 자극했던 것이다.

1921년 공산당은 외세를 물리치기 위하여 국민당(國民黨)과 연합 전선을 폈다. 1927년 장개석(蔣介石)이 공산당에 대항하면서 단독으로 중국을 통일하기 시작했을 때, 정세는 기독교에 다소 유리한 것 같았다. 그러나 국민당이 일본, 독일 및 이탈리아의 동맹군에 대항하기 위한 민주 세력과 공산 세력의 규합을 외치자, 일본군이 다시 진격하게 되었다. 그로 말미암아 기독교 선교는 다시금 큰 피해를 입게 되었다. 제2차 대전이 끝나자 공산당이 국민당군을 대만으로 몰아내고 1949년 10월 1일 중국이 인민공화국임을 선포하였다. 그 바람에 CIM을 위시하여 모든 외국 선교 단체들은 철수하지 않으면 안 되었다. CIM은 그후 OMF(Oversea's Missionary Fellowship)로 개칭하여 중국 이외의 아시아 나라에서 선교하기 시작하였다.

일본 선교

일본에서는 16, 17세기에 예수회가 선교 활동을 폈다. 로욜라와 함께 예수회 교단을 창설한 사비어가 인도를 거쳐 일본까지 온 것이 일본 선교의 효시(嚆矢)였다. 1600년 도꾸가와 이에야스(德川家安)가 혁명으로 일본을 통일하면서부터 외국 선교를 배제하려고 하였다. 집권 후 도꾸가와 정부는 기독교를 금지하고 수많은 신자들을 처형하였다. 일본은 19세기까지 쇄국주의로 일관하면서 네덜란드와만 교역을 계속하였다. 1854년 미국의 매튜 페리(Matthew C. Perry)는 4척의 군함으로 일본 정부를 위협하여 문호를 개방하도록 하였다. 일본 정부는 중국이 서방 제국에게 곤욕을 당한 사실을 알고 순순히 이를 수락하였다.

일본에서 활동을 처음으로 시작한 개신교 선교사는 주로 미국에서 온 칼빈주의 교회 출신 선교사였다. 존 히긴스(John Higgins)와 채닝 윌리엄스(Channig M. Williams)는 감독교회의 선교사였는데, 중국에서 일본으로 왔다. 제일 먼저 일본 선교사로 지명을 받고 온 사람은 장로교인 의사 제임스 헵번(James C. Hepburn)으로 1859년에 일본에 도착하였다. 1872년에 몇 사람의 결신자가 생겼다. 그때까지도 기독교 선교는 불법이었다. 그후 기독교회가 조직되었으며, 시마다(島田)가 첫 기독교인 중의 한 사람이었다. 그는 앰허스트(Amhurst)에서 대학을 나와 앤도버에서 신학을 공부하고 본국에 돌아와 선교사로 일하였다.

1880년 '독일복음주의개신교선교회'(The General Evangelical Protestant Mission Society of Germany)에서 자유주의적인 선교 사업을 벌였다. 이때 미국의 유니테리언들도 일본으로 선교사를 보내었다. 후꾸자와(福澤諭吉)는 이러한 신학 없는 기독교를 받아들여 게이오(慶應) 대학에 영향을 주었다. 이들은 마르크스주의자 및 사회주의자들과 협동했으나 러일전쟁(1904~1905) 이후에는 마르크스주의자들과의 유대를 끊었다.

한국 선교

한국에서는 1780년대 초엽에 서학(西學)에 관심을 가진 몇몇 유학자들이 가톨릭의 문서를 접하면서 가톨릭의 신앙을 받아들였다. 1866년까지의 한국 가톨릭, 즉 천주교의 역사는 순교로 점철된 역사였다. 8,000명의 신자들이 죽임을 당하였으며, 1836년 이후 한국에 와서 활동하던 26명의 프랑스 선교사 가운데 12명이 죽임을 당하고 4명이 추방되었다. 1784년 이승훈이 중국에서 최초로 세례를 받았다. 1794년에 온 최초의 선교사 주문모(朱文謨, 1752~1801)는 6개월 후에 죽임을 당하였으며, 한국 최초의 신부 김대건(金大建, 1822~1846)은 1846년 26세의 나이로 순교하였다. 1863년에 신자의 수는 약 2만명에 이르렀다.

한국 개신교의 선교는 1874년 만주의 간도에서 시작되었다. 한국어 성경 번역을 시작한 로스와 매킨타이어를 돕다가 개종한 서상준 외 몇 사람의 한국인 청년들이 한국에 들어와 성경을 팔면서 전도하였다. 1884년 9월 미국 북장로교에서 보냄을 받은 의사 헤론(Heron)이 입국하고, 1885년 4월 5일 미국 북장로교의 언더우드(Horace G. Underwood)와 감리교의 아펜젤러(Henry G. Appenzeller)가 입국하면서 의료, 교육, 문화, 사회 사업을 시작하는 한편 교회를 세우기 시작하였다. 침례교, 성결교, 안식교 등 여러 교파의 선교사들이 뒤를 이어 들어왔다. 감리교는 1901년부터 최초로 두 사람의 목사를 세웠으며, 장로교는 1907년 독노회 조직과 때를 같이하여 일곱 사람의 목사를 세웠다.

기타 지역 선교

북아프리카와 중동의 중요한 국가들, 즉 터키, 페르시아, 이집트, 아라비아에는 네스토리우스파, 콥틱, 희랍 정교, 아르메니안들과 마론파 등 다양한 소수 기독교 집단들이 있었다. 모두가 이슬람의 종교적인 탄압하에서 살아남은 기독신자들이었다. 미국, 영국, 독일 등 서방의 선교사들이 선교 활동을 그나마 조직적으로 하게 된 것은 19세기 중반 이후부터였다. 이슬람의 통치하에서는 기독교 복음 사역이 허락되지 않았으므로 개신교와 가톨릭을 막론하고 교육, 의료, 자선 사역을 할 뿐이었다.

아프리카의 광활한 적도 고원 지대와 내륙의 평원은 19세기 초반까지도 미지의 땅이었다. 1870년 이후 20년 간 아프리카의 거의 전 지역이 유럽 제국의 보호령 혹은 식민지가 되었다. 영국과 프랑스가 가장 많은 몫을 차지하였으며, 선교지 분담(comity)이 선교국의 식민지 분할에 따라 이루어졌다. 남아프리카에는 많은 유럽인들이 이주하여 살게 되었으며, 중국과 인도 출신의 이민자들도 합세하여 흑백간의 인종 문제가 심각하게 되었다. 사하라 이남의 아프리카 지방은 가장 성공적인 개신교 선교지 가운데 하나였다.

라틴 아메리카는 스페인과 포르투갈의 영토로 있으면서 가톨릭의 교구였다. 16세기부터 18세기까지는 선교적인 성과를 많이 거두었으나 19세기에 이르러서는 신자의 수가 감소하였다. 나폴레옹 전쟁 당시 라틴 아메리카 교회의 모국들이 코르시카인에게 점령당했을 때 남미에서는 독립 운동이 일어나 여러 나라로 독립하게 되었다. 당시 1억의 주민들 가운데 인디언들과 백인들이 각기 5분의 1이고 나머지 5분의 3이 혼혈인이었다. 유럽에서 온 교회의 고위 성직자들은 독립 운동을 반대하다가 독립 후 대부분이 유럽으로 돌아갔다. 그러나 스페인과 포르투갈의 왕들은 계속 이곳의 고위 성직자 임명권을 고수하려고 하였고, 교황청은 새로운 독립 정부를 승인하기를 주저하였으며, 현지민들에게 고위 성직을 선뜻 허락하려고 하지 않았다.

19세기 후반에 이르러 교회와 국민들간의 갈등은 더 깊어졌다. 방대한 토지를 소유하고 있었던 교회와 대지주들이 결탁하여 토지 개혁을 반대하고 십일조를 폐지하고자 하는 움직임을 방해하였다. 그뿐 아니라 가난한 인디언들의 생활을 개선하고 교육하려는 운동을 방해하였다. 그리하여 교회와 국가의 분리와 종교의 자유를 요구하는 목소리가 높아졌으며, 전통적인 종교 정책을 고수하려는 고위 성직자들과 민중들 속에서 그들과 고락을 같이하는 하위 성직자들 사이에 반목이 있게 되었다. 20세기에 들어서야 로마 가톨릭 교회는 개신교의 활동을 의식하여 더 적극적으로 교육, 복음, 봉사 사역에 힘쓰게 되었다. 남미의 해방신학은 결국 이러한 역사적 사회 상황에서 나온 상황신학이요 주제신학이다.

네덜란드와 신칼빈주의

프랑스 혁명 정부가 1793년 '저지대지역연합'(Untied Provinces)과 전쟁에 돌입하자 네덜란드의 계몽사조는 더욱 기세가 등등하게 되었다. 전쟁에 승리한 프랑스는 네덜란드를 1795~1806년 바타비안 공화국(Batavian Republic)으로 인정하였다. 새 공화국 정부는 교회와 국가의 분리를 단행하였다. 그 결과 교회와 성직자들은 윤리적, 재정적 어려움에 봉착하게 되었다. 정부는 교회를 단지 하나의 사적인 조직으로 취급하였다.

나폴레옹은 1806년 네덜란드를 다시 왕국으로 만들고 1810년에 프랑스에 합병시켰다. 그러나 교회에는 아무런 변화가 없었다. 1813년 나폴레옹의 실각과 때를 같이하여 네덜란드는 오라니엔-나사우(Oranien-Nassau) 가(家)가 다스리는 군주국으로 회복되었다. 새로 공포된 헌법에는 국가가 개혁교회에 특별한 관심을 가진다는 조항이 명기되어 있었다. 그러나 왕은 장로정치 제도를 회복시킨 것이 아니고 교계주의 교회를 확립하였다. 정통적인 칼빈주의자들은 이러한 조치에 실망하였다. 이런 사연 등으로 네덜란드에는 교회의 분열과 통합이 자주 일어나게 되었다.

1820년대에 유럽 여러 지역에서 일어난 부흥 운동이 네덜란드에서도 일어났다. 부흥 운동을 통하여 영적 각성을 경험한 많은 칼빈주의자들은 교회가 새로운 교회 질서로 인해 약화되고 교회의 권징과 교리의 기초가 계몽주의 원리에 의하여 실추되고 있음을 실감하였다. 따라서 그들은 새로운 시대 정신에 반대하면서 칼빈주의 교회와 신학의 부흥을 갈망하였다. 부흥 운동을 주도한 빌더다이크(Willem Bilderdyk, 1756~1831)는 영광스러운 칼빈주의의 유산에 관한 책을 썼다.

1816년 새로운 교회 헌법과 교리적 규범을 받아들이는 일에 대한 서명에 참여한 칼빈주의자들은 그 동기가 서로 다른 점을 두고 피차간에 논쟁을 벌이게 되었다. 즉, 교리적 규범이 하나님의 말씀에 부합하므로 서명했다는 그룹과 그것이 하나님의 말씀에 부합하는 한 받아들인다는 조건부로 서명했다는 그룹간의 논쟁이었다. 그 결과 1934년 교회는 아프스케이딩, 즉 분열(afscheiding)을 겪게 되었다. 몇 해 안에 약 2만 명의 정통 칼빈주의자들이 분리주의 운동에 가담했다. 그러나 남아 있는 목사들의 수가 더 많았다. 그것은 미국 칼빈주의자들의 장로교와 회중교회가 각성 운동에 적극적인 그룹과 미온적인 그룹으로 나뉘어진 일시적인 분열과는 그 양상이 달랐다.

19세기 초반에 있었던 네덜란드 개혁교회의 분쟁은 네덜란드의 불안정한 사회와 문화적 상황을 반영하는 것이었다. 증가하는 다원주의, 세속주의, 사회 분열은 근대적인 혁명이 초래한 산물이었다. 이러한 상황에서 칼빈주의 사상가들은 개혁주의 사상과 생활을 위한 새로운 활로를 모색하려고 했다.

흐론 반 프린스터러(Guillaume Groen van Prinsterer, 1801~1870)는 귀족 출신으로서 부흥 운동의 영향을 받아 정통적 개혁 신앙을 수용하였다. 그는 프랑스 혁명이 기독교 신앙에 큰 해독을 끼치는 것으로 단정하고 그리스도인들이 반혁명적이어야 한다고 주장하였다. 혁명으로 인하여 자유롭게 발전된 사상은 교회, 국가, 사회 및 가정을 파괴하고 자유에 기초를 두고 있지 않은 혹은 도덕 질서를 재수립하지 못하는 무질서를 양산할 뿐이며, 종교 문제에서 양심 있는 추종자들을 무신론과 절망으로 이끈다고 비판하였다. 그런가 하면 또 한편 그는 정통적인 개혁 신앙이 논쟁과 보수(保守)에만 관심을 두고 하나님의 말씀을 역사적인 현실의 상황에 적용하려는 노력이 결여되어 있음을 비판하였다.

흐론(Groen)의 사상은 네덜란드의 여러 분야에 영향을 미쳤다. 그의 영향을 가장 많이 받은 그의 강력한 동역자요 후계자가 된 이가 바로 아브라함 카이퍼(Abraham Kuyper, 1837~1920)였다. 대학 시절에는 신학적인 자유주의를 받아들였으나 목회를 시작한 지 얼마 지나지 않아 개혁 신앙을 고수하는 교인들과 만나면서 감화를 받아 정통적인 개혁 신앙으로 전향하였다. 카이퍼는 신앙 훈련이 잘 된 교회와 사회를 지향하는 전통적인 칼빈주의 사상을 수용하는 한편 크론의 저서에서 새롭고 진취적인 사상을 습득하였다.

카이퍼는 심오한 사상가요 위대한 활동가인 동시에 또한 대중을 사로잡는 웅변가였다. 1870년부터 「헤라우트」(De Heraut) 지의 편집인으로서 일하였으며, 1872년에는 일간 신문 「스탄다르드」(De Standaard)를 창설하여 직접 편집을 하였다. 네덜란드 사회가 직면하고 있는 제반 문제들을 알리고 논평을 하는 등 다방면으로 활동하였다. 1874년 카이퍼는 국회의원으로 당선되어 크론의 사상을 따라 반혁명당을 조직하였다. 정치에 입문하면서 그는 목회 일은 하직하였다. 카이퍼는 정치적인 능력을 인정받아 1901~1905년 수상을 역임하였다. 정치 활동을 통하여 그는 국가가 기독교 학교들을 지원하도록 하였으며 노동자의 권익을 위한 사회 제도 개선을 위하여 노력하였다. 1880년에는 암스테르담에 자유대학교(Free University)를 창설하였다. 카이퍼 자신은 신학, 설교학, 히브리어와 문학을 강의하였다.

카이퍼는 칼빈주의 신학에서 특별은총과 함께 일반은총을 강조하고, 성령의 사역과 은사를 광범위하게 적용하면서 '영역주권'(sphere sovereignty)을 강조하였다. 이러한 사상적인 경향을 신칼빈주의(Neo-Calvinism)라고도 부르는데, 같은 시대에 독일에서 문화와 사회에 관심을 가지되 자유주의 신학에 근거한 '문화 개신교'(Kulturprotestantismus) 혹은 '신개신교'(Neuprotestantismus)와 대조된다.

교의신학자로서 카이퍼에 버금가는 헤르만 바빙크(Hermann Bavinck, 1854~1921)는 아프스케이딩(Afscheiding)파에 속한 목사의 아들로 태어났다. 바빙크는 1883년 캄펜(Kampen)에 있는 아프스케이딩 신학교에서 교수를 시작하여 1902년부터 자유대학교에서 교수하였다. 4권으로 된 그의 「개혁주의 교의신학」(Gereformeerde Dogmatiek, 1895~1899)은 조직신학 분야의 고전으로 인정받고 있다. 헤르만 도이베르트(Hermann Dooyeweerd, 1894~1977)는 1926년부터 자유대학교에서 법학을 교수하기 시작하였다. 카이퍼의 영역 주권 사상을 철학 분야로 부연하며 발전시킨 사상가이다.

베르카워(G. C. Berkouwer, 1903~)는 카이퍼와 바빙크를 잇는 뛰어난 신학자이다. 1945년 베르카워는 발렌티누스 헤프(Valentinus Hepp)를 이어 자유대학교의 조직신학 교수가 되었다. 1930년대와 1940년대에 쓴 그의 저작은 자유주의 신학, 로마 가톨릭, 신정통신학을 반대하였으며, 여러 권으로 된 「교의학 연구」(Studies in Domgatics)를 씀으로써 신학계의 각광을 받게 되었다.

그러나 「바르트신학의 은총의 승리」(The Triumph of Grace in Barth's Theology)를 쓴 이후, 그리고 제2 바티칸 회의에 참석하고는 로마 가톨릭 교회가 긍정적으로 발전하고 있다는 글을 쓰는 등 현대적인 사상들에 대하여 초기의 저서에서 보였던 비판적인 어조가 완화된 것을 발견할 수 있다. 그의 사상의 변화는 자유주의에 문호를 개방함으로써 정통적인 칼빈주의가 퇴색되고 있는 네덜란드의 신학적인 분위기를 상징적으로 대변하는 것으로 이해된다.

20세기 신학

위기신학

연대기적으로 20세기는 1900년부터 시작된 것이지만, 문화·사상적으로 말하자면 제1차 대전이 일어난 1914년을 20세기의 시작으로 본다. 그러나 신학을 두고 말하자면 1918~1919년 칼 바르트(Karl Barth, 1886~1968)가 유명한 「로마서 주석」을 세상에 내어놓은 해부터 시작된다. 20세기 신학은 말하자면 바르트와 그와 더불어 소리를 같이한 변증신학자들로부터 시작된다.

제1차 세계대전은 인간의 무한한 발전 가능성에 대한 기대와 꿈을 말하던 낙관주의에 커다란 실망과 좌절을 안겨다 주었다. 세계대전은 신학적인 사고에도 큰 변혁을 가져 왔다. 성경을 하나의 문서로 취급하고 구약의 역사를 일반 종교사의 하나로 다룸으로써 기독교를 일반 종교의 하나로 취급하여 성경의 복음의 내용을 하나의 윤리적인 교훈으로서 가지는 가치 이상으로는 인정하지 않으려는 것이 19세기에 주류를 이룬 신학적인 경향이었는데, 그것은 인간이 무한히 발전할 수 있다는 낙관주의에 근거한 것이었다.

그러나 인간의 이상향(理想鄕)에 대한 꿈이 무산되자 사람들은 다시금 성경 말씀에 주의를 기울이게 되었다. 그리하여 종교 개혁의 신학을 재발견하는 일에 관심을 기울임과 동시에, 19세기의 신학자 가운데서도 일반적인 신학의 경향에 역행하면서 성경의 말씀을 하나님께서 주시는 말씀으로 이해하려고 노력한 신학자들에게 새롭게 주의를 기울이게 되었다. 그 가운데서도 키에르케고르가 특별히 각광을 받게 되었다.

인간학으로 실추된 신학에 새로운 활로를 모색하고 그 가능성을 제시하고자 한 신학 운동과 함께 소위 20세기의 현대 신학이 시작된다. 이 새로운 신학 운동을 변증법적 신학(Dialektische Theologie) 혹은 위기신학(Theologie der Krise)이라고 부른다. 1919년 스위스의 산골에서 목회하던 무명의 젊은 목사 칼 바르트가 「로마서 주석」을 내어놓음으로써 신학 사상사에 새로운 전기(轉機)가 마련되었다. 바르트의 「로마서 주석」이 나온 것을 일컬어, '신학자들의 놀이터에 난데없이 떨어진 폭탄'으로 비유하기도 한다.

스위스의 젊은 목사인 투르나이젠(Eduard Thurneysen), 브룬너(Emil Brunner, 1889~1966)와 독일의 소장학자들인 고가르텐(Friedrich Gogarten, 1887~1967), 불트만(Rudolf Bultmann, 1884~1976)이 이에 가세하여 새로운 신학 운동을 주도하게 되었다. 그들은 1923년 자신들의 새로운 신학을 발표하는 신학지 *Zwischen den Zeiten*을 발간하여 19세기의 신학을 비판하며, 변증법적 신학을 전개하는 일에 목소리를 같이하였다. 초기에는 변증신학자들이 목소리를 같이하였으나 변증법적 사고 방법의 속성대로 각자의 사상은 달리 발전하였다. 신학지는 1933년까지 계속되다가 신학지의 폐간과 함께 공동의 보조를 취하던 것을 지양하고 각자 나름대로 발전해 갔다. 1933년은 나치 정부가 득세, '독일기독교연맹'(Deutsche Christen)을 조직하여 교회를 지배하려던 해였다.

고가르텐은 슈타펠쉬의 "하나님의 법이 우리에게는 독일 국민의 법에 일치한다"는 발언에 찬성하고 나치주의에 동조하여 1933년 '독일기독교연맹'에 가입하였다. 그러나 바르트는 그의 신학대로 슈타펠쉬의 발언에 반대하는 견해를 표명하고 고가르텐과는 정반대로 처신하였다. 슈타펠쉬의 문서는 복음에 대한 반역으로 생각하며 이 문서는 18~19세기 자유주의 신학이 정립된 하르낙-트뢸취 시대에서보다 더 철저하고 구체적이므로 한층 더 나쁜 것이라고 하였다. 신학지 *Zwischen den Zeiten*을 중심으로 공동의 보조를 취하던 변증신학자들은 그들의 신학이 실제 문제에 부딪히면서 완전히 서로 다른 방향으로 분열하게 되었던 것이다.

이들의 공통점은 19세기의 추상적 이론에 치우친 '대학 강단의 신학' (Schuldogmatik)이 자기들의 설교를 전혀 돕지 못하므로 자기들이 배운 신학을 반성하고 '무한한 하나님의 말씀을 유한한 인간의 언어를 통하여 전파' 할 수 있도록 하는 신학을 모색한다는 것이었다. 다시 말하면, '하나님과 인간', '계시와 이성', '교회와 문화' 를 두고, 19세기의 자유주의자들은 역사주의적 사고(思考)에서 관념론적인 철학적 방법으로 양자(兩者)를 서로 조화시키려 한 데 반하여, 변증법적 신학자들은 양자는 서로 종합되거나 조화될 수 있는 것이 아니라 서로가 대치되며 모순되고 대조되는 관계에 있음을 지적하였다. 그리고 '하나님과 인간의 무한한 질적 차이, 즉 하나님은 하늘에, 그리고 인간은 지상에' (unendlicher qualitativer Unterschied: Gott im Himmel und du Mensch auf Erde)를 표현하는 수단으로서 변증법의 논리를 사용하였다.

그리하여 하나님의 계시와 인간적인 이해의 관계를 긍정적인 상호 관계에서 보지 않고, 긍정과 동시에 부정을 함께 보는 변증법적인 신학을 전개함으로써 자신들을 19세기의 자유주의와 구별할 뿐 아니라, 자신들의 신학이 루터주의적인, 혹은 칼빈주의적인 정통주의와도 다름을 밝히면서 '신정통주의' (新正統主義)임을 내세웠다.

칼 바르트 | 초기의 신정통주의는 그 말이 함축하는 바와 같이 자유주의를 반대한다는 의미에서 '반자유주의 신학' 으로도 불렸다. 그렇다고 신정통주의가 정통주의는 물론 아니다. 자른트(Heins Zahrnt, *Die Sache mit Gott*)의 견

해에 따르면, 바르트의 신정통주의 신학이 자유주의보다는 정통주의 쪽에 더 가깝다고 한다. 그러나 신정통주의 신학자들이 각자의 신학을 발전시키게 되면서부터는 양상(樣相)이 달라지게 되었다. 정통주의 신학자들은 바르트의 신학도 자유주의의 부류에 속하는 것으로 본다. 바르트가 82세의 고령으로 임종을 맞이하기 전에 자신에 대하여 결연히 언급한 사실은 흥미롭다.

> 나는 자유주의자다. '자유주의적' 이라고 할 때─내가 이제 자유주의로 자처할 수 있다면─나는 그 말을 모든 사실에 책임을 지는 태도를 함축하는 것으로 이해한다. 왜냐하면 진정한 자유는 언제나 책임을 다하는 일이기 때문이다. 그리고 그것은 이제 내가 모든 면에서 솔직해야 한다는 것을 전제하는 것이다. 순수한 자유는 책임성 있고 솔직하게 모든 방면으로, 즉 앞과 뒤로, 과거와 미래를 향하여 책임성 있고 솔직하게 말하고 생각하는 것이어야 한다.[3]

칼 바르트의 「로마서 주석」은 19세기의 역사적, 비판학적 방법에 대하여 새로운 성경해석학의 방법을, 즉 역사적 비판의 역사 의식과 정통주의 영감설을 적극적으로 종합하는 '역사 비판적 영감설' 을 제시한다. 바르트에 따르면, 바울은 자기 시대의 사람들에게 말한 것인데, 그것은 그 시대의 사람들에게만 말한 것이 아니고 모든 시대의 사람들에게 말한 것이라는 것이다. 바울이 과거의 삶의 정황을 넘어서서 모든 시대의 삶의 정황에 대하여 선포한 사실(=내용, Sache)은 어제나 오늘이나 그 본질에 있어서 항상 동일하다는 것이었다. 그러나 정통주의 입장에서 보면, 바르트는 성경에 대한 자유주의적 비평 태도를 여전히 보존하고 있다는 점에서 반틸(Vantil)이 지적한 대로 '새로운 현대주의'

---

3. Karl Barth: *Letzte Zeugnisse*, Zürich 1969, S. 35; Gerhard Wehr, *Karl Barth*, GTB Siebenstern. S.18. 에서 재인용.

(New-Modernism)에 속한다. 바르트는 성경의 무오성을 인정하지 않는다. 모든 성경은 오류가 있는 인간의 책이라고 하는 한편, 성경에서 무오한 부분을 찾으려 함은 '자의적이요 불복종일 뿐'이라고 한다.

바르트의 새로운 발견은 '하나님은 하늘에 있고, 너는 땅에 있다'는 표현인데, 그것은 이미 키에르케고르가 언급한 '시간과 영원의 무한한 질적 차이'(unendlicher qualitativer Unterschied von Zeit und Ewigkeit)에 대한 인식과 상통하는 것이다. 바르트는 이러한 하나님과 인간의 무한한 질적인 차이의 관계를 철학자들이 인식론적으로 파악하려 한 데에 위기가 있다고 하며, 이러한 인간 인식의 위기를 그 '근원'(Ursprung)이라고 이름한다.

바르트는 계시를 변증법적으로 이해함으로써 계시를 세계사적 사건 속에 있는 역사적 사건으로 보지 않고, '원역사'(Urgeschichte), '비역사적 사건', '비시간적 시간'(unzeitliche Zeit), '비공간적 장소'(unräumlicher Ort)로 묘사한다. 이러한 계시 개념은 정통신학에서 말하는 하나님께서 역사 속에서 나타내 보여 주시는 구체적 사건으로서의 계시의 개념과는 다른 역설적인 개념이다. 이러한 개념은 칸트가 말하는 물 자체의 개념, 즉 합리적인 사색으로는 포착할 수 없는 개념으로 환원되어 버린다. 결국 기독교의 하나님은 '초절적(超絶的)인', '알려지지 않는 하나님'이 되고 마는 것이다.

에밀 브룬너 | 브룬너는 1898년 스위스에서 출생하였으며 1925년 취리히 대학의 교수가 되었다. 브룬너는 계시의 변증법을 하나님과 인간의 모순에 두고 어떤 특정한 역사(Geschichte) 속에 진입하는 피안의 하나님의 계시 이외에 또 다른 계시가 있다고 하여 소위 이중 계시를 말한다. 첫 번째의 자연 계시는 예수 그리스도 안에서 깨달아 알게 되어 두 번째의 계시로 지향한다는 것이다.

바르트가 그리스도의 계시만을 인정하고 '오직 그리스도 안의 계시'를 주장함에 반하여, 브룬너는 '창조의 계시'(Schöpfungsoffenbarung), 즉 '자연 계시'(Offenbarung in der Natur)를 기독교 신학의 계시 개념의 중요한 부분으로 주장한다. 하나님이 행위하시는 곳에는 그가 행하시는 것에 대하여 자기 본질을 인(印)치신다. 그러므로 세계의 창조는 곧 하나님의 계시요, 하나님의 자기 전달이라는 것이다. 그리고 그는 이 명제가 이교도적이 아닌 기독교적 기본 명제라고 한다.

브룬너는 인간의 이성을 인간 안에 있는 신적인 것의 한 부분으로 본다. 그리고 자연 계시가 있으면 자연신학도 성립한다는 것이다. 그러면서도 브룬너는 그가 말하는 자연 계시와 특별 계시의 관계는 로마 가톨릭 신학의 가르침과는 다르다고 한다. 즉, 자연 계시에서 시작하여 더 차원이 높은 성경적인 계시로 발전한다는 로마 가톨릭의 가르침과는 달리 브룬너는 변증법적인 대립 관계 속에서 이해한다.

브룬너의 기독교 자연신학의 길은 바르트가 설교의 '내용'(Was)에만 관심을 가지고 이 내용이 전파되는 구체적 상황의 '방법'(Wie)을 등한시하는 데 대하여 말씀과 상황을 연결하는 '설교의 방법'(Wie der Verkündigung)을 문제시한다. 종교철학에 관심을 많이 갖는 영국의 신학자들이 브룬너의 이러한 주장을 환영한 것은 당연하다. 그러나 브룬너의 기독교적 자연신학의 길은 바르트에게는 '최종의 무관심'이며 '크나큰 유혹이요 오류의 원천'이었다. 바르트는 여전히 복음의 사실인 내용에만 관심을 두었다.

고가르텐 | 고가르텐은 바르트와 밀접한 관계를 가진 신학자로서 변증신학자 그룹이 발간하는 신학지 *Zwischen den Zeiten*의 지명(誌名)을 붙인 장본인이다. 고가르텐은 성경의 증거를 당시의 역사주의 방식으로 역사의 발전 속에 묻어 버리고는 되돌아서서 인간 속에 내재하는 신 의식을 파악하려는 '신 개신교'(Neuprotestatismus)를 비판하고, 신 개신교는 구 개신교, 그 중에서도 종교 개혁과 아무런 관계가 없음을 밝혀 말하였다.

고가르텐 역시 키에르케고르의 긍정-부정의 변증법을 그의 신학의 방법론으로 취하고 있다. 그의 '가시적-불가시적'(sichtbar-unsichtbar)은 바르트의 '인식할 수 있는-인식할 수 없는'(anschaulich-unanschaulich)과 '역사적-비역사적'(historisch-unhistorisch)이라는 말과 상통한다. 그러나 이 두 사람 사이에는 차이점이 있다. 바르트에게는 피안의 하나님의 변증법적인 계시가 특정한 역사 속으로 언제나 반복적으로 진입한다는 것인데, 고가르텐에게는 그것이 아니고 인간에 대한 하나님과의 관계는 비변증법적이라고 한다.

고가르텐이 말하는 것은 '계시의 변증법'이 아니고 '역사의 계시'(die Offenbarung der Geschichte)와 연관된 '인간 실존'의 변증법이다. 하나님에 관한 지식이 우리 자신에 관한 지식 속에 침전되는 것이라면, 하나님에 관하여 변증법적으로 얘기할 수 있어야 한다. 그러나 이 변증법은 실존(Existenz)으로부터 투영된 것이지 특정한 역사에 나타난 피안의 하나님의 계시로부터 투영된 것은 아니라고 한다.

변증법적 신학자들이 시초에는 '하나님의 계시'를 주제로 삼는 데서 공통점을 가졌으나 그 이해 양식에 있어서는 위에서 보는 바와 같이 다른 방식으로 접근하고 있다. 고가르텐은 인간학적 방향을 계속 유지하는 가운데 하나님의 말씀을 계시를 받는 인간적인 인격체와의 관계 속에서 파악하려고 했다. 바르트는 이것을 가리켜 19세기 자유주의의 자연신학에로 귀환하는 것이라고 비난하였다.

불트만 | 불트만은 1884년 8월 20일 독일의 비펠스테데(Wiefelstede)라는 작은 마을의 루터교 목사(Arthur Bultmann)와 부인 헬레네(Helene Stern)의 장남으로 태어났다. 그의 조부가 서부 아프리카의 시에라 레온(Sierra Leone)에서 선교사로 일하였으므로 그의 아버지는 선교지에서 태어났다. 그리고 그의 외조부 역시 목사였다. 아버지의 목회지를 따라서 몇 곳으로 옮겨 다니다가 1903년 튀

빙겐에서 신학을 공부하기 시작하였다.

불트만은 1923년 *Zwischen den Zeiten*에 '자유주의 신학과 최근의 신학 운동'(Die liberale Theologie und die jüngste theologische Bewegung)을 써서 변증법신학 운동에 가담하였다. 그리고 얼마 후 '신약학을 위한 변증법신학의 의미' 등 많은 논문을 써서 그들의 신학지에 기고하였다. 불트만은 이 새로운 신학 운동에 참여하면서 자기가 젖어 있던 자유주의 신학에서와는 달리 기독교 신앙이 종교사의 한 현상은 아닌 것으로 이해하였다. 다시 말하면, 기독교 신앙은 트뢸치가 말하듯이 종교적인 선험(religiösen a priori)에 근거한 것이 아니라는 사실과, 따라서 신학은 기독교 신앙을 종교사나 문화사의 한 현상으로 보아서는 안된다는 것을 인식하게 되었다. 기독교 신앙은 인간을 만나 주시는 초월하시는 하나님의 말씀에 대한 응답이요, 이 말씀을 알게 된 인간을 파악하는 것이 신학의 과업이라고 한다.

불트만은 초기에 바르트에게서 영향을 받고 그의 의견에 동조하였으나 곧 자기 방향을 개척해 나아간다. 그는 '자유주의 신학'을 폐기하지 않고, 오히려 자기의 신약 연구를 위하여 자유주의 신학이 사용하는 역사비판적 연구 방법의 전통을 따르며 그것을 더 발전시켰다. 그리하여 그는 디벨리우스(Martin Dibelius, 1883~1947)와 더불어 양식비평의 새로운 경지를 개척하였다. 그 이후 불트만은 마르부르크의 동료 교수인 하이데거의 실존철학을 알게 되면서부터 새로운 것을 깨닫게 되는데, 실존철학이 주는 개념으로 인간의 실존을 고려하고, 따라서 신앙인의 실존을 고려하면서 말할 수 있다는 것이다. 신학을 위하여 철학이 필요하다는 생각과 그러한 불트만의 노력은 바르트와 점점 더 멀어지게 만들었고 고가르텐과는 점점 더 닮아가게 했다.

불트만은 신앙을 이해함에 있어서 루터와 같이 신조에 대해 맹목적인 순종이나 불합리한 것을 수납하는 것으로 이해하지 않고 "신앙은 이해되어야 한다"고 주장한다. 이와 같이 그는 신앙의 이해를 강조함으로써 루터의 개혁적 사고 방식을 현존재에 대한 철학적 사고로 변형시키게 된다. 따라서 신약 성경에서 말씀하시는 계시의 말씀의 이해를 강조함으로써 불트만은 자연과학적 세계상(世界像) 속에 살고 있는 현대인의 성경 이해를 위하여 신약의 계시 말씀을 비신화화(非神話化)하기에 이른다. 불트만은 성경 본문을 해석함에 있어서 역사적인 본문에 대하여 학적으로 두 가지로 질문할 수 있다고 말한다. 먼저는 역사적(historisch)으로 질문하는 것이며, 다음으로는 역사적인 본문 속에서 인간의 실존을 말할 수 있게 해 주는 가능성에 관하여 역사적인 본문이 무엇을 묻고 있는가 하는 것을 다루는 일이라고 한다.

불트만은 실존적 해석을 따라 신앙을 새로운 실존 이해로서 파악하면서 현대인의 세계상은 자연과학과 기술에 의해서 이해되는 합리적이고 피안적인 세계상인 반면에 신약의 세계상은 신화적인 세계상으로 본다. 신화(Mythologie)란 비세계적인 것과 신적인 것이 세계적인 것과 인간적인 것으로, 피안적인 것이 차안의 것으로 나타난다고 보는 것이라고 한다. 예컨대 신적 피안성이 공간적인 거리로 생각되는 표상 양식이라고 말한다. 성경이 말하는 삼층천, 귀신을 내쫓는 일, 십자가의 대속, 예수님의 죽음과 부활, 새 하늘과 새 땅의 새 창조 등이 영지주의적 구속 신화와 후기 유대교적 묵시문학의 신화에서 유래한 요소에서 형성된 것이라고 한다.

현대인이 신약의 증언을 받아들이게 하기 위해서는 먼저 성경이 함축하고 있는 복음의 비신화화 작업이 우선되어야 한다고 말한다. 그것은 19세기의 자유주의 신학이 수행한 비판적 환원법(eine kirtische Reducktionsmethode)으로 하지 않고 비신화화의 방법을 적용해야 한다고 한다. 불트만은 자유주의 신학은 결정적 구속 사건이 되는 예수 그리스도를 단지 하나의 종교적이고 윤리적인 모범이나 선생 혹은 상징으로만 이해함으로써 신약의 복음의 본질을 왜곡했다고 비난하였다. 그리고 신약의 선포가 타당성을 가져야 한다면, 그것을 비신화화하는 길 외에 다른 길이 없다고 한다.

불트만은 신약 성경의 해석을 위해 신약의 모든 신화를 객관화하는 표상 내용으로 질문하는 대신에, 어떠한 실존 이해가 신화 속에 표현되는가에 관해서 묻는다. 신약 성경은 죄를 한편으로는 낯선 숙명으로, 다른 편으로는 그의 숙명이 객관적 힘들에 의하여 좌우되는 우주적 존재로, 또 한편으로는 신앙에 의하여 이미 현재에 획득된 은사로 표상한다고 한다. 그리고 비신화화론의 과제를 위해서는 신화를 비판적으로 제거하는 것이 아니라 실존론적으로 이해해야 한다고 한다.

틸리히 ㅣ 야스퍼스와 틸리히는 초월(Transzendenz)은 실제로 단지 '암호'(暗號, Chiffre)나 '상징'(象徵, Symbol)으로만 표현될 수 있다고 하여 비신화화론 작업을 반대한다. 왜냐하면 신화의 의미를 밝히는 실존론적 해석조차도 직접적 진술이며, 이 진술은 피안적인 차원에 머물기 때문이다. 그러나 이들이 신화의 상징적 해석을 중요시하고 신화론적 표상 세계를 무비판적으로 수납하는 데 대하여 불트만은 강력한 반대를 표명한다. 여하튼 불트만의 비신화화 작업은 신약 성경의 신앙이 지니는 역사적 연관성을 배제하고, 신앙의 역사적 근거를 신화론적 표상 속에서 찾게 함으로써 기독교 진리를 결국은 이해하기 어렵게 만들고 있다.

틸리히(Paul Tillich, 1886~1965)는 1924년부터 마르부르크, 드레스덴, 라이프찌히에서 교수를 역임하였다. 1929년 프랑크푸르트에 철학 교수로 부임하여 '종교적 사회주의'(Religöser Sozialismus)의 주도적인 인물로 역할하다가 나치 정부에 의해 교직을 박탈당하고는 미국으로 건너갔다. 말하자면, 독일어 신학권 밖으로 나간 셈이 되었다. 그러나 2차 대전 후에는 영어로 쓴 그의 신학을 수정 보완하면서 독일어로 번역한 저서를 통하여 독일에도 알려지게 되었다. 1962년 '독일 출판계 평화상'(Friedenspreises des Deutschen Buchhandels)을 받게 되었을 정도로 그의 신학은 널리 인정을 받게 되었다. 틸리히는 *Zwischen* *den Zeiten*을 중심한 변증법적 신학자의 그룹에 속하지 않은 변증법적 신학자였으나 그들과 사상적으로 가깝다고 할 수 있는데, 그 중에도 고가르텐과 불트만의 노선에 가깝다고 본다.

틸리히의 '비조건된 것-조건된 것'(Unbedingte-Bedingte, the unconditioned-the conditioned)은 특유한 개념인데, 이 양 개념은 그의 모든 저서를 통하여 일관되게 나타나고 있다. 틸리히는 '비조건된 것'을 '큰 계명의 추상적인 번역', 즉 "우리 하나님 여호와는 오직 하나인 여호와시니 너는 마음을 다하고 성품을 다하고 힘을 다하여 네 하나님 여호와를 사랑하라"는 큰 계명의 추상적인 번역으로 이해한다.

제1차 세계대전 전후로 하여 많은 고고학적인 발굴을 통하여 학자들은 성경 주변의 세계에 대한 많은 지식을 얻게 되었다. 대전 이후에는 변증법적인 신학의 영향으로 역사비판적인 방법을 적용하면서도 성경의 종교적 의미를 긍정적으로 이해하려는 시도도 있게 되었다.

그 밖의 신학

제1차 대전이 일어나기 직전 나일의 동쪽 강안에 있는 아마르나(Amarna) 폐허에서 설형문자로 된 토판이 발견되었다. 그 이후 팔레스타인, 페니키아, 시리아 남부 지방에서도 가나안어로 쓰인 토판들이 발견되어 이스라엘 백성이 가나안을 점령할 당시의 상황을 알아볼 수 있게 해 주었다. 1929년 이후 프랑스 학자들에 의하여 시리아의 북부 연안 지방 라스 에쉬 샤마라(Ras esch-Schamra)의 언덕에 위치한 우가리트(Ugarit)에서도 토판이 발견되었는데, 거기에서는 구약 성경에 빈번히 나오는 바알(Baal), 아세라(Ashera), 엘(El) 등의 이름을 발견할 수 있었다. 바움가르트너(Walter Baumgartner, 1887~)는 라스 에쉬 샤마라의 토판과 구약의 관계를 밝히는 일에 관심을 기울였다. 그 이후 중부 유프라테스의 오른쪽 강에 있는 도시 마리(Mari)에서도 프랑스 학자들이 2만 5천 개의 설형 문자판을 발견하여 족장 시대의 배경을 엿볼 수 있게 되었다.

알브레히트 알트(Albrecht Alt, 1883~1956)는 이스라엘 역사를 새롭게 이해 하였다. 이를테면 종전에는 아브라함, 이삭, 야곱 등 족장들의 이야기를 순전히 전설(Saga)로 이해했는데, 그들 각자가 유목민 부족을 이끈 역사적인 인물로 새롭게 이해한 것이다. 그들은 어떤 한 지방에 관계하고 있는, 말하자면 지방신이 아닌, 이동하는 족장들과 함께 동행하는 신을 예배하였다는 것이다. 그러나 알트는 모든 것을 성경을 따라 이해하지 않는다. 가령 이스라엘의 가나안 점령(die Landnahme)만 하더라도 성경과는 달리 이해한다. 즉, 이스라엘 백성이 가나안으로 들어올 때는 평화적으로 왔으나 후에 평지민들과 갈등 관계에서 싸움을 하기에 이르렀다는 것이다. 그리고 구약의 기사는 역사적인 (historisch) 것이 아니라고 본다.

알트의 제자 마르틴 노트(Martin Noth, 1902~1968)는 이스라엘 12지파의 조직에 관하여 말하면서 12지파가 정치적인 연합 공동체이기 이전에 법궤를 중심하여 하나님을 공동으로 예배하는 종교적 유대(紐帶) 가운데 살았다고 한다. 그리고 그에 의하면 이것은 그리스와 이탈리아에 있던 '암픽티오니'(Amphiktyonien)와 비슷하다. 그는 1950년에 「이스라엘 역사」(Geschichte Israels)를 내어놓았다. 그는 이스라엘과 그 주변 민족과의 유사성을 말하는 한편 또한 이스라엘의 하나님 신앙의 특이성을 말한다.

오토 아이스펠트(Otto Eissfeld, 1887~)는 1934년 「구약 개론」(Einleitung in das Alte Testament)을 내놓았는데 문서비평적 분석에 따라 오경(Pentateuch) 대신에 여호수아를 포함시켜 육경(Hexateuch)을 제시했다. 알트와 함께 궁켈과 벨하우젠(Wellhausen)의 방법을 따르며, 특히 오버벡(Franz Overbeck)에서 배운 궁켈의 양식사(Form und Gattungs geschichte)를 인정한다.

폰 라드(Gerhard von Rad, 1901~)는 육경을 인정하고 여호수아에서 보는 역사도 이스라엘의 신앙에서 보고 편집된 것으로 본다. 그리고 구약의 역사서는 본격적인 역사서라기보다는 신앙고백이라고 한다. 바르트가 말하듯이 특정한 역사적인(geschichtlich) 사건 안에 나타나는 비역사적인(ungeschichtlich) 하나님의 계시가 이스라엘 역사 속에 나타난 것으로 본다. 알트나 아이스펠트와 더불어 변증법적 신학의 관점에서 구약을 이해하려고 한 대표적인 구약신학자이다. 한국에서는 김정준(金正俊)이 폰 라드를 소개하고 구약 연구에 그의 방법을 적용하였다.

한편 히브리어 원본을 회복하려는 연구가 있었다. 19세기에 이미 카이로의 에스라 회당(Esra-Synagoge)에서 중세 후기에 나온 사본보다 몇 백 년 더 오래 된 사본이 발견되었다. 중세 후기의 회당에서는 권위 있는 사본을 만들어 옛날 사본을 이에 맞추어 수정했을 뿐 아니라 오래 사용한 사본은 소위 게니자(Geniza)에 성대하게 매장을 하였기 때문에 더 오래 된 사본을 볼 수 없었다. 그런데 바로 카이로의 회당에 속한 게니자에서 오래 된 사본을 발견하게 되었다.

칼레(Paul Kahle, 1875~1964)는 이 사본의 도움을 얻어 본문 수정에 착수하였다. 구약학자들 가운데 어떤 이들은 구약에 대한 이러한 역사적인 문서 연구를 통하여 구약신학에 대한 관심을 갖게 되었다. 처음에는 구약 종교를 여러 종교들 가운데 하나로 이해하다가 기독교적인 구약 이해를 진지하게 고려하기 시작하였다. 다시 말하면 신약의 예수님이 구약의 성취라는 점을 재인식하게 된 것이다.

아이크로트(Walter Eichrodt, 1890~1978)의 「구약신학」(*Theologie des Alten Testaments*)은 그러한 관심에서 나온 책이다. 구약의 신앙 세계는 구약의 구성의 특이성을 주변의 종교를 참작하면서 보아야 하는데, 신약과의 관계를 고려할 때 그 깊은 의미를 파악할 수 있다고 한다. 루드비히 쾰러(Ludwig Köhler, 1880~1956)의 「구약신학」(*Theologie des Alten Testaments*)도 이런 방향에서 쓰인 대표적인 것이다. 피셔(Wilhelm Vischer, 1895~)는 「그리스도에 대한 구약의 증언」(*Das Christuszeugnis des Alten Testaments*)에서 책의 제목을 오히려 역행하는 방향으로 신약이 구약의 순전한 해석인가를 물어 양식사 연구에 더 열을 올리게 만들었다.

　　신약학에서는 복음서가 예수님의 전기가 아니라면 그 구조와 내용은 무엇으로 이해할 것인가 하는 것이 관심사가 되었다. 카를 슈미트(Karl Ludwig Schmidt, 1891~1956)는 1919년 「예수 이야기의 구조」(*Der Rahmen der Geschichte Jesu*)를 펴내어 마가복음, 마태복음, 누가복음이 이어 쓴 보고서가 아니고 짤막한 이야기를 종교적이며 변증적, 선교적 관심에서 엮어 채운 것이라고 주장하였다. 디벨리우스는 1919년에 「복음서 양식비평」(*Die Formgeschichte des Evangeliums*)의 초판을 내고 1933년에는 증보판을 내었다. 불트만은 1921년 「공관복음 전통의 역사」(*Geschichte der Synoptischen Tradition*)를 출판하였다.

　　몇몇 학자들은 종교사학파와 양식사의 영향을 받아 구약의 마지막 시기에 나온 책들과 후기 유대교를 참작하면서 신약을 연구하였다. 빌러벡(Paul Billerbeck, 1853~1932)은 네 권으로 된 「탈무드와 미드라쉬를 통하여 보는 신약주석」(*Kommentar zum Neuen Testament aus Talmud und Midrasch*)을 내놓았으며, 게르하르트 키텔(Gerhard Kittel, 1888~1948), 율리우스 슈니빈트(Julius Schniewind, 1893~1948), 에른스트 로마이어(Ernst Lohmeyer, 1890~1946) 등도 같은 관점에서 연구한 사람들이다. 키텔은 1933년 신·구약을 아우르는 연구서를 내놓았는데 바로 「신약 사전」(*Das Theologische Wörterbuch zum Neuen Testament*)이다.

　　교회사와 교리사 분야에서는 특히 종교 개혁 시대에 많은 관심을 기울여 연구하게 되었는데, 종교 개혁자들의 사상을 새롭게 발견하고 새로운 신학과 연결하는 작업을 하였다. 바르트의 변증법적 방법론의 영향을 받은 것으로는 발터 폰 뢰베니히(Walter von Löwenich, 1903~)의 「루터의 십자가 신학」 (*Luthers Theologia Crucis*)과 기타의 글들이 있다. 에른스트 볼프(Ernst Wolf,

1902~1971)의 논문들과, 한스-요아킴 이반트(Hans-Joachim Iwand, 1899~1961)의 글들이 있으며, 그 가운데서도 「루터의 교리에 따른 이신득의」(*Glaubensgerechtigkeit nach Luthers Lehre*)로 잘 알려져 있다. 또한 빌헬름 링크(Wilhelm Link, 1908~1938)의 「신학을 철학으로부터 독립시키려는 루터의 투쟁」(*Das Ringen Luthers um die Freiheit der Theologie von der Philosophie*) 등을 손꼽을 수 있다. 그 밖에 루터 해석가로는 파울 알트하우스(Paul Althaus, 1888~1966), 임마누엘 히르쉬(Emanuel Hirsch, 1888~1972)와 특히 에리히 제베르크(Erich Seeberg, 1888~1945)를 들 수 있다.

칼빈 연구가로는 「기독교 강요」를 새로 번역한 오토 베버(Otto Weber, 1902~1966), 알프레드 드 크베어베인(Alfred de Quervain, 1896~), 빌헬름 니젤(Wilhelm Niesel, 1903~) 등을 들 수 있다. 종교 개혁 이후 시대의 루터교 정통주의를 연구한 사람으로는 「종교 개혁, 정통주의, 합리주의」(*Reformation, Orthodoxie und Rationalismus*)를 쓴 한스 에밀 베버(Hans Emil Weber, 1887~1950)가 있다. 4권에 달하는 「초대 교회사」(*Geschichte der alten Kirche*)를 쓴 한스 리츠만(Hans Lietzmann, 1875~1942)도 언급해야 할 인물이다.

제1차 대전 이후 60년대에 이르기까지 구약학에서 관심을 모은 것은 구약의 해석학(Hermeneutik)이었다. 이러한 관심으로 「성경적인 구약 주석」(*Biblische Kommentar Altes Testament*)에 기여한 구약신학자를 들자면, 마르틴 노트와 폰 라트를 위시하여, 한스-요아킴 크라우스(Hans-Joachim Kraus, 1918~), 한스 발터 볼프(Hans Walter Wolff, 1911~), 발터 찜멀리(Walther Zimmerli, 1907~), 클라우스 베스터만(Claus Westermann, 1909~)과 편집자 롤프 렌트로프(Rolf Rendtroff, 1925~) 등이 있다. 여기에 속하지 않으면서 반대 입장을 취하는 구약신학자로는 프리드리히 바움게르텔(Friedrich Baumgärtel, 1888~)과 프란츠 헤세(Franz Hesse, 1917~)를 들 수 있다.

위에 말한 구약 주석을 중심한 학자들은 구약에서 역사(Geschichte)의 신학적 의미를 재발견하려는 입장을 취하였는데, 역사에 나타난 이스라엘의 경건을 다룰 뿐 아니라 역사 안에 나타내 보이시는 하나님의 계시에도 관심을 두었다. 바르트의 계시 이해에서 한스-요아킴 크라우스는 1956년 그의 70회 생일을 기념하는 논문집에서 '구속사의 문제'(Das Problem der Heilsgeshichte)라는 글을 썼는데, 그 이후 '구속사'는 구약을 이해하는 데 하나의 중요한 개념이 되었다.

계몽사조 이후 진행된 성경에 대한 역사비판적인 연구는 성경이 하나님의 영감으로 된 말씀이 아니라 단순히 하나의 역사적인 문서로 혹은 여러 종교 가운데 하나인 기독교를 배태한 불합리한 기록을 포함하고 있는 문서로 보는 견해로 점점 깊이 빠져들게 만들었다. 성경을 그저 수없이 많은 파편들의 집성(collection)으로 보는 성경학자들은 파편들을 찾고 분류하고 더러는 재구성하는 것을 성경 연구의 과제로 생각한다.

그런데 이러한 비판적인 연구는 우리의 이성을 초월하는 하나님의 기적과 영감을 부인하는 전제에서 시작된 것이다. 어떠한 사상이나 메시지를 담고 있는 작품을 두고 그 형식이나 구성 자료만을 분석하다 보면 그 작품이 가진 사상이나 메시지에 접할 수 없게 된다. 글에서 단어나 문장은 글 전체의 사상을 전달하는 수단에 불과하다. 성경의 한 문장 혹은 한 장을 두고 P, P^1, P^2, P^3 혹은 E, E^1, E^2, E^3 하는 식으로 그 문장이나 장을 구성하고 있다는 단편들(fragments)을 분석하는 방법과 자세는 성경을 어떤 정신과 혼을 담고 있는 책으로 인정하지 않을 뿐 아니라, 어떤 메시지를 전달하려는 문서로도 인정하지 않는 방법과 자세이다. 성경의 문장을 세세한 부분까지 파헤치고 분석하는 것은 생체를 시체처럼 해부하여 그것을 구성하고 있는 성분을 분석하는 것이나 다를 바가 없다.

누가는 그의 복음서 서두에서 진술하듯이, 다른 기록들 혹은 자료들을 앞에 두고 검토하면서 복음서를 기록하였음을 알 수 있다. 그러나 누가는 뚜렷한 목적을 가지고 집필하였음을 말하고 있다. 그러므로 그가 쓰려는 사건에 관하여 별로 잘 알지 못하는 상태에서 자료를 검색함으로써 비로소 지식을 얻어 저술하기 시작했거나 혹은 그냥 맹목적으로 자료들을 짜깁기하는 식으로 책을 엮은 것은 아니었다. 모든 자료는 사도의 증언을 익히 들었던 누가의 글 속에 용해되었다.

자료를 뒤적이며 수많은 각주를 달아 논문을 쓰는 방법은 현대적인 논문 작성법이지 고대의 것은 아니다. 교부들 역시 스스로가 저술가들이었으므로, 성경이 오늘의 비판적인 학자들이 상상하듯이 수많은 파편들로 짜맞추어 기록된 것이라는 그러한 가설은 교부들에게는 상상도 할 수 없는 전혀 생소한 말일 뿐이다. 교부들은 성경의 내용에 압도되어, 다시 말하면, 조명하시는 성령의 감동을 받아, 성경이 영감된 하나님의 말씀임을 인식하고 그것을 정경으로 받아들였다.

전체주의 국가 이데올로기와 교회의 수난

서유럽의 국가들은 산업 혁명을 겪으면서 부강한 국가가 되는 것을 목표로 19세기 후반부터 아프리카와 아시아를 식민지로 분할하고 점유하려고 각축을 벌이다가 20세기에 들어와서 마침내 제1차 세계대전(1912~1918)과 2차 대전(1939~1945)을 치렀다. 산업 혁명의 선두 주자인 영국과 이를 뒤쫓는 프랑스에 뒤진 나라들은 이들을 따라잡기 위해 비상 수단을 강구하였다. 1917년 10월 1차 대전이 끝날 무렵 러시아에서는 자본주의의 모순을 지적하고 모든 국민이 평등하게 정의를 실현하며 살 수 있다는 마르크스의 무신론적인 공산주의 사상에 근거한 볼셰비키 혁명으로 공산주의가 독재하는 전체주의 국가가 형성되었다. 1차 대전 후 이탈리아에서는 파시즘(Fascism)의 신봉자들이 국가를 지배하게 되었으며, 독일에서는 나치주의자들이 국가를 통치하게 되었다.

러시아 볼셰비키 정부의 지도자 레닌이 1917년 12월에 러시아정교회의 재산과 교회 학교의 국유화를 선언하고, 이듬해 1918년 1월에 정교회의 총감독 니콘을 파문하고 교회와 국가, 교회와 학교의 분리에 관한 법령을 공포하였다. 정부는 종교의 자유를 보장한다고 하면서도 모든 교회 단체와 종교 단체는 재산을 소유할 수 없으며 법인으로서의 권한을 가지지 못한다는 모순된 규정이 그 내용이었다. 종교 집회의 장소를 박탈하고 종교의 자유를 허용한다는 것은 사실상 종교에 대한 적극적인 탄압이었다.

볼셰비키 정부는 1922년에 교회에 속한 성물, 성구, 성화를 압수하였으며, 이에 저항하는 티콘을 체포하고 사형 언도를 내렸다. 티콘은 1923년에 풀려나와 1925년에 죽었다. 레닌에 이어 집권한 스탈린은 1936년부터 1942년까지 많은 정교회 교인들을 포함하여 1,000만 명 이상의 사람들을 강제 수용소에 보내는 대숙청을 단행하였다. 그러다가 2차 대전이 일어나 독일의 위협을 받게 되자 스탈린은 서방의 도움을 얻기 위해 환심을 사려고 종교의 자유를 다시 허용하였다. 그리고 1943년 티콘을 이어 지도자로 활동해 온 세르게이(Sergej, 1867~1944)를 총감독으로 인정하였다.

전쟁이 끝난 후, 예배의 자유는 허용했으나 청소년들의 종교 교육을 허용하지 않고 기독교 신앙을 가지는 자에게는 불이익을 주는 등 종교를 간접적으로 억압하였다. 2차 대전이 끝나면서 동유럽의 나라들이 소련에게 점령당하면서 공산 정부의 통치를 받게 되었는데, 공산권이 붕괴되기까지 공산국가 산하의 교회들과 신자들은 종교의 자유를 억압당하고 핍박을 견뎌야 했다.

교황령(教皇領)은 이탈리아를 점령한 나폴레옹의 정책으로 현격히 줄었는데, 1922년 창설된 무솔리니(Moussolini, 1883~1945)가 이끄는 파쇼당이 정권을 장악하자 1870년에 수립된 이탈리아의 통일 정부가 돈으로 보상한다는 조건으로 교황령을 거의 몰수하여 현재의 바티칸만 남게 되었다. 파쇼당은 가톨릭을 국가종교로 선언하면서도 교황의 정치적인 간섭을 완전히 배제하려고 하였다. 교황은 크게 반발하였지만 어쩔 수 없이 1929년 2월 라테란 조약을 체결함으로써 파쇼당을 지지하며 전범자들에게 침묵하였다.

독일에서는 1933년 1월 히틀러(1889~1945)가 바이마르(Weimar) 공화국을 무너뜨리고 정권을 장악하자 선전상 괴벨스(Joseph Goebbels)에게 독일 교회를 재조직하게 하였다. 이를 위하여 나치 정부는 '독일기독교연맹'(Deutsche Christen)을 이용하였다. 당시 28개의 주 단위 교회들(Landeskirchen)로 나뉘어 있던 독일 교회를 국가 교회(Reichskirche)로 통합시켰다.

나치 정부는 기독교의 아리안(Aryan)화를 꾀하여 기독교에서 유대적인 요소를 배제하려고 하였다. 적자생존의 경쟁에서 마지막으로 승리하여 남게 될 최고의 혈통을 가진 종족이 곧 아리안 족이라는 것이었다. 그래서 구약 성경을 설교와 기독교 교육을 위하여 사용하지 못하도록 하였으며, 예수 그리스도를 아리안 족이라고 주장하게 하는 한편, 하나님의 계시가 일반 역사의 과정에서도, 즉 히틀러와 같은 영도자(Führer)를 통해서도 주어진다고 주장하였다. 나치스의 반유대주의는 남쪽 폴란드에 위치한 아우슈비츠에서 600만 명의 유대인들을 참혹하게 학살하였다.

1933년 7월 마르틴 니묄러(Martin Niemöller, 1892~1984)가 중심이 되어 '목회자비상동맹' (Pfarrenotbund)을 결성하였고, 1934년 5월에는 칼 바르트가 기초한 바르멘 선언문을 공포함으로써 '고백교회' (die Bekenntniskirche)를 조직하여 기독교를 정치에 이용하려는 나치스의 정책에 항거하였다. 바르멘의 선언문의 핵심 내용은 교회가 국가 일에 개입하거나 국가가 교회 일을 간섭, 관장할 수 없음을 천명하는 것이었다. 핍박이 시작되자 7,000명의 목사들이 경찰에 연행되었다. 니묄러는 종전될 때까지 옥살이를 하였으며, 스위스 출신인 바르트는 바젤로 갔다.

경건주의자들은 나치스 정부를 적극 지지한 부류에 속한다. 내세 지향적이며 반지성주의적 성향으로 인해 사회 윤리적인 관심과 가치 판단 능력이 부족했기 때문으로 보인다. 이들과는 대조적으로 본회퍼(Dietrich Bonhoeffer, 1906~1945)는 나치스 정권에 소극적으로 항거한 '고백교회' 와는 달리 히틀러를 암살하고 정권을 전복하려는 음모에 가담함으로써 적극적으로 항거했다가 처형되었다. 본회퍼의 신학은 후에 해방신학 등의 행동신학에 많은 영향을 미치게 되었다.

2차 대전 당시 이탈리아 및 독일과 동맹을 맺은 일본 역시 교회를 탄압하였다. 아시아에 소위 동양공영권을 형성하여 지배자로 군림하려던 일본 정부는 1889년에 종교의 자유를 공포하였으면서도 이듬해인 1890년 교육칙령을 발표하여 신도(神道)를 보급하고 신사 참배를 국민 의례로 정하여 의무화하였다. 1890년에 일본의 기독신자는 25,000명을 헤아렸다. 무교회(無敎會)의 창설자 우찌무라(內村監三, 1861~1930)는 신사 참배에 반대하다가 교수직을 박탈당하였다. 일본은 1930년 군부가 정권을 장악하면서 온 국민에게 신사 참배를 강요하고 식민지였던 조선에게도 강요하여 많은 신자들을 핍박하였다. 많은 사람들이 순교하였으나 한국 교회는 신사 참배 강요에 굴종함으로써 영적으로 막대한 피해를 입게 되었다. 2차 대전이 한창일 때 일본 군부는 독일 나치 정부의 수법을 따라 모든 교파 교회들을 일본 교단으로 통합하게 하였다.

근본주의 및 복음주의 운동

사도들이 전수한 신앙의 전통에서 이탈하여 계몽신학자나 자유주의 신학자와 같이 예수님께서 하나님의 아들이시요 그리스도이심을 부인하는 이들은 사도 시대부터 존재했다. 에비온파만 하더라도 예수 그리스도의 신성을 부인하는 자들이었다. 그러므로 성경을 어떤 시각에서 보느냐가 중요하다. 성경이 하나님의 말씀임을 증명할 길은 없다. 다만 믿음으로 하나님의 말씀으로 받아들일 수 있을 뿐이다. 이성을 규범이요 판단의 척도로 생각하고 초자연적인 능력이나 특별 계시를 부정하는 불신앙에서 출발하면, 성경에 대한 비판적인 연구 방법을 따르며 그 결과를 받아들인다. 그러나 살아 계신 하나님에 대한 신앙에서 출발하면 성경의 경이로움에 감동을 받게 되며 성경이 영감된 하나님의 말씀임을 시인하고 성경의 권위에 순복하게 마련이다.

성경비판학에 충격을 받은 보수적인 교회 지도자들과 신학자들이 이에 반발하여 성경이 영감된 하나님의 말씀임을 변증하고 강조하기 위한 모임을 형성하고 근본주의 운동을 벌였다. 근본주의 운동은 19세기에 형성된 두 조류의 신학 운동인 프린스톤 신학과 세대주의 신학이 현대주의의 도전에 대항하기 위하여 공동 전선을 펴고 일어난 보수적인 복음주의 운동이다. 아브라함 카이퍼 및 헤르만 바빙크와 더불어 3대 칼빈주의자로 알려진 프린스톤의 교수

워필드(Benjamin Breckinridge Warfield, 1851~1921)는 성경 원본의 문자적 영감과 무오성(inerrancy)을 강력히 변호하였으며, 무디는 세대주의자들이 개최한 성경 및 예언 사경회에서 임박한 재림을 말하고 회개를 역설하는 한편 선교의 필요성을 강조하였다.

1909년부터 1915년까지 근본주의자들은 12권으로 된 「근본 요소들」(*Fundamentals*)이라는 소책자를 간행하였다. 근본주의자들은 성경의 무오성을 말하고 그리스도의 동정녀 탄생, 그의 대속적 죽음과 육체적 부활 및 그리스도의 이적의 독자성을 말하고 이 다섯 개 항목을 성경이 가르치는 근본 교리라고 주장한 데서 근본주의(Fundamentalism)라는 이름을 얻게 되었다. 성경이 하나님의 말씀임을 고백하는 모든 신학자들을 자유주의 신학자들이 일괄적으로 근본주의라고 지칭하게 된 것은 성경을 옹호하려는 근본주의자들의 완강한 운동 때문이었다.

1930년대 이후부터 근본주의 운동은 자유주의에 대항하여 계속 논쟁하는 한편, 근본주의자들간에 있는 신학적인 이해의 차이를 두고 상호간에 충돌을 하다 보니 일부 근본주의자들은 배타적이며 편협한 분파적인 성향을 띠게 되었으며, 반지성적이며 반문화적인 자세를 취하였다. 그리고 사회 문제에는 외면한 채로 복음 전파에만 전념해야 한다고 생각하였다. 1940년대에 이르러 온건한 근본주의자들은 분파적이며 배타적인 방향을 거부하고 온건한 복음주의 운동을 표방하여 복음주의 연합을 형성하였다. 1942년 '미국복음주의협의회'(National Association of the Evangelicals)가 조직되고, 1952년에는 '세계복음주의협의회' (WEF)가 조직되었다.

20세기 미국의 부흥사 빌리 그레이엄은 1950년부터 세계 각처에서 대형 전도 집회를 열어 복음을 전파함으로써 복음주의 운동을 주도하였다. "성경은 말씀합니다.…"(The Bible says…)라는 말을 반복하며 성경의 권위를 높였던 빌리 그레이엄은 그리스도를 전하고 죄의 회개와 도덕성의 회복을 호소하는 설교를 하여 집회 때마다 수많은 사람들이 결신하였다. 빌리 그레이엄과 그에 동조하는 복음주의자들은 복음 전파보다는 사회 참여와 정치 참여에 관심을 두는 WCC의 에큐메니칼 신학에는 반대한다. 그러나 1974년의 로잔 대회를 계기로 복음주의자들도 사회 문제를 소홀히 해 온 과거를 반성하고 복음 전파와 함께 사회 참여의 중요성을 강조하며 적극성을 띠게 되었다.

복음주의 운동은 '로잔 협약'에서 고백하듯이, 창조주이신 삼위일체 하나님, 유일한 구속의 주이신 그리스도를 고백하며, 성경의 권위를 높이고, 인간의 죄성을 인정하고, 그리스도의 대속적 죽음과 부활을 믿으며, 그리스도인들의 복음화의 사명, 즉 선교를 위한 연합, 사랑의 봉사, 사회 참여를 강조하는 운동이다. 복음주의 운동은 아르미니안주의나 칼빈주의의 신앙적인 배경이나 교파와 교단을 초월하여 그리스도의 복음을 믿는 신앙인들이 선교와 복음화를 위하여 함께 하는 운동이다.

영국에서는 앵글리칸교회에 속한 에반젤리칼 그룹과 로우 처치(Low Church) 그룹, 케직 사경회(Keswick Convention)에 참여하는 감리교, 침례교 등 소위 비국교도의 보수적인 신자들이 복음주의자로 분류된다. 로이드 존스(Lloid Jones), 존 스토트(John Stott), 제임스 패커(James Packer) 등이 지도적인 인물로 알려져 있다.

독일에서는 '에반겔리칼'(Evangelikal)로 불려지는 사람들이 주로 경건주의자들이거나 경건주의 출신들로 알고 있으나 더 많은 사람들이 조용히 호응하고 있는 것으로 안다. WCC의 인간화를 위한 선교 정책에 반대하여 전통적인 경건주의적 선교를 주창한 '프랑크푸르트 선언'에 몇 명의 신학자들이 동조하였다. 이 선언문을 쓴 튀빙겐의 선교학 교수 피터 바이어하우스(Peter Beyerhaus)는 대학에서 복음주의 신앙을 보수하고 전수하기 위하여 고군분투하지 않으면 안 되었다. 지금 독일 신학계는 복음주의 신학자를 찾기 어려울 정도로 황량하다.

기독교 사회 봉사 운동

19세기 말엽에서 20세기에 접어드는 기간에 서구 사회에는 산업화와 도시화 과정에서 빈부의 격차, 노동자의 저임금, 빈민촌의 생성, 경제적인 불안정과 실업 문제 등 잡다한 사회 문제가 일어났다. 보수적인 신자들은 개인적인 구제 봉사에 힘쓰는 데 반하여, 자유주의적인 신자들은 사회의 변혁을 통하여 사회 문제를 정치적으로 해결해야 한다고 생각하고 기독교 사회주의 운동을 벌였다.

잉글랜드에서 웨슬리 이후의 감리교는 영적인 부흥 운동에 힘을 기울였으나, 본래 주로 사회에서 소외되었던 계층을 대상으로 전도하였으며, 가난한 사람들도 회개하고 복음을 믿으면 올바른 교회 생활을 할 수 있다는 것을 보여 주려고 했다. 감리교가 노동자 계층에 관심을 가지게 되었으며 그들을 위하고 그들을 중심으로 하는 사회 운동에도 관심을 갖게 되다 보니 잉글랜드의 노동조합 운동과 밀접한 관계를 갖게 되었다. 많은 감리교 지도자들이 노동조합의 지도자가 되었다. 그리하여 노동조합의 집회는 기도와 찬송으로 시작할 정도였다. 정부는 처음에 노동조합 운동을 억압하였으나 1824년부터 노동조합 운동을 법으로 인정하였다.

프레드릭 모리스(Frederick Denison Maurice, 1805~1872)는 앵글리칸교회에

속한 사람인데, 기독교 사회주의(Christian Socialism) 운동을 일으켜야 할 것을 주장하였다. 그는 이 운동을 구원론적 관점에서 신학적으로 정당화하였다. 1838년에 펴낸 그의 책 「그리스도의 왕국」(The Kingdom of Christ)에서 그리스도는 참된 인간의 원형이며 그리스도의 왕국은 인간적인 사회 질서의 총체라고 설파하였다. 모리스가 일으킨 기독교 사회주의 운동의 구체적인 성과는 생산협동조합 혹은 소비협동조합 운동이었다. 그는 이러한 협동조합 운동이 교회의 지도하에 운영되어야 한다는 지론을 폈으므로 결국에는 조합원들의 지지를 받지 못하게 되었다. 1854년 이후 모리스는 협동조합 운동에서 물러나 성인 근로자의 교육 사업에 힘썼다.

모리스 이후 잉글랜드의 기독교 사회주의 운동은 여러 분파로 나뉘어졌다. 그 가운데 하나가 스튜어트 헤들럼(Stewart Headlam, 1847~1924)이 창설한 성 마태 길드(St. Matthew Guild)였다. 그 밖에도 1886년에 '기독교사회주의협회'(Christian Socialist Society)가 창설되었으며, 1889년에 '기독교사회연맹'(Christian Social Union)이, 1906년에 '교회사회주의연맹'(Church Socialist Union)이 창설되었다.

미국의 많은 개신교 지도자들은 사회 문제를 보수적인 개념으로 해결해 보려고 노력하였다. 그들은 자원 봉사 형식을 쇄신하려는 움직임에는 조심스러운 자세를 취하는 한편, 사회주의 사상을 반영하는 그 어떠한 방식에도 반대하면서 사회적으로 소외된 희생자들을 개인적인 차원에서 도우려고 하였다. 그리하여 사회 봉사 기관을 세우고 구제 사업에 힘썼다. YMCA와 YWCA는 실업자를 위한 프로그램들을 확대함으로써 사회 사업 활동을 벌였다.

그러나 자유주의적인 복음주의자들은 이러한 개인적인 차원의 사회 사업으로는 문제가 충분히 해결될 수 없다고 생각하고 '사회 복음'(Social Gospel) 사상을 발전시켰다. 미국에서 '사회 복음의 아버지'로 불리는 회중교회 목사 워싱톤 글래든(Washington Gladden, 1836~1918)은 경제와 사회의 발전에 대한 견해를 피력하며 정리하였다. 그 밖에 감독교회의 평신도 경제학자 리처드 엘리(Richard T. Ely, 1854~1943)와 회중교회 목사 스트롱(Josiah Strong)도 사회 복음을 위하여 지도적인 역할을 한 이들이다. 엘리는 '복음주의연맹'(Evangelical Alliance)의 총무직을 맡고 있었던 사람이었으나, 자신의 사회 복음 사상 때문에 그 직책을 사임하고 자신의 생각을 발전시켰다.

그러나 사회 복음 사상으로 말미암아 누구보다 잘 알려진 이는 월터 라우쉔부쉬(Walter Rauschenbusch, 1861~1918)이다. 그는 뉴욕 외곽 지대에 있는 독일인 침례교회 목사였다. 그의 사회 복음 사상은 잉글랜드와 독일을 여행하면서 더 무르익게 되었다. 그는 1907년 「기독교와 사회 위기」(*Christianity and the Social Crisis*)를 출판하였는데 베스트셀러가 되는 바람에 온 나라가 사회 복음에 관심을 갖게 되었다. 라우쉔부쉬는 하나님의 나라는 경제적인 삶을 포괄한다는 것이며, 인간은 점진적으로 발전한다고 주장하였다. 그리고 그것이 곧 그리스도의 사상이요 정신이라는 것이었다. 1917년에 내놓은 「사회 복음신학」(*A Theology of the Social Gospel*)에서 그는 사회 복음 운동의 신학적인 근거를 제시하였다.

20세기 초반에 사회 복음은 여러 교파 교회들로부터 많은 호응을 얻게 되었다. 여러 신학교에서는 사회윤리를 새로운 과목으로 개설하였으며, 여기 저기에 초교파적인 사회 봉사 기관이 조직되었다. 그러나 보수적인 신앙인들은 하나님 나라를 더 종말론적으로 이해하였다. 그들은 주로 개인적인 영혼 구원에 관심을 두었고, 사회 문제는 그 일에 종사하는 전문가에게 맡긴다고 말했다.

진화론과 성경을 비판하는 자유주의 신학은 북미 대륙에 있는 교회와 여러 대학에 영향을 미쳤다. 자유주의 신학은 미국보다 캐나다에서 더 널리 확산되었다. 캐나다에서는 대학과 연계되어 있는 신학교들이 조심스럽게 자유주의 신학을 받아들였다. 1890년에 빅토리아 대학교의 구약 교수 조지 워크맨(George C. Workman)은 그리스도는 이미 구약의 선지자들이 장차 오실 메시아로 예언했던 그 예언을 성취하신 분이라는 전통적인 관념에 대하여 도전하다가 교수직을 내놓게 되었다.

그리고 몬트리올 주교구 대학의 변증학 및 교회사 교수 프레드릭 스틴 (Frederick J. Steen)은 1901년 자신의 자유주의 신학적 견해 때문에 교수직을 물러나야 했다. 그러나 1909년 영국에서 건너온 목사 조지 잭슨(George Jackson)이 토론토 YMCA에서 행한 창세기 강의에서 창세기를 과학적인 방법으로 해석할 수 있다고 시사하였다. 1910년 그는 총회에서 그의 발언에 대하여 추궁당했으나 정죄되지는 않았다. 이후 캐나다 교회는 급속히 자유주의에 물들게 되었다. 19세기에 캐나다의 기독신자들은 교파를 가릴 것 없이 고아, 장애인, 노인들과 가난한 자들을 위하여 기관을 만들고 돕는 일에 힘썼다. 산업화로 인한 도시화 현상으로 말미암아 19세기 말엽에는 실업자 등 많은 피해자들이 속출하게 되었다. 사회 문제가 점점 심각해지자 사회복음주의 사상이 캐나다 전역에 만연되기 시작하였다.

독일에서는 18세기에서부터 요하네스 팔크(Johannes Falk, 1768~1826), 크리스찬 하인리히 젤러(Christian Heinrich Zeller, 1779~1860) 등이 전쟁 고아들을 위한 고아원과 이재민들을 위한 구호소 등을 세워 경건주의 운동의 초기에서부터 시행하던 구제 봉사 활동을 이어 사회 사업을 일으켰다. 19세기에 들어와서는 루터교의 목사 빌헬름 뢰에(Wilhelm Löhe, 1808~1872)가 디아코니아 기관을 세워 구제 활동을 하였다. 이러한 운동들이 독일 인너레 미시온(Innere Mission)의 선구였다. 요하네스 하인리히 비케른(Johannes Heinrich Wichern, 1808~1881)이 함부르크에서 불쌍한 어린이를 돌보는 일을 시작함으로써 인네레 미시온이 시작되었다. 인네레 미시온은 교회의 한 부속 기관이 되어 주로 전통적인 의미에서 어려움 가운데 있는 사람들, 장애인, 알콜 중독자, 고아 등을 돕고 있다.

1875년 고타(Gotha)에서 사회주의 결정체라고 할 수 있는 사회민주당 (Sozialdemokratische Partei)이 칼 마르크스(Karl Marx)에게서 지대한 영향을 받은 아우구스트 베벨(August Bebel, 1840~1913)과 빌헬름 리프크네히트(Wilhelm Liebknecht, 1826~1900)의 주도하에 결성되었다. 그리고 1877년에는 왕국회의에서 12개의 의석을 차지하게 되었다.

비케른과 인너레 미시온에 속한 모든 단체들은 사회민주당에 반기를 들었다. 그러나 1877년 마르크 브란덴부르크의 목사 루돌프 토트(Rudolf Todt, 1837~1887)는 「급진적 사회주의와 기독교적 사회 계층」(Der radikale Sozialismus und die christliche Gesellschaft)을 써서 사회민주당이 사회 문제를 분석하고 고발하는 데에는 그럴 만한 이유가 있음을 변호하였다. 그리고 신약 성경은 사회주의를 반대하지 않는다는 점을 역설함으로써 기독교 신자도 사회주의 사상에 동조할 수 있음을 밝혔다.

1890년 인너레 미시온에 종사하고 있던 프리드리히 나우만(Friedrich Nauman, 1860~1919)은 '개신교사회주의대회'(Evangelisch Sozialen Kongrerss)를 조직하고 인너레 미시온은 사회주의의 자매(姉妹)라고 말하고, 인너레 미시온의 미래는 곧 사회주의의 미래라고 하면서 기독교 사회주의 운동을 주도하였다. 그러나 1896년 선거에서 국회의 의석을 얻지 못한 데다가 팔레스타인 여행을 계기로 그의 심경에 변화를 겪게 되었다. 그는 예수 그리스도께서 하신 일이 사회주의 운동과는 달랐다는 것을 깨닫고 사회주의 사상을 접었다. 예수님의 말씀은 본래 문자적으로 이해할 수 있는 말씀이다. 그러나 그의 말씀은 유감스럽게도 아무도 문자적으로 성취할 수는 없다고 한다.

나우만과 더불어 기독교적 사회주의 운동이 종식되다시피 된 무렵에 정치적인 운동과는 전혀 관계없이 보델슈빙(Friedrich von Bodelschwingh, 1831~1910)은 빌레펠드(Bielefeld)의 베델(Bethel)에서 기독교적인 사랑을 실천하는 운동을 벌였다. 보델슈빙은 프로이센의 보수파에 속하지만 정당 정치에는 관여하지 않았다. 그의 기독교적인 사회주의 사상은 장애를 받고 있는 사람들에게 단순히 여러 모로 봉사하는 것이었다. 보델슈빙이 최초에 정한 자신의 삶의 목표는 광산업과 농업에 종사하려는 것이었으나 선교사가 되어야 한다는 소명을 받고 생의 행로를 바꾸었다. 그는 바젤에서 신학을 공부한 후 파리에서 독일인 디아스포라 교회 목사로 일하였다. 목회를 하면서 그는 어려움과 낭패 속에 살아가야 하는 사람들을 알게 되었다.

보델슈빙은 델비히(Dellwig) 교회를 거쳐 빌레펠트로 가게 되었다. 그곳에는 두 가지 일이 그를 기다리고 있었다. 그것은 간질환자들을 돌보는 일과 디아코니아 종사자들을 교육하는 일이었다. 그는 빌레펠트 시 외곽에 있는 베델 마을에서 그가 바라던 것을 이루게 되었다. 그는 대규모 사회 사업 기관을 세우게 되었던 것이다. 베델은 기독교적인 형제 사랑을 실현하는 상징적인 마을이 되었다. 보델슈빙은 간질환자를 위한 병원을 세우는 한편, 부랑아들을 위한 시설도 마련하였으며, 그 밖에 다른 마을에도 집 없고 가정도 없는 사람들과 알콜 중독으로 걸인이 된 사람들을 수용하는 시설을 마련하였다. 보델슈빙은 빌레펠트에 신학교를 세워 목회자 후보생들을 교육함으로써 온 교회가 이러한 목적 사업을 추진할 수 있게 되기를 희망하였다.

베델은 디아코니아 활동의 종합적인 센터로 발전하였다. 그러나 보델슈빙과 비슷한 동기에서 출발하여 디아코니아 활동을 시작했으나 성공을 거두지 못한 사례도 있다. 남독일 슈바벤에서 구스타프 베르너(Gustav Werner, 1809~1887)는 엘사스(Elsass)에서 병원 수간호원의 노력에 고무되어 어린이 구호원을 세웠다. 그후 그는 기독교적인 공장을 세워 불우한 사람들이 자활하는 일터로 마련하였으나, 자신의 무지로 인하여 옳게 경영을 못했을 뿐 아니라, 노인들이나 장애자들의 생산성이 수준에 미치지 못해 목적을 달성하지 못하였다. 기독교적 사랑을 산업 현장에서 구현해 보려던 그의 시도는 결국 좌절되고 말았다. 교회적인 혹은 사회적인 뒷받침과 사랑의 후원 없이 장애자들 스스로의 힘만으로 생산 산업에 뛰어들어 건강한 사람들과 경쟁을 벌여 이길 수는 없는 일이었다.

비케른으로 인하여 시작된 인너레 미시온은 오늘에 와서는 독일의 국민 교회 내에 중요한 사업 부서로 자리잡게 되었다. 그리고 디아코니아에 관여하며 실제로 관심을 가지고 종사하는 목사와 평신도들이 대부분 경건주의 출신이며, 독일에서 복음주의자(Evangelikal)[4]로 분류되는 보수적인 신앙을 가진 목사와 평신도들이다. 디아코니아를 위해서는 많은 봉사 요원이 필요하며, 이들의 교육과 재훈련을 위해서도 막대한 재정을 투입한다. 주 총회는 산하에 수십개를 헤아리는 병원을 두고 있으며, 일반 간호사들과 함께 교회의 도움으로 교육을 받은 디아코니아 간호사들이 일하고 있으며, 지역 교회들은 보건 간호원(Gemindepflege)을 두어 가가호호를 방문하여 환자를 돌보게 한다. 방문을 받는 환자들은 무료로 봉사를 받는다.

독일 교회는 또한 사회 사업처를 두고 더 일반적인 사회 문제를 돌본다. 가정을 돌볼 사람이 없을 경우, 가령 주부가 장기간 병원에 입원했을 경우, 이런 가정을 돌보아 주는 일을 한다. 또한 노인들을 돌보는 일, 청소년 직업 알선 및 직업 교육, 불구 아동들의 수양을 위한 일 등을 한다. 이런 일들을 위한 정부의 보조금은 전체 액수의 4분의 1에 불과하다. 기타 청소년 및 가족의 휴양을 주관하며, 역 선교(驛宣敎)라고 하여 각 철도 역에 사무실을 두고 불구자 노인, 외국인 등에게 도움을 주며 필요한 경우 숙박할 곳도 제공한다. 그뿐 아니라 집 없는 사람들을 수용하는 일, 또 중요한 사업으로 알콜 중독자를 돌아보는 일, 외국에서 온 학생들이나 노무자를 돌보는 일 등을 한다.

---

4. 독일의 'Evangelische Kirche'는 가톨릭에 대치하는 개신교라는 개념으로 '복음주의 교회'로 번역하는 것은 옳지 않다. 'Evagelikal'은 영어의 'evangelical'의 개념이다. 그런데 영어권의 사람들이 독일어의 'Evangelisch'를 그냥 'evangelical'로 번역하는 것을 흔히 볼 수 있다.

20세기의 로마 가톨릭 교회

20세기에 들어서 로마 가톨릭 교회는 여러 가지 변화를 경험하게 되었으나 가톨릭의 전통을 고수하는 데는 변함이 없었다. 교황 베네딕트 15세(1914~1922)는 1차 대전 시에 엄격한 중립을 지켰으며, 비오 11세(1922~1939)는 많은 국가들과 조약을 맺어 교회를 위하여 유리한 조건을 확보하였으나 이탈리아의 파시스트에 협조한다는 조약은 굴욕적인 것이었다. 이들은 성경비평에 대하여는 보수적인 견해를 가졌으나, 비오 12세(1939~1958)는 1943년의 칙령에서 성경비평에 대하여 상당한 정도로 자유를 허용하였다.

가톨릭과 개신교 양측에 다 잘 알려져 있는 제2차 바티칸 공의회는 요한 23세의 재임 시에 열렸다. 첫 회기는 1962년 10월 11일부터 같은 해 11월 21일까지 계속되었으며, 두 번째 회기는 그의 계승자 바오로 6세하에서 1963년 6월 3일부터 12월 4일까지, 세 번째 회기는 1964년 9월 14일부터 동년 11월 21일까지, 그리고 마지막 회기는 1965년 9월 14일부터 동년 12월 8일까지 열렸다.

제2차 바티칸 공의회에서는 교회의 일치 운동에 관한 칙령이 선포되었으며, 주교들과 사제와 종교의 자유에 관한 선언문을 공포하였다. 교황은 베드로의 계승자이고 그리스도의 대리자(vicar)임을 재확인함으로써 18세기 이후 흔들렸던 교황의 권위가 회복되었음을 과시하였다. 그리고 그리스도는 교회의 유일한 중보자라고 하며, 그리스도의 제사장적이며 선지자적 직분을 강조하였고, 하나님의 백성으로서의 교회의 존재를 강조하였다. 이러한 천명은 가톨릭 교회가 상당히 발전적으로 변한 것임을 드러내는 것이었으나 개신교와 연합을 시도할 때면 늘 걸림돌이 되는 교리들을 여전히 견지하고 있는 점에서는 변함이 없었다. 즉, 7성례와 목사의 제사장 직을 여전히 강조하였으며, 교계 제도를 말하면서 사제들은 주교들을 돕는 자라고 말하고, 주교단의 정점은 교황이라고 강조하였다.

마리아 숭배와 성상 숭배도 변함이 없다. 헌장 8장에는 마리아를 하나님의 어머니라고 하며, 축복받은 동정녀 마리아는 그리스도의 교회의 모든 지체의 어머니라고 하고, 마리아의 무오성과 승천설을 재삼 강조하였다. 또한 마리아를 '중보자' (Mediatrix)라고 부르며, 모든 그리스도인들은 하나님의 어머니이며 사람들의 어머니이신 성모께 간절한 기도를 바쳐야 한다고 되어 있다.

폴란드 출신인 교황 요한 바오로 2세는 세계 여러 나라들을 순방하여 가톨릭 신자들을 고무함으로써 교황의 위상을 높였다. 새로운 신학 사상들은 가톨릭 교회에도 이미 깊이 침투되고 있으나 요한 바오로 2세는 로마 가톨릭 내의 자유주의 물결을 억제하려는 정책을 폈다. 이를테면, 로마 가톨릭 교회를 비판한 한스 큉(Hans Küng)이 교수직을 잃게 된 것도 그런 시책의 반영으로 볼수 있다. 그는 또한 공산주의에 반대하는 태도를 확실히 했으며, 남미의 해방신학과 그런 사상을 실천하는 사제들의 운동을 거부하는가 하면, 또한 여자 성직자를 임명하려던 노력들을 무산시키고 피임약을 금지하는 등 보수적인 정책으로 일관하였다.

20세기에 들어서면서 로마 가톨릭이 개신교를 이단시하던 어조는 완화되었다. 루터와 칼빈에 대한 연구도 활발해졌으며, 평신도들에게 성경 읽기를 허용하는 정도가 아니라 장려하며, 개신교와의 공동 성경 번역을 하는 등 결과적으로 개신교와 벌어졌던 틈을 좁히는 노력을 해 온 것은 종교 개혁자들이 바라던 일이다. 독일에서는 독일의 개신교회(Evangelische Kirche)와 대화를 시도해왔다. 2차 대전 후 개신교 혹은 가톨릭의 교회당 어느 하나만 남은 고장에서는 예배당을 서로 빌러쓰기도 하였다. 예전에는 상상도 할 수 없는 일이었다. 로마 가톨릭은 영국의 앵글리칸교회에게도 대화의 문을 열어 놓고 있다. 1966년 캔터베리의 대주교 람지(Miachael Ramsey)는 로마의 교황 바울 6세를 방문하고 교회의 연합을 위하여 의견을 교환하였고, 1970년에는 교황이 WCC 본부를 방문하기도 하였다.

에큐메니칼 운동

WCC 운동

1948년 8월 22일 암스테르담에서 첫 세계교회연합회(World Council of Churches)가 열렸다. 미국에서는 수많은 교회들이 종을 울리며 이를 축하하였다. 147개의 기독교 교회에서 파송된 공식 대표들이 모여 회합을 가졌다. 이 역사적인 회의는 1400년대에 건축된 '뉴케르크'(Nieuwe Kerk)에서 개최되었다. 예배는 찬송가 '온 세계 만민아 주를 찬송할지어다'(All people that on earth do dwell; 독어로는, Nun jauchzet Herrn aller Welt)로 시작되었다. 예배는 네덜란드 개혁파교회의 목사가 인도하였다. 잉글랜드의 캔터베리의 대주교가 기도하고 성경은 프랑스의 개신교 연합회 회장과 스웨덴 교회의 총회장이 각기 자기 나라 말로 봉독하였다. 설교자는 존 모트였다. 그는 1910년에 열린 에딘버러 대회 이후 교회 연합 운동을 위하여 적극적으로 활동한 인물이었다.

이 회의에서 결정된 사항은 제네바에 본부를 두고 총무부와 위원회를 둔다는 것이었다. 회합에서 공동 신앙을 고백하는 일은 거부되었다. 가장 보편적인 신앙고백으로 알고 있는 사도신경도 동방 교회에서는 사용하지 않는 것을 배려해서 그랬던 것 같다. 그러나 교회의 하나 됨을 목표한 것 자체를 일종의 신앙고백으로 보아야 한다는 견해도 있었다. 1961년 뉴 델리(New Dehli)에서는 간단한 신앙고백문을 작성하였다.

> WCC는 주 예수 그리스도를 성경이 말하는 대로 하나님이시요 구세주로 고백하는 교회의 교제이다. 그러므로 한 하나님, 성부, 성자, 성령의 영광을 위하여 부르심을 받은 사명을 공동으로 성취하기를 위해 노력한다.

교회 연합 운동을 에큐메니칼 운동이라고 하는데, '오이쿠메네' (οἰκυμήνε)라는 단어는 신약에서, 예컨대 누가복음 2:1과 마태복음 24:14 등에서 자주 볼 수 있는 단어로서, '온 세상, 사람이 사는 온 세상, 복음을 접하는 온 세상 사람들, 그리스도에게서 부르심을 받은 온 세계에 있는 교회'라는 뜻으로 이해한다. WCC 운동의 선구자들 가운데 주역을 담당한 이는 존 모트와 나탄 죄더블롬이었다.

존 모트(John R. Mott, 1865~1955)는 일찍부터 학생 운동과 선교에 관심을 가졌던 사람이었다. 그는 19세기의 유명한 감리교 부흥사 무디의 설교를 통하여 회개한 복음주의적인 신자였으며 역사와 정치학을 공부한 학자였다. 1886년 그는 무디의 주도 하에 매사추세츠의 마운트 헤르몬(Mt. Hermon)에서 열린 부흥회의 '우리 세대에 세계를 복음화하자'는 표어에 완전히 매료되었다. 모트는 선교를 자원한 100명의 학생들 가운데 한 사람이었고, '세계기독학생연맹'(World Student Christian Federation ; WSCF)을 형성하는 데 큰 역할을 하였다. 1937년 옥스퍼드 대회에 모였던 지도적인 인물들 대부분이 WSCF 출신이었다. 모트는 1910년의 에딘버러 선교 대회와 1928년의 예루살렘 대회 및 1938년의 탐바란(Tambaran) 대회의 의장이 되었다. 그리고 1948년 암스테르담 대회에서는 명예 의장으로 추대되었다.

나탄 죄더블롬(Nathan Södeblom, 1866~1931)은 에큐메니칼 운동의 대부(the

Ecumenical Patriarch)로 알려져 있다. 어려서는 성경의 무오성을 믿었으나 학생 시절에 율리우스 벨하우젠의 성경비평과 리츨의 하나님의 나라 사랑에 접하게 된 이후 비교종교학의 전문가가 되었다. 종교사학파의 견해를 좇아 하나님의 계시의 진화를 믿었으며, 기독교는 가장 발달한 형태의 종교라고 하였다. 자유주의 신학자가 된 죄더블롬은 그리스도는 참 하나님이시요 참 사람이라는 교리를 폐기하였다. 파리의 스웨덴인 교회의 목회자로 있다가 후에는 미국을 여행하고 난 후 1912~1914년에 라이프찌히에서 교수하였다.

그의 인품과 그가 제시한 교회의 하나 됨이라는 이상(理想)에 많은 사람이 매료되었다. "교리는 분열을 가져 오나, 봉사는 하나되게 한다."(Doctrine divides, service unites) 혹은 그가 늘 '진정한 형제애'(true brotherhood)라고 말했듯이, 교리적, 신학적인 배경보다는 그리스도인의 활동에 집중하자는 것이 그의 지론이었다. 1925년 스톡홀름에서 열린 대회는 그의 활동에 힘입어 열린 대회였다.

WCC의 출발에 길을 터 준 기관으로 말하자면, '국제선교사협의회'(International Missionary Council ; IMC), '삶과 일을 위한 대회'(the Conferences on Life and Work ; CLW), 그리고 '신앙과 질서를 위한 대회'(the Conferences on Faith and Order ; CFO) 등이 있다. 선교사들은 대체로 에큐메니칼 성향이 짙은 사람들이었다.

IMC는 제1차 세계대전 이후 뉴욕의 레이크 모홍크(Lake Mohonk)에서 창설되어, 1928년 예루살렘에서 첫 대회의 회합을 가졌다. IMC는 자유주의적인 경향이 농후하였다. 거기에 속한 선교사들 대부분이 자유주의적인 성향이 강했으므로 그럴 수밖에 없었다. 1932년 「백 년의 선교에 대한 평신도의 질의」(A Layman's Inquiry after One Hundred Years)라는 책이 나왔다. 하버드의 호킹(W. E. Hocking) 교수 외 35명의 평신도들이 현대의 선교 방향에 관하여 쓴 책으로서 록펠러(J. D. Rockfeller Jr.)의 재정적인 후원으로 빛을 보게 된 책이었다. 펄벅(Pearl S. Buck) 여사도 이 책에서 말하는 선교 방향에 대하여 지지를 보내었다. "직관(直觀)의 신이야말로 참 신이다. 그런 의미에서 보편적인 종교가 수립되어야 한다고 말할 필요가 없다. 그것은 이미 존재하고 있는 것이다."

그러나 1938년 탐바라우에서 열린 선교 대회에서는 크레머(H. Kreamer) 의 '비기독교 세계에서의 기독교의 메시지'가 토의의 중심 주제였다. 그것은 위에서 말한 평신도들의 보고와는 반대로 회심(回心)의 필요성을 강조하는 주제였다. 그의 책에서는 예수 그리스도 안에서 계시된 하나님의 사랑과 그리스도의 생애와 그의 사역과 고난, 죽음과 부활이 재강조되고 있었다.

1925년 스톡홀름에서 열린 대회, CLW는 죄더블롬 대회라고 칭하기도 하였다. 이 대회에서는 신학적인 문제보다는 경제, 산업, 사회, 도덕, 교육 등 모든 현안의 문제들을 토의하였다. 1937년 옥스퍼드에서는 당시 상황 때문에 인종, 국가, 전쟁과 평화 등의 스톡홀름의 대회보다 더 실제적인 문제를 다루었다. 그리고 교회가 하나되지 못하고 있는 현실적인 비극에 관하여 말하고, 그리스도 안에서의 하나 됨을 추구할 것을 말하였다. 나치 정권 하에서 분투하는 독일의 고백교회를 고무하고 WCC를 조직할 것을 제언하였다.

1927년 로잔에서 열린 CFO에는 400명의 대표가 모였다. 많은 사람이 모였으므로 의견도 분분하였다. 앵글리칸은 감독 제도를 고집하였고, 희랍 정교에서는 7개의 성례를 주장한 반면, 퀘이커 교도들은 성례가 없어져야 한다고 주장하였다. 1937년 에딘버러에서도 역시 로잔에서와 같은 여러 다른 의견들이 있었다. 그럼에도 불구하고 주 예수 그리스도를 믿는 신앙은 하나라는 결론에 이르렀다. 그리하여 1948년 암스테르담에서의 WCC 출범을 가능하게 하였다.

1948년 암스테르담에서 열린 제1차 총회에는 44개 나라, 147개 교회 대표들이 참가하였다. 주제는 '인간의 무질서와 하나님의 계획'(Man's Disorder and God's Design)이었는데, 두 차례에 걸친 세계대전 이후 인류가 겪고 있는 위기와 무질서에 대하여 교회가 책임을 져야 함을 논의했다. 이 회의에서 주목할 만한 것은 교회는 정치적·사회적인 이념을 초월해야 하므로 자본주의와 공산주의 중 그 어느 하나를 택하는 것을 배격한 일이었다.

제2차 총회는 1954년 시카고 교외 도시 에반스톤에서 열렸다. 주제는 '그리스도는 세계의 희망'(Christ, the Hope of the World)이었다. 그러나 사람들은 '희망'(혹은 소망, hope)에 대한 이해를 달리하였는데, 유럽의 신학자들은 주로 그리스도의 재림을 기대하는 것으로 이해하는 반면에 미국의 신학자들은 지상에 하나님의 천국이 건설되기를 기대하였다.

그리고 교회에 대한 이해 문제를 두고 교회를 말씀 선포와 성례와 같은 내적 관계 측면에서 이해해 온 데 반하여, 교회의 외적 표징, 즉 선교를 교회의 본질적인 표징의 하나로 파악해야 한다고 논의하였다. 따라서 교회가 분열을 지양하고 일치된 선교의 공동체가 되어야 하며, 그러기 위해서는 각 교파와 교회의 전통과 특성을 부인하는 결단을 해야 한다는 것이었다. 선교도 사람을 교회 안으로 끌어들이는 선교보다는 교회가 세상 속으로 들어가 세상을 변화시키는 역할을 해야 한다는 것이었다. 소위 세속화신학을 배경으로 하는 견해가 피력되었으며 천당과 지옥의 장소 개념이 부정되었다.

제3차 총회는 1961년 뉴델리에서 열렸다. 러시아 희랍 정교의 대표들을 비롯하여 루마니아, 불가리아, 폴란드 대표들이 참가하였다. WCC 정신에 더 많은 진전을 본 것으로 평가할 수도 있으나 그만큼 개신교적 성격이 변했음을 보여 주었다. 복음 증거, 봉사, 교회의 일치를 교회의 3중 과업으로 말하였고, 교회의 일치는 교회의 내적 차원에서만이 아니고 세상에 대한 교회의 봉사와 밀접한 관계를 가졌다면서 세계 속의 다양한 사회 참여를 강조하였다. 그 밖에 세계의 평화와 무장 해제를 호소하였다.

제4차 총회는 1968년 스웨덴의 웁살라(Uppsala)에서 모였다. '보라, 내가 만물을 새롭게 하노라'(Behold, I make all things new)는 주제 하에 논의가 진행되었다. '하나님의 선교'(missio Dei)가 강조되어 교회의 사회 참여는 첨예화되었다. 맑스주의 등 사회학적인 통찰을 기독교 신학에 적극 수용하였으며, 불의에 대항하는 폭력을 정당하고 가능한 것으로 수용함으로써 비폭력적 혁명을 교회가 도와야 한다는 목소리를 높였다. 해방신학의 탄생과 때를 같이한 주장이었다.

제5차 총회는 1975년 나이로비에서 열렸다. 90개국에서 286교파 교회의 대표 741명이 참석하였다. '오늘의 구원에 관한 좋은 소식'(The Good News of Salvation Today)이라는 주제로 오늘날의 복음의 의미는 개인적 회심의 차원에서뿐 아니라 사회적인 차원으로 확대 해석해야 한다는 것을 논의하였다. 선교를 죄로부터의 구원을 전하는 것이기보다는 사회 변혁이나 정치적인 해방 운동을 포괄하는 것으로 해석하였다. 로마교, 불교, 힌두교, 이슬람교, 유대교 등이 옵저버로 참석하여 혼합주의의 색채를 강하게 드러내었다.

1983년 캐나다의 벤쿠버(Vancouber)에서 열린 제6차 총회에는 300여 교파 교회를 대표하는 930명의 총대와 820명의 옵저버들이 참석하였다. '예수 그리스도는 세상의 생명'(Jesus Christ the life of the world)이라는 주제로 세계의 평화와 정의의 문제를 비롯하여 여러 주제들을 다루었다. 이 총회는 예배하는 총회라고 불리기도 했다. WCC는 교회가 중심이 된다는 사실을 새삼 확인하면서 교회의 일치를 예배의 일치에서 도모해야 한다고 한다.

1982년 남미 페루의 수도 리마(Lima)에서 열린 세계교회협의회의 '신앙과 직제 위원회' 총회에서 BEM 문서, 즉 세례, 성만찬, 교역(敎役)에 대한 문서를 내놓았는데, 밴쿠버의 총회는 '리마' 성만찬 예식서의 정신을 따라 WCC 출범 이후 최초로 총회에서 공동으로 성찬식을 행하였다. 그러나 예배의 일치는 범교회적인 차원을 넘어 범종교적인 방향으로 지향하는 것임을 드러내었다.

제7차 총회는 1991년 2월 호주 캔버라에서 "오소서 성령이여, 만물을 새롭게 하소서"라는 주제로 개최되었고, 온 지구를 구원하는 데 성령 현존의 중요성 또는 영성의 중요성을 언급하였다. 한국인 참가자 정현경은 죽은 자들의 이름을 부르며 초혼제, 즉 무당의 강신굿도 행하였다.

제8차 총회는 1998년 12월 3~14일 아프리카 짐바브웨 하라레(Harare)에서 "하나님께로 돌아오라, 희망 중에 기뻐하자."라는 주제로 열렸다. 에큐메니칼 '코이노니아'의 개념을 WCC의 정체성으로 확립하고는 기독교와 다른 종교들 사이를 가로 막고 있는 장애물을 없애고 연합하려는 의지를 보여 주었다.

제9차 총회는 2006년 2월 14일~23일 브라질의 남부 도시 포르토 알레그레, 폰티피컬 가톨릭 대학교에서 "하나님, 당신의 은혜로, 세상을 변혁하소서."(God, in Your grace transform the world)라는 주제로 열렸다. 에큐메니칼 운동이 유럽교회의 세속화, 무슬림의 과격화, 전통 교회와 신생 교회간의 갈등, 포스모더니즘에 어떻게 대처할 것인지, 급변하는 세계 속에서 에큐메니칼 '코이노니아'가 지속될 수 있을 것인지에 대한 의문을 제기하고 논의하였다.

제10차 총회는 2013년 10월 30일~11월 8일 대한민국 부산에서 열렸다. 총회 주제는 "생명의 하나님 정의와 평화로 우리를 이끄소서"였다. 115개국 349개 교단 657명의 총대가 참석했다. 총회 개최에 적극 참여한 일부 복음주의적인 성향을 띤 한국교회의 대표들이 WCC가 전통적인 기독교 색채를 띠게 되기를 희망했으나 종교다원주의를 지향하는 거대한 흐름을 막기에는 역부족이었다. 1975년 제5차 나이로비 총회 때부터 불교, 힌두교, 이슬람교, 시크교, 유대교 등 타 종교지도자들이 초청을 받아 모든 프로그램에 참석해 왔는데, 오랜 다원 종교의 역사를 가진 한국의 부산 총회는 범종교적인 대회의 양상을 더 현저하게 보이게 되었다.

기타의 교회 연합 운동

에라스무스, 부처, 멜랑흐톤, 칼빈 등 16세기의 종교 개혁자들은 교회의 연합 운동을 위하여 많은 노력을 기울였다. 그 가운데서도 부처는 개신교의 통일을 위하여 루터와 쯔빙글리간의 성만찬에 대한 이견을 좁히려고 1529년에 마르부르크 종교회의를 개최하도록 하는 등 교회의 연합을 위하여 계속 노력하였다. 칼빈도 부처에 못지 않게 교회 연합을 위하여 힘썼다. 17세기에는 슈페너, 쩐젠도르프 등 경건주의자들이 나름대로의 교회 연합의 이상을 가졌으나, 정통주의 교회로부터는 분리주의자라는 비판을 받았다.

1846년 '복음주의연합'(Evangelical Alliance)이 조직되었다. 종교의 자유, 주일을 안식일로 지키는 문제 등에 관심을 가졌으며, 선교에 힘썼다. '기독교청년회세계알리앙스'(The World Alliance of the Christians Young Men's Societies, 1855년), '기독여자청년회'(Christian Young Women's Societies, 1894년), '세계기독학생연합회'(The World Student Christian Federation Conferences, 1886년), '앵글리칸램버스회의'(Lambeth Conferences of the Anglicans, 1875년), '장로교알리앙스'(The Presbyterian Alliance, 1875년), '감리교세계알리앙스'(The Methodist World Alliance, 1891년) '회중교도세계알리앙스'(The Congregationalist World Alliance, 1891년), '침례교세계알리앙스'(The Baptist World Alliance, 1905년) 등 연합 운동을 위한 많은 단체들이 속속 조직되었다.

1948년 '국제기독교연맹'(The International Council of Christian Churches)이 미국 성경 장로교회의 칼 메킨타이어(Carl McIntire)의 주도 하에 암스테르담에서 조직되었다. '미국교회연합회'(The American Council of Christian Churches)는 이보다 먼저 1941년에 조직되었다. WCC, 현대주의, 공산주의, 로마 가톨릭 등에 강한 반대를 표명하는 것이 특색이었다. 1951년 '미국복음주의연합회'(National Association of Evangelicals in America, NAE)와 '세계복음주의자협회'(the World Evangelical Fellowship)가 조직되었다. 교회가 아니라 개인과 기관을 회원으로 하는 조직이다. 1946년 '개혁연합노회'(Reformed Ecumenical Synod)가 그랜드 래피드에서 조직되었다. 1966년에는 22개 교회가 가입되어 있었다.

오순절 운동

20세기에 있게 된 교회 현상과 운동들 가운데 또 하나 특기할 만한 것은 오순절 운동(Pentecostal Movement)이다. 오순절 운동은 미국의 각성 운동에서 파생된 신령주의적인 운동의 새로운 형태이다. 오순절 운동은 20세기로 접어드는 시기에 태동하여 20세기 중반에 이르러 온 세계 교회로 확산되었다.

찰스 파함(Charles F. Parham, 1873~1929)은 캔사스 토페카(Topeka)에 벧엘 성경 학교를 설립하고 사도행전 2장에 기술되어 있는 성령의 초자연적 은사들, 특히 방언과 신유의 은사는 현대 교회에서도 경험할 수 있다고 주장하였다. 1901년 1월 1일 자정 예배 때에 오즈먼(Agnes N. Ozman) 양이 파함의 안수를 받고 방언을 하게 된 것이 오순절 운동의 시작이었다. 방언 은사 운동은 학생들간에 번져 나갔다. 파함과 방언을 경험한 학생들은 방언이야말로 성령세례의 유일한 증거라고 확신하고 '사도적 신앙'(Apostolic Faith)을 조직하였다.

1906년에 이 학교 출신인 흑인 윌리엄 세이모어(William Joseph Seymour, ?~1923)가 로스앤젤레스 아주사 거리에 있는 감리교회를 빌려 집회를 여는 한편 '아주사가선교회'(Azusa Street Apostolic Faith Mission)를 조직하여 오순절 운동을 추진하였다. 아주사의 오순절 운동은 이곳을 방문하여 방언을 체험한 더함(W. H. Durham)에 의하여 시카고에 확산되었으며, 1908년에는 톰린슨(A. J.

Tomlinson)에 의하여 노스 캐롤라이나와 미국 동남부 지방으로, 그리고 미국 전역으로 확산되었다. 그리하여 마침내 1970년에 세계 각국에 8백여 만 명의 신자를 가진 큰 교세를 이루게 되었다.

오순절 운동은 성경을 믿는 흑인들로부터 태동되었으며, 시작 단계에서부터 선교의 대상은 미국 사회의 중류나 상류층 사람들이 아니고 가난하고 소외된 하류층에 속하는 흑인들이었다. 오순절 운동은 유럽 쪽의 백인들보다는 아프리카 사람들과 압제받는 라틴 아메리카 사람들로부터 더 환영을 받으며 그들 가운데 급속히 확산되었다. 그것은 오순절 신앙이 접근하기 쉬울 뿐만 아니라 흑인들이나 히스파니아계 사람들의 성향이나 기질과 그들의 문화에 맞기 때문이기도 하다. 오순절 운동은 교육보다는 예배에 역점을 두는 운동이었으며, 집회의 특징은 감정적이었다. 소위 성령세례받은 자들은 울고 춤추고 노래하며 때로는 황홀경에 빠지기도 하며 방언하고 통역하는 등 소란스럽게 모임을 가졌다.

20세기에 들어와 1930년대까지 복음적인 근본주의자들은 합리주의적인 유니테리언 사상과 자유주의 신학 사상에 대항하여 기독교 진리를 변증하는 일에 힘을 소진하고 있었다. 물밀듯이 엄습해 오는 자유주의 신학의 물결에 대항하여 동일한 합리적인 논리로 기독교를 변증하는 것으로는 대중들에게 별다른 구별 의식이나 각성을 일깨울 수가 없었다.

자유주의 혹은 현대주의 사상이 탈기독교적인 종교다원주의로까지 극단으로 발전하며, 사람들이 기독교 신앙에 대한 회의와 무관심의 깊은 잠에 빠지게 되어, 오순절 운동과 같은 성령의 가시적인 역사(役事)와 은사를 추구하며 과시하는 신령주의 운동이 일어나게 된 것이다. 20세기의 사상적인 흐름과 다양함은 17세기 유럽의 상황과 비교가 될 수 없으나, 17세기 후반에 정통주의를 중심으로 하여 좌로는 합리주의적인 계몽사조가, 우로는 경건주의 운동이 일어났던 당시의 상황과 비슷한 데가 있다.

'방언이 곧 성령세례의 유일한 증거' 라는 주장에 대해서나, 존 웨슬리의 신학에 뿌리를 두고 있는 '제2의 축복' 의 개념에 대하여, 혹은 오순절 성령 강림이 현시대에도 반복되어 사도적인 은사를 갖게 된다는 주장들에 대하여, 복음적이며 보수적인 개혁주의 신학자들은 부정적인 시각으로 보고 비판한다. 그러나 여하튼 오순절 운동은 20세기 후반의 신학에 성령에 관하여 새롭게 인식하고 고려하도록 동기를 부여하였으며, 가톨릭과 개신교를 막론하고 많은 교회들에게 큰 영향을 미쳤다.

　　오순절 운동을 통하여 전통적인 신앙을 가지고 합리적으로 사고하며 근엄하고 경건한 자세로 하나님께 예배하는 교양을 갖춘 시민들에게서 소외된 사람들, 열광적으로 몸을 흔들면서 예배하지 않고는 직성이 풀리지 않는 그런 문화에 살거나 그런 계층에 있는 수많은 사람들이 열정적인 기독교 신앙을 갖게 된 것은 교회사적으로 긍정적으로 평가하지 않을 수 없다. 그러나 오순절 운동은 그 기초에서부터 신학적인 취약성을 지니고 있어 합리주의와 자유주의 신학과는 대조적으로 영적인 신선함을 일깨워 주는 역할을 옳게 지속적으로 하지 못한다.

　　성령은 성부와 성자에게서 항상 나오시며 성도들에게 임의로, 필요에 따라 언제든지 임하시고 은사를 주신다. 특히 사도 시대의 교회 상황과 비슷한 선교지에서는 신유의 기적도 주신다. 그러나 교회가 서기 시작할 때 터(基礎)가 되었던 사도들의 은사와 교회 역사 속에 사는 성도들의 은사에는 차이가 있다. 오순절 지도자들 가운데는 이를 인식하지 못하고 특별 계시를 받았다고 주장하는 사람들이 있어서 사이비 집단이 생겨나기도 하였다.

　　오순절 운동이 제도화되면서 특히 중류층의 백인들도 오순절 교회에 합류하였으나 초기의 신선함을 상실하게 되었다. 1940년대부터 신유(神癒)의 은사를 설교하던 일부 부흥사들이 신유 대신 번영이라는 새로운 주제로 가난한 사람들에게 희망을 주고 오순절 운동을 활기 있게 추진하려고 하였다. 하나님의 축복을 물질화하며 부(富)와 동일시하는 이러한 사상은 중생과 새 사람과 성화의 생활을 외치고 추구한 경건주의와 복음주의적인 부흥 운동의 전통에서는 벗어난 사상이다.

예를 들면, 1960년대 이후 신유와 번영이라는 주제가 가난을 벗어나 잘 살아 보려는 한국인들에게 교회로 나오게 하는 복음이 된 것은 사실이었다. 그러나 그것은 성경이 가르치고 선포하는 복음과는 거리가 멀다. 한국 교회가 오순절 운동의 영향으로 살아 일하시는 성령을 재인식하게 된 것은 유익한 일이었지만, 성경이 가르치는 복 개념을 상실하게 되어 기복신앙에서 승화되기는커녕 오히려 그런 신앙에 더 찌들게 된 것은 큰 손실이다.

에큐메니칼 신학과 종교다원주의

종교의 다원화 혹은 종교다원주의라는 말은 서양에서 1960년대 중반부터 사용하기 시작하였으며, 이에 관심을 가진 학자들이 1970년대에는 많은 글을 쓰고 책을 내기 시작하였다. 지리상의 발견 이후 기독교의 전통과 문화 속에서 살아 오던 유럽인들은 지구상에 여러 다른 문화와 종교들이 있음을 알게 되었고, 타종교의 존재를 의식해 온 터이지만, 20세기 후반에 이르러서는 그들의 사회 속에서 여러 타종교와 실제로 접하고 부딪치면서 타종교인들과 함께 살아가야 하는 상황에 처하게 되었다. 미국의 경우는 1960년대 이후 아시아인들이 대거 이민을 하게 되었으며, 서유럽의 경우는 영국과 독일, 네덜란드 등 나라에 아시아와 회교권에서 많은 노동자들이 취업하게 되었다. 그러면서부터 미국과 유럽의 사회는 종교 다원화 사회로 변모하게 되었다.

세계 제1, 2차 대전을 겪으면서 서구 문명의 한계점과 몰락을 의식하는 사상이 일어났는가 하면, 또한 여러 가지 사회 문제를 해결하지 못함에 따라 기독교와 서구 문화를 동일시하는 사람들에 의하여 동양의 문화와 종교에서 삶의 의미와 해결점을 찾으려는 시도도 있게 되었다. 이러한 상황에서 종교다원주의가 태동하게 된 것이다.

게다가 종교다원주의에 결정적인 기여를 한 것은 에큐메니칼 운동과 그

신학이었다. WCC는 본래 선교를 위하여 결속된 국제 선교 대회에서 발전된 기구이다. 각 교파 교회들이 신앙고백과 교리를 내세워서는 교회 연합이 불가능하므로, 교리를 덮어둔 채 공통적인 주제인 선교를 논함으로써 교회 연합의 꿈을 실현하려고 하였다. 그러다가 만인구원론적인 선교신학을 추구하게 된 것이다. 선교를 위하여 교회가 연합적으로 일해야 할 필요에서 교회 연합, 즉 '에큐메니즘'을 말하던 것이 마침내는 '에큐메니즘'을 위한, 그리고 그것에 봉사하는 선교를 논하게 되었다. 다시 말하면, 선교를 에큐메니즘의 시각을 통하여 이해하고 에큐메니즘은 선교로 환원시켜 이해한다.

교리를 덮어둔 채 교회의 하나 됨을 지향하는 WCC의 초교파적 만인구원론적인 선교신학은 '초종교적'인 만인 구원 사상으로, 즉 종교다원주의로 발전한다. 개별적인 인간의 구원이나 성화보다는 사회 개혁에 관심을 둠으로, 그리고 인권, 자유, 평등은 종교를 불문하고 온 인류가 지향하는 선(善)이므로, 어렵지 않게 종교다원주의로 발전한다. 기독교 교파간의 연합을 꾀하는 에큐메니칼 신학이 세계의 평화와 질서 등 사회 문제에 관심을 가지다 보니 타종교와의 대화와 공존을 자연히 중요한 과제로 다루게 되었다.

타종교와의 대화는 이미 1961년 뉴델리 총회에서 제안되었으며, '우주적 그리스도' 혹은 '익명의 그리스도'를 강조하는 말이 나오게 되었다. 이 총회에는 러시아 희랍 정교의 대표들을 비롯하여 루마니아, 불가리아, 폴란드 대표들이 참가함으로써 개신교적 성격이 많이 변했음을 보여 주었다. 1969년 3월 WCC 주최로 제네바 근방의 까르티니(Cartigny)에서 22명의 회교도와 기독신자들이 모임을 가졌다. 1970년부터는 본격적으로 타종교와의 대화를 효과적으로 추진하기 위하여 기독교와 타종교의 대화국(對話局)을 신설하고 본격적으로 '대화의 신학'을 발전시켰다. 1973년 방콕에서 에밀로 까스트로(Emilo Castro)는 전통적 선교 개념에 종막을 고하고 세계 선교의 새 여명(黎明)은 아프리카 문화를 긍정하고 인도의 종교 전통을 널리 보급하는 것이라고 하였다.

1975년 나이로비 총회에서는 영성(靈性)의 문제를 두고 각 문화의 전통적 경건과 극단적 성령 운동의 체험, 동양의 신비주의 등의 다양한 종교 요소를 인정하고 수납하는 혼합 종교의 성격을 여실히 보여 주었다.

그 밖에 아시아와 아프리카에서는 기독교를 서양의 종교라고 배격하는 한편, 고유의 종교를 찾고 고수하자는 문화적, 종교적 복고주의(復古主義)와 신민족주의(Neo-Nationalism)가 만연하면서 본토의 자유주의 신학자들이 이에 호응하여 기독교의 토착화를 모색하기 시작하였다. 그리고 이러한 운동과 함께 현대 사상의 특징인 상대주의와 민주화 운동 및 하나의 국제화를 지향하는 시대적인 조류에 편승하여 종교다원주의자들은 그들의 사상이 마치 신학 사상의 자연스러운 추이(推移)인양 주장한다.

종교다원주의는 타종교와의 대화를 의식하는 가운데, 기독교의 유일성을 주장하지 않고 타종교를 존중해야 한다면서, 타종교도 종교로서 기독교와 동등한 가치를 지니며 구원의 종교가 될 수 있다는 전제에서 출발한다. 그리고는 이와 같이 먼저 내세운 전제와 같은 결론으로 되돌아가는 것이어서 논리학적으로 말하자면 종교다원주의는 '동어 반복'(tautology)의 논리일 뿐이다. 그러므로 종교다원주의는 어떤 합리적인 논증에 근거하기보다는 맹목적인 신념에 근거한 것이다.

그리고 종교다원주의도 기독교 신학에 속한다고 하지만, 그것이 성경에 근거를 두지 않음은 물론이고 기독론을 언급할 때 이외에는 별로 성경을 참고하는 일도 없을 뿐더러, 기독교의 교리나 역사적 전통은 거의 무시하고 있어서 기독교 신학을 이미 벗어나고 있다고 할 수밖에 없다. 기독론을 말할 때는 성경을 인용하지만, 성경을 사상과 행위의 규범이 되는 하나님의 말씀으로 알고 존중하는 가운데서 인용하는 것이 아니고, 나름대로 신학적인 목적을 가졌거나 편견에서 출발하는 사상들이 다 그러하듯이, 그들의 전제(前提)에 맞추어 부분적으로 인용하고 해석할 뿐이다. 그리고 기독교를 포함하는 종교를 논함에 있어서 종교의 특수한 내용을 두고 논하기보다는 구조나 현상을 두고 논하기 때문에 논의가 변증적이며 피상적이다.

종교다원주의자들이 주로 관심을 쏟아 중요하게 다루는 신학의 주제는 기독론이다. 종교다원주의를 지향하는 길에 걸림돌이 되는 것이 곧 그리스도의 유일성이므로, 종교다원주의자들은 기독론을 신학적인 방법을 동원하여 공략하면서 새로운 기독론을 시도한다고 선포한다. 종교다원주의 신학을 모색함에 있어서 학자들에 따라 '신 중심주의'(神中心主義) 혹은 '그리스도 중심주의'를 추구한다고 하지만, 종교다원주의의 관건은 결국 기독론으로 귀결된다.

종교다원주의를 주창하는 신학자 가운데서 니터(Paul Knitter)는 그의 책 「오직 예수님 이름으로만?」(No Other Name?)에서 신 중심 신학을 위한 새로운 기독론을 피력한다. 그의 관심사 가운데 하나는 신약 성경의 '상황'(context)이나 예수님에 관한 과거의 교리적 진술과는 전혀 다른 어떤 것, 즉 인간 경험의 '구조'(texture)에 있어서 전혀 새로운 진보가 있었음을 제시하려는 것이었다.

그 구조란 모든 문화 및 역사적 업적의 상대성에 대한 새로운 역사 의식과 다원주의에 대한 새로운 의식이며, 특별히 수많은 사람 가운데서 새로운 형태의 통일을 추구할 필요성을 분명히 인식해야 한다는 것이다. 이러한 새로운 구조 속에서 예수님을 새롭게 이해하지 않고 새로운 기독론의 가능성에 자신을 개방하지 않는 것은 곧 과거를 우상 숭배적인 '신앙의 집적물(集積物)'에 한정시켜 버리는 위험에 처하게 만든다고 한다. 그리고 그리스도에 대한 새로운 해석을 시도하지 않고 전통적인 신앙고백을 고수하는 것은 우상 숭배라고 한다.

니터는 헹겔(Martin Hengel), 쾨스터(Helmut Keoster) 및 로빈슨(James Robinson)과 같은 이들의 급진적인 연구에 힘입어, 유대교적 칭호에서 그리스도적 칭호에 이르는 신약 성경의 기독론의 발전 과정에 대한 획일적인 견해와 같은 것은 오늘날 거의 포기되었다고 선언한다. 니터는 또한 파니커(Raimund Panikker)와 같이 예수님은 '모든 이름 위의 이름'(빌 2:9)이라는 말을 해석하면서 그리스도는 라마(Rama), 크리슈나(Krishna), 이스바라(Isvara), 푸루샤(Purusha), 타타가타(Tathagata) 등 많은 역사적 이름으로 나타날 수 있다고 함으로써 논리적인 비약을 감행한다.

남인도 교회의 장로이며 WCC 대화 프로그램 담당자인 사마르타는 신만은 유일하게 절대자로 인식하고 모든 종교들을 상대적인 것으로 간주하게 될 종교간의 만남의 모델을 추구한다. 그리스도에 관하여 언급하면서 "신은 성육신에서 그 자신을 상대화한다는 점을 잊지 말아야 한다"고 말한다. 종교다원주의자들은 예외 없이 그리스도의 유일성을 상대화한다.

종교다원주의는 이단인가 하는 질문에 새삼스럽게 그렇다고 답할 필요가 없다. 종교다원주의 스스로가 그보다 더 많은 것을 말하기 때문이다. 기독교 역사에서 이단으로 심판을 받은 사상이나 운동을 합리주의적인 사상과 신비주의적인 사상 혹은 운동으로 분류할 수 있다. 그리스도의 하나님과의 동질성, 즉 그리스도의 신적인 영원성과 동등성을 부인한 아리우스주의, 삼위일체를 단일신론적으로 이해한 사벨리우스 등 단일신론자들, 그리스도의 인성을 단성론적(單性論的)으로 강조한 네스토리우스주의 등이 전자(前者)에 속하며, 종말론적인 신앙에서 신비주의와 열광주의에 빠졌던 몬타누스주의라든지 중세의 천년왕국 운동자들이 후자에 속한다.

현대 교회에서는 신비주의와 열광주의적 경향을 가진 잘못된 가르침이나 신앙 운동은 즉각 이단으로 단정하는 반면에, 합리주의적인 잘못된 가르침은 자유주의 신학 혹은 현대 신학이라는 이름하에 용인되고 있다. 합리주의적인 신학 사상은 세속적인 문화와 사회 사상의 발전과 함께 발전해 왔으며, 도덕과 윤리관과도 세속적인 추세와 병행하여 함께 발전하거나 퇴락(頹落)한다. 사회에 대하여는 개방적이며 문화와 사회 참여를 내세우기 때문에 사회적인 사상이요 사회 운동으로 영입을 받는다.

신비적이며 열광주의적인 신앙 운동은 폐쇄적이며 반사회적이므로 단번에 이단이라는 낙인이 찍히게 되는 반면에, 기독교 역사에서 옛날 같으면 이단으로 정죄를 받아 마땅한 합리주의적인 잘못된 교리들은 자유로운 학문적인 결실이라고 하여 묵인된다. 그것은 계몽사조 이후 비판적인 신학과 자유주의 신학이 세속의 사상과 함께 발전하여 교회를 점하는 큰 세력을 이루었기 때문이다. 그리고 종교다원주의의 배후에는 WCC와 자유주의 신학을 영입하는 교회들의 큰 세력이 있음을 인식해야 한다. 한국 교회를 포함하는 그리스도의 모든 교회는 그리스도의 교회이기 위하여 각성해야 한다.

교회의 사회 의식과 상황신학

1970년에 이르러 해방신학이라는 말과 함께 흑인신학, 여성신학이라는 말이 부각되었다. 이러한 주제들의 신학들은 한국의 민중신학과 더불어 모두가 해방신학의 범주에 속한다. 남미의 해방신학과 미국의 흑인신학은 유럽의 가톨릭 정치신학자 메츠(J. B. Metz)와 개신교의 몰트만(Jürgen Moltmann)의 정치신학의 영향을 받은 것이라고 말한다. 이런 류의 신학은 우리가 살고 있는 사회적인 상황에서 출발하여 문제점을 직시하고 해결을 모색한다는 점에서 상황신학(狀況神學)이라고 한다. 주제별로 신학이라고 이름하고 있으므로 주제신학(主題神學)이라고 해도 좋을 것이다. 언약, 선교 등의 주제를 다루는 것도 역시 주제신학이지만, 상황을 주제로 하는 신학은 성경(text)에서부터 출발하는 것이 아니라 현실의 상황(context)에서 출발한다는 점에서 구별된다. 해방신학은 사회학과 마르크스의 이론 등을 사회를 분석하는 도구로 활용한다.

19세기부터 20세기 초까지는 신학에서 상황 혹은 '삶의 정황'(Sitz im Leben)이라는 개념은 성경의 배경이 되는 상황을 성경을 이해하기 위한 연구 대상이었다. 그러나 위기신학 이후 자유주의 전통에 속한 신학자들은 구체적인 현실의 상황을 중요시하고 성경이나 전통적인 신학은 상황을 설명하고 해답을 얻기 위한 보조 수단으로 간주하게 되었다. 즉, 성경이 말씀하는 객관적인 진리가 현실의 상황에 답하지 못하면 별 의미가 없는 것으로 생각한다.

구체적인 현실의 상황을 중요시하는 신학의 세속화는 본회퍼 이후 유럽과 미국에서 「하나님은 저 위에 계시지 않는다」(*God is not up there*)를 써서 물의를 일으킨 앵글리칸교회의 감독 존 로빈슨(John Robinson)과 「세속의 도시」(*Secular City*)를 쓴 하비 콕스(Harvie Cox) 등을 통하여 꾸준히 논의되고 발전되어 왔다. 남미의 대표적인 해방신학자 구티에레쯔(Peruvian G. Gutierrez)는 본회퍼의 신학이 인간 중심에서 출발하며, 그리스도인의 자유를 구가하는 한편, 종교는 세속적인 상황에 대한 관계에서 재정의되어야 하고 교회는 반드시 억압당하는 자들 편에 서야 한다고 말하고 있어서, 신앙과 이데올로기간의 관계를 이해하고 기독교 제자도의 요구를 이해하는 데 도움이 되므로 유익하다고 말한다.

상황신학은 사회적인 상황에 따라 주제신학으로서의 적절성이 결정된다. 한국의 민중신학은 한국적인 상황에서 배태된 해방신학이다. 민중신학은 1970~1980년대에 군사 정부의 독재에 항거하는 신학 운동이었으므로 군사 정권이 종식되면서 그 임무가 끝났다. 현실의 상황이 바뀌자 민중신학은 주제신학으로서의 의미를 상실하게 되었다. 그에 비하여 남미의 사회 상황은 더 복합적이고 고질적이다. 그러므로 해방신학자들은 메츠와 몰트만의 정치신학이 남미의 문제를 분석하거나 해결하는 데에는 전혀 맞지 않는 처방이라고 불평한다. 인류의 대다수가 굴종, 불의, 착취의 상황에 처해 있음에도 불구하고 유럽의 정치신학자들은 그런 상황을 경험하지 못했으므로 정치적인 영역을 추상적으로 해석하고 말았다고 비판한다. 남미의 해방신학자들은 남미 사람들이 겪고 있는 사회적인 악조건은 외부인들은 상상할 수 없을 정도의 것이라는 뜻으로 말하고 있다.

남미의 문제는 오랜 역사적인 앙금을 가졌지만 사회 계층과 신분의 갈등 문제이므로, 이를테면 중산층이 확대된다면 가난에서 해방될 것이라고 기대할 수 있다. 그러나 흑인 해방의 문제는 훨씬 더 심각하고 복합적이라고 흑인 해방신학자 제임스 콘(James H. Cone)은 말한다. 정치가 이론적으로는 부조리한 사회적인 상황을 개선할 수 있다. 그러나 정치가 피부색을 변하게 할 수는 없다. 정치의 힘으로는 미국 사회에서 다수를 점하는 백인들 가운데 많은 사람들이 가지고 있는 인종 차별 의식을 지울 수는 없다. 기득권을 가진 대다수의 백인들이 인종 차별을 하지 않는 인도주의자가 되기를 바라는 것은 현실과는 먼 꿈이다. 인종 차별주의자들이 소수에 지나지 않는 경우에도 그들은 소수 민족에게 엄청난 피해와 상처를 준다.

흑인신학은 흑인들이 처한 절망적인 상황에서 성경과 전통적인 신학을 다시 읽고 고쳐 쓰려는 신학이다. 흑인신학은 하나님이 검다는 신론(神論)에서 출발한다. 하나님이 창조주라고 말하는 것은 나의 존재는 하나님 안에서 기원을 찾는다는 것을 의미하므로 내가 검은 것은 하나님이 검기 때문이라고 한다. 해방신학은 남미에서 혹은 아프리카의 나이로비 등지에서 무력에 호소하는 혁명도 정당화하며 고무한다. 그것은 흑인 해방신학도 마찬가지이다.

그러나 미국의 다수 흑인 지도자들은 다행히도 평화적인 시위 방법으로 그들의 자유와 평등을 추구하고 있다. 극단주의자들의 주장을 무마하고 평화주의적인 운동을 주도한 이가 바로 마틴 루터 킹이었다. 흑인 설교자들이 즐겨 택하는 설교의 주제는 자유, 해방, 평등 등이다. 회중은 그들의 주제가 '언젠가 우리는 승리하리라'(We shall overcome some day…)는 희망의 노래로 화답한다.

남존여비의 사회적인 인습은 동·서양에 구별이 없다. 여권 운동은 유럽과 미국에서 19세기 중엽부터 시작되어 전세계로 확산되었다. 20세기에 들어서부터 점차로 거의 모든 나라에서 여성들이 참정권과 함께 교육의 균등한 기회를 얻게 되었다. 여성들은 이제 남성들만이 해 오던 각종 스포츠를 비롯하여 장교와 지휘관을 양성하는 사관학교까지 점유한다. 그런데 이러한 여성들의 권리가 그저 얻어진 것은 아니다. 민주주의와 자유 평등을 누리는 민권이 투쟁을 통하여 쟁취되어 왔듯이, 여권의 신장도 민권의 신장과 더불어 투쟁을 통하여 얻게 되었다.

여권 신장 운동에는 교회도 예외가 아니다. 미국의 경우 19세기 중엽에 논의가 시작되었다. 1853년 뉴욕의 회중교회가 최초로 여성 목사(Antoinett Brown)를 안수한 이후 안수하는 교파 교회들의 수가 계속 늘어나다가 사회의 여성 운동이 침체하게 된 1920년부터 1960년까지의 기간에는 여성 안수에 참여하는 교파 수가 현저히 떨어졌다. 그러다가 1970년대 이후 큰 교파들이 대거 가세하였다. 이제는 보수적인 교회들을 제외한 미국의 반수 이상의 교파 교회들이 여성을 목사로 안수하고 있다.

1986년의 집계에 따르면 221개의 교파 중에 84개 교파가 여성에게 안수하고 있으며, 82개 교파는 안수하지 않고, 49개 교파는 미정이며, 6개 교파는 목사가 없는 교파이다. 여성 목사가 가장 많은 교파가 하나님의 성회로 3,700여 명이며, 구세군이 그 다음으로 3,200여 명이다. 흑인 감리교회(African Methodist Episcopal Church)에는 그보다 더 많은 여성 목사가 있다. 19,000명의 성직자 가운데 3분의 1이 여성 성직자라고 한다. 1988년 감독교회(Episcopal Church)는 여성 감독(Barbara Harris)을 세웠으며, 영국 앵글리칸교회는 여성 사제를 세우기로 하였다.

여성신학자들은 여성에게 잠잠하도록 가르쳐 온 교회에서 여성들도 목사가 되어 교회의 지도부에 참여하는 것으로는 만족하지 않는다. 그들은 하나님을 아버지라고 말씀하는 성경에 불만을 토로한다. 그러한 명칭은 남성 위주의 유추(analogy)에서 온 것이라고 하며 수정을 요구한다. 반면에 복음주의 여성신학자들은 성경은 교회와 가정 사역을 하는 데 있어서 남녀를 구별하지 않는다고 역설한다. 그러나 대다수 복음주의 신자들은 그들의 견해를 받아들이려고 하지 않는다.

상황신학은 본래 '텍스트'에 대한 신뢰를 상실한 신학에서 출발된 것이므로 '텍스트'인 성경 말씀을 접어 두거나 혹은 필요한 부분만 인용하거나 수정을 요구하는 극단으로 나아간다. 그러나 구원의 복음에 관심을 두고 설교하고 듣고 전하고 봉사하는 복음주의적이며 보수적인 그리스도인들도 상황신학이 지적하고 다루는 현실의 상황과 문제점들에 관심을 가져야 한다. 우리는 성경 말씀에 따라 하나님을 사랑하고 예배하며 이웃을 사랑하고 섬겨야 하기 때문이다. 현실의 상황과 문제점들이 곧 나와 내 이웃의 문제다.

1980년대에 들어서 우리는 생태신학이라는 또 하나의 새로운 주제신학을 논의하게 되었다. 해방신학이 사회학을 필요로 하고 이용하듯이, 생태신학은 시각의 전환을 위하여 동양의 도(道) 사상에서 도움을 얻으려고 한다. 자본주의와 공산주의, 갈등, 양극화(兩極化), 불화하며 증오하는 입장들을 초래한 서양 사상은 모순과 반명제를 특징으로 하므로 서양의 신학자들도 비교적 화합을 도모하며, 협동과 자연의 조화에 더 많은 관심을 기울이는 동양의 철학, 특히 도교(道敎)에서 통찰력을 얻으려고 한다. 노자(老子)가 말하는 무위(無爲)는 인위적인 것이나 과한 행위가 없이, 그리고 행위 그 자체에 집착됨이 없이 행동하는 것을 의미한다. 무위의 궁극적인 목적은 우리로 하여금 겸손하게 만들어서 더 넓은 자연의 질서에 눈뜨게 하며, 자연의 조화를 깨뜨리는 인간의 그 어떤 관여나 파괴 행위를 감시하도록 일깨워 주는 것이다.

환경과 생태 문제는 여러 해방신학에서 다루는 주제와는 다르다. 못 가진 자나 억눌린 자는 권리를 위하여 부르짖고 행동해야 하며, 이성과 믿음을 가진 자는 그 부르짖음에 귀를 기울이고 동정하며 그들의 소원이 성취될 수 있도록 어떤 행위에 동참해야 한다는 그런 주제의 신학이 아니다. 생태신학의 주제는 사람이면 누구나 다 관심을 가져야 하는 주제이다. 억누르는 자나 억눌린 자, 가진 자나 못 가진 자, 남자나 여자, 보수주의 신학자나 자유주의 신학자나 종교나 인종을 막론하고 사람이면 누구나 다 우리 인류와 모든 피조물의 생존과 보전을 위하여 깊은 관심과 사명감을 가지고 참여해야 하는 주제를 다루는 신학이다.

　과학에서 새로운 발견과 발명을 할 때마다 사람들은 환호하며 개가를 불렀다. 새로운 지식에 도전하는 인간의 개척 정신을 칭송해 왔다. 설교자들은 "생육하고 번성하여 땅을 정복하라"는 성경 말씀으로 과학의 연구 결과를 정당화해 왔다. 연륜이 얼마 되지 않는 생명공학이 인간 복제를 운운하자 인간들 스스로가 지식의 도전에 한계를 설정해야 한다고 뒤늦게 논의한다. 인간들은 그 한계를 이미 오래 전에 넘어선 것이다. 인간이 지식의 한계를 범한 것은 최초의 사람 아담이 하나님께서 설정해 주신 한계를 범하면서부터 시작되었다. 하나님께서 당신이 지으신 피조물을 좋다고 하시고 사랑하시며 사람에게 돌보라고 맡기신 사실을 우리는 성경 말씀에서 다시 보아야 한다. 생태계에 파탄을 초래한 것은 엄청난 범죄이고 범죄의 결과이다.

그리스도 교회의 전망

    예루살렘에서 시작된 그리스도의 복음은 사도들과 제자들의 증언과 헌신적인 봉사를 통하여 유대와 사마리아와 주변의 나라들로 확산되었으며, 복음이 전파되는 곳마다 교회가 섰다. 교회는 처음 3~4백 년 간 지중해를 중심으로 하는 로마 제국에서 성장하고 확장되는 과정에서 심한 박해도 받고 이교의 사상과 이단적인 사상의 공격도 받았다. 그 시기에 많은 교부들이 일어나 기독교 신앙을 변증하며 교회의 기초를 공고히 하였다. 그들은 성경 말씀을 하나님의 말씀으로 믿고 그 말씀을 통하여 그리스도에 대한 신앙을 체계화하였다. 예수님은 하나님의 아들이시요 그리스도이심을 믿어 삼위일체 교리를 고백하였으며, 그리스도께서는 참 하나님이시고 참 사람이심을 고백하였다.

    7세기에 일어난 이슬람이 소아시아와 시리아, 북아프리카를 점령함으로 인해 기독교 세계는 그만큼 좁아져서 교회 역사는 유럽을 중심으로 하여 전개되었다. 유럽의 기독교화는 3~4세기경부터 12~13세기까지 진행되었다. 중세 시대에 교회가 게르만들의 국가종교로 굳혀지면서 교황은 세속의 일에 관여하고 제왕들은 교회마저 관장하려는 과정에서 양자는 갈등과 충돌, 야합과 굴종을 거듭하면서 교회는 세속화되고 부패하게 되었다. 11~13세기의 십자군 운동으로 인한 봉건 사회의 붕괴, 상업과 교역의 진흥과 중산층의 부상은 왕권의 강화와 교황권의 위축을 초래하였으며, 이슬람권과의 문물의 교류는 유럽 지성인들의 시야를 넓혀 주었다. 대학의 생성, 문예 부흥과 인문주의의 확산으로 지성인들은 교황주의 교회에 비판을 가하게 되었으며, 16세기에 이르러서는 종교 개혁 운동이 일어나게 되었다.

중세의 교회는 부패하게 되었으나 교회 전체가 다 그런 것은 아니었다. 종교 개혁 이전에도 여러 쇄신 운동들이 있었으며 많은 신학자들의 신학 연구도 있었다. 중세의 쇄신 운동이나 신학의 연구는 대부분 교황주의 체제를 지지하며 그 안에서 진행된 반면에, 종교 개혁 운동과 신학은 성경을 신앙과 생활의 규범으로 삼은 점에서 구별된다. 그러나 종교 개혁 운동과 신학은 중세 교회와 신학의 배경에서 나온 것이다.

그리스도의 교회는 초기부터 이단과 분파 운동이 있었다. 그러나 11세기 중엽에 크게는 하나였던 교회가 동방의 희랍 정교회와 서방의 가톨릭 교회로 분립하였다. 성경과 교리에 대한 이해 차이도 분립의 요인이었지만 언어와 문화의 차이도 분립의 요인으로 크게 작용하였다. 종교 개혁을 계기로 신학적인 견해의 차이에서 서방의 가톨릭 교회는 로마 가톨릭, 루터교회, 개혁교회, 앵글리칸교회, 여러 급진적인 소그룹의 교회들로 분열하게 되었으며, 종교 개혁의 교회는 언어와 민족을 단위로 하는 국민교회로 발전하게 되었다. 유럽의 이민자들로 형성된 미국의 교회는 다양한 교파 교회로 발전하였다.

17세기 중엽에 대두된 계몽사조로 인하여 교회와 세속은 완전히 이분화되고 교회와 성경과 기독교 신앙에 회의를 말하는 사상이 점차로 고조되었다. 계몽사조의 합리주의 사상으로 인한 인간 중심주의적인 사상과 신학은 18, 19세기에는 합리주의적인 자유주의 신학으로 발전하였으며, 20세기에는 소위 현대 신학으로 발전하게 되어 위기신학을 거쳐 기독교 신앙을 이데올로기화하는 세속화신학, 정치신학, 상황신학 등으로 발전하였으며, WCC의 에큐메니칼 운동의 산물인 탈기독교적인 종교다원주의를 낳게 되었다.

이러한 비판적인 신학 사상과 운동은 사람들로 하여금 기독교 신앙을 회의하게 할 뿐 아니라 교회를 세속화시키며 무기력하게 만든다. 이러한 비판적인 신학의 영향은 유럽의 국민교회와 미국의 소위 '주류 교회'(Mainline Church)에 막대한 영향을 미치며 손해를 주고 있다. 이들의 교회가 교회의 전부라면, 혹은 이들의 교회 모두가 무기력해졌다면 절망적일 수밖에 없으나 그렇지 않으므로 그리스도의 교회는 존속되고 확장된다.

계몽사조와 때를 같이 하여 일어난 경건주의 운동과 그 영향을 받은 부흥 운동이 있어서 많은 교회들과 신자들이 영적인 각성을 하게 되었다. 여러 교파에서 일어난 복음주의 운동은 성경을 하나님의 말씀으로 믿고 예수 그리스도를 주님으로 고백하며 그리스도 안에서 성령의 역사로 말미암는 중생과 거룩한 새사람의 삶을 강조한다. 이 운동으로 말미암아 19세기와 20세기에 복음은 온 세계로 전파되어 그리스도의 교회가 편만하게 되었다. 소위 기독교 문화를 이루었다는 서구의 교회가 '기독교 시대의 종말에' 세속 문화에 동화되고 침몰하는 대신에 복음주의 선교사들을 통하여 선교를 받은 나라들의 교회들이 성장하여 선교의 사명을 수행한다. 2009년 1월 현재로 11,600여명의 선교사를 파송하고 있는 한국 교회는 그 대표적인 예이다.

역사에서 교회의 정체성을 가진 교회는 그대로 보존되고 존속한다. 그리스도의 교회다운 교회는 사도들이 전수한 신앙고백을 따라 신앙을 고백하며 주님께서 가르치신 대로 창조주 하나님, 사람들을 구원하시기 위하여 아들을 주신 하나님께 감사와 영광을 돌리고 기도하며, 약속하신 대로 그리스도께서 다시 오실 때까지 복음을 전하며, 이제는 모든 피조물을 이웃으로 여기며 이웃 사랑을 실천하는 것을 지향하는 교회이다.

참고문헌

I. 자료집, 사전 및 전집

A History of Christianity: Readings in the History of the Church, Vol. 1 & 2. Ed. by Clyde L. Manschreck, C.L.A. Michigan: Baker Book House, 1964.

Atlas of the Christian Church, Edited by Henry Chadwick and G. R. Evans, Oxford: Equinox, 1987.

Atlas zur Kirchengeschichte, Verlag Herder Freiburg im Breslau, 1987.

Die Religion in Geschichte und Gegenwart, Dritte Auflage, I.~VI. Bd. Tübingen: J. C. B. Mohr(Paul Sebeck), 1962. 약칭: RGG^3

Documents of the Christian Church, Ed. by Henry Bettson, London, Oxford, New York Oxford University Press, 1943, 1967.

Early Christian Writings, Trans. by Maxwell Staniforth, Penguin Books, 1968.

Encyclopedia of the Early Church Vol I & II, Produced by the Institutum Patristicum Augustinianum and edited by Agelo Di Berardino, Tr. from Italian by Adrian Walford, New York: Oxford University Press, 1992.

Pipers Weltgeschichte in Karten, Daten Bildern, Herausg. von Hermann Kinder & Werner Hilgemann, R. Piper & Co. Verlag, 1970.

Readings in Church History, I~III. Ed. Colman J. Barry, O. S. B. Paramus, N. J., New York, N. Y.: Newman Press, 1960.

Texte der Kirchenväter, Bd. I~V, Herausg. von Alfons Heilmann, München: Kösel-Verlag KG, 1964.

CD-Rom:

Calvin Collection. Over 50 resources. Ages Digital Library.

"*The Post and Ante Nicene Fathers*" in: The Master Christian Library over 400 resources, Ages Digital Library.

The Complete Text of over 5000 Historical, Classical & Cultural Titles, Library of the Future 4th Edition, World Library, Copyright 1990~96.

II. 교회사란 무엇인가?

김기홍, "교회사―어떻게 할 것인가?", 「神學 어떻게 할 것인가?」, 김중은 외 11인 공저, 서울: 아멘서적, 1992.

김영재, "교회사의 역사와 교회사 이해", 「기독교사학연구」 창간호, 기독교사학연구소, 1991.

아세아연합신학연구원 편, 「基督教와 歷史解釋」, 서울: 성광문화사, 1994.

이형기, "역사신학의 과제와 유용성", 「목회와 신학」 1992년 3월호.

홍치모, "世俗史와 教會史", 「素軒南都泳博士華甲紀念史學論叢」, 1983.

Wolf, E., "教會史學", 「神學總論」, R. Bohren 편, 민경배 역, 서울: 한국신학연구소, 1975, 1984⁴.

Bienert, Wolfgang & Joachim Melhausen, 「교회사 연구 방법과 동향」, 한국신학연구소, 1994.

Göters, J. F. G., "교회사", 「신학이란 무엇인가?」, H. Schrör 편, 정일웅 역, 서울: 기독지혜사, 1989.

Wells, Ronald A., 「신앙의 눈으로 본 역사」, 서울: IVP, 1995.

Congar, E., "Church History as a Branch of Theology", *Church History in Future Perspective*, Ed. by R. Aubert, New York: Herder and Herder, 1970.

Ebling, Gerhard, *Wort und Tradition*, Göttingen, 1964.

Selge, K.-V., *Einführung in das Studium der Kirchengeschichte*, Darmstadt: Wissenschaftliche Buchgesellschaft, 1982.

Zeller, Winfried, "Kirchengeschichte als theologisches Problem", In: Winfried Zeller, *Theologie und Frömmigkeit*, Gesammelte Aufsätze herasg. von Bernd Jaspert, Marburg: N. G. Verlag, 1971.

III. 교회사 개괄서 및 총괄서

김의환, 「기독교 교회사」, 서울: 성광문화사, 1982.

김기홍, 「이야기 교회사」(일권 · 이권…), 서울: 두란노, 1992.

스티븐 닐, 「기독교선교사」, 홍치모 · 오만규 역, 서울: 성광문화사, 1980, 1985.

워커, W., 「世界基督教會史」, 姜權謹 · 閔庚培 · 朴大仁 · 李永獻 공역, 서울: 광문인쇄사,

1975.

카이퍼, B. K.,「世界基督教會史」, 김해연 역, 서울: 성광문화사, 1980.

Aland, K., *A History of Chriatianity*, 2 vols. Tr. by J. L. Schaaf, Philadelphia: Fortress Press, 1980.

Bihlmeyer-Tüchle, *Kirchengeschichte*, I~III, München, Paderborn, Wien Verlag Ferdinand Schöningh, Paderborn, 1969.

Booty, John E., *The Church in History*, New York: The Seabury Press, 1979.

Cairns, E. E., *Christianity through the Centuries: A History of the Christian Church*, Michigan: Zondervan, 1981[27].

_____,「세계교회사」(상·하), 엄성옥 역, 서울: 은성출판사, 1995.

Cochrane, Charles Norris,「기독교와 고전문화」, 이상훈·차종순 역, 서울: 한국장로교출판사, 1996.

Gonzalez, Justo L., *A History of Christian Thought*, I~III, Nashville: Abingdon Press, 1975.

Woodbridge, John D., ed. *Great Leaders of Christian Church*, Chicago: Moody Press, 1988.

Haus, Friedrich, *Väter der Christenheit*, Bd I~III, Wuppertal: Verlag Sonne und Schild Gmbh, 1957.

Heussi, Karl, *kompendium der Kirchengeschichte*, Tübingen: J. C. B. Mohr, 1976[14].

Holmes, Urban T., *A History of Christian Spiritualtity*, New York: The Seabury Press, 1980.

Hulbut, J. L., *The Story of the Christian Church*, Michigan: Zondervan, 1918, 1970.

Jedin, Hubert, ed. *History of the Church*, 1~X(Handbuch der Kirchengeschichte), Trans. by Anselm Biggs and Peter W. Becker, New York: Crossroad Publishich Co., 1986.

Kupisch, Karl, *Kirchengeschichte*, I~V, Stuttgart, Berlin, Köln, Mainz: Verlag W. Kohlhammer, 1975.

Latourette, Kenneth Scott, *A History of Christianity*, I & II, New York, Hagerstown, San Francisco, London: Harper & Row Publishers, 1953.

Latourette, K. S., *Christianity through the Ages*. New York: Harper Chapel Books, 1965. & 허호익 역,「基督敎의 歷史」, 서울: 대한기독교출판사, 1986.

Manschreck, C. L., *A History of Christianity in the World: From Persecution to Uncertainty*, New Jersey: Prentice-Hall, INC., 1974. & 최은수 역,「세계교회사」, 서울: 총신대학출판부, 1991.

Petry, R. C., *A History of Christianity: Readings in the History of the Church*, Vol. 1, Michigan: Baker Book House, 1964.

Renwick, A. M. & A. M. Harman,「간추린 교회사」, 오창윤 역, 서울: 생명의말씀사, 1979.

Pelikan, Jaroslav, *The Christian Tradition: A History of the Development of Doctrine*, Vol. 1~5, Chicago and London: The University of Chicago Press, 1971.

Schaff, Phillip, *History of the Christian Church*, Vol. 1~8, Grand Rapids, Eerdmans Publishing Company, 1910.

Schmidt, Kurt Dietrich, *Grundriss der Kirchengeschichte*, Göttingen: Vandenhoeck & Ruprecht, 1960, 1975[6].

Walker, W., *A History of the Christian Church*, 3rd ed. N. Y.: Charles Scribners Sons, 1970. 이영헌 외 역편, 「世界基督教會史」, 서울: 대한기독교서회, 1975, 1988[17].

IV. 초대 교회사

A New Eusebius, Ed. by J. Stevenson, London: SPCK, 1963.

Corpus Catholicorum, Volumen 1~38, Turnholtt Typogrphi Brepols Editores Pontificii, 1954~74. 약자: CC. 라틴 교부들의 전집.

The Fathers of the Church, A New Translation, Vols. 1~83, Editoria Director: Hermigild Dressler, O. F. M. Washington: The Catholic University of America Press, 1963~90.

김기홍, 「이야기 교회사」(일권), 서울: 두란노, 1992.

_____, 「이야기 교회사」(하), 서울: 두란노, 1994.

김명혁, 「초대교회형성사」, 서울: 성광문화사, 1995.

박용규, 「초대 교회사」, 서울: 총신대학출판부, 1993.

「속사도교부들」, J. B. 라이트푸트 & J. R. 허머 원문 공역, M. W. 홀메스 수정 편집, 이은선 역, 서울: 기독교문서선교회, 1994.

헨리 체드윅, 「初代敎會史」, 서영일 역. 서울: 기독교문서선교회, 1983, 1989[4].

한철하, 「고대 기독교사상」, 서울: 대한기독교서회, 1974.

Baur, W., *Orthodoxy and Heresy in Earliest Christianity*, Philadelphia: Fortress, 1971.

Baus, Karl, *History of the Church (I): From the Apostolic Community to Constaintine*, 1965.

Bruce, F. F., *The Spreading Flame*, London: The Paternoster Press, 1958, 1961.

Chadwick, Henry, *The Early Church*, Hamonsworth, Middlesex, England & Baltimore, Maryland: Penguin Books, 1967, 1971.

Conzelmann, Hans, *History of Primitive Christianity*, Trans. by John E. Steely, Abingdon Press, 1973.

Duchesne, M. L., *Early History of the Christian Church*, Vol. 1, London: John Murray,

1909, 1965[9].

Ferguson, Everett, 「초대교회 배경사」, 박경범 역, 서울: 은성, 1989.

Frend, W. H. C., *The Rise of Christianity*, Philadelphia: Fortress Press, 1984.

_____, *Religion Popular and Unpopular in the Early Christian Centuries*, London: Variorum Reprints, 1976.

_____, *The Early Church*, Hodder and Stoughton, 1965.

Gonzalez, J. L., 「초대 교회사」, 서영일 역, 서울: 은성, 1987, 1988.

Grant, R. M., *Gnosticism and Early Christianity*, N. Y.: Haper & Row, 1966.

_____, 「초기 기독교와 사회」, 김쾌상 역, 서울: 대한기독교출판사, 1998.

Hengel, M., *Property and Riches in the Early Church: Aspects of a Social History of Early Christianity*, London: SCM, 1974.

Josephus, Flarius, *Jüdische Altertümer*, Ubersetzt und Einleitungen Versehen von Dr. Heinrich Clementz I. Band. Buch I bis X.

Kee, A., 「콘스탄틴 대 그리스도」, 김쾌상 역, 서울: 한국신학연구소, 1988.

Kirchengeschichte als Missionsgeschichte, Herausg. von Heinzgünter Frohnes, Hans-Werner Gensichen und Georg Kretschmar, Bd. I, *Die Alte Kirche*, Herausg. von Heinzgünter Frohnes und Uwe W. Knorr, München: Chr. Kaiser Verlag, 1974.

Kyrtatas, D. J., *The Social Structure of the Early Christian Communities*, London: Verso, 1987.

Lawson, J., *A Theological and Historical Introduction to the Apostolic Fathers*, N. Y.: The Macmillan Co., 1961.

Lietzmann, Hans, *Geschichte der Alten Kirche*, 4./5. Auflage in einem Band. Berlin, New York, Walter De Gruyter, 1975.

Loeb Classical Library: Apostolic Fathers, II. Tr. by K. Lake, Harvard University Press, 1917, 1976.

Schlatter, Adolf, *The Church in the New Testament Period*, Tr. by Paul P. Levertoff, London: SPCK, 1961.

St. Augustin, *The City of God*, Pelican Books, 1972.

V. 중세 교회사

김창의, 「中世修道院制度史」, 서울: 경인문화사, 1970.

디모데 웨어(Timothy Ware), 「동방정교회의 역사와 신학」, 이형기 역. 서울: 한국장로교회출판사, 1999.

池東植 편역, 「로마帝國과 基督敎」, 서울: 한국신학연구소, 1983.

지동식 · 이장식 · 김규영 외 편역, 「西洋中世思想史論」, 서울: 한국신학연구소, 1984.

Cantor, Norman F., *The Civilization of the Middle Ages*, New York: Haper Perennial, 1994.

Curtius, Ernst Robert, *European Literature and the Latin Middle Ages*, Tr. by Willard R. Trask, Princeton University Press, 1953.

Deanesly, Margaret, *A History of the Medieval Church*, Methuen, London and New York, 1925, 1969⁹.

Gibbon, Edward, *The Decline and Fall of the Roman Empire*, New York: Dell Publishing Co., Inc., 1963.

Kirchengeschichte als Missionsgeschichte, Herausg. von Heinzgünter Frohnes, Hans-Werner Gensichen und Georg Kretschmar, Bd. II, *Die Kirche des Früheren Mittelalters*, Erster Halbband, München: Kaiser Verlag, 1978.

Oaklez, Francis, *The Western Church in the Later Middle Ages*, Ithaca and London: Cornell University Press, 1979.

Pierre, Riché, *Daily Life in the World of Charlemagne*. Tr. by Jo Ann McNamara, 1978.

Southern, R. W., *The Middle Ages*, Hamonsworth, Middlesex, England: Penguin Books Ltd., 1970.

VI. 종교 개혁사

EA, WA, BA 등은 잘 알려진 루터의 저작 전집이다. EA는 Erlanger Ausgabe(1826년부터), WA는 Weimarer Ausgabe(1883년부터), BA는 Brauschweigerisch-Berliner Volksaus-gabe(8권＋2권의 보충본들)의 약자이다. 그밖에도 많은 출판사에서 나온 루터의 저작 전집들이 있다.

CR은 *Corpus Reformatorum*의 약자로 멜랑흐톤, 칼빈, 쯔빙글리의 저작 전집이다.

Johannis Calvini Opera Selecta, ediderunt Petrus Barth et Guilelmus Niesel, Volumen I~V, Monachii in Aedibus Chr. Kaiser, 1926~74.

김재성, 「칼빈과 개혁신학의 기초」, 서울: 합동신학대학원출판부, 1997.

루이스 W. 스피츠, 「宗敎改革史」, 서영일 역, 서울: 기독교문서선교회, 1983.

신복윤, 「칼빈의 신학사상」, 서울: 성광문화사, 1993.

오덕교, 「종교개혁사」, 서울: 합동신학대학원출판부, 1998.

오토 베버, 「칼빈의 교회관」, 김영재 역, 서울: 도서출판 풍만, 1885.

이형기, 「宗敎改革神學思想」, 서울: 장로교신학대학출판부, 1984.

존 T. 맥닐, 「칼빈주의 역사와 성격」, 정성구·양낙흥 공역, 서울: 크리스챤다이제스트, 1984.

존 칼빈, 「기독교 강요」, 김종흡·신복윤·이종성·한철하 공역, 서울: 생명의말씀사, 1988.

파울 알트하우스, 「마르틴 루터의 신학」, 구영철 역, 서울: 성광문화사, 1994.

프랑수아 방델, 「칼빈」, 김재성 역, 서울: 크리스챤다이제스트, 1999.

홍치모, 「宗敎改革史」, 서울: 성광문화사, 1977.

_____, 「北歐 르네상스와 宗敎改革」, 서울: 성광문화사, 1984.

홍치모 외 공저, 「급진종교개혁사론」, 서울: 도서출판 느티나무, 1992.

Bornkamm, Heinrich, *Das Jahrhundert der Reformation*, Göttingen: Vandenhoeck & Ruprecht, 1961.

Calvin Johannes, *Uterricht in der christlichen Religion, Institutio Christianae Religionis*, nach der letzten ausgabe übersetzt von Otto Weber, Neukirchener Verlag des Erziehungsvereins Gmbh, 1963.

Calvin Studien 1959, Herausg. Jürgen Moltmann, Neukirchener Verlag, 1960.

Fausel, Heinrich, *D. Martin Luther, Sein Leben und Werk, 1483~1521*, Hänssler-Verlag, 1996.

Friedenthal, Richard, *Luther*, München, Zürich: R. Piper & Co. Verlag, 1967.

Hillerbrand, Hans, J., *The Reformation*, Baker Book House, 1978.

Hoffman, Rengt R., *Luther and the Mystics*, Mineapolis: Augsburg Publishing House, 1976.

Holwerda, David E., *Exploring the Heritage of John Calvin*, Grand Rapids, Michigan: Baker Book House Company, 1976.

Kunst, Hermann, *Martin Luther und die Kirche*, Stuttgart: Evangelisches Verlagswerk, 1971.

Luther, Martin, *Von der Kraft des Wortes: Ausgewählte Schriften, Predigten, Gespräche und Briefe*, Im Pertelsmann Lesering, 1960.

Malament, Barbara C., ed. *After the Reformation*, University of Pennsylvania Press, 1980.

Niesel, Wilhelm, *Die Theologie Calvins*, München: Chr. Kaiser Verlag, 1967.

Scholl, Hans, *Calvinus Catholicus*, Verlag Herder KG Freiburg im Breisgau, 1974.

Smidt, Udo, *Johannes Calvin und die Kirche*. Stuttgart: Evangelisches Verlagswerk, 1972.

Spitz, Lewis W., *The Renaissance and Reformation Movements*, Vol. 1 & 2, St. Louis: Concordia Publishing Compay, 1971.

Wight, D. F., ed. *Martin Bucer Reforming Church and Community*, Cambridge University Press, 1994.

VII. 근세 교회사

구티에레즈, G., 「해방신학」, 成稔 역, 서울: 분도출판사, 1977.

김기홍, 「프린스톤 신학과 근본주의」, 서울: 창조성, 1988.

김영한, 「바르트에서 몰트만까지」, 서울: 대한기독교출판사, 1982.

김광채, 「근세 · 현대교회사」, 서울: 기독교문서선교회, 1990.

김명혁, 「현대교회의 동향」, 서울: 성광문화사, 1993.

니콜스, J. H., 「현대교회사」, 서영일 역, 서울: 기독교문서선교회, 1994.

마르틴 슈미트, 「경건주의」, 구영철 역, 성광문화사, 1992.

박용규, 「복음주의운동」, 서울: 두란노, 1998.

오덕교, 「청교도와 교회개혁」, 수원: 합동신학교출판부, 1994.

_____, 「장로교회사」, 수원: 합동신학교출판부, 1995.

전재옥 · 전호진 · 송용조 · 임홍빈 편역, 「에큐메닉스」, 서울: 성광문화사, 1988.

정일웅, 「종교개혁시대의 기독교신앙의 가르침」, 서울: 도서출판 풍만, 1987.

존 매카이, 「에큐메닉스」, 민경배 역, 대한기독교서회, 1966.

프람스마 L., 「20세기의 교회」, 박종철 역, 서울: 개혁주의신행협회, 1985.

홍치모, 「英美 長老敎會史」, 서울: 개혁주의신행협회, 1998.

Ahlstrom, Sydney E., *A Religious History of the American People*, Yale University Press, 1972.

Beaver, R., Pierce. *Ecumenical Beginnigs in Protestant World Mission*, New York: Thomas Nelson and Sons, 1962.

Conn, Harvie M., 「解放神學硏究」, 홍치모 역, 서울: 성광문화사, 1984.

Die evangelische Staatslehre, Ausgewählt und eingeleitet von Manfred Jacobs, Vandenhoeck & Ruprecht in Göttingen, 1971.

Handy, Robert T., *A History of the Churches in the United States and Canada*, Oxford University Press, 1976.

Heimbucher, Kurt, hrsg. *Luther und der Pietismus*, Gieben/Basel: Brunnen Verlag, 1983.

Herwart, Vorländer, *Aufbruch und Krise. Ein Beitrag zur Geschichte der deutschen Reformierten vor dem Kirchenkampf*, Neukirchener Verlag, 1974.

Hübner, Eberhard, *Evangelische Theologie in unserer Zeit*, Bremen: Carl Schünemann Verlag, 1966.

Internatinal Symposium on Christian Culture & Theology Christianity facing the 21st Century, Soong Sil University Press.

Krumwiede, Hans-Walter, *Geschichte des Christentums III Neuzeit: 17. bis 20. Jahrhundert*, Stuttgart, Berlin, Köln, Maninz: Verlag W. Kohlhammer, 1977.

Licht, Walter, *Industrializing America*, Baltimore and London: The John Hopkins University Press, 1995.

Mead, Frank S., *Handbook of Denominations in the United States*, Abingdon Press, 1961.

Murray, Iain H., *Revival & Revivalism*, Edinburgh: The Banner of Truth, 1994.

Pollitt, Herbert J., *The Inter-Faith Movement*, Edingburgh: The Banner of Truth Trust, 1966.

Rusch, William G., *A Movement toward Church Unity Ecumenism*, Fortress Press, 1985.

VIII. 교리사, 신앙고백 및 기타의 책

김영재,「교회와 신앙고백」, 서울: 성광문화사, 1989.
_____,「교회와 예배」, 수원: 합동신학교출판부, 1995.
노만 가이슬러,「기독교 변증학」, 위거찬 역, 서울: 성광문화사, 1990.
벵트 헤그룬트,「신학사」, 박희석 역, 서울: 성광문화사, 1989.
이장식,「기독교신조사」, I & II, 서울: 컨콜디아사, 1979, 1982.
이종성,「三位一體論」, 서울: 대한기독교출판사, 1992.
존 레이스,「개혁주의란 무엇인가?」, 오창윤 역, 서울: 도서출판 풍만, 1989.
차영배 외,「삼위일체론과 성령론」, 서울: 태학사, 1999.
한스 콘첼만,「초대 기독교 역사」, 박창건 역, 성광문화사, 1994.

Bekenntnis der Kirche. Herausg. von Hans Steubin in Zusammenarbeit mit J. F. Gergard Geoters, Heinrich Karpp und Erwin Müllhaupt, Wuppertal: Theologischer Verlag Rolf Brockhaus, 1970, 1977.

Bright, John, *A History of Israel*, W. L. Senkins McMlix British Edidtion, 1960, 1962.

Chadwick, Henry, *Lessing's Theological Writings*, Lodon: Adam & Charles Black, 1956.

Cohn, Norman. *The Pursuit of the Millenium*, New York: Harper Torchbooks the Academy Library Harper & Brothers, 1961.

Danielou, Jean, *The Theology of Jewisch Chrstianity*, Darton: Longman & Todd Ltd., 1965.

_____, *Gospel Message and Hellenistic Culture*, Tr. by John Austin Baker, Darton: Longman & Todd Ltd., 1973.

_____, *The Origins of Latin Christianity*, Tr. by David Smith and John Austin Baker, Darton: Longman & Todd Ltd., 1973.

Denzinger-Schönmetzer, *Enchiridion Symbolorum Definitionum et Declarationum,*

Verlag Herder KG, Freiburg im Breisgau, 1965.

Eissfeldt, Otto, *The Old Testament An Introduction*, Tr. by Peter R. Ackroyd, Oxford: Basil Blackwell, 1965.

Feine-Behm-Kümmel, *Einleitung in das Neue Testament*, 15, Auflage, Quelle & Meyer, Heidelberg, 1967,

Gerber, Uwe. *Ghristologische Entwürfe*, Bd. 1: *Von der Reformation bis zur Dialektischen Theologie*, Zürich: EVZ-Verlag, 1970.

Gonzalez, Justo L., *A History of Christian Thought*, Vol. I.

Hübner, Eberhard, *Evagelische Theologie in unserer Zeit*, Bremen: Carl Schünemann Verlag, 1966.

Jacobs, Paul, *Theologie Reformierter Bekenntnisshriften in Grundzügen*, Neukirchener Verlag der Buchhandlung Neukirchen Kreis Moers, 1959.

Kelley, J. N. D., *Early Christian Creeds*, Longman House Burnt Mill, Harlow, Essex UK, 1950, 1981.

_____, *Early Christian Doctrine*, London: Adam Charles Black, 1958.

Lohse, Bernhard, *Epochen der Dogmengeschichte*, Stuttgart: Kreuz Verlag, 1963.

_____, *A Short History of Christian Doctrine*, Tr. by F. Ernest Stoeffler, Philadelphia: Fortress Press, 1966, Paperback 1978.

Melton, G. Gordon, ed. *The Church speaks on Women's Ordination: Official Statements from Religious Bodies and Ecumenical Oraganizations*, Detroit: Gale Research Inc., 1991.

Pesch, Otto Hermann & Albrecht Peters, *Einführung in die Lehre von Gnade un Rechtfertigung*, Darmstadt: Wissenschaftliche Buchgesellschaft, 1981.

Piper, John and Wayne Gruden, ed., *Recovering Biblical Manhood & Womanhood, A Response to Evangelical Feminism*, Washington Illinois: Crossway Books, 1991.

Sanders, J. N. "The literature and canon of the New Testament", in: *Peake's Commentary on the Bible*, London and Edinburgh: Thomas Nelson Ltd, 1962.

Schaff, Philip. *The Creeds Christendom*, 3 vol., Grand Rapids: Harper and Row, 1983.

Seeberg, Reinhold, *The History of Doctrines*, Tr. by Charles E. Hay, Grand Rapids, Michigan: Baker Book House, 1977.

Semler, Johann Salomo, *Abhandlung von freier Untersuchung des Canon*, herausgegeben von Heinz Scheible, Gerd Mohn: G tersloher Verlagshaus, 1967.

Shiner, Larry. The Secularization of History. Abingdon Press, 1966.

Stephan-Schmidt. *Geschichte der evangelischen Theologie in Deutschland seit dem Idealismus*, Berlin · New York: Walther de Gruyter, 1973.

Theologen Unserer Zeit, Herausg. von Leonhard Reinisch, Muenchen: Verlag C. H. Beck, 1968.

Tillich, Paul, *A History of Christian Thought*, Ed. by Carl E. Braaten, New York: A Touchstone, 1967.

Traditio-Krisis-Renovatio aus theologischer Sicht. Festschrift Winfried Zeller zum 65. Geburtstag. Herausg. von Bernd Jaspert und Rudolf Mohr. Marburg: N. G. Elwert Verlag, 1976

색인

〈ㄱ〉

유티케스(Eutyches) / 189, 191~92

율리안(Julian) / 67, 137, 196

율리오 3세(Julius III) / 499

융스틸링(Jüngstiling) / 578, 602

은자(隱者, hermit) / 74, 158~59, 160, 248, 286

은혜의 교리 / 174, 178, 183~86, 300, 312, 320, 330, 342, 444~45, 484, 644

이그나티우스파 / 275

이그나티우스, 안디옥의 / 63, 70, 77, 88~91, 93, 149

이그나티우스, 콘스탄티노플의 / 239, 275

이레네(Irene, Leo IV의 황후) / 255

이레니우스(Irenaeus) / 71, 78, 91~92, 94, 106, 113, 116~21, 140, 149~50, 225, 315

이반트(Hans-Joachim Iwand) / 682

이사벨라(Isabella), 스페인 여왕 / 460, 495

이슬람(Islam), 이슬람교 / 45~46, 110, 165, 205~7, 212, 214, 216~20, 233, 257, 274, 285, 286, 290, 292, 356~57

이시스(Isis) / 81

이원론(dualism) / 99, 110, 124, 156, 177

이코니움의 암필리오킬루스 / 140

인너레 미시온 / 695~96, 698

인노켄트 1세(Innocent I) / 172, 244

인노켄트 2세

인노켄트 3세(Innocent III) / 261, 262, 290, 291, 301, 303, 307, 344, 354, 357

인노켄트 4세 / 266

인문주의→휴머니즘 / 206, 356, 374~75, 382, 385, 412, 415, 418, 457, 459, 473, 503, 507, 518, 520, 532, 549, 551, 727

일치신조(Konkordienformel) / 510

잉글랜드 / 23, 66, 78, 206, 211, 228~30, 233, 235~37, 242, 259, 265, 282, 286, 306, 308, 312, 344~46, 353, 364, 374~75, 385, 394, 406, 432, 458, 466, 468, 470~76, 479, 481, 483~91, 530~31, 544~45, 555~56, 560, 562, 563, 565, 567, 591~92, 594~95, 597, 599, 620, 624~25, 627, 630~32, 639, 646, 692~94, 702

〈ㅈ〉

자연신론(Deism) / 373, 552, 556~62, 592, 625, 636, 640

자유 / 38, 50, 59, 67, 81, 137, 152

자유의지 / 122, 185, 186, 315, 319, 327

자유주의 / 122, 116, 373, 378, 456, 487, 599-600, 611

잔센, 코넬리우스 / 500~1

잔센주의(Jansenism) / 500~1, 564, 581~82

잘쯔부르크(Salzburg) / 206, 398, 504, 572, 628, 635

장 두베르지에 / 500

장 드 라바디에 / 567

장 보댕(Jean Bodin) / 560

장기국회(Long Parliament) / 481, 483

장로(presbyteros) / 76~78, 81, 87~88, 90, 115~16, 119, 126, 134, 149, 154, 178, 190, 360, 423, 469, 718

장로교 / 458, 469, 477, 479, 481, 483, 485, 489~92, 544~45, 558, 633, 640~43, 665

재세례파(Anabaptists / 388, 416, 420, 425, 436, 443, 451~455, 460, 462, 478, 494, 558, 632

〈ㅌ〉

〈ㅎ〉

초대 기독교의 확산

(Atlas of the Christian Church, ed. by Henry Chadwick and G. R. Evans)

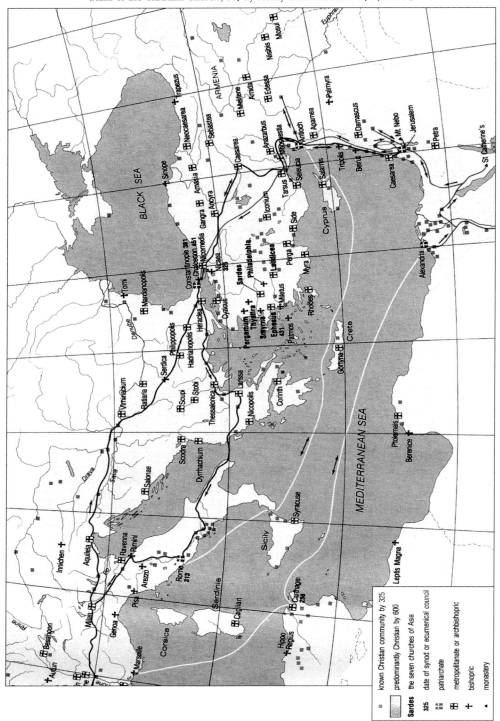

(Atlas zur Kirchengeschichte, Verlag Herder Freiburg im Breigau)

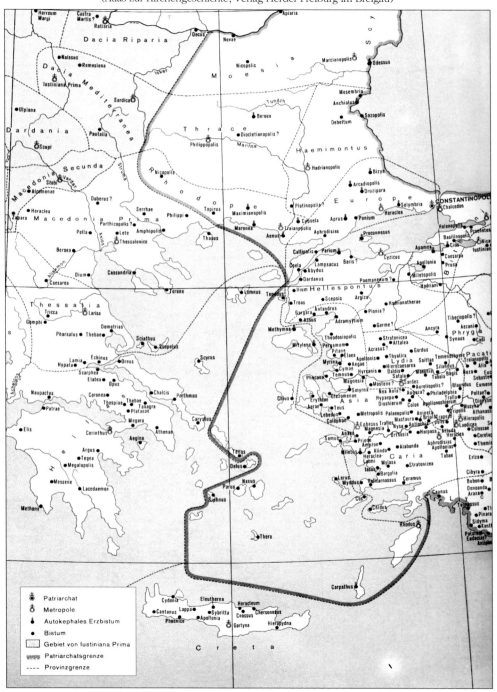

(Atlas zur Kirchengeschichte, Verlag Herder Freiburg im Breigau)

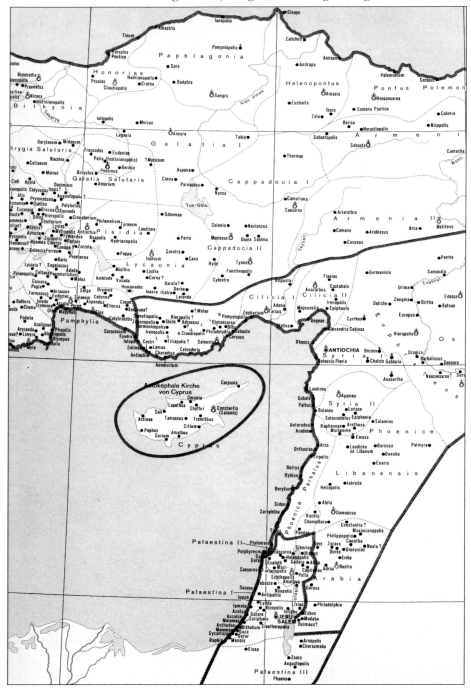

(Atlas zur Kirchengeschichte, Verlag Herder Freiburg im Breigau)

(Atlas zur Kirchengeschichte, Verlag Herder Freiburg im Breigau)

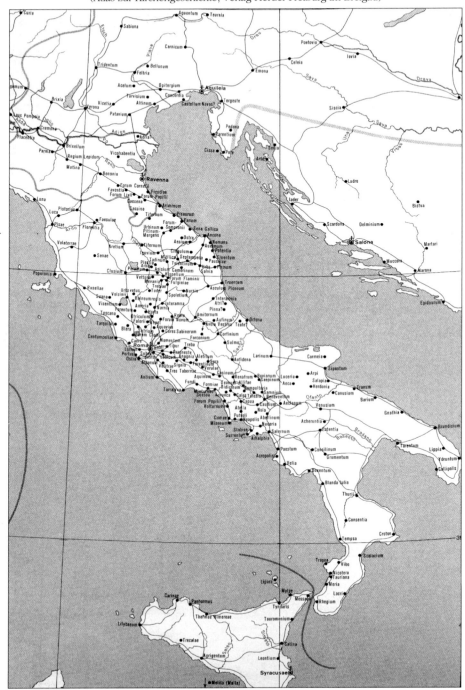

(Atlas zur Kirchengeschichte, Verlag Herder Freiburg im Breigau)

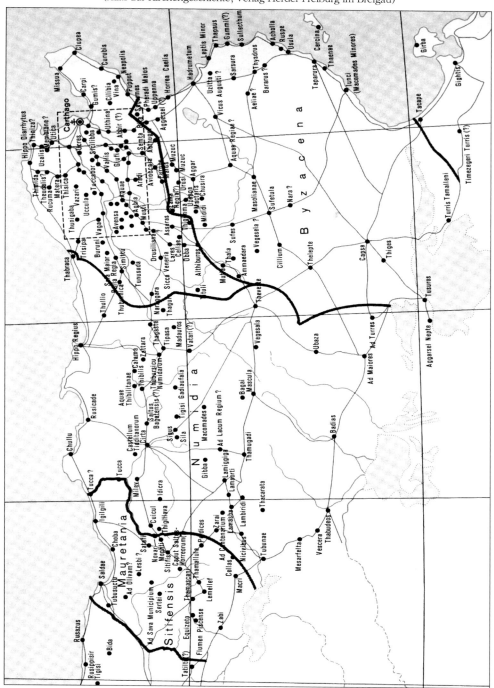

9세기 영국, 아일랜드 교회

(Atlas zur Kirchengeschichte, Verlag Herder Freiburg im Breigau)

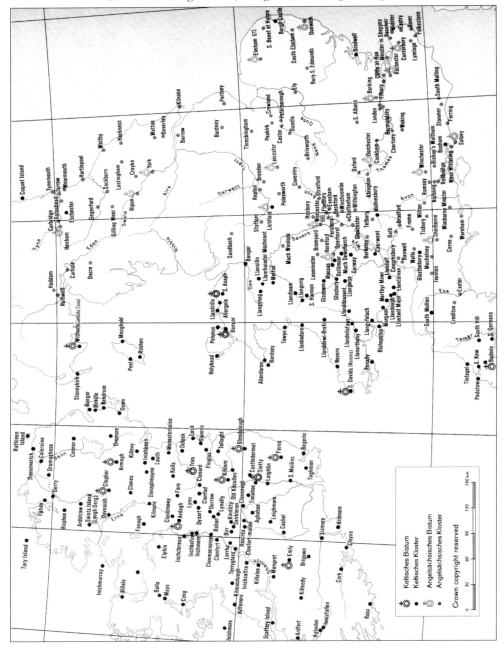

(Pipers Weltgeschichte in Karten, Daten, Bildern)